W0014211

Text & Recherche	Andreas Haller und Michael Machatschek
Lektorat	Angela Nitsche, Neuauflage: Matthias Häber, Veronica Schön-El Baioui
Redaktion & Layout	Susanne Beigott
Fotos	alle Fotos Andreas Haller, außer: Ivano Puzzovio (www.ifotop.it): S. 66, 368/369, S. 371, und 377. Michael Machatschek: 282
Covergestaltung	Karl Serwotka
Covermotive	oben: Hafen von Gallipoli (Andreas Haller), unten: Gargano-Küste (Fototeca ENIT)
Karten	Hans-Joachim Bode, Marcus Endreß, Judit Ladik, Susanne Handtmann

Herzlichen Dank für Hilfe und Unterstützung –
Grazie per la gentile e generosa collaborazione a:

Ein besonderer Dank für die finanzielle Förderung der Recherche-Reise geht an das Consorzio Operatori Turistici Pugliesi (Cotup), das Landesministerium für Tourismus der Region Apulien (Assessorato al Turismo della Regione Puglia) und an die Italienische Zentrale für Tourismus (ENIT) in München. Ein herzliches Dankeschön für die Hilfe und Unterstützung auch an die Mitarbeiterinnen und Mitarbeiter der örtlichen Tourismusbüros, an Ivana De Santis und ihre Familie aus Melpignano sowie an die Leserinnen und Leser, die mit ihren zahlreichen Tipps geholfen haben, das bewährte Reisehandbuch Apulien zu verbessern.

ISBN 978-3-89953-431-3

Druck: Wilhelm & Adam, Heusenstamm

6. komplett überarbeitete und aktualisierte Ausgabe 2009

APULIEN
Andreas Haller

INHALT

Benvenuti in Puglia

Reisepraktisches

Kartenverzeichnis

Wanderungen

Alles im Kasten

Was haben Sie entdeckt?

Haben Sie eine eine gemütliche Trattoria, eine schöne Wanderung oder ein nettes Hotel entdeckt?

Wenn Sie Ergänzungen, Verbesserungen oder neue Tipps zum Buch haben, lassen Sie es uns bitte wissen!

Schreiben Sie an:

Andreas Haller/Stichwort „Apulien“

c/o Michael Müller Verlag GmbH

Gerberei 19/D – 91054 Erlangen

E-mail: andreas.haller@michael-mueller-verlag.de

Benvenuti in Puglia

Salento: Die Provinzhauptstadt Lecce gibt sich mondän

Benvenuti in Puglia

„Apulien ist der Absatz des italienischen Stiefels, der schmalste Streifen Land zwischen zwei Meeren. Genau deshalb, sagte mein Großvater Lorenzo, wegen der Spiegelung der Sonne im Wasser zu beiden Seiten, sei das Licht in Apulien so satt und warm. Aus diesem Grund hatte er sich entschieden, hier ein Haus zu kaufen."

(Francesca Marciano, in: Casa Rossa)

Das Licht, im Sommerhalbjahr ein helles, gleißendes Licht, ist sprichwörtlich für Apulien. Das gilt nicht nur für den südlichen Stiefelabsatz, die Salento-Halbinsel, auf die obiges Zitat gemünzt ist, sondern im Grunde für ganz Apulien. Schon immer hat das Licht im Südosten der italienischen Halbinsel die Menschen fasziniert, bewegt und zu künstlerischer Hochform angetrieben. Die vergleichsweise flache Landschaft, die sich mancherorts endlos ausdehnenden Olivenhaine und natürlich das azurblaue Meer tun ihr Übriges dazu.

Schon beim ersten Blick auf die Landkarte imponieren die Ausmaße dieser lang gestreckten Region. Apulien ist eine sehr weiträumige Kulturlandschaft mit verblüffender Vielfalt und viel Raum für Entdeckungen. Seit jeher war Apulien sowohl Endpunkt der Reise als auch Transitland par excellence: Im Gargano, dem hoch aufragenden Stiefelsporn im Norden, endeten die mittelalterlichen Pilgerwege, und noch heute steuern die Wallfahrer in großer Zahl die heiligen Stätten von Monte Sant'Angelo und San Giovanni Rotondo an. Der zweite klassische Endpunkt einer Apulienreise befindet sich tief im Süden: An der Spitze der Salento-Halbinsel, dort, wo Ionisches und Adriatisches Meer zusammentreffen, ist buchstäblich *finibus terrae* – das Ende der Welt.

Gargano: Mit seinen romantischen Buchten ein Badeparadies

Apulien auf einen Blick

Fläche und Einwohnerzahl: Apulien (ital. Puglia) ist eine Region im Südosten des italienischen Stiefels. Sie gehört zum wirtschaftlich schwachen Mezzogiorno. Flächenmäßig ist Apulien mit 19.364 km² die größte Region im Süden der Apenninen-Halbinsel. Gut 4 Mio. Menschen leben hier, was einer Bevölkerungsdichte von 207 Einwohnern pro km² entspricht.

Hauptstadt: Die Hauptstadt der Region ist Bari, mit ca. 350.000 Einwohnern die bevölkerungsreichste Agglomeration Apuliens und nach Neapel und Palermo die größte Stadt Süditaliens. Doppelt so viele Menschen leben im Großraum Bari.

Verwaltung: Die Region Apulien besteht aus 258 Kommunen, die sich auf fünf Provinzen verteilen: Foggia (Kennzeichen: FG, 6965 km², 680.000 Einw.), Bari (BA, 3821 km², 1,2 Mio. Einw.), Brindisi (BR, 1840 km², 400.000 Einw.), Tarent (TA, 2436 km², 580.000 Einw.) und Lecce (LE, 2759 km², 810.000 Einw.). Seit 2004 ist eine neue Provinz im Entstehen: Barletta-Andria-Trani – mit 1543 km² und 340.000 Einwohnern die kleinste Provinz Apuliens. Sie besteht aus 10 Kommunen, die vormalig zu Bari und Foggia gehörten. Die ersten Wahlen zur Provinzversammlung fanden im Sommer 2009 statt.

Politik: Der Präsident der Region ist Nichi Vendola. Der Vertreter der Mitte-Links-Parteien rückte nach der Regionalwahl im Frühjahr 2005 an die Spitze Apuliens.

Höchster Berg: Der Monte Cornacchia (1150 m) gehört zum Subappennino Dauno und liegt in der Provinz Foggia an der Grenze zu Kampanien.

Wichtigster Fluss: Der Ofanto ist mit 170 km nicht nur der längste, sondern auch der einzige ständig wasserführende Fluss Apuliens. Er entspringt im Apennin und fließt bei Barletta ins Meer.

Als Durchgangsstation diente Apulien im frühen Mittelalter Byzantinern und basilianischen Mönchen, die hier aus Machthunger, auf der Flucht oder auf spiritueller Suche landeten. Sie wandten sich landeinwärts, bauten Burgen, Klöster und Kirchen. Von Apulien brachen auch die Kreuzritter immer wieder ins Heilige Land auf, im Grunde aus ähnlichen Motiven: auf der Suche nach Heil und Erlösung und um die Stätten der Bibel für die Christenheit zurückzugewinnen. Heute sind es die großen Fährhäfen in Bari und Brindisi, die Touristen aus dem Norden durch den Transitkorridor Apulien hindurch nach Griechenland und auf die adriatischen Inseln schleusen.

Ankommen – und bleiben

Transitland zum Trotz: Apulien bot schon immer jede Menge gute Argumente zum Bleiben. An den Küsten Apuliens landeten in der Antike griechische Siedler und gründeten Kolonien, die sie in ein seltsames politisch-wirtschaftliches Konglomerat verwoben: die Magna Graecia (Großgriechenland). In Brindisi endete später die Via Appia, die „Königin der Römerstraßen", vielleicht der wichtigste Handels- und Verkehrsweg der Antike. Ausgrabungen entlang der Römerstraßen, z. B. in Ordona (Herdonia) oder in Canosa di Puglia (Canusium), belegen die Präsenz römischer Siedler in diesem Landstrich.

Chint von Pülle

Auch einer, der blieb, war im Mittelalter der Stauferkaiser Friedrich II. Zwar bezeichneten zeitgenössische deutsche Chroniken den Regenten zu Unrecht als „Kind aus Apulien", als Sohn der Region mag er im übertragenen Sinn dennoch gelten: Foggia wählte er sich zum Standort seiner kaiserlichen Residenz; nur wenige Kilometer weiter, in der Festungsstadt Lucera, siedelte er seine getreuen Sarazenen an; und in der Provinz Foggia ist der Staufer schließlich auch gestorben. Das Castel del Monte, im Hinterland der Terra di Bari gelegen, ist das eindrucksvollste Beispiel säkularer Architektur, die sich staufischer Baukunst verdankt.

Nah am Wasser gebaut

Die Costa di Bari ist gespickt mit bedeutenden Kirchen und wehrhaften Burgen. Die reichen Seestädte liegen beinah in Sichtweite zueinander und offerieren Kulturreisenden immer wieder Kostbarkeiten: Oft sind die Kastelle und Kathedralen nah am Wasser gebaut, allen voran die Königin der Meereskathedralen in Trani und die sehenswerten Wehranlagen in Barletta und Monopoli. Kirchen, Kastelle und die alten Stadtquartiere der Küstenstädte verschmelzen nicht selten mit den Fischerbooten in den Naturhäfen zu romantischen Ensembles, so in Giovinazzo, Polignano a Mare und Trani, das v. a. abends, zur blauen Stunde, die Besucher verzaubert.

800 Kilometer Küste

„Er hatte die Sprache des Meeres gelernt, die Befehle des Windes und das Flüstern der Wellen." Was der Schriftsteller Laurent Gaudé in seinem Gargano-Roman „Die Sonne der Scorta" beschreibt, bringt es auf den Punkt: Apulien ist ein Land am Meer; die Menschen an der Küste waren und sind schicksalhaft mit dem Wasser verbunden, das Gefahr und Lebensgrundlage zugleich ist. Fast 800 km Küste nennt Apulien sein Eigen – mehr Meer geht fast nicht. Neben dem Fischfang hat sich in Apulien inzwischen natürlich auch der Tourismus als wichtiger Erwerbszweig etabliert, und im Juli und August sind die Sandstrände voll von sonnenhungrigen Urlaubern.

Am Lago di Lésina herrscht zuweilen kontemplative Ruhe

Der Sporn Apuliens

Mit ihrer spektakulären Steilküste und den malerisch auf Felsspornen errichteten Städtchen zählt die Gargano-Halbinsel völlig zu Recht zu den beliebtesten Bade- und Urlaubsdestinationen der Adria. Zur Vor- und Nachsaison hält sich der Andrang jedoch in Grenzen, familientaugliche Strände machen das Bad im Meer zum Vergnügen. Die stille Einsamkeit der Berge und Wälder hingegen erwartet die Besucher im Hinterland, das 1995 zum Nationalpark erklärt wurde. Dem Festland vorgelagert ist ein kleiner Archipel, die Isole Tremiti, und wer den einen oder anderen Tag erübrigen kann, sollte die Inseln unbedingt aufsuchen.

Der Absatz Apuliens

Der Süden Apuliens, die historische Terra d'Otranto, entwickelt sich immer mehr zur eigentlichen Überraschung der Region. Sonne, Wind und – natürlich – das Meer prägen diesen reich gesegneten Landstrich. Genauer gesagt sind es zwei Meere, die den Stiefelabsatz Italiens umschließen: die Adria und das Ionische Meer. Auch hier kommen Badefreunde voll auf ihre Kosten, zudem bieten einige Küstenabschnitte gute Möglichkeiten zum Wandern und Radfahren.

Urbane Schätze

Der Städtetourismus hat Apulien noch nicht auf der Landkarte verzeichnet – zu Unrecht, denn Reiseziele wie Otranto, Nardò oder das grandios gelegene Gallipoli machen Apulien auch für Kulturliebhaber interessant. Außerdem befreien sich die Provinzhauptstädte allmählich von ihrem Image, reine Armutsmetropolen zu sein. Für die reiche Barockstadt Lecce im Süden, in vielem den norditalienischen Städten ähnlich, galt dieses Etikett sowieso noch nie: Lecce ist eine mondäne Einkaufsstadt, üppig ausgestattete Kulturmetropole und ein lebendiger Ort mit viel Flair und Lebensqualität. Aber auch die Altstadtreviere von Bari und Tarent – einst Hort der organisierten Kriminalität oder trostlos vernachlässigt – scheinen sich allmählich zu häuten und den Fremden zu öffnen.

Mezzogiorno

Norditalien – so sagt der separatistische italienische Volksmund – hört kurz vor Rom auf. Die imaginäre Trennlinie zwischen dem reichen Norden und dem hilfsbedürftigen Süden verläuft irgendwo in der Landesmitte. Der Süden Italiens heißt „Mezzogiorno" – und Apulien ist eine solche Mezzogiorno-Region. Staatlich gelenkte Programme haben in der zweiten Hälfte des 20. Jh. auch dieser Region einige wenige Industrieanlagen beschert, die entweder noch heute Arbeit schaffen oder mittlerweile als Investitionsruine vor sich hin dümpeln. In Tarent, Brindisi und Manfredonia stechen diese Anlagen ins Auge, so manch Öko-Desaster wurde in der Vergangenheit von ihnen verschuldet.

Trulli-Idyll im Hinterland

Doch insgesamt ist Apulien ein Agrarland geblieben – und wird es wohl in Zukunft auch bleiben. Wer sich von der Küste ins Landesinnere begibt, fährt an Wein- und Olivenplantagen vorbei und begegnet rasch den typischen traditionellen Steinbauten Apuliens. Im Valle d'Itria, einer idyllischen Region im Schnittpunkt der drei Provinzen Bari, Brindisi und Tarent, laufen sie – wie Zipfelmützen – oben spitz zu. Die Trulli, so heißen diese ehemaligen Wohn- und Speicherhäuschen, zählen mittlerweile zum Weltkulturerbe, und das Itria-Tal gehört zu den beliebtesten Reisezielen Apuliens. Noch weiter im Hinterland durchziehen Schluchten die hügelige Karstlandschaft, in deren Felswände die basilianischen Mönche, die im Mittelalter aus dem Osten nach Apulien kamen, ihre Höhlenkirchen gemeißelt haben.

Landschaft

Anders als die meisten Regionen Italiens ist Apulien nur wenig von Gebirge geprägt: Abgesehen von einem kleinen Apenninen-Ausläufer und vom Höhenrücken des Gargano präsentiert sich die Region überwiegend flach oder hügelig.

Nur 1 % der Gesamtfläche Apuliens ist gebirgig, ansonsten besteht die Region aus karstigem Hügelland (45 %) und Tiefebenen (54 %). Geologisch betrachtet ist Apulien eine gewaltige Kalksteintafel, die im Lauf der erdgeschichtlichen Entwicklung verkarstete. Ständig wasserführende Ströme gibt es (bis auf den Ofanto) daher keine, und die dunkelrote Erde, ein Verwitterungsprodukt der Karstbildung, liegt wie ein fruchtbarer Teppich auf dem steinigen Grund. Trotzdem ist Apulien vom Wasser geprägt: Rund 800 km Küste – flach und sandig oder wild zerklüftet – kennzeichnen die Region zwischen Adria und Ionischem Meer, die sich grob in vier charakteristische Landschaften unterteilen lässt:

Der **Gargano** (Provinz Foggia) ist ein mächtiges Kalksteinmassiv, das wie ein Sporn ins Meer ragt. Geologisch gehört die Halbinsel bereits zum Balkan. Die Berge sind z. T. mit Buchenwald bedeckt *(Forestra Umbra)*, an anderen Stellen überwiegen Wiesen oder karges Kulturland (Olivenbäume, Weideland). Abwechslungsreich

Schluchten im Hinterland laden zum Wandern ein

präsentiert sich die Küste: Uferhöhlen, Karstbögen, steile Klippen und sandige Buchten bilden wundervolle Kontraste zum azurblauen Meer. 1995 wurde der Gargano zum Nationalpark erklärt.

In der gleichen Provinz liegt der **Tavoliere di Foggia,** eine agrarisch geprägte, ca. 3000 km² große Ebene rund um die Hauptstadt Foggia. Die Kornkammer Italiens wirkt auf Durchreisende zumeist monoton, im Frühjahr jedoch zeigt sie ihr buntes Gesicht, wenn blühende Felder für farbenfrohe Abwechslung sorgen. Kulturliebhaber steuern gewöhnlich flugs die landeinwärts liegenden Städte Lucera und Troia an: Sie befinden sich am Rand des Tavoliere, der im Westen in das Hügel- und Bergland des **Subappennino Dauno** übergeht.

Das apulische Kernland ist die **Murgia.** Das von der Küste aus allmählich ansteigende Hinterland der Provinz Bari ist ein ertragreiches Bauernland mit uralten Olivenpflanzungen. Je weiter man sich von der Costa di Bari entfernt, desto dünner ist die Murgia besiedelt. Landschaftlich am interessanten ist die Hochmurgia, ein zerklüftetes Karstgebiet: Wie ein feines Adersystem durchziehen sog. *Gravine* die Hochebene. Diese Canyons sind während der letzten Eiszeit entstanden, viele Höhlen wurden in unruhigen Zeiten zur natürlichen Zufluchtsstätte der Bevölkerung.

Die Halbinsel des **Salento** im Südosten Apuliens (Provinz Lecce) zeigt zwei unterschiedliche landschaftliche Gesichter: Nordwestlich von Lecce erstreckt sich der flache, agrarisch intensiv genutzte **Tavoliere di Lecce**. Südlich der Hauptstadt durchzieht das Binnenland ein bis zu 200 m hoher Karstrücken, die **salentinische Murgia.** Der dicht besiedelte Salento ist von zwei Meeren umgeben: Die adriatische Seite ist vielerorts felsig und zerklüftet, während sich die ionische Küste überwiegend flach und sanft präsentiert.

Flora und Fauna

Apulien ist seit jeher Agrarland. Riesige landwirtschaftliche Nutzflächen haben die natürliche Flora und Fauna längst in die Randzonen gedrängt. Mit der Einrichtung von Nationalparks und Naturschutzgebieten versuchen Regierung und Umweltverbände, die verbliebene ursprüngliche Natur zu bewahren.

Sattgrüne Äcker und Plantagen, Haine mit knorrigen Olivenbäumen und gezirkelte Weinfelder machen in erster Linie den landschaftlichen Reiz Apuliens aus. Pfirsich-, Mandel- und Kirschenplantagen, dazu Felder, auf denen Mais, Reis, Tomaten, Tabak und Baumwolle gedeihen, verwandeln die Region in einen Flickenteppich. Die Pracht der apulischen Pflanzenwelt ist somit im Wesentlichen eine kultivierte Pracht, die sich v. a. im Frühjahr farbenreich entfaltet. Nur dort, wo die Zivilisation Platz gelassen hat, findet man noch ein wenig von der ursprünglichen Pflanzenwelt. Am Ionischen Meer, auf dem sandigen Boden hinter den langen Stränden, säumt ein Gürtel von Pinienwald die Küste. Auf der adriatischen Seite, wo die Küstenregion felsiger und zerklüfteter wird, machen sich Steineichen, Aleppokiefern und die typisch mediterrane Macchia mit z. B. Erdbeerbäumen, Zistrosen oder Wolfsmilchgewächsen breit.

Auch wenn die natürlichen Lebensräume auf ein Minimum geschrumpft sind, konnten sich zumindest einige gefiederte Tierarten mit den veränderten Lebensbedingungen anfreunden. Singvögel haben in den Getreidefeldern und Olivenhainen ihr Biotop gefunden. Adler kreisen zwar nicht mehr wie zu Kaiser Friedrichs Zeiten über Apulien, aber mittlerweile sind Falken und andere Greifvögel wieder in die Hochmurgia zurückgekehrt. Ein Tummelplatz für Wasservögel sind die Küstenschutzgebiete und Seen. In den apulischen Waldgebieten – auf dem Gargano und im Subappennino Dauno – haben einige kleinere Säugetierarten wie Rehe, Füchse und Wildschweine ihren Lebensraum. Ansonsten hat die apulische Tierwelt nicht viel zu bieten: Im Kulturland sind Eidechsen zu Hause, und Wanderer können hin und wieder auf Schlangen stoßen. Bis auf die giftige Aspisviper sind diese aber gänzlich ungefährlich. Kaum zu Gesicht bekommen wird man dagegen die Tarantel, eine Spinnenart, die nach der Stadt Tarent benannt ist. Einem einheimischen Glauben zufolge soll ihr schmerzhafter, aber nicht lebensgefährlicher Biss verschiedene Krankheiten auslösen (→ „Tarantismus", S. 361 und S. 368)

Naturschutzgebiete: Die *Foresta Umbra* (S. 112), der Hochwald des Gargano-Gebirges, ist ein letzter Rest des apulischen Urwalds. Er gehört zum 1995 eingerichteten *Parco Nazionale del Gargano*. Vor allem Buchen, aber auch Kiefern, Eichen, Ulmen, Linden und Kastanien finden sich in diesem Naturschutzgebiet, das vielen Vögeln einen Lebensraum bietet. Vergleichbare Forstgebiete gibt es in ganz Apulien nicht mehr, auch die in den vergangenen Jahrzehnten betriebene Wiederaufforstung der Küstengebiete mit Pinien und Strandkiefern hat daran nichts geändert. Zum Gargano-Nationalpark gehört auch das vorgelagerte Meeresschutzgebiet der *Tremiti-Inseln* (S. 145). An der nördlichen Salento-Küste befindet sich mit *Le Cesine* (S. 311) eines der ältesten Naturschutzgebiete Apuliens. Dieses kleine Sumpf- und Seengebiet ist in eine mediterrane Wald- und Macchiavegetation aus Aleppokiefern, Pinien, Steineichen, Eukalyptusbäumen, Mastix, Myrte und Ginster eingebet-

Ein Vermächtnis der alten Griechen: Der Olivenbaum

tet. Ein mit Sträuchern bewachsener Dünengürtel schützt die flachen, fischreichen Seen vor Meeresüberschwemmungen, Zugvögel legen in dieser Naturoase alljährlich einen Zwischenstopp ein. Ein anderes wichtiges Vogelschutzgebiet bilden die größten Salinen Italiens bei *Margherita di Savoia* (S. 143 f.). Die fischreichen *Alimini-Seen* (S. 314) oberhalb von Otranto, die unberührte Küste von *Portoselvaggio* (S. 350) nördlich von Gallipoli, der Küstenstreifen von *Marina di Torre Guaceto* (S. 250) bei Brindisi und die *Area Marina Protetta Porto Cesareo* (S. 353) gehören ebenfalls zu den geschützten Naturoasen der Region.

Klima und Reisezeit

Mit durchschnittlich 300 Sonnentagen im Jahr, einem heißen Sommer, milden Frühlings- und Herbstmonaten, einem kurzen, nahezu frostfreien Winter und geringen Niederschlagsmengen gehört Apulien zu den wärmsten Zonen Europas. Für Turbulenzen sorgen nur die unberechenbaren Winde.

Das Itria-Tal kündigt den Frühling zuerst an: Schon im März verwandelt sich die Kulturlandschaft in ein Farbenmeer aus Mandel- und Obstbaumblüten, die rostrote Erde beginnt zu leuchten. Auch in den anderen Gegenden Apuliens sorgt die Sonne bereits im März tagsüber für angenehme Temperaturen, während es abends und nachts noch recht kühl werden kann. Der Mai ist die ideale Reisezeit für Naturliebhaber, denn in diesem Monat erreicht die Farben- und Blütenpracht ihren Höhepunkt.

Der Sommer beginnt im Juni und dauert bis September. Während an der Küste schwache Winde für ein angenehmes Klima sorgen können, verwandelt sich das Landesinnere zuweilen in einen Backofen: Die Temperaturen können Spitzenwerte von mehr als 40 °C erreichen. Wer kann, sollte den Monat August meiden, allerdings nicht nur wegen der Hitze: Am Höhepunkt der italienischen Urlaubssaison um Ferragosto (Mariä Himmelfahrt) sind die Strände hoffnungslos überfüllt, das Landesinnere ist wie leergefegt (siehe „Feste und Feiertage“, S. 61).

Der Frühherbst ist die angenehmste Reisezeit. Der Sommer verabschiedet sich allmählich, und die Ruhe der Nachsaison kehrt ein. Das Meer ist aber noch immer warm, die Farben sind satt und die Früchte reif. Ende Oktober nimmt die Niederschlagsmenge signifikant zu.

Die kurzen Winter sind mit Durchschnittstemperaturen von 6 bis 9 °C mild. Auf dem Gargano und in den Hochlagen des Hinterlandes fällt aber manchmal Schnee, und es kann auch durchaus überraschende Kälteeinbrüche im apulischen Kernland geben.

Das subtropisch-mediterrane Klima Apuliens gerät manchmal durch die starken, unberechenbaren Winde durcheinander. Gelegentlich streicht aus dem nahen Afrika der feucht-heiße Wüstenwind *Scirocco* herüber und macht Mensch und Tier fast besinnungslos vor Hitze. Ein kräftiger Wind der warmen Jahreszeit ist auch der *Libeccio*, der aus südwestlicher Richtung weht. Bisweilen pfeift der trocken-kühle Fallwind *Bora* aus nordöstlicher Richtung über Apulien hinweg und fügt der Landwirtschaft z. T. schwere Schäden zu.

Wirtschaft und Tourismus

Der wichtigste Erwerbszweig in Apulien ist die Landwirtschaft. An der Küste leben die Menschen überwiegend vom Fischfang und vom aufstrebenden Tourismus. Industrieanlagen beschränken sich auf wenige Ballungsräume.

Die ersten **Industriebetriebe** wurden ab den 1960er Jahren mithilfe norditalienischen und ausländischen Kapitals angesiedelt. Ein umstrittener Sonderfonds, die *Cassa per il Mezzogiorno*, wurde dabei zum wesentlichen Schrittmacher, mit dem die italienische Regierung das apulische Industriedreieck Bari – Brindisi – Tarent mit der notwendigen Infrastruktur schuf – der Süden benötigte alles, bessere Straßen, Eisenbahntrassen, Häfen und Flugplätze. Das Stahlwerk in Tarent ist bis heute der größte apulische Industriekoloss, in Brindisi entstanden die Montedison-Raffinerien, und die Petrochemie belebte Bari. Im Vergleich zu Nord- und Mittelitalien ist das heutige Apulien jedoch nur wenig industrialisiert, ihre wirtschaftliche Identität bezieht die Region nach wie vor aus dem primären Sektor.

Angesichts der heute üppigen **Agrarwirtschaft** ist es nur schwer vorstellbar, dass die Landbevölkerung bis in die 1960er Jahre zu einem großen Teil in Armut lebte. Im Tavoliere im Norden Apuliens war die Not besonders groß: Hier wurde das Land größtenteils von Großgrundbesitzern verwaltet (Latifundienwirtschaft), welche die Landarbeiter zumeist wie Sklaven behandelten. Agrarreformen wurden entweder nur versprochen und nicht durchgeführt (z. B. im 19. Jh. durch die Herrscher in Neapel) oder zeigten nur ganz allmählich Wirkung (z. B. das 1950 von der italienischen Regierung erlassene Gesetz zur Landreform). Heute exportiert Apulien landwirtschaftliche Produkte in andere Regionen Italiens und ins Ausland, u. a. Getreide, Wein, Olivenöl, Mandeln, Tabak, Obst und Gemüse. Eine besondere Stellung gebührt der Olivenölproduktion: Im 8. Jh. v. Chr. gelangte der Olivenbaum im Gepäck griechischer Kolonisatoren nach Süditalien. Er stellt mit Abstand die wichtigste Kulturpflanze dar und prägt mit seiner unverwechselbaren Erscheinung das Gesicht der Region. Bereits bei den Römern war Apulien das größte Olivenanbaugebiet

Im Hafen von Trani präsentieren Fischer ihren Fang

Italiens. Im 14. und 15. Jh. wurde das apulische Olivenöl dann zum Exportschlager und erreichte sogar den Norden Europas. Heute produziert Apulien mit moderner Technik jährlich über 200 Mio. Liter Öl – angeblich 20 % der Gesamtproduktion der Europäischen Union!

Zeugen der jahrhundertealten bäuerlichen Kultur Apuliens sind die **ländlichen Bauten,** auf die man überall trifft. Einfache Schutzhütten und krumme Mauern aus von den Feldern beseitigten Steinen waren die ersten architektonischen Errungenschaften der frühen Landbevölkerung. Später schichteten die Bauern flache Feldsteine *(chiancarelle)* systematisch zu Steinhaufen, Steinmauern und Schutzhütten auf. Vorrangige Methode war die *Architettura in Pietra a secco* – die Trockenbauweise ohne Mörtel. Vom Gargano-Gebirge bis hinunter zur salentinischen Murgia findet man noch heute zahlreiche lokaltypische Formen dieser Feldsteinbauten. Die herrschaftliche Variante der ländlichen Architektur repräsentiert dagegen die Masseria, der apulische Gutshof (→ „Kleines Glossar ländlicher Kulturbauten", S. 22).

Wie auch in anderen Regionen Süditaliens setzen die Menschen in Apulien große Hoffnungen auf den **Tourismus.** Die Küste mit ihren Stränden und die kulturellen Sehenswürdigkeiten in den Städten erweisen sich dabei als Zugpferde und wertvolle Standortfaktoren. Das Valle d'Itria (mit den Trulli-Bauten rund um das Zentrum Alberobello) und die Gargano-Halbinsel sind mit Abstand am stärksten vom Tourismus geprägt. Es folgen die historischen Hafenstädte an der Costa di Bari (u. a. Barletta, Trani und Polignano a Mare) sowie die aufstrebende Salento-Halbinsel mit der Barockmetropole Lecce. Die touristische Infrastruktur ist gut oder zumindest ausreichend, an Übernachtungsmöglichkeiten und guten Restaurants herrscht – wie auch andernorts in Italien – kein Mangel.

Kleines Glossar ländlicher Kulturbauten

Muri: Die Steinmauern sind die auffälligsten Relikte der Feldsteinbeseitigung. Krumm, kurvig und teils parallel ziehen sie sich durch die Landschaft und trennen die Felder voneinander. Ein faszinierendes Menschenwerk, bedenkt man, dass die Muri aneinandergereiht in der Länge mit der Chinesischen Mauer konkurrieren könnten.

Specchie: Die mancherorts noch zu erkennenden Steinhaufen stammen angeblich aus der frühesten Besiedlungsphase. Sie fungierten (nach ungesicherten Erkenntnissen) als Beobachtungshügel und besaßen kultische Bedeutung. Einen dieser merkwürdigen Steinhügel können Sie beispielsweise in der Nähe von Francavilla Fontana besichtigen.

Caselle: Vor allem die Murgia und der Salento sind mit diesen steinernen Schutzhütten übersät. Noch heute bieten die kleinen Mehrzweckbauten den Bauern Schutz vor Unwetter und Mittagshitze, außerdem dienen sie als Unterschlupf für das Vieh und als Geräteschuppen. Das aufgeschichtete Mauerwerk verjüngt sich nach oben, sodass die Bauten von außen wie stumpfe Kegel wirken. Meist führt eine schmale steinerne Außentreppe auf das Dach.

Pagliari sind hohe, kegelförmige Steinbauten und fungierten früher als Feldscheunen. Von der Bauweise ähneln sie den Caselle, die Pagliari sind jedoch deutlich größer. Man findet sie vorwiegend im Gargano-Gebiet.

Trulli: Die berühmten Landhäuser des Itria-Tals basieren ebenfalls auf dem Trockenbauprinzip und können als bewohnbare Weiterentwicklung der Caselle verstanden werden (siehe auch S. 230).

Alberobello – pittoreske Zipfelmützen

Masserie: Die großen Besitzungen Apuliens waren jahrhundertelang in Händen des Adels, es herrschte die *Mezzadria,* ein strenges feudalistisches Erbpachtsystem. Eine apulische Masseria verwaltete zumeist ein riesiges Territorium (200 ha und mehr), auf dem Ackerbau und Viehzucht betrieben wurden. Der Padrone eines solchen Guts befehligte ein ganzes Heer von Contadini (Landarbeitern) und Braccianti (Tagelöhnern). Zahlreiche moderne Landwirtschaftsbetriebe stehen noch in dieser Tradition. Der Gebäudekomplex weist lokaltypische Unterschiede auf, besteht aber fast immer aus einem vornehmen Wohnbereich, dem Haupthaus, und zahlreichen bescheideneren Nebengebäuden für Arbeiter, Vieh und Gerätschaften. Je nach Entstehungszeit befestigte man die Gutshöfe zudem mit Wehrtürmen, Schießscharten und ähnlichen Verteidigungseinrichtungen.

Verführerische Anmut: Mosaik der drei Grazien im Museum von Egnazia

Geschichte

Vor- und Frühgeschichte

Auf ihrer Suche nach bewohnbaren Höhlen und Grotten in Meeresnähe verschlug es bereits einige **Steinzeitmenschen** in die Küstenregionen des heutigen Apulien. Spuren dieser mit primitiven Steinwerkzeugen bewaffneten Jäger und Sammler wurden besonders im Gargano und im Salento entdeckt. Die Küstengrotten und ufernahen Karsthöhlen haben die Jahrtausende umspannende Besiedlungsgeschichte zwischen der Altsteinzeit und der Jungsteinzeit bis heute konserviert. Ritzzeichnungen an den Felswänden der Wohnhöhlen sind die ältesten künstlerischen Relikte aus dieser grauen Vorzeit (→ „Tabernakel aus der Steinzeit", S. 331). Spektakulär war der Fund eines über 200.000 Jahre alten Menschenskeletts im Jahr 1993. Damals erkundeten Altertumsforscher die Grotte von Lamalunga (bei Altamura) und stießen dabei auf den sog. *Mann von Altamura*, der in die Evolutionsphase zwischen Homo erectus und Neandertaler eingeordnet wird.

Die **frühgeschichtliche Entwicklung** Apuliens stand im Zeichen expansiver Bewegungen einiger Balkanstämme, die zwischen 2000 und 1000 v. Chr. in mehreren Einwanderungswellen über die Adria nach Süditalien gelangten. Die Protagonisten dieser „illyrischen Landnahme" waren die *Japyger*, die der Region am Absatz des Stiefels auch ihren Namen gaben: *Japygia* – so nannte Herodot das heutige Apulien – entwickelte sich aufgrund von Lautverschiebungen zu *Apudia* und schließlich zu *Apulia*. Zu den drei wichtigsten Volksstämmen Apuliens entwickelten sich aber die illyrischen *Daunier*, *Peuketier* und *Messapier* (s.u.), die sich nach ihrer Ankunft allmählich mit der indigenen Bevölkerung vermischten. Grabungsfunde weisen deutlich erkennbare Unterschiede zwischen diesen Stammeskulturen auf.

Ethnische Vielfalt am Absatz: Daunier, Peuketier und Messapier

Daunier: Zu ihren Hinterlassenschaften gehören neben künstlerisch dekorierten Keramikgefäßen die daunischen Stelen, die hauptsächlich im Gebiet des Tavoliere di Foggia gefunden wurden. Aufgrund der räumlichen Konzentration der Stelenfunde lässt sich das ehemalige Siedlungsgebiet der Daunier ziemlich exakt bestimmen: Man könnte die heutige Provinz Foggia auch als die „daunische Provinz" bezeichnen.

Peuketier: Die südöstlichen Nachbarn der Daunier bewohnten den heutigen Großraum Bari, die Terra di Bari. Die peuketische Akropolis auf dem Monte Sannace, die man in der Nähe von Gioia del Colle entdeckt hat, bestätigt nicht nur die Präsenz, sondern auch die hohe kulturelle Entwicklungsstufe des peuketischen Volksstamms.

Messapier: Der dritte Stamm im lockeren frühapulischen Bund bevölkerte die karstige salentinische Murgia. In den späten 1970er Jahren wurde südlich von Lecce eine messapische Siedlung entdeckt, die neben einer massiven Befestigungsanlage bereits architektonische Feinheiten wie Gehsteig und Dachziegel erkennen ließ.

Griechen, Römer und Byzantiner

Die erste große **Kolonisierung Unteritaliens** vollzog sich gegen Ende des 8. Jh. v. Chr.: Die Spartaner gründeten an der ionischen Küste die Stadt Tarent, wurden allerdings vom peuketischen und messapischen Widerstand zunächst an der weiteren Landnahme gehindert. Im vierten vorchristlichen Jahrhundert erreichte der Stadtstaat Tarent seine wirtschaftliche und politische Blüte. Der kulturelle Einfluss der griechischen Enklave führte schließlich zur Hellenisierung weiter Teile Apuliens.

Die süditalienischen Küstenstädte hellenischen Ursprungs bildeten ein loses Bündnissystem, das mit dem Mutterland durch regen Güterverkehr und durch Absprachen, sich im Konfliktfall gegenseitig militärisch beizustehen, verbunden war. Die Griechenkolonien in Sizilien und Unteritalien, die sog. *Magna Graecia* (Großgriechenland), gerieten jedoch zunehmend in Konflikt mit der aufstrebenden **Stadt Rom.** 272 v. Chr. strich Tarent die Segel und kapitulierte vor den Römern. Fortan residierten und regierten Statthalter aus dem Norden am Ionischen Meer, und die *Via Appia*, die wichtigste Heeres- und Handelsstraße Süditaliens, wurde Stück um Stück nach Süden fortgesetzt, ehe sie um 190 v. Chr. ihr Ziel *Brundisium* (Brindisi) erreichte (→ „Horaz und die berühmteste Straße der Antike", S. 242). Wie notwendig das Straßenprojekt war, hatte der Zweite Punische Krieg (218–201 v. Chr.) gezeigt, als dem Karthager Hannibal bei *Cannae* auf apulischem Grund ein demoralisierender Schlag gegen das römische Heer gelungen war (→ S. 92 und S 205). Der Bundesgenossenkrieg (91–88 v. Chr.) läutete schließlich das Ende der Römischen Republik ein: Als Resultat der kriegerischen Auseinandersetzungen erhielten alle männlichen Bewohner der italienischen Halbinsel südlich des Po das römische Bürgerrecht. Griechen, Daunier, Peuketier und Messapier wurden auf diese Weise ins römische Reich integriert und tauschten ihre Traditionen gegen eine neue lateinische Identität ein. Die Römer bauten den Hafen von Brindisi aus, der für das

Imperium Romanum als Brückenkopf in den Orient diente. Zudem machten sie den fruchtbaren Tavoliere di Foggia urbar. Unter Kaiser Augustus erhielten die apulischen Städte ein neues Gesicht: In dieser Epoche entstanden z. B. die monumentalen Amphitheater von Lucera und Lecce.

Nach dem Untergang des Weströmischen Reichs 476 n. Chr. griffen die **Byzantiner** auf der italienischen Halbinsel ein, und Apulien wurde für Jahrhunderte zum Austragungsort des Kampfes zwischen West- und Ostrom. Gegen Ende der Völkerwanderungszeit (535–553) kam es zum gewaltsamen Aufeinandertreffen von Byzanz und den in Nord- und Mittelitalien siedelnden Ostgoten, aus dem das Oströmische Reich schließlich als Sieger und Herr über Apulien hervorging. Ab 570 unternahmen die Langobarden immer wieder kriegerische Vorstöße; Konstantinopel behielt jedoch letztlich die Oberhand und festigte seinen Einfluss in Apulien durch die Bestimmung Baris zum Regierungssitz. Die Unzufriedenheit der Bevölkerung mit der Besatzungsmacht aus dem Osten wuchs jedoch. Neben der Unfähigkeit des byzantinischen Gouverneurs *(Katapan)*, für innere Ordnung und sichere Grenzen zu sorgen, waren den Bürgern v. a. die apartheidähnlichen Zustände ein Dorn im Auge: Per Gesetz wurden die Kaufleute Baris oder Tranis gegenüber Griechen und Venezianern krass benachteiligt. Es kam zu Aufständen der apulischen Städte (→ S. 206), die im Norden nach Verbündeten suchten und diese auch fanden: Das päpstliche Rom, langobardische Kleinfürsten, apulische Widerstandskämpfer und normannische Söldner bildeten eine Allianz, welche die Kräfte des Byzantinischen Reichs allmählich aufzehrte, bis Bari als letzte Bastion 1071 in die Hände der Normannen fiel.

Das „griechische" Apulien

Der Süden Apuliens hat bis heute einen Teil seiner griechischen Identität bewahrt. Besonders im Salento und im Hinterland von Tarent, dem antiken Kolonialgebiet der Griechen, sind diese Wurzeln noch ganz deutlich zu spüren. Nicht selten hört man die Südapulier über sich selbst sagen: „Wir fühlen uns eigentlich mehr als Griechen", und sie meinen damit natürlich nicht das heutige Griechenland, sondern ihren hellenischen Stammbaum (→ „Rätselraten um ein Phänomen", S. 366).

Mit der Christianisierung Süditaliens im 2. Jh. wurde Griechisch zur Sprache der Kirche und gewann somit an Bedeutung. Ab dem 5./6. Jh. kamen dann Griechen aus dem östlichen Mittelmeerraum, vom Balkan, aus dem Vorderen Orient und aus Nordafrika nach Unteritalien. Im 8. Jh. folgten die basilianischen Mönche, die auf der Flucht vom Balkan und aus Kleinasien nach Süditalien gelangten. In Apulien versteckten sich die Mönche in den Schluchten der Murgia und gründeten dort ihre Höhlensiedlungen. Die Grottenkirchen aus dieser Zeit gehören zu den faszinierendsten Sehenswürdigkeiten des Hinterlandes von Tarent und der Hochmurgia. Die Sakralräume sind z. T. mit gut erhaltenen, farbenprächtigen Fresken verziert, die zum Bilderkreis des byzantinischen Ritus gehören. Längst ist das Leben in diesen Höhlensiedlungen erloschen, aber nicht selten haben sie zur Gründung von Schluchtenstädten geführt, die unmittelbar darüber entstanden sind.

Normannen und Staufer

Anfang des 11. Jh. nutzten die von den apulischen Städten angeheuerten **normannischen Söldner** unter Führung von Robert Guiscard die Gunst der Stunde und schwangen sich zu den neuen Herren Apuliens auf. Die verunsicherten apulischen Städte drängten das päpstliche Rom unter Leo IX. zum Widerstand. Noch bevor Rom und Byzanz ein vereinigtes Heer zusammenstellen konnten, schlug Guiscard die päpstlichen Truppen; der gefangene Papst verzieh – gezwungenermaßen – seinem politischen Gegner und bestätigte diesem darüber hinaus den Landgewinn. Zusätzlich hieß Leo ihn auch noch als neuen Verbündeten Roms und Grafen von Apulien willkommen. 1059 wurde Guiscard zum Herzog von Apulien und Kalabrien ernannt, als Rom einen starken Beschützer gegen das deutsch-römische Kaisertum suchte. „Terror Mundi", „Schrecken der Welt", war nur einer der Beinamen, mit denen er in die Geschichte einging (→ auch S. 116). Abgesehen von seinen politisch-militärischen Erfolgen wirkte Guiscard auch auf zivilem Sektor: Das mittelalterliche Lehens- und Feudalsystem ist normannischen Ursprungs, die von Guiscard in Gang gesetzte Reform der Landwirtschaft stärkte das ökonomische Fundament der Region. Seine Nachfolger hatten weniger Format, standen aber stets in der Gunst der Kirche und konnten sich mangels starker Gegner an der Macht halten. Apulien erlebte eine friedliche Zeit, die begleitet war von einer regen Bautätigkeit, sowohl in der Sakral- als auch in der Profanarchitektur: Mit der apulischen Romanik entstand ein neuer, eigenständiger Baustil (→ „Il Romanico pugliese").

Makellose Romanik in Ruvo di Puglia

1139 vereinigten die Normannen Unteritalien und Sizilien zum Königreich Sizilien. Es fiel 1194 an die **Staufer**, als der erst dreijährige Friedrich in Palermo zum König von Sizilien gekrönt wurde. 1220 wurde Friedrich II. Kaiser des deutsch-römischen Reichs. Als weltliches Oberhaupt der Christenheit fühlte er sich zeitlebens verpflichtet, gegen den erbitterten Widerstand der Kurie die Einheit des Heiligen Römischen Reichs herzustellen und zu sichern. Friedrich war Wegbereiter einer Gesetzesreform, die den Untertanen erstmals einen Rechtsanspruch garantierte; er organisierte das Sozial- und Wirtschaftsleben Süditaliens im Sinn der altbewährten normannischen Prinzipien und übernahm nicht wenige Innovationen, die er sich bei den muslimischen

Il Romanico pugliese

Die Romanik des 11. und 12. Jh. war die erste eigenständige und länderübergreifende Baukunst des abendländischen Christentums. Den Urtyp der romanischen Sakralarchitektur verkörpert die romanische Basilika, ein gedrungener Kirchenbau mit schwerem Mauerwerk und schlankem Glockenturm. In Apulien flossen u. a. frühchristliche und byzantinische Elemente in die romanische Baukunst ein. Wichtigste Bauherren waren die Normannen: Im Verbund mit der römischen Kirche und dem Benediktinerorden verliehen die weltlichen Herrscher aus dem Norden ihrer Frömmigkeit durch die Stiftung großartiger repräsentativer Kirchenbauten Ausdruck. Die apulische Romanik wurde auf diese Weise zum bis heute wichtigsten Baustil Apuliens.

Die **Kathedrale San Nicola in Bari,** die auf dem Gelände eines zerstörten byzantinischen Palasts entstand, avancierte zum architektonischen Musterbau der apulischen Romanik, an dem sich viele andere Kirchenbauprojekte der Zeit orientierten. Als charakteristische Hauptmerkmale gelten die ummauerten Apsiden, die beiden schlanken Glockentürme, die mächtigen Seitenarkaden, das Portal mit dem baldachinartigen Vorbau und im Inneren die sog. Matroneen, die Emporen über den Seitenschiffen, welche ausschließlich für Kirchgängerinnen vorgesehen waren.

Es ist kein Zufall, dass San Nicola so prächtig und vorbildlich geriet, denn die Bareser Kathedrale beherbergte schließlich die Gebeine des hl. Nikolaus. Ehrfürchtige Pilger kamen aus aller Herren Länder nach Bari. Außerdem war Bari ein nahezu unumgängliches Etappenziel der zahlreichen Kreuzfahrer auf ihrem Weg ins Heilige Land. Dass die Bareser Nikolaus-Kathedrale in den Kirchen von Trani, Bitonto, Molfetta, Bisceglie oder Barletta gelungene Nachahmerbauten gefunden hat, liegt wahrscheinlich nicht nur an ihrer vollendeten romanischen Form, sondern auch am weitverbreiteten Nikolaus-Kult.

In Otranto und Troia stehen zwei weitere wichtige romanische Basiliken Apuliens. Die **Kathedrale von Otranto** war der einzige Kirchenbau der Normannen in Anlehnung an die Klosterkirche des Abtes Desiderius von Montecassino, welche in ganz Italien architektonische Maßstäbe setzte. Die Kathedrale von Otranto ist der größte romanische Kirchenbau Apuliens, sie blieb aber architektonisch ohne Nachfolger. Das prächtige **Gotteshaus von Troia** verkörpert hingegen den romanischen Kathedralentyp des nördlichen Apulien; an ihm sind ebenfalls keine der für San Nicola in Bari typischen Baumerkmale zu finden. Besonderheiten sind hier die sehr hohen und schmalen Blendarkaden und die Verwendung verschiedenfarbigen Gesteins am Baukörper.

Wie stark die apulische Romanik noch unter dem stilistischen Einfluss der jahrhundertelangen byzantinischen Vorherrschaft über die Region stand, zeigt sich v. a. in der plastischen Ausgestaltung der Kathedralen. Reliefverzierte Portale, Fensterrahmungen, Säulen, Bischofsthrone, Bronzetüren und Mosaikfußböden zeigen eine Fülle figürlicher Darstellungen und ornamentalen Schmucks, z. B. Löwen und Elefanten als Thron- und Säulenträger oder florale Muster, die ganz der byzantinischen Tradition verhaftet sind.

Bewohnern Siziliens abgeschaut hatte. Als Bauherr hinterließ er in Apulien zahlreiche Burgen, Jagdschlösser und Kastelle (→ S. 78).

Der Tod Friedrichs 1250 in Castel Fiorentino (→ S. 90) läutete den Untergang der Staufer ein. Die Kurie verbündete sich mit Karl von Anjou, der in der Folge als Staufervernichter Karriere machen sollte. Manfred, der Sohn Friedrichs, verlor bei Benevento gegen den Franzosen die Entscheidungsschlacht und sein Leben – seine Frau geriet zusammen mit den Enkeln Friedrichs in Gefangenschaft (→ S. 140).

Anjous, Aragonier, Habsburger und Bourbonen

Nachdem **Karl von Anjou** 1266 die Staufererben außer Gefecht gesetzt hatte, wandte er sich anderen Aufgaben zu. Unterstützt vom Papsttum, begann der König über Sizilien und Süditalien mit der Konsolidierung seines Reichs und ließ Kastelle und Jagdschlösser, Kirchen und Klöster mit großem Aufwand restaurieren. Allerdings übertrieb er es mit der Vetternwirtschaft, und die von ihm eingesetzten französischen Statthalter wirtschafteten kräftig in die eigene Tasche. Es kam zu gewaltsamen Aufständen, die 1282 in der *Sizilianischen Vesper* gipfelten. In der Folge fiel die Insel Sizilien an das spanische Haus **Aragon,** während das Festland mit Apulien zunächst im Besitz der Anjous verblieb. In den folgenden 150 Jahren bestimmten lokale Potentaten die Politik am Stiefelabsatz: Die angiovinischen Könige weilten fernab in Neapel, zahlreiche Kleinkriege erschöpften die Region, die Situation war unübersichtlich. Nach verworrenen dynastischen Erbfolgestreitigkeiten schwang sich 1442 Alfons V. von Aragon zum Regenten über Unteritalien auf, beendete die Herrschaft der Anjous und vereinigte das „Königreich beider Sizilien“ wieder.

Angst vor Invasionen: Küstenwachtürme zieren die Strände

Unter König Ferdinand I. von Aragon (reg. 1458–1494) eskalierte der Konflikt mit den apulischen Küstenstädten, die mit Unterstützung Venedigs versucht hatten, sich von den spanischen Fremdherrschern abzunabeln. Dieses Unterfangen war allerdings zusätzlich durch Piratenüberfälle erschwert worden, die den Städten gegen Ende des 15. Jh. empfindliche Verluste zugefügt hatten. 1480 hatten z. B. die Türken in Otranto für ein Blutbad legendären Ausmaßes gesorgt (→S. 316). Der Wunsch nach Autonomie erfüllte sich für die apulischen Städte nicht: Bis ins letzte Drittel des 19. Jh. blieben Apulien und große Teile Italiens unter dem Einfluss von Fremdherrschern, die sich um die Apenninen-Halbinsel stritten und die Provinzen plünderten.

1495 versuchte der Franzose Karl VIII. die Herrschaft über Unteritalien von den Aragoniern zu erringen. Er betrachtete sich als legitimer Nachfolger der Anjous

Lecceser Barock

Der salentinische Barock ist eine regionale Sonderform des europäischen Barock, die sich im 17. und 18. Jh. v. a. in Lecce entwickelte und in der Kunstgeschichte als „Lecceser Barock" bezeichnet wird. Während die italienische Barockkunst in der Sakralarchitektur z. B. ovale Grundrisse und geschwungene Fassaden bevorzugte, wurden die Lecceser Kirchen des 17. und 18. Jh. in der Form eines lateinischen Kreuzes und mit geraden, aber opulenten Fassaden angelegt: Die heimischen Architekten schwelgten geradezu im barocken Formenschmuck – verloren dabei jedoch nicht das Gefühl für die gestalterische Harmonie und Leichtigkeit.

Das Meisterwerk des Lecceser Barock ist ohne Zweifel die **Basilika Santa Croce** mit dem angrenzenden Cölestinerkonvent, wo die lokaltypische Fassadengestaltung mit ihren üppigen, aber wohlproportionierten Dekorationen besonders gelungen ist.

Verspielt: die Guglia dell'Immacolata ist das Wahrzeichen von Nardò

und löste eine langjährige Kriegsfehde zwischen Frankreich und Spanien aus. Karls Bestrebungen blieben zwar nur von kurzem Erfolg gekrönt, sie zeigten aber, dass längst die großen Fürstenhöfe nördlich der Alpen und auf der Iberischen Halbinsel über das Schicksal Süditaliens bestimmten. Nach einem erneuten französischen Intermezzo von 1500 bis 1504 erhoben höfische Intrigen, eine undurchsichtige Heiratspolitik und Thronfolgekriege zunächst die spanischen (1504–1707) und nach dem Spanischen Erbfolgekrieg schließlich die österreichischen **Habsburger** (1707–1734) zu den neuen Herren Süditaliens. Das Königreich beider Sizilien galt vom Beginn des 16. Jh. bis zum Ende der habsburgischen Ära als Nebenland der spanischen und später der österreichischen Krone, statt eines Königs regierte in Neapel ein vom jeweiligen Fürstenhof bestallter Vizekönig (Vizekönigreich Neapel). Die Vizekönige pressten das Land nach Kräften aus. In dieser langen Periode verlor Apulien wichtigen Ackerboden (z. B. wurde der fruchtbare Tavoliere di Foggia zur Schafweide), andererseits entwickelte sich Neapel im 16. Jh. zur blühenden Renaissanceresidenz und im 17./18. Jh. zur Barockmetropole. Auch die salentinischen Städte Lecce und Nardò wandelten sich zu Schaufenstern des Barockstils (→ „Lecceser Barock", s.o.).

1735 wurde während des Polnischen Thronfolgekriegs der sog. Wiener Präliminarfrieden (Vorfrieden) geschlossen, demzufolge Österreich Sizilien und Unteritalien an die spanischen **Bourbonen** abtreten musste. Bis 1860 regierten die Bourbonen in Neapel, allerdings ragte deren Ära bereits ins Zeitalter der Revolutionen hinein. Aufgrund der militärischen Erfolge der napoleonischen Truppen mussten die Bourbonen aus Neapel fliehen: Zwischen 1806 und 1815 herrschte der Bonapartist und Schwager Napoleons Gioacchino (Joachim) Murat in Süditalien. Nach der endgültigen Niederlage Frankreichs durften wieder die Bourbonen auf den neapolitanischen Thron zurückkehren.

Risorgimento, Brigantentum und Emigration

In Süditalien herrschte der Bourbone Ferdinand II. (reg. 1830–1859), als sich die Auswirkungen der **Risorgimento-Bewegung** in Süditalien bemerkbar machten. Inspiriert vom nationalen und liberalen Gedankengut, kämpften die Protagonisten gegen die Fremdherrschaft. Zwischen 1859 und 1861 vollzog sich dann mit Unterstützung des piemontesischen Hauses Savoyen die **nationale Einigung** Italiens *(L'Unità):* Der Freiheitsheld Giuseppe Garibaldi bekämpfte in Süditalien noch die letzten verbliebenen bourbonischen Truppen, als sich bereits weiter nördlich das neue (bis 1946 bestehende) Königreich Italien mit König Vittorio Emanuele II. an der Spitze konstituierte. Als 1870/71 der Restkirchenstaat annektiert wurde, hatten sich die Forderungen der Risorgimento-Bewegung erfüllt.

Die innenpolitischen Probleme waren jedoch mit der nationalen Einheit nicht gelöst: Bereits unter der Herrschaft der Bourbonen hatte es in Süditalien Widerstände gegen die repressive Politik Neapels gegeben. Immer wieder hatten Teile der verarmten Landbevölkerung zu den Waffen gegriffen – und vor den staatlichen Vergeltungsmaßnahmen in die Wälder und Berge fliehen müssen. Auf diese Weise entstand das **Brigantenwesen.** Wer geglaubt hatte, dass die Rebellen nach der nationalen Einigung die Waffen niederlegen würden, sah sich getäuscht: Die Machthaber aus Norditalien behandelten ihre süditalienischen Landsleute wie *Terroni* („Afrikaner"), die es mit Gewalt zu unterwerfen und zu disziplinieren galt. Anstatt den Süden zu integrieren, vergrößerten sie die (bis heute spürbare) Kluft zwischen beiden Landesteilen – der **Mezzogiorno** war geboren.

> „In den sechziger Jahren des vorigen Jahrhunderts fand in Süditalien ein Krieg statt, ein grausamer Krieg ohne Einhaltung des internationalen Rechts, ohne Kriegsgefangene, ohne Schützengräben und ohne Hinterland. Eine der beiden Armeen, die ‚richtige', in ordentlichen Uniformen und mit Offizieren von der Kadettenschule in Turin, hielt die Ortschaften des aufständischen Südens besetzt – isoliert wie in einem fremden Land, von einer Bevölkerung umgeben, die eine unverständliche Sprache sprach, fremdartige Sitten hatte und fast immer einen Sohn oder Bruder besaß, der bei ‚denen' da oben in den Bergen hockte und sich gegen die Eindringlinge erhoben hatte."
>
> Peter Chotjewitz und Aldo de Jaco, in: *Die Briganten. Aus dem Leben süditalienischer Rebellen* (Verlag Klaus Wagenbach, 1983)

Das Militär erwies sich letztlich als dem süditalienischen Widerstand überlegen (→ „Es begann in Gioia del Colle", S. 224). Weil nach dem Ende der Brigantenkriege die überfällige Landreform und Verfassungsänderungen ausblieben, versuchte man sich jetzt durch Auswanderung der Armut zu entziehen: Ende des 19. Jh. wurde die **Emigration** nach Übersee zum Gebot der Stunde. Tausende kehrten ihrer Heimat den Rücken – und der Norden ließ sie gehen. Auch Apulien entvölkerte sich.

20. Jahrhundert bis heute

Im 20. Jh. brach auch in Apulien das technische Zeitalter an. Großgrundbesitzer führten Maschinen für die Agrarwirtschaft ein, der Tavoliere di Foggia entwickelte sich wie zur Zeit der Römer wieder zur Kornkammer. Um dem gestiegenen Wasserbedarf zu begegnen, projektierte der italienische Staat den *Acquedotto pugliese* (→ „Der Acquedotto pugliese – ohne Wasser kein Leben", S. 33), der das Wasser aus dem Apennin nach Apulien bringen sollte. 1914 erreichte der Kanal Bari. Die faschistische Regierung unter Benito Mussolini betrieb das wichtige Unternehmen weiter, Apulien war nun nicht mehr die wasserärmste Region der Nation. Natürlich war dies keine Entwicklungshilfe der Faschisten, sondern ideologisches Programm. Unternehmer aus dem Norden kauften Ländereien im Urbarmachungsgebiet, und die faschistische Partei pries die entstehenden Musterbetriebe als Paradeleistungen ihrer Landwirtschaftspolitik. Die Bauern blieben weiterhin ohne eigenes Land.

Im **Zweiten Weltkrieg** waren Bari, Brindisi und Tarent die wichtigsten Marine- und Versorgungsstützpunkte des deutsch-italienischen Afrikaheers, was bereits 1943 zu Bombenangriffen der Alliierten auf diese apulischen Provinzhauptstädte führte. Nach dem Waffenstillstand zwischen Italien und den Alliierten am 3. September 1943 avancierte Brindisi kurzzeitig zum Sitz der Regierung von König Vittorio Emanuele III.

Nach dem Krieg konnte die Forderung nach Grundbesitz seitens der Bauern nicht mehr überhört werden. 1950 wurde das Gesetz zur Landreform endlich verabschiedet. Es sah eine schrittweise Enteignung von Großgrundbesitz und die Verteilung des Landes an die Bauern vor. Dadurch entstanden zwar zahlreiche bäuerliche Kleinstbetriebe, die Armut blieb aber. Einen neuen Arbeitsmarkt schuf die erst in den 60er Jahren beginnende **Industrialisierung,** die sich zwar hauptsächlich auf Bari, Brindisi und Tarent beschränkte, aber dennoch einen Beitrag zur Verringerung des Nord-Süd-Gegensatzes leistete (→ auch Kapitel „Wirtschaft", S. 20 f.).

Parteibüro in Ginosa (Provinz Tarent)

Indiz für Wasserklau: Aquädukt in Gravina in Puglia

Heute ist Apulien weder eine reiche noch eine Krisenregion des Mezzogiorno, aber die hohe Arbeitslosigkeit, die Kinderarbeit und die wachsende Kriminalität in den Städten beunruhigen die Menschen. Die apulische **Mafia,** die *Sacra Corona Unità* („Heilige Vereinigte Krone"), ist ebenso wie jene wie in Sizilien, Kalabrien und Kampanien in Familienclans organisiert. Besonders einträglich ist der grenzüberschreitende Schmuggel mit Zigaretten, Drogen und Menschen. Die Erpressung von Schutzgeldern (im Volksmund *pizzo* oder *racket* genannt) gehört ebenfalls zum Gewerbe der „ehrenwerten Gesellschaft". Im Frühjahr 2008 machte die auch in anderen europäischen Ländern tätige Organisation durch den sog. Weinskandal von sich reden: Die Staatsanwaltschaft ermittelte gegen die apulische Mafia, weil sie 70 Mio. Liter Wein u. a. mit Düngemittel gestreckt haben soll.

Seit Anfang der 1990er Jahre hat Apulien mit einem nicht hausgemachten Problem zu kämpfen, denn seit dem Zusammenbruch des Kommunismus strömen immer wieder **albanische Boatpeople** nach Apulien. Anfangs zeigte die apulische Bevölkerung Verständnis für die Flüchtlinge und richtete Notquartiere in Bari, Brindisi, Otranto und anderen Städten ein. Doch mittlerweile ist der von professionellen Menschenschmugglern organisierte Flüchtlingsstrom, der neben Albanern auch viele Kurden, Nordafrikaner und Osteuropäer ins Land bringt, zu einem nationalen Problem geworden. Längst hat sich eine rigorose Abschiebepolitik durchgesetzt, die das Problem allerdings nicht bewältigen kann. 1999 bescherte der Kosovo-Krieg Apulien eine weitere Flüchtlingswelle, welche die Region in eine touristische und wirtschaftliche Krise stürzte.

Auch innenpolitisch ging es in den 1990er Jahren in Italien lebhaft zu: Der **Korruptionsskandal** löste 1993 eine schwere Regierungskrise aus und führte zur Auflösung der 52. Nachkriegsregierung. Danach veränderte sich die italienische Parteienlandschaft vollständig. Hochkarätige Politiker und Unternehmer wurden in aufsehenerregenden Prozessen der Bestechlichkeit bzw. Bestechung überführt und anschließend verurteilt. Der skandalöse Prozess um die Mafia-Kontakte des greisen Giulio Andreotti, der erst im Mai 2003 mit einem Freispruch endete, ließ schließlich auch die Gutgläubigsten an der Integrität italienischer Nachkriegspolitik zweifeln.

Bei den Wahlen am 13. und 14. April 2008 ging zum dritten Mal **Silvio Berlusconi** als Gewinner hervor, ein Wahlsieg mit den Stimmen des Südens, der sich bereits im Vorfeld abgezeichnet hatte. Der konservative Medienmogul war 1994 mit seiner neuen Partei *Forza Italia* (ein Fußballschlachtruf!) wie ein Phönix aus der Asche aufgestiegen und polarisiert seitdem Italien. Berlusconi konnte sich bei Wahlen allerdings nicht immer durchsetzen: Erstmals in der Nachkriegsgeschichte kam bei der Wahl im Frühjahr 2006 in Italien ein Mitte-Links-Bündnis an die Macht, das sich unter dem symbolischen Namen *L'Ulivo* (Olivenbaum) vereinigt hatte.

Der Acquedotto pugliese – ohne Wasser kein Leben

An der Oberfläche ist Apulien extrem wasserarm. Unterirdisch jedoch haben sich die versickernden Niederschläge zu gewaltigen Grundwasservorräten aufgestaut. Schon sehr früh zapften die Apulier dieses natürliche Reservoir mittels artesischer Brunnen an.

Die alleinige Versorgung durch das Grundwasser erwies sich allerdings schon bald als unzureichend; mangels anderer Quellen blieb Apulien jahrhundertelang ein Wassernotstandsgebiet. Wohl schon die alten Römer hatten geahnt, wie mühselig der Bau einer leistungsfähigen Wasserleitung wäre, denn von den berühmten römischen Aquädukten fehlt in Apulien jede Spur. König Ferdinand II., der Apulien von Neapel aus regierte, machte sich Mitte des 19. Jh. ernsthafte Gedanken über eine Verbesserung der Wasserversorgung, aber die kalkulierten Kosten entmutigten ihn. Ein apulischer Wasserbauingenieur entwickelte schließlich 1867, im frisch vereinigten Königreich Italien, einen Plan zur Lösung des Wasserproblems – 40 Jahre später begann die italienische Regierung mit der Realisierung des Acquedotto pugliese. Dieses Jahrhundertbauwerk sah die Kanalisierung der zu Kampanien gehörenden Sele-Quelle vor. 1914 erreichte der rund 3 m breite, unterirdische Hauptkanal Bari. In den beiden folgenden Jahrzehnten verzweigte sich das Leitungssystem erheblich, erfasste über 300 Gemeinden und endete noch vor Ausbruch des Zweiten Weltkriegs im vorgesehenen Zielort Santa Maria di Leuca.

Apulien hatte sein Wasserproblem vorläufig gelöst, aber der stetig steigende Wasserbedarf machte in den 50er Jahren eine Erhöhung der Durchlaufmenge notwendig. Man zapfte weitere Quellen an, doch ohne die beabsichtigte Wirkung. Außerdem begann der mittlerweile fast 50 Jahre alte Acquedotto zu kränkeln und wurde immer reparaturbedürftiger. Neue Strategien und Investitionen richteten sich in der Folgezeit auf den Bau von Deichen und Staudämmen sowie den Ausbau des Leitungsnetzes. Der Stausee von Occhito an der Regionalgrenze zu Kampanien wurde in den 1970er Jahren zum bisher größten realisierten Stauprojekt Apuliens. Bei einer Gesamtdurchlaufmenge von 20.000 Litern Wasser pro Sekunde reicht die Wasserversorgungsperspektive derzeit bis ins Jahr 2015 – das ist nicht mehr lange hin!

Apulien

Reisepraktisches

Verkehrsknoten: Der Hauptbahnhof in Bari

Anreise

Der Weg nach Apulien ist lang: Zwischen der Hamburger Binnenalster und dem Lecceser Barock liegen exakt 2148 km. Zum Glück stehen für die Fahrt in den Süden mehrere Möglichkeiten zur Wahl.

Außerhalb der Stoßzeiten zu Ferienbeginn kann die Fahrt in den Süden mit dem Auto oder der Bahn zwar lang, aber durchaus angenehm sein. Zudem lohnt unterwegs auch noch das ein oder andere Reiseziel einen Besuch. Allerdings ist die Fahrt mit dem eigenen fahrbaren Untersatz bei Weitem nicht die preiswerteste Alternative, denn in Österreich und in der Schweiz müssen Vignetten und auf der Brennerautobahn und in Italien Mautgebühren bezahlt werden. Eine umweltverträgliche Alternative zum Pkw bietet die Bahn. Aber auch die Zugreise ist lang – und vom Heimatland aus nicht immer einfach zu organisieren. Während die Situation auf Asphalt und Schiene in Sachen Urlaubsverkehr seit Jahrzehnten beinahe unverändert ist, hat sich der Flugverkehr durch die Angebote der Billigflieger drastisch verändert. Die meisten Airlines bieten mittlerweile zum Flugticket auch günstige Mietwagenkonditionen im Zielgebiet an – eine preiseffiziente Alternative zur kostspieligen Anreise mit dem eigenen Auto.

Mit dem eigenen Fahrzeug

Von Süddeutschland, Österreich und der Schweiz kommt man in nur wenigen Stunden über die Alpen, und die Unabhängigkeit von Bus- oder Bahnfahrplänen verschafft größtmögliche Beweglichkeit. Allerdings sollte man auch die Kehrseite einer Anreise mit dem eigenen Fahrzeug berücksichtigen: Verkehrschaos in den italienischen Städten, Hupkonzerte, die Suche nach Parkplätzen und schließlich auch noch Autoknacker. Für Wohnmobilfahrer werden die Bedingungen im Süden Italiens allmählich besser: Kommunen an der Küste richten Stellplätze für die Nacht in netten Lagen ein, teils mit Ver- und Entsorgungsstationen.

Buchtipp: „Mit dem Wohnmobil nach Süd-Italien (Osten)" von Reinhard Schulz und Waltraud Roth-Schulz, WOMO-Verlag 2006. Das Autorenpaar beschreibt die schönsten Wohnmobilstellplätze in Apulien und in der Basilikata, mit Tourenvorschlägen und exakten GPS-Daten. Auch die Anreise in den Süden wird detailliert beschrieben.

Anreiserouten nach Italien

Das Alpen-Autobahnnetz ist zwar hervorragend ausgebaut, jedoch fallen erhebliche Gebühren an. Wer sparen will, muss Autobahnen meiden und nach Ausweichmöglichkeiten suchen. Die gängigste und bequemste Route ist dennoch die Autobahn über den Brenner. Sie ist zügig zu befahren und landschaftlich sehr reizvoll. Zu Ferienterminen ist diese Hauptroute allerdings extrem stauanfällig.

Hauptroute über den Brenner: Von München zunächst auf der A 8 Richtung Salzburg fahren, ab dem Inntal-Dreieck die A 93 zum Grenzübergang Kiefersfelden/Kufstein nehmen und weiter nach Innsbruck auf der A 12. Ab der Anschlussstelle Innsbruck-Süd ist die Brennerautobahn trotz bereits bezahlter Vignette gebührenpflichtig (Pkw und Wohnmobile 8 €; Bar- und Kreditkartenzahlung möglich). Ab dem Brennerpass (österreichisch-italienische Grenze) geht es in zügiger Talfahrt über Bozen und Trento nach Verona und in die Po-Ebene. Bei Modena wechselt man von der A 22 auf die A 1 nach Bologna.

• *Autobahngebühren in Österreich* Pkw- und Wohnmobilfahrer zahlen für die Jahresvignette 73,80 €, außerdem gibt es eine Zwei-Monats- (22,20 €) sowie eine Zehn-Tages-Vignette (7,70 €). Motorradfahrer zahlen etwa die Hälfte, Anhänger sind nicht vignettenpflichtig. Die Jahresvignette gilt 14 Monate (von Dezember bis Januar des übernächsten Jahres). Vignetten sind nicht übertragbar und müssen gut sichtbar auf der Innenseite der Windschutzscheibe angebracht werden. Verkaufsstellen an den Grenzübergängen, Vorverkauf beim ADAC oder an bundesdeutschen Tankstellen im Grenzgebiet. Wer ohne Vignette erwischt wird, muss zahlen. Infos unter www.asfinag.at.

Durch die Schweiz nach Italien: Für alle, die aus dem Westen Deutschlands kommen, ist die Rheinautobahn Frankfurt–Basel (A 5) die ideale Anfahrtsstrecke. Weiter geht es auf der Gotthard-Autobahn N 2 durch die Schweiz. Allerdings herrscht auch auf dieser Route erhebliche Staugefahr, v. a. am Gotthard-Tunnel, dem mit 16,3 km längsten Straßentunnel durch die Alpen (aktuelle Verkehrsinfos unter www.gotthard-strassentunnel.ch). Die Strecke führt am Luganer See entlang zum italienischen Grenzübergang Chiasso. Am Autobahnring um Mailand herrscht fast immer ein hohes Verkehrsaufkommen; danach quert die A 1 zügig die Po-Ebene in Richtung Bologna.

• *Autobahngebühren in der Schweiz* Für die eidgenössischen Autobahnen (Nationalstraßen) gelten die gleichen Bestimmungen wie für die österreichischen (s. o.). Pauschal wird ein Preis von 27,50 € pro Vignette erhoben. Sie ist ebenfalls 14 Monate von Dezember bis Januar des übernächsten Jahres gültig. Infos unter www.ezv.admin.ch.

Autoreisezug: Wer sich die lange Tour durch deutsche Lande und über die Alpen nicht zumuten will, findet in den Autoreisezügen der DB eine ideale Alternative. Vor allem für Familien mit Kindern ist der Autoreisezug eine stressfreie, wenn auch nicht billige Option für die Anreise. Zur Urlaubszeit starten mehrmals wöchentlich Züge von Deutschland nach Italien, allerdings gibt es bisher (Stand Frühjahr 2009) keine direkte Verbindung in den Süden des Landes. Infos unter www.db-autozug.de.

Weiter nach Apulien

Im Süden Italiens ist das Autobahnnetz nicht so engmaschig wie im Norden, außerdem sollte man sich streckenweise auf schlechteren Belag und auf Baustellen einstellen. Für die Nutzung der italienischen Autobahnen muss ebenfalls gezahlt werden (→ „Mautstellen“, S. 39).

Adria-Route: Von Bologna führt der direkte Weg auf der Adriatica (A 14) über Ancona und Pescara nach Apulien. Interessante Zwischenstopps ergeben sich in Ravenna oder in San Marino. Oft grüßt während der Fahrt in der Ferne das Meer, landeinwärts sind bei gutem Wetter die Abruzzen zu erkennen. Kurz vor der Provinz Foggia, der nördlichsten Provinz Apuliens, liegt Termoli: Von der Hafenstadt, die sich noch in der Region Molise befindet, starten die meisten Fährschiffe zu den Tremiti-Inseln (→S. 145 f.).

Über Rom nach Apulien: Wer Zeit und Muße hat, steuert Apulien über die Toskana und Umbrien an. Diese Inlandsroute ist zwar stark befahren und sicherlich ein Umweg, eröffnet aber zahlreiche Möglichkeiten für unvergessliche Zwischenstopps: Florenz, Siena, Orvieto oder der Bolsena-See. Von Rom führt die Autobahnquerverbindung A 24/A 25 hinüber nach Pescara an die Adria. Die Strecke durch die Abruzzen ist ein landschaftliches Erlebnis.

Informationen zum Verkehr in Italien

Geschwindigkeitsbegrenzungen: Für Pkw und Wohnmobile bis 2,5 t innerhalb geschlossener Ortschaften 50 km/h, auf Landstraßen 90 km/h (mit Anhänger 70 km/h), auf Schnellstraßen 110 km/h und auf Autobahnen 130 km/h (bei Regen 110 km/h). Für Wohnmobile und Lkw über 3,5 t sowie Busse gelten innerorts ebenfalls 50 km/h, auf Land- und Schnellstraßen 80 km/h und auf Autobahnen 110 km/h. Bei zu schnellem Fahren sind hohe Geldbußen fällig.

Kennzeichen-Pflicht: Wer kein Euro-Kennzeichen hat, benötigt immer noch ein Nationalitätenkennzeichen. Rund 50 € kassiert die italienische Polizei von Autofahrern, an deren Wagen das Schild fehlt bzw. nicht korrekt an der Rückseite angebracht ist. Auch in der Schweiz und in Österreich werden Strafen fällig.

Warntafel: Ein Gegenstand, der auf dem Wagendach transportiert wird und über das Wagenende hinausragt (z. B. Surfbrett und -mast), muss mit einer 50 x 50 cm großen, reflektierenden Warntafel abgesichert werden.

Weitere Vorschriften: Vor dem Anhalten rechtzeitig blinken. Privates Abschleppen auf Autobahnen ist verboten. Auf Autobahnen und außerhalb geschlossener Ortschaften grundsätzlich das Abblendlicht einschalten, ebenso in Tunnels und Galerien. Telefonieren während der Fahrt nur mit Freisprechanlage. Die Promillegrenze wurde auf 0,5 ‰ gesenkt. Infos zum Stadtverkehr und zum Parken ab S. 44.

Besondere Verkehrsschilder: attenzione uscita veicoli = Vorsicht Ausfahrt; divieto di accesso = Zufahrt verboten; lavori in corso = Bauarbeiten; sbarrato = gesperrt; parcheggio = Parkplatz; zona tutelata = Parkverbotszone; rallentare = langsam fahren; senso unico = Einbahnstraße; strada senza uscita = Sackgasse; zona pedonale = Fußgängerzone; zona rimorchio = Abschleppzone; deviazione = Umleitung; zona di silenzio = Hupverbot.

Pannenhilfe und Notruf: Notrufsäulen stehen in Abständen von 2 km an den Autobahnen. Ansonsten erreicht man den Straßenhilfsdienst des italienischen Automobilclubs ACI (Automobile Club d'Italia) in ganz Italien rund um die Uhr unter ✆ 803116. Die deutschsprachige Notrufstation des ADAC in Mailand ist

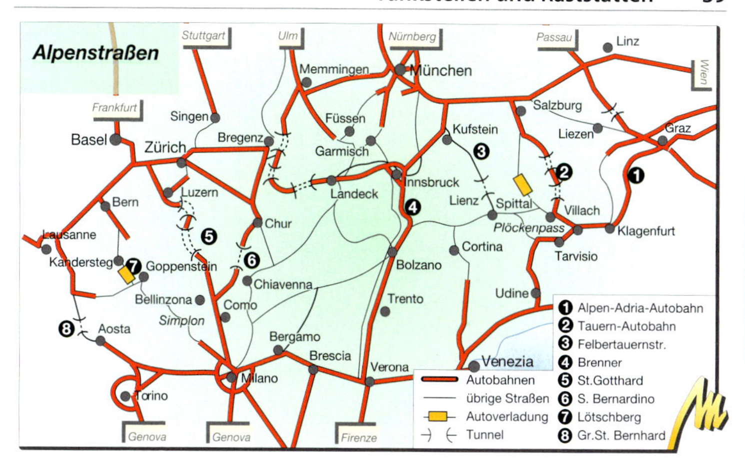

ebenfalls ständig besetzt: ✆ 02-661591. Pannenhilfe mit Bordmitteln und Abschleppen bis zur nächsten Werkstatt ist für alle Fahrzeuge mit nicht italienischem Kennzeichen kostenpflichtig. Eine reflektierende Warnweste gehört ins Notfallset und muss bei einer Panne oder einem Unfall getragen werden.

Versicherungen: Wegen niedriger Deckungssummen italienischer Haftpflichtversicherer ist bei neueren Fahrzeugen eine befristete Vollkaskoversicherung von Vorteil. Auch ein Auslandsschutzbrief ist ratsam, mittlerweile bieten ihn fast alle Automobilclubs und Versicherer an. Ob bei Panne, Unfall, Fahrzeugdiebstahl, Krankheit oder Notsituation – die Leistungen sind umfangreich.

Mautstellen

Mit den Worten „Alt stazione" werden Mautstellen angekündigt. In den meisten Fällen zieht man dort ein Ticket am Automaten, beim Verlassen oder Wechsel der Autobahn wird jeweils zur Kasse gebeten. Barzahler werden vom freundlichen Personal in den Kassenhäuschen abgefertigt. Einfacher ist das Bezahlen mit der magnetischen *Viacard*, einer Mautkarte, die im Wert von 25, 50 oder 75 € bei einigen Automobilclubs (auch in Deutschland, Österreich und der Schweiz) sowie an Grenzübergängen, Mautstellen und großen Autobahnraststätten erhältlich ist. Für Viacard-Besitzer gibt es an den meisten Zahlstellen eigene Spuren, beim Bezahlen stets auf ausreichende Deckung achten bzw. Ersatzkarte mit sich führen. Auch Kreditkarten werden an Zahlstellen zunehmend akzeptiert. Wer sein Ticket verliert, bezahlt die größtmögliche Gesamtstrecke. Achtung: Zurücksetzen oder gar wenden ist an den Mautstellen streng untersagt.

• *Gebühren* Die Mauthöhe bemisst sich nach der Streckenlänge (Faustregel: ca. 0,60 €/km), der Art der Autobahn und der Fahrzeugart. Eine nützliche Seite zur Berechnung der Maut finden Sie im Internet unter www.autostrade.it/autostrade/percorso.do. Bei den Fahrzeugarten *(Classe veicolo)* werden hier Pkw *(auto/moto)* und zweiachsige Fahrzeuge, die an der Vorderachse höher als 1,30 m sind *(2 Assi - B)*, unterschieden. Bei Fahrzeugen mit mehr als zwei Achsen wird's teurer.

Tankstellen und Raststätten

Als Autofahrer-Nation ist Italien gut mit **Tankstellen** versorgt. Selbst in kleinen Dörfern findet sich irgendwo eine Zapfsäule. Die Kraftstoffpreise liegen auf mitteleuropäischem Niveau, einzig in Österreich ist der Treibstoff günstiger. Normalbenzin sollte man wegen der niedrigen Oktanwerte nicht tanken. Das Tanken ist in Italien recht bequem: Man reicht den Schlüssel durch die Tür und sagt „il pieno" (volltanken), auch zum Bezahlen braucht man nicht aussteigen. Größere Tankstellen bieten für das Selbsttanken einen Rabatt *(sconto)* an. Immer häufiger kann man an Selfservice-Tankstellen rund um die Uhr mit (unzerknitterten) Euro-Scheinen tanken. Ansonsten sind Tankstellen an Autobahnen Tag und Nacht geöffnet, an Landstraßen und in den Städten dagegen häufig von 12.30 bis 15.30 Uhr und von 19.30 bis 7 Uhr sowie sonntags geschlossen. Kreditkarten akzeptieren Autobahn- und größere Tankstellen.

Autobahnraststätten gibt es in Nord- und Mittelitalien in ausreichender Zahl, im Süden der Apenninen-Halbinsel nimmt ihre Dichte jedoch rapide ab. Eine gut bestückte Snackbar ist aber fast immer vorhanden. Die Selfservice-Restaurants sind qualitativ und preislich akzeptabel. In den angeschlossenen Supermärkten kauft man preisgünstig ein.

Mit der Bahn

Zugfahren ist angesichts der günstigen italienischen Tarife eine lohnende Angelegenheit. Überhaupt ist Italien ein ausgesprochenes Bahnland mit hervorragend ausgebautem Schienennetz und häufigen Verbindungen. Analog zur Anreise mit dem Auto gibt es grundsätzlich die Wahl zwischen der Fahrt durch die Schweiz und der Route über Österreich. Die lange Strecke erfordert allerdings ein gewisses Maß an Geduld und gutes Sitzfleisch obendrein. Wer kein Etappenziel mit Zwischenübernachtung eingeplant hat, sollte die Reise im Schlaf- oder Liegewagen in Erwägung ziehen.

Die Reisekosten senken kann man mit den Sondertarifen der DB sowie mit den italienischen und internationalen Bahnpässen. Allerdings wechseln die Angebote der Bahngesellschaften häufig, selbst eingefleischte Bahnkenner haben mitunter Schwierigkeiten, den Überblick zu behalten. Für die Standardstrecken nach Italien kann das Bahnpersonal an den Schaltern Auskunft geben und Tickets ausstellen. Grob gilt die Faustregel: Wenn die Buchung einer Zugfahrt nach Italien in der Internetmaske der Bahngesellschaft möglich ist, dann kann der Ticketschalter auch die Fahrkarte ausstellen. Bei besonderen Wünschen, unkonventionellen Umstiegen oder gar traditionell schwierigen Nachtzugverbindungen scheitern oft sämtliche Bemühungen. Hier hilft nur ein Spezialist weiter!

• *Information/Buchung* In **Deutschland** bei allen Fahrkartenausgaben und den Reisebüros mit DB-Lizenz. Telefonisch unter der Service-Rufnummer der Bahn ✆ 0180-5996633 (rund um die Uhr für 0,14 €/Min. aus dem Festnetz) bzw. im Internet unter www.bahn.de.

Italienspezialisten in Deutschland

Bei besonderen Fragen zu Zugreisen nach und in Italien sowie für die Vorabbuchung regulärer oder ermäßigter Fahrkarten empfiehlt es sich, bei Spezialreisebüros nachzufragen.

Reisebüro Gleisnost: Bertoldstr. 44, 79098 Freiburg, ✆ 0761/383020, www.gleisnost.de. Mo–Fr 9.30–18.30, Sa 10–15 Uhr.

Eurostar Reisebüro: Arnulfstr. 1, 80335 München, ✆ 089/5532012, www.eurostar-reisebuero.de. Mo–Fr 9–13 und 14–18, Sa nur 9–13 Uhr.

Titanic Reisen mit verschiedenen Filialen in Berlin: ✆ 030/61129797, www.titanic.de.

In **Österreich** ebenfalls an den Ticketstellen, unter der Rufnummer ✆ 05-1717 (rund um die Uhr aus ganz Österreich zum Ortstarif) oder unter www.oebb.at.

In der **Schweiz** an den Bahnschaltern, unter ✆ 0900-300300 (1,19 CHF/Min.) oder im Internet unter www.sbb.ch.

Die **italienischen Staatsbahnen** heißen *Ferrovie dello Stato* (FS). Die Züge sind fast durchgängig modern und unterscheiden sich in Komfort und Ausstattung nur wenig von ihren mitteleuropäischen Pendants. Verspätungen sollten allerdings immer mit einkalkuliert werden, und auch über mögliche Streiks *(scioperi)* sollte man sich in jedem Fall vor der Abreise informieren (→ „Information/Fahrpläne").

Die Nahverkehrszüge *Treni Regionali* (R) sind langsam und stoppen an jeder Station. Etwas flotter bewegen sich die *Diretti* (D), die aber ebenfalls häufig halten. Mit den *Espressi* (E) kommt man dagegen durchweg zügig voran. Am schnellsten fahren die *Intercity-Züge* (IC), die meist zuschlag- und gelegentlich platzkartenpflichtig sind. Auf manchen Hauptstrecken rollen auch Hochgeschwindigkeitszüge namens *Eurostar*. Außer dem staatlichen Streckennetz existieren mehrere Privatbahnen, einige davon im Stiefelabsatz (→ „Unterwegs in Apulien", S. 43 f.).

Den schnellsten Bahnweg nach Apulien bietet die FS-Hauptstrecke Bologna – Ancona – Pescara – Foggia – Bari. Täglich verkehren etwa zehn IC-Züge. Ab Rimini führt die Bahnlinie dicht an der Adria entlang, mit teilweise spektakulärer Schienenführung direkt auf dem Strandufer. Hinter Termoli knickt die Strecke ins Landesinnere nach Foggia ab. Von Barletta nach Bari verlaufen die Schienen dann wieder an der Küste.

Wichtig: Bevor man in den Zug steigt, muss das Ticket am Automaten mit der Aufschrift *Convalidare* entwertet werden, andernfalls gilt man als Schwarzfahrer.

• *Information/Fahrpläne* Informationen und den Online-Fahrplan der staatlichen FS findet man unter www.trenitalia.com oder www.ferroviedellostato.it. Über „Trenitalia" → „Services for" → „In case of strike" kommt man zu den Streik-Infos.

Die FS geben auch kostenlose Hefte mit den wichtigsten Verbindungen *(principali treni)* heraus, sie sind an den Bahnhöfen erhältlich. Ansonsten kann man auf Kursbücher *(orario ufficiale treni)* zurückgreifen, die an Bahnhofs- und Zeitungskiosken für ca. 3 € zu erwerben sind.

• *Gepäckaufbewahrung* In großen Bahnhöfen möglich, Kosten pro Gepäckstück ca. 3 €. Schließfächer gibt es im ganzen Land aus Sicherheitsgründen nicht.

• *Zuschläge/Platzkarten* Zuschlagpflichtige Züge (Zuschlag = supplemento) sind auf Fahrplänen gekennzeichnet. Eine Platzkartenpflicht ist auf den Fahrplänen mit einem „R" vermerkt.

• *Schlaf- und Liegewagen* Italienische Schlafwagen *(carrozze letti)* haben in der 1. Klasse Ein- oder Zweibettabteile, in der 2. Klasse Zwei- oder Dreibettabteile. Liegewagen *(carrozze cuccette)* verfügen in der 1. Klasse über vier, in der 2. Klasse über sechs Liegeplätze pro Abteil.

Mit dem Flugzeug

Die ideale Kombination für alle, die ihr Reiseziel möglichst schnell erreichen und im Urlaub mobil sein wollen, ist die Anreise per Flugzeug und ein Mietwagen vor Ort. Angesichts der großen Distanz zum Reiseziel bietet das Flugzeug eine schnelle, komfortable und kostengünstige Alternative zum Landweg. Bari und Brindisi sind die apulischen Zielflughäfen. Direktflüge bietet z. B. TUIfly (www.tuifly.com) von Frankfurt nach Brindisi und von Basel, München, Stuttgart und Köln/Bonn nach Bari. Die Preise schwanken je nach Buchungszeitpunkt und Saison zwischen 50 und 250 €. Auch Air Berlin (www.airberlin.com) fliegt direkt und billig von Wien,

Berlin, Hamburg, Düsseldorf und Nürnberg nach Brindisi, Ryanair (www.ryanair.com) steuert von Frankfurt-Hahn ebenfalls Brindisi an. Seit Mai 2009 ist auch der preiswerte Carrier *Germania* mit von der Partie, der 2-mal wöchentlich Düsseldorf und Basel mit Bari verbindet (www.flygermania.de). Alitalia (www.alitalia.com) und Lufthansa (www.lufthansa.com) bieten zwar von mehreren deutschen Flughäfen aus Linienflüge nach Bari und Brindisi an, Direktflüge gibt es aber nicht, und der Normalpreis ist deutlich höher als bei den Charter- und Billigflügen (z. B. von Hamburg über Rom nach Bari ab 500 €). Schnäppchenjäger werden v. a. im Internet unter www.opodo.de und www.expedia.de fündig. Viele Fluggesellschaften bieten zusätzlich zum Ticket auch noch preisgünstige Mietwagenkonditionen an. Mehr zu Mietwagen im Kapitel „Unterwegs in Apulien", S. 44.

Rail & Fly Mit dem Zug zum Flug – preiswerte Möglichkeit, mit der Bahn vom Heimatort zum Flughafen und wieder zurück zu reisen. Es gelten entfernungsabhängige Pauschalpreise. Entsprechende Fahrkarten können Sie in Verbindung mit dem Flugticket kaufen.

Weitere Anreisemöglichkeiten

Die Deutsche Touring GmbH (Am Römerhof 17, 60486 Frankfurt, ✆ 069/7903501, www.deutsche-touring.com) steuert mit ihren **Europabussen** von verschiedenen deutschen Großstädten aus mehrere Zielorte in Apulien an, z. B. San Severo, Foggia, Bari, Brindisi, Lecce und Tarent. Zu den bequemsten Fortbewegungsarten gehören diese langen Busfahrten allerdings nicht. Wer eine **Mitfahrgelegenheit** nutzen will, wird z. B. im Internet unter www.mfz.de und www.mitfahrzentrale.de oder an den Schwarzen Brettern von Universitäten und Studentenkneipen fündig.

Eine schöne Sache ist die Anreise mit dem **Fahrrad,** wenn man erst mal den Brenner hinter sich hat, denn danach geht es bis in die brettflache Po-Ebene ständig bergab. Auch entlang der Adria herrscht flaches Terrain vor. Unterwegs bieten sich viele attraktive Stopps an. Hin und wieder trifft man in Apulien auf Radler, die den ganzen Weg über die Alpen bis zum südlichen Stiefelabsatz erfolgreich gemeistert haben. Weitere Infos zum Radfahren in Apulien im Kapitel „Unterwegs mit dem Fahrrad", S. 47.

• *Bahn & Bike* Wer nicht über die Alpen und durch Oberitalien strampeln will, hat die Möglichkeit der Fahrradmitnahme in einigen bestimmten Fernzügen (Information und Buchung s. o. unter „Anreise mit der Bahn", S. 40 f.).

Informationen bekommt man auch bei den Geschäftsstellen des ADFC (Allgemeiner Deutscher Fahrrad Club). Hauptstelle: Hollerallee 23, 28209 Bremen, ✆ 0421/346290, www.adfc.de. Der Club unterhält auch eine Kontaktbörse für Radreisende.

• *Treno & Bici* Wer innerhalb von Italien das Rad im Zug mitnehmen möchte, kann dies in den meisten Regionalzügen problemlos tun (die Züge sind auf dem Fahrplan mit einem Piktogramm markiert). Das Fahrradabteil befindet sich entweder am Anfang oder am Ende des Zuges. Der Zuschlag für den Radtransport *(supplemento bici)* beträgt 3,50 €, bei kürzeren Strecken genügt ein Zusatzticket für die 2. Klasse. Schwieriger ist das Prozedere in den überregionalen (Schnell-) Zügen: Hier ist die Mitnahme nur in ausgewählten Zügen erlaubt (auf das Fahrradsymbol im Fahrplan achten!), das Rad muss zusammengeklappt und in einer Tasche verstaut werden. Der Zuschlag beträgt hier 5 €. Weitere Infos unter www.trenitalia.com.

Die Tremiti-Inseln sind nur per Schiff erreichbar

Unterwegs in Apulien

Ein eigenes Fahrzeug garantiert zwar Mobilität, den Stadtverkehr sollte man jedoch zur Hauptverkehrszeit nach Möglichkeit meiden. Das dichte Schienennetz aus Staats- und mehreren Privatbahnen sowie ein leistungsfähiges Busnetz an der Gargano-Küste und im Hacken bieten eine Alternative zum eigenen Gefährt.

Das Straßennetz in Apulien ist relativ dicht, Pkw-Lenker können auf Autobahnen, Schnell- oder Landstraßen so gut wie jeden Ort erreichen. Ebenso vorbildlich ist das apulische Bahnnetz. Außer der staatlichen Eisenbahngesellschaft FS sind noch mehrere Privatbahnen aktiv, die auch kleinere Ortschaften miteinander verbinden. Bahn- und Linienbusse mehrerer Gesellschaften ersetzen die fehlenden Schienenstränge. Mietfahrzeuge bekommt man in den Provinzhauptstädten und in größeren Urlaubszentren, an einigen Orten können auch Scooter und Fahrräder geliehen werden.

Mit dem eigenen Fahrzeug

Die Mobilität, die ein eigenes oder ein Mietfahrzeug ermöglicht, lässt sich kaum überbieten, nur in den Zentren der verkehrschaotischen Provinzhauptstädte ist es eher ein Klotz am Bein. Autofahrer können jeden Ort in Apulien gebührenfrei erreichen, denn zur mautpflichtigen Autobahntrasse gibt es kostenfreie Alternativen: Schnellstraßen *(superstrade)*, breite Staatsstraßen *(strade statali)*, schnurgerade Provinzstraßen *(strade provinciali)* und ein weitverzweigtes Netz von Landstraßen. Mangelhaft sind manchmal noch der Straßenzustand (v. a. auf den kleineren Straßen im Hinterland) und die Beschilderung – zuweilen fehlt sie an Kreuzungen ganz. Im Landesinneren hilft streckenweise nur noch der richtige Instinkt oder der innere Kompass. Eine weitere Warnung betrifft die stark befahrenen Abschnitte einiger Küstenstraßen. Teilstücke der S 16 östlich von Bari und der S 106 südwestlich von Tarent sind als unfallreiche Rennstrecken berüchtigt. Weitere Informationen zum Verkehr in Italien finden Sie ab S. 38.

Mietfahrzeuge

Italienische Mietfahrzeuge sind im europäischen Vergleich teuer. In den fünf Provinzhauptstädten, an den Flughäfen von Bari und Brindisi sowie in den größeren Urlaubsorten sind die bekannten internationalen Firmen Avis, Europcar, Hertz und Sixt/Budget vertreten. Zusätzlich gibt es nationale Unternehmen. Einen Mietwagenvertrag kann man in Italien bereits mit 19 Jahren abschließen. Grundvoraussetzung ist der Besitz einer Kreditkarte und natürlich eines Führerscheins. Wer eine Vespa oder ein Motorrad mieten möchte, sollte zudem Zweiraderfahrung mitbringen. Vor allem die Vespa, der legendäre italienische Motorroller, ist ein gewöhnungsbedürftiges Gefährt: Die kleinen Reifen sorgen für ein völlig neues Fahrgefühl, aber auch -vergnügen. Wer z. B. die Küste nach ruhigen Badestellen absuchen will, tut mit der Vespa den richtigen Griff. Die ab 50 ccm vorgeschriebenen Helme gibt es gratis dazu.

Mit einer Wespe (ital. Vespa) fällt man in Italien kaum auf

Tipp: Eine Mietfahrzeugbuchung von Deutschland aus, z. B. in Kombination mit einem Flug, ist normalerweise preisgünstiger als die Anmietung vor Ort.

Stadtverkehr

Da die historischen Zentren *(centri storici)* der italienischen Städte mit ihren engen und verwinkelten Gassen dem rapide gestiegenen Verkehrsaufkommen nicht gewachsen sind, wurden sie fast überall zeitweise oder ständig zur Fußgängerzone *(zona pedonale)* oder zum Gebiet mit eingeschränktem Verkehr *(zona di traffico limitato)* erklärt.

Parken: Unübersehbar kennzeichnen in den Innenstädten Schilder (→ S. 38) die Problemzonen für Parkplatzsuchende. In unübersichtlichen Kurven geparkte Fahrzeuge werden gnadenlos abgeschleppt – Kostenpunkt mindestens 100 €, ganz abgesehen von dem Zeitaufwand, den das Aufspüren des verschwundenen Fahrzeugs mit sich bringt. Gelb markierte Bordsteine kennzeichnen Haltepunkte für öffentliche Verkehrsmittel. Ärger vermeidet man, indem man außerhalb der Innenstadt parkt oder auf gebührenpflichtige Parkplätze ausweicht (ca. 1 € pro Stunde). Oft wird die Parkkarte im Tabacchi-Laden gekauft und dann durch Rubbeln entwertet, immer mehr setzen sich jedoch Parkscheinautomaten durch.

Einen **abgeschleppten Wagen** findet man mithilfe der Stadtpolizei (Polizia Municipale oder Vigili urbani) wieder. Meist steht das gute Stück auf speziellen Plätzen am Stadtrand und muss dort freigekauft werden.

Mit einer Biene (ital. Ape) kommt man in jede enge Gasse

Autoeinbrüche und -diebstähle: Gerade Mietwagen sind ein häufiges Ziel von Autoknackern. Ganze Autos verschwinden zwar selten, aber verlockend präsentierte Inhalte werden immer wieder Beute von Langfingern. Am besten nichts im Fahrzeug deponieren, das Handschuhfach leeren und offen stehen lassen. Diebstähle müssen sofort bei der nächsten Polizeidienststelle gemeldet werden. Als offizielles Dokument für die Verlustanzeige zu Hause benötigt man ein Formular, die sog. *Carta bollata,* die in Tabacchi-Läden erhältlich ist. Die Polizei bestätigt darauf den Verlust. Um dem Autodiebstahl vorzubeugen, ist ein massives Lenkradschloss zu empfehlen, das Kupplungspedal und Lenkrad verbindet.

Mit der Bahn

Abgesehen von einem engmaschigen Schienennetz warten auf Bahnreisende landschaftliche Höhepunkte: Bei der Fahrt durch den vegetationsreichen Gargano, die zerklüftete Hochmurgia, das idyllische Itria-Tal und das sanfte salentinische Hinterland sieht man Bilderbuchlandschaften, die man vom eigenen Fahrzeug aus nicht unbedingt zu Gesicht bekommt. Das Schienennetz der italienischen Staatsbahnen *Ferrovie dello Stato* (FS) verteilt sich in Apulien auf drei Hauptstrecken: Die erste Strecke führt von Foggia über Barletta, Bari und Brindisi nach Lecce, die beiden anderen verbinden die Provinzhauptstadt Tarent mit Bari bzw. Brindisi.

Das Streckenangebot wird durch drei Privatbahnen und eine staatliche Vorortbahn ergänzt. Die Bahnlinie der *Ferrovie del Gargano* (FG) führt von Foggia bzw. San

Severo hinüber zur Gargano-Nordküste bis kurz vor Peschici. Die *Ferrovie Appulo Lucane* (FAL) haben ihren apulischen Hauptbahnhof in Bari und fahren von dort durch die Zentralmurgia über Altamura in die Basilikata nach Matera und Potenza. Die *Ferrovie del Sud-Est* (FSE) besitzen ein dichtes Schienennetz und bedienen den gesamten Stiefelabsatz plus Teile der Provinzen Bari, Brindisi und Tarent. Außerdem verkehrt die Vorstadtbahn *Ferrovie del Nord Barese* regelmäßig zwischen Bari und Barletta über Bitonto, Ruvo und Andria. Der Sonn- und Feiertagsverkehr der Privatbahnen ist stark eingeschränkt bzw. ruht vollständig, teilweise gibt es Ersatzbusse. Weitere Infos zum Bahnfahren in Italien finden Sie auf S. 41.

• *Information/Fahrpläne* Die wichtigsten Städteverbindungen können Sie in den jeweiligen Ortskapiteln unter „Anfahrt & Verbindungen" nachlesen. Die Fahrpläne der genannten Privatbahnen sind teilweise nicht in den Kursbüchern verzeichnet, sondern müssen an den jeweiligen Bahnhöfen oder im Internet (www.ferroviedelgargano.com, www.fal-srl.it, www.fseonline.it und www.ferrovienordbarese.it) besorgt werden. An den Fahrkartenautomaten und Schaltern der italienischen Staatbahnen FS (www.ferroviedellostato.it oder www.trenitalia.com) erhält man oft nicht die Tickets für die Linien der Regionalbahnen – hierfür sind gesonderte Counter aufzusuchen.

Pünktlich und zuverlässig: Stadtbus in Minervino Murge

Mit dem Bus

Die vielen Bahn- und Linienbusse staatlicher und privater Gesellschaften ergänzen die oben erwähnten Bahnstrecken. Selbst die kleinsten Ortschaften im Hinterland, fernab von jeder Eisenbahnschiene, werden angefahren. Geradezu vorbildlich sind die Busverbindungen an der Gargano-Küste und im Salento. Hat man jedoch die Wahl zwischen Bahn und Bus, so ist der Zug allemal schneller. Die Busterminals mit Fahrkartenschaltern befinden sich immer in Bahnhofsnähe bzw. an zentralen Plätzen. Fahrscheine sollten rechtzeitig besorgt werden, denn sie sind im Bus häufig nicht erhältlich. Aktuelle Fahrpläne und Auskünfte erhält man an den Fahrkartenschaltern der Busterminals, in den Infobüros und manchmal auch in Tabacchi-Läden. An Sonn- und Feiertagen ist der Verkehr z. T. stark eingeschränkt.

Stadtbusse folgen auf den ersten Blick einem chaotisch wirkenden System: Die Endstationen sind selten an den Bussen angeschrieben, ebenso kann man an den Haltestellen kaum etwas über die Streckenführung, die Abfahrtszeiten und die Häufigkeit der Verbindungen erfahren. Durchfragen ist hier die beste Methode. Eine einfache Fahrt kostet ca. 1 €. Fünfer- oder Zehnerkarten bringen einen kleinen Preisvorteil. Die Tickets müssen vor Antritt der Fahrt an Zeitungskiosken bzw. in Tabacchi-Läden oder Bars gekauft und dann im Bus entwertet werden.

Mit der Fähre

Es bestehen ausgezeichnete Fährverbindungen zu den zu Apulien gehörenden Tremiti-Inseln. Übersetzen kann man von Termoli (Molise) sowie von den Gargano-Orten Rodi Garganico (kürzeste Strecke), Peschici, Vieste und Manfredonia. Zwischen den Küstenorten des Gargano besteht in den Sommermonaten ein regelmäßiger Schiffsverkehr, außerdem werden mehrstündige Ausflugsfahrten (mit Badestopp) entlang der grottenreichen Küste angeboten. Brindisi und Bari verfügen über große internationale Fährhäfen mit Verbindungen nach Griechenland und Albanien. Nähere Infos dazu in den jeweiligen Ortskapiteln.

Mit dem Taxi

Etwas preiswerter als zu Hause, aber die Taxidichte ist selbst in den Provinzhauptstädten und den größeren Urlaubsorten nicht sehr hoch. Der Wagen muss in der Regel telefonisch geordert werden. Auf den Grundpreis kommen noch etliche Zuschläge für Feiertage, Gepäckstücke, Nachtfahrten und Fahrten von und zum Flughafen. Stets darauf achten, dass der Taxameter eingeschaltet ist!

Mit dem Fahrrad

Apulien ist eine Region für Radfahrer, besonders in der Provinzhauptstadt Lecce fällt die große Anzahl an Radlern auf. Allein schon die im Vergleich zu anderen Gegenden Italiens recht flache Landschaft prädestiniert Apulien dafür, es mit dem Drahtesel zu erkunden. Lediglich die gebirgige Gargano-Halbinsel und der Subappennino Dauno sind gute Reviere für bergerprobte und sportiv veranlagte Mountainbiker. Im Salento und in der Trulli-Region im Valle d'Itria sind z. T. Radwanderwege *(percorsi cicloturistici)* ausgeschildert. Im Itria-Tal, im gesamten Gargano und in den Urlaubsorten der Terra d'Otranto gibt es auch gute Möglichkeiten, sich ein Fahrrad auszuleihen. Außerdem stellen viele Agriturismo-Betriebe ihren Gästen Räder zur Verfügung. Wo Sie Fahrräder mieten können, erfahren Sie in den Ortskapiteln. Infos zu „Bahn & Bike" auf S. 42.

Eine sehr nützliche **Begleitbroschüre zu den Radwanderwegen im Salento** wurde 2008 grundlegend überarbeitet und soll mittelfristig wieder neu aufgelegt werden. Es lohnt sich, in den Infobüros in Lecce oder Otranto nachzufragen.
Bis es so weit ist, hilft die sehr informative Website des Radlerclubs **Associazione cicloamici** aus Mesagne bei Brindisi weiter: www.cicloamici.it.

Das Unternehmen **Ciclovagando** organisiert in der Südhälfte Apuliens kürzere und längere Radtouren, inkl. Fahrradverleih, technischer Unterstützung und bei Bedarf sogar Gepäcktransport.
www.ciclovagando.com.

Das APT-Büro der Provinz Bari hat 2007 im Rahmen des Projekts **Puglia in Bici** („Mit dem Fahrrad in Apulien") eine eigene Broschüre für Radfahrer aufgelegt, die unter dem Titel „Flashtour 6" am Infopavillon vor dem Hauptbahnhof erhältlich ist (solange der Vorrat reicht). Darin finden sich zehn Tourenvorschläge mit Entfernungstabellen und Höhenprofilen. Tourenvorschläge auch unter www.viaggiareinpuglia.it → „Sport e benessere" → „Cicloturismo" (bisher nur auf Italienisch).

Eine Sinfonie in blau: Hotel auf der Salento-Halbinsel

Übernachten

An der Küste sind fast überall ausreichend Hotels und Campingplätze vorhanden, und auch im Hinterland ist die Situation vielerorts erstaunlich gut. Dennoch können die Unterkünfte zu bestimmten Zeiten schon mal knapp werden. Die Gargano-Küste hält den apulischen Campingplatzrekord, während Bed and Breakfast (B&B) im Salento boomt.

An der Gargano-Küste gibt es zahlreiche Hotel- und Apartmentanlagen sowie Ferienclubs und Campingplätze. Auch die Salento-Küste ist um Otranto, Gallipoli und Leuca touristisch sehr gut erschlossen und bietet ausreichend Übernachtungsmöglichkeiten. Die fünf Provinzhauptstädte Foggia, Bari, Brindisi, Lecce und Tarent verfügen über lange Hotelverzeichnisse, sowohl für das kleine Portemonnaie als auch für die dicke Brieftasche. Das Trulli-Gebiet im Itria-Tal gilt als touristische Vorzeigeregion, die das ganze Jahr über auf Besuch eingestellt ist. Barletta (Provinz Bari), Ostuni (Brindisi) und Martina Franca (Tarent) sind stetig wachsende Urlaubszentren, die man ebenfalls jederzeit problemlos anpeilen kann. Auch die südwestlich von Tarent gelegenen Badeorte am Ionischen Meer verfügen über recht hohe Kapazitäten, haben aber außer endlosen Sandstränden vergleichsweise wenig zu bieten – der hochsommerliche Andrang ebbt dort schon früh ab.

Im apulischen Hinterland, v. a. in der Zentralmurgia, zeigt sich, dass der Tourismus in Apulien noch nicht flächendeckend Fuß gefasst hat: Manch netter Ort verfügt über keine einzige Pension, dafür gibt es dort – wie auch an anderen abgelegenen Standorten – private B&B-Quartiere oder Agriturismo-Betriebe, die für einen erholsamen Urlaub auf dem Land sorgen.

Wer im Hochsommer in Apulien unterwegs ist, muss damit rechnen, an der Rezeption mit einem freundlichen „tutto completo“ wieder weggeschickt zu werden. Juli und August sind hinsichtlich der Unterbringung Krisenmonate, dann macht nämlich ganz Italien Urlaub, und zwar am liebsten vor der eigenen Haustür an den schönsten heimischen Stränden. Hier hilft nur rechtzeitig buchen.

Reservierung per Fax oder E-Mail: Wer ganz sichergehen möchte, fragt zunächst telefonisch an, ob zum gewünschten Termin etwas frei ist, und reserviert dann verbindlich per Fax oder Mail. In der Regel wird die Kreditkartennummer verlangt.

Hotels und Pensionen (alberghi e pensioni)

Moderne Cityhotels, ehrwürdige Herbergen in historischen Gemäuern und schlichte, saubere Pensionen findet man in den fünf Provinzhauptstädten und den größeren Hafenstädten. In den Küstenorten der Feriengebiete überwiegen die gepflegten Familienpensionen und die komfortablen bis luxuriösen Strandhotels. Klobige Mammuthotels und kasernenartige Bettenburgen sieht man an der apulischen Küste eher selten. Die romantischen Hotelbauten im Itria-Tal sind z. T. verspielte Imitationen der ländlichen Trulli-Architektur. In der Zentralmurgia und im Kerngebiet des Salento findet man v. a. einfache, aber auch schicke Landhotels in ehemaligen Masserie (→ S. 22).

Die Hotels und Pensionen werden von den regionalen Tourismusbehörden in fünf **Kategorien** eingeteilt (1 bis 5 Sterne). Die in den Ortskapiteln angeführte Sterne-Klassifizierung sagt allerdings nicht immer etwas über Zustand, Ausstattung, Service und Preisniveau aus.

Alljährlich werden die **Zimmerpreise** neu festgesetzt, wobei es in der Regel zu Anhebungen kommt. Die Preise müssen für die Gäste an der Rezeption eines jeden Hotels einzusehen sein und in den Zimmern deutlich sichtbar aushängen.

Einzelzimmer gibt es in vielen Hotels nicht. Stattdessen erhalten Alleinreisende meist ein Doppelzimmer zu einem Einzelzimmer-Tarif, der in der Regel natürlich preiswerter ist als der Zimmerpreis für zwei Personen. In einigen Fällen sind die preislichen Unterschiede zwischen Doppel- und Einzelzimmer allerdings nur gering.

In der teuren Hochsaison herrscht in den Urlaubszentren an der Küste praktisch in jeder Unterkunft **Pensionspflicht,** d. h., Halbpension *(mezza pensione)* muss mitgebucht werden. Außerdem muss man vielerorts wenigstens drei Nächte bleiben. In der Nebensaison purzeln die Preise, und die Hoteliers können froh sein, wenn alle ihre Zimmer belegt sind. Ein beliebter Trick, um auch in der Nebensaison den Zimmerpreis in die Höhe zu schrauben, ist der Aufpreis für das – meist ziemlich bescheidene – **Frühstück** *(colazione)*. Er unterliegt keiner Kontrolle und ist deswegen oft überhöht. Frühstück darf aber grundsätzlich nur serviert werden, wenn der Gast es wünscht. Also besser vorher nach dem Preis fragen, um unliebsame Überraschungen zu vermeiden.

Ferienhäuser und -wohnungen (case e appartamenti per le vacanze)

Ferienhäuser sind eine beliebte Alternative zu den oft kostspieligen Hotels. Zahlreiche Reiseagenturen, die sich auf Italien spezialisiert haben, bieten entsprechende Unterkünfte an. Wer im Internet danach sucht, wird schnell fündig, aber auch ein gutes Reisebüro kann weiterhelfen. Eine Ferienwohnung bietet v. a. für Familien oder Kleingruppen Vorteile, denn die Aufenthaltskosten verringern sich erheblich (und das bei mehr Platz). Die angebotenen Ferienhäuser liegen mitunter abseits, deshalb sollten Sie sich bei der Buchung unbedingt nach der genauen Lage bzw. nach der Entfernung zum nächsten Ort oder Strand erkundigen. Der Mindestaufenthalt liegt bei einer Woche (in der Regel von Samstag bis Samstag), im Juli/August sind es häufig auch zwei bis drei Wochen.

Privatzimmer (affitacamere) und Bed and Breakfast (B&B)

Einladende Privatherberge

Privatzimmer und B&B-Unterkünfte meinen häufig dasselbe, auch wenn die offiziellen Unterkunftsverzeichnisse hier einen Unterschied machen. Vom Salento ausgehend, sind in jüngster Zeit in vielen Städten B&Bs wie Pilze aus dem Boden geschossen. Viele sind familiär, freundlich und verfügen über geschmackvoll eingerichtete Zimmer – nicht umsonst haben es bei uns viele solche Quartiere in die Tipp-Kategorie geschafft. Dennoch ist die Bandbreite groß, von der Unterkunft mit Familienanschluss bis zur anonymen Herberge gibt es mittlerweile fast alles, und auch die Größe der B&Bs variiert: Zwar ist vom Gesetzgeber vorgeschrieben, dass Privatquartiere eine bestimmte Bettenanzahl nicht überschreiten dürfen und die Vermieter selber im Haus bzw. auf dem Grundstück wohnen müssen, trotzdem gibt es hin und wieder B&B-Herbergen, die eher kleinen Pensionen gleichen und wo das Frühstück auch schon mal in der Bar eingenommen wird.

Vermittlung und Buchung von Privatunterkünften in ganz Italien z. B. über *B&B Italia*, ✆ 06-6878618, 📠 06-687819, www.bbitalia.it.

Jugendherbergen (ostelli per la gioventù)

In Apulien gibt es seit vielen Jahren zwei empfehlenswerte Herbergen, die allerdings nicht dem italienischen Jugendherbergsverband AIG angehören. Sie werden in Brindisi (→ S. 245) und in San Cataldo (→ S. 310) nordöstlich von Lecce betrieben. Im Jahr 2008 haben zwei weitere Jugendherbergen eröffnet, eine in Bari (→ S. 166), die andere in Tarent (→ S. 272). Eine Altersbeschränkung gibt es in den genannten Ostelli nicht, eine Übernachtung mit Frühstück kostet 15–20 € pro Person, abendliche Schließzeit ist gegen 24 Uhr. Übernachtet wird in kleinen Schlafsälen, das Publikum ist international. Schriftliche oder telefonische Reservierung ist für Juli/August sinnvoll.

Agriturismi

Ferien auf dem Bauernhof sind in Apulien zwar längst nicht so verbreitet wie etwa in der Toskana oder Umbrien, dennoch gibt es mittlerweile eine recht gute und breite Angebotspalette. Die echte Variante der apulischen Landferien findet in einer Masseria (→ S. 22), einem ehemaligen Gutshof, statt. Oft können die Gäste hier noch den landwirtschaftlichen Alltag miterleben oder sogar durch tatkräftige Unterstützung z. B. während der Erntezeit mitgestalten (*partecipazione attività agricole;* nicht überall möglich). Um die meist offene, familiäre Atmosphäre auf den Gutshöfen besser genießen zu können, sollte man schon ein paar Sprachkenntnisse mitbringen, aber es geht natürlich auch ohne.

Auf dem Speiseplan jedes Agriturismo (auch *Azienda agrituristica*) stehen in erster Linie die eigenen Erzeugnisse, denn die behördliche Zulassung ist strikt an eine aktive Landwirtschaft und die Bewirtung der Gäste mit vorwiegend eigenen Produkten gebunden. Zum Freizeitprogramm gehört immer häufiger Reiten, aber die viel beschworene Ruhe auf dem Lande stellt sicherlich den größten Erholungswert dar, den diese Urlaubsform zu bieten hat. Wer bei den Agriturismi an eine Billiglösung denkt, irrt allerdings: Man muss mit Hotelpreisniveau rechnen.

Im Reiseteil dieses Buches finden Sie Agriturismo-Empfehlungen unter dem Stichwort „Übernachten" bzw. „Agriturismo". Darüber hinaus bieten die Internetportale www.agriturist.it bzw. www.turismoverde.it Übernachtungstipps.

Campingplätze (campeggi)

Campingplätze stehen an der Küste reichlich zur Auswahl. Kaum ein größerer Badeort, der nicht über wenigstens einen Platz verfügt. Den absoluten apulischen Rekord hält die Gargano-Küste zwischen Vieste und Peschici mit über 50 Plätzen. Ansonsten bietet der gesamte adriatische und ionische Küstenstreifen ausreichend Campingmöglichkeiten. Die meisten Plätze liegen unmittelbar am Strand bzw. in Ufernähe, jedoch nicht selten kilometerweit von der nächsten Ortschaft entfernt. Im Hinterland gibt es so gut wie gar keine Plätze. Wenn man den Monat August meidet, können Campingferien in Apulien viel Spaß machen, denn im Hochsommer ziehen v. a. italienische Familien mit Sack und Pack aus den Großstädten ans Meer und belegen die Plätze oft bis zum letzten Quadratmeter. Warteschlangen bilden sich vor den Duschen, Toiletten und Waschplätzen, Dauerlärm ist garantiert. Die Ausstattung der Plätze ist sehr unterschiedlich: Meist gibt es wenigstens eine Bar und einen Lebensmittelladen, über ein eigenes Restaurant verfügen nur größere Plätze. Sporteinrichtungen gehören nicht unbedingt zum Standard, auch der Swimmingpool ist eher Luxus. Am Strand kann man dagegen häufig Sonnenschirme und Liegen leihen. Die Duschen funktionieren mit Münzen oder Chips *(gettoni),* die vorher an der Rezeption gekauft werden müssen. Am Meer beginnt die Saison im Mai und endet eigentlich erst im Oktober, häufig wird aber trotz der angegebenen Zeiten rigoros zugemacht, wenn die Nachfrage nachlässt – viele Plätze haben wir bereits Ende September verschlossen vorgefunden. Nur ganz wenige Plätze bleiben das ganze Jahr über geöffnet!

Vor allem an der Gargano-Küste tragen zahlreiche Campingplätze die Zusatzbezeichnung „Villaggio turistico". Das bedeutet, dass dort auch **Bungalows** angeboten werden, z. T. zu attraktiven Preisen.

Kultiges Straßencafé in Gallipoli

Essen und Trinken

Die apulische Küche bietet zahlreiche regionale Spezialitäten. Die gute, bodenständige Hausmannskost heißt „Cucina casareccia" oder „Cucina casalinga". Typisch für die Region sind starker Wein, aromatisches Olivenöl und Hartgebäck in süßer oder pikanter Form.

Mangiare e bere (essen und trinken), das machen die Italiener eindrucksvoll vor, gehören mit zu den Lebensfreuden des Landes – und Apulien bildet da keine Ausnahme. Das fruchtbare Land und zwei Meere haben in Apulien bis heute keinen Mangel an Nahrungsmitteln aufkommen lassen. Die weite Tiefebene des Tavoliere di Foggia im Norden liefert Getreide für Pasta und Brot, aus dem Murgia-Hochland kommen Fleisch, Wurst und Käse, die Adria und das Ionische Meer liefern den frischen Fisch und die Krustentiere. Obst-, Gemüse- und Weinanbaugebiete sind unerschöpfliche Vorratskammern in der Landschaft. Die großen Olivenbäume bescheren reiche Ernten, und das kaltgepresste Öl hat eine gute Qualität.

Die apulische Küche steht in der Tradition der *Cucina povera* (wörtl. „arme Küche"), der einfachen Hausmannskost. Mikrowelle, Tiefgefrorenes, Fertiggerichte und dergleichen kennt die apulische Mamma nicht. Ihre Zutaten sind alle frisch, möglichst vom Markt oder sogar auf der eigenen Scholle geerntet. Die Jahreszeit und das jeweilige Angebot bestimmen, was auf den Teller kommt *(cucina con prodotti di stagione)*. Und *la pasta*, der Nudelteig, entsteht noch vorwiegend in Heimarbeit. Man sieht die Teigwaren in den kleineren Städten und Dörfern schon am frühen Vormittag vor den Haustüren zum Trocknen ausgebreitet. Die Nonna (Großmutter) sitzt meist geduldig daneben und passt auf, dass dem weltweit geliebten Heiligtum der italienischen Küche nichts passiert.

Grundnahrungsmittel

Die apulische Küche setzt auf einfache und frische Zutaten, die hauptsächlich mit Olivenöl, manchmal auch mit Schweinefett, Bauchspeck oder Schmalz zubereitet werden. Reichlich finden Knoblauch, Zwiebeln, Basilikum, Petersilie, Kapern und Sellerie Verwendung. Teigwaren und Gemüse geben eindeutig den Ton an, während Fleisch im apulischen Kernland und Fisch und Meeresfrüchte in der gesamten Küstenregion eine wichtige Rolle spielen.

Pasta: Zu den bekanntesten Nudelsorten Apuliens zählen die *Orecchiette* (Öhrchen) und die ausgezeichneten *Fusilli* (Spiralen). Andere typische Teigleckerbissen sind die *Cavatelli*, *Strascinati* und die *Troccoli*, die ziemlich lange gekocht werden müssen, bevor sie mit den unterschiedlichsten Soßen auf den Tisch kommen.

Gemüse: Die Gemüseregion Apulien zaubert exquisite Gerichte mit Chicorée (begehrt sind die kleinen *Cicorini* aus Brindisi), Brokkoli, Blumenkohl, Auberginen, Zucchini, Saubohnen *(fave)*, Kartoffeln, Wiesenpilzen und Feldspargel. Die beliebten Saubohnen kommen mit Chicorée auf den Tisch, als Püree oder mit Pasta kombiniert. Das ideale Kraut zum Würzen der Fave ist der *Finocchietto selvatico*, der wilde Fenchel, der v. a. in den Olivenhainen wächst. Die einst weitverbreiteten leicht bitteren *Lampascioni* (wildwachsende Zwiebeln) sind heute in Gemüseläden nur schwer zu bekommen; stehen sie auf der Speisekarte, sollte man die Gelegenheit unbedingt nutzen. Weinraute *(ruta comune)*, die in Apulien ebenfalls wild wächst, wird bevorzugt mit Pasta serviert. Roh, aber in Olivenöl getunkt, werden gerne Sellerie und Fenchel gegessen.

Fleisch: Zu den beliebtesten Fleischsorten im Landesinneren gehören Lamm-, Wild-, Pferde- und Eselsfleisch. Auch Innereien werden sehr gern gegessen, hinter der Dialektbezeichnung *Gnumirieddi* verbirgt sich z. B. eine Roulade aus Innereien vom Lamm.

Fisch: Zu den Küstenschmankerln gehören reichhaltige Fischsuppen und -eintöpfe, variantenreiche Tintenfischgerichte sowie Nudeln mit Muscheln oder Seeigel. Auf allen Speisekarten findet man trotz überfischter Adria die delikaten Mittelmeerfische, darunter auch die teuren *Dentici* und *Orate* (Zahn- und Goldbrassen).

Auch für Analphabeten verständlich: Ladenschild in Minervino Murge

Käse: Typische einheimische Käsesorten gibt es viele. *Ricotta fresca* ist ein quarkähnlicher Frischkäse, *Ricotta forte* hat hingegen einen so intensiven Geschmack, dass man ihn nur in Öl eingelegt genießen kann. *Cacciocavallo* ist eine Art gereifter Kuhmilchmozzarella und die *Burrata* ein kugelförmiger Weichkäse mit Butterkern.

Brot: Apulisches Brot gibt es als helles und dunkles *Pane* in unzähligen lokalen Variationen. *Frisedde* sind harte Brötchen, die wie die bekannte Bruschetta aufgeweicht gegessen werden. *Taralli* heißen die allgegenwärtigen, würzigen Hartgebäckkringel.

Regionale und lokale Spezialitäten sind in den jeweiligen Provinzkapiteln aufgeführt: Provinz Foggia S. 76, Provinz Bari S. 158, Provinz Brindisi S. 240, Provinz Tarent S. 266 und Provinz Lecce S. 293.

Wein (vino)

Für die Römer war Apulien nicht nur die Kornkammer, sondern auch der Weinkeller. Ende des 19. Jh. war die Region sogar einige Zeit Weinlieferant Frankreichs, als dort eine Reblausplage verheerende Schäden in den Weinbergen anrichtete. Heute ist Apulien für den Export von Verschnittweinen bekannt. Der Weingigant Apulien übertrifft mit ca. 1 Mrd. Liter jährlich die anderen Regionen des Landes in puncto Quantität (nur Sizilien produziert noch mehr). Die hohen Erträge erklären sich u. a. dadurch, dass die Weinfelder im flachen Gelände bequem zu bearbeiten sind. Hochwertige Weine bringt Apulien in geringerem Maße hervor, aber immerhin gibt es seit Einführung der geprüften Qualitätssiegel auch hier eine gewisse Tendenz zum Qualitätswein.

Auf den offenen Wein, den die Lokale anbieten, ist in der Regel Verlass. Er kommt meist aus der Umgebung, wurde mit Sachverstand ausgewählt und ist recht preiswert. Wer einen der rund 25 kontrollierten apulischen Qualitätsweine (DOC) probieren möchte, begeht natürlich keinen Fehler, zahlt dafür aber entsprechend mehr. Wer ein paar Flaschen Qualitätswein mit nach Hause nehmen will, um den Urlaub nachklingen zu lassen, sollte in einer größeren Stadt eine *Enoteca* aufsuchen. In diesem auf Weine und Spirituosen spezialisierten Geschäft findet man sämtliche Spitzenweine der Region. Es ist natürlich auch möglich, direkt beim Erzeuger zu kaufen. Im Landesinneren führen Hinweisschilder mit der Aufschrift „Vendita diretta" zu den Verkaufsstellen der Winzer.

Vino rosso: Der apulische Rotwein ist traditionell stark und aromatisch, z. B. der *Primitivo di Puglia*, der Urtyp des regionalen Verschnittweins, der um die 17 Vol.-% erreichen kann. Mithilfe moderner Techniken werden jedoch zunehmend leichtere Rotweine erzeugt, deren robuster Charakter dennoch erhalten bleibt. Die drei autochthonen Rebsorten Primitivo, Negroamaro und Malvasia nera sind die Grundlage für fast alle Rotweine der Region.

Vino bianco: Apulischer Weißwein besitzt eine ausgeprägte Frucht, v. a. wenn er kühl vergoren wurde. In jüngerer Zeit wurden auch internationale Rebsorten wie der Weiße Burgunder (Pinot bianco), Chardonnay und Sauvignon eingeführt.

Vino rosato: Der apulische Roséwein genießt längst nicht die Popularität der hiesigen Weiß- und Rotweine, einige Weingüter haben aber in jüngster Zeit ansprechende Rosé-Tropfen auf den Markt gebracht, z. B. den *Vino Rosato Castel del Monte DOC* (Rebsorte: Bombino Nero) oder den *Rosato Salento IGT* (Negroamaro).

Einige typische Qualitätsweine:

Castel del Monte: Apuliens bekanntester DOC-Wein (weiß, rosé, rot), benannt nach dem Stauferkastell Friedrichs II., wo sich das Anbaugebiet befindet. Inzwischen haben auch die toskanischen Weinbarone Antinori erfolgreich in der Gegend investiert.

Salice Salentino: DOC-Rot- und Roséweine aus der Gegend westlich von Lecce, sie gehören seit Langem zur Spitzenklasse der Salento-Weine. Seit Kurzem zählt auch ein Bianco (Chardonnay) zur Kategorie der absoluten Qualitätstropfen.

Rosa del Golfo: Dieser apulische Rosé aus Alézio (Salento) ist die absolute Nr. 1.

Locorotondo: Einer der besten DOC-Weißweine Apuliens aus den heimischen Traubensorten Verdesca und Bianco d'Alessano gedeiht im Itria-Tal.

Martina Franca: Bekömmlicher DOC-Weißwein aus dem Randgebiet des Itria-Tals.

Moscato di Trani: Einer der besten süditalienischen Dessertweine. Es gibt ihn als Dolce naturale (15 Vol.-%) und als Liquoroso (18 Vol.-%).

Andere Getränke

Immer häufiger gehen auch Italiener dazu über, statt des Hausweins ein schlichtes Bier zum Essen zu ordern. Eine Flasche Wasser gehört ohnehin immer auf den Tisch, und zum Inbegriff des italienischen Lebensgefühls zählt natürlich der Espresso am Schluss der Mahlzeit. Hier eine Auswahl der beliebtesten Getränke:

Mineralwasser *(acqua minerale):* Die obligatorische Frage im Restaurant lautet: Mit oder ohne Kohlensäure *(gasata o naturale)?*

Bier *(birra):* Landesweit steigt der Bierkonsum, während der Weinkonsum nachlässt. In den Bars und Birrerie gibt es neben nationalen und internationalen Flaschenbieren oft auch Fassbier *(birra alla spina)*, aber nur wenige Speiselokale haben Bier auf der Karte.

Limonade *(spuma oder gassosa):* Dieses beliebte Erfrischungsgetränk gibt es in den Bars in allen erdenklichen Farben und Geschmacksrichtungen.

Fruchtsaft *(spremuta):* Orangensaft *(spremuta d'arancia)* wird in den Bars häufig frisch gepresst.

Granita: Halb gefrorene Limonade bzw. halb flüssiges Wassereis, meist in den Geschmacksrichtungen Zitrone *(al limone)* und Kaffee *(al caffè)*. Wird mit dem Löffel gegessen.

Schnäpse *(grappe):* Die hochprozentigen italienischen Tresterschnäpse erfreuen sich bei den deutschen Urlaubern großer Beliebtheit. Die Marken *Julia* und *Nardini* sind in den Bars verbreitet, in den Restaurants gibt es zumeist bessere und mildere Schnäpse. Die noch milderen Branntweine *(acquavite)* sind etwas für Genießer.

Magenbitter *(amari):* Süditaliener ziehen den Amaro dem Grappa vor, der ja fast ausschließlich im Norden des Landes produziert wird. *Amaro Lucano* heißt der legendäre Magenbitter, der „Jägermeister" Süditaliens.

Zitronenlikör *(limoncello):* Wird als Digestivo getrunken und ist zumeist hausgemacht. So mancher Wirt lässt es sich nicht nehmen, einen Limoncello gratis auszuschenken.

Espresso *(caffè):* Ein Lebensgefühl! Es gibt ihn klein und schwarz *(caffè)*, doppelt *(caffè doppio)*, besonders stark *(caffè ristretto)*, mit etwas mehr Wasser (*caffè lungo* bzw. *caffè alto*), mit einem Schuss Milch *(caffè macchiato)*, magenschonend *(caffè hag!)*, als Milchkaffee mit Schaum *(cappuccino)* oder mit einem Schuss Schnaps *(caffè corretto)*.

Frühstück (colazione)

Italien ist keine Frühstücksnation: An der ersten Mahlzeit des Tages wird im Hotel (und auch sonst) normalerweise ziemlich gespart. Nicht selten finden sich lediglich Zwieback und abgepackte Marmelade auf dem Tisch. Teure Hotels können ihre Gäste aber auch mit einem üppigen Buffet nach „internationalem" Standard überraschen. Der Hotelkaffee hat allerdings nur selten Bar-Qualität. Wer morgens ohne Frühstück oder guten Kaffee aus dem Hotel kommt, sollte ohne Umwege eine Bar oder Pasticceria aufsuchen und ein italienisches Frühstück zu sich nehmen. Dieses besteht meist nur aus z. B. einem Cornetto (mit Marmelade oder Schokolade gefülltes Hörnchen) und einem Caffè (Espresso).

Mittag- und Abendessen (pranzo e cena)

Auf Mittag- und Abendessen wird in Italien großer Wert gelegt. Essenszeiten sind zwischen 13 und 15 Uhr und abends ab 20 Uhr (bei Pizza auch schon ab 19 Uhr). Es handelt sich jeweils um reichhaltige Mahlzeiten mit mehreren Gängen, wobei das Abendessen im Vergleich vielleicht etwas üppiger ausfällt. Im Ristorante oder der Trattoria beginnt eine komplette Mahlzeit mit dem *Antipasto* (Vorspeise), danach geht es weiter mit dem *Primo Piatto* (erster Gang), entweder einer *Pastasciutta* (Nudelgericht), einem *Risotto* (Reisgericht) oder einer *Minestra* (Suppe). Das anschließende Hauptgericht *Secondo Piatto,* Fleisch oder Fisch, wird durch einen extra zu bestellenden *Contorno* (Beilage) ergänzt. *Formaggio* (Käse) schließt bekanntlich den Magen. Der Nachtisch, *Frutta* (Obst) oder *Dolci* (Süßspeisen), setzt den Schlusspunkt. Danach helfen nur noch *Caffè* und *Grappa*.

Wem das alles zu viel ist, der sollte gezielt kombinieren. Der Wirt erwartet zwar grundsätzlich, dass eine komplette Mahlzeit verzehrt wird, toleriert jedoch einige individuelle Kombinationen. Der Gast kann z. B. auf die Vorspeise, die Beilage und die Nachspeise verzichten. Eine zweite Version wäre, den ersten Gang zu überspringen und die Nachspeise zu streichen. Wer sich jedoch bei der Auswahl allzu sehr beschränkt, riskiert zwar nicht gleich die Völkerfreundschaft, jedoch gewiss einen irritierten Blick des Kellners.

Platzwahl: Man stürzt beim Restaurantbesuch nicht auf den erstbesten freien Tisch zu, sondern wartet, bis man vom Kellner einen Tisch zugewiesen bekommt. Selbstverständlich kann man Wünsche äußern.

Speisekarte: *La lista* entpuppt sich häufig als ein Buch mit sieben Siegeln und lässt Gäste oft im Unklaren darüber, was es nun eigentlich Leckeres gibt. Viele Gerichte sind im Dialekt beschrieben, was sich dann wie folgt liest: U rutle, Zavizicchje, Cauzuni, Cicatill-e ruchele … Die kulinarischen Tipps am Anfang der Provinzkapitel dieses Buches bieten hier eine kleine Hilfe.

„Il conto, per favore": Man beschließt den Besuch des Restaurants mit der Bitte um die Rechnung. Der Grundpreis für eine komplette Mahlzeit ohne Getränke dürfte sich je nach Standort und Qualität zwischen 20 und 30 € bewegen, wobei es natürlich auch noch teurer geht. Hinzu kommen die Posten *Servizio* (Bedienung, 10–15 %) und *Coperto* (eine Pauschale für Brot und Gedeck, 1–2 €); beides wird auf der Rechnung extra aufgeführt. Unüblich ist in Italien die Sitte, dass jeder Gast einer Tischrunde einzeln bezahlt. Ein Trinkgeld *(mancia)* gibt nur ein zufriedener Gast, man lässt es beim Gehen auf dem Tellerchen liegen.

Bei den Restaurant-Tipps im Reiseteil dieses Buches bezieht sich der Begriff **Cucina di Mare** auf Fisch- und Meeresfrüchtegerichte. Unter dem Label **Cucina di Terra** verbergen sich hingegen Speisen, die auf Fleisch und Gemüse basieren.

Die **Preisangaben** beziehen sich auf ein Drei-Gänge-Essen à la carte (Antipasto oder Primo Piatto, Secondo Piatto mit Contorno sowie Nachspeise) ohne Getränke. Wir folgen dabei der landesüblichen Praxis in Gastronomieführern. Der Einfachheit halber heißt es bei den Restaurantempfehlungen beispielsweise: Menü ab 20 €, ca. 25 € oder 25–30 €.

Lokale

Auch in Apulien gilt die Faustregel: Je touristischer der Ort, desto eher läuft man Gefahr, für mittelmäßiges Essen zu viel zu zahlen. Dort, wo mit *Cucina casalinga* oder *Cucina casareccia* (Hausmannskost) geworben wird, werden – in der Regel – schmackhafte Speisen zu ehrlichen Preisen serviert. In den stark frequentierten Urlaubsorten stößt man dagegen immer häufiger auf Lokale, die ein *Menu turistico* zum Festpreis *(prezzo fisso)* anbieten. Normalerweise handelt es sich dabei um preiswerte Zwei- bis Drei-Gänge-Menüs von durchschnittlicher Qualität, häufig inklusive Wein, Wasser und Espresso.

Ristorante: Das edlere, preislich gehobene Speiselokal mit steif gestärkter, gebügelter weißer Tischdecke und gut erzogenem Kellner in Uniform. Hier essen die Einheimischen bei entsprechenden Anlässen mit Freunden oder führen ihre Geschäftspartner hin. Es werden lokale und nationale Spezialitäten serviert. In der Regel werden vorzügliche regionale und überregionale Flaschenweine angeboten.

Trattoria: Schwer zu beschreiben, denn die Schere klafft hier weit auseinander: Zumeist kredenzt man hier lokaltypische Spezialitäten zu günstigen Preisen, im schlechtesten Fall aber bekommt man geschmackloses Essen in folkloristischer Kulisse zu hohen Preisen. Trattorie sind aber in der Regel gemütliche Familienbetriebe mit rustikaler Einrichtung, wo die Mamma kocht, der Padrone auf die Zufriedenheit der Gäste achtet und der Nachwuchs bedient.

Osteria: Sie war früher die kleine Gaststube um die Ecke, wo die Baukolonne in Arbeitsklamotten zum Mittagessen hinging und der kleine Angestellte die Mittagspause verbrachte und seinen Quartino (Viertelliter Wein) trank. Die ursprüngliche Osteria ist selten geworden, der Name besagt heute gar nichts mehr, dahinter kann sich auch ein gestyltes Restaurant verbergen. Also erst mal einen Blick hineinwerfen, bevor man sich hinsetzt.

Pizzeria: Für diejenigen, die kein Risiko eingehen und etwas Vertrautes essen wollen. Die Auswahl ist groß und reicht von der Pizza Margherita bis zur Pizza Gigante – in jedem Fall kommt die Pizza aber aus dem Steinofen. Zumeist trifft man auf die Kombination Pizzeria/Ristorante, wo auch Nudel- und Hauptgerichte zu bekommen sind.

Tavola calda: Garküche mit wenigen Tischen und Stühlen, wo deftige Leckereien zu Pane e Vino gebrutzelt werden.

Spaghetteria: Pastagerichte im Fastfood-Format bieten diese Lokale, die zumeist in größeren Städten und touristischen Zentren anzutreffen und auf eine jüngere Kundschaft zugeschnitten sind.

Birreria: Eine Art Kneipe, in der neben Bier oft auch ganze Mahlzeiten serviert werden. Es gibt natürlich Fass- und zahlreiche internationale Flaschenbiere. Hier trifft sich ein junges Publikum zum Essen und Biertrinken.

Rosticceria: Eine Art Imbissstube (zumeist ohne Sitzmöglichkeit), in der die Leute mittags (bis 14 Uhr) und abends (bis 20 Uhr) Schlange stehen, um Gegrilltes und Nudelgerichte mit nach Hause zu nehmen. Es werden auch Getränke und Nachspeisen verkauft.

Fornello: Eine apulische Besonderheit in den Murge-Städten, wörtlich übersetzt heißt *fornello* „Öfchen". Hinter dem Label verbirgt sich in der Regel eine Metzgerei mit einem Holzofen. Der Gast sucht sich an der Theke seine Fleisch- oder Wurstspieße bzw. Innereien aus, die dann knusprig gebraten serviert werden. Man sitzt auf rustikalen Stühlen.

Bar/Café/Pasticceria: Bars gibt es an jeder Straßenecke, hier kehrt man tagsüber im Vorübergehen ein, um den Caffè oder Cappuccino am Tresen zu trinken. Manchmal werden auch kleine Snacks angeboten. Im Gegensatz zur Bar gibt es in den Cafés gemütliche Sitzgelegenheiten, und es ist zumeist auch eine Pasticceria (Konditorei) angeschlossen. Wer seine Getränke im Sitzen genießen möchte, zahlt oft mehr.

Gelateria: Die Eisdiele. Italienisches Gelato gilt weltweit als das beste. Zu einem Qualitätslabel hat sich in jüngster Zeit der Begriff *gelato artigianato* entwickelt – er bedeutet keineswegs „künstlich hergestelltes", sondern vielmehr „kunstfertiges Eis". Häufig findet man auch die Kombination Bar/Gelateria.

Genuss mit Ausblick: Ausflugs-Ristorante im Gargano

Abends zugeklappt und aufgeräumt: Stadtstrand von Vieste

Reisepraktisches von A bis Z

Ärztliche Versorgung

Im Notfall wählt man ✆ 112 oder ✆ 118, in größeren Städten kann man auch direkt die Unfallstation eines Krankenhauses *(ospedale)* aufsuchen. Einige Urlaubsorte unterhalten zur Ferienzeit eigene Sanitätsstationen *(guardia medica turistica)*. Es empfiehlt sich die Mitnahme der Europäischen Versichertenkarte EHIC (European Health Insurance Card). Dennoch müssen anfallende Behandlungskosten meist vor Ort bar bezahlt werden, die gesetzlichen Krankenkassen sind aber zur zumindest teilweisen Übernahme der im EU-Ausland angefallenen Behandlungskosten verpflichtet. Empfehlenswert ist auch eine Auslandskrankenversicherung, um beispielsweise die hohen Kosten eines Rücktransports zu vermeiden.

Apotheken *(farmacie)* gibt es in jeder größeren Stadt. Sie haben Montag bis Samstag von 8.30 bis 12.30 und von 15.30 bis 19.30 Uhr geöffnet. Die Not- bzw. Sonn- und Feiertagsdienste sind an jeder Apotheke angeschlagen.

Ausweispapiere

Den Reisepass *(passaporto)* oder Personalausweis *(carta d'identità)* sollten Sie unbedingt mit sich führen, beim Hotel-Check-in wird regelmäßig nach Papieren gefragt. Autofahrer benötigen den Führerschein *(patente di guida)* und einen Fahrzeugschein *(libretto di circolazione)*. Empfehlenswert ist auch die Grüne Versicherungskarte *(Carta Verde)*.

Baden

800 Küstenkilometer und zahlreiche feinsandige Strände – damit gehört Apulien zu den großen italienischen Baderegionen. Der hochsommerliche Andrang von ausländischen und italienischen Touristen ist jedoch längst nicht mit dem Gedränge an der nördlichen Adria zu vergleichen. An vielen Stränden gibt es gebührenpflichtige Badeanstalten (*stabilimenti balneari* oder *bagni*). Während der Saison werden diese Strände täglich gesäubert. Ab September nimmt der Rummel in den Urlaubsorten ab, die mobilen Bagni werden wieder abgebaut, und man hat so manchen Strand fast für sich allein. Für die Benutzung von Liegestuhl und Sonnenschirm sollte man mindestens 10 € pro Tag einkalkulieren.

Die Wasserqualität der Adria weist in Italien ein Nord-Süd-Gefälle auf, d. h., je südlicher man kommt, desto sauberer ist das Wasser. Die Gewässer um den Gargano und um die Salento-Halbinsel zählen zu den saubersten Baderevieren Italiens. Die italienischen Strände rangeln alljährlich um zwei Prädikate, die nicht nur die Wasserqualität, sondern auch die Sauberkeit der Strände bewerten:

Cinque Vele: Die „Fünf Segel" sind das begehrteste Gütesiegel. Es wird jedes Jahr von der italienischen Umweltorganisation *Legambiente* in Zusammenarbeit mit dem *Touring Club Italiano* (TCI) vergeben. Aber auch schon drei oder vier Segel gewährleisten eine mehr als ausreichende Badequalität. 2008 bekam der Strand von Portoselvaggio (→ S. 350 f.) die allerhöchste Auszeichnung; die Küsten von Rodi Garganico (Provinz Foggia), Ostuni (Brindisi), Manduria (Tarent) sowie mehrere Strände im Salento erhielten immerhin noch vier Segel. Weitere Infos unter www.legambiente.eu → „campagne" → „Guida Blu".

Bandiera Blu: Die „Blaue Flagge" wird von der internationalen Non-Profit-Organisation *Foundation for Environmental Education* (FEE) verliehen und

Die schönsten Strände

- **Gargano-Küste** – weiße Sandbuchten zwischen steil aufragenden Felsen (→ S. 113 f.).
- **Isola di San Domino** – romantische Buchten mit reichlich Kiefernwald (→ S. 149 f.).
- **Salento** – der lange Dünenstrand bei Otranto (→ S. 313 f.), der Küstenfjord Fiordo del Ciolo am südlichen Ende des Stiefelabsatzes (→ S. 334) und die sichelförmige Baia Verde bei Gallipoli (→ S. 339).
- **Ostuni** – flache Dünenstrände verführen zum Baden und Wandern (→ S. 258).

berücksichtigt wie die Cinque Vele neben der Wasserqualität weitere Kriterien, etwa die Sauberkeit des Strandes und die Qualität der Infrastruktur. Hier schnitt 2008 der Gargano besser ab als die Küstenabschnitte weiter im Süden: Die Blaue Flagge wehte in Rodi Garganico sowie in Mattinata, in der Provinz Bari wurde der Strand von Polignano a Mare prämiert, Ostuni in der Provinz Brindisi sowie Ginosa in der Provinz Tarent. Die Salento-Halbinsel ging überraschend leer aus. Nähere Infos unter www.feeitalia.org.

Botschaften und Konsulate

In Notfällen helfen die diplomatischen Vertretungen weiter. Auslagen müssen natürlich zurückerstattet werden, zumeist wird man jedoch sowieso aufgefordert, sich die nötigen Mittel für die Heimreise von Verwandten oder Freunden schicken zu lassen.

Deutsche Botschaft (Ambasciata della Repubblica Federale di Germania): Via San Martino della Battaglia 4, I-00185 Roma, ✆ 06-492131, www.rom.diplo.de.

Straßenverkäufer in Ostuni

Deutsches Honorarkonsulat (Consolato Generale di Germania): Piazza Umberto I 40, I-70121 Bari, ✆ 080-5244059.

Österreichische Botschaft (Ambasciata d'Austria): Via Pergolesi 3, I-00198 Roma, ✆ 06-8440141, www.aussenministerium.at.

Österreichisches Honorarkonsulat (Consolato d'Austria): Via Bruno Bozzi 88, I-70100 Bari, ✆ 080-5531995.

Schweizer Botschaft (Ambasciata di Svizzera): Via Barnaba Oriani 61, I-00197 Roma, ✆ 06-809571, www.eda.admin.ch.

Schweizer Honorarkonsulat (Consolato di Svizzera): Piazza Savoia 41A, I-70121 Bari, ✆ 080-5249697.

Einkaufen

Kaufhäuser (z. B. UPIM oder Standa) findet man in größeren Städten, sie rangieren allerdings im unteren Qualitätsbereich. Supermärkte (z. B. Coop) sind auch in ländlichen Gebieten verbreitet. Preiswerte Einkaufsmöglichkeiten bieten die Wochenmärkte *(mercati settimanali)*, wo es v. a. Haushaltswaren, Kleidung und Lebensmittel gibt. Die städtischen Markthallen *(mercati coperti)* sind in der Regel nur vormittags geöffnet und ideal für Selbstversorger: Fleisch, Fisch, Käse, Schinken und Wurst, Obst und Gemüse – die frische Ware wird im Vergleich zum Einzelhandel erheblich günstiger angeboten. Manchmal haben die Geschäfte Montagvormittag oder Donnerstagnachmittag geschlossen.

Eintrittspreise

In Apulien ist der Zugang zu den Kunstschätzen und Baudenkmälern günstig, die Eintrittspreise für Museen und historische Bauten sind mit wenigen Ausnahmen moderat. Recht häufig heißt es sogar „Ingresso libro“ (Eintritt frei), EU-Bürger unter 18 Jahren und ab dem 65. Lebensjahr müssen in staatlichen Museen und Einrichtungen grundsätzlich nichts bezahlen. Studenten- und sonstige Ermäßigungen gibt es dafür in der Regel nicht. Bei den Vergnügungseinrichtungen wie Discos, Clubs und Kinos ist das Preisniveau dagegen hoch.

Feste und Feiertage

Am 15. August, Mariä Himmelfahrt, wird in ganz Italien **Ferragosto** gefeiert. Dieses Hauptfest der Marienverehrung ist zugleich das größte Familienereignis Italiens und Höhepunkt der Urlaubssaison – denken Sie daran, dass an diesem Tag alles geschlossen hat!

Gesetzliche Feiertage

Weihnachten, Neujahr und Dreikönigstag wie in der Heimat.

Karfreitag ist kein Feiertag, **Ostermontag** jedoch wie gewohnt.

25. April – Tag der Befreiung (von der deutschen Wehrmacht).

1. Mai – selbstverständlich.

Pfingsten – nur der Sonntag.

2. Juni – Republikgründung.

15. August – Mariä Himmelfahrt, absolutes italienisches Hauptfest (s. o.)!

1. November – Allerheiligen, wie bei uns.

8. Dezember – Marias unbefleckte Empfängnis.

Hauptfeste im Überblick

• *Februar* **Manfredonia**: *Carnevale Dauno* (Ende Febr.), Karneval mit Umzügen und folkloristischen Gruppen; außerdem temperamentvolle Faschingsfeste in Foggia, Lecce, Gallipoli und Massafra.

• *März* **Foggia**: *Madonna dei Sette Veli* (3. So im März), großes Schutzheiligenfest zu Ehren der Schleiermadonna, Prozession und Feuerwerk.

• *April* **Tarent**: *Pellegrinaggio dei Perdoni*, nächtliche Gründonnerstagsprozession, am darauffolgenden Tag die *Processione dei Misteri*, die bekannteste Karfreitagsprozession Apuliens.

San Marco in Lamis: *Processione delle Fracchie* (Leidensprozession, Karfreitag), lange Holzbündel werden auf Eisenräder montiert, angezündet und mit der Madonnenstatue durch die Straßen gezogen.

• *Mai* **Bari**: *Sagra di San Nicola* (7.–9. Mai), großes Fest zu Ehren des Schutzheiligen am Lungomare. Die Holzstatue des hl. Nikolaus wird feierlich aus der Basilika geholt und auf das Meer hinausgefahren, wo sie am Abend des 8. Mai von zahlreichen Booten begrüßt wird. Die Feier ist eine Erinnerung an die Rückführung der entführten Gebeine des Heiligen im Jahr 1087.

Monte Sant'Angelo: *San Michele Arcangelo* (8. Mai), bei der Michaelswallfahrt wird der Erscheinung des Erzengels auf dem Gargano gedacht; Feiern zu Ehren des Erzengels gibt es u. a. auch in Gravina di Puglia.

Polignano a Mare: *Festa dell'Aquilone* (3. So im Mai), Hunderte von bunten Drachen schmücken den Himmel über Polignano.

• *Juni* **Brindisi**: *Processione del Cavallo Parato* (Fronleichnam), Volksfest mit mittelalterlichem Ursprung. Der Erzbischof besteigt ein reich geschmücktes Pferd und reitet mit der Monstranz in der Hand durch die Straßen der Stadt.

Galatina: *Santissimi Pietro e Paolo* (Ende Juni), Patronatsfest mit Tarantella-Tanz.

• *Juli* **Polignano a Mare**: *L'Estate polignanese* (den ganzen Juli), Sommerfest mit kulinarischen und musikalischen Höhepunkten.

Gallipoli: *Santa Cristina* (um den 25. Juli), Fest zu Ehren der Schutzpatronin. Schiffsprozession um die Altstadtinsel, den Corso Roma beleben zahlreiche fliegende Händler.

Zum Patronatsfest schmücken sich die Städte

Barletta: *Disfida di Barletta* (Ende Juli), Kostümfest mit Reitturnier.

• *August* **Lucera**: *Torneo delle Chiavi* (14. Aug.), historischer Umzug in Erinnerung an die Vertreibung der Sarazenen, viel Musik und mittelalterliche Gewänder. Im Anschluss wetteifern die Vertreter der fünf Stadtteile im Armbrustschießen, Tauziehen und Klettern.

Brindisi: *Melonata ferragostale* (15. Aug.), kollektives Ferragosto-Melonenessen überall in der Stadt.

Oria: *Corteo storico di Federico II e Torneo dei Rioni* (2. Wochenende im Aug.), eine der bedeutendsten mittelalterlichen Gedenkfeiern in Italien mit rund 500 kostümierten Darstellern.

Alberobello: *Città dei Trulli* (3. Wochenende im Aug.), Volksfest mit Folklore-Aufführungen.

Lecce: *Santi Oronzo, Giusto e Fortunato* (Ende Aug.), beim Schutzheiligenfest werden die drei Heiligenstatuen durch die Altstadt getragen, Prozession mit Reitern in historischen Kostümen und barockem Pomp.

Ostuni: *Cavalcata di San Oronzo* (Ende Aug.), städtisches Hauptfest, Reiterprozession mit viel Folklore zu Ehren des Schutzheiligen.

Melpignano: *La Notte della Taranta* (Ende Aug.), das musikalische Großereignis der salentinischen Tarantella-Kultur, (→ S. 66).

• *September* **Manfredonia**: *Processione a Mare* (Anfang Sept), eindrucksvolle Bootsparade zu Ehren des hl. Andreas.

Monte Sant'Angelo: *San Michele* (29. Sept.), Wallfahrt in Andenken an die Engelserscheinung, den Besuchern werden geröstetes Brot und Wein angeboten.

Alberobello: *Santi Cosma e Damiano* (Ende Sept.), Patronatsfest mit Jahrmarkt, Prozession, Volksmusik und Feuerwerk vor der Kirche.

Finanzen

Die gültige Landeswährung ist der Euro. Banken sind landesweit einheitlich Montag bis Freitag von 8.30 bis 13.30 und von 14.45 bis 16.30 Uhr geöffnet. EC-Geldautomaten *(bancomat)* gibt es mittlerweile flächendeckend. Mit EC-/Maestro-Karte bekommt man Bargeld bis zu 250 € – vorausgesetzt, die Apparate funktionieren. Zu Hause werden 3 € Gebühren pro Abhebung berechnet. Bei Kartenverlust kann man das Konto sofort unter der Sammelnummer ✆ (0049)116116 sperren lassen, die auch für Kreditkarten gilt. Die gängigen Kreditkarten werden in vielen Geschäften, Hotels und zunehmend auch Restaurants und größeren Tankstellen akzeptiert; verbreitet sind *MasterCard* und *Visa Card*. Geldautomaten mit entsprechendem Zeichen können mit der Kreditkarte ebenfalls benutzt werden. In finanziellen Notlagen, die eine sofortige Überweisung aus der Heimat nötig machen, ist der Minuten-Service der Postbank das beste Mittel (weitere Infos unter „Post“, S. 67 f.).

Information

Für erste Anfragen und Prospektmaterial kann man sich an das staatliche italienische Fremdenverkehrsamt *Ente Nazionale Italiano per il Turismo* wenden. Die ENIT unterhält mehrere Niederlassungen im deutschsprachigen Raum, das Hauptbüro ist in Frankfurt.

ENIT-Direktion Frankfurt: Neue Mainzer Str. 26, 60311 Frankfurt a. M., ☏ 069/237434, 📠 069/232894, www.enit-italia.de. Mo–Fr 9.30–17 Uhr.

ENIT-Büro in Berlin: Friedrichstr. 187, 10117 Berlin, ☏ 030/2478398, 📠 030/2478399.

ENIT-Büro in München: Prinzregentenstr. 22, 80538 München, ☏ 089/531317, 📠 089/534527.

ENIT-Büro in Wien: Kärntnerring 4, 1010 Wien, ☏ 01/505163912, 📠 01/5050248.

ENIT-Büro in Zürich: Uraniastr. 32, 8001 Zürich, ☏ 043/4664040, 📠 043/4664041.

Fast jeder größere Ferienort in Apulien besitzt außerdem ein offizielles Informationsbüro *(ufficio informazioni)*. In den Provinzhauptstädten gibt es ein Infobüro für die gesamte Provinz (*Azienda Provinciale per il Turismo*, kurz: APT) und eines

Nützliche Internetadressen

www.enit.it: Gute Einstiegsseite in deutscher Sprache, umfassende Informationen zu unterschiedlichen Themen: Städte, Regionen, Reiseveranstalter, Unterkünfte und viel Wissenswertes für die eigene Reiseplanung.

www.viaggiareinpuglia.it: Im Frühjahr 2008 startete das komplett überarbeitete Tourismusportal der Region Apulien, das vom Referat für Fremdenverkehr und Hotellerie verwaltet wird. Ausführliche Infos zu Städten, Unterkünften, Wellness- und Sportaktivitäten, auch auf Deutsch.

www.touringclub.it: Gute Einstiegsseite für die Reiseplanung, erstellt vom 1894 gegründeten Touring Club Italiano (TCI). Tipps zu Straßen- und Eisenbahnverkehr, aktuelle Landkarten und vieles mehr. Eine englischsprachige Version ist vorhanden.

www.parks.it: Das Internetportal informiert über die National-, Regional- und Naturparks in Italien. Die übersichtliche Gliederung nach Regionen macht die Suche leicht, teils zweisprachig, jedoch von Park zu Park sehr unterschiedliches Infoniveau.

www.trenitalia.it oder www.ferroviedellostato.it: Zweisprachige Seite (engl./ital.) der staatlichen italienischen Eisenbahn.

www.meteo.it oder www.tempoitalia.it: Jeweils aktueller Wetterbericht und Drei-Tages-Vorschau. Landkarten erleichtern die Suche nach Regionen.

www.parcogargano.it: Die Homepage des Gargano-Nationalparks informiert ausführlich über den Stiefelsporn. Auch aktuelle Veranstaltungshinweise und viel Wissenswertes zu Flora und Fauna.

www.nelsalento.com: Eine von etlichen Websites zum Stiefelabsatz Italiens, u. a. in deutscher Sprache, viele Hinweise zu den Sehenswürdigkeiten der Provinz Lecce.

für die Stadt (*Informazione e Accoglienza Turistica,* kurz: IAT). In kleineren Orten heißt die Infostelle manchmal *Pro Loco.* Es ist erstaunlich, wie viele Orte ein solches Büro besitzen, fast immer gibt es gute Stadtpläne und freundliche Unterstützung bei der Suche nach einer Unterkunft.

Kinder

Die Kinderfreundlichkeit der Italiener ist geradezu sprichwörtlich – daran hat sich nichts geändert, obwohl Italien mittlerweile ans Ende der europäischen Geburtenstatistik gerutscht ist. In puncto Kindersegen hat sich ein deutlicher Wandel vollzogen. Während früher die kinderreiche Großfamilie vorherrschte, setzt sich heute die Tendenz zur statistischen 1,5-Kinder-Kleinfamilie durch. Wer jedoch mit Bambini in den Stiefel reist, wird bestätigen, dass die Geburtenentwicklung keinen negativen Einfluss auf die allgemeine Kinderfreundlichkeit genommen hat. Ideale Bedingungen für einen Urlaub mit Kindern bieten die Küstenorte mit langen Sandstränden, wo das Wasser relativ seicht ist.

Land- und Straßenkarten

Im deutschen Handel gibt es mehrere empfehlenswerte Straßen- und Übersichtskarten zur Region Apulien. Darüber hinaus sind für den Gargano (Provinz Foggia) und den Salento (Provinz Lecce) vor Ort weitere gute Karten erhältlich.

Kümmerly + Frey: „Apulien" (1:200.000), übersichtliche und ästhetisch ansprechende Straßenkarte, eine Lizenzausgabe des Touring Club Italiano (TCI), 7,90 €.

Touring Club Italiano: „Puglia" (1:200.000), detailgetreue, übersichtliche Straßenkarte, 7 €.

Istituto Geografico De Agostini: „Puglia" (1:200.000), grafisch ansprechende und sehr detaillierte Generalkarte, in Italien an Tankstellen und in Buchhandlungen erhältlich, 6,90 €.

Regione Puglia: „Apulien" (1:350.000), von der Region Apulien auch in Deutsch herausgegebene Übersichtskarte mit Stadtplänen; wird kostenlos von der ENIT (→ „Information", S. 63) sowie von größeren örtlichen Infobüros abgegeben (solange der Vorrat reicht).

Litografica Artistica Cartografica Firenze: Straßenkarten der fünf Provinzen Foggia, Bari, Brindisi, Lecce und Tarent im Maßstab 1:100.000 bzw. 1:150.000, jedoch sind nicht alle zu jeder Zeit im Buchhandel erhältlich, ca. 9 € je Karte.

Parco Nazionale del Gargano: nützliche Übersichtskarte der Gargano-Halbinsel im Maßstab 1:125.000, wird von einigen Infobüros vor Ort kostenlos abgegeben. Eine vergleichbare Karte im Maßstab 1:120.000 gibt die Comunità Montana del Gargano für 3 € ab.

Archeoclub d'Italia: „Salento" (1:125.000), übersichtliche Faltkarte des Stiefelabsatzes.

Literatur

Sollte einer der folgenden Titel vergriffen sein, suchen Sie am besten eine öffentliche Bibliothek auf oder stöbern online im Zentralen Verzeichnis Antiquarischer Bücher (www.zvab.de).

Unter den Italienreisenden des 19. Jh. nimmt **Ferdinand Gregorovius** (1821–1891) eine besondere Stellung ein. In seinem Reisebuch „Wanderjahre in Italien" von 1856–1877 (C. H. Beck, 5. Aufl. 1997) sind über 100 Seiten Reisezielen in Apulien gewidmet. Er hat 20 Jahre seines Lebens in Italien verbracht, dort historische Studien betrieben und als Auslandskorrespondent für deutsche Zeitungen gearbeitet.

Von **Raffaele Nigro** stammt das sprachgewaltige Werk „Die Feuer am Basento" (Rowohlt, 1993), das in der Zeit des apulischen Brigantentums spielt. Die Räuber waren zumeist ehemalige landlose Bauern, die sich wie Partisanen im Hinterland vor dem Zugriff des Gesetzes versteckten (→ „Geschichte", S. 30). Ein wildes, grausames, aber rundum lesenswertes Buch.

Niccolò Ammanitis Roman „Die Herren des Hügels" (Bertelsmann, 2003) spielt im Jahr 1978 in Apulien und beschäftigt sich in Form

Casa Rossa bei Tarent

einer tragischen Entführungsgeschichte mit dem italienischen Nord-Süd-Konflikt. Vom italienischen Erfolgsregisseur Gabriele Salvatore unter dem Titel „Ich habe keine Angst" verfilmt.

Für seinen Roman „Die Sonne der Scorta" (dtv, 2007) erhielt der französische Schriftsteller **Laurent Gaudé** den renommierten Literaturpreis *Prix Goncourt*. Das Buch ist eine zu Herzen gehende Familiensaga über mehrere Generationen und handelt vom täglichen Kampf um das Überleben in einem kleinen Dorf im Gargano.

Der Literaturkritiker und Philosoph **Roberto Cotroneo** hat einen anspruchsvollen Roman mit dem Titel „Otrantro" (Insel, 1998) geschrieben, der sich in lyrischer Sprache der Geschichte der gleichnamigen Stadt auf der Salento-Halbinsel widmet. Die rätselhafte Handlung kreist um das berühmte Fußbodenmosaik in der Kathedrale der Stadt, im Grunde geht es hier jedoch um die verschiedenen Ebenen der Wirklichkeit und der Wahrnehmung.

Die aus Rom stammende Bestseller-Autorin **Francesca Marciano** hat einen faszinierenden Familienroman geschrieben: „Casa Rossa" (Goldmann, 2003) spielt zu einem großen Teil im Süden Apuliens und kreist um Liebe und Gewalt – ein mit Leichtigkeit geschriebenes Porträt Italiens im 20. Jh.

Ein Klassiker der Reiseliteratur ist die berühmte, von 1958 bis 1963 entstandene „Italien"-Trilogie (Prestel, 2002) von **Eckart Peterich**. Der dritte Band beschäftigt sich mit Süditalien – rund 150 Seiten handeln von Apulien. Peterich war ein echter Kenner Italiens und nicht nur in der Kunstgeschichte zu Hause – botanische, geologische und geografische Aspekte werden ebenfalls berücksichtigt.

Wer sich für das Altertum und die archäologischen Stätten der Griechen in Süditalien interessiert: Das Sachbuch „Die Griechen in Süditalien" (Theiss, 2004) von **Luca Cerchiai** und anderen Fachleuten widmet den verschiedenen Orten der Magna Graecia jeweils ein eigenes Kapitel mit ausführlichen Beschreibungen der Funde und hochwertigen Fotos.

Über Friedrich II. gibt es mehrere empfehlenswerte Bücher: **Horst Stern** verfasste 1986 ein fiktives Porträt des Kaisers mit dem Titel „Mann aus Apulien" (Rowohlt, 3. Aufl. 2005). Eine weitere leicht lesbare und spannend geschriebene Biografie stammt von **Eberhard Horst**: „Friedrich II. Der Staufer. Kaiser, Feldherr, Dichter" (Heyne, 4. Aufl. 1984). Das anspruchsvollste Werk hat im Jahr 1927 **Ernst H. Kantorowicz** vorgelegt. Seine wissenschaftliche Biografie beschäftigt sich auf 550 Seiten ausführlich mit der Epoche des Kaisers – ein brillantes Geschichtswerk auf höchstem akademischen Niveau: „Kaiser Friedrich der Zweite" (Klett-Cotta, 2003).

Wie von der Tarantel gestochen: Lebendige Volksmusik im Salento

Musik

Apulien ist die Heimat der **Tarantella-Musik** und des **Tarantella-Tanzes,** eine folkloristische Tradition mit geistlich-spirituellen Wurzeln, die gegenwärtig in ganz Süditalien eine Renaissance erlebt (→ auch S. 361 und S. 368). Auf der Gargano-Halbinsel hat sich ein spezifischer Stil etabliert, der an die Paartänze der Renaissance erinnert und sich aus einem älteren Bauerntanz herausentwickelt hat. Die Rhythmusgitarre *(chitarra battente)* und der auffallend helle Ton der Kastagnetten prägen Rhythmik und Klang. Einen ungleich schnelleren Takt schlagen die Musiker im Salento an, wo die Tarantella als *Pizzica salentina* ihre eigentlichen Wurzeln hat. Hier ist die mit einer Ziegenhaut bespannte Schellentrommel *(tamburello)* das beliebteste Begleitinstrument. Die beste Zeit, um sich die Musik vor Ort anzuhören, sind die Sommermonate Juni bis Anfang September, der beste Ort ist der Stiefelabsatz Apuliens. In Lecce und in Torre dell'Orso sind CDs in guter Auswahl erhältlich (siehe auch die Einkaufstipps in den beiden Ortskapiteln).

• *Tarantella-Musik* **Allabua**: Das achtköpfige Musiker-Ensemble um Gigi Toma hat mittlerweile drei CDs veröffentlicht, die – stellvertretend für viele andere – einen unverfälschten Eindruck der traditionellen salentinischen Tarantella vermitteln. www.allabua.it.

La Notte della Taranta: Drei CDs mit Livemitschnitten haben die Veranstalter dieses Mega-Festivals herausgebracht, u. a. das Konzert von Ambrogio Sparagno, einem der wichtigsten zeitgenössischen Interpreten der Pizzica-Musik, und seinem Orchestra Popolare im Jahr 2005. www.lanottedellataranta.it.

Il sibilo lungo della Taranta (The Long Hiss of the Tarantula): Der Film von Paolo Pisanelli ist auf DVD erhältlich und vermittelt poetische Bilder und suggestive Töne der salentinischen Tarantella, v. a. kontrastiert er die spirituellen Wurzeln der Tanzmusik mit der gegenwärtigen Jugendkultur. Nähere Infos und DVD-Bestellung unter www.ilsibilolungodellataranta.it.

Tarantella im Internet: www.pizzicata.it oder www.taranta-scalza.de.

• *Weitere Musiktipps* **Castel del Monte**: Das staufische Kastell hat Michel Godard zu einer musikalischen Reise der besonderen Art inspiriert. Mittlerweile hat der französische Jazztrompeter gemeinsam mit anderen Musikern zwei CDs mit Stücken herausgebracht, in denen sich Jazz und süditalienische Folklore mit Elementen der Neuen Musik vermischen. www.michel-godard.fr.

Sud Sound System: Die neueste CD der Reggae-Band aus dem Salento heißt „Dammene ancora" und ist mindestens ebenso mitreißend wie ihre Vorgänger. Faszinierend die Mischung von lokalem Dialekt und modernen Rhythmen, inzwischen sind die Musiker europaweit auf Tour. www.sudsoundsystem.com.

Notruf

Polizei: ✆ 112 (europaweite Notrufnummer) oder ✆ 113, man kann sich aber auch direkt an die jeweilige Stadt- oder Gemeindepolizei (Polizia Municipale, auch „Vigili Urbani" genannt) wenden.

Rettungsdienst: ✆ 112 oder ✆ 118.

Pannenhilfe: ✆ 803116 (Automobile Club d'Italia) oder ✆ 02-661591 (deutschsprachige Notrufstation des ADAC in Mailand).

Öffnungszeiten

Wie in allen Mittelmeerregionen werden die Geschäfts- und Öffnungszeiten vom heiligen Grundprinzip der Siesta diktiert. Zum Ausgleich für die v. a. im Sommer lange Mittagspause (etwa zwischen 13 und 16 Uhr) bleiben die Geschäfte abends länger geöffnet.

Apotheken: Apotheken sind Montag bis Samstag von 8.30 bis 12.30 und von 15.30 bis 19.30 Uhr geöffnet.

Banken: Montag bis Freitag von 8.30 bis 13.30 und von 14.45 bis 16.30 Uhr.

Geschäfte: Die Öffnungszeiten sind generell nicht so stark geregelt wie nördlich der Alpen. In der Regel sind Geschäfte Montag bis Freitag von 9 bis 13 und von 16 bis 20 Uhr geöffnet, samstags nur bis 13 Uhr. In den Urlaubsgebieten haben die Geschäfte aber oft auch außerhalb dieser Zeiten offen.

Informationsbüros: Hier schwanken die Zeiten von Ort zu Ort teils erheblich, an Sonn- und Feiertagen sind viele Büros zu.

Kirchen: Kirchen sind zumeist von 7 bis 12 Uhr geöffnet, dann werden die Tore frühestens um 16 oder 17 Uhr wieder aufgemacht und um 19 oder 20 Uhr wieder geschlossen. Bei der Messe ist eine Besichtigung nicht erwünscht. Immer mehr Gotteshäuser öffnen allerdings nur noch zur Messe – Grund ist die steigende Anzahl von Kunstdiebstählen.

Museen: Hier unterliegen die Zeiten häufigen, v. a. jahreszeitlich bedingten Änderungen. Eine erfreuliche Tendenz zu durchgehenden Öffnungszeiten von 9 bis 19 Uhr zeichnet sich jedoch neuerdings landesweit zumindest für die größeren Museen ab. Wie in anderen Ländern haben Museen montags häufig geschlossen.

Post: Postfilialen sind Montag bis Freitag von 8.30 bis 14 Uhr und Samstag von 8.30 bis 12 Uhr geöffnet. Die Hauptpostämter in den größeren Städten haben Montag bis Freitag durchgehend von 8.30 bis 18 Uhr offen, am Samstag nur vormittags.

Restaurants: „durchgehend geöffnet" oder „durchgehend warme Küche" gibt es in Italien nicht, die Öffnungszeiten von 13 bis 15 Uhr sowie von 20 bis 23 Uhr werden landesweit ziemlich streng eingehalten, Pizzerien öffnen abends schon etwas früher.

Post

Die italienische Post *(Poste Italiane)* ist zwar besser als ihr Ruf, dennoch können Postkarten einige Tage unterwegs sein. Die italienischen Briefkästen sind rot. In großen Postämtern muss oft eine Nummer gezogen werden, die aufgerufen wird, wenn man an der Reihe ist. Briefmarken *(francobolli)* gibt es auch in autorisierten Tabacchi-Läden sowie in Bars.

- *Information* ✆ 06-59581, www.poste.it.
- *Porto* Der Versand einer Postkarte bzw. eines Standardbriefes in EU-Länder kostet 0,60 €.
- *Western Union direkt/Minuten-Service der Postbank* Wenn Not am Mann ist, ist dieser Service, den Western Union über die deutsche Postbank anbietet, der schnellste Weg, um an Bargeld zu kommen – und zwar innerhalb weniger Stunden. Infos unter ✆ 0180-3040500 (0,09 €/Min.) oder www.postbank.de → „Konten + Karten" → „Konto-Services" → „Western Union direkt".

Presse

Trotz der Medienkonzentration durch Silvio Berlusconi ist das journalistische Niveau der überregionalen Tageszeitungen recht hoch, nach populistischen Massenblättern hält man vergebens Ausschau. Das Angebot an italienischen Zeitschriften ist erschlagend. Die Bahnhofskioske der Provinzhauptstädte und Zeitungskioske der Ferienorte bieten v. a. während der Urlaubssaison deutsche Tageszeitungen und Zeitschriften an.

Die **Gazzetta del Mezzogiorno** ist die wichtigste Tageszeitung Süditaliens. Sie erscheint in Apulien mit einem überregionalen Mantel und für die fünf Provinzen mit einem eigenen Lokalteil. www.lagazzettadelmezzogiorno.it.

Der **Nuovo Quotidiano di Puglia** ist mindestens ebenso verbreitet und erscheint ebenfalls in fünf eigenen Provinzausgaben. Er ist nützlich, um sich über tagesaktuelle Flug-, Bus- und Zugfahrpläne zu informieren. Die Seite „giorno & notte" weist auf Veranstaltungen hin. www.quotidianodipuglia.it.

Quittungen und Belege

In Italien ist es Pflicht, den Kassenbon *(scontino)* und die Rechnung bzw. Quittung *(ricevuta fiscale)* mitzunehmen und wenigstens einige Zeit für einen etwaigen Nachweis bei den Steuerbehörden aufzubewahren. Nur Marktstände und fliegende Händler, die keine Registrierkassen haben, dürfen ohne Beleg kassieren.

Radio und Fernsehen

Die privaten Radiosender gehen in die Hunderte und liegen auf der Frequenzskala entsprechend nah beieinander. Hinzu kommt, dass sie oft nur eine extrem kurze Reichweite haben. Autofahrer haben ständig einen Finger am Sendersuchlauf.

Folgende deutsche Radioprogramme können im Kurzwellenbereich rund um die Uhr empfangen werden: Deutsche Welle auf 6075 kHz, Deutschlandradio auf 6005 kHz, Bayern 1 auf 6085 kHz, Radio Bremen auf 6190 kHz, Südwestrundfunk auf 7265 kHz.

Der TV-Bildschirm ist in Italien allgegenwärtig. In kaum einer Bar ist man vor ihm sicher, auch in Restaurants hat er längst Einzug gehalten. Mittags und abends regieren die Seifenopern in den italienischen Haushalten. Die täglichen Folgen der beliebtesten Fernsehserien versetzen ganze Regionen in höchste Begeisterung. Der Süden Apuliens verfügt über eigene Regionalsender, z. B. *Telebari* (www.telebari.it) oder *TeleRama* (www.tele-rama.it); *Pugliachannel* (www.pugliachannel.it) sorgt auch in einigen Gegenden außerhalb Italiens für die Verbreitung von Nachrichten vom Absatz des Stiefels.

Rauchen

In Italien herrscht, wie in den meisten europäischen Ländern, ein striktes Rauchverbot in öffentlichen Räumen. Das Verbot gilt auch für Restaurants und Bars. Rauchen am falschen Ort kann zwischen 25 und 250 € Strafe kosten.

Sport

Kein belebter Badestrand ohne provisorisches Volleyball- oder Fußballfeld. Die Italiener sind ballvernarrt, überall wird gebaggert und gekickt, und wer sich interessiert zeigt, wird schnell beteiligt. In den touristisch erschlossenen Küstenorten gibt es zahlreiche Möglichkeiten, sich sportlich zu betätigen.

Wassersport: Ein breites Angebot gibt es v. a. an der Gargano-Küste, es reicht vom Bootsverleih über Windsurf-, Kitesurf- und Segelschulen bis zu Wasserski- und Tauchkursen. Die Buchten zwischen Peschici und Vieste sind ein beliebtes Surfrevier. Im Süden Apuliens gibt es entlang der salentinischen Adriaküste einige vielversprechende Tauchgebiete, und auch das glasklare Wasser der Tremiti-Inseln verführt zum Schnorcheln und Tauchen.

Tipps für Windsurfer: Die windigsten Monate der warmen Jahreshälfte sind April und Oktober, gefolgt von Mai und September. Im Hochsommer hingegen sind die Winde eher schwach. Kräftige Winde wehen oft an der Gargano-Küste, was die Gegend für Surfer besonders attraktiv macht; die beste Jahreszeit ist hier der Herbst. Beliebte Strände mit Surf-Infrastruktur liegen um den touristischen Hauptort Vieste. Am Ionischen Meer bietet die Küste südwestlich von Tarent mit ihren langen Stränden meist gleichmäßige und auflandige Winde, ideal für Anfänger.

Reiten: Einige Agriturismi bieten nicht nur Urlaub auf dem Bauernhof, sondern auch Reiterferien und Reitunterricht an, so die Agrituristica Tenuta Pedale und das Agriturismo Il Cardinale (→ S. 211) beim Castel del Monte, die Agriturismi Le Vedute bei Ruvo di Puglia (→ S. 213) und Il Frantoio bei Ostuni (→ S. 255) sowie die Masserie Ottava Piccola bei Torre Canne (→ S. 259) und Appidè bei Corigliano d'Otranto (→ S. 368).

Golf: Insgesamt fünf Golfplätze gibt es in der Region. Sie befinden sich östlich von Lecce bei Acaia (Golf Club Acaya, 18 Loch, www.acayagolfclub.it), südlich von Bari bei Casamassima (Golf Club Barialto, 18 Loch, www.golfhotelbarialto.it), in Savelletri di Fasano nahe Brindisi (Coccaro Golf Club, 9 Loch; San Domenico Golf, 18 Loch, www.imasseria.com) und bei Castellaneta an der Grenze zur Basilikata (Golf Club Riva dei Tessali-Metaponto, 36 Loch, www.rivadeitessali.it). Weitere Infos unter www.1golf.eu/golfclubs/italien/apulien.

Yoga: Der Verband *Associazione Yoga in Salento* (YIS; www.yogainsalento.com) bietet Yoga-Retreats an einem ausgesuchten Ort in der Nähe von Zollino an.

Radfahren: Siehe „Unterwegs in Apulien/Mit dem Fahrrad", S. 47.

Wandern: Apulien ist zwar kein explizites Wandergebiet, aber natürlich kann man auch hier zahlreiche Naturschönheiten auf Schusters Rappen erkunden. Zwei der schönsten Küstenwanderungen bietet die Salento-Halbinsel ganz im Süden, aber auch die Karstlandschaften der Murgia lassen das Wandererherz höherschlagen.

Küstenwanderweg im Gargano

Die schöne Gargano-Küste entpuppt sich dagegen leider nicht als Wanderparadies: Waldbrände haben im Sommer 2007 einige Küstenwege zerstört, und die Buchten sind selten unverbaut. In den höheren Lagen gestaltet sich die Suche nach Wegen außerdem trotz Karte und Wegbeschreibung oftmals schwierig. In diesem Buch finden Sie einige Wandervorschläge, dazu sechs ausführlich beschriebene Spaziergänge bzw. Wanderungen mit Karten.

• *Wanderkarten, -führer und -broschüren* Topografische und Wanderkarten sind grundsätzlich nur schwer erhältlich.

2007 ist der Trekkingführer **Guida Escursionistica della Puglia** von Giovanni Pofi im Verlag Adda Editore erschienen (nur auf Italienisch). Zur Zeit der Recherche war er u. a. in größeren Buchhandlungen in Bari und Lecce erhältlich. 40 Wanderungen in Apulien werden hier mit topografischen Kartenausschnitten ausführlich beschrieben, Schwerpunkte sind der Gargano, die Murgia und die Gravine. Zwar sind nicht alle beschriebenen Touren praktisch durchführbar oder schön zu laufen, trotzdem ist dieser Führer ein sehr nützliches Buch.

Das Touristenbüro der Provinz Foggia (APT) hat außerdem **zwei Wanderbroschüren** mit Karten herausgegeben, eine zum Gargano („Hiking in the Gargano"), die andere zum Subappennino Dauno („Guida al Trekking sui Monti Dauni"). Beide Broschüren haben sich bislang als nützlich erwiesen und sind in den größeren Infobüros der Provinz erhältlich (solange der Vorrat reicht).

• *Wandern pauschal* Dass man in Apulien wandern kann, beweist seit Jahren u. a. der deutsche Veranstalter **Wikinger Reisen**, der vierzehntägige Wanderreisen organisiert. www.wikinger.de.

Sprachkurse

Eine umfangreiche Informationsbroschüre zu Sprachreiseveranstaltern sowie zu sämtlichen italienischen Sprach- und Hochschulen erhalten Sie bei dem eingetragenen Verein *Aktion Bildungsinformation e. V.* (ABI). Die Broschüre wird gegen Entgelt zugesandt, Infos im Internet unter www.abi-ev.de.

Strom

Strom fließt fast überall mit 220 Volt aus der Steckdose, allerdings benötigt man fast immer einen Adapter *(spina di adattamento)*. In größeren Hotels sind sie vorrätig, besser ist es jedoch, sie vor Reiseantritt im Elektrofachgeschäft zu besorgen.

Telefonieren

Von fast allen Telefonzellen aus kann man mit Telefonkarten problemlos ins Ausland telefonieren. Allerdings ist mittlerweile das eigene Handy *(telefonino)* in den meisten Fällen auf der Reise mit dabei, sodass man sich die Suche nach der nächsten Telefonzelle sparen kann. Verbindungsprobleme gibt es in der Regel nicht, das italienische Funknetz arbeitet nahezu flächendeckend, nur in abgelegenen Tälern herrscht manchmal Funkstille. Wer viel telefoniert und Gebühren sparen möchte, besorgt sich am besten in Italien eine Prepaid-SIM-Karte eines italienischen Anbieters zum Einlegen ins eigene Handy.

Achtung: In Italien muss auch bei Ortsgesprächen stets die komplette Vorwahl mitgewählt werden.

- *Telefonkarten* Eine *Carta telefonica* erhält man in Tabacchi-Läden, Bars und an manchen Hotel- bzw. Campingrezeptionen. Wenn die Karte leer ist, kann man ohne Unterbrechung weitertelefonieren, wenn man eine neue nachschiebt. Vor dem ersten Gespräch muss die rechte obere Ecke abgetrennt werden.
- *Tarife* Die Gebühren für Gespräche von Italien ins Ausland sind höher als umgekehrt, deshalb unbedingt die Billigzeiten nutzen: Mo–Sa 22–8 Uhr und So ganztägig.

Internationale Vorwahlen

Von Italien nach Deutschland ✆ 0049, nach Österreich ✆ 0043, in die Schweiz ✆ 0041.

Nach Italien aus Deutschland, Österreich und der Schweiz ✆ 0039.

Wichtig: Bei Telefonaten nach Italien muss die Null der Ortsvorwahl immer mitgewählt werden!

Zoll

Im privaten Reiseverkehr innerhalb der EU dürfen Waren zum privaten Konsum im Prinzip unbegrenzt mitgeführt werden. Folgende Richtmengen gelten pro Person: 800 Zigaretten, 400 Zigarillos, 200 Zigarren, 1 kg Rauchtabak, 10 l Spirituosen, 20 l Zwischenerzeugnisse (z. B. Campari), 90 l Wein (davon max. 60 l Schaumwein), 110 l Bier, 10 kg Kaffee.

In der Schweiz ist beim Transit eine freiwillige Deklaration der mitgeführten Waren fällig, wenn die für die Schweiz geltenden Freimengen (200 Zigaretten oder 50 Zigarren oder 250 g Rauchtabak, 1 l Spirituosen, 2 l Wein) überschritten werden. Für Waren, die das Limit überschreiten, muss eine Kaution in Landeswährung hinterlegt werden, die man bei der Ausreise zurückerhält.

Apulien

Die Reiseziele

Steinerner Phallus: Küstenwahrzeichen bei Vieste

Provinz Foggia

Die Provinz Foggia ist die größte und abwechslungsreichste der fünf apulischen Provinzen. Flüsse, Berge und das Meer bilden ihre natürlichen Grenzen.

Endlose Anbauflächen prägen die Landschaft im Inneren, sanfte Hügel begrenzen die fruchtbare Ebene rund um die Provinzhauptstadt Foggia. Überall stößt man auf historische Siedlungen aus daunischer, römischer und mittelalterlicher Zeit. Touristisches Hauptziel der Provinz ist der Gargano. Der grüne Nationalpark bietet Raum für Naturgenuss, während sich die zerklüftete Gargano-Küste zudem als das mit Abstand schönste Baderevier der gesamten italienischen Adria präsentiert. Von jeher pilgerten die Menschen zum gebirgigen Sporn des italienischen Stiefels, und noch immer herrscht in den Wallfahrtsorten San Giovanni Rotondo und Monte Sant'Angelo reger Betrieb. Die schattigen Buchenwälder der Foresta Umbra bilden die grüne Lunge des Nationalparks. Radfahrer und auch Wanderer nutzen hier das dichte Wegenetz zur aktiven Erholung. Dem Nordufer des Stiefelsporns sind auf Sichtweite die Tremiti-Inseln vorgelagert, ein mediterranes Inselparadies im glasklaren Wasser der Adria. Den südlichen Schlusspunkt der Gargano-Küste setzt der Golfo di Manfredonia mit seiner weithin sichtbaren Industrieruine am Meer. Der Küstenstreifen bis zur Ofanto-Mündung bietet Urlaubern außer langen Sandstränden und den größten Salzfeldern Europas vergleichsweise wenig.

Das Kerngebiet der Provinz, ehemals Capitanata oder Daunia genannt, bildet der **Tavoliere,** eine Tiefebene mit sanft ansteigendem Hinterland. Auf dem dunklen, fruchtbaren Boden wird heute v. a. Weizen und Mais angebaut, hinzu kommen Tafeltrauben und Tomaten. Das geschichtsträchtige urbane Zentrum des Tavoliere bildet die Provinzkapitale Foggia, die einstige Lieblingsstadt des Staufers Friedrich II. Die Nachbarstadt Lucera mit der eindrucksvollen Sarazenenburg und dem römischen Amphitheater ist ebenfalls ein bedeutender kultureller Anziehungspunkt der Provinz. Eine prächtige romanische Kathedrale macht das bescheidene Troia am Rand des Tieflands zum kunstgeschichtlichen Kleinod. Die traditionsreiche Stadt befindet sich bereits im Bereich der Apenninausläufer, während Sant'Agata di Puglia mitten in den Bergen des Subappennino Dauno liegt. Diese bilden die Grenze zur Nachbarregion Kampanien.

Hotels und Übernachtungen: Die Gargano-Küste ist sehr gut mit Unterkünften bestückt, wobei das Preisniveau – wie in der gesamten Provinz Foggia – eher hoch ist. Campingplätze gibt es wie Sand am Meer, ganz besonders zwischen Vieste und Peschici. Im Hochsommer besteht an der Küste häufig Pflicht zur Halb- oder Vollpension. Im touristisch noch kaum erschlossenen Hinterland des Subappennino Dauno finden sich hingegen nur wenige Unterkünfte. Mittlerweile haben aber in den Städten auch B&B-Herbergen und auf dem Land einige Agriturismi eröffnet – willkommene Alternativen zum herkömmlichen Hotel- und Campingangebot.

Provinz Foggia
Karte S. 75

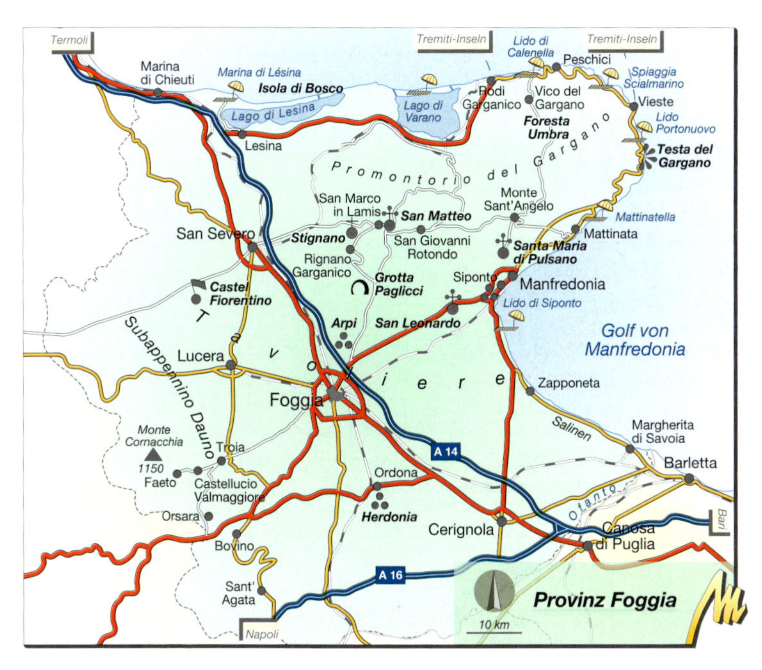

Essen und Trinken in der Provinz Foggia

Die Küche schöpft im Wesentlichen aus den Hauptquellen Getreide- und Gemüseanbau, Fischfang und Viehzucht. Was daraus gezaubert wird, ist in erster Linie unverfälscht nahrhaft und lecker, zudem auch noch etwas fürs Auge. Dazu wird einfacher trockener Landwein serviert. Weich- und Hartgebäck sowie Eis und Sorbets gehören zum reichhaltigen Nachspeisenangebot.

Antipasti und Salate: Die berühmte italienische Vorspeise *Bruschetta* ist in der Provinz Foggia nicht nur in der privaten Küche beliebt, sondern steht auch auf den Speisekarten der Restaurants: leicht geröstete Bauernbrotscheiben, mit Knoblauch, frischen Tomaten, Olivenöl, Salz und evtl. Oregano zubereitet. Auf dem Speisezettel stehen variantenreiche Gemüseomeletts mit Spargel, Zucchini, Artischocken, *Lampascioni* (wilde Zwiebeln) oder Brokkoli. Neben Orangen- und Zitronensalat kann man auch *Cardone* (Distelsalat) probieren, der nur mit Öl, Salz und Pfeffer abgeschmeckt ist.

Primi Piatti: Lokaltypisch sind z. B. *Troccoli,* lange Nudeln, die mit einer Fleischsoße und geriebenem Pecorino oder mit einer Soße aus frischen Tomaten und Ricotta serviert werden. *Semola battuta* heißt ein Couscous-Gericht aus dem Tavoliere: Der Grießteig wird in Hühner- oder Rindfleischbrühe gekocht und mit einer etwas flüssig gehaltenen Tomatensoße gereicht. Wer sich eine Suppe bestellt, wird vielleicht *Foggia mestecate* wählen, eine aromatische Suppe aus verschiedenen Blattgemüsen. Eine besondere Spezialität aus Monte Sant'Angelo sind Bandnudeln, die hier *Lagane* heißen.

Secondi Piatti: Lammfleisch wird auf verschiedene Arten zubereitet, z. B. als *Pe deja:* Bauchfleisch, gefüllt mit Eiern, Pecorino, Knoblauch, Petersilie, Basilikum und Zwiebeln, gekocht in einer Wein-Tomaten-Soße. *Galluccio* ist hingegen ein richtiges Festessen, ein mit Hackfleisch, Käse und Kräutern gefüllter Hahn. In einem Tontopf im Ofenrohr gebacken wird *Tiella,* ein Auflauf mit Zickleinfleisch, Kartoffeln, Pecorino, Kräutern und Tomaten. An der Küste sind natürlich frischer Fisch (auch Aal), Fischsuppe mit geröstetem Bauernbrot und Meeresfrüchte ein Hauptbestandteil der Küche. *Sepia* nennt sich Tintenfisch gefüllt mit Brot, Käse und Kräutern.

Contorni und Dolci: Eine Beilagenspezialität heißt *Lampascioni,* wildwachsende Zwiebeln, gekocht mit leicht bitterem Geschmack. Gereicht werden ebenfalls gratinierte Artischocken oder frische Waldpilze aus der Region. Die örtliche Käsespezialität ist der *Scamorza,* ein gelagerter, trockener Mozzarella, der in Scheiben gegrillt wird. Als Dessert wird z. B. *Crustoli* gereicht, ein Kranzgebäck, das ein wenig an unsere Weihnachtsplätzchen erinnert. Das *Pilz-Eis,* das in San Marco in Lamis auf dem Gargano zu Hause ist, sollte man sich nicht entgehen lassen. Zutaten sind frische Anispilze, Milch, Zucker, Eier und Schlagsahne.

Vino: Obwohl die Provinz Foggia keine besondere Weingegend ist, gibt es gute offene Landweine sowie beste DOC-Qualitätsweine aus der Gegend um San Severo in allen drei Farben. Vorsicht: starke Sonne – starker Wein!

Sehenswert: Der Dom Santa Maria Icona Vetere

Foggia

ca. 155.000 Einwohner

Das mehrfach zerstörte Foggia ist auf den ersten Blick keine Augenweide. Gleißende Sonne macht die Stadt in den Sommermonaten nahezu unbewohnbar. Aber wohin man seinen Fuß in der Altstadt auch setzt, man betritt unvermutet historischen Boden.

Erst auf den zweiten Blick enthüllt die Stadt ihre Vorzüge: In der lebendigen Neustadt funkeln die frisch restaurierten neoklassizistischen Fassaden, während im überschaubaren Altstadtkern Straßencafés und Restaurants für gastliche Atmosphäre sorgen. Der Normannenherzog Robert Guiscard ist der erste große Herrscher, der in der Stadtchronik eine ehrenvolle Erwähnung findet. Er begann mit der Trockenlegung der sumpfigen Tiefebene und ebnete damit der künftigen Agrarmetropole den Weg. Wilhelm II., normannischer König von Sizilien, baute die Kathedrale, deren romanischer Baukörper seine Stilreinheit nach der barocken Überblendung eingebüßt hat. Die schillerndste Blütezeit erlebte Foggia jedoch unter staufischer Herrschaft, als Friedrich II. sie zu seiner Lieblingsstadt erkor und hier seinen prunkvollen Kaiserpalast errichten ließ. Doch die Staufervernichtungspolitik des Hauses Anjou hat dafür gesorgt, dass aus dieser Blütezeit nur wenige architektonische Fragmente übrig geblieben sind.

Ferdinand I. von Aragonien war es, der im 15. Jh. das vorläufige Ende der daunischen Kornkammer einläutete, indem er den fruchtbaren Tavoliere als Winterweide für die Apenninschafe freigab und dafür Zölle erhob. In Foggia wurde das Zollamt *Palazzo della Dogana* errichtet, wo man das Wegegeld für die Schafherden einkassierte. Erst im 18. Jh. wurde die sog. *Dogana della Mena delle Pecore* aufgehoben, und das Weideland konnte somit wieder in Ackerland umgewandelt werden.

Kalifenhafter Luxus – die ehemalige Kaiserresidenz zu Foggia

„Mit tiefer Erregung wird jeder Deutsche vor diesem letzten Rest des kaiserlichen Palastes stehen", schrieb Ferdinand Gregorovius Mitte des 19. Jh., „in welchem der genialste der Hohenstaufen so oft wohnte, versunken in seine das Abendland und Morgenland umfassenden Herrscherideen und ratschlagend mit seinem vertrauten Kanzler Piero delle Vigne über die Pläne und Mittel seines ungeheuren Kampfes mit den Guelfen Italiens und dem römischen Papsttum."

Es ist in der Tat der heutigen Stadt nicht mehr anzusehen, dass sie einst das Zentrum des staufischen Großreichs war, das zu Friedrichs Zeiten von Sizilien bis zur Elbe im Norden reichte. Hier errichtete der „Sohn Apuliens" seine Residenz, in die er zurückkehrte, wenn er nicht gerade auf Feldzügen unterwegs war oder auf Kreuzzug im Heiligen Land weilte. Obwohl kaum befestigt (zum Schutz hatte der Regent seine Kastelle an der Küste und im Hinterland), muss sein Herrschersitz ungewöhnlich prächtig gewesen sein, fast ein Vorläufer der späteren Fürstensitze der Renaissance. Der sprichwörtliche Stupor Mundi, das „Staunen der Welt" angesichts des exotischen Prunks, mit dem der Kaiser sich umgab, hatte in Foggia seine Wurzeln. Die Stadt lag günstig, nahe am Kreuzungspunkt der Via Appia, dem Hauptweg nach Rom, und der Heer- und Handelsstraße, die in nordsüdlicher Richtung Venedig mit den adriatischen Küstenstädten im Süden verband. In seinem Buch „Friedrich II. Der Staufer" beschreibt der Biograf Eberhard Horst den Kaiserhof wie folgt: „Zeitgenössische Chronisten sprechen von einem prunkvollen Palast mit Wasserspielen und erlesenem Marmorschmuck, sie berichten von orientalischem Glanz und sagenhaften Hoffesten. In Foggia v. a. entfaltete Friedrich einen kalifenhaften Luxus, dessen fremdartige, verschwenderische Pracht Anlass zu Gerüchten und Erzählungen gab. Mitunter sollen Tausende von Gästen aus allen Ländern, Ritter und fremde Gesandtschaften zusammengeströmt sein, für die ein Meer von bunten, seidenen Zelten bereitstand. Aus der nahen Sarazenenkolonie Lucera kamen die Scharen der Bediensteten, aber auch arabische Tänzerinnen, Musikanten und Gaukler." (siehe auch S. 90).

Staufisches Relikt:
Der Torborgen des alten Kaiserpalasts

1731 zerstörte ein schweres Erdbeben die Stadt fast vollständig. Ferdinand Gregorovius beschreibt die Hauptstadt der Capitanata um 1870 als einen Ort mit modernen Straßen und Plätzen, an dem das Mittelalter, scheinbar ohne Spuren zu hinterlassen, vorübergegangen war. Nur einige Häuser und Kirchen existierten noch als steinerne historische Dokumente, darunter der **Dom Santa Maria,** ein bemerkenswertes Gebäude aus dem 13. Jh. Gregorovius erlebte bereits die städtebaulichen Veränderungen des späten 19. Jh., als die Stadt ihren mittelalterlichen Charakter längst verloren hatte. In den anschließenden faschistischen Jahrzehnten änderte Foggia sein Aussehen wieder, und dieses Mal wurden auch die letzten Reste der ältesten Stadtviertel dem Erdboden gleichgemacht. Foggia entstand neu im Stil eines faschistischen Neoklassizismus. Der Zweite Weltkrieg hinterließ abermals schwere Schäden, die wiederum entscheidende Auswirkungen auf das heutige Stadtbild hatten. In der Peripherie entstanden Neubausiedlungen, ein wenig Kleinindustrie siedelte sich an. Ansonsten bestimmen Agrarbusiness und Dienstleistungsgewerbe den wirtschaftlichen Rhythmus der Stadt.

Information/Anfahrt & Verbindungen/Adressen

• *Information* Für die Stadt und die gesamte Provinz zuständig ist das **APT-Büro**; es liegt etwas versteckt in der Via Perrone 17 (Piazza Puglia), werktags 9–13 Uhr. ✆ 0881-723141, www.comune.foggia.it.

• *Auto* Viele Wege führen an Foggia vorbei, aber auch einige hinein. Von Norden ist die A 14 bzw. die parallele S 16 die schnellste Straßenverbindung. Wer aus Südwesten kommt, muss die A 16 in Candela verlassen und auf der schnurgeraden Schnellstraße S 655 weiter.

Um nicht im Stadtverkehr zu versinken, am besten über den Stadtring und den Corso Roma zur Villa comunale (Stadtpark) fahren und dort **parken**. Alles Sehenswerte lässt sich dann gut zu Fuß erreichen.

• *Bahn* Der **FS-Bahnhof** liegt günstig; über den Viale XXIV Maggio gelangt man in 5 Min. zum Stadtpark. Mehrmals tägl. fahren Züge nach Manfredonia, Lesina und Bari.

• *Bus* Der Busbahnhof befindet sich am FS-Bahnhof. Es gibt Überlandbusse nach Manfredonia und zur Gargano-Küste sowie in den Rest der Provinz, z. B. nach Lucera, Ordona (Herdonia) und Troia.

Der **Stadtbus** Nr. 1 fährt vom Bahnhof fast bis vor die Kathedrale (Piazza XX Settembre).

• *Taxi* Am Bahnhof (Piazzale Vittorio Veneto), ✆ 0881-722069.

• *Internet* Internetcafé in der Via Piave 25 (Nähe Ristorante Margutta).

Übernachten/Essen & Trinken (siehe Karte S. 80)

• *Übernachten* Foggia ist ein Handels- und Geschäftszentrum und keine Touristenhochburg, entsprechend ist das Hotelgewerbe organisiert. Hotels aller Kategorien konzentrieren sich in Bahnhofsnähe, besonders in der Via Monfalcone, wo sich in den letzten Jahren ein kleines, geschäftiges Chinesenviertel etabliert hat.

**** **Hotel Mercure Cicolella (6)**, schönste und teuerste Unterkunft in Foggia, herrschaftlicher Stadtpalazzo, einige Zimmer sind mittlerweile allerdings leicht abgewohnt. Ausgezeichnetes und vornehmes Restaurant. DZ 170–260 €, EZ 135–175 € jeweils mit Frühst. Viale XXIV Maggio 60, ✆ 0881-566111, 📠 0881-778984, www.hotelcicolella.it.

*** **Venezia (5)**, Tipp! Modernes, dreistöckiges 30-Zimmer-Haus. Außen und innen jüngst frisch renoviert und dadurch vom 1- zum 3-Sterne-Hotel aufgestiegen. Gut geführt, etwas nüchtern, aber sauber und relativ preiswert. 9 Einzel- und 17 Doppelzimmer. DZ ab 57 €, EZ ab 41 € mit Frühst. Via Piave 40, ✆ 0881-770903, 📠 0881-770904, www.hotelvenezia.it.

*** **Europa (2)**, im hinteren Teil eines fünfstöckigen Wohnhauses, unlängst renoviert, internationaler Standard, kein Restaurant.

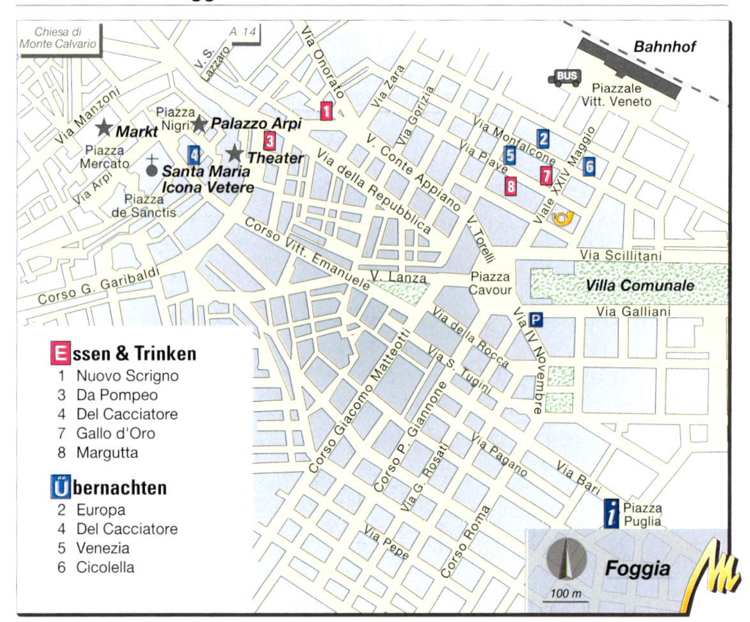

Klimatisierte Zimmer, alle mit Bad, aber mit unterschiedlichem Komfort. DZ bis 150 €, EZ bis 95 € mit Frühst. Via Monfalcone 52, ✆ 0881-721057, ✆ 0881-720228, www.hoteleuropafoggia.com.

** **Del Cacciatore (4)**, einzige Unterkunft in der Altstadt, gut geführte Pension in einem frisch renovierten Hinterhaus mit ordentlichen Zimmern. Das Ristorante im Erdgeschoss bietet ausgezeichnete Cucina foggiana. DZ 65–75 €, EZ 40–45 €. Via Mascagni 12 (Seitengasse des Corso Vittorio Emanuele), ✆ 0881-771839, ✆ 0881-771579, www.albergodelcacciatore.it.

• *Essen & Trinken* Die städtische Primo-Spezialität heißt Spaghetti al cutturiedde, Spaghetti mit Lamm und viel Knoblauch. Die Bruschetta wird in Foggia ganz besonders reichhaltig beladen, es gibt sie mit Käse, Tomaten, aber auch mit Blattgemüse.

Trattoria Gallo d'Oro (7), unser Tipp für ganz einfache, volkstümliche Küche. Kleine Preise, große Portionen, und ständig läuft der Fernseher. Menu turistico 11 €, Via Piave, schräg gegenüber vom Margutta (s. o.).

Margutta (8), verspielt-gemütlich eingerichtet, einige Tische auf dem Bürgersteig. Vorwiegend Fischküche, auch Pizza (allerdings nicht jeden Abend), durchschnittliche Qualität. Fischmenü ca. 25 €, Menu turistico 17 €, Via Piave 33, ✆ 0881-708060.

Nuovo Scrigno (1), freundlicher Familienbetrieb, nettes Ambiente, authentische Cucina foggiana mit hausgemachter Pasta zu akzeptablen Preisen. Menü ca. 20 €, großes Angebot an regionalen Weinen, glas- und flaschenweise. Via XXV Aprile 22, ✆ 0881-708404, Di Ruhetag.

Da Pompeo (3), Tipp! Über die Stadtgrenze hinaus bekanntes Schlemmerrestaurant in der Altstadt, unmittelbare Theaternähe. Hausgemachte Pasta mit Gemüse-, Fleisch- und Käsesoßen, Lamm-, Kalb- und Schweinefleisch sowie Salsiccia (Wurst) vom Grill und frischer Fisch (gegrillt, gegart oder aus dem Ofen). Eine weitere Spezialität sind Pompeos Mürbeteigplätzchen Biscotti di Pasta frolla. Menü 25–30 €, Vico al Piano 14, ✆ 0881-724640, So Ruhetag.

Am verkehrsberuhigten Corso Vittorio Emanuele findet man zudem einige gemütliche Straßencafés. Wen es mehr zur Gegenkultur hinzieht, ist in der **Caffetteria l'Alternativa** sehr gut aufgehoben, die sich in einer Seitengasse am Theater versteckt (Vico Arco Contini).

Eine beliebte Pasticceria für leckere und sündhaft teure Süßspeisen heißt **Maricangela** und liegt in der Via Torelli 19–23. Bestes Eis und direkt daneben eine Enoteca in schrillem Design für Champagner und Cocktails, ✆ 0881-722069.

Feste & Veranstaltungen

Mercato Arpi, tägl. Lebensmittelmarkt an der schmalen Piazza Mercato (Nähe Kathedrale), stimmungsvolles Markttreiben in halboffenen Hallen.

• *Feste & Veranstaltungen* **Madonna dei Sette Veli**, großes Fest zu Ehren der „Schlei-ermadonna", Prozession und Feuerwerk, am 3. So im März.

Messe des apulischen Kunsthandwerks, Sept./Okt.

Foggia Estate, Theater- und Musikveranstaltungen in der Villa comunale (Stadtpark) im Aug.

Festival del Jazz, überregional beliebtes internationales Jazzfestival im Sept.

Sehenswertes

Neustadt: An den Shoppingmeilen *Via Lanza* und *Corso Vittorio Emanuele* stehen einige neoklassizistische Prunkbauten. Auch das imposante *Teatro Giordano* ist in diesem Stil gehalten. Es befindet sich unweit der *Piazza Umberto Giordano*, die mit ihren Bronzefiguren ganz dem Werk des in Foggia geborenen Musikers (→ „Mala Vita") gewidmet ist.

Mala Vita – ein Opernskandal des 19. Jahrhunderts

Als 1892 in Rom die zweite Oper des Komponisten Umberto Giordano (1867–1948) aus Foggia uraufgeführt wurde, evozierte die Premiere einen handfesten Krach: Der Titel „Mala Vita" verhieß schon nichts Gutes. Als sich aber auch noch ein Arbeiter und eine Prostituierte als Hauptfiguren der Handlung entpuppten, hatte das bürgerlich-feingeistige Publikum endgültig genug. Das Stück gilt heute als treffendes Beispiel für die damals neue naturalistische Ausdrucksform, die sich in Italien *Verismo* nennt (von ital. *vero* = wahr).

Villa comunale: Park und Platz entstanden 1820, als die Stadtverwaltung anordnete, Bäume zu pflanzen. Hinter der monumentalen Säulenvorhalle erstreckt sich der erholsame Park mit Beeten, Palmen, Steineichen, Brunnen und Statuen illustrer Persönlichkeiten. Hier flanieren die Städter am Abend.

Kathedrale Santa Maria Icona Vetere: Das ursprünglich normannisch-romanische Gotteshaus an der Piazza de Sanctis wurde im 12. Jh. von Wilhelm II. errichtet und erfuhr nach dem Erdbeben von 1731 umfassende barocke Veränderungen. Im Inneren befindet sich die reich ausgeschmückte Kapelle mit der hochverehrten byzantinischen Ikone der Madonna mit den sieben Schleiern. Diese *Icona Vetere* symbolisiert die Gründungslegende der Stadt: Einigen Hirten erschien im Sumpf des Tavoliere die in Schleiern gehüllte Gottesmutter, nachdem ihnen drei Flammen den Weg gewiesen hatten. An der von der Madonna bezeichneten Stelle soll Foggia entstanden sein. Die drei wegweisenden Flammen zieren heute das Stadtwappen.

Palazzo Arpi mit Fragmenten des Kaiserpalasts: Neben einem mittelalterlichen Brunnen ist der reich verzierte Torbogen mit Adlerkonsole im Mauerwerk des Patrizierhauses an der Piazza Nigri alles, was vom prachtvollen Palast Friedrichs II. aus dem 13. Jh. übrig geblieben ist. Die gleichnamige Via Arpi durchschneidet die Altstadt von einem Ende zum anderen und stammt ebenfalls aus staufischer Zeit.

Museo Civico: Das Stadtmuseum im Palazzo Arpi ist in mehrere Bereiche gegliedert. In der archäologischen Abteilung sind u. a. Fundstücke aus der daunisch-römischen Zeit zu sehen, die aus den stadtnahen Ausgrabungen von Arpi und Herdonia stammen. Die angeschlossene *Pinakothek* zeigt Werke einheimischer Künstler sowie neapolitanische Malerei des 18. und 19. Jh. Eine ethnografische Abteilung befasst sich mit der Siedlungsgeschichte seit der Stauferzeit und dokumentiert auch die erwähnte *Dogana della Mena delle Pecore.*

Öffnungszeiten Mo–Sa 9–13, Mi/Do auch 16–19 Uhr. Eintritt ca. 2 €.

Chiesa di Monte Calvario: Die Kalvarienberg- oder Kreuzwegkirche wurde zwischen 1693 und 1740 errichtet. Der barocke Bau an der Piazza San Eligio mit großem Portal und dem anschließenden Kapellenweg (fünf Kapellen hintereinander) birgt im Inneren ein Fresko mit der Darstellung des Leidenswegs Christi. Der Kirchenentstehung ging folgende überlieferte Begebenheit voraus: In einer Zeit extremer Not, bedingt durch eine anhaltende Trockenheit, lockerte sich wohl die Moral unter den verzweifelten Bewohnern und Unkeuschheit machte sich breit. Einem Moralapostel gelang es jedoch, die enthemmte Bevölkerung wieder auf den rechten Weg zu führen. Daraufhin öffnete der Himmel seine Schleusen und die reuigen Sünder errichteten aus Dankbarkeit ein neues Gotteshaus.

Öffnungszeiten Tägl. 9–12.30 und 18–20 Uhr.

Tavoliere di Foggia

Das Becken um Foggia, seit der Römerzeit als Tavoliere bekannt, erstreckt sich auf einer Fläche von 800 italienischen Quadratmeilen, das sind 300.000 ha. Wo in erdgeschichtlicher Vorzeit das Meer wogte, wächst heute der Weizen.

Aus der großen faschistischen Urbarmachungskampagne, der „Weizenschlacht“, ging der Tavoliere als reines Ackerland hervor; die Weidewirtschaft spielt seitdem eine untergeordnete Rolle. Noch erinnert hier vieles an die Zeit der Großgrundbesitzer. Einzelne, sehr rentable Masserie (Gutshöfe) erstrecken sich mit ihren Ländereien auf 200 bis 300 ha und mehr. Unter gleißender Sonne werden noch immer riesige Felder von einheimischen und fremden Braccianti (Tagelöhnern) abgeerntet.

Der Tavoliere mit seinen weiten Feldern bietet v. a. im Frühjahr ein eindrucksvolles und farbenprächtiges Bild. Im Herbst hingegen dominieren dunkle Erdfarben, kontrastiert von einem tiefblauen Himmel. Sedimente haben die weite Ebene fruchtbar gemacht, und seit den Anfängen menschlicher Besiedlung wird hier der Boden bestellt. Vor ca. 3000 Jahren ließen sich die Daunier, die Urapulier, in dieser Gegend nieder – nachweislich die ersten bodenständigen Siedler des Tavoliere. Im Nordwesten von den Apenninausläufern und im Osten vom Meer geschützt, säten sie erstmals Getreide aus. Archäologen fanden in der Ausgrabungsstätte Arpi, die nicht zur Besichtigung freigegeben ist, sogar frühgeschichtliche Weizenkörner. Die Gründungslegende der heutigen Provinzhauptstadt Foggia besagt, dass es von den Bewohnern des zerstörten Arpi gegründet worden sei. Siponto hingegen, die alte

Gutshof in der Kornkammer Apuliens

Hafenstadt der Daunier, ist die Keimzelle von Manfredonia, der wichtigsten Hafenstadt der „daunischen" Provinz Foggia.

Die ewige Bestimmung des Tavoliere zum reinen Ackerland, zur natürlichen Vorrats- und Kornkammer der Daunier, der Römer, des faschistischen Italiens und der Gegenwart, kam im 15. Jh. heftig ins Wanken, als nach der Einführung der *Dogana della Mena delle Pecore* Schafherden über das Gebiet getrieben wurden und die fruchtbare Ebene weitgehend versteppte. Wandertrassen, sog. *Tratturi,* wurden für die Tiere abgesteckt und wie Chausseen mit Grenz- und Meilensteinen versehen. Über diese Triften trieb man Herden mit bis zu 10.000 Schafen vom Apennin hinunter auf die Winterweiden des Tavoliere. Die für den Tavoliere und seine Bewohner so unwürdige Nutzung als bloße Schafweide fand erst im 18. Jh. ein Ende, als das Zwangssystem der öffentlichen Weiden per Dekret von den bourbonischen

Zeit der Schafe

Nichts sei sonderbarer als diese Tratturi, bemerkte schon Ferdinand Gregorovius. Jahrhundertelang durchzogen die markierten Triften einen großen Teil Süditaliens, von den Abruzzen herab bis nach Kalabrien und Apulien. Der große Tratturo Apuliens zog sich durch das gesamte Tavoliere-Gebiet, vorbei an der Stadt Andria und weiter in Richtung Bari – ein Streifen, der auf einer Breite von 40 bis 100 m von den Tieren kahl gefressen war. Eine zusammengehörende Herde nannte man *Punta,* sie bestand bisweilen aus über 10.000 Tieren. Jede Punta war eine wohlgeordnete wandernde Armee, die in Abteilungen von 300 bis 400 Tieren zerfiel, von denen jede sechs und mehr gewaltige Hunde bei sich hatte. Zur Seite ritten die Hirten mit Lanzen in den Händen, stolz wie Generäle.

Machthabern aufgehoben wurde. Weideland und Triften verwandelten sich wieder in Ackerland und der Hirte tauschte den Stock gegen den Pflug. Die einstige Bedeutung von *tratturo* ist fast in Vergessenheit geraten; heute findet man das Wort nur noch als Straßenbezeichnung wieder. In jeder Tavoliere-Kleinstadt gibt es mindestens eine Gasse namens *Tratturo delle Pecore*.

Im südwestlichen Hinterland beginnt die Tiefebene langsam aufzubrechen, die Landschaft wird etwas hügeliger und vereinzelt zeigen sich dichte, niedrige Baumgruppen. Aber auch hier dominieren nach der Erntezeit die Farben der *Terra bruciata*, der sonnenverbrannten Erde. Kleine, stille Agrarstädte tauchen im Randgebiet des Tavoliere auf. Von weitem sichtbar auf Hügelkuppen platziert, beherrschen sie die Umgebung. Sie markieren bereits den Übergang zum Subappennino Dauno.

Ordona (Herdonia)

Mitten in der trockenen Landschaft des Tavoliere liegt das kleine unbedeutende Agrarstädtchen Ordona auf dem Scherbenhaufen des großen antiken Herdonia.

Die meisten Durchreisenden landen nur versehentlich im kleinen und etwas unscheinbaren Städtchen, weil sie sich auf der Suche nach der spärlich ausgeschilderten Ausgrabungsstätte verfahren haben. Diese schlummert an der südwestlichen Peripherie der modernen Siedlung – zwischen den ansehnlichen Spuren antiken Lebens wächst wilder Hafer. Am schönsten ist der Besuch am späten Nachmittag, wenn das schräg einfallende Licht der Sonne die altehrwürdigen Reste plastisch hervortreten lässt.

Zona archeologica (Ausgrabungsgelände): Unter der Leitung eines belgischen Professors wurden in den 1960er Jahren daunische Nekropolen und Reste des römischen Herdonia ans Tageslicht geholt. Die Grabbeigaben und andere Kostbarkeiten erhielt das archäologische Museum von Foggia. Die Ausgrabungsstätte selbst war jahrzehntelang ein jederzeit zugängliches Freigelände, der Witterung und menschlicher Willkür schutzlos ausgesetzt. Nachdem bei jüngeren Grabungen die antiken Thermen von Herdonia entdeckt worden sind, erhielt das Gelände eine Teilumzäunung.

Einst stand hier eine bedeutende daunische Siedlung, bevor sie von Pyrrhus zerstört und dann als römisches Munizipium wieder aufgebaut wurde. Die heute freigelegten Fundamente aus der Kaiserzeit umfassen eine rechteckige Fläche von ca. 700 x 300 m. Reste des Forums und des Amphitheaters, Säulenstummel, Halbbögen und vieles mehr ist zu sehen. Bei der kopfsteingepflasterten Straße mit den tiefen Spurrillen handelt es sich um ein Teilstück der römischen Heeresstraße *Via Traiana*.

Lucera

ca. 35.000 Einwohner

Anmutig thront die einstige Sarazenensiedlung über der weiten Landschaft. Schon von fern erkennt man das mächtige Kastell, das durch einen Park mit der Altstadt verbunden ist. Daneben erstreckt sich die zweckmäßig konzipierte Neustadt den sanften Hang hinab.

Aus der römischen Kaiserzeit stammt das gut erhaltene Amphitheater am östlichen Stadtrand. Die Altstadt, deren Mauerring noch zwei intakte Stadttore bewahrt, vermittelt architektonische Geschlossenheit. Auf dem weitläufigen Vorplatz der Kathedrale herrscht gegen Abend eine mediterrane Piazza-Atmosphäre, wie sie ein stimmungsvoller italienischer Heimatfilm nicht besser inszenieren könnte.

Wehrhafte Zinnen: Das Kastell von Lucera

Provinz Foggia
Karte S. 75

Geschichte: Wegen seiner geografischen Position auch „Schlüssel Apuliens“ genannt, war Lucera schon in frühgeschichtlicher Zeit eine bedeutende Siedlung. In den fabelhaften Chroniken des antiken Griechenlands findet die Stadt als Aufenthaltsort des Diomedes Erwähnung. Dieser soll auf seinen Eroberungsfahrten nach dem Trojanischen Krieg seine goldene Rüstung hier abgelegt haben. Trotz der Nähe zur daunischen Hauptstadt Arpi gründeten die Daunier an der Stelle des heutigen Lucera ein weiteres Zentrum innerhalb ihres Siedlungsgebiets. Die Geschichtsschreiber des Römischen Reichs erwähnen Lucera als treuen Verbündeten Roms und älteste römische Kolonie Apuliens. Das Amphitheater stammt aus augusteischer Zeit. Nach dem Niedergang Roms war Lucera erst gotisch, dann Zankapfel zwischen Byzantinern und Langobarden. Den langobardischen Herzögen von Benevent entrissen schließlich die Normannen die Stadt.

Friedrich II. baute Lucera zum stärksten Stützpunkt seines Reichs aus und siedelte hier seine muselmanischen Getreuen, die Sarazenen, an. Unter dem orientbegeisterten Staufer verwandelte sich Lucera für ein halbes Jahrhundert in eine arabische Stadt: *Lucera Saracenorum.* Die Muslime genossen Glaubensfreiheit, errichteten Moscheen und hatten natürlich auch ihre beeindruckenden kunsthandwerklichen Fertigkeiten mitgebracht. Der Italienreisende Ferdinand Gregorovius beschreibt die Rolle der Sarazenen für den Kaiser mit plastischen Worten: „Nie besaß ein Monarch dankbarere und treuere Untertanen als Friedrich II. sie in den Sarazenen Luceras hatte. Sie waren seine Prätorianer, seine Zuaven und Turkos. Ihre leichte Reiterei, welche mit Speeren und vergifteten Pfeilen kämpfte, bildete allein den stehenden Teil seines Heeres. Die große Sarazenenkaserne hier war das immer gerüstete Arsenal für seinen Kampf mit dem Papsttum.“ Zum Leidwesen des Pontifex blühte die Sarazenenkolonie. Erst 1269, Jahre nach dem Tod des staufischen Monarchen, vollzog sich die abrupte Wende. Überredet vom Papst, eroberten die Anjous unter

Karl I. die Stadt, hieben alles nieder, was fremdländisch aussah und sich nicht rechtzeitig ergab, und brachten auch das letzte Minarett zum Einsturz. Lucera sollte sogar in Santa Maria umbenannt werden, um jede Reminiszenz an die sarazenische Vergangenheit zu tilgen, allerdings konnte sich der neue Name bei der Bevölkerung nicht durchsetzen. Bis ins frühe 19. Jh. hinein blieb Lucera das politische und wirtschaftliche Zentrum im Norden Apuliens, dann fiel diese Rolle endgültig an die benachbarte Agrarmetropole Foggia.

Information/Anfahrt & Verbindungen

• *Information* **IAT-Büro**, am seitlichen Vorplatz der Kathedrale, Via Zupetta 7; es gibt u. a. einen nützlichen Stadtplan. Di–So 9–14 und 15–20 Uhr. ✆ 0881-522762, www.comune.lucera.fg.it.

• *Auto* Lucera sollte man von San Severo über die S 160 bzw. von Foggia über die S 17 anfahren; gute **Parkmöglichkeiten** an der Villa comunale (Stadtpark).

• *Bus* Schnelle und häufige **SITA-Linienbusse** fahren zwischen Foggia und Lucera.

Übernachten/Essen & Trinken/Nachtleben

• *Übernachten* **** **Villa Imperiale (5)**, außerhalb der Altstadt an der südlichen Verlängerung der Piazza del Popolo, mehrgeschossiger Neubau, gut geführt, mit Restaurant und Parkplatz. DZ 75–100 €, EZ 50–75 €. Viale Ferrovia 15, ✆ 0881-520998, ℻ 0881-546725, www.villaimperialehotel.com.

B&B Le Foglie di Acanto (1), bietet höchste Wohn- und Lebensqualität mitten in der Altstadt. Vier ästhetisch gestaltete Zimmer sind über Stiegen und Treppen mit dem Frühstückssalon und einem zauberhaften Garten im Hinterhof verbunden. Der Vater des jungen Paares, das die freundliche Herberge leitet, sammelt Fundstücke aus sarazenischer Zeit. Trotz hoher Preise ein guter Tipp! DZ 100 €, EZ 70 €. Via Frattarolo 3, ✆ 349-4514937, www.lefogliediacanto.it.

• *Essen & Trinken* **L'Alhambra (3)**, an der Rückseite der Kathedrale gelegen, hat es sich in den letzten Jahren erheblich vergrößert. Geschmackvoll eingerichtet, auch Tische im Freien. Auf Fischgerichte spezialisiert, dekorative Antipasti-Vitrine, abends auch Pizza, akzeptable Preise, Fischmenü ab 20 €. Via de Nicastri 10–14, ✆ 0881-547066, Mo Ruhetag.

Lupus in Fabula (4), Enoteca und Osteria, etwas versteckt im Centro storico gelegen, von jungen Leuten geführt, viel junges Publikum. Salate, Bruschetta-Kreationen und ein tägl. wechselndes Menü für 15–20 €; große Auswahl an regionalen und nationalen Weinen, Musik von Pop bis Jazz, lange geöffnet. Via Gramsci 10.

• *Bars/Treffs* Am **Domplatz** befinden sich einige Bars sowie die Versammlungsräume der politischen Parteien und Kirchenge-

meinden. Im Sommer werden die Stühle einfach vor die Tür gestellt, und in den frühen Abendstunden bilden sich bunte Menschentrauben. Die **PDS Casa del Popolo** hat den größten Zulauf. Mediterrane Geselligkeit zum Zuschauen oder Mitmachen.

Tartan (2), gemütlicher Scottish Pub mit Tischen auf der Dompiazza, kalte und warme Snacks, Bier und Mixgetränke, junges Publikum, bis Mitternacht geöffnet.

Diverses/Feste & Veranstaltungen

• *Einkaufen* Im Bereich der Kathedrale erstreckt sich eine weitverzweigte **Fußgängerzone** mit zahlreichen netten Geschäften; gegen Abend ist ein Bummel am stimmungsvollsten.

Wochenmarkt, jeden Dienstagvormittag auf der Piazza della Repubblica.

Antiquitätenmarkt, am 1. So jeden Monats, Piazza Duomo.

• *Feste & Veranstaltungen* **Via Crucis**, traditionelle Kreuzwegprozession zum römischen Amphitheater am Karfreitag.

Sarazenengedenktag, ein folkloristischer Umzug (Corteo Storico) erinnert an das Ende der Sarazenenkolonie mit viel Musik und mittelalterlichen Gewändern. Im Anschluss beginnt das **Torneo delle Chiavi**, bei dem sich die Vertreter der fünf Stadtteile im Armbrustschießen, Tauziehen, Klettern und anderen Wettbewerben messen, 14. Aug.

Provinz Foggia
Karte S. 75

Sehenswertes

Fortezza Svevo-Angioina: Von der gewaltigen Festungsanlage sind noch der Mauerring sowie die Fundamente der Wachtürme und die des staufischen Wehrturms erhalten. Die außergewöhnlich große mittelalterliche Militäranlage wurde unter Karl I. von Anjou zwischen 1269 und 1283 auf den Trümmern der Sarazenenburg

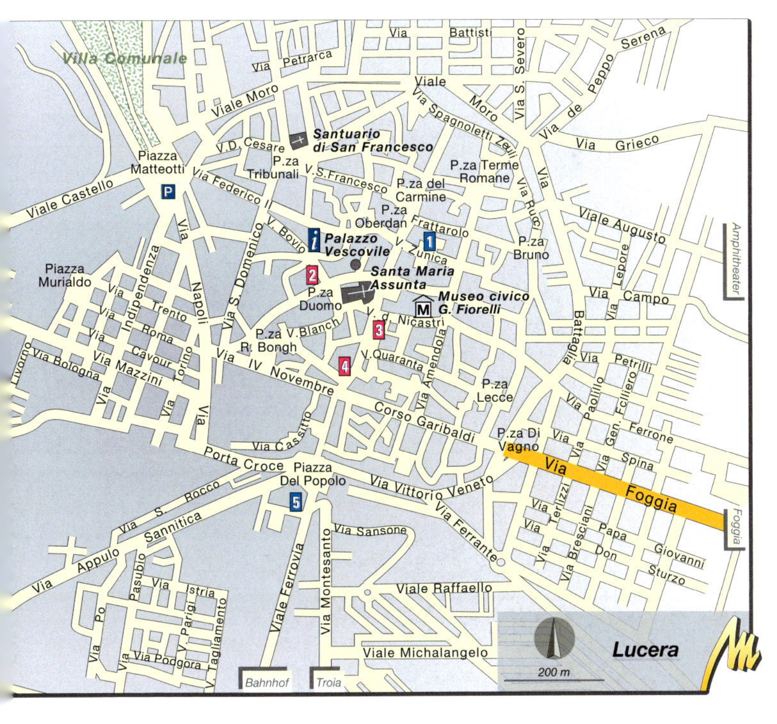

Friedrichs II. erbaut. Die wehrtechnische Leistung bestand v. a. in der Errichtung der 900 m langen Umfassungsmauer mit 24 Wachtürmen und 4 Eingangstoren. Den Kern der älteren Sarazenenburg Friedrichs bildete ein kompakter geschlossener Wehrturm mit dem kaiserlichen Wohnbereich. Eine genaue Rekonstruktion dieser Stauferburg ist nicht mehr möglich. Aber noch existierende Zeichnungen aus dem 18. Jh. lassen darauf schließen, dass es sich bei dem palastartigen Kastell Friedrichs II. um ein deutliches Herrschaftszeichen des Kaisers gehandelt hat, ähnlich wie Castel del Monte. Allein schon die Tatsache, dass hier der Staatsschatz aufbewahrt wurde, lässt vermuten, dass kein anderer Platz sicherer war.

Innerhalb des Mauerrings kommt man sich ein bisschen wie im Gehege vor. Nicht viel anders erlebte dies ein Zeitzeuge im Jahr 1525, der „die Zitadelle Lucera in Trümmern und von Vieh bewohnt" sah. Erst der Blick auf die endlose Weite der Umgebung verleiht der Festung etwas Majestätisches. Keineswegs entgehen lassen sollte man sich den Fußweg um den angiovinischen Mauerring.

Öffnungszeiten Tägl. außer Mo geöffnet, April–Sept. 9–14 und 15–18 Uhr, Okt.–März 9–14 Uhr. Eintritt frei. ✆ 0881-548626.

Kathedrale Santa Maria Assunta: Das dreischiffige Gotteshaus war die christliche Antwort auf die muselmanische Präsenz in Lucera. Karl II. legte um 1300 den Grundstein zum Bau des Doms und unterstrich damit die neue päpstlich-angiovinische Herrschaft in der Stadt. Der frühgotische Baustil zeigt sich besonders an den spitz zusammenlaufenden Strebepfeilern der Apsiden. Die Querhausbögen ruhen auf zwölf dunkelgrünen Säulen, die zuvor eine sarazenische Moschee schmückten und ursprünglich aus einem römischen Stadtpalast stammen. Die Holzstatue der *Madonna della Vittoria* aus dem 13. Jh. ist der älteste Kirchenschmuck, dicht gefolgt von dem rheinischen Kruzifix und dem Grabmal mit Reiterbild (beide 14. Jh.). Der Hauptaltar besteht aus einer Steintafel, die aus Castel Fiorentino stammt. Das Fest zu Ehren der Madonna della Vittoria findet am 12. September statt.

Öffnungszeiten Tägl. 7–12 und 16.30–19 Uhr.

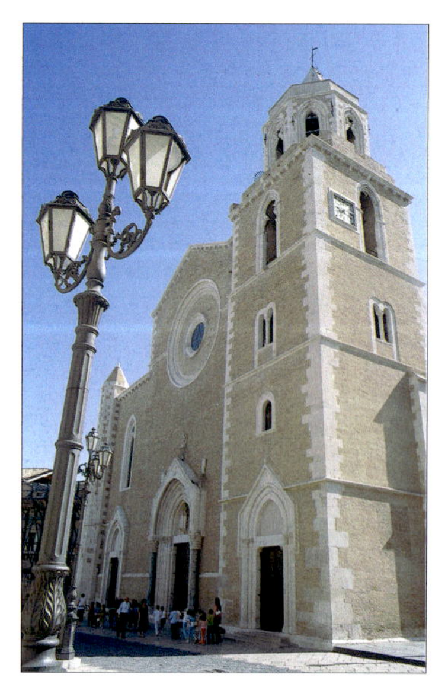

Herausgeputzt: Die Kathedrale Santa Maria Assunta

Museo Diocesano: Der alte Palazzo Vescovile aus dem 18. Jh. schräg gegenüber der Kathedrale erinnert heute daran, dass Lucera einst eine der bedeutendsten Diözesen Apuliens war. Die reich geschmückten Räume präsentieren Kirchenschmuck aus dem 14. bis 19. Jh.

Öffnungszeiten Mo/Sa/So 10–12.30 Uhr. Eintritt frei. Piazza Duomo 13, ✆ 0881-520882, www.dauniavetus.it

Museo Civico Giuseppe Fiorelli: Das Museum ist in einem der schönsten Stadthäuser, dem *Palazzo Nicastri* aus dem 18. Jh., untergebracht. Es beherbergt historisches Mobiliar und wurde bereits 1931 eröffnet. Der Grundstock der Sammlung besteht aus zahlreichen privaten Schenkungen. Bei den ältesten Ausstellungsstücken handelt es sich um frühgeschichtliche und antike Funde, das Mittelalter ist mit einigen interessanten Glas- und Keramik-Exponaten aus der staufisch-muslimischen Zeit vertreten. Die numismatische Abteilung erinnert an das Münzprägerecht der Römerstadt Lucera, während die angeschlossene kleine Pinakothek Gemälde aus dem 16. bis 20. Jh. präsentiert. Eine gut erhaltene Venusstatue aus dem 1. Jh. v. Chr. ist das Vorzeigestück des lange Zeit etwas verstaubt und konzeptlos wirkenden Stadtmuseums. Jetzt wird der Palazzo vollständig restauriert und neu bestückt; ein Teil der beschriebenen Sammlung ist vorübergehend in einem Gebäude neben dem IAT-Büro (→ S. 86) zu sehen.

Öffnungszeiten Wiedereröffnung des Palazzo Nicastri voraussichtlich 2009. ✆ 0881-547041, www.comune.lucera.fg.it → „Città".

Chiesa San Francesco: Die Kirche nebst ehemaligem Konventsgebäude liegt auf dem höchsten Punkt der Altstadt. Nachdem Karl von Anjou die Sarazenen aus Lucera vertrieben hatte, erhielt er von Papst Bonifatius VIII. höchstselbst den Auftrag zum Bau der Kirche, um der Christianisierung der Stadt sichtbaren Ausdruck zu verleihen. Eine Inschrift im gotischen Innenraum am Übergang zum Presbyterium belegt diesen Gründungsanlass. Der gedrungene Sakralbau ist nach franziskanischem Muster in größter Schlichtheit ausgeführt, die maßvolle Barockisierung wurde nach Zerstörungen aufgrund eines Erdbebens Anfang des 18. Jh. hinzugefügt. Gut erhaltene Fresken zieren den gotischen Chor, im Altar ruhen hinter Glas die sterblichen Reste des heiliggesprochenen Franziskaners Antonio Fasani, einem Sohn der Stadt.

Amphitheater: Die römische Arena liegt etwa einen Kilometer außerhalb der Altstadt, am Ende der Viale Augusto. Sie stammt aus dem 1. Jh. v. Chr., als auch die wichtigsten Städte der römischen Kornkammer Apulien den Glanz des Augusteischen Zeitalters widerspiegeln sollten. Das fast 100 m breite, ovale Bauwerk steht auf den Resten einer älteren Römersiedlung, die ihrerseits auf dem Gebiet einer frühgeschichtlichen Nekropole entstanden war. Das aus wenigen Fragmenten zusammengesetzte Nordwestportal wirkt etwas improvisiert, täuscht aber – aus dem richtigen Blickwinkel fotografiert – ein vollständig erhaltenes Bauwerk vor. Erst 1966 wurden die Fundamente der Gladiatorenzellen freigelegt.

Öffnungszeiten Wegen Renovierung zum Zeitpunkt der letzten Recherche geschlossen. Die Wiedereröffnung ist für 2010 geplant (Infos unter ✆ 0881-545374).

Castel Fiorentino

12 km nordwestlich von Lucera stößt man auf die Ruinen von Castel Fiorentino. Der Ort, an dem Friedrich II. am 13. Dezember 1250 starb, ist mittlerweile zu einer Pilgerstätte des recht regen Staufertourismus avanciert. Der Sarazenenburg Lucera vorgelagert, bildete Castel Fiorentino den nördlichsten Stützpunkt der mittleren Festungskette, die Zentralapulien sicherte und über Castel del Monte bis nach Oria reichte. Die Gemeinde Torremaggiore versuchte Anfang der 90er Jahre mit eigenen Mitteln und mithilfe eines italienisch-französischen Archäologenteams, die verschütteten Fundamente systematisch freizulegen. Von Anfang an erinnerte das Projekt allerdings ein wenig an den hoffnungslosen Versuch, die Wüste mit der Gießkanne zu bewässern. Bescheidenes Resultat sind die konservierenden Zementierungen an einigen undefinierbaren Mauerresten. Die achteckige Gedenksäule

mit der Inschrift: „Um diese Zeit aber starb Friedrich, der Größte unter den Fürsten der Erde, und ihr wunderbarer Wandler" errichtete der Stauferverein Göppingen am 750. Todestag des Regenten im Jahr 2000.

Kaiserkult – Legenden um einen Sohn Apuliens

„Er war ein durchtriebener Mann, verschlagen, geizig, ausschweifend, boshaft und jähzornig." Auf diese Weise malt der Franziskanermönch und Geschichtsschreiber Salimbene von Parma den Stauferkaiser in nicht gerade schmeichelhaften Farben. Sein Urteil war Teil eines Gefälligkeitsgutachtens für die römische Kurie. Immerhin hatte Papst Gregor IX. den Staufer wiederholt als lügenhafte und gottlose „Bestie" bezeichnet, was noch zu den galanteren Ausdrücken gehörte, mit denen er seinen politischen Widersacher verteufelte. Getrübt war Salimbenes Urteil aber auch, weil der Pontifex die Franziskaner als willkommene Speerspitze nahm, um das ruchlose „Schlangengezücht" aus dem Norden innerhalb der Bevölkerung zu diskreditieren. Ein anderes Licht auf den Staufer wirft die mythische Ehrfurcht, die viele Italiener dem schwäbischen Herrscherhaus bis heute entgegenbringen. „Nach ihm begann der Niedergang des Landes", schreibt z. B. der Bareser Literat Tommaso di Caula in seiner elegischen Reiseerzählung „Die Wasser Apuliens".

Schon als Dreijähriger wurde Friedrich in Palermo zum König über Sizilien gekrönt – symbolträchtig am Pfingstsonntag anno 1198. Politisch noch unmündig, streifte er hernach durch die Gassen Palermos und lernte dabei Araber und gelehrte Juden kennen. Umso überraschender jedoch das plötzliche Auftauchen des 17-Jährigen vor den deutschen Reichsfürsten, die den Halbitaliener nicht gerade einstimmig und gegen den Widerstand der Welfen zu ihrem König krönen sollten. Die Fürstenrunde staunte nicht schlecht über die fremdartige Erscheinung, die der Jüngling – aufgewachsen in einer gänzlich anderen Kultur – an den Tag legte. „Puer Apuliae" wird Friedrich in den Reichschroniken genannt, manchmal auch „Chint von Pülle", der Sohn Apuliens. Zu diesem Zeitpunkt hatte Friedrich zwar nie in Apulien gelebt, aber die Region sollte tatsächlich einmal der liebste Aufenthaltsort des späteren Kaisers werden. Dass er auch noch bei einem Kreuzzug im Jahr 1229 auf diplomatischem Weg Jerusalem für die Christenheit zurückgewann, brachte ihm zwar keine Punkte mehr bei der Kurie, wohl aber höchsten Respekt seitens der Zeitgenossen ein.

Sein Tod war schließlich Auftakt für zahlreiche mystifizierende Legenden, die sich von nun an um die Herrscherpersönlichkeit ranken sollten. Viele glaubten ohnehin, der Kaiser sei in Wahrheit unsterblich. Nach der Kyffhäusersage schläft der König nur verzaubert in einem Berg, um irgendwann als Erlöser wieder aufzutauchen (in der späteren Entwicklung der Legende wird allerdings Friedrichs Großvater Barbarossa in diese Rolle schlüpfen). Eine merkwürdige Prophezeiung der Sibylle aus Erythräa tat ein Übriges dazu: „Verborgenen Todes wird er die Augen schließen und fortleben; tönen wird es unter den Völkern ‚Er lebt und lebt nicht', denn eines von den Jungen und von den Jungen der Jungen wird überleben." (siehe auch → S. 78)

Ländliches Idyll im Subappennino Dauno

Subappennino Dauno

Der apulische Subappennino Dauno markiert den Übergang zwischen dem Tavoliere und dem Hauptkamm des Apennin, der sich bereits in der Nachbarregion Kampanien befindet.

Hier liegen die höchsten Berge Apuliens, u. a. der Monte Cornacchia (1152 m) und der Monte Crispiniano (1104 m). Die wehrhafte Stadt Troia, Etappenort an der Via Appia zwischen Rom und Brindisi, befindet sich bereits auf 439 m Höhe. Aufgrund seiner berühmten Kathedrale ist Troia eine kunsthistorische Perle mitten im Bauernland. Orsara di Puglia, Bovino und v. a. Sant'Agata di Puglia sind hingegen typische Bergsiedlungen der apulisch-kampanischen Grenzregion – eine abgeschiedene Gegend, in der die Emigration Spuren hinterlassen hat, die andererseits aber auch ursprünglich geblieben ist und viel Raum für Entdeckungen bietet. In jüngster Zeit wurden und werden auch hier die Ortskerne und Kastelle, die zumeist normannischen Ursprungs sind, restauriert und einem gründlichen Facelifting unterzogen. Die Gemeinden haben das touristische Potenzial ihrer Region erkannt und versuchen durch neu angelegte Wanderwege, Aktivurlauber zu locken. Es handelt sich um eine Gegend, die von Viehzucht und Ackerbau geprägt ist. Von einem weiteren Wirtschaftszweig profitieren die Einheimischen hingegen wenig: Auffallend sind die vielen Windräder, welche Hänge und Kämme des Subappennino Dauno weithin sichtbar zieren.

Vielleicht unter die Rubrik „Kurioses" fällt der süditalienische Historikerstreit über den genauen Austragungsort der berühmten Schlacht von Cannae zwischen Rom und Karthago, die bekanntlich mit einer der empfindlichsten Niederlagen in der langen römischen Geschichte endete. Die offizielle Geschichtsschreibung verortet

Geisterdorf im Subappennino Dauno

die Schlacht in die Nähe des rund 100 km entfernten Canne della Bataglia (→ S. 205 f.), das bereits zur Nachbarprovinz Bari gehört. Der passionierte Freizeitarchäologe Dr. Izzo aus Castelluccio Valmaggiore behauptete hingegen bis zu seinem Tod, die Schlacht hätte im Subappennino Dauno am Fuß des Monte Cornacchia stattgefunden (→ „Dottore Izzo, Hannibal und die offizielle Geschichtsschreibung").

Dottore Izzo, Hannibal und die offizielle Geschichtsschreibung

Unterhalb von Castelluccio öffnet sich das schmale Celone-Tal. Hier haben Generationen von Landwirten und Anwohnern immer wieder erstaunliche Funde zutage gefördert, die rätselhaft blieben. Bei der Feldarbeit steckten die Pflüge oft genug im Boden fest, Ursache waren Gegenstände wie Schwerter, Lanzenspitzen, Helme, Rüstungen und vieles mehr. Nach den Hintergründen fragte lange Zeit niemand, bis ein gewisser Dr. Izzo Anfang der 70er Jahre in die Geschichtsbücher schaute und danach behauptete, die berühmte Schlacht zwischen Hannibal und den Römern hätte am 2. August 216 v. Chr. hier im Tal des Celone und nicht im 100 km entfernten Canne della Battaglia stattgefunden – wie es die offizielle Geschichtsschreibung ausweist. Über 30 Jahre lang sammelte der Arzt und Freizeitarchäologe Beweise und übergab die archäologischen Fundstücke vorschriftsmäßig an die zuständigen Ämter. Zahlreiche Wissenschaftler beschäftigten sich mit seiner These; positive Radiokarbonuntersuchungen von schweizerischen Universitäten liegen vor, mehrere parlamentarische Anfragen hat es zum Thema gegeben. Die Geschichtsschreibung in Sachen „Schlacht von Cannae" wurde bisher aber noch nicht revidiert. Die Anerkennung wird Dr. Izzo bis heute versagt.

Troia

ca. 8000 Einwohner

Die namentlich an Homer erinnernde Stadt erstreckt sich auf einer Anhöhe am Rand des Tavoliere. Vor mehr als 1000 Jahren standen sich hier zwei Siedlungskerne gegenüber: Der eine umschloss ein Basilianerkloster, während der andere den benachbarten Benediktinern gehörte.

1019 vereinigte der byzantinische Statthalter Boioannes die beiden Klostersiedlungen und gründete Troia. Nach dem unfreiwilligen Rückzug der Byzantiner aus Nordapulien und der Entsendung eines Bischofs aus Rom avancierte Troia zur Diözesanstadt. Die Zeit der Normannenherrschaft verlief recht friedlich. Doch Friedrich II. zerstörte 1229 die Bischofsstadt wegen ihrer Parteinahme für Papst Gregor IX. völlig. Obwohl sich Troia unter den Anjous, die auch den Wiederaufbau der Kathedrale förderten, einigermaßen erholen konnte, blieb es im weiteren Verlauf der Geschichte glanzlos.

Das romanische Gotteshaus mit der berühmten Rosette an der Fassade macht die Stadt dennoch zu einem Juwel inmitten einer stark ländlich geprägten Region. Fast schon zu Unrecht im Schatten der unbedingt sehenswerten Königin unter den Kathedralen Nordapuliens stehen weitere wichtige Kirchenbauten in der lang gestreckten Altstadt, wie die Chiesa di San Basilia Magno aus dem 11. Jh., deren romanischer Innenraum nach kürzlicher Totalrestaurierung in frischem Glanz erstrahlt.

Demografisch hat Troia – wie zahlreiche andere apulische Provinzstädte auch – ein Nullwachstum zu verzeichnen; seit einigen Jahrzehnten bleibt die Einwohnerzahl nahezu konstant. Fast alle Sehenswürdigkeiten, derer sich das antike *Aecae* rühmen kann, liegen an der breiten, leicht ansteigenden Durchgangsstraße *Via Regina Margherita*, wo sich auch das städtische Leben abspielt. Aus touristischer Sicht ließe sich Troia durchaus auf diese Hauptader der Altstadt reduzieren.

• *Information* **Ufficio Turistico Comunale**, an der Piazza Giovanni 1 gegenüber dem Dom, tägl. 10–13 und 15–19 Uhr. Postkarten- und Bücherverkauf sowie wechselnde Ausstellungen. ✆ 0881-970020, www.comune.troia.fg.it.

• *Anfahrt & Verbindungen* Mit dem **Auto** auf der S 546 schnell zu erreichen; ca. 20 km südwestlich von Foggia gelegen. Gute Parkmöglichkeiten am Altstadtrand.

Regelmäßiger Linienverkehr zwischen Foggia und Troia mit dem **Bus**.

• *Übernachten/Essen & Trinken* * **Albergo Alba d'Oro**, das „goldene Morgengrauen" am Ortsausgang an der Hauptstraße ist von außen eher abschreckend, aber innen schlicht, sauber und freundlich geführt. DZ 46 €, EZ 30 €. Viale Kennedy 24, ✆ 0881-970940, lea.casoli@tiscali.it.

B&B San Basilio, hübsche Altstadt-Herberge in der Nähe der romanischen Basilianerkirche. Ordentliche Zimmer mit guten Bädern, ganzjährig geöffnet. DZ 45 €. Piazza Sabato 4, ✆ 0881-977329 oder 349-8055397, anembo@alice.it.

D'Avalos, schön gelegen, an der Piazza della Vittoria/Via Regina Margherita, Tische auch draußen, alteingesessener Familienbetrieb. Tadellose Hausmannskost, Fleisch vom Holzkohlegrill, abends auch Pizza, Menü ab 17 €, ✆ 0881-970067, Mo Ruhetag.

• *Einkaufen* **Wochenmarkt** am 1. und 3. Sa im Monat.

• *Fest* Hauptereignis ist die Prozession mit den Statuen der fünf Schutzpatrone der Stadt, 18.–20. Juli.

Sehenswertes

Kathedrale Santa Maria Assunta: Die breite dreischiffige Basilika ist das bedeutendste romanische Kirchenbauwerk in Nordapulien, der Grundstein wurde um das Jahr 1070 gelegt. Das schlichte Hauptportal mit Architrav (Säulenquerbalken) rahmt die Bronzetür aus dem frühen 12. Jh., ein Meisterwerk des Oderisius von Benevent. Die in der sog. *Niellotechnik* gearbeitete Tür ist aus einzelnen Hochreliefplatten zusammengesetzt. Die plastischen Darstellungen zeigen u. a. Löwenköpfe und Drachenleiber. Auch die kleine Bronzetür im Ostportal ist eine Arbeit von Meister Oderisius. Die fantastische Rosette über dem weit vorkragenden Gesims gilt als Glanzleistung der filigranen Steinbearbeitung. Im harmonisch gegliederten Langhaus stehen 13 Marmorsäulen; außergewöhnlich ist v. a. die letzte (am Haupteingang auf der rechten Seite), die als freie Christussäule neben den zwölf tragenden Apostelsäulen gedeutet wird. Bemerkenswert schön ist die Steinkanzel von 1158, die ursprünglich in der kleinen Chiesa San Basilio (s. u.) stand und erst seit Mitte des 20. Jh. die Kathedrale ziert. Man achte auf das seitliche Tierkampfmotiv: Löwe frisst Lamm, während er selbst von einer Hyäne angegriffen wird. Vorn dient ein flügelschlagender Adler als Buchstütze.

Kathedrale: Rückseite der Apsis

Zum *Kirchenschatz* gehören u. a. wertvolle Exultet-Rollen aus dem 11./12. Jh. (→ „Museo Diocesano“, S. 168) und Elfenbeinschnitzereien sowie zwei neapolitanische Goldschmiedearbeiten, die Büsten der beiden Stadtheiligen Anastasio und Urbano.

Öffnungszeiten Tägl. 7–13 und 16–21 Uhr.

Chiesa San Basilio: Der schlichte, typisch romanische Sakralbau aus dem frühen 11. Jh. hat erst in späteren Jahren seitlich noch einen Turm dazu bekommen. Bemerkenswert im Inneren ist die Sakristei mit den vier gemauerten Säulen. Die kleine dreischiffige Kuppelkirche hat eine Krypta, deren Eingang von einer Steinplatte verdeckt wird (vorne rechts, unterhalb der Jesusstatue). Das steinerne Weihwasserbecken am Eingang stammt aus der Kirchengruft.

Öffnungszeiten Tägl. 9–13 und 17–19 Uhr. Es gibt eine bereitwillige Kustodin, die auch zwischen 13 und 17 Uhr aufschließt. Man findet sie im gegenüberliegenden Haus (Nr. 20). Einfach anklopfen und Trinkgeld nicht vergessen.

Museo Civico: Ein verstaubtes, aber sehenswertes kleines Stadtmuseum an der Piazza della Vittoria mit einem Sammelsurium von Relikten aus Troia und Umgebung. Darunter sehr interessante daunische Keramiken, mittelalterliche Steinsärge und Familienwappen sowie Meilensteine der Via Traiana, die seinerzeit mitten durch den Ort verlief.

Öffnungszeiten Mo–Fr 9–12 und 16.30–19.30 Uhr. Eintritt frei. www.dauniavetus.it.

Via Regina Margherita: Bei einem Bummel durch die Altstadt entdeckt man, abgesehen von den oben beschriebenen Hauptsehenswürdigkeiten, noch viele interessante „Nebensächlichkeiten", etwa die Gedenktafel zu Ehren Antonio Salandras, ein Politiker der vorfaschistischen Ära, oder das Gefallenendenkmal auf der Piazza della Vittoria.

Orsara di Puglia

ca. 3000 Einwohner

Der abgeschiedene und 685 m hoch gelegene Balkon des Subappennino Dauno an der Grenze zur Region Kampanien litt jahrzehntelang unter der Wirtschaftsemigration. Seitdem es jedoch einige heimatverbundene Rückkehrer gibt, kommt auch die Hoffnung wieder.

Wie viele andere Bergdörfer dieser Grenzregion ist auch Orsara nach der mittelalterlichen Blütezeit, die von einer regen Bautätigkeit der ortsansässigen Fürsten und Prälaten begleitet war, langsam in die Bedeutungslosigkeit gesunken. Wichtigstes Relikt aus jener Zeit ist die festungsartige **Klosterkirche Sant'Angelo** mit der Michaelsgrotte aus dem 10. Jh., deren Restaurierung sichtbar voranschreitet. Auch einige historische Palazzi aus den späteren Jahrhunderten warten geduldig auf ihre Wiedererweckung, während der größte Teil des mittelalterlichen Ortskerns sich in einem intakten und bewohnten Zustand befindet – einfach auf Entdeckungsreise gehen.

- *Anfahrt* Mit **Auto** und **Bus** gut von Troia aus auf einer kurvenreichen Provinzstraße zu erreichen; Parkmöglichkeiten an der zentralen Piazza Municipio.
- *Übernachten/Essen & Trinken* **Peppe Zullo**, der Heimkehrer aus den USA und Hoffnungsträger von Orsara, hat sich oberhalb der Ortschaft ein weitläufiges, haziendaartiges Anwesen mit großem Restaurant geschaffen. Vermietet werden fünf ruhig gelegene Apartments, geräumig und modern eingerichtet. 2 Pers. zahlen inkl. Frühst. 90 €. Eine weitere Landvilla mit komfortablen Zimmern ist im Entstehen. Die landwirtschaftlichen Aktivitäten reichen von Waldwirtschaft (Wildfrüchte und -kräuter) bis zur Zucht autochthoner Rebsorten. Das Restaurant bietet unverfälschte Cucina di Terra auf hohem Niveau, Menu Degustazione (ohne Wein) 30 €. Via Piano Paradiso, ✆ 0881-964763, 📠 0881-968234, www.peppezullo.it.

Pane e Salute, eine kulinarische Kuriosität im Ortskern, Nähe Piazza Municipio. In einem 5 m langen Backofen (Baujahr 1526), der von unten mit einem Holzfeuer auf Temperatur gebracht wird, werden Pane, Focaccia und Pizza gebacken. Dazu gibt es deftige Fleisch- und Gemüsegerichte. An mehreren Tagen in der Woche wird gebacken, die rustikale Gaststube öffnet nur auf Vorbestellung. Via Caracciolo 13, ✆ 0881-964826.

- *Feste & Veranstaltungen* Am 8. Mai und 29. Sept. finden Feierlichkeiten zu Ehren des Stadtheiligen Michael wie in Monte Sant'Angelo und Gravina di Puglia statt.

Stimmungsvolles **Weinfest** am letzten So im Juni.

Orsara Jazz, alljährlich in der letzten Juliwoche.

Bovino

ca. 4000 Einwohner

Die sympathische Kleinstadt liegt bereits im Kerngebiet der Apenninausläufer. Schon die kurvige Fahrt hinauf stellt ein Erlebnis dar. Am baumbestandenen Corso Vittorio Emanuele und in der angrenzenden Altstadt herrscht ein gemächlicher Alltag.

Hinauf ins 646 m hoch gelegene Bovino geht es mit Blick auf grüne Täler und sanfte Bergkuppen. Die Laub- und Nadelwäldchen entlang der Strecke lassen das gleißende Sonnenlicht in der heißen Tiefebene schnell vergessen. Einst war diese Gegend für

Provinz Foggia
Karte S. 75

Reisende gefährlich, denn hier befanden sich die Verstecke berüchtigter Wegelagerer, die den reichen Herzögen so manchen Goldklumpen aus der Tasche gezogen haben sollen. Das ortsansässige Adelsgeschlecht der Guevara residierte über drei Jahrhunderte in der örtlichen Schlossfestung und bestimmte das wirtschaftliche und soziale Leben von Bovino und Umgebung bis ins 19. Jh.

Bereits Hannibal schlug um 200 v. Chr. ein befestigtes Lager in der Nähe von Bovino auf und schmiedete hier vielleicht seinen Plan für die Entscheidungsschlacht gegen die Römer (→ „Canne della Battaglia", S. 205 f.). Im frühen Mittelalter baute der byzantinische Statthalter Nordapuliens den Ort zur Festung aus. Nach einem langobardischen Intermezzo ließen sich die Normannen hier nieder und errichteten die städtische Burg, in der sich angeblich König Manfred, der Sohn Friedrichs II., aufgehalten hatte, bevor er in der Schlacht bei Benevent gegen das Heer der Anjous ums Leben kam. Auch als Bischofssitz machte Bovino eine bemerkenswerte Karriere; im Bistum lösten sich innerhalb von fast 1000 Jahren in rascher Folge mehr als 70 hohe Prälaten ab. Die nahe gelegene Wallfahrtskirche Valleverde zieht seit dem 13. Jh. zahlreiche Pilger an.

Das dichte Gassengewirr der intakten Altstadt beginnt unmittelbar hinter dem Stadttor. Freundliche Gesichter und liebevoll dekorierte Geschäfte sind Teil des beschaulichen Lebens im historischen Stadtkern.

Altstadtgasse zur Mittagszeit

• *Information* **Punto Informativo Turistico** in den Räumen der Gemeindebibliothek im gepflegten Stadtgarten. Wenn überhaupt, nur im Hochsommer geöffnet. ✆ 0881-961901, www.bovinonline.it.

• *Anfahrt* von der S 161 führt eine kurvenreiche Straße hinauf; am Corso Vittorio Emanuele gibt es gute Parkmöglichkeiten.

Osteria Zi Gennaro, Tipp! Alteingesessene, volkstümliche Osteria im Stil einer offenen Garküche mit wenigen Tischen. Schmackhafte Hausmannskost, ehrliche Preise, Menü 15 €. Corso Vittorio Emanuele 44 (unscheinbares Schild an der Hauptstraße zwischen Villa comunale und Stadttor), ✆ 333-2202845, Mo Ruhetag.

• *Übernachten/Essen & Trinken* **B&B La Casa del Borgo**, einziges Quartier im Ort, gute Altstadtlage mit zwei ordentlich ausgestatteten Apartments. DZ 50 €. Piazza Sant'Angelo 13, ✆ 0881-615125 oder 347-5924792, antonio.gabriele1@tele2.it.

La Taverna del Duca, direkt am Stadtpark (Villa comunale) gelegen, als Pizzeria zu empfehlen. Piazza XX Settembre 5, ✆ 0881-966326, Mi Ruhetag.

Einladende Piazza im Ortszentrum

• *Feste & Veranstaltungen* **Festa della Madonna di Valleverde**, Prozession hoch zu Ross zu Ehren der Mutter Gottes, Ende Aug. **Sagra della Bruschetta**, kulinarisches Fest mit leckeren Bruschetta-Variationen u. a. örtlichen Spezialitäten, Ende Aug.
Sagra della Castagna, Esskastanienfest jeden 2. Sa im Okt.
Wochenmarkt jeden Sa.

Sehenswertes

Kathedrale Santa Maria Assunta: Durch maßgebliche Veränderungen der byzantinischen Vorgängerkirche am Anfang des 13. Jh. erhielt der Dom seinen apulisch-romanischen Baukörper. Die Fassade von 1220, die auch gotische Stilelemente aufweist, steht als edelster Teil des Gotteshauses unter Denkmalschutz, seitdem die Kathedrale nach einem Erdbeben Mitte des 20. Jh. wieder neu aufgebaut wurde. Oberhalb der Fensterrose erkennt man den steinernen *Bovino*, ein Rind, dem der Ort seinen Namen verdankt.
Über dem Mittelschiff schwebt eine Holzbalkendecke und über dem Hauptaltar eine lebensgroße, gekrönte Madonna mit gekröntem Kind. In der rechten Apsis befindet sich eine relativ große Seitenkapelle, während im linken Querschiff der kleine Nebenaltar aus Marmor besondere Aufmerksamkeit verdient. Im verputzten Mauerwerk sind stellenweise freigelegte Säulenfragmente und Ornamente des Vorgängerbaus zu sehen.

Castello: Die Via Castello beginnt links vor dem Altstadttor und führt direkt hinauf zum Burgportal. Einen Seiteneingang erreicht man hingegen von der Kathedrale aus. Dieser Weg verläuft am Ende der Via Seminario durch einen Bogengang und dann die Via Guevara entlang bis zum unscheinbaren hölzernen Tor und dem anschließenden gepflasterten Hof.

Die herrschaftliche Schlossfestung war bis in die 1950er Jahre in großherzoglichem Besitz. Die vom Erdbeben 1930 in Mitleidenschaft gezogene Burg ist im Wesentlichen ein normannischer Bau, den einst Drogone de Hauteville errichten ließ. Der Rundturm zeigt beispielhaft die Merkmale normannischer Militärarchitektur. Friedrich II. ließ das Castello im 13. Jh. umgestalten, danach war es über Jahrhunderte hinweg Wohnsitz zahlreicher Herzöge und Landgrafen, v. a. der Guevara, die es endgültig zu einem Palazzo Ducale veränderten. Eine Teilbesichtigung ist bei Voranmeldung unter ✆ 0881-966475 möglich.

Museo Civico Nicastro: Das gut bestückte städtische Museum ist im historischen *Palazzo Pisani* untergebracht. Zu sehen ist ein Kaleidoskop aus frühgeschichtlichen, antiken und mittelalterlichen Fundstücken aus Bovino und Umgebung.
Öffnungszeiten Piazza Marino Boffa, freier Eintritt nach Voranmeldung unter ✆ 0881-961025.

Santuario Incoronato di Valleverde: Ungefähr 5 km unterhalb der Stadt befand sich an der Straße jahrhundertelang ein bedeutendes Pilgerziel. Wallfahrtskirche und Kloster entstanden im 13. Jh. und wurden durch das erwähnte Erdbeben dem Erdboden gleichgemacht. Über den 1987 fertiggestellten Neubau lässt sich trefflich streiten. Papst Johannes Paul II. hat die Kirche mit dem raketenförmigen Spitzdach höchstpersönlich eingeweiht. In der Auferstehungskapelle hinter Glas ist eine Miniaturholzrekonstruktion der alten Klosteranlage zu sehen, außerdem viel Sakrales. Lediglich drei Ordensbrüder halten hier die Stellung.

Sant'Agata di Puglia

ca. 2500 Einwohner

Wie ein kubistisches Gemälde von Picasso stapelt sich die mittelalterliche Häuserpyramide um die 790 m hohe Bergspitze. Der schönste Blick auf das herrlich verwitterte Dächermeer und die weite Umgebung ergibt sich vom ganz oben thronenden Castello Imperiale.

Idealer Ausgangspunkt für eine Ortsbesichtigung ist der zentrale Belvedere-Balkon mit dem Kriegsdenkmal, wo sich auch das kleine Pro-Loco-Büro befindet. Langsam schraubt man sich durch die konzentrisch angelegten Gassen und steilen Treppenwege. Der kompakte und liebvoll gepflegte Ortskern zeigt noch viel mittelalterliche Bausubstanz und ist bis hinauf zum standfesten Castello nahezu vollständig bewohnt. Einst gehörte die Burg zur äußeren Verteidigungskette Friedrichs II., später residierten hier mehrere Markgrafen und Lehnsherren. Noch sind die Restaurierungsarbeiten nicht weit fortgeschritten, aber es tut sich was.

• *Information* **Pro Loco** an der zentralen Piazza XX Settembre (1. Etage), gute Stadtpläne. ✆ 0881-984433.

• *Anfahrt* Mit dem **Auto** auf einer landschaftlich reizvollen Provinzstraße von Bovino aus zu erreichen; Parkmöglichkeiten am Ende der Durchgangsstraße kurz vor dem Borgo medioevale, dort auch Tafel mit Stadtplan zur Orientierung.

• *Übernachten/Essen & Trinken* *** **La Cisterna**, freundliche Herberge mit Ristorante und Pizzeria im alten Konventsgebäude am oberen Ortsrand, neben der Chiesa Madonna delle Grazie. Schlicht modernisierte Zimmer, sauber und mit Kruzifix über dem Bett. Drei Sterne sind zwar glatt übertrieben, aber kein Grund, einfach weiterzufahren, zumal die füllige Signora Carmela ein Garant für solide Hausmannskost ist. DZ ca. 40 €. Via Santa Maria delle Grazie 18, ✆ 0881-984682.

La Cantina della Canonica, Ristorante-Neueröffnung unterhalb der Chiesa Madre. Nur wenige Tische im kühlen Gewölbe, gute Weine, tadellose Cucina di Terra, reichhaltiges Menü ca. 18 €. ✆ 0881-984026, Mi geschlossen.

• *Feste & Veranstaltungen* Traditioneller **Viehmarkt** am letzten So im Sept. zur **Festa di San Matteo**.

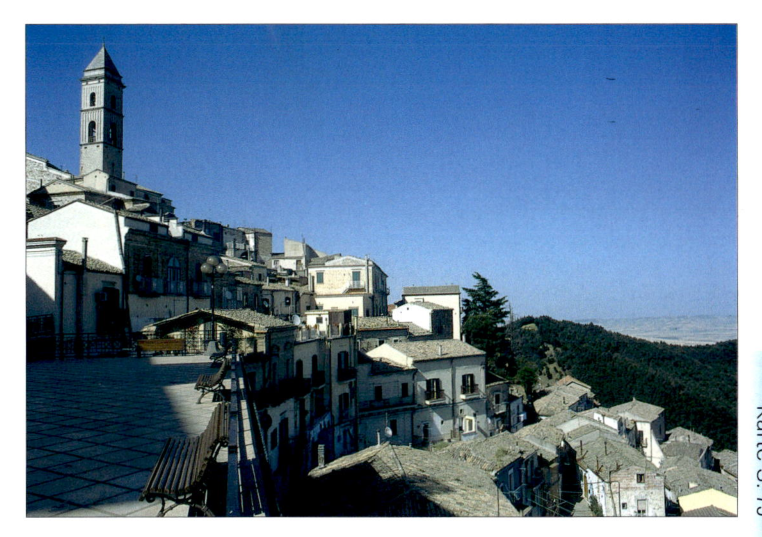

Bellavista – vom Dorfplatz in Sant'Agata di Puglia

Umgebung/Wandern

Auf kleinen Straßen nach Sant'Agata di Puglia: Eine interessante Nebenstrecke verbindet Bovino (→ S. 95) mit Sant'Agata di Puglia und berührt dabei mehrere andere Bergdörfer, die einen Besuch lohnen, z. B. Deliceto und Accadia. Ersterem sieht man die langobardische Gründung noch an, während sich Accadia mit seinem verlassenen „Geisterdorf" am Ende der Durchgangsstraße als echte Überraschung entpuppt. Nach dem Erdbeben 1930 haben die Bewohner den alten Ortsteil aufgegeben. Vom Belvedere genießt man einen schönen Ausblick auf Sant'Agata und den Subappennino Dauno.

Trattoria Sala Donna Serafina, das Ristorante ist ein klassisches Ausflugslokal in Accadia mit viel Flair und guter Cucina di Terra. Es liegt malerisch am Beginn der verlassenen mittelalterlichen Siedlung. Faire Preise, werktags nur in den Sommermonaten zuverlässig geöffnet, Di Ruhetag. Via Zanella (Rione Fossi), ✆ 0881-956108.

Wandern: Kurz hinter Deliceto zweigt von der Nebenstraße nach Accadia ein beschilderter Zubringer zum weithin sichtbaren Convento della Consolazione ab. Rechterhand der Straße befinden sich einige Picknickplätze, von wo gekennzeichnete Wege in das Waldgebiet um den 757 m hohen Monte Celezza führen. Darüber hinaus verbindet ein Weg das Kloster mit der Ortschaft Deliceto (5 km für Hin- und Rückweg, Gehzeit ca. 2 Std.). Weitere Wandermöglichkeiten ergeben sich kurz vor Accadia am Fuß des mit Windrädern besetzten Monte Tre Titoli (1030 m). An zwei Stellen entlang der Straße von Deliceto nach Accadia weisen grüne Wandertafeln mit Kartenausschnitten auf geeignete Einstiegsmöglichkeiten hin.

Stille und lichtdurchflutete Atmosphäre

Gargano-Gebirge (Promontorio del Gargano)

Der Gargano, das Vorgebirge (promontorio) Apuliens, steigt auf eine Höhe von über 1000 m an, im Nordwesten sanft und bewaldet, im Südwesten abrupt aufragend und kahl. Der Stiefelsporn ist von jeher Pilgerziel – ein heiliger Ort.

1995 wurde das Gebiet zum *Parco Nazionale del Gargano* erklärt. Rein geologisch gehört das Massiv nicht mehr zur Apenninen-Halbinsel, es weist eindeutige Übereinstimmungen mit dem gegenüberliegenden dalmatinischen Festland auf. Das wellige Kalksteinplateau mit den abgeflachten Bergkuppen steckt auch landschaftlich voller Überraschungen: Teils ist es steinig und zerklüftet, dann tun sich unvermittelt fruchtbare Becken auf, und mittendrin breitet sich ein kräftiger Mischwald aus. Höchste Erhebung ist der Monte Calvo bei San Giovanni Rotondo mit 1055 m.

Vom einstigen Urwald ist nur noch ein letzter Rest übrig geblieben, die **Foresta Umbra,** ein etwa 11.000 ha großer Hochwald, der sich zwischen Vico del Gargano und Mattinata erstreckt. Der Mischwald steht unter Naturschutz und ist ein ideales Revier für Radfahrer. Auf seinen Wanderungen 1874 lernte auch Ferdinand Gregorovius die Gegend schätzen, die er mit folgenden Worten beschrieb: „Schon im Altertum war der Garganus durch seine herrliche Flora und seine finsteren Pinien- und Eichenwälder berühmt. Sie sind heute stark gelichtet, bedecken aber noch immer weite Strecken des Gebirges ... Ein kräftiges Volk von einfachen Sitten bewohnt dieses Gebirge. Seine Tracht ist eigenartig und malerisch, besonders die der Männer. Sie tragen einen weiten mantelartigen Rock von brauner Wolle mit Kapuze, welcher meist noch mit schwarzem Schafpelz gefüttert ist, einen roten Gürtel und eine phrygische Mütze von blauer Farbe.“ Bereits die Langobarden waren von Rom auf der *Via Sacra Langobardorum* zu dieser als geomantisch bedeutsam angesehenen Landmarke gepilgert, und bis heute reihen sich die Wallfahrtsziele entlang der Straße wie Perlen an einer Kette: San Marco in Lamis, San Giovanni Rotondo und Monte Sant'Angelo mit dem Grottenheiligtum des Erzengels Michael, der hier in den Bergen für 1000 Jahre seine Residenz aufgeschlagen haben soll.

Im Norden fällt der Gargano recht flach gegen die beiden salzhaltigen Küstenseen ab; ertragreiche Haine voller knorriger Olivenbäume bedecken dort die sanften Hänge. Das Gebiet um den Lago di Lésina und Lago di Varáno ist von kilometerlangen Sandstränden gesäumt und dient vorwiegend als Urlaubertransitstrecke hinüber zur beliebten Gargano-Küste.

San Marco in Lamis

ca. 15.000 Einwohner

Nur noch 1 km bis San Marco in Lamis und noch immer ist nichts zu sehen. Doch plötzlich taucht eine Senke auf – zur Abwechslung mal eine Gebirgsstadt, deren Ortskern tiefer liegt als die angewachsene Peripherie.

Die Altstadt hat einen einfachen Grundriss: eine Hauptstraße und rechtwinklig davon abgehende Nebenstraßen. Die leichten Höhenunterschiede in diesem geometrischen Straßengeflecht mit den spätmittelalterlichen Reihenhauszeilen werden durch breite Steintreppen ausgeglichen, denen man ihr Alter wahrlich ansieht. Durch die enge und kompakte Bebauung wirkt der Ort stellenweise klaustrophobisch dicht besiedelt. Die Gründungsgeschichte von San Marco in Lamis ist eng verbunden mit dem Kloster San Matteo (→ S. 103.); so wie dieses liegen auch die anderen Sehenswürdigkeiten außerhalb der Stadt.

• *Anfahrt & Verbindungen* Mit dem **Auto** auch vom 7 km entfernten Rignano Garganico auf einer kurvigen, leicht ansteigenden Landstraße erreichbar. **SITA-Busse** fahren von und nach Foggia.

• *Feste & Veranstaltungen* **Processione delle Fracchie**, zur Karfreitagsprozession werden lange Holzbündel, sog. Fracchie, auf Eisenräder montiert und angezündet. Die lodernden Holzstöße werden zusammen mit der Madonnenstatue von der Kirche durch die Straßen der Ortschaft gezogen.

Provinz Foggia
Karte S. 75

Ländliche Bar: Lebendes Fossil des Patriarchats

Rignano Garganico – Aussichtsbalkon am Rand des Gargano

Wer aus Foggia kommt, stößt am Rand des Gargano-Massivs, das sich hier wie ein riesiger Treppenabsatz nach oben stemmt, knapp 7 km vor San Marco in Lamis auf das hoch oben thronende Rignano. Das kleine verträumte Bergdorf wird zu Recht als der Gargano-Balkon bezeichnet, denn dort oben, in 590 m Höhe, genießt man einen Ausblick der Superlative: Im Osten zeichnet sich die Küstenlinie des Golfs von Manfredonia ab und am südwestlichen Horizont, hinter der weiten Tiefebene erkennt man an klaren Tagen sogar die Umrisse der Apenninausläufer.

Der Ortskern von Rignano offenbart ein überraschend beschauliches Gassenlabyrinth, in dem die Bescheidenheit des dörflichen Alltags noch authentisch ist. In den gepflegten, verwinkelten Altstadtgassen hängt die Wäsche vor den weiß getünchten Fassaden, überall sieht man die Tagesernte (Tomaten, Paprika, Peperoni etc.) ausgebreitet und daneben trocknet appetitlich die selbstgemachte Pasta. Während die Dorfältesten vor und in der Piazza-Bar hocken, Karten spielen oder engagiert diskutieren, versammeln sich die Frauen vor der Kirche und das nicht nur sonntags. Im Volksmund heißt der Ort auch *Paese delle Vedove* (Stadt der Witwen), schlicht und ergreifend deshalb, weil sich früher alle arbeitsfähigen Männer auf den Feldern des Tavoliere verdingten und der Ort dann allein von den Frauen bewohnt wurde.

Auf den Gesichtern der auffällig zahlreichen Greise liegt ein zufriedenes Lächeln, das allerdings nicht verrät, warum man in Rignano so alt wird. Vielleicht liegt es an der frischen Luft – ein wirklicher Genuss, wenn man aus dem Hitzekessel des Tavoliere aufgestiegen ist. Gedankt sei denjenigen, die verhindert haben, dass aus Rignano ein modern-mondäner Luftkurort für asthmatische Großstädter geworden ist.

Eine Panoramastraße führt um den alten Ortskern herum. An der kleinen baumbestandenen Piazza mit Brunnen rückt der gewaltige Treppenabsatz des Gargano am eindrucksvollsten ins Bild. Angesichts der strategischen Position ist es schon verwunderlich, dass Rignano in der ereignisreichen Geschichte Nordapuliens fast ganz ohne Festung und Wehranlagen geblieben ist.

Sehenswertes

Die Landschaft um San Marco in Lamis ist recht karg. Auf kleinen Ackerflächen stehen die charakteristischen Schutzhütten der Bauern. Sie sind Stein auf Stein in Trockenbauweise zusammengesetzt und heute größtenteils verwittert; bisweilen sehen sie aus wie überdimensionale Bienenstöcke. Ab und zu tauchen bizarre Steinfelder auf – ein seltsamer Anblick, als wären Steine gleicher Größe in die Erde gepflanzt worden, in der Hoffnung, sie würden so genießbar wie Feldfrüchte.

Convento di San Matteo: Stattlich wie eine Burg steht das Kloster San Matteo ca. 4 km hinter dem Ortsausgang an der Straße nach San Giovanni Rotondo. Die wuchtige Abtei klebt förmlich am Felsen. Sie wurde bereits in der langobardischen Epoche (6. Jh.) von den Benediktinern gegründet. Seine Blütezeit erlebte das Kloster im 11. und 12. Jh., als Byzantiner und Normannen dem Orden großzügige Landschenkungen machten. 1578 fiel die Anlage schließlich an den Franziskanerorden, von dem sie ihren jetzigen Namen erhielt.
Heute ist das gepflegte Kloster mit der frühchristlichen Gebetsgrotte ein beliebtes Ziel des internationalen Pilgertourismus. Die Ordenskirche selbst ist relativ bescheiden geschmückt, dafür ist das Souvenirangebot im Klostershop aber umso größer. Schon am Haupteingang entsteht der Eindruck, einen Laden voller religiöser Kuriositäten zu betreten. Den Innenhof zieren skurrile Steinfragmente, um die sich manchmal weiße Tauben scharen. Von Bedeutung ist die Klosterbibliothek mit über 60.000 Bänden, u. a. der größten Bibel- und Landkartensammlung der Capitanata.

Öffnungszeiten Tägl. 7–13 und 15–19 Uhr. ✆ 0882-816713, www.santuariosanmatteo.it.

Grotta Paglicci: Weit unterhalb des 2500 Einwohner zählenden Bergdorfs Rignano Garganico (s. o.), an den Hängen der großen Geländestufe, befindet sich eine prähistorische Höhle. Wichtigster Fund ist das Skelett einer jungen Frau aus der Steinzeit, eingebettet in ein schützendes Bodengrab und bekrönt mit einer Kopfbedeckung aus durchbohrten Hirschzähnen. Laut Ergebnis einer Radiokarbonuntersuchung wurde sie vor etwa 23.000 bis 24.000 Jahren hier beerdigt. In der Höhle befanden sich auch Pfeilspitzen und Faustkeile der jagenden urgeschichtlichen Menschen sowie kunstvoll verzierte Steine und Tierknochen. Außerdem ist die Grotte wegen der gut erhaltenen neolithischen Felsmalereien von größtem archäologischen Interesse. Die wichtigsten Funde sind im kleinen *Museo Grotta Paglicci e il Paleolitico del Gargano* in Rignano Garganico ausgestellt: Zu sehen gibt es dort steinzeitliche Fundstücke sowie Fotos und Rekonstruktionen der Grabstätte und der Felsmalereien.

Öffnungszeiten Di/Do/Sa 15.30–18.30 Uhr. In Rignano Garganico ausgeschildert, ✆ 340-3364762, www.paglici.net.

Azienda Agrituristica Fiore, der Gutshof mitten im Grünen und in der Nähe der Grotta Paglicci ist eine Institution im Gargano! Das Ristorante ist wegen der guten, landestypischen Küche ein beliebtes Ausflugsziel. Es werden auch einfache, aber geräumige Zimmer vermietet. Von hier kann man bequem zur schön gelegenen Chiesa Madre di Christi aus dem 12. Jh. wandern. Menü ca. 20 €, DZ 40 €. Von der Landstraße nach Foggia ausgeschildert, ✆ 0882-820882 oder 347-1890529.

Santuario della Madonna di Stignano: Von San Marco in Lamis geht es in Richtung San Severo nach Stignano. Auf dem Weg begegnet man nicht selten hupenden

Autokonvois, denn die einsam in der Landschaft stehende Konventskirche ist ein weithin beliebter Ort für Trauungen. Zunächst erkennt man die bunt gekachelte Vierungskuppel. Hinter der rötlich schimmernden Fassade verbirgt sich ein Innenraum von beeindruckender Renaissancearchitektur. Die hochverehrte Madonnenfigur ist ausgesprochen anmutig. Besichtigt werden kann auch der angrenzende Kreuzgang mit dem schönen Renaissancebrunnen.

Öffnungszeiten Tägl. 9–12 und 16–18 Uhr.

San Giovanni Rotondo

26.500 Einwohner

Eine Stadt der Superlative: das populärste Pilgerziel Italiens, der größte Kuppelbau der Welt und über 100 Übernachtungsquartiere. Der Rummel der frommen Heilssucher sorgt dafür, dass zum Verschnaufen kaum ein ruhiges Plätzchen zu finden ist.

Die Kleinstadt am Hang des Monte Calvo (1055 m) ist der Heimatort des weit über die Grenzen Italiens hinaus verehrten Padre Pio (1887–1968). Popularität erlangte der charismatische Kapuziner wegen zahlreicher Wunderheilungen und nicht zuletzt wegen seiner blutenden Wundmale. Aber auch, weil er angeblich in Rom vor der Kurie erschien, während sein Körper auf dem Gargano tief und fest schlief, er also scheinbar über die Gabe der Bilokation verfügte, d. h. die Fähigkeit, an zwei verschiedenen Orten gleichzeitig anwesend zu sein. Der Vatikan wollte Padre Pios Wunder nie so recht anerkennen, schickte gar seine Inspektoren nach San Giovanni Rotondo und verweigerte lange Zeit die Kanonisation. Erst 1999 gab der Heilige Stuhl dem Begehren der ständig wachsenden Anhängerschaft nach und sprach Padre Pio in einer feierlichen Zeremonie selig. Nur drei Jahre später, am 16. Juni 2002, folgte die Heiligsprechung, an der etwa 40.000 Gläubige in San Giovanni Rotondo und über 300.000 in Rom teilnahmen. Seitdem besuchen jährlich mehr als 7 Mio. Pilger den Wallfahrtsort.

Sehenswertes

Basilica Santa Maria delle Grazie: Die Pilgerkirche, in der sich das Grab Padre Pios befindet, ist das religiöse Zentrum der Kapuziner und auch von der baulichen Anlage das Pendant zur Basilica di San Francesco in Assisi. Kunsthistorisch kann sie jedoch mit dem umbrischen Zentrum des franziskanischen Ordens nicht mithalten. Der äußerst rege Pilgerbetrieb und die zu manchen Zeiten langen Schlangen der Gläubigen lohnen jedoch ein längeres Verweilen. Rechter Hand zieht sich ein moderner Kreuzweg den Hang hinauf, der Schatten und einige ruhige Orte für ein erholsames Picknick bietet.

Chiesa Nuovo: Die alte Pilgerkirche ist dem Ansturm der Wallfahrer längst nicht mehr allein gewachsen – eine neue, eine riesige Kirche musste her. Erbaut vom renommierten Architekten *Renzo Piano,* der eine futuristische Wallfahrtskirche mit der größten Kuppel der Welt schuf. Unter dem gewölbten Dach gibt es Sitzplätze für mehr als 7000 Menschen – der größte Kirchenraum nach dem Petersdom. Trotz der riesigen Ausmaße duckt sich der neue Sakralbau bescheiden unterhalb der eigentlichen Wallfahrtskirche. Er könnte leicht übersehen werden, wäre da nicht das 40 m hohe Steinkreuz am unteren Rand des großen Vorplatzes, der Raum für weitere 30.000 Besucher bietet.

Beeindruckend ist die Architektur mit dem weit auskragenden grünen Kuppeldach, das einer überdimensionalen Muschel gleicht. Der Eindruck ist vom Stararchitekten

Wanzen im Beichtstuhl – Geschichte eines wundertätigen Heiligen

In der Tat, Padre Pio gehört zu den wichtigsten Heiligen Süditaliens. Kaum eine Stadt oder ein Dorf, in der nicht eine Figur des Kapuzinermönchs steht. Die süditalienische Mentalität ist ohne diesen Heiligen nicht zu verstehen! Geboren wurde er als Francesco Forgione in Kampanien, in dem Städtchen Pietrelcina bei Benevento, das neben San Giovanni Rotondo zu den großen Wallfahrtsdestinationen Süditaliens hinsichtlich seiner Person zählt. Ob die Visionen, die er bereits als kleines Kind hatte, mit seiner körperlichen Schwäche und der rigiden Fastenpraxis zu hatte, mag dahingestellt sein. Jedenfalls aß er kaum, und als er 16 Jahre alt war, schloss er sich den Kapuzenmönchen an.

Allgegenwärtig: Süditaliens Volksheiliger

Als Kongregation gehören die Kapuziner zur franziskanischen Glaubensfamilie. Mit Franziskus, dem Asket aus Assisi, verbinden den Beichtvater die Stigmata, die Wundmale Christi, die sich an den Körpern beider Heiliger gezeigt haben sollen. Die Stigmata des Padre Pio sollen sich 1918 urplötzlich gebildet haben. Fast auf den Tag genau bluteten sie ein halbes Jahrhundert lang, um sich am Vorabend seines Todes ebenso geheimnisvoll wieder zu schließen. Nach übereinstimmenden Zeugenaussagen eiterten die Wunden nie, sondern verströmten vielmehr den Duft von Veilchen. Die Verbände mussten regelmäßig erneuert werden, nur sehr selten zeigte Padre Pio seine Wundmale in der Öffentlichkeit. Die Kurie in Rom reagierte, wie fast immer in solchen Fällen, genervt auf diesen Vorfall. Verständlich einerseits, entzieht sich doch jeder religiöse Kult, der den wundersamen Erscheinungen folgt, der Kontrolle durch den Vatikan. Andererseits ist natürlich auch der heutige Kanon christlicher Heiliger das Resultat ursprünglich lokaler, heterogener Phänomene.

Der päpstliche Hof schickte gestrenge Kontrolleure zum Gargano, wo der immer populärer werdende Beichtvater sich mittlerweile niedergelassen hatte. Sie spionierten, fragten Wallfahrer aus, versuchten dem merkwürdigen Gottesmann, der fern von Rom ein pulsierendes Zentrum frommer Pilger begründet hatte, ein ungebührliches Betragen gegenüber willfährigen Nonnen nachweisen zu können. Dazu verwanzten sie sogar seinen Beichtstuhl. Der Papst verbot Padre Pio von 1922 bis 1934 auch das Lesen der Messe. Alle Maßnahmen fruchteten jedoch nichts: Die Massen pilgerten weiter zum wundertätigen Kapuziner.

Dass er dennoch postum heiliggesprochen wurde, mag mit einem Erlebnis im Jahr 1947 zu tun haben, als der polnische Bischof Karol Wojtyła den Charismatiker vom Gargano aufsuchte: Padre Pio weissagte ihm, er würde später einmal Papst werden, hätte aber auch ein schweres Attentat zu überstehen. Bekanntlich trafen beide Prophezeiungen ein, und so war es denn auch Papst Johannes Paul II., der den Kapuzinermönch vollständig rehabilitierte und schließlich heiligsprach.

Im März 2008 wurde die sterbliche Hülle des Heiligen in einer Geheimaktion, unter Aufsicht einiger Ärzte und im Beisein des Erzbischofs von Manfredonia, Domenico d'Ambrosio, exhumiert. Der Grund: Am 23. September 2008 wurde anlässlich des 40. Todestages der Körper des Beichtvaters in der Krypta der Pilgerkathedrale den Gläubigen präsentiert. Nach Aussagen des Erzbischofs sei die Leiche des so ungemein populären Kapuzinerpaters kaum verwest gewesen.

Einsamer Pilger vor überdimensionaler Lichtgestalt

aus Genua durchaus so vorgesehen, denn Renzo Piano sah die Muschel als Symbol für Einkehr und Kontemplation (Jakobsmuschel). Das Innere betritt man von der Seite durch sog. Luftscharten, die für ein angenehmes Raumklima sorgen. Liebhaber zeitgenössischer Kunst finden in der neuen Kirche eine *Apokalypse* von Robert Rauschenberg, ein *Abendmahl* von Roy Lichtenstein und einen Altar samt Kreuz von Arnaldo Pomodoro. Im Untergrund der Kirche befindet sich, den Blicken der Pilger verborgen, ein weitläufiges Labyrinth aus Gängen, Krypten und Versammlungsräumen mit einer Gesamtnutzfläche von rund 11.000 m².

Renzo Piano wollte anfangs den Auftrag der Kapuziner nicht annehmen. Allzu widersprüchlich schien ihm der bauliche Anspruch, eine Synthese zwischen monastischer Schlichtheit und repräsentativer Massentauglichkeit herzustellen. Als er allerdings mehrere Wochen lang täglich ein Fax mit der Losung des Tages und dem Bibelvers „Haltet durch, dann werdet ihr das wahre Leben gewinnen" erhielt, konnte er sich dem Vorhaben nicht länger entziehen.

Casa Sollievo della Sofferenza: Das „Haus zur Linderung des Leidens" ist der zweite große Anziehungspunkt des Orts. Das moderne Hospital, das auf Initiative Padre Pios 1956 errichtet wurde, zählt zu den allerbesten Kliniken Italiens. Hier werden jährlich 60.000 Patienten stationär und 400.000 ambulant behandelt. Um den großen Klinikkomplex mit der klassizistischen Hauptfassade ist eine Infrastruktur gewachsen, die mit einem Mega-Skiort vergleichbar ist.

Historischer Ortskern: Am Ende der Durchgangsstraße, an der Piazza del Carmine, steht die einzige touristische Sehenswürdigkeit, der namengebende Rundtempel *San Giovanni Battista*, kurz *La Rotonda* genannt. Es handelt sich dabei um einen Nachbau des antiken Janustempels, der 996 Johannes dem Täufer geweiht wurde. Die etwa 100 örtlichen Hotels sind selbstverständlich keine touristischen Einrichtungen, sie beherbergen weit gereiste Padre-Pio-Pilger und Kranke aus ganz Italien, die eventuelle Wartezeiten zu überbrücken haben. Autoschlangen, Reisebusse, Familienverbände und Besuchergruppen – insgesamt ein unüberschaubares Treiben, dagegen wirkt der altehrwürdige Wallfahrtsort Monte Sant'Angelo geradezu harmlos.

• *Anfahrt & Verbindungen* Von San Marco in Lamis 6 km mit dem Auto auf gut asphaltierter Landstraße. Die beiden Pilgerkirchen befinden sich am westlichen Ortsrand und sind ausgeschildert. Eine neue Umgehungsstraße endet hinter der Basilica Santa Maria delle Grazie, dort Parkmöglichkeiten. SITA-Busse von Foggia und Manfredonia.

Umgebung/Wandern

San Giovanni Rotondo liegt auf einer Hochfläche, die nach Norden von einer lang gezogenen Bergkette begrenzt wird und deren sanfte Kuppen sich erwandern lassen. Allerdings sind die Wege nur im Bereich des Einstiegs gut ausgeschildert, später verlieren sie sich vorübergehend, sodass längere Touren nur für geübte Wanderer zu empfehlen sind. Direkt von San Giovanni Rotondo aus kann man den 965 m hohen **Monte Castellana** besteigen oder zur **Grotta di Montenero** laufen. Ein besserer Einstieg befindet sich weiter oben: Am Ende der einbahnigen Umgehungsstraße kurz vor der Basilica Santa Maria delle Grazie an einer Kreuzung dem etwas versteckten Hinweisschild zum Klarissenkonvent folgen. Eine Stichstraße führt von der Kreuzung bis kurz unterhalb des Castellana-Gipfels. Sie können entweder ganz hinauffahren oder das Auto auf halber Höhe am Kloster abstellen. Zahlreiche Wegweiser aus Holz führen von der Stichstraße nach links in den Wald hinein. Der Aufstieg ist überwiegend schattig und aufgrund zahlreicher Serpentinen nur wenig anstrengend. Bereits in Gipfelnähe, weicht die Vegetation zurück und auch die Pfade verlieren sich. Da aber ein breiter Wirtschaftsweg die Kammhöhe entlangführt, können die letzten Schritte nach oben auch querfeldein bewältigt werden. Auf der runden, unbewaldeten Kuppe des Monte Castellana befindet sich eine winzige Schutzhütte mit Ruhebank davor. Bei klarer Sicht belohnt ein überwältigender Ausblick den müden Wanderer. Gehzeit vom Klarissenkloster auf den Monte Castellana: 2 Std. hin und zurück.

Provinz Foggia
Karte S. 75

Monte Sant'Angelo

ca. 15.000 Einwohner

Im sehenswerten Zentrum des Gargano-Gebirges dreht sich seit dem 5. Jh. alles um den Erzengel Michael. Kein Wunder, dass zu den Patronatsfesten am 8. Mai und am 29. September hier die „Hölle" los ist.

Durch einen Portikus aus dem 14. Jh. gelangt man hinunter zur heiligen Grottenkirche, wo die Messen nicht selten im Stundentakt abgehalten werden. Der älteste oberirdische Sakralbau ist die sog. Tomba di Rotari, ein Baptisterium aus dem späten 11. Jh. Die Ortschaft, die um das Grottenheiligtum herum entstanden ist, breitet sich auf einer Bergkuppe aus und fasziniert v. a. durch ihre einheitlichen Reihenhäuser. Über die Leute von Monte Sant'Angelo hieß es noch vor 100 Jahren, dass sie Haufen von Gold und Silber in der Erde vergraben halten und das ärmlichste Leben führen, während ihre Söhne in Neapel studieren.

Ende des 5. Jh. siedelte der Erzengel Michael aus dem Morgenland nach Apulien über, bestimmte den Gargano zu seinem Aufenthaltsort und erschien hier mehrere Male dem Bischof Laurentius. Daraufhin wurde in die vom Engel bestimmte Grotte kurzerhand eine Kirche gebaut und diese mit Erlaubnis des Papstes Gelasius am 29. September 493 ihm zu Ehren geweiht.

Das Wunder von Monte Sant'Angelo

„In Sipontum lebte ein reicher Mann, Garganus genannt, dessen Herden auf dem Vorgebirge weideten. Eines Tages verschwindet ihm ein schöner Stier. Lange sucht er diesen mit seinen Hirten in allen Schluchten des Gebirges, bis er ihn am Eingang einer Grotte findet. Ergrimmt über die lange Mühe seines Suchens will er den Stier erschießen, aber der abgeschossene Pfeil wendet sich um und verwundet den Schützen selbst. Man meldete dieses Wunder dem Bischof Laurentius in Sipontum, und dieser ordnete ein dreitägiges Fasten an. Am dritten Bußtage, dem 8. Mai des Jahres 493, erschien ihm der Erzengel und verkündigte ihm: dass die Grotte durch ihn selbst geheiligt sei und fortan eine Stätte des Kultus zu seiner und der andern Engel Ehre sein solle."

Ferdinand Gregorovius, in: *Wanderjahre in Italien*

Schnell entwickelte sich die Grotte auf dem Gargano zu einem der ersten Pilgerzentren des christlichen Mittelmeerraumes, und von hier aus verbreitete sich der Engelskult bald in andere Länder – nach England, Frankreich, Spanien und Deutschland, wo aus den Heiligtümern lokaler heidnischer Gottheiten Andachtsstätten zu Ehren des hl. Michael gemacht wurden. Im Lauf der Jahrhunderte ließen sich die namhaftesten Persönlichkeiten des Mittelalters in Monte Sant'Angelo sehen, wie der oben bereits zitierte Ferdinand Gregorovius z. B. über die Pilgerfahrt von Kaiser Otto III. zu berichten wusste: „Die Pilgerfahrt des Kaisers der Römer auf den Garganus machte großes Aufsehen in der damaligen Welt, und sie steigerte ohne Zweifel die Verehrung des Erzengels in allen Ländern des Westens. Langobarden Nord- und Süditaliens, Franken, Sachsen, Angeln, Normannen, Große und Geringe sah man seither jahraus, jahrein die steilen Pfade zum Kap emporklimmen, in der heiligen Grotte ihre Gebete zu verrichten und Opferspenden darzubringen, und dann herabsteigen mit geweihten Amuletten, an Hut und Kleid mit der apulischen Pilgermuschel geschmückt und in den Händen den garganischen Pilgerzweig." Auch die römische Kurie machte sich nach Apulien auf: Der deutsche Reformpapst Leo IX. pilgerte gleich zu Beginn seines Pontifikats im Jahr 1049 zur damals schon berühmten Michaelsgrotte und stärkte somit ihre Bedeutung in ganz Italien. Seine Mission war allerdings auch politisch motiviert, denn er wollte bei dieser Gelegenheit mit den Normannenführern plauschen und natürlich auch den päpstlichen Einfluss in Apulien stärken.

Zugang zum Michaelsheiligtum

Um das Grottenheiligtum entstanden zwischen dem 6. und 11. Jh. feste Gebäude, die auch der ständig wachsenden Zahl der Wallfahrer Unterkunft boten. Unter den Normannen, die die garganische Kultstätte ähnlich sorgsam wie ihre heimische Kirche in Mont-Saint-Michel hüteten, entwickelte sich das charakteristische Stadtviertel Rione Junno. Noch heute prägt dieser mittelalterliche Ortskern das Erscheinungsbild von Monte Sant'Angelo ganz wesentlich. Einfach faszinierend, wie sich die gleichförmigen Giebelhäuser mit ihren weiß getünchten Fassaden, den verblichenen Ziegeldächern und unförmigen Schornsteinen über den Stadthügel erstrecken.

Information/Anfahrt & Verbindungen/Adressen

• *Information* **Pro Loco**, an der Ortsdurchgangsstraße Via Reale Basilica 40, 8–13 Uhr und 16.30–21 Uhr. ✆ 0884-565520, www.prolocomontesantangelo.org.

• *Auto* Der Ort ist von Foggia aus am schnellsten über Manfredonia zu erreichen. Von der S 89 führt eine steile Serpentinenstraße hinauf nach Monte Sant'Angelo (796 m ü. d. M.). Landschaftlich reizvolle Alternative: die Gargano-Hochstraße von Foggia über Rignano Garganico, San Marco in Lamis und San Giovanni Rotondo.
Der gesamte Stadtbereich ist gebührenpflichtige Parkzone, und den Parkwächtern entkommt man nicht. Sie verfolgen auch diejenigen, die die vorgesehenen **Großparkplätze** rund um das Kastell (2,50 € ohne Zeitbegrenzung) meiden wollen.

• *Bus* Mehrmals tägl. fahren SITA-Busse ab Manfredonia.

• *Post* Mitten in der Altstadt, Corso Vittorio Emanuele 10.

• *Internet* Internetzugang findet man im Kulturbüro *Gargano Comunica*, Corso Vittorio Emanuele 199; ✆ 0884-561370, www.garganocomunica.it.

Provinz Foggia
Karte S. 75

Übernachten/Essen & Trinken

• *Übernachten* *** **Casa del Pellegrino**, gehört der Kirchengemeinde von San Michele. Modernes 40-Zimmer-Pilgerhotel in unmittelbarer Nähe der Grottenkirche mit strengen Regeln und dem Charme eines Krankenhauses. Ruhige Gäste erwünscht, ab 22.30 Uhr Nachtruhe (im Sommer ab 23.30 Uhr). DZ 45–55 €, EZ 27–30 €, Frühst. 3,50 €, Menü 13 €. Via Carlo D'Angio, ✆/℻ 0884-561150, www.santuariosanmichele.it.

*** **Hotel Michael**, im Obergeschoss eines restaurierten mittelalterlichen Stadthauses, direkt am Eingang zum Santuario, deshalb tagsüber laut, abends jedoch ruhig. Große und geschmackvoll eingerichtete Zimmer, herrliche Frühstücksterrasse mit Panoramablick. Ganzjährig geöffnet. DZ 52–77 €, EZ 35–62 € inkl. Frühst. Via Reale Basilica 86, ✆ 0884-565519, ℻ 0884-563079, www.hotelmichael.com.

*** **Hotel Rotary**, einsam an der Straße gelegener Neubau im Landhausstil mit mehreren Nebengebäuden und Restaurant, gut geführt. DZ 62–73 €, EZ 42–52 € inkl. Frühst., Menü 18 €. 1,5 km außerhalb (Richtung Pulsano), ✆/℻ 0884-562146, www.hotelsantangelo.com.

• *Essen & Trinken* **Da Costanza**, lokaltypische Hausmannskost im schlichten Kellergewölbe, eigene Pastaproduktion (Orecchiette, Fusilli, Troccoli). Lammgerichte und Kalbfleischrouladen gehören zu den Secondo-Spezialitäten, Menü ca. 18 €. Am oberen Ende des Corso Garibaldi (Nr. 67), ✆ 0884-561313, in den Wintermonaten Fr Ruhetag.

La Caravella, schräg gegenüber vom Eingang zum Santuario. Orecchiette aus eigener Produktion, leckere Fleischgerichte vom Zicklein und Kalb, aufgrund der bevorzugten Lage aber ein Massenbetrieb mit Hang zur Schnellabfertigung, Touristenmenü 13 €. Via Reale Basilica 84, ✆ 0884-561444.

La Torre Taronna, Tipp! Agriturismo und Schlemmerristorante an der Straße nach San Giovanni Rotondo kurz nach dem Abzweig zur Foresta Umbra. Einsam und ruhig gelegen, viel Grün, ein idealer Standort für die zentrale Gargano-Region. Rustikale, gemütliche Zimmer, kinderfreundlich. Die Küche hat einen exzellenten Ruf und verwendet vorwiegend eigene Produkte. DZ 110 € mit HP. Località Purgatorio, ✆ 0884-562331 oder 338-4369184, www.agriturismolatorretaronna.com.

Al Grottino, Ristorante des Hotel Michael (s. o.) in der hinteren Altstadt, Herzhafte Antipasti (Wurst, Schinken, Käse) und Primi (z. B. Orecchiette mit Pilzsoße), Fleisch vom Grill, auch Pizza, Menü ab 10 €. Corso Vittorio Emanuele 179, ✆ 0884-561132.

Einkaufen/Feste & Veranstaltungen

• *Einkaufen/Spezialitäten* Jeden Sa ist Wochenmarkt.

Überall im Ort werden die lokalen Süßigkeiten *Ostie ripiene* (gefüllte Hostien) angeboten, ein Oblatengebäck mit Honig und Mandeln. Besonders gut schmecken sie in der Pasticceria Franco, Corso Garibaldi 15.

• *Feste & Veranstaltungen* **Processione di Venerdì Santo**, ehrfürchtige Karfreitagsprozession.

Michaelswallfahrten, am 8. Mai feiert die katholische Kirche die Erscheinung des Erzengels auf dem Gargano und am 29. Sept. das Fest der Engelserscheinung überhaupt.

Sfilata dei Muli bardanti, folkloristische Wanderung mit geschmückten Eseln zur Abtei von Pulsano am 8. Sept.

Esskastanienkirmes, Ende Okt.

Sehenswertes

Santuario di San Michele Arcangelo: Am Eingang zum Grottenheiligtum steht der achteckige Glockenturm von 1273, den der neapolitanisch-sizilianische König Karl I. von Anjou errichten ließ. Gleich dahinter das doppelbogige Eingangsportal aus dem späten 14. Jh., wovon allerdings nur die rechte Hälfte ein Original aus dem Jahr 1395 ist, bei der linken handelt es sich um eine spätere Replik.

Am Treppenabgang zunächst ein merkwürdiges Holzkruzifix, das u. a. mit Werkzeugen bestückt ist; dieses *Croce della Passione* wurde um das Jahr 1000 von Pilgern aus dem Raum Pescara hierher gebracht. Einen Blickfang am Ende des Treppenabgangs bildet die kunstvoll gearbeitete Bronzetür aus dem 11. Jh., auf der auch Szenen aus den zahlreichen Michaelslegenden dargestellt sind. Die Türflügel, ein Geschenk des adligen Amalfitaners Pantaleone, wurden 1076 in Konstantinopel gegossen. Sie bestehen jeweils aus 24 Flachreliefplatten.

Unmittelbar dahinter öffnet sich ein gewölbter Sakralraum aus angiovinischer Zeit (1273). Rechts daneben erinnert der Franziskusaltar an den Besuch des Heiligen. Dann folgt der Petrusaltar und in der hintersten Wölbung der Altar der Gottesmutter. Die kunstgeschichtliche Perle des Hauptaltars bildet der reliefverzierte *Sede vescovile* (Bischofsthron) mit der ältesten bekannten Darstellung des Erzengels in der rechten Armlehne, wo auch seine Attribute Schwert und Krone zu sehen sind. Die Marmorstatue Michaels in der Felsnische und eine dahinter liegende Öffnung, aus der wunderwirkendes Wasser austreten soll, bilden den krönenden Abschluss.

• *Öffnungszeiten* Juli–Sept. tägl. 7.30–19.30 Uhr, April–Juni und Okt. 7.30–12.30 und 14.30–19 Uhr, Nov.–März 7.30–12.30 und 14.30–17 Uhr. Eintritt frei. www.santuariosanmichele.it.

Angemessene Bekleidung ist vorgeschrieben, schon die Parkwächter weisen einen darauf hin, wenn man z. B. mit kurzen Hosen aus dem Auto steigt.

Vor dem Hauptaltar der Grottenkirche finden regelmäßig Messen statt.

Die Führung durch das ebenfalls unterirdische Museo Lapideo-Cripta, in dem Steinmetzarbeiten aus dem 6. bis 16. Jh. zu sehen sind, kostet 3 €.

Chiesa San Pietro und Tomba di Rotari: Wieder ans Tageslicht zurückgekehrt, erblickt man schräg gegenüber die Apsisruine der frühromanischen Kirche San Pietro. Die benachbarte Tomba di Rotari wurde lange Zeit irrtümlicherweise für das Grabmal des Langobardenkönigs Rothari (um 606–652) gehalten, deshalb ihr Name. Es handelt sich aber um ein Baptisterium aus dem 11. Jh. In dem hohen

Kuppelbau sind verblasste Freskenfragmente zu erkennen.

Öffnungszeiten Das Innere ist wegen Restaurierungsarbeiten zum Zeitpunkt der letzten Recherche nicht zugänglich gewesen. Es ist aber möglich, seitlich von der Chiesa Santa Maria Maggiore (s. u.) in die offene Apsis hineinzublicken.

Rechts daneben erhebt sich die Kirche **Santa Maria Maggiore** (12. Jh.), der Überlieferung nach ein Bau, den Erzbischof Leo von Siponto in Auftrag gegeben hat. Das prächtige Eingangsportal ist eine Augenweide und die Wandfresken sind in einem erstaunlich guten Zustand.

Öffnungszeiten Tägl. 8–12.30 und 15.30–20 Uhr. Eintritt frei.

Museo Giovanni Tancredi: Beim anschließenden Bummel durch das heimelige Gassenlabyrinth des abschüssigen Stadtviertels Rione Junno, stößt man u. a. auf das 1971 gegründete Museum in der Unterstadt, das die volkskundliche Sammlung des 1948 verstorbenen Ethnologen und Philologen Giovanni Tancredi aus Monte Sant'Angelo zeigt. Neben traditionellem Kunsthandwerk gibt es zahlreiche Gegenstände aus dem Alltag sowie dem festlichen und religiösen Leben der Gargano-Bevölkerung zu sehen.

Auf der Spitze des Altstadthügels thront das Kastell

Öffnungszeiten Tägl. außer Montagnachmittag 9.30–13 und 14.30–18 Uhr (im Sommer abends 1 Std. länger). Eintritt 1,50 €.

Castello: Auf dem höchsten Punkt der Oberstadt haben die Normannen eine Festung hinterlassen, die alle nachfolgenden Herrscherdynastien immer wieder baulich veränderten. Die jüngst restaurierte Burgruine mit der intakten Umfassungsmauer ist schon allein wegen der tollen Fernsicht sehenswert.

Öffnungszeiten Juni–Sept. tägl. 9–19 Uhr, Okt.–Mai 9–13 und 14.30–18 Uhr. Eintritt 1,80 €. 2008 wegen Restaurierung geschlossen, Wiedereröffnung für Sommer 2009 geplant.

Umgebung

Abbazia di Santa Maria di Pulsano: Etwa 10 km südwestlich von Monte Sant'Angelo steht die wuchtige Abteiruine von Pulsano. Die Fahrt dorthin führt durch eine karge, eher melancholisch stimmende Landschaft, aber die Lage der weitgehend zerstörten Klosteranlage ist atemberaubend. Am äußersten Rand des steil abfallenden Gargano-Massivs kleben die mittelalterlichen Abteimauern förmlich am Abhang. Seitdem die Abteikirche mit europäischen Mitteln teilrestauriert wurde, ist wieder viel von ihrer einstigen Pracht zu erkennen. Aber allein schon der fantastische Panoramablick auf den Golf von Manfredonia macht einen Abstecher hierher allemal lohnenswert.

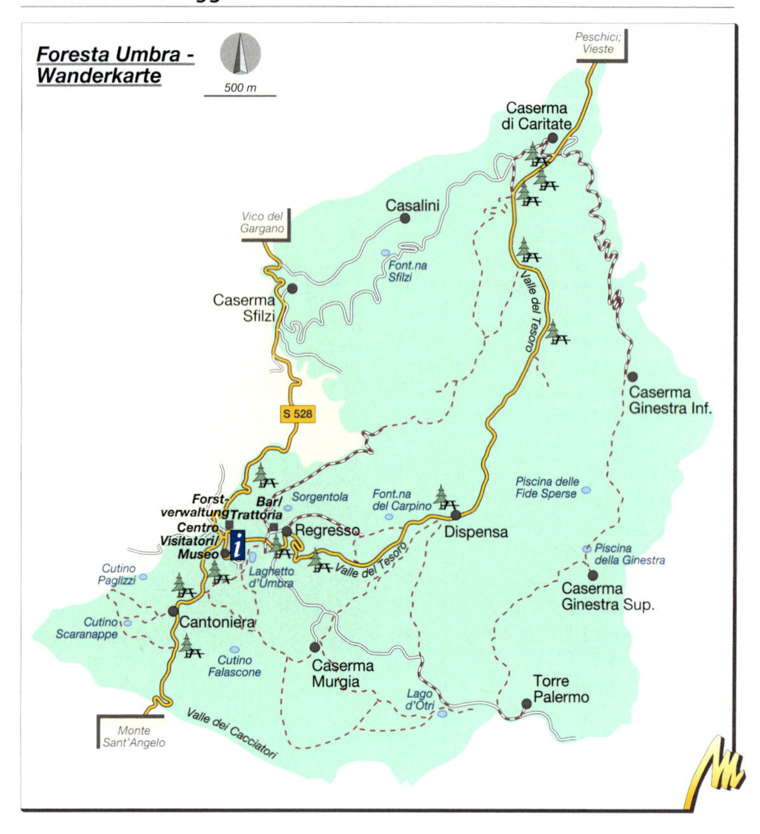

Foresta Umbra

Der Hochwald ist das grüne Herz des Parco Nazionale del Gargano und erstreckt sich auf einer Fläche von 11.000 ha. Er stellt den allerletzten Rest der großen Wälder dar, die Apulien einst vollständig bedeckten.

„Der Wald des Südens mit den Bäumen des Nordens" *(La forestra del sud con gli alberi del nord)* wird diese Oase der Erholung auch genannt. Den schattigen Mischwald durchziehen mehrere Spazier-, Wander- und Radwege. Unter dem grünen Dach der gewaltigen Kiefern, Buchen, Eichen, Ulmen, Linden und Kastanien herrscht eine paradiesische Ruhe. Nur nicht an heißen Wochenenden, denn dann füllt sich der Märchenwald mit hitzegeplagten und Erfrischung suchenden Städtern aus dem Tavoliere, die sogar das Vogelgezwitscher weitgehend verstummen lassen. Mitten in diesem gehegten Naturschutzgebiet befindet sich das *Centro Visitatori,* ein Besucherzentrum mit naturkundlichem Museum, das die ausgestopfte Waldfauna sowie sämtliche Baumarten spezifiziert. Gegenüber dem Museum hat die Forstverwaltung jüngst die *Casa del Boscaiolo* errichtet, eine Köhlerhütte mit

Werkstatt und Gerätschaften. In den weitläufigen Gehegen leben braune Wildschafe (Mufflons) und Damwild, Tierfutter gibt es im Besucherzentrum.

- *Öffnungszeiten Centro Visitatori* Ostern bis Anfang Okt. Sa/So 9–19 Uhr (in der Hauptsaison auch werktags). Eintritt 1 € für Museum und Casa del Boscaiolo.
- *Anfahrt & Verbindungen* Das eigene **Auto** gewährt hier größere Mobilität als der **SITA-Bus**, der nur 1- bis 2-mal tägl. zwischen Monte Sant'Angelo und Peschici pendelt. Anfahrt von Rodi bzw. Peschici über Vico oder direkt von Vieste mit anfangs schönem Küstenpanorama. Anfahrt auch von Mattinata über Monte Sant'Angelo.
- *Essen & Trinken* Am besten Getränke und Verpflegung mitbringen, da die kleine Erfrischungsbar **Posto di Ristoro** (offen von Ostern bis Ende Sept.) nicht viel zu bieten hat. Die benachbarte **Trattoria** hat lediglich im Juli und Aug. geöffnet, ✆ 0884-560980 (Bar und Trattoria). Von Juni bis Aug. baut auch der **Mercatino** seine mobilen Stände mit Lebensmitteln und Kunsthandwerk am Wegesrand auf.
- *Wandern und Radfahren* Eine Wanderkarte ist für 2,50 € im Centro Visitatori (s. o.) erhältlich. Wanderer dürfen die markierten Wege nicht verlassen; picknicken ist nur auf den vorgesehenen Plätzen erlaubt. Wer längere Touren unternimmt, muss unbedingt Trinkwasser mitnehmen, denn auf dem Gebiet der Foresta Umbra gibt es keine Quellen. Da die Wege zudem ausschließlich durch dichten Buchenwald führen, sind Radtouren auf Dauer etwas weniger eintönig. Folgerichtig, dass die Wege auch mit Mountainbikes befahren werden dürfen. Mietrad 5 € für die erste Std., jede weitere 3 €.

Gargano-Küste

Die steilen Klippen offenbaren sich als vielleicht schönster Abschnitt der italienischen Adria. Südlich von Vieste läuft die Bilderbuchküste zur Hochform auf und lässt sich in ihrer ganzen Formen- und Farbenpracht am besten vom Meer aus erschließen – z. B. auf einer Bootstour mit Grottenbesichtigung und Badestopp.

Die kleinen Städtchen thronen hoch über dem türkisfarbenen Meer zwischen knorrigen alten Pinienwäldern und schneeweißen Kalkklippen – ein erfrischender Kontrast zur staubigen Ebene um Foggia. Die intakte Natur, die feinsandigen Strände, das klare Wasser und die bildhübschen Orte machen diese Gegend zum wahren Ferienparadies. Doch die zum Parco Nazionale del Gargano gehörende Traumküste ist verständlicherweise kein Geheimtipp mehr.

Vieste und **Peschici** sind ausgesprochen anmutig, verwinkelt und mit zahllosen steilen Treppengassen geädert. In den engen Ortskernen herrscht meist noch ein ganz normaler Alltag. Da wird Waschwasser über die Stufen gekippt, und vor den Haustüren trocknet die selbstgemachte Pasta auf großen Holztabletts. Wer in der Nebensaison kommt, macht es goldrichtig; denn so vermeidet man den Juli-August-Horror mit überhöhten Preisen, belegten Unterkünften, Gedränge in den schmalen Gassen und Verkehrschaos auf der Küstenstraße.

Alle Küstenorte besitzen lange Sandstrände, und zwischen den Ortschaften findet man zahlreiche geschützte Badestellen. In jeder Bucht steht mindestens ein Zeltplatz. Surfer, Taucher, Schnorchler und andere sportliche Wasserratten kommen hier voll auf ihre Kosten. Und wer sich den Luxus einer ganz privaten Bootstour in den Abendstunden leistet, der erlebt bizarre Grotten und Klippenformationen, die ihresgleichen suchen.

Ganz anders das Gebiet um die beiden salzhaltigen **Küstenseen** Lago di Lésina und Lago di Varáno, die das Gargano-Gebirge im Nordwesten begrenzen. Dort findet

Peschici: Trutziges Schmuckstück hoch über dem Meer

man an den kilometerlangen, hellen Sandstränden auch im Hochsommer noch Platz. Aber ein wirklich konkurrenzfähiges Urlaubsidyll ist das Seengebiet mit den vorgelagerten Dünenstränden nicht.

Anfahrt & Verbindungen

- *Auto* Schnellste Verbindung zur nordöstlichen Gargano-Küste ist die A 14. Von Norden kommend, die Autobahn in Poggio Imperiale/Lésina verlassen und die Schnellstraße SSV del Gargano entlang, vorbei an den Küstenseen Lago di Lésina und Lago di Varáno nach Rodi Garganico.
- *Bahn/Bus* Zugfahrer verlassen die FS-Küstenlinie Ancona – Bari in San Severo und steigen dort in die private Bahn Ferrovie del Gargano um. Etwa 10-mal tägl. schöne, gemächliche Fahrt bis kurz vor Peschici, von dort weiter mit Bahnbussen.

Alternative: Von Foggia einen der häufigen FS-Züge nach Manfredonia nehmen und von dort weiter mit Bussen oder mit dem Fährschiff zu den Küstenorten des Gargano.

- *Taxi* Über die *Coop. Gargano Servizi* (✆ 328-8379899) oder bei *Caroprese Pierluigi* (✆ 347-2926149).

Übernachten

Die Gargano-Küste ist sehr gut mit Hotels versorgt. Preiswerte 1- oder 2-Sterne-Hotels sind jedoch nicht sonderlich dicht gesät. Im Hochsommer gibt es fast überall Pflicht zur Halb- oder Vollpension. Den absoluten Campingplatzrekord Apuliens hält der Küstenstreifen zwischen Peschici und Vieste mit weit über 50 offiziellen Plätzen – allerdings sind nur wenige das ganze Jahr über geöffnet.

Das Gebiet der Küstenseen

Die Schnellstraße *SSV del Gargano*, die am Lago di Lésina und Lago di Varáno vorbeiführt, ist die Transitstrecke zur nordöstlichen Gargano-Küste; sie wurde ausschließlich für den ständig wachsenden Urlaubsverkehr gebaut. Dicht am Asphaltband der SSV ziehen Gemüseplantagen und Gewächshauskulturen auf rostbrauner Erde vorüber, landeinwärts erkennt man die Umrisse des Gargano-Gebirges.

Das ansteigende Vorland ist mit uralten Olivenhainen überzogen. Zur Erntezeit sieht man überall die feinmaschigen Auffangnetze gespannt. Aus der alljährlich tonnenschweren Ernte wird eines der besten Olivenöle der Gegend gepresst. Hier ist neben der sanften Methode von Hand auch die maschinelle Ernte verbreitet: Die Bäume werden durch Seile mit einer Rüttelmaschine verbunden und so lange bewegt, bis auch die letzte Olive fällt. Es wird nach wie vor diskutiert, auch diese alten Ölbaumpflanzungen in den Parco Nazionale del Gargano zu integrieren. Jedoch würde das erhebliche Ernteeinbußen zur Folge haben, da die Bäume dann nicht mehr mit Chemikalien gegen die verbreitete Ölfliege geschützt werden dürften.

Lésina und Lago di Lésina

Der hübsche Hauptort am Lago di Lésina ist das nördliche Tor zum Gargano. Im Schilfdickicht des Sees nisten seltene Wasservögel. Hier kommen nur Aalangler auf ihre Kosten, zum Baden ist das flache Gewässer, bei dem es sich genau genommen um eine Lagune handelt, nicht geeignet.

Der kleine Fischerort mit den etwas misstrauisch wirkenden Bewohnern – vielleicht können sie nicht verstehen, dass sich jemand hierher verirrt – besitzt einen breiten Hafen mit Zugang zum Meer. In dem seichten Wasser dümpeln die kastenförmigen Boote zwischen den markanten Fischfangvorrichtungen.

Der Ort selbst soll von Küstenfischern aus Dalmatien gegründet worden sein, die sich bereits im 6. Jh. hier ansiedelten. Mehrfach fiel Lésina Erdbeben und Sturmfluten zum Opfer. Laut einer Legende sollen die Wassermassen im Jahr 1089 die Häuser der jungen Carnali (so hießen hier damals die Playboys) mitgerissen haben, zur Strafe dafür, dass sie die Dienerinnen im Gefolge der Mathilde von Canossa auf deren Wallfahrt zum Michaelsheiligtum belästigt hatten.

Am Ende des Corso Vittorio Emanuele beginnt die breit angelegte **Altstadt** mit ihrem behäbigen Innenleben. Die beste Zeit für eine Besichtigung sind die Vormittags- und Abendstunden; ansonsten zeigt sich der Ort völlig verschlossen und menschenleer. Der Blick auf den friedlichen See ist hingegen zu jeder Zeit ein Vergnügen, und vielleicht sollte man mal ein Tretboot am Bootsanleger mieten.

Lésina rüstet sich zum Patronatsfest

Terror Mundi – wie Robert Guiscard während einer Schlacht dreimal vom Pferd fiel

Rund 15 km südwestlich von Lésina fand im Sommer 1053 eine der blutigsten Feldschlachten des Mittelalters statt. Die *Schlacht von Civitate* begründete auch das wenig schmeichelhafte Image des normannischen Heerführers Robert Guiscard, bei seinen Gegnern mit nie gekannter Grausamkeit zu verfahren. Der Chronist Wilhelm von Apulien mag den Kriegsfuror Guiscards vielleicht etwas überzeichnet haben, wenn er schreibt, dass der Normanne während des Kampfes dreimal vom Pferd geworfen wurde, um sich hernach nur noch „hitziger" in das Getümmel zu stürzen. Doch weiter heißt es: „Raserei selbst treibt ihn an. So wie der Löwe, wenn er brüllend Tiere von geringerer Stärke wild angreift, rasend wird, wenn er auf Widerstand stößt, richtet sich seine Wut mehr noch gegen größere. Nun schont er nichts mehr ... Den einen haut er die Füße ab, den anderen die Hände, diesem trennt er das Haupt vom Rumpf, jenem zerschneidet er Band und Brust ..."

Die Normannen kämpften bei Civitate, an den Ufern des Flusses Fortore, gegen Papst Leo und dessen schwäbische Hilfstruppen. Als im Anschluss der Kampfhandlungen die Normannen Civitate belagerten und Feuer an die Mauern legten, ergab sich der Pontifex und begab sich höchstselbst ins normannische Heerlager. Der Historiker Richard Bünemann, der eine äußerst lesenswerte Biografie über Robert Guiscard verfasst hat, schreibt, dass der Papst überraschend zuvorkommend von den „normannischen Christen" empfangen worden sei. Für die Normannen ging es bei dieser Schlacht um ihre weitere Existenz in Süditalien, was vielleicht das schreckliche Kampfgebaren Robert Guiscards erklärt. Wie auch immer, Ablauf und Ausgang der Schlacht verweisen auf zweierlei: Erstens auf die ungewöhnliche Grausamkeit Guiscards, der in Süditalien zum „Schrecken der Welt" (Terror Mundi) avancierte. Zweitens darauf, dass die kriegserprobten Normannen sich ganz allmählich von den Feinden der Kurie zu staatstragenden Unterstützern des Christentums in Süditalien wandelten.

• *Information* **Centro Visite e Acquario**, neu eröffnetes Besucherzentrum am Seeufer. Die Attraktion ist das Brackwasseraquarium, mit einem Fassungsvermögen von über 20.000 l das größte Europas. Lungolargo 147 (schon fast am Ortsrand), Mo–Sa 9.30–12.30 und 18.30–20.30 Uhr (in den Wintermonaten 16.30–18.30 Uhr), So 10–12 Uhr. Eintritt 3 €.

• *Anfahrt* Erste Abfahrt an der SSV del Gargano; kurz vor der Ortseinfahrt dann die Abzweigung nach Marina di Lésina.

• *Essen & Trinken* Am Seeufer stehen einige einfache Fischrestaurants zur Auswahl, z. B. das alteingesessene Ristorante **Le Antiche Sere**, Spezialität: frischer Aal aus dem See. Mittags und abends geöffnet, Mo Ruhetag, Via Pietro Micca (Lungolargo), ✆ 0882-991942.

Gute traditionelle Küche und freundlichen Service bietet die Trattoria **La Stalla del Vescovo** in einem alten Adelspalazzo aus dem 16. Jh. Im Gewölberaum werden Fisch- und Slowfood-Gerichte serviert. Via Vittorio Veneto 9 (in der Altstadt, gut ausgeschildert), montagabends und dienstagmittags geschlossen, ✆ 0882-991162, www.lastalladelvescovo.it.

Aal satt gibt es für alle auf der **Sagra delle Anguille** am 28. Juli.

Marina di Lésina: Sie ist das pure Gegenteil der Mutterstadt am See: eine hektische Feriensiedlung im farblosen Betonbaustil mit Supermärkten, Wasserrutschen, Open-Air-Discos etc. Den Ortseingang markiert ein alter Küstenwachturm *(Torre Fortore).*

Von dort führt eine Stichstraße nach links zum *Lido Ponente,* einem breiten, hellen Sandstrand mit mehreren lebhaften Strandbars. Ende September herrscht hier bereits absolute Urlaubsflaute, dann hat man etliche Strandkilometer für sich allein und kann die Duna di Lésina mit ihrer intakten Küstenmacchia ungestört erwandern (s. u.).

Wandern auf der Isola di Bosco: Zwei Stichkanäle verbinden den Lago di Lésina mit dem Meer. Die schmale Landzunge dazwischen ist ein Dünenschutzgebiet mit zahlreichen sandigen Wegen, die zu kurzen Spaziergängen oder mehrstündigen Wanderungen einladen. Weil der Dünenstreifen schmal ist, fällt die Orientierung leicht. Von Lésina aus kommend, ein Kilometer vor Marina di Lésina dem braunen Hinweisschild „Bosco Isola" nach rechts folgen. Die schmale Sackgasse endet an einem zumeist verschlossenen Picknickplatz kurz vor dem ersten Kanal. Von dort zu Fuß über die Brücke und halb links den Kiefernhain am Horizont ansteuern. Wer sich hier vom herumliegenden Ausflugsmüll nicht beeindrucken lässt, kann hernach ungestört die Dünenlandschaft erwandern und dabei seltene Schilfvögel beobachten.

Provinz Foggia
Karte S. 75

Lago di Varáno

Die grünen Ausläufer des Gargano-Gebirges versinken im trüben Wasser des Lago di Varáno, der an manchen Stellen überraschenderweise wie ein Kratersee wirkt.

Der Lago di Varáno ist ähnlich wie sein Nachbar in einer Kampfzone von Süß- und Salzwasser entstanden. Kleine Flüsse haben Sand angeschwemmt, der dann durch die Küstenströmung verschoben wurde. Die Brandung hat hohe Sandwälle aufgebaut und durch Dünenbildung ist es schließlich zur Absperrung der Buchten gekommen.

Jahrzehntelang florierte hier die Miesmuschelzucht, die vom kleinen Hafen in Bagno aus betrieben wurde. Im Seewasser züchtete man die Cozze (Miesmuscheln) in großen Netzen monatelang vor, um sie dann bis zur vollständigen Reife ins Meerwasser umzusetzen. Mittlerweile ist die Muschelzucht im See unmöglich geworden, da er biologisch nahezu abgestorben ist. Nur den Zugvögeln, die hier noch zu Tausenden rasten, scheint das nichts auszumachen. Die Lagunenfischer hingegen haben ihre Arbeitsgrundlage wahrscheinlich für immer verloren. Seit 1997 werden die Miesmuscheln ausschließlich im Meer, einige Kilometer vor der Lagune gezüchtet und im Kanalhafen Capoiale umgeschlagen.

Lido di Torre Mileto: Ein restaurierter aragonesischer Küstenwachturm und eine geschmacklose, kleine Bungalowsiedlung am Felsufer – sonst nichts. Aber von hier führt eine Serpentinenstraße auf den 260 m hohen Küstenberg Monte d'Elio, wo sich die romanische *Chiesa Santa Maria di Monte d'Elio* befindet. Auf einem Wanderweg umrundet man die Bergkuppe und genießt den freien Blick hinüber zu den Tremiti-Inseln und auf die beiden Seen.

Capoiale: In diesen überraschend großen Kanalhafen laufen tagtäglich die Fischkutter ein; außerdem ist der Ort ein reger Umschlagplatz der hiesigen Miesmuschelzucht. Turbulenter Fischmarkt und Fischbratereien an der Straße – hier lohnt sich ein kleiner Zwischenstopp. In den Sommermonaten bietet die Fischer-Kooperative von Capoiale *Tagesausflüge zu den Tremiti-Inseln* an (Infos am Hafen).

Isola di Varáno: Auf der anschließenden Landenge, die den See vom Meer trennt, wuchert dichter Pinien- und Eukalyptuswald, davor kilometerlanger feiner Sandstrand. Von der Küstenstraße führen mehrere Fußpfade durch den geschützten Uferwald zu den wacholderbewachsenen Dünen.

• *Übernachten/Camping* Einige altgediente Campingplätze mit Bungalowvermietung befinden sich auf der Isola di Varáno.

*** **Uria**, ein Riesenplatz auf gutem Pinienwaldboden. 2 Pers., Zelt und Auto 11–20 €, Ende März bis Ende Aug. ☏ 0884-917541, ✆ 088-917541, www.campinguria.it.

*** **Rancho**, hohe Pappeln und Eukalyptus, gut ausgestattet. Von Juni bis Anfang Sept. geöffnet. 2 Pers., Zelt und Auto 14–28 €. ☏ 0884-917814, ✆ 0884-917814, www.rancho.it.

*** **Viola**, gepflegter Platz mit Swimmingpool, viel Grün, etwas teurer als die anderen. Anfang Mai bis Ende Sept. 2 Pers., Zelt und Auto 20–30 €. ☏/✆ 0884-917548, www.villaggioviola.it.

Foce di Varáno: Die wild durcheinandergewürfelte Strandsiedlung in Einfachbauweise mit endloser Durchgangsstraße befindet sich am nordöstlichen Ende der Isola di Varáno. Daran schließt sich der schöne *Lido del Sole* an. Dieser lange, feinsandige „Sonnenstrand" zieht sich bis Rodi Garganico und bietet mehrere Campingmöglichkeiten (→ „Rodi Garganico/Übernachten", S. 119).

Rodi Garganico

ca. 4000 Einwohner

In diesem reizvollen Städtchen stimmen sowohl Lage als auch Architektur. Auf einer wuchtigen Klippe über dem Meer erstreckt sich das beschauliche Altstadtlabyrinth. Eine Panoramastraße umrundet den dicht bebauten Stadthügel und mündet am Fährhafen.

Küstenlandschaft zwischen Rodi Garganico und Peschici

Die weite Piazza Rovelli mit den glatt gescheuerten Quadern verwandelt sich im Sommer allabendlich zum touristischen Flanierzentrum mit Straßenhändlern, Buden und Menschengetümmel. Abseits vom Strom gibt es aber auch versteckte Winkel, in die sich nur selten Urlauber verirren. Durch die engen Treppengassen säuselt stets frische Seeluft, immer wieder erblickt man unvermittelt das Meer – einfach auf Entdeckungsreise gehen!

Zu beiden Seiten der Stadt liegen schöne, lange Strände. Im Juli und August ist der Andrang groß, aber schon Anfang September haben sich die Liegestuhlreihen deutlich gelichtet, und man hat so manchen Strandabschnitt für sich allein.

Hinsichtlich der touristischen Bedeutung hat Rodi Garganico gegenüber den beliebteren Nachbarorten Peschici und Vieste seit einigen Jahren deutlich das Nachsehen. Der große Urlauberstrom rauscht zunehmend an Rodi vorbei. Diese Entwicklung, die die Einheimischen mit Besorgnis beobachten, kommt v. a. Low-Budget-Reisenden entgegen, denn das Preisniveau bewegt sich deutlich nach unten – und der Kunde ist wieder König.

Information/Anfahrt & Verbindungen/Adressen

• *Information* **Ufficio turistico**, an der Hauptpiazza Rovelli. Informationsbüro des örtlichen Hotelverbands mit Hotelprospekten und Zimmervermittlung. An der Durchgangsstraße, gegenüber der Esso-Tankstelle.

• *Auto* Im Hochsommer nervtötender Stop-and-go-Verkehr, freie **Parkplätze** (im Ort und am Hafen) haben dann Seltenheitswert.

• *Bahn* Die Gargano-Linie führt am Meer entlang, der Bahnhof befindet sich direkt am Fährhafen. Etwa 10-mal tägl. Züge von und nach San Severo.

• *Fähre* Außerhalb des Hochsommers nur unregelmäßige Verbindungen zu den **Tremiti-Inseln**, Fahrzeit ca. 1:30 Std. Im Juli und Aug. verkehren die schnellen, aber teuren Aliscafi (hin und zurück ca. 25 € plus 1 € Kurtaxe), Abfahrt gegen 9 Uhr, Fahrplan und Tickets am Hafen.

• *Internet* Das **Centro Stampa Rodi** liegt in einer Seitengasse zur Durchgangsstraße, schräg gegenüber der zentralen Agip-Tankstelle (Vico della Libera). ✆ 0884-966750.

Übernachten/Essen & Trinken

• *Übernachten* *** **Baia Santa Barbara**, gut geführte Hotel- und Apartmentanlage am Weststrand von Rodi. Zimmer mit großem Balkon und Blick aufs Meer, mensaartiges Hotelrestaurant. Ende Mai bis Ende Sept. geöffnet. DZ 80–110 €. Etwas außerhalb, ✆ 0884-965253, ℻ 0884-965414, www.grupposaccia.it.

*** **Albano**, gepflegt und hübsch eingerichtet, Balkonzimmer mit Meerblick, schöne Dachterrasse, Hotelrestaurant. DZ 70–85 €, EZ 40–60 €. Via Scalo Marittimo 35, am Hafen und direkt an der Bahnlinie, ✆ 0884-965138, ℻ 0884-965421, www.hotelalbano.it.

B&B Arancio, offiziell eine B&B-Herberge, faktisch jedoch ein ordentlicher, kleiner Hotelbetrieb direkt am Hafen. Zwölf kleine Balkonzimmer mit Blick aufs Meer, eine Restaurant-Bar in kühlem Design befindet sich im Erdgeschoss. Anfang April bis Ende Okt. geöffnet. DZ 60–130 €, EZ 45–80 €. Via Scalo Marittimo 61, ✆ 0884-966787, ℻ 0884-965791, www.arancio.ws.

• *Camping* ** **Stella del Sud**, dort befindet sich ein gutes halbes Dutzend Campingplätze direkt am Strand, viel Grün und Schatten, gut ausgestattet, auf Ruhe wird Wert gelegt, unmittelbare Strandnähe. Mitte Mai bis Mitte Sept. 2 Pers., Zelt und Auto 18–36 €. Westlich der Ortschaft führt eine Abzweigung von der Küstenstraße zum Lido del Sole hinunter, ✆/℻ 0884-917022, www.villagestelladelsud.it.

** **Lido del Gargano**, gepflegtes Gelände, auch Bungalowvermietung. Anfang Juni bis Ende Sept. 2 Pers., Zelt und Auto ab 18 €. ✆ 0884-917044 oder 320-8664867, www.lidodelgargano.it.

*** **Siesta**, großer, gut ausgestatteter Platz, mit Animationsprogramm, vorwiegend junges Publikum, Strand ca. 150 m entfernt, auch Bungalows. Mitte Mai bis Mitte Sept. 2 Pers., Zelt und Auto ab 22 €. Ebenfalls am Lido del Sole, ✆ 0884-917009, ℻ 0884-917111, www.siestacamping.it.

• *Essen & Trinken* **Borgo San Pietro**, alteingesessenes Ristorante, etwas versteckt in der Altstadt gelegen. Tadellose Fischküche mit Frischegarantie, kleine Karte. Immer nach den aktuellen Tagesgerichten fragen! Eine Primo-Spezialität ist das Risotto mit Garnelen und Artischocken, Menü um die 25 €. Via Mazzini 28, ✆ 0884-966187, Do Ruhetag.

Ristorante Regina, ein Lesertipp! Direkt an der Hauptstraße, gegenüber der Esso-Tankstelle. Gute Cucina di Mare e di Terra, ehrliche Preise, die Chefin spricht Deutsch. ✆ 333/2727716.

Gianpizzaiolo, sehr stimmungsvolle Pizzeria gleich oberhalb der Durchgangsstraße. Große Pizzaauswahl, akzeptable Preise. Corso Madonna della Libera 2, ✆ 0884-966363.

L'Enopolio Musicheria, große Weinschenke und Kneipe mit offenem Wein, Bier vom Fass, kalten und warmen Snacks, guter Musik und vorwiegend jungem Publikum. Etwas versteckt an der Piazza Rovelli gelegen, nur in den Sommermonaten dafür lange geöffnet, ✆ 0884-966445.

Tipp: Wer unten am Hafen essen möchte, sollte das Capriccio dem Dai Pescatori vorziehen!

Provinz Foggia
Karte S. 75

Diverses

• *Einkaufen* jeden 1. und 3. Sa im Monat **Markt**.

• *Feste & Veranstaltungen* **Rodiestate**, Kino, Konzerte und folkloristische Abende im Freien (Juli/Aug.). **Festa di San Rocco**, Prozession und Feuerwerk, Ende Aug.

• *Bootstouren* mit kleinen Motorbooten, **Grottenbesichtigung und Badestopp** an abgelegenen Stränden, im Sommer tägl. vormittags ab Fährhafen.

Sehenswertes

Die Stadt Rodi beherbergte den Gefährten Napoleons und neapolitanischen Interimskönig Joachim Murat. Auf seiner Flucht Anfang des 19. Jh. fand er Unterschlupf in einem kleinen Häuschen, das *Torretta del Re* (Königstürmchen) genannt wird.

Unter den historischen Bauten sticht die romanische Kuppelkirche *Madonna della Libera* hervor, in der ein byzantinisches Bildnis der Hl. Jungfrau aufbewahrt wird. In der Hauptkirche *San Pietro* stehen zwei interessante Statuen aus dem 16. Jh.

Wer länger in Rodi weilt, sollte außerdem die Ruinenreste des antiken griechischen Hafens und der mittelalterlichen Stadtmauer aufspüren.

Umgebung

Vico del Gargano: Das küstennahe Bergstädtchen (445 m ü. d. M., ca. 9000 Einwohner) besitzt eine sehenswerte Altstadt. Ein Abstecher hierher lohnt sich v. a. für Liebhaber mittelalterlicher Bausubstanz. Um den Ort herum befinden sich die einzigen Quellen des Gargano-Massivs. Mehr als 80 davon werden zur Bewässerung der hiesigen Orangenpflanzungen und Obstgärten genutzt, aber auch als Trinkwasser sind diese Quellen ein reiner Genuss. Aus der ganzen Umgebung kommen die Leute, um es sich abzufüllen. Durch die örtlichen Orangenhaine führen alte Wirtschaftwege und laden zu Spaziergängen ein.

Den Streifzug durch das Centro storico beginnt man am besten am unteren Rand der Altstadt vor dem Rathaus (dort auch Parkplätze). Etwas versteckt in der oberen Altstadt liegt das *Stauferkastell*, das wahrscheinlich um 1240 unter Friedrich II. nach einem Einfall der Venezianer errichtet wurde. Vom ursprünglichen Bau ist jedoch nur noch der Rundturm erhalten; ansonsten ist der Komplex im Laufe der Zeit vollständig mit dem bewohnten Ortskern verschmolzen. Rund um das Kastell und die Hauptkirche *Chiesa Madre* verzweigt sich ein intaktes, aber weitgehend menschenleeres Gassenlabyrinth, in dem es viel zu entdecken gibt – z. B. uralte Werkstätten, verwitterte Brunnen, kleine Kapellen, verzierte Portale, Reste der mittelalterlichen Stadtmauern und natürlich die prächtige Fassade des herrschaftlichen *Palazzo della Bella*. Zu besichtigen ist eine unterirdische Ölmühle *(Frantoio Ipogeo)*, in der bereits im 14. Jh. Olivenöl produziert wurde. Ein kurzer Abstecher führt schließlich zum *Convento dei Cappuccini*, das Mitte des 16. Jh. auf Veranlassung des Markgrafen von Vico errichtet wurde. Die altersschwache Eiche vor dem Kapuzinerkloster pflanzte ein Mönch anlässlich der Grundsteinlegung.

• *Öffnungszeiten Museo Trappeto Maratea (Frantoio)* Neben dem Castello, in den Sommermonaten 10–13 und 18–24 Uhr geöffnet. Eintritt frei.

• *Essen & Trinken* **La Corte Federiciano**, Zugang über den Hof des ehemaligen Stauferkastells, kühler mittelalterlicher Gewölbesaal, tadellose lokaltypische Küche (Fleisch und Fisch), deftige Portionen, Menü ca. 20 €, ✆ 0884-994759.

Es gibt mehrere einfache Pizzerias im Ort. Der Hit ist die lokale Pizzaspezialität *Paposciola* oder *Paposcia*, eine längliche Calzone, gefüllt mit Pecorino und Olivenöl. Am besten schmeckt sie bei **Willy**, am Eingang zur Altstadt.

Fotogenes Küstenwahrzeichen

Trabucchi: Phönizische Fischfangapparate?

Die Trabucchi, die man v. a. entlang der nordapulischen Felsküste häufig sieht, gehen angeblich auf phönizische Fischfangtechniken zurück. Heute mehr oder weniger funktionstüchtig, geben diese merkwürdigen Pfahlkonstruktionen Rätsel auf. Wir haben den Mechanismus natürlich recherchiert, der zum Fischen auf Sichtweite benutzt wurde. Von der Holzplattform ragten Pfahlantennen weit aufs Wasser, die ein ca. 45 x 50 m großes Netz, das eigentliche Trabucco, hielten, welches mittels einer Winde zumeist vom Ufer aus ins Wasser gesenkt werden konnte. Vom Ausguck der Plattform beobachtete jemand die Fischsituation im Netzbereich, und auf sein Zeichen hin bediente ein anderer die Winde und zog das Netz hoch. – Das muss funktioniert haben!

Die Verwaltung des Parco Nazionale del Gargano fördert neuerdings die Instandsetzung der hiesigen Trabucchi; in Peschici sind bereits einige wieder in Betrieb genommen worden.

San Menaio: Zwischen Rodi Garganico und San Menaio zieht sich ein einziges Strandband entlang, an dem sich auch der hochsommerliche Menschenandrang weitgehend verläuft. San Menaio selbst ist ein altehrwürdiger Ferienort mit den ältesten Hotelbauten und Ferienvillen der Gargano-Küste.

• *Übernachten* *** **Park Hotel Villa Maria**, stattliche alte Villa in ruhiger Lage in einem gepflegten Park oberhalb des Strands. Komfortable Balkonzimmer, gut geführt, vornehmes Restaurant, ganzjährig geöffnet. DZ 60–130 €, EZ 45–115 €. Via del Carbonaro, ✆ 0884-968700, 📠 0884-968800, www.parkhotelvillamaria.it.

*** **Hotel Sole**, großes Strandhotel mit Stil, das vor einem Jahrhundert als erstes Hotel der Gargano-Küste errichtet und jüngst vollständig renoviert und erweitert wurde. Komfortable Zimmer mit Meerblick, aber ohne Balkon, feines Ristorante. DZ 80–150 €. Lungomare 2 (direkt an der Küstenstraße), ✆ 0884-968621, 📠 0884-968624, www.hotelsole.biz.

Provinz Foggia
Karte S. 75

** **Camping Valle d'Oro**, ruhiger, gepflegter Platz mitten im Grünen, solide ausgestattet. 2 Pers., Zelt und Auto 11–21,50 €. Landeinwärts, an der Straße nach Vico (Località Aia del Cervone), ✆/℻ 0884-991580, valledoro@camping.it.

Baia di Calenella: Bis Peschici verläuft eine herrliche Steilküste mit uralten Pinienwäldern; zwischen den hohen Bäumen lugt immer wieder das Meer hindurch. Kurz vor Peschici erstreckt sich dann die weite Calenella-Bucht mit langem Sandstrand. Direkt an der Küstenstraße liegt auch die Endstation der Ferrovie del Gargano (→ S. 114), und am östlichen Rand der Badebucht thront die *Torre di Monte Pucci* – ein markantes Wahrzeichen am Übergang zum steil abfallenden Ufer.

• *Camping* **** **Calenella**, riesiger, gut ausgestatteter Platz in Strandnähe mit Sporteinrichtungen, Mountainbike-Center und Unterhaltungsprogramm, vorwiegend jüngeres Publikum, auch Bungalowvermietung. 2 Pers., Zelt und Auto 21–24 €. ✆ 0884-968105, ℻ 0884-968465, www.calenella.it.

Peschici

ca. 4500 Einwohner

Schon von Weitem ein traumhafter Anblick – die alten Häuser drängen sich auf einer steilen Felsnase über dem Meer, während die große Sandbucht unterhalb des Ortes zum Baden lockt.

Auf kurviger Straße geht es hinauf ins **Centro storico,** das auf einem Grat verläuft und Rodi Garganico architektonisch sogar noch übertrifft. Die alten Bruchsteinhäuser sind teils grau verwittert und unverputzt, teils grell weiß gestrichen. Gassen und Treppen nehmen den unmöglichsten Verlauf und münden in versteckten Winkeln und Ecken. Die zahlreichen Kuppeldächer versprühen ein wenig orientalische Atmosphäre, Blumenschmuck hier und dort setzt farbliche Akzente. An der äußersten Spitze der Landzunge stehen die Reste eines früheren Kastells mit Panoramablick aufs Meer, und entlang der Küstenlinie sieht man mehr dieser sonderbaren *Trabucchi* (→ S. 121) als andernorts, einige davon sogar in Aktion.

Überall in den Treppengassen der Altstadt, die man durch einen Torbogen betritt, haben sich kleine Boutiquen eingenistet, die Kunsthandwerk aus Holz, Keramik und Leder anbieten. Souvenirs jeglicher Art und appetitlich präsentierte Lebensmittel ergänzen das Angebot. Hinter dieser lebhaften touristischen Kulisse hat sich Peschici zudem noch viel sympathische Alltäglichkeit bewahrt.

Information/Anfahrt & Verbindungen/Adressen

• *Information* Das **Informationsbüro** befindet sich auf der Rückseite des modernen Rathausgebäudes, in der Via Magente. Über den gleichen Eingang ist das kleine örtliche *Museo Archeologico della Selce* zugänglich. Erhältlich sind Hotelprospekte sowie ein nützlicher Stadt- und Umgebungsplan, auf dem alle Badebuchten östlich von Peschici verzeichnet sind. ✆ 0884-915362, www.peschici.net.

• *Auto* Das Fahrzeug ist in der Ortschaft ein wahres Hindernis, deshalb gleich die vorgesehenen Parkplätze am Ortseingang benutzten.

• *Bahn* An der Bucht von Calenella, wenige Kilometer westlich des Orts, ist die Endstation der Gargano-Bahn. Weitertransport nach Peschici und Vieste mit Bahnbussen.

• *Fähre* Zu den **Tremiti-Inseln** geht's mit den Fährschiffen und Schnellbooten der CTM-Reederei, Abfahrt ca. 9, Rückkehr ca. 18 Uhr. Tickets vor der Abfahrt am Hafen bzw. im CTM-Büro (✆ 0884-964234, Via Umberto I.) rechtzeitig reservieren.

• *Mietfahrzeuge* **Noleggio Vespa**, einen privaten Leihservice unterhält Pippo. ✆ 347-4740602.

• *Internet* Das zentrumsnahe **Internetcafé** verfügt über eine überaus nette Bar, Corso Garibaldi 33.

Wie eine Felsburg über dem Meer

Übernachten/Essen & Trinken

• *Übernachten* ** **Albergo Villa a Mare**, Landhaus im eigenwilligen maurischen Stil mit kleinen 2-Bett-Bungalows im Pinienhain. Geschützte Lage, sauber und gepflegt, Hotelrestaurant mit guter Fisch- und Fleischküche. DZ 70–100 €. Via Marina 1, am Eingang zur Hafenbucht gelegen, ✆ 0884-963414, 📠 0884-963444, www.villaamare.it.

* **Locanda al Castello**, Tipp! Kleiner, freundlicher Familienbetrieb mit zehn hübsch renovierten Zimmern. Alle mit Meerblick und neuen Bädern, einige mit herrlicher Dachterrasse. Hotelrestaurant (s. u.), ganzjährig geöffnet. DZ ab 65 €. Via Castello 29, an der äußersten Spitze der Altstadt, neben der Ruine des Kastells, ✆ 0884-964038.

** **Albergo Verderame**, trotz Straße angenehm ruhig. Freundlicher Familienbetrieb, haziendaartiges Landhaus, Garten, Dachterrasse, Parkplatz, saubere DZ mit orthopädischen Betten, Ristorante mit lokaltypischer Hausmannskost, tägl. wechselnde Gerichte, 300 m zum Strand. Den Besitzern gehören auch einige Strandapartments, die tage- und wochenweise vermietet werden. DZ 56–84 € inkl. Frühst. Am Stadtrand Richtung Rodi, ✆ 0884-962007 oder 347-3718693, www.peschicivacanze.it.

** **Albgero Godenizzo**, alteingesessener Restaurantbetrieb (s. u.) mit neuem 20-Zimmer-Hotel in herrlicher Lage oberhalb der Steilküste, modern eingerichtet, kleiner Balkon, Meerblick. Ostern bis Ende Sept. DZ 56–88 €. Außerhalb, an der Küstenstraße nach Vieste, ✆/📠 0884-911100, www.hotelgodenizzo.it.

B&B Le Antiche Porte, Tipp! Liebenswerte und sehr gepflegte Privatherberge mitten im Centro storico. Von der Dachterrasse eröffnet sich ein herrlicher Blick über die Altstadtdächer hinunter zum Meer. DZ 60–120 €. Via Roma 34, ✆ 0884-962125 oder 347-6806923, 📠 0884-962125, www.leanticheporte.it.

• *Camping* *** **Camping Parco degli Ulivi**, schönes Gelände mit alten Olivenbäumen, gut ausgestattet, auch Bungalowvermietung. 2 Pers., Zelt und Auto ab 12 €. An der großen Badebucht unterhalb von Peschici,

200 m vom Strand, ☎ 0884-963404, 📠 0884-963390, www.parcodegliulivi.it.

*** **Camping Bellariva**, gepflegter, schattiger Platz am Strand, gut ausgestattet. Mitte April bis Anfang Sept. geöffnet. 2 Pers., Zelt und Auto ab 17,50 €. Ebenfalls an der Baia di Peschici, ☎/📠 0884-963423, www.villaggiobellariva.it.

• *Essen & Trinken* **Grotta delle Rondini**, unten am Hafen (nicht mit La Grotta an der Durchgangsstraße verwechseln!), z. T. in die Felsen hineingebaut. Speiseterrasse mit Hafenblick, hervorragende Fischküche, eine Primo-Spezialität sind die Troccoli alla Grotta (Nudeln mit Meeresfrüchten), allerdings recht teuer, Menü ab 30 €. ☎ 0884-964007.

La Torretta, Zugang sowohl von der Durchgangsstraße als auch vom Centro storico. Große Dachterrasse mit Blick auf den Hafen und den Strand. Einfache, aber leckere Hausmannskost, z. B. Zuppa di Cozze oder Risotto alla Marinara, Menu turistico ca. 15 €. Auch Zimmervermietung, ab 84 € für ein DZ mit HP. Via Torretta 13, ☎ 0884-962935, www.latorrettapeschici.it.

Al Castello, Restaurant der Locanda al Castello (s. o.) an der Altstadtspitze, beim Bummel stößt man unweigerlich darauf. Uriges Lokal voller Pflanzen und Bilder, tadellose Cucina tipica. Eine sättigende Spezialität sind die Antipasti mit Fisch und Meeresfrüchten für 2 Pers. (Carrellata di Mare, 50 €). Alles frisch zubereitet, Holzofenpizza gibt es im rustikalen Nebengebäude.

Panificio Sant'Elia, für den kleinen Hunger zwischendurch. Pizzabäckerei, gleich hinter dem Torbogen zur Altstadt links. Mittlerweile auch mit einigen Tischen im Freien.

Godenizzo, beliebtes Ausflugslokal mit angeschlossenem Albergo (s. o.) in schöner Panoramalage. Unverfälschte Hausmannskost, Primo-Spezialität Troccoli del Pescatore mit Meeresfrüchten und Tomaten, schmackhafte Fisch- und Fleisch-Secondi, Menü um die 20 €. Rund 3 km außerhalb, an der Straße nach Vieste, der Weg lohnt sich, ☎ 0884-911100.

Ristorante Al Trabucco, ein Lesertipp! 4 km von Peschici in Richtung Rodi Garganico, kurz bevor die Küstenstraße zur Calanella-Bucht absteigt, zweigt am Küstenwachturm *(Torre di Monte Pucci)* eine Stichstraße steil zum Meer ab. Das kleine Ausflugsristorante liegt direkt neben einem fotogen restaurierten Trabucco. ☎ 347-8414273.

Vecchia Peschici, Tipp! Alteingesessener Familienbetrieb, am Anfang der Altstadthauptgasse. Gemütlicher Speiseraum mit alten Fotos von Peschici und aus den Kindertagen des sympathischen Besitzers. Schöne Terrasse mit *Bella Vista*, große Primi-Auswahl, z. B. hausgemachte Orecchiette mit Garnelen und Gemüse, lokale Fisch- und Fleischspezialitäten mit Frischegarantie, ehrliche Preise, Menü schon ab 18 €. Via Roma 31, ☎ 0884-962053.

Diverses/Feste & Veranstaltungen

• *Einkaufen* Jeden ersten und dritten Sa im Monat ist **Wochenmarkt**, jedoch nicht von Mitte Juli bis Ende Aug.

• *Baden/Wassersport* **Bagno Lido Orchidea**, eins der ältesten und nettesten Bäder am örtlichen Stadtstrand. Angefangen hat alles vor über 20 Jahren, als Pepito seine Strohdachhütte am schönsten Strandabschnitt aufstellte. Mittlerweile ist ein modernes Bagno daraus geworden mit Umkleidekabinen, Liegestühlen, Duschen, Barbetrieb und kleinem Restaurant. Die Söhne Keyn und Max geben Surf- und Segelunterricht für Anfänger und Fortgeschrittene, während Vater Pepito seiner alten Leidenschaft frönt und für den Restaurantbedarf fischt. Anfang März bis Ende Okt. geöffnet, ☎ 0884-964563.

Die zweite Strandbucht von Peschici, die etwas abgeschiedenere **Baia di San Nicola**, liegt ca. 2 km östlich, ist über eine Stichstraße zu erreichen und ebenso gut erschlossen wie der westliche Haustrand.

• *Feste & Veranstaltungen* **Festa di Sant'Antonio**, Heiligenfest mit abendlicher Prozession und Feuerwerk, Mitte Juni.

Festa di Sant'Elia, Schutzheiligenfest mit großem Jahrmarkt und mitternächtlichem Feuerwerk über dem Meer, 19.–21. Juli.

• *Nachtleben* **Grecale**, größte Freiluftdisco der Gegend. Schön im Waldgrundstück gelegen, am südlichen Ortsrand von Peschici, Contrada Manaccora 1, ☎ 0884-964968.

Umgebung/Wandern

Torre di Sfinale: Rund 10 km vor Vieste stößt die Küstenstraße wieder ans Meer. Auf einem weit ins Wasser ragenden Kap steht gut sichtbar der Küstenwachturm Torre di Sfinale. Ein **Wanderweg** verbindet die ausgedehnte Bucht mit der knapp 6 km landeinwärts verlaufenden Parallelstraße S 89 nach Vieste. Am besten das Auto rechter Hand am Parkplatz vor dem Hotel Sfinalicchio abstellen oder alternativ von Vieste mit dem Stadtbus, der direkt am Hotel endet. Von hier rund 150 m die Küstenstraße in Richtung Peschici laufen: Links zweigt ein Treppenweg von der Straße ab (ausgeblichene rote Farbmarkierung), der nach wenigen Schritten auf einen breiten Wirtschaftsweg mündet. Auf diesem geht es stets bergan, vorbei an verschiedenen Ausgrabungsstätten, in denen Archäologen daunische Gräber mit überaus interessanten Felsgravierungen entdeckt haben. Da die Fundorte weiträumig eingezäunt sind, können sie leider nicht besichtigt werden. Dafür belohnt alsbald ein schöner Ausblick auf die Gargano-Küste den Wanderer. Links und rechts des Wegs stehen grob zu Mauern aufgeschichtete Kalksteine, dahinter uralte Olivenbäume. Viehpfade verlassen immer wieder den Hauptweg und verlieren sich im Dickicht. Gehzeit für die gesamte Strecke hin und zurück: ca. 4:30 Std.

Manacore Gargano: So heißt der bizarr zerklüftete Küstenabschnitt zwischen Peschici und Vieste mit vielen geschützten Sandbuchten zwischen Kalkklippen, die man alle bequem auf kleinen Stichstraßen erreichen kann. Im dichten Nadelwald finden Camper ausgezeichnete Plätze in ruhiger Lage. Die große, sichelförmige Bucht *Scialmarino* ist das absolute **Surferzentrum** der Gargano-Küste. Auch in den heißen Monaten Juli und August herrschen hier meist gute Windverhältnisse. Doch wenn der feucht-heiße Wüstenwind Scirocco über das Meer peitscht, dann ist an Surfen nicht zu denken. Auch der ablandige Libeccio kann sehr gefährlich für Surfer und kleine Segelboote sein. Optimal hingegen weht der Maestrale.

Ländliches Ambiente wenige Schritte oberhalb der Küste

Provinz Foggia
Karte S. 75

• *Camping* **** **Baia di Manaccora**, großes Ferienzentrum, mit Zeltplatz, Bungalows, Swimmingpool, Sportanlagen und Supermarkt, das einen Großteil der gleichnamigen Bucht einnimmt. Mitte Mai bis Ende Sept. geöffnet. 2 Pers., Zelt und Auto ab 21 €. ✆ 0884-911050, 📠 0884-911029, www.manaccora.it.

** **Camping La Gemma**, kleiner, gut ausgestatteter Platz an der Baia di Manaccora, weicher Waldboden, viel Schatten, 300 m zum Strand, Barbetrieb und rustikales Restaurant. Anfang April bis Ende Sept. 2 Pers., Zelt und Auto ab 10,50–24 € . ✆ 0884-911010, 📠 0884-962777, www.la-gemma.it.

*** **Camping Internazio Manacore**, riesiges Feriendorf an der Punta Manacore, die ganze Baia di Bescile einnehmend. Dichter Pinienwald, Einkaufsmöglichkeiten und Sportanlagen, auch Bungalowvermietung. 2 Pers., Zelt und Auto ca. 20 €. ✆ 0884-911020.

*** **Le Orchidee**, kleine, gepflegte Bungalowanlage, 2-Personen-Bungalow ab 37 €/ Tag. ✆ 0884-708256, 📠 0884-701556, www.leorchidee.it.

Eingang zur Wallfahrtskirche an der Scialmarino-Bucht

** **Umbramare**, schattiger, gut ausgestatteter Platz mit Surfschule und Shop, vorwiegend junges Publikum. 2 Pers., Zelt und Auto ab 12 €. ✆/📠 0884-706174, www.umbramarevieste.it.

Unser Tipp: Die folgenden Campingplätze liegen direkt am breiten Scialmarino-Strand (s. o.), sind gut ausgestattet, groß und **ideal für Surf-Ferien**:

*** Capo Vieste (✆ 0884-706326)

*** Le Diomedee (✆ 0884-706472)

*** Oriente (✆ 0884-707709).

*** **La Giara**, großer Platz, preiswert, auch Bungalows, mit Windsurfschule. Mitte April bis Ende Sept., 2 Pers., Zelt und Auto ab 7 €. Direkt an der kleinen, nicht ganz so hübschen Sandbucht Molinella gelegen, ca. 5 km nördlich von Vieste, Zufahrt von der Küstenstraße. ✆ 0884-706550, 📠 0884-704021, www.villaggiolagiara.it.

Necropoli La Salata: Dieser weitläufige, freigelegte Nekropolenkomplex aus dem 4. bis 6. Jh. kann im Rahmen einer Führung besichtigt werden. Zu sehen sind mehrere, z. T. tief in den Fels gegrabene Kammergräber *(ipogei)* und Grabnischen. Ein Naturlehrpfad führt über den geschützten (eingezäunten) Küstenhügel der Nekrople.

Öffnungszeiten Juni–Sept. 16–18 Uhr. Eintritt 3,50 €. Zugang neben dem Hotel Gabbiano Beach, nordwestlich der Bucht Scialmarino.

Santuario di Santa Maria di Merino: Ebenfalls an der Scialmarino-Bucht befindet sich diese sehenswerte Wallfahrtskirche aus dem 16. Jh. Im Sommer wird die Sonntagsmesse manchmal im lauschigen Kirchengarten auf Steinbänken vor einem Steinaltar gefeiert. Die verehrte Holzskulptur der Gottesmutter wird in der Kathedrale von Vieste aufbewahrt und zum Kirchenfest (7.–10. Mai) hierher gebracht.

Der Altstadthügel von Vieste

Vieste

ca. 13.500 Einwohner

Die größte Stadt und das touristische Zentrum der Gargano-Küste erstreckt sich malerisch über und zwischen zwei verwitterten Felsarmen. Zu beiden Seiten wird der Ort von Sandstränden flankiert.

Unbedingt sehenswert ist das **Centro storico** auf dem südlichen Felsgrat. Enge, parallel laufende Treppengassen durchziehen den Altstadtkern, der abrupt von einer Steilwand begrenzt wird. Gegenüberliegende Häuser stützen sich z. T. durch gemauerte Bögen gegenseitig. Insgesamt ein Ort mit viel Atmosphäre, auch wenn er im August förmlich aus den Nähten platzt. Wer die Gargano-Küste nur kurz besucht, sollte Vieste auf keinen Fall vergessen.

Wer etwas länger bleibt, wird auch die ruhige, romantische Seite von Vieste entdecken. In der Altstadt kann man – abseits vom abendlichen Trubel rund um den Corso Lorenzo Fazzini – bis zum Sonnenuntergang die zahlreichen Schwalben und Mauersegler beobachten, die unermüdlich um die felsige Landzunge schwirren, dicht an den Häusern und Köpfen vorbei.

Vieste ist der Heimathafen einer großen Fischkutterflotte. In den Abendstunden kehren die Schiffe in den Hafen zurück, und alsbald wird der Frischfisch an die örtliche Gastronomie verkauft bzw. verladen. Nur im August haben die Fischer Zwangsurlaub, denn dann schlüpfen die Jungfische und für die gesamte italienische Adria herrscht striktes Fangverbot. Der Leuchtturm, der auf einer nackten Felsscholle vor dem Hafenbecken steht, sendet seine regelmäßigen Lichtsignale aber auch im August; über 25 Seemeilen weit sind sie zu sehen – schließlich handelt es sich um das drittwichtigste Leuchtfeuer Italiens.

Erst vor ein paar Jahren hat Vieste seinen touristischen Stellenwert untermauert und seine Uferpromenade *Viale Italia* mit hochgewachsenen Palmen verschönert – Stückpreis ca. 3000 €. Außerdem ist der Sporthafen gefragt wie nie zuvor und soll in den nächsten Jahren zum größten Sporthafen Apuliens ausgebaut werden, während am hinteren Lungomare Europa gerade mehrere Hotelneubauten entstehen.

Von den beiden **Sandstränden** ist die nördliche *Spiaggia di San Lorenzo* eher rau und windig, die südliche *Spiaggia della Scialara* dagegen geschützt, vorbildlich ausgestattet und auch abends – zur Partytime – gut besucht. Am Anfang des Südstrands erhebt sich der schneeweiße, 20 m hohe Fels *Pizzomunno,* das Wahrzeichen der Stadt.

Information/Anfahrt & Verbindungen/Adressen

• *Information* **Ufficio Informazioni**, Prospektmaterial über Vieste und den Gargano-Nationalpark, nützlicher Stadtplan, unbedingt die zahlreichen Handzettel mit Grottentouren, Mountainbikeverleih etc. durchforsten und nach aktuellen Veranstaltungen fragen. Am meerseitigen Ende des Corso Fazzini, in der ehemaligen Fischmarkthalle, Piazza Kennedy 1, ✆ 0884-708806, www.vieste.it.

• *Auto* Mehrere Großparkplätze gibt es in Hafennähe. Von dort sind es ca. 15 Min. zu Fuß in die Altstadt.

• *Bus* Der Busbahnhof befindet sich auf dem Piazzale Manzoni in der Neustadt. Die angrenzende Viale XXIV Maggio führt ins Zentrum. Häufig fahren Bahnbusse nach Peschici und SITA-Busse nach Mattinata und Manfredonia mit Anschlussverbindungen nach Monte Sant'Angelo.

• *Fähre* Verschiedene Reedereien bieten von Mitte Mai bis Mitte Okt. Ausflugsfahrten zu den **Tremiti-Inseln** an, z. T. mit kurzem Zwischenstopp in Peschici. Schnellboote (Aliscafi) bewältigen die Strecke in ca. 1 Std., Abfahrt zwischen 8 und 9 Uhr am Hafen, Rückkehr gegen 18 Uhr. Tickets ab 30 € inkl. der beiden Fährüberfahrten zwischen den Inseln San Nicola und San Domino. Zum Beispiel mit *Agenzia Sol* (s. u.), Ticketbude am Hafenkai. In der HS die Karten besser einen Tag vorher sichern.

• *Mietfahrzeuge/Bootsfahrten* Die **Agenzia Sol** organisiert Bootsausflüge zu den Küstengrotten und vermietet Autos (ab 69 €/Tag) bzw. Tourenräder und Mountainbikes (3 €/Std., 10 €/Tag). Werktags 9.30–13 und 17–21 Uhr geöffnet. Via Trepiccioni 5, direkt an der Küstenpromenade Viale Italie, ✆ 0884-701558, www.solvieste.it.

Surfconcept hat seine Basis auf dem Campingplatz *Capo Vieste* in der Scialmarino-Bucht ((→ S. 125) und verleiht Scooter (50 €/Tag), Fahrräder (20 €/Tag) sowie Segel-, Tret- und Motorboote. ✆ 348-5543300, www.surfconcept.it.

• *Internet* Ein gut organisierter **Internet Point** befindet sich an der zentralen Viale XXIV Maggio 11. ✆ 0884-702265, www.infotraining.it.

Übernachten

*** **Albergo del Seggio (10)**, stilvolle Unterkunft mitten im historischen Borgo. Der altehrwürdige Palazzo (das ehemalige Rathaus) ist unlängst frisch renoviert worden. Eine Wendeltreppe und ein Fahrstuhl führen zum Meer mit Badestrand, Bootssteg und kleinem Pool, abends ins Freiluft-Ristorante des Hauses. Die Einrichtung ist sachlich-elegant, kühl geflieste Zimmer, z. T. mit optimalem Meerblick. DZ 75–140 €, EZ 53–90 €. Via Vesta 7, ✆ 0884-708123, ℻ 0884-708727, www.hotelseggio.it.

**** **Hotel degli Aranci (14)**, großer, moderner Hotelkomplex in einem Wohngebiet mit guter Gehdistanz zur Altstadt und zum Südstrand, Höhe Pizzomunno-Fels. Internationaler 4-Sterne-Standard, Pool, hoteleigenes Strandbad, allerdings viele Busreisegruppen und durchschnittliche Küche. Standard-DZ 68–125 €. Piazza Santa Maria delle Grazie 10, ✆ 0884-708557, ℻ 0884-707326, www.hotelaranci.com.

*** **Punta San Francesco (6)**, ansprechend restaurierter Gebäudekomplex in ruhige Lage, am Aufgang zum gleichnamigen Konvent, mit schöner Dachterrasse. Gemütlich-rustikale Zimmer mit Holz verkleidet, z. T. Blick aufs Meer. DZ 60–120 €. Fast an der Spitze der Altstadt, Via San Francesco 2, ✆ 0884-701422, ℻ 0884-701424, www.hotelpuntasanfrancesco.it.

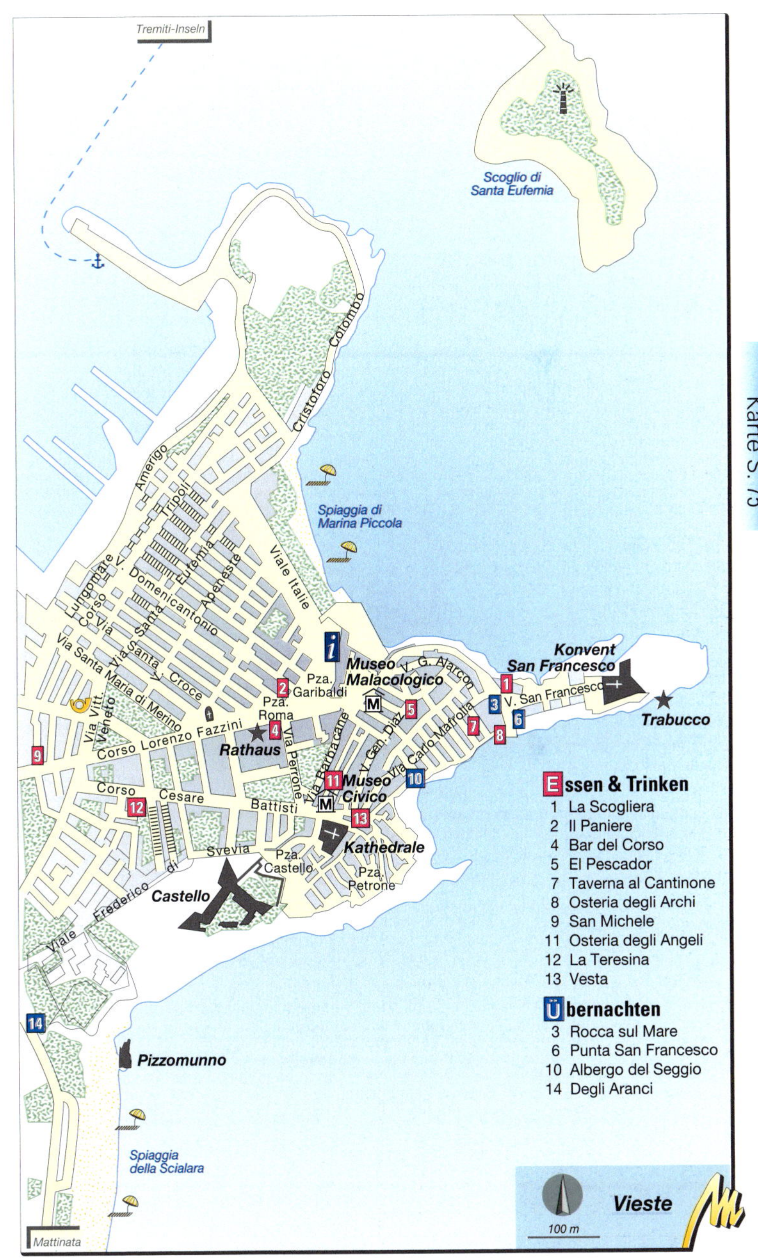

Essen & Trinken
1 La Scogliera
2 Il Paniere
4 Bar del Corso
5 El Pescador
7 Taverna al Cantinone
8 Osteria degli Archi
9 San Michele
11 Osteria degli Angeli
12 La Teresina
13 Vesta

Übernachten
3 Rocca sul Mare
6 Punta San Francesco
10 Albergo del Seggio
14 Degli Aranci

Provinz Foggia Karte S. 75

B&B Rocca sul Mare (3), seit gut 15 Jahren ein zuverlässiger Tipp! Herrschaftliches, altes Gemäuer mit steilen Treppen, fast am Ende der Altstadtspitze, ruhige Lage, ganzjährig geöffnet. Zwölf gut ausgestattete Zimmer mit sauberen Bädern. Wohnlicher Frühstücks- und Aufenthaltsraum mit historischen Möbeln, Internetzugang sowie herrlicher Frühstücksbalkon mit Meerblick. DZ 50–120 €. Via Mafrolla 32, ✆ 0884-702719, 📠 0884-704168, www.roccasulmare.it.

• *Camping* Zahlreiche Campingplätze an den städtischen Stränden, die meisten direkt an der Uferstraße südlich von Vieste – man hat die Qual der Wahl:

*** **Village del Sole & del Turco**, zwei große, gut ausgestattete Plätze unter gemeinsamer Verwaltung am unteren Scialara-Strand mit guten Sanitäranlagen. Anfang Mai bis Ende Sept. geöffnet. 2 Pers., Zelt und Auto ab 19 €. Lungomare Enrico Mattei, ✆ 0884-708084, 📠 0884-707153, www.villagedelsoledelturco.it.

*** **Verdemare**, unser Tipp fast am Ende der Spiaggia della Scialara. Kleiner, aber höchst gepflegter Platz auf der Strandseite der Küstenstraße, kinderfreundlich. 20 m und man steht im Wasser. Anfang April bis Ende Sept.. 2 Pers., Zelt und Auto ab 16 €. Lungomare Enrico Mattei 114, ✆ 0884-700948, 📠 0884-702710, www.verdemarevacanze.com.

Essen & Trinken (siehe Karte S. 129)

La Scogliera (1), schickes Fischrestaurant an der Spitze der Altstadt, kurz vor der Konventskirche, in einer ehemaligen Ölmühle mit angrenzendem Küstenwachturm eingerichtet. Lauschige Panoramaterrasse direkt über den Klippen, beste Fischküche, eine Primo-Spezialität sind die Cavatelli Ortomare (hausgemachte Nudeln mit Gemüse und Meeresfrüchten), Menü um die 30 €. Via Pola 29, ✆ 0884-708107.

Trattoria El Pescador (5), etwas versteckt in der Altstadt gelegen, helles, geräumiges Kellerlokal mit maritimer Einrichtung und einigen Tischen vor der Tür. Die Trattoria wird von einer Fischerfamilie betrieben. 1a Fischqualität und recht günstige Preise, u. a. leckere Fischspieße, Menü ca. 18 €. Via Domencio Arcaroli 18, ✆ 0884-707130.

Il Paniere (2), Tipp! 2007 neu eröffnetes Restaurant mit nur wenigen Freiplätzen unterhalb des Corso Fazzini, mitten im Zentrum und dennoch ruhig. Die Geschäftsführerin ist Schweizerin und sorgt mit Leidenschaft für anspruchsvolle Cucina tipica zu ehrlichen Preisen. Von Juni bis Sept. mittags und abends geöffnet. Via Tordisco 4, ✆ 0884-702492.

San Michele (9), alteingesessenes Speiselokal in der Neustadt, Nähe Markt und Busbahnhof. Mittlerweile führen die Enkelkinder der legendären Mamma Michelina den Familienbetrieb, der nach wie vor beliebt bei Einheimischen ist. Lokaltypische Küche mit Fleisch und Fisch, Menü ca. 20 €. Viale XXIV Maggio 74, ✆ 0884-708143.

La Teresina (12), seit fast 30 Jahren eine regelrechte Institution in Vieste. Riesiger Speisesaal und Tische im schlauchförmigen Hof, oft geht es hoch her. Lokale Fischküche sowie einige nationale Klassiker, auch Pizza, Menü um die 25 €. Via Cesare Battisti 55, ✆ 0884-701773.

Osteria degli Archi (8), Tipp! Kühles Kellergewölbe, ausgezeichnete lokaltypische Cucina di Mare e di Terra, die Veronelli-Auszeichnungen haben das relativ junge Lokal in den gastronomischen Himmel gehoben. Vorzügliche Fisch-Meeresfrüchte-Antipasti, eine Secondo-Spezialität ist Seebarsch in Salzkruste *(branzino a sale)*, regionale und nationale Flaschenweine, Menü schon ab ca. 20 €. Im Centro storico, am Steiluferweg Via Ripe 2, Ecke Vico San Pietro, ✆ 0884-705199.

Taverna al Cantinone (7), bereits seit ein paar Jahren betreiben die Australien-Heimkehrer (das Ehepaar Ruggieri) ihr nettes Altstadtrestaurant mit Erfolg und Zuspruch.

Serviert wird traditionelle Cucina di Mare e di Terra, alles wird frisch zubereitet und zwar leicht und bekömmlich, nichts ertrinkt in Olivenöl. Gutes Preis-Qualitäts-Verhältnis, Menü ab 20 €. Via Mafrolla 26, ✆ 0884-707753.

Osteria degli Angeli (11), stadtbekannt für beste Pizza. Man sitzt traumhaft im Garten auf einem Treppenabsatz am Rand der Altstadt. Pizza ab 5 €. Via Celestino V 50, Zugang am besten über das obere Stadttor mit dem Museo Civico. ✆ 0884-701112, www.osteriadegliangeli.info.

Ranch dell'Ambrenella, etwa 4 km landeinwärts an der S 89 Vieste – Peschici (ausgeschildert). Agriturismo-Landgasthof umgeben von Olivenhainen, Zitrusgärten und blühenden Sträuchern. Die ehemalige Ölmühle ist liebevoll eingerichtet, unter der Pergola sitzt man allerdings am gemütlichsten. Serviert werden herzhafte Gerichte. Dass die Ambrenella-Ranch mehrmals süditalienischer Preisträger des *Concorso per la Gastronomia rurale del Sud* war, spricht für sich. Der Weg lohnt sich zu diesem überaus freundlichen Familienbetrieb, obwohl die Preise mittlerweile etwas gestiegen sind, Menü um 25 €. Juni–Sept. geöffnet. ✆ 0884-705778.

• *Gelateria/Enoteca* **Bar del Corso (4)**, gemütliches Straßencafé an der örtlichen Flaniermeile, gute Pasticceria und Gelateria. Corso Fazzini 45.

Fischerboot im Hafen von Vieste

Vesta (13), stimmungsvolle Enoteca mitten im Borgo vecchio, als Weinstube und Ristorante zu empfehlen. Via Duomo 14.

Wassersport/Nachtleben/Feste & Veranstaltungen

• *Wassersport* **Lido Paradiso Selvaggio**, eins der beliebtesten Strandbäder, am städtischen Südstrand Scialara. Vorwiegend junges Publikum, Surfschule, Bootsverleih und immer die neuesten Fun-Sportarten wie Kitesurfen etc. Lungomare Enrico Mattei, ✆ 0884-701139.

• *Nachtleben* Vieste ist in den Sommermonaten auch das Zentrum des Gargano-Nachtlebens. Am Scialara-Strand ist immer was los, hier trifft sich die Szene. Abends werden viele Strandlokale zu kleinen Freiluft-Discos umfunktioniert – angesagt ist die große Beach-Disco **La Ghironda**, die jeden Abend andere Events zu bieten hat.

In der City findet allabendlich die turbulente **Passeggiata** auf dem Corso Lorenzo Fazzini, zwischen den Giardini pubblici und der Piazza Vittorio Emanuele statt. Dutzende von Straßen- und Eiscafés mit Videowänden, von denen fetzige Musik dröhnt, Straßenhändler dicht an dicht – bis Mitternacht.

Auch außerhalb der Hauptsaison lohnt sich der spätabendliche Gang ins **Café Flora**. Man sitzt auf der Straße auf plüschigen Sesseln. Corso Cesare Battisti 49 (Stichstraße zum oberen Stadttor der Altstadt).

• *Feste & Veranstaltungen* **Sagra del Pesce Azzurro**, kulinarisches Sommerfest im Aug. rund um den Fisch, mit Probierständen. Genauen Termin im Informationsbüro erfragen.**Santa Maria di Merino**, Feierlichkeiten zu Ehren der Schutzpatronin mit Prozession zum 7 km entfernten Santuario und Feuerwerk, 7.–10. Mai.

Sant'Antonio, feierliche Prozession durch die Altstadt und Feuerwerk am 13. Juni.

Viestestate, Kunst, Film, Musik und mehr für jedermann, im Rahmen der öffentlichen Kulturveranstaltungen von Juni bis Sept.

Sehenswertes

Altstadt: Die langen, weißen Treppengassen des Centro storico führen an mehreren Stellen zu schier fantastischen Aussichtspunkten, wo sich besonders schöne Perspektiven auf die fotogene Landzunge der Altstadt ergeben. Der weiße Kalkfels bricht hier mit gewaltigen Höhlungen ins Meer ab, und direkt darüber stehen Häuser. Dort wo der Abbruchrand jedoch im Laufe der Zeit zu tief ausgehöhlt wurde, sind die Häuser wegen Einsturzgefahr nicht mehr bewohnbar.

Majestätisch ragt die **Kathedrale Santa Maria Oreta** mit ihrem barock verschnörkelten Turm aus dem Gassengewirr der Altstadt. Zahlreiche An- und Umbauten haben die ursprünglich im apulisch-romanischen Stil errichtete Kirche gründlich verändert. Vom romanischen Innenraum aus dem 11. Jh. sind lediglich einige Marmorsäulen mit üppig verzierten Kapitellen unverändert erhalten geblieben.

Die festungsartige **Konventskirche San Francesco** bildet den krönenden Abschluss der lang gestreckten Altstadtspitze. Unterhalb ragt ein besonders schönes Exemplar dieser hölzernen garganischen Fischerplattformen namens *Trabucchi* (→ S. 121) ins Meer.

Ein lebhaftes Zentrum der historischen Stadt bildet die *Piazza Vittorio Emanuele.* Hier befindet sich auch das private **Museo Malacologico** mit einer skurrilen Muschelsammlung. Von dort sind es nur wenige Meter zur neuen Palmenpromenade am kleinen Stadtstrand.

Öffnungszeiten Juni–Sept. 9.30–12.30 und 16–22 Uhr, April, Mai und Okt. abends nur bis 20 Uhr. Eintritt frei.

Museo Civico: Das kleine archäologische Museum am Altstadttorbogen in der Via Celestino V 67 präsentiert frühgeschichtliche, antike und mittelalterliche Fundstücke aus Vieste und Umgebung.

Öffnungszeiten Im Sommer tägl. außer So 17.30–23.30 Uhr. Eintritt 1 €.

Neustadt: Ein farbenprächtiges Schauspiel bietet der tägliche Markt am Piazzale Manzoni neben dem Busbahnhof. Ein Stand ist schöner als der andere: eingelegte und getrocknete Peperoncini, dazu Oliven, Kapern und Artischocken, die verschiedensten Kräuter, korbweise kleine feste Tomaten, Pyramiden aus Melonen und anderes Obst …

Umgebung/Wandern

Grotten an der Gargano-Küste: Hier geraten Anhänger einer geheimnisvollen Meereshöhlenwelt ins Schwärmen: Die weiße Felsküste ist von zahllosen Grotten durchzogen und mit natürlichen Felsarkaden verziert. Die schönsten und bizarrsten Gewölbe sind allerdings nur vom Meer aus zugänglich. Kleine Motorboote starten am frühen Vormittag im Hafen von Vieste und bringen die Besucher zu den Kunstwerken der Natur; es konkurrieren mehrere Anbieter. Die ungefähr dreistündigen Touren beinhalten auch Fahrten ins Innere einiger Höhlen und Badestopps an abgelegenen Stränden. Die übliche Route führt vorbei am wuchtigen *Testa del Gargano,* dem felsigen „Kopf" des Massivs, steuert anschließend das fotogene Felsentor *Arco San Felice* an und kommt dann zur *Grotta Campana Grande,* die die Form einer riesigen Glocke hat und 60 m hoch aufragt. An der abgelegenen *Baia delle Zagare* (→ S. 135), einem echten Strandidyll, wird nach ausgiebigem Badestopp wieder gewendet.

Preise Am Hafen nach Schildern „Imbarce per le Grotte" Ausschau halten (z. B. mit der *Leonardo II,* ✆ 328-4122020). Je nach Anzahl der Passagiere und nach Umfang des Besichtigungsprogramms pro Pers. ab 10 €; Abfahrt um ca. 9 und 15 Uhr.

Küste zwischen Peschici und Vieste

Provinz Foggia
Karte S. 75

Empfehlenswert ist es, die Bootstour vormittags zu machen, da dann die Lichtverhältnisse idealer sind als nachmittags. Farben und Formen kommen wesentlich besser zur Geltung.

Küstenwanderung in Richtung Peschici: Unentwegte trotzen dem touristischen Landschaftsfraß sowie den periodisch aufkommenden Waldbränden und legen die gesamte Strecke von Vieste nach Peschici zu Fuß zurück! Obwohl kein ausgewiesener Wanderweg existiert, lassen sich dennoch einige Passagen auch für weniger Geübte wunderbar zu Fuß erschließen. Immer wieder trifft man dabei auf wiederhergestellte *Trabucchi* (→ S. 121) und frisch restaurierte Küstenwachtürme. Die sandigen Buchten können barfuß durchquert werden, weshalb sich hier leichte Trekkingsandalen als geeignetes Schuhwerk empfehlen. Auf den felsigen Partien zwischen den Buchten ist hingegen Trittsicherheit und zuweilen einiges Improvisationsvermögen gefragt, wenn es darum geht, den Pfad nicht aus den Augen zu verlieren. Ein guter Einstieg bietet sich ca. 3 km westlich von Vieste am malerischen *Trabucco San Lorenzo*. Dort befinden sich einige Parkbuchten in der Nähe einer hölzernen Hinweistafel. Alternativ ist die Anfahrt mit dem Stadtbus möglich.

Weiter in Richtung Mattinata: Die erste einladende Badebucht an der Gargano-Küste südlich von Vieste ist der Lido di Portonuovo, der gut über die Küstenstraße zu erreichen ist. Hinter Portonuovo folgt immer steiler werdende, unzugängliche Felsküste und satte Küstenvegetation. Am vorspringenden Aussichtspunkt Testa del Gargano erhebt sich ein gut erhaltener, spätmittelalterlicher Küstenwachturm; hier bietet sich auch das Felsentor *Arco San Felice* (→ „Grotten an der Gargano-Küste", S. 132) für ein schönes Urlaubsfoto an. Dann führt die kurvenreiche Küstenstraße hinunter nach Pugnochiuso, zu einer exklusiven Ferienanlage, die eine ganze Bucht in Beschlag nimmt. Hinter dem Urlaubsort lohnt sich wieder ein Abstecher zur einsamen Cala della Pergola: Baden am zerklüfteten Felsufer – sonst nichts.

Wanderung 1: Küstenweg zum Vignanotica-Strand

Charakteristik: Eine einfache Küstenwanderung auf gut ausgebautem Weg zu einer der schönsten Badebuchten der gesamten Gargano-Küste. Unterwegs bieten sich herrliche Ausblicke auf die ansonsten schwer zugängliche *Baia delle Zagare* (s. u.). Die einfache Wegführung und der mit ca. 130 Höhenmetern nur geringe Steigungsgrad machen diese Wanderung auch für Familien mit Kindern attraktiv. Leichtes Schuhwerk reicht aus, Badesachen und Trinkflasche sollten jedoch unbedingt ins Gepäck.

Länge und Dauer: Die Gesamtdistanz für den Hin- und Rückweg beträgt 5 km, die in 2–3 Std. zurückgelegt werden können. Die beste Tageszeit sind die späten Nachmittagsstunden, wenn die Felsen der Steilküste Schatten spenden.

Einstieg: Während die Küstenstraße, von Vieste kommend, langsam zur Baia della Zagare absteigt, läuft sie in einer langen Serpentine zunächst auf die Küste zu, um am Kilometerpunkt 17,4 nach einer Haarnadelkurve wieder die entgegengesetzte Richtung einzuschlagen. Eben diese Kurve ist der Einstieg für die Wanderung, zusätzliche Orientierung bietet eine hölzerne Hinweistafel, welche die Gäste im Gargano-Nationalpark willkommen heißt.

Wegbeschreibung: Der breite und zusätzlich durch ein Holzgeländer gesicherte Weg verlässt die Straße an der Haarnadelkurve in nordöstlicher Richtung. Aleppo-Pinien am Wegrand sorgen für wohltuende Kontraste zum azurblauen Wasser. Geübte Botanikeraugen entdecken des Weiteren den Mastix-Baum sowie Zistosen und andere typische Vertreter der mediterranen Flora. Kontinuierlich absteigend quert der Wanderweg eine kleine Olivenbaumplantage, um sich nach insgesamt 45 Min. zu gabeln. Hier die nach rechts absteigende Wegalternative wählen, die wenig später unten an der *Spiaggia di Vignanotica* endet. Der Kiesstrand gewinnt seine Attraktivität durch die meterhoch aufragenden und an manchen Enden überhängenden weißen Felsklippen, in deren untere Partien das Meerwasser kleine Grotten eingegraben hat. Auf gleichem Weg geht es schließlich wieder zur Straße und zum Ausgangspunkt der Wanderung zurück.

Baia delle Zagare

Die traumhafte Bucht zählt sicherlich zu den schönsten Stränden an diesem Küstenabschnitt, ist aber inzwischen leider öffentlich nicht mehr zugänglich. Wer nicht in der exklusiven Hotelanlage nächtigt, muss sich daher auf der Wanderung zur Vignanotica-Bucht (s. o.) mit einem Blick aus der Höhe begnügen. Die zerklüfteten, von Meerwasser umspülten Felsen heißen – wie die ungleich berühmteren Felsen auf der Insel Capri – *Faraglioni* (→ Foto S. 374).

• *Übernachten* ***** **Baia dei Faraglioni**, luxuriöse Hotelanlage an der Baia delle Zagare, absolut ruhig im Pinienwald gelegen. Weitläufig gebauter Komplex mit Konferenzsälen und viel privatem Sandstrand. EZ 180–260 €, DZ 280–390 €. ✆ 0884-559584, ℻ 0884-559651, www.baiadeifaraglioni.it.

Spiaggia di Vignanotica

Mattinatella

Bei Mattinatella findet man abermals herrliche Steilküste mit feinem Kies-Sand-Strand, den man über eine abschüssige, holprige Stichstraße erreicht. Fast noch ein Geheimtipp an dieser mit Naturschönheiten nicht geizenden Küste.

• *Übernachten/Camping/Essen & Trinken* **Pensione San Michele**, freundlicher, kleiner Landgasthof, direkt an der Küstenstraße, gemütliches Terrassenrestaurant. DZ ab 45 € inkl. Frühst., HP-Pflicht im Aug. Strada Provincia Mattinata, ✆ 0884-550314, www.pensionesanmichele.it.

*** **Villaggio Azzurro**, großer, gut ausgestatteter Platz am Strand von Mattinatella im dichten Olivenhain, auch Bungalowvermietung. März–Sept. geöffnet. 2 Pers., Zelt und Auto ab 14 €. ✆ 0884-550491, ℻ 0884-559364, virgilioitwww.mattinata.it.

Mattinata

ca. 6500 Einwohner

Die weitläufige Ortschaft erstreckt sich an einem sanften Küstenhang, inmitten von Ölbaumpflanzungen. Niedrige, weiße Häuser säumen die langen, geraden Straßen. Der Hafen und die touristisch genutzte Uferzone liegen 2 km unterhalb des Zentrums.

Das Ortszentrum erscheint auf den ersten Blick merkwürdig unbehelligt vom Tourismus, was für wohltuende Abwechslung sorgt. Auf und abseits der Hauptachsen entfaltet sich das typisch südländische Leben. Andererseits kann der Ort mit seinen gepflegten Straßenzügen im Vergleich zu den spektakulären Zentren von Peschici und Vieste kaum mithalten. Die Vorzüge von Mattinata entspringen demzufolge im Wesentlichen der verkehrsgünstigen Lage: Die Wege in fast alle Teile des

Nationalparks sind kurz, die Anfahrt von Manfredonia schnell und bequem. Andererseits sorgt die teils vierspurig ausgebaute Schnellstraße dafür, dass die Gegend rund um den Porto turistico im Sommer und an Wochenenden schier aus allen Nähten platzt. Sogar aus der Hauptstadt Bari kommen die Tagesausflügler in Scharen angefahren. Entlang der Bucht erstreckt sich ein ausgedehnter Kiesstrand, dahinter ein gutes Dutzend meist kleinerer Campingplätze. Die Zufahrt zum Strand erfolgt über enge Feldwege zwischen Olivengärten – am Ende warten gebührenpflichtige Parkplätze.

Treppenweg in der Altstadt von Mattinata

Der Vergangenheit von Mattinata, die bis in die römische und daunisch-griechische Epoche zurückreicht, kann man heute noch im örtlichen *Museo archeologico* nachspüren und auf dem nahen Küstenhügel *Monte Saraceno,* wo daunische Felsgräber aus dem 10. bis 7. Jh. v. Chr. freigelegt worden sind.

Öffnungszeiten Museo Civico Im Sommer tägl. außer Mo 10–12 und 17–23 Uhr. Eintritt frei. Am westlichen Ortsrand, Via di Vittorio, ✆ 0884-551001.

Information/Anfahrt & Verbindungen/Übernachten

• *Information* Die **Touristeninformation** befindet sich auf der Rückseite des Rathauses (Piazza Roma). Erhältlich sind nützliche Stadtpläne sowie Hochglanzbroschüren der Provinz Foggia. Mitte Mai bis Ende Sept. tägl. 9.30–13 und 16–19 Uhr geöffnet. ✆ 0884-559169, www.comune.mattinata.fg.it.

• *Verbindungen* Linienbusse fahren nach Monte Sant'Angelo, Vieste, Manfredonia und Foggia (SITA und Ferrovie del Gargano). Informationen und Fahrkartenverkauf in der **Agenzia Palumbo** im Ortszentrum, Corso Matino 147, ✆ 0884-559898, www.agenziapalumbo.it.

• *Internet* Ein *Internet Point* befindet sich auf Höhe der Piazza Aldo Moro in einer Seitengasse zum zentralen Corso Matino.

• *Übernachten* **** **Alba del Garganico**, die beste Wahl im Ort. Modern, gut geführt, in der HS Pensionspflicht. Das gute Hotelrestaurant Alla Fontana liegt separat im Hinterhof. DZ 60–86 €, EZ 45–58 €. Corso Matino 102, ✆ 0884-550771, 📠 0884-550772, www.albadelgargano.it.

*** **La Rotonda**, schöne Lage, 50 m vom Strand, weißer Flachbau zwischen Olivenbäumen, Balkonzimmer mit Blick aufs Meer, Hotelrestaurant. DZ 80–150 €. Contrada da Torre del Porto, ✆ 0884-550100, 📠 0884-559693, www.hotellarotonda.com.

B&B Collotorto, Tipp! 4 DZ in separaten Bungalows, die zu einem gepflegten Landhaus gehören, das von einem schönen Garten umgeben ist. Unter Oliven-, Orangen- und Zitronenbäumen lässt es sich herrlich entspannen. 800 m unterhalb des Ortszentrums in Richtung Küste gelegen und am besten über die weißgetünchte Friedhofskirche zu erreichen (von dort ausgeschildert). April bis Ende Sept. geöffnet. DZ ab 65 €. ✆ 338-8041207 oder 0884-559264, collotorto@virgilio.it.

** **La Veranda**, hübsche Hotelanlage am Ortsrand mit Ristorante und Pizzeria. DZ inkl. Frühst. 70–80 €, EZ 50–65 €. Hafennähe, direkt am örtlichen Nordstrand, Contrada Agnuli, ✆ 0884-550521, 📠 0884-552105, www.hotellaveranda.it.

• *Camping* *** **Village degli Ulivi**, großer, gepflegter und gut ausgestatteter Platz in

Strandnähe mit Swimmingpool und freundlicher Platzleitung. 2 Pers., Zelt und Auto ab 15 €. Contrada Liberatore, ✆/℡ 0884-550000, www.villagedegliulivi.it.

• *Agriturismi* **Azienda Agrituristica Giorgio**, der älteste Agriturismo der Gegend, das Anwesen befindet sich seit über 200 Jahren in Familienbesitz. Schlichte, große Zimmer im Hauptgebäude sowie etwa 30 einfache, aber saubere 2- bis 6-Bett-Bungalows, die sich auf dem 15 ha großen Olivenhang verteilen. Die alte Ölmühle ist noch in Betrieb, allerdings mit modernster Technik. Üppig wuchert die Pflanzenpracht, sogar ein kleiner Zitrusgarten gehört dazu. Die Küche arbeitet v. a. mit eigenen Erzeugnissen und bringt ausgezeichnete, herzhafte Speisen hervor. Auch ein privater Strandabschnitt (Lido Monsignore) am Kiesstrand von Mattinata steht den Gästen zur Verfügung. Insgesamt eine recht authentische Variante des garganischen Agriturismo, Juni–Sept. geöffnet. Übernachtung 25 €/Person, Menü 20 €. Am südwestlichen Ortsrand gelegen, ✆ 0884-551477, ℡ 0884-552070, www.agriturismogiorgio.it.

Madonna Incoronata, ruhig in einem 100 ha großen Oliven- und Macchia-Tal gelegen. Die acht komfortabel eingerichteten Apartments befinden sich in der restaurierten Ölmühle und den verstreuten Nebengebäuden. In den hektischen Sommermonaten eine wirkliche Oase, aber leider ohne Restaurantbetrieb. Dafür hat jedes Apartment eine Kochnische und tägl. frisch wird das Frühstückskörbchen gebracht. Ganzjährig geöffnet, DZ inkl. Frühst. ab 75 €. Rund 1 km landeinwärts, nördlich von Mattinata, ✆ 0884-582317, www.agriturismogargano.it.

Essen & Trinken/Nachtleben

Giardino del Monsignore, großes und beliebtes Strandrestaurant mit lauschiger Speiseterrasse und viel Grün. Frische Küche mit Fleisch und Fisch, große Auswahl an Antipasti, hausgemachte Pasta, auch Pizza, Menü 25–30 €. Dazu gehört außerdem eine stimmungsvolle **Strandbar** mit Bagno, und im Aug. verwandelt sich das Lokal in den **Night and Day Club Monsignore** mit täglichem Programm, ✆ 0884-559934.

Belvedere, 3 km außerhalb und 500 m oberhalb der Küstenstraße nach Vieste. Top Panoramalage, das beliebte Ausflugsrestaurant trägt seinen Namen zurecht. Herzhafte Cucina di Mare e di Terra, Menü ca. 20 €. Auch Zimmervermietung, einfache saubere DZ 40–50 €, ✆ 0884-550428, von Ostern bis Weihnachten geöffnet.

Gelateria Gabrielino, im Ortszentrum von Mattinata mit einigen ruhigen Sitzplätzen auf der Straße, einer Seitengasse zum Corso Matino. Via Garibaldi 3, ✆ 9884-559444. Das beste Eis im Ort gibt es jedoch in der **Pasticceria del Mauro**, Corso Matino 131.

Trattoria dalla Nonna, Tipp! Tolle Lage direkt über dem Strand. Einrichtung im Liberty-Stil, raffinierte Fischküche und delikate Primo-Spezialitäten wie Linguine al Trabucco (mit Meeresfrüchten und frischen Tomaten), ausgewählte Flaschenweine, Menü ab 30 €. Auch ganzjährige Zimmervermietung, einfache Bungalows ab 50 € inkl. Frühst. Contrada Funni, ✆ 0884-559205, dallanonna@libero.it, www.dallanonna.it.

Umgebung/Wandern

Monte Saraceno: Um den Blick vom Monte Saraceno auf die Garganoküste zu genießen, empfiehlt es sich, zunächst mit dem Auto ein Stück in Richtung Monte Sant'Angelo zu fahren. Kurz bevor die Straße nach Manfredonia abzweigt, in einer Parkbucht das Auto abstellen und zu Fuß auf dem Stichweg nach rechts aufsteigen. Wer die Trampelpfade links und rechts des Hauptweges nutzt, stößt immer wieder auf Tavernen im Kalkstein – ehemalige daunische Gräber. Von oben eröffnet sich ein herrlicher Blick auf Mattinata. Ein weiterer Wanderweg steigt von hier steil zur Küste ab. Gehzeit hin- und zurück: 1 Std.

Romanisches Schmuckstück am Stadtrand: Santa Maria Maggiore di Siponto

Golf von Manfredonia (Golfo di Manfredonia)

Die flache, weitläufige Ebene am Golf von Manfredonia besteht im Wesentlichen aus Sumpf, Salz und Sand – ein denkbar großer Kontrast zur Steilküste im Gargano. Unterhalb von Manfredonia münden kanalisierte Flüsse, die im fernen Apennin entspringen, ins Meer. Links und rechts breiten sich Feuchtgebiete aus, sie sind Nistplätze Tausender Zugvögel.

Früher wurde der malariaverseuchte, sumpfige Küstenstreifen von Mensch und Tier streng gemieden. Erst die faschistische Urbarmachungskampagne im Süden, die u. a. auch die Trockenlegung des apulischen Sumpflands vorsah, machte aus diesem Gebiet endgültig ein ertragreiches Ackerland. Überall leuchten seitdem knallrote Peperoncini und Tomaten auf dem fruchtbaren Boden; mehrmals im Jahr wird geerntet. Die Felder ziehen sich teilweise bis zum Dünenstrand – nur 10 m weiter wogt das Meer. Gebietsnamen wie *Alma Dannata,* was so viel heißt wie „verdammter Kerl", erinnern noch an das einstige Sumpfgebiet, das nur sehr mühsam urbar gemacht werden konnte.

Weit vor Margherita di Savoia beginnt das enorme Salinengebiet der sandigen Golfküste – das größte Europas. Über eine Länge von 20 km erstrecken sich die gefluteten Salzfelder parallel zum Strand, immer wieder erheben sich glitzernde Salzberge. In mehr als 500 Verdunstungsbecken werden hier jährlich ca. 10 Mio. Zentner des würzigen Kristalls gewonnen, das sind rund 50 % der gesamten italienischen Produktion. Auf kilometerlangen Transportbändern wurde das Salz jahrelang direkt in den Hafen von Barletta befördert, mittlerweile setzt man wieder auf Lkw-Transport.

Der schmale Dünenstrand beginnt kurz hinter Manfredonia und wird bis Zapponeta nur von den schmalen Mündungstrichtern der nicht ständig wasserführenden Flüsse aus dem südlichen Apennin unterbrochen. Abgesehen von wenigen Ausnahmen südlich von Lido di Siponto ist der Küstenstreifen allerdings vergleichsweise wenig attraktiv.

Manfredonia

ca. 58.000 Einwohner

Trotz des klangvollen staufischen Namens: Wer sich Manfredonia vom Gargano her nähert, stößt sich zunächst an der weit ins Meer hineinragenden Industrieanlage. Höchst selten verirren sich Reisende in diese Stadt, die aber durchaus einen Besuch lohnt. An der südwestlichen Peripherie liegen die spärlichen Reste des antiken Siponto.

Ferdinand Gregorovius schildert, noch ganz ein Sohn der Romantik, seinen Einzug in die Stadt vor über 120 Jahren im abenteuerlichen Stil eines Entdeckungsreisenden: „Als wir in Manfredonia einfuhren, ungewiss ob und wo wir eine Herberge finden würden, stürzte uns ein Schwarm von braunen, halbnackten und verwildert aussehenden Menschen entgegen, mit heftigen Gebärden und Ausrufen, ein jeder sich erbietend, unsere Sachen zu tragen und uns in ein Gasthaus zu bringen." Mit der Romantik ist es allerdings heute vorbei: Die staatlichen Petrochemiewerke *EniChem* haben in den 1960er Jahren einen beträchtlichen Teil des städtischen Nordufers in Beschlag genommen. Über 30 Jahre lang machten sie Manfredonia zum Industriestandort und verpesteten die Umwelt. Erst Mitte der 90er Jahre wurde wieder abgerüstet, geblieben ist ein nicht abgewickelter Industriekomplex, der ins Auge springt. Hat man diesen Schandfleck erst einmal geschluckt, sollte man sich Zeit für die schöneren Seiten der Königsstadt nehmen, die von Manfred, einem Sohn Friedrichs II., in der Mitte des 13. Jh. gegründet wurde. Das mächtige **Kastell** beherbergt das *Museo Nazionale di Manfredonia,* das für Urlauber, die den Spuren der Daunier folgen, zum Pflichtprogramm gehört.

Die Entstehungsgeschichte der Stadt beginnt mit dem Erdbeben von 1223, welches das benachbarte antike Siponto zerstörte – einst ein wichtiger römischer Hafen, der bereits von den Ureinwohnern Apuliens, den Dauniern, gegründet worden war. Die Initiative zur Umsiedlung der Überlebenden von Siponto ergriff der Kaisersohn Manfred. Er konstruierte sein Manfredonia auf streng rechtwinkligem Grundriss und setzte das quadratische Stauferkastell beherrschend davor. Zwischen dem 14. und dem 16. Jh. erhielt die Burg durch den erweiterten Mauerring ihre heutige Form.

Um die Festung herum entstand in jüngerer Zeit eine schattige Parkanlage – idealer Ausgangspunkt für eine Stadtbesichtigung. Über die lebhaften Geschäftsstraßen *Corso Roma* und *Corso Manfredi* erreicht man den Vorplatz des Doms, ausnahmsweise einmal kein kunstgeschichtliches Kleinod. An der Flanke der Kathedrale standen einst drei sehenswerte Damen aus Bronze, sie symbolisierten Ackerbau, Schafzucht und Fischfang – die wirtschaftlichen Fundamente der Stadt. Als die EniChem-Raffinerie diese Funktion übernahm, verschwanden auch die drei Damen.

Information/Anfahrt & Verbindungen

• *Information* **IAT-Büro**, wer einen etwas längeren Aufenthalt plant, findet hier viel nützliches Material über die Stadt. Mo–Sa 8–14 Uhr. Piazza del Popolo 10 (am Corso Manfredi), ✆ 0884-581998, www.comune.manfredonia.fg.it.

König Manfred bei der Gründung seiner Stadt

Re Manfredi – Reichsverweser und letzter Erbe Friedrichs II.

„Wie kein anderer der Söhne Friedrichs", schreibt Eberhard Horst in seiner Biografie über den Stauferkaiser, „war Manfred in der Nähe des Vaters aufgewachsen. Bei ihm wirkte sich der erzieherische Einfluss Friedrichs und das väterliche Vorbild am stärksten aus. Manfred war philosophisch, naturwissenschaftlich und künstlerisch hoch gebildet. Gelehrte, Übersetzer, Dichter und Sänger zählten zu seinen Freunden und Gesprächspartnern."

Auch die Jagdleidenschaft teilte der Sohn mit seinem prominenten Vater, das berühmte Buch über die Falknerei soll er ergänzt und bearbeitet haben. Die Zeitgenossen sahen deshalb in ihm den eigentlichen Erben der staufischen Dynastie. Allerdings entsprang Manfred keiner legitimen Verbindung des Vaters, auch wenn sich Friedrich II. noch auf dem Sterbebett mit Manfreds Mutter, der piemontesischen Adligen Bianca Lancia, trauen ließ. Zwar erhielt Manfred von seinem Vater das Fürstentum von Tarent als Lehen, die Angelegenheiten des Reichs musste er jedoch seinem Halbbruder Konradin IV. überlassen. Das Verhältnis der beiden Verwandten war gespannt, nur wenn Konrad abwesend war, konnte Manfred in Süditalien schalten und walten und die Dinge als Reichsverweser in eigene Hände nehmen. Immerhin war ihm auch noch das Königreich Sizilien geblieben – in Palermo ließ sich Manfred im August 1257 zum König krönen.

Das tragische Ende Re Manfredis ist bekannt: Am 26. Februar 1266 fiel er, zu diesem Zeitpunkt erst 34 Jahre alt, in der Schlacht von Benevent. Die Übermacht der angiovinischen Truppen und Verrat aus den eigenen Reihen hatten die Entscheidung gebracht. Der Ausgang der Schlacht bedeutete gleichzeitig das Ende der staufischen Hegemonie in Süditalien.

• *Auto* Von Foggia kommt man über den schnellen Raccordo Foggia – Manfredonia (S 89) hierher. Mehrere große Parkplätze in Kastell- und Hafennähe.

• *Bahn* Von Foggia fahren tägl. mehr als zehn Direktzüge.

• *Bus* Mehrmals tägl. mit dem *Autoservizio Pullman* von Foggia, Abfahrt FS-Bahnhof. Mit SITA-Bussen geht's nach Monte Sant'Angelo und über Mattinata zur Gargano-Küste.

• *Fähre* Schnellfähren (Aliscafi) der Reederei *Adriatica* fahren die Gargano-Küste entlang, mit Stopp in Vieste und dann hinüber zu den **Tremiti-Inseln** – tolle Ausblicke auf Buchten, Grotten und Felsarkaden. Von Juni bis Sept. tägl., ca. 2 Std. Fahrzeit, ca. 35 €. Kartenschalter an der südlichen Hafenmole Molo di Ponente, ansonsten bei der **Agenzia Marittima Galli**, Corso Manfredi 4, ✆ 0884-582520.

Übernachten/Essen & Trinken

• *Übernachten* **** **Hotel Gargano**, moderner Hotelbunker, jedoch mit südländischer Lässigkeit geführt; feines Ristorante. Hier verkehrt eine gute Mischung aus Geschäftsreisenden und Touristen. DZ 90–150 €, EZ 60–90 €. Viale Beccarini 2, am unteren Ende der nördlichen Uferpromenade, ✆ 0884-587621, 📠 0884-586021, www.hotelgargano.net.

** **Posta del Falco**, einfaches Landhotel, restaurierte Masseria, kleiner Pool, Restaurant und Pizzeria. EZ 50 €, DZ 60 €. Contrada San Leonardo, 10 km südwestlich von Manfredonia, am Raccordo Foggia – Manfredonia (Verbindungsstraße SS 89), ✆ 0884-514563, www.postadelfalco.it.

*** **Gabbiano**, schlichter Neubau in Lido di Siponto, nahe dem Strand. Die Alternative zu Manfredonia-Downtown, in einer ruhigen Nebenstraße des Badeorts gelegen, gut geführt, mit Ristorante, ganzjährig geöffnet. DZ 80–90 €. Viale Eunostides 20, ✆ 0884-542554, 📠 0884-542380, www.albergogabbiano.it.

• *Camping* **Lido Tellina**, freundlicher und gepflegter Campingplatz wenige Kilometer südlich von Lido di Siponto. Von der Küstenstraße nach Zapponeta ausgeschildert. Nur wenige Schritte bis zum Sandstrand mit Blick auf die Gargano-Halbinsel. 2 Pers. inkl. Auto 16–21 €. ✆/📠 0884-571040, www.tellina.it.

• *Essen & Trinken* **Il Baracchio**, volkstümliche Trattoria, herzhafte Fischküche, ehrliche Preise. Corso Roma 38, ✆ 0884-583874, Do Ruhetag.

Coppola Rossa, Tipp für gute Fischküche! Netter Familienbetrieb, hübsch eingerichtet, klimatisiert, sehr beliebt bei den Einheimischen. Zu den Spezialitäten gehören die Troccoletti allo Scoglio (kleine Nudeln mit Meeresfrüchten), außerdem reichhaltige Fischsuppen, Menü um die 20 €. Via dei Celestini 13, eine Seitenstraße des Corso Manfredi, ✆ 0884-582522, Sonntagabend und Mo geschlossen.

Provinz Foggia
Karte S. 75

Einkaufen/Feste & Veranstaltungen

• *Einkaufen* Jeden Mi ist großer **Markttag**.

Caseificio dei Pini, Landbauernhof mit Direktverkauf von Wurst und Büffelmozzarella, der zugehörige Kleinzoo amüsiert die italienischen Bambini. Am südlichen Ortsausgang von Lido di Siponto, von der Straße nach Zapponeta ausgeschildert. Azienda Agricola Rinaldi Rosa, Via dei Pini, ✆ 0884-541799.

• *Feste* **Carnevale Dauno**, daunischer Karneval mit Umzügen und zahlreichen Folkloregruppen aus der Umgebung, Anfang Febr.

Sagra del Pesce del Golfo, Kirmes rund um den Fisch, im Juli.

Sehenswertes

Castello Svevo-Angioino: Das heute noch intakte Kastell ist eine Gemeinschaftsproduktion zweier verfeindeter Herrscherfamilien. Karl I. von Anjou komplettierte die von König Manfred begonnene Festung nach dem blutigen Ende der Staufer.

Zwischen Altstadt und Hafen: Das staufisch-angiovinische Kastell

Der quadratische Kernbau der Vierflügelanlage hat drei äußere Rundtürme und einen eckigen, spitz zulaufenden Wehrturm.

Die **Stauferburgen** Apuliens waren größtenteils quadratische Vierflügelanlagen, die mit Ecktürmen versehen waren. Im massiven Inneren befand sich oftmals ein herrschaftlicher Wohnbereich. In ihrer Grundform ähnelten die Festungen dem römischen Castrum, waren aber keineswegs auf absolute Uneinnehmbarkeit hin konzipiert, sondern markierten das Territorium der Staufer und signalisierten kaiserliche Macht.

Im Castello ist das **Museo Nazionale di Manfredonia** untergebracht, eines der wichtigsten Museen zur apulischen Frühgeschichte. Diese Bedeutung verdankt es v. a. seinen daunischen Stelen aus dem 7. und 6. Jh. v. Chr. Die quaderförmigen Steinblöcke haben ein keilartiges Kopfende, ihre Verzierungen lassen stilisierte menschliche Gestalten erkennen, deren Arme in Hüfthöhe verschränkt sind. Die zahlreichen figürlichen Darstellungen lesen sich wie Bildergeschichten, sie zeigen Szenen aus dem Alltag, beziehen sich auf den Totenkult oder auf rituelle Handlungen. Die Stelen wurden erst Mitte des 20. Jh. entdeckt, als die moderne Altertumswissenschaft begann, nach frühgeschichtlichen Relikten Ausschau zu halten. Teils fand man sie auf alten Gutshöfen, wo sie als Baumaterial dienten, teils einfach auf dem freien Feld liegend. Da ihre ursprünglichen Standorte unbekannt geblieben sind, ist ihre genaue Funktion schwer zu bestimmen. Wahrscheinlich handelt es sich um Grab- oder Grenzsteine. Erstaunlich ist v. a. die Anzahl der insgesamt gefunden Stelen: ca. 1500!

Öffnungszeiten Tägl. 8.30–19.30 Uhr, am ersten und letzten Mo im Monat geschlossen. Eintritt 2,50 €. ✆ 0884-587838. Gut sortierter Museumsshop. Das Kastell kann ohne Eintrittskarte besichtigt werden.

Umgebung

Lido di Siponto: Die spärlichen Reste des antiken Siponto liegen 3 km südlich von Manfredonia – ein geschichtsträchtiger Ort. Heute hat sich an seiner Stelle ein moderner Badevorort breitgemacht. Ursprünglich war Siponto eine daunische Gründung und zählte später, in der Blütezeit des Römischen Reichs, zu den wichtigsten Häfen in den Orient. Der Hafen von Siponto war auch im Mittelalter legendär, denn von hier aus schifften sich viele Kreuzfahrer auf dem Weg ins Heilige Land ein. Einer der letzten Staufer, König Manfreds Stiefbruder Konrad IV., ging hier mit einer Truppe an Land, um sich die Rechte an der sizilianischen Krone zu sichern. Im Mittelalter stritten sich die jeweiligen Herrscherdynastien heftig um Siponto. Zuletzt gehörte es zum Herzogtum Benevent, bevor 1223 ein schweres Erdbeben die Stadt fast vollständig zerstörte – Anlass für die Neugründung von Manfredonia.

Santa Maria Maggiore di Siponto: Die Kirche am südwestlichen Ortsrand von Lido di Siponto ist das einzige aufrecht stehende Relikt aus dem alten Siponto. Das gedrungene Bauwerk mit dem prächtigen Säulenportal ist ein Beispiel für die normannische Romanik in Apulien. Es ist in eine Oberkirche (12. Jh.) sowie eine frühromanische Krypta (11. Jh.) unterteilt. Die alte Zentralkuppel hat das Erdbeben von 1223 nicht überdauert. Funde unter den umliegenden Aleppokiefern lassen darauf schließen, dass sich hier zu römischer Zeit ein heidnischer Kultplatz befand, auf dem das spätere Gotteshaus errichtet wurde. Um die Kirche herum ist ein *Parco archeologico* angelegt worden, in dem Fundamente der alten Stadtmauern sowie die Überreste einer frühchristlichen Basilika mit teilweise erhaltenen Mosaikfußböden zu sehen sind.

Öffnungszeiten Tägl. 9.30–12.30 und 15.30–19 Uhr.

Kloster San Leonardo di Siponto: Wenige Kilometer landeinwärts, an der Schnellstraße von Manfredonia nach Foggia (S 89), liegt die ehemalige Abtei von San Leonardo. Ursprünglich ein Augustinerkloster, gehörte das Bauwerk vom 13. bis 16. Jh. dem Deutschritterorden (Ordinis Theutonicorum), danach gaben sie das Haus an die franziskanischen Minderbrüder weiter. Obwohl der Gebäudekomplex nur von außen besichtigt werden kann, lohnt sich der Abstecher, denn allein das großartige Löwenportal ist eine wahre Augenweide.

Küstenstraße bis Margherita di Savoia

Die Küstenstraße *S 159 delle Saline* führt vorbei an Gemüsefeldern, Gewächshäusern und Brachland; dazwischen einige zweifelhafte Feriensiedlungen mit Campingplätzen am grauen Dünenstrand, die jedoch schon im September verriegelt sind. Dann folgt **Zapponeta** – ein Ort, der Nichts-wie-weiter-Stimmung aufkommen lässt. Jetzt beginnen die weiten Salzfelder der *Salina di Margherita di Savoia:* geflutete Verdunstungsbecken, von niedrigen Erdwällen begrenzt, verbunden durch Kanäle, dazwischen im Sonnenlicht glitzernde Salzberge. Mit einer Gesamtoberfläche von 40 km² handelt es sich um die größten Salinen Europas. Ein informatives Salzmuseum finden Interessierte in Margherita di Savoia (s. u.). In den Wintermonaten, wenn die Salzproduktion fast zum Erliegen kommt, schwärmen hier Tausende von Zugvögeln ein und verwandeln die Salinen in ein wichtiges Vogelschutzgebiet. Flamingos *(fenicotteri)* hingegen trifft man hier das ganze Jahr über an.

Provinz Foggia
Karte S. 75

Margherita di Savoia

ca. 13.000 Einwohner

Die Salzmetropole mit königlichem Namen, der nicht hält, was er verspricht: Margherita di Savoia ist ein Bade- und Kurort mit wenig Atmosphäre. Auch auf den zweiten Blick erscheint die Stadt merkwürdig unübersichtlich, mit durchweg vier- bis fünfstöckigen Wohnhäusern und einer völlig mit Strandbädern verbauten Küste, die v. a. italienische Badegäste schätzen. Wer sich jedoch einer Salzkur unterziehen möchte, ist hier an der richtigen Adresse.

• *Übernachten/Essen & Trinken* **** **Grand Hotel Terme**, großer, moderner Bau am Meer mit Panorama-Restaurant und Konferenzräumen. Thermalbad und Kurabteilung mit Schönheitsfarm und Fitness-Center sind angeschlossen. Eine Auswahl an Indikationen: chronische Rachen- und Nasenschleimhautentzündungen, Nasenkatarrh und Entzündungen der Nebenhöhlen (Fangobad ab 28 €, therapeutische Kurzmassage ab 16 €). Standard-DZ 104–138 €, EZ 62–97 €. Corso Garibaldi 1, ✆ 0883-656888, ✆ 0883-654019, www.termemargherita.it.

L'Osteria dei Nonni, ein Lesertipp! Am südlichen Ortsende, ca. 200 m vom Grand Hotel Terme. Mitten in einem tristen Wohngebiet, aber eine der besten kulinarischen Adressen des Ortes, außerdem stimmt das Verhältnis von Preis und Qualität. Corso Vittorio Veneto 123, ✆ 0883-652881.

Sehenswertes: An der Durchgangsstraße Corso Vittorio Emanuele II steht der restaurierte Küstenwachturm *Torre delle Saline* aus dem 16. Jh. Nebenan, im *Antico Magazzino del Sale*, einem alten Salzspeicher, befindet sich das *Museo storico della Salina* mit Fotografien und Gerätschaften, welche die Entwicklung der hiesigen Salzproduktion veranschaulichen. Außerdem erfährt man, dass die frühen Anfänge der Salzgewinnung bis ins antike Salpi zurückreichen und die Urbarmachung der malariaverseuchten Sumpflandschaft schon den technisch versierten Römern Probleme bereitete.

Öffnungszeiten In den Wintermonaten Mo–Fr 10–12 Uhr, im Sommer tägl. geöffnet, Juli und Aug. zusätzlich 19–23 Uhr. Eintritt frei. Corso Vittorio Emanuele II 99, ✆ 0883-657519, www.museosalina.it. Infos zum Birdwatching sind ebenfalls im Museum erhältlich.

Siponto – romanische Rundbögen

Umgebung: Kurz hinter der Stadtausfahrt in Richtung Süden mündet der Ofanto in den Golf, Apuliens einziger ständig wasserführender Strom. Anschließend beginnt die Costa di Bari (→ S. 175) mit ihren sehenswerten Küstenstädten.

Landeinwärts schließt sich die *Zona Umida* an das Stadtgebiet von Margherita di Savoia an. Schritt für Schritt sollen die ehemaligen Salzfelder zu einem Naturpark mit Wander- und Spazierwegen ausgebaut werden. Der beste Zugang zur Salinenlandschaft eröffnet sich Naturfreunden jedoch von der anderen Seite: Am Ortsrand des ansonsten wenig interessanten Städtchens Trinitapoli befinden sich einige großzügig angelegte Parkplätze mit Hinweistafeln zu den Wegen im Gelände.

Bootsflotte zwischen den Inseln

Tremiti-Inseln

(Isole Tremiti)

Der kleine Archipel ist der nördlichen Gargano-Küste auf Sichtweite vorgelagert. Die drei Hauptinseln, San Domino, San Nicola und das unbewohnte Caprara, schwimmen in der tiefblauen bis smaragdgrünen Adria. Die Entfernungen untereinander betragen nur einige Hundert Meter.

Da Festlandgäste ihr eigenes Auto nicht auf die Inseln bringen dürfen, herrscht zu allen Tageszeiten himmlische Ruhe. Hauptverbindungshafen ist Termoli in der Nachbarregion Molise. Aufgrund der Nähe zum Festland ist die Inselgruppe v. a. ein beliebtes Ziel für Tagesausflüge. In den Vormittagsstunden bringen zahlreiche Fährboote aus Termoli und Ausflugsschiffe aus den Hauptorten der Gargano-Küste Scharen von Touristen: einerseits Badegäste, die sich sofort auf die wenigen kleinen Buchten von San Domino verteilen, andererseits Kunstinteressierte, die ohne Umwege das befestigte Inselheiligtum Santa Maria a Mare auf San Nicola ansteuern. Die Restaurants und Bars sind gut für den Andrang gerüstet. Wie die Inselgäste kommen auch die Lebensmittel und Getränke vom Festland. Zwar ist alles zu haben, aber nicht selten für den doppelten Preis. Nur der Fisch ist „made in Tremiti“. Die wenigen Feldfrüchte und die kleine Menge einheimischer Wein reichen nicht einmal für die etwa 30 Insulanerfamilien, die auch den Winter über hier leben.

Für die Sauberkeit der Inseln wird alles getan. Die Müllbeseitigung funktioniert gut, und auf die mahnenden Hinweisschilder, keinen Abfall zu hinterlassen, stößt man auch in entlegenen Ecken. Der Archipel ist trotz der Touristen ein gepflegtes und intaktes Ökosystem geblieben. Am späten Nachmittag, wenn die letzte Fähre in Richtung Gargano-Küste abgelegt hat, kehrt wieder Ruhe ein. Wer geblieben ist, fühlt sich ein wenig wie Robinson Crusoe.

San Nicola, die kahle, steil aufragende Hauptinsel mit dem ältesten Siedlungskern, ist das kulturelle Zentrum des Archipels. Die Geschichte der befestigten Klosteranlage lässt sich bis ins 11. Jh. zurückverfolgen. Das Kloster mit der Abteikirche *Santa Maria a Mare* wurde im letzten Jahrzehnt aufwendig mit EU-Mitteln restauriert und beherbergt einige bemerkenswerte Kunstschätze aus griechisch-byzantinischer Zeit.

San Domino ist die eigentliche Ferieninsel, ein fast völlig bewaldetes Eiland mit bizarren Küstengrotten, winzigen Badebuchten und schattigen Wanderwegen.

Caprara (Capraia) ist unbewohnt, nahezu unzugänglich und liegt wie eine hochgestellte steinerne Scholle im Wasser. Den hier wild wachsenden Kapernbüschen verdankt sie ihren Namen.

Seit Juni 2002 hat jeder Besucher den **Tremiti-Obolus** von einem Euro zu entrichten, so hat es das italienische Umweltministerium entschieden. Es handelt sich dabei um eine Art Kur- bzw. Ökotaxe, die in Verbindung mit dem Fährticket bezahlt wird. Der Gesamtertrag fließt in die Erforschung und den Schutz der Uferzone der Inseln, der *Area Marina Protetta Isole Tremiti,* die seit 1995 zum Parco Nazionale del Gargano gehört. Sie ist ein beliebtes Revier für Schnorchler und Taucher.

Diverses

• *Information* Auskünfte erteilt die Gemeindeverwaltung bzw. die Polizia Municipale, ✆ 0882-463063, http://tremiti.planetek.it, www.comune.isoletremiti.fg.it.

• *Bank* Eine Filiale der *Banca Carime* befindet sich an der Dorfpiazza von San Domino.

• *Bootsvermietung* Mit und ohne Bootsmann bei *Da Tullio* und *A.Mar.Blu* auf San Domino am Hafen.

• *Fahrradvermietung* *Jimmy Bike* verleiht Räder im Inseldorf von San Domino, ✆ 338-8970909 oder 389-9604690.

• *Inselrundfahrten* Bootstouren in die **bizarre Grottenwelt** der Tremiti-Inseln; die kleine Standardroute führt rund um San Domino. Auf umgerüsteten Fischer- bzw. brandneuen Motorbooten finden bis zu 50 Pers. Platz, ab 5 €/Person.

• *Tauchen* Unterwassersportler kontaktieren am besten das *Tremiti Diving Center* von Antonio Cappelletti. Via Federico II 3 auf San Domino, ✆ 337-648917, www.tremitidivingcenter.com.

Anfahrt & Verbindungen

• *Fähre* Regelmäßige Fährverbindungen bestehen ganzjährig zwischen den Tremiti-Inseln und dem Küstenort Termoli, der zur nördlichen Nachbarregion Molise gehört.

Tipp: Vor der Abfahrt, v. a. in der Nebensaison, unbedingt die gewünschte Fähre für die Rückfahrt bestätigen lassen!

Im Sommer verkehren Fährschiffe (Motonave) von Vieste, Peschici, Rodi Garganico und Manfredonia, von Juni bis Sept. zusätzlich Schnellboote (Aliscafi/Catamarani). Die Abfahrtszeiten vom Festland schwanken je nach Saison, Fährhafen und Bootstyp, liegen jedoch in der Regel zwischen 7 und 10 Uhr.

Die Hauptorte an der Gargano-Küste sind voll von Reisebüros und Ticketagenturen. Da nicht alle Schiffe tägl. auslaufen, lohnt sich eine Anfrage bei verschiedenen Büros. Bei schlechtem Wetter kann der Schiffsbetrieb auch schon mal eingestellt werden. Die Fährschiffe brauchen im Vergleich zu

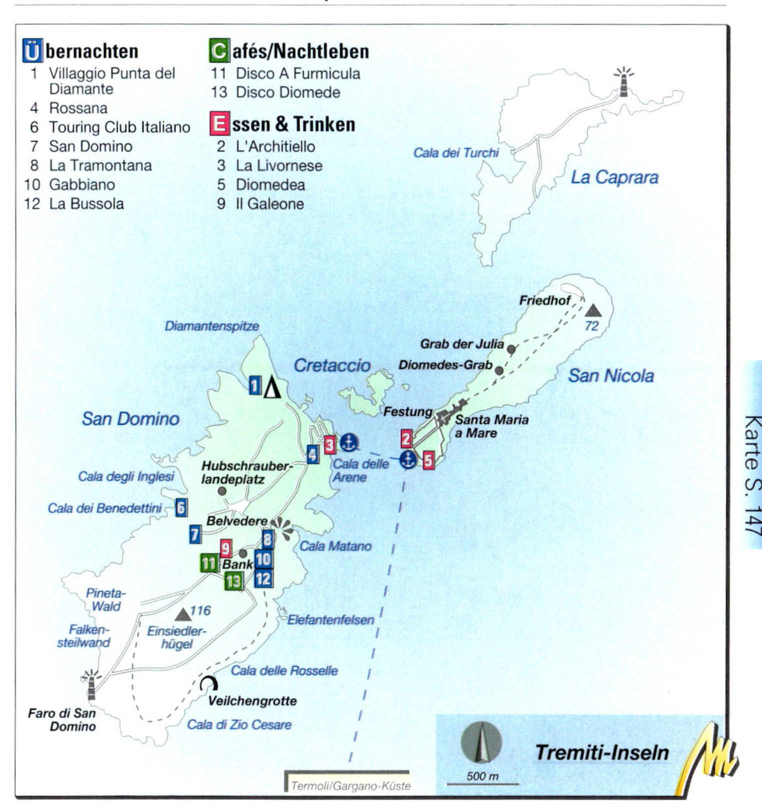

den Schnellbooten fast doppelt so viel Zeit für die Überfahrt.

Preisbeispiele für Motonave von Termoli hin und zurück pro Pers. ca. 15 €, Aliscafi ca. 25 €, Catamarani von Vieste ca. 33 €, Aliscafi von Manfredonia ca. 35 €.

Ticket-Reservierung der Fährgesellschaft *Tirrenia:* ✆ 081-0171998 oder www.tirrenia.it.

Gepäck, auf den Fähren wird auch Sperriges befördert, es gibt z. T. aber Extra-Tarife für Fahrräder, Schlauchboote, Surfbretter, Kinderwagen etc.

Anlegestellen befinden sich auf den Tremiti-Inseln San Domino und San Nicola, größere Fähren legen in der Regel an der Hafenmole von San Nicola an.

Zwischen den beiden Hauptinseln San Domino und San Nicola, die ca. 300 m voneinander entfernt liegen, verkehren ständig kleine **Inselfähren**. Der Einheitspreis beträgt hin und zurück 3 €. Achtung: Wenn die letzten Fähren in Richtung Festland abgelegt haben, wird auch der Verkehr zwischen den Inseln allmählich eingestellt.

• *Flugzeug* Eiligen bietet die *Alidaunia* im Sommerhalbjahr tägl. einen Hubschrauberflug vom Aeroporto di Foggia nach San Domino. Hin und zurück pro Pers. 50–100 €, Flugzeit ca. 20 Min., ✆ 0881-617961, www.alidaunia.it.

• *Inseltaxis* Auf San Domino sind nur Autos einheimischer Bewohner und Gewerbetreibender zugelassen. Die Kleinbusse der Hotels und Feriencamps warten vormittags an der Hafenmole und stehen natürlich nur den gebuchten Gästen zur Verfügung. Auch einige Taxis warten am Hafen von San Domino. Eine Fahrt ins zentrale Inseldorf (ca. 1,5 km) kostet mit Gepäck rund 5 €.

Übernachten (siehe Karte S. 147)

Das Preisniveau auf den Inseln liegt deutlich über dem des Festlands. Hotels gibt es nur auf San Domino, sie konzentrieren sich im zentral gelegenen Inseldorf. In der Hauptsaison besteht Pensionspflicht, teils mit Mindestaufenthalt von einigen Tagen. Einen Campingplatz gibt es nicht – eine gesetzliche Verordnung verbietet das Zelten.

• *Hotels* *** **Hotel Gabbiano (10)**, das Hauptgebäude ist ein moderner Flachbau, einige komfortable Steinbungalows in Hanglage gehören ebenfalls zum Hotel. Geschmackvoll eingerichtete Zimmer, Panoramaterrasse, ausgezeichnetes Fischrestaurant, Bar, Minibus-Service. DZ 100–200 €. Direkt an der Dorfpiazza von San Domino, ✆ 0882-463410, 📠 0882-463428, www.hotel-gabbiano.com.

*** **Hotel San Domino (7)**, unweit des Dorfplatzes, ruhig, im Pinienhain gelegen, in jüngerer Zeit vollständig renoviert, freundlich geführt, Restaurant mit solider Cucina tipica. DZ 114–172 € (inkl. HP). Via dei Cameroni, ✆ 0882-463430, 📠 0882-463221, www.hotelsandomino.it.

*** **Hotel La Tramontana (8)**, Neueröffnung oberhalb der kleinen Bucht Cala Matano, schicker Flachbau mit Panoramaterrasse. Modern eingerichtete Zimmer, teils mit Meerblick, tolle, große Bäder, angenehmes Restaurant. DZ ca. 160 €. ✆ 0882-463455, 📠 0882-463963, www.tramontanatremiti.com.

** **Pensione La Bussola (12)**, zwei Schritte von der Piazza entfernt. Gepflegte, kleine 7-Zimmer-Pension, freundlich und familiär. DZ 64–105 €. ✆ 0882-463421.

* **Albergo Rossana (4)**, saubere, kleine Pension mit sieben Zimmern. Sympathischer Familienbetrieb seit 1964, angeschlossene Pizzeria. DZ 60–128 €. Ein Stück oberhalb des Hafenstrands in der Cala delle Arene, ✆ 0882-463298, www.isoletremitialbergorossana.it.

• *Feriencamps* **Villaggio Punta del Diamante (1)**, geräumige Bungalows und einfache Wohnhütten (zwei bis fünf Schlafplätze), mensaähnliches Restaurant und Gemeinschaftsräume, von Anfang Juni bis Mitte Sept. geöffnet. Übernachtung ca. 30–60 €/Person. Am nördlichen Zipfel von San Domino, im Nadelwald, ✆ 0882-463405, 📠 0882-463206, www.puntadeldiamante.it.

Touring Club Italiano (6), komfortables Bungalow-Feriendorf an der Cala degli Inglesi, nur wochenweise, gutes Sportangebot. Ende Mai bis Mitte Sept., 350–735 €/Woche (im Aug. teurer, für TCI-Mitglieder und Familien günstiger). ✆ 0882-463402 oder 840/888802, www.touringclub.it/villaggi.

• *Privatzimmer und B&B* Im Inseldorf von San Nicola nach Zimmern fragen, das ist die einzige Möglichkeit, um an ein günstiges Übernachtungsquartier zu kommen. Die Unterkünfte sind z. T. allerdings sehr bescheiden, etwa ausgeräumte Kinderzimmer in kleinen Privatwohnungen. Drei nette DZ bietet z. B. **Familie Carducci**, die Betreiber des Ristorante Diomedea (s. u.), ✆ 0882-463025. Kleine Apartments mit Kochecke vermietet **Familie Lembati**, ✆ 0882-463022.

Essen & Trinken/Nachtleben (siehe Karte S. 147)

Weil Lebensmittel (mit Ausnahme von Fisch) aufwendig vom Festland hergebracht werden müssen, sind die Restaurantpreise hoch. Die Hafengastronomie ist v. a. auf Tagesbesucher eingerichtet; abends stehen vorwiegend die Hotel- und Fischrestaurants im Inseldorf von San Domino zur Auswahl.

Tipp: Halbpension ist oftmals die preisgünstigste Art zu essen.

Das schön gelegene **L'Architiello (2)** direkt über dem Hafenstrand von San Nicola bietet trotz Panoramalage gute, frische Inselküche und freundlichen Service, ✆ 0882-463054.

Preiswerter isst man jedoch oben im Ort von San Nicola im volkstümlichen **Ristorante Diomedea (5)**. Lauschige Gartenterrasse, leckere Hausmannskost, Fisch, Meeresfrüchte u. a. Menü knapp 20 €, ✆ 0882-463025.

Gabbiano (10), Hotelrestaurant am Dorfplatz von San Domino. Gemütliche Speise-

Gute Stube mit Aussicht: Dorfplatz in San Nicola

terrasse, gehobene Küche, Krustentiere und fangfrische Fische werden nach Wunsch zubereitet, eine Antipasto-Spezialität ist das Carpaccio Ricciola (roher, weißer Adriafisch, hauchdünn geschnitten). Menü 30 €, ✆ 0882-463410, www.hotel-gabbiano.com.

Il Galeone (9), auf San Domino, wenige Meter vom zentralen Platz entfernt. Große Gartenterrasse, v. a. als Pizzeria zu empfehlen (nur Sommerbetrieb), ✆ 0882-463293.

La Livornese (3), auf San Domino, am Hafenstrand Cala delle Arene. Gute Meeresküche, mittags Massenabfertigung, abends okay. ✆ 0882-463224.

A Furmicula (11), die beliebtere der beiden Inseldiskotheken. Unter freiem Himmel, an der Strada San Domino, unweit des Dorfplatzes, Eintritt frei. ✆ 0882-463312.

Die **Disco Diomede (13)** ist zum Verdruss vieler Einheimischer und Urlauber im Zentrum des Inseldorfs eröffnet worden; ab und zu erwirkt jemand eine einstweilige Verfügung, aber wenig später dröhnt es wieder bis tief in die Nacht hinein. ✆ 0882-463403.

Beim Dolce del Mare, der „Meeressüßspeise", die überall auf den Inseln in Geschenkpackungen angeboten wird, handelt es sich übrigens um einen Schokoladenkuchen, der unserem Marmorkuchen ähnelt.

Isola di San Domino

Mit 2600 m Länge und 1700 m Breite ist sie die größte Insel des Archipels. Ein grün überwachsener Felsrücken, der sich aus dem tiefblauen Wasser hebt. Dichter, in der Sonne hellgrün schimmernder Nadelwald überspannt die Insel wie ein Schirm und zieht sich bis zu den Buchten hinab.

Das rundum zerklüftete Ufer bäumt sich im Nordteil der Insel zu einer regelrechten Steilküste auf. Auch an anderen Stellen, wo raue Felsbuckel langsam im Meer zerbröckeln, gibt es kaum Zugang zum Wasser. Die kleinen Badebuchten von San Domino sind, abgesehen von der sandigen Hafenbucht *Cala delle Arene*, nicht immer leicht zu finden und teilweise mühsam zu erklettern. Zu den schönsten Badestellen des flacheren Ostufers gehört die *Cala Matano;* hier gibt es einen winzigen Sandstrand und einigermaßen glatt gespülte Felsen mit Einstiegsmöglichkeiten ins Wasser.

Die Vögel des Diomedes

Früher war der kleine Archipel auch bekannt unter dem Namen *Isole di Diomede.* Der griechische Held Diomedes – so berichten die Chronisten der Antike – zog sich entkräftet auf die Inseln zurück, gefolgt von seinen treuen Kampfgefährten aus dem Trojanischen Krieg. Auch nach dem Tod des Diomedes wichen die Getreuen nicht von seinem Grab. Als diese schließlich von illyrischen Eroberern ermordet wurden, kamen die Götter auf die Inseln geeilt. Zeus ließ die Leichname der Griechen verschwinden, um sie vor Schändung zu bewahren, und Venus verhalf den Seelen zur Wanderung in die Körper der Nachtvögel. Ovid erwähnt in diesem Zusammenhang die „göttlichen Schwäne" der adriatischen Inseln, andere Erzähler sprechen von Reihern. Tatsache ist, dass auf den Tremiti-Inseln Gelbschnabeltaucher nisten, die im Mittelmeerraum nur an hohen Felsküsten vorkommen. Das Gekreisch dieser Sturmvögel gleicht dem Geschrei von Neugeborenen. Manchmal versammeln sich die „Vögel des Diomedes" auf der Kanonenbastion von San Nicola, und gelegentlich veranstalten sie nachts ein derartiges Konzert, dass einem das Blut in den Adern gefriert – Hitchcocks Vögel klingen harmlos dagegen.

Die Küstenlinie von San Domino ist durchweg mit bizarren **Grotten** und anderen Felsformationen gespickt, die sich entweder vom Wasser aus oder zu Fuß auf einem der zahlreichen Wanderwege erkunden lassen (s. u.). Jede Bucht, jede Grotte, Klippe und Felsgestalt besitzt einen verheißungsvollen Namen, z. B. Schwalbenbucht, Veilchengrotte, Falkensteilwand oder Elefantenfelsen. Eine Inselrundfahrt ermöglicht zumindest einen eiligen Blick auf diese z. T. wirklich eindrucksvollen Naturschönheiten.

Im Normalzustand ist der weitläufige Ort von San Domino, schlicht *Paese* (Dorf) genannt, nichts weiter als eine friedliche Streusiedlung. Die kleine Inselkirche steht am Rand der Piazzetta, und zur Messe kommt der Pfarrer von San Nicola herüber. Bei besonderen Anlässen, z. B. einer Taufe, ist das Fassungsvermögen der Kirche schnell überschritten und die Gemeinschaft zieht dann samt Altar und Sitzbänken auf den Dorfplatz um, wo der Pfarrer im Schatten der Schirmpinien, von Passanten und gelegentlichem Motorenlärm unbeeindruckt, seine Arbeit verrichtet.

Übrigens besitzt der weit über die Landesgrenzen hinaus bekannte italienische Cantautore (Liedermacher) Lucio Dalla seit Langem ein Haus an der Cala Matano. Als Tremiti-Liebhaber und selbsterklärter Schutzherr von San Domino finanziert er so manches Inselprojekt und gibt gelegentlich sogar Freiluftkonzerte, die allerdings nicht öffentlich angekündigt werden.

Wanderung 2: Pinien, Felsen und azurblaues Meer

Sobald man das Dorf verlässt, bieten sich mehrere Wanderwege an, auf denen sich die Insel bequem zu Fuß erkunden lässt. Schnell hat man die höchste Erhebung erreicht (*Colle dell'Eremita,* 116 m), auf der die Ruine einer ehemaligen Einsiedelei steht. Wer beabsichtigt, das steile Nordufer bis zur Diamantenspitze zu erklettern, braucht unbedingt festes Schuhwerk und sollte außerdem schwindelfrei und sehr vorsichtig sein. Die nachfolgend beschriebene Rundwanderung ist hingegen auch für Ungeübte problemlos zu bewältigen.

Charakteristik: Der Weg startet direkt auf dem Hauptplatz des Inseldorfs und führt überwiegend unter schattigen Pinien entlang. Hin und wieder ergeben sich Ausblicke auf die zerklüftete Felsküste, an manchen Stellen laden beschilderte Abstecher zu landschaftlich besonders interessanten Punkten ein. Etwas Verwirrung stiften mitunter zahlreiche Verzweigungen, verlaufen kann man sich jedoch auf der insgesamt überschaubaren Insel nicht, zumal hin und wieder Wanderwegtafeln aus Holz über den eigenen Standort und die diversen Abstecher informieren.

Länge und Dauer: Möchte man den einen oder anderen Abstecher inklusive der damit verbundenen leichten Auf- und Abstiege mitnehmen, sollte man mit einer Gehzeit von 2–2:30 Std. rechnen.

Einstieg: Die *Piazza Belvedere* im Ortszentrum endet an einer Aussichtsterrasse mit Blick auf das Meer. In Richtung zur Nachbarinsel San Nicola links dem Holzschild zur *Cala Matano* folgen und die Piazza auf dem absteigenden Fahrweg verlassen.

Wegbeschreibung: Verlassen Sie unmittelbar unterhalb der Aussichtsterrasse den geteerten Stichweg ebenerdig nach rechts, so tauchen Sie kurz danach in einen Pinienhain ein. Bei der nächsten Gabelung geht's rechts weiter. Der Pfad mündet gleich darauf auf einen von links unten kommenden Feldweg, der zur *Punta del Pigno* absteigt. Wer den Abstecher nicht machen möchte, wendet sich nach rechts und wandert unter Beibehaltung der bisherigen Gehrichtung weiter. Rechter Hand sieht man einige verstreut im Wald liegende Häuser, während auf der linken Seite nach 200 m ein Picknickplatz auftaucht. Vom unteren Holzgeländer ist bei klarem Wetter das bewaldete Gargano-Gebirge gut zu erkennen. Auf einem schmalen Saumpfad geht es von hier nach rechts weiter. Immer wieder zweigen jetzt kleinere Wege vom Hauptpfad ab, von denen manche an Aussichtsbasteien enden, andere wiederum auf stark abschüssiger Bahn zur Küste absteigen. Lohnenswerte Ausblicke bietet z. B. der Abstecher zur zerklüfteten Felsformation mit der fantasievollen Bezeichnung *Scoglio dell'Elefante*. Der Weg verbreitert sich jetzt allmählich, umrundet dabei den Colle dell'Eremita in einem großen Halbkreis und mündet schließlich hinter dem Leuchtturm *(Faro di San Domino)* auf eine schmale Asphaltstraße. Auf dieser zunächst ein kurzes Stück nach links bis zur nächsten Querstraße, die nach rechts wieder zum Inseldorf zurückführt.

Isola di San Nicola

Direkt an der Hafenbucht beginnt der bebaute Teil der hoch aufragenden Felseninsel. Der schmale Hafenstrand zwischen den beiden Molen gleicht einem zu klein geratenen Bootsparkplatz. Bunte Fischerboote, dicht an dicht aufs Trockene gezogen, verbreiten ein wenig Romantik.

Auf handtuchgroßen Fleckchen behaupten sich einige unbeirrbare Sonnenanbeter am Hafenstrand. Andere Bademöglichkeiten sucht man auf San Nicola vergebens. Besucherziel ist vielmehr die wuchtige Abtei mit dem befestigten Inseldorf. Wer die Mühen des steilen Anstiegs über die breite mittelalterliche Treppe nicht auf sich nehmen mag, kann den Aufzug nach oben nehmen. Er endet direkt auf dem Dorfplatz. Der hintere Teil der Felseninsel ist baumlos und bietet Spaziergängern tolle Ausblicke auf das kristallklare Wasser und die Nachbarinseln. Überall stößt man auf senkrecht abfallende Steilhänge, einen Zugang zum Meer gibt es nirgendwo. Anspruchslose Sträucher und Gräser haben hier einen undurchdringlich stachligen Vegetationsteppich geknüpft.

Angeblich war ein Eremit der erste gottesfürchtige Inselbewohner. Dieser fromme Robinson soll, von Marienerscheinungen geleitet, einen Schatz gefunden haben, der den Grundstock für den Kirchenbau bildete. Die dokumentierte Siedlungsgeschichte beginnt mit der Ankunft der Benediktinermönche von Monte Cassino. Sie errichteten im 11. Jh. den baulichen Kern der Abtei, die bis ins 13. Jh. hinein diesem Orden gehören sollte. Die nachfolgenden Zisterzienser wurden Mitte des 14. Jh. von Piraten vertrieben. Erst auf Veranlassung von Papst Gregor XII. ließen sich Anfang des 15. Jh. hier erneut Geistliche nieder. Diese *Canonici Regulares* (die Regularkanoniker waren lose Klostergemeinschaften, die nach der Regel des hl. Augustinus lebten; ihre Mitglieder erhielten die Priesterweihe ohne Mönche zu sein) lebten allerdings unter ständiger Bedrohung durch das Osmanische Reich. Die Bourbonen lösten das Kloster Ende des 18. Jh. auf und richteten dort eine Strafkolonie ein; während des Faschismus diente es schließlich als Staatsgefängnis für Oppositionelle. Ende des 20. Jh. wurde die *Abbazia di Santa Maria a Mare* mit EU-Mitteln restauriert.

Sehenswertes

Torre dei Cavalieri del Crocefisso: Am Ende der ersten Rampe befindet sich ein Wehrturm mit kleiner Votivkapelle. Die Architrav-Inschrift über dem Eingang weist den Besucher freundlicherweise darauf hin, was ihm beim Eintreten blüht: „Coteret et confriget", das heißt in etwa: „Wer diese Schwelle übertritt, wird zerrissen und zermalmt." Die zwei intakten Pechnasen über und eine Schießscharte links neben dem Eingang unterstreichen die entschlossene Haltung der einstigen

Karte S. 147

Hausherren, die dem Namen nach wohl Kreuzritter waren. Im Bogengang des Turms steht die kleine Kapelle mit der *Madonna delle Grazie,* die im August bei der Marienprozession auf dem Meer eine Hauptrolle spielt.

Bastione del Cannone: Hinauf zur Kanonenbastion geht es durch die *Torre del Pennello,* einen rechteckigen Wehr- und Aussichtsturm. Die Festungsspitze bildet das Herzstück der Wehranlage. In der Schlacht gegen die osmanischen Belagerer wurden hier 1567 schwerste Artilleriegeschütze aufgefahren. Im Zweiten Weltkrieg erhielt die Bastion eine drehbare Kanone, die allerdings nicht oft zum Einsatz kam – geblieben sind der unzerstörbare Zementring sowie die angrenzende Waffenkammer.

Inseldorf: Der bewohnte Teil von San Nicola zieht sich am *Corso Diomede* entlang und lässt verschiedene Bauperioden erkennen. Die ersten Gebäude der ehemaligen Strafkolonie wurden 1792/93 auf Veranlassung des neapolitanisch-sizilianischen Königs Ferdinand IV. errichtet, das sog. „Ina-Wohnhaus" ist hingegen der letzte Inselneubau von 1956. Er steht am Ende der Dorfstraße und ist geradezu ein Affront gegenüber der ursprünglichen Dorfanlage.

Torre Angioina: Oberhalb des Dorfs beginnt der Klosterbereich von San Nicola. Der angiovinische Rundturm, das erste eindeutige Wehrelement der Abtei, wurde 1294 errichtet. Er war ein Geschenk Karls II. aus dem Hause Anjou an den Zisterzienserorden, dem das Kloster in jener Zeit gehörte.

Porta Imprendibile: Das „uneinnehmbare Tor" zur Abtei ist eine ausgetüftelte Verteidigungsschleuse mit mehreren unauffälligen Pechnasen. Der gotische Triumphbogen mit dem Tabernakel, der die Statue der *Santa Maria a Mare* mit Jesuskind birgt, lässt den Eingang auf den ersten Blick ziemlich harmlos erscheinen.

Loggia e Cisterna della Meridiana: Am Ende des Aufgangs steht die niedrige Loggia mit der „Sonnenuhrzisterne". Der aus massiven Kalksteinblöcken gehauene Zisternenüberbau stammt aus einer kritischen Phase der Klostergeschichte. Damals vergrößerten die Brüder angesichts der osmanischen Bedrohung ihren Trinkwasserspeicher vorsorglich und schützten ihn mit dieser loggiaartigen Überdachung. Vorher gab es hier eine Sonnenuhr, daher der Name.

Unica Scalinata: Von der Loggia führen 35 breite Treppenstufen hinauf zur Kirche. Die Freitreppe hat Abmessungen, die der Größe und der Schrittlänge von Eseln entsprechen. Denn die mussten damals alles, was die Klostergemeinschaft benötigte, auf ihrem Rücken transportieren.

Chiesa Santa Maria a Mare

Die Klosterkirche ist ein schlichter, weißer Schrein in strategisch beherrschender Lage. Das byzantinische Kruzifix sowie der Mosaikfußboden aus dem frühen Mittelalter gehören zu den ältesten Kunstwerken auf apulischem Boden.

Die blendend weiße Fassade von 1473 ist aus *Perlinato Svevo* gemauert, dem Lieblingsbaustein Friedrichs II. Die Architekten und Bildhauer, allesamt Experten in der Bearbeitung des weichen Kalksteins, wurden von den Klosterleuten aus Mittelitalien angefordert. Die schlichte Linienführung der Außenseite gibt die Größenverhältnisse des Innenraumes exakt wieder. Vier Strebepfeiler enden jeweils in Fialen, die ihrerseits mit flachen Reliefarbeiten verziert sind. Einzig die schlichte Fensterrose durchbricht den glatten oberen Teil der Giebelwand.

Benediktinische Fleißarbeit: Majolikafußboden in der Klosterkirche

Das Renaissanceportal wird von korinthischen Doppelsäulen flankiert, während vier stark beschädigte Heiligenfiguren, die in identisch gearbeiteten Muschelnischen stehen, die beiden zentralen Hochreliefs begrenzen, Das alles überspannende Feston ist nicht mehr vollständig erhalten, englische Kanonenkugeln haben es 1807 lädiert.

Der romanisch-frühgotische Innenraum wird durch wuchtige Pfeiler mit aufgesetzten Halbsäulen unterteilt. Die beiden kleinen Seitenschiffe haben ein Kreuzgewölbe und enden in Apsiden. Den lichtdurchfluteten gotischen Chor im Mittelschiff führten die Zisterzienser um 1300 aus.

Mosaikfußboden: Er stammt noch aus der frühen, benediktinischen Zeit des Klosters, wurde um 1045 angefertigt und steht in der Tradition byzantinischer Mosaikkunst. Die motivreiche Fußbodenmitte ziert ein quadratischer Rahmen mit einem großen Rund im Inneren und kleinen Medaillons in seinen vier Ecken. Im Zentrum erkennt man einen geflügelten Greif, auch in den kleinen Medaillons und den Zwischenräumen sind u. a. Vögel dargestellt – Diomedes lässt grüßen (→ „Die Vögel des Diomedes“, S. 150).

Holzdecke: Die Decke des Mittelschiffs ist 1755 entstanden. Die geometrisch-plastischen Elemente dieser spätbarocken Arbeit zielen auf die optische Erweiterung der schmalen Decke. Die zentrale bildliche Darstellung zeigt die Himmelfahrt der Gottesmutter sowie die ehrfürchtigen Apostel.

Polittico Veneziano: Dieses hölzerne Polyptychon über dem Hauptaltar schufen venezianische Meister im 15. Jh. Baldachine krönen die beiden Mariendarstellungen in der Mitte. In den kunstvoll geschnitzten mehrfarbigen Nischen stehen acht Heiligenfiguren, darunter die des hl. Gregor, der als Papst Gregor I. der vehemente Förderer des Benediktinerordens war. Besonders filigrane Arbeiten sind die fein geschnitzten Putten auf den zehn Abschlussspitzen. Der vergoldete Flügelaltar wurde 1962 restauriert.

La Madonna Nera: Die anmutige Holzstatue der lächelnden Gottesmutter mit dem Jesuskind ist ein früher Kunstimport aus Byzanz. Die dunkle Hautfarbe von Mutter und Kind verweist auf Heiligendarstellungen, wie sie im Byzantinischen Reich üblich waren (sog. Kult der schwarzen Madonna). Im 11. Jh. brachten die Benediktiner die Statue mit auf die Insel.

Kruzifix: Unter dem linken Bogen des vorderen Kirchenraums steht das wundersame, fast 4 m große Holzkreuz, eine unglaublich alte Kostbarkeit, glaubt man der Legende. Es handelt sich um ein Kunstwerk griechisch-byzantinischer Machart, das in ganz Italien einzigartig ist. Bei der Restaurierung von 1922 hat man folgende Inschrift gefunden und übersetzt: „im Jahr 747 von griechischen Ufern über das Meer hierhergelangt ...“. Die Kirchengeschichtsschreibung erwähnt den Besuch von Papst Zacharias im Jahr 747 auf den Tremiti-Inseln. Zwei Ereignisse, ein Datum – das ergibt fast einen Zusammenhang! Das Kreuz mit den ungewöhnlichen Abmessungen zeigt neben der halb verhüllten, mageren Jesusgestalt auch die Gottesmutter und den treuen Jünger Johannes. Der leicht geneigte, kleine Kopf des Gekreuzigten lässt durch den konkaven Untergrund und Heiligenschein Perspektive erkennen – eine geniale Technik der damaligen Porträtmalerei. Auch die Rückseite des Kreuzes ist bemalt und verziert.

Die Kreuzgänge: Links neben der Kirche befindet sich der erste Kreuzgang mit den angrenzenden Schlafzellen, die in der Benediktinerzeit des Klosters den Pilgern vorbehalten waren. In den Gebäuden ist hinter dem zweiten, Mitte des 16. Jh. errichteten Kreuzgang ein Teil der Inselverwaltung samt Bürgermeisteramt untergebracht. Von der *Terrazza del Municipio* blickt man fast senkrecht auf die tosende Meeresbrandung, während sich im Hintergrund die steile Diamantenspitze von San Domino abzeichnet.

Weitere Sehenswürdigkeiten auf San Nicola

Torrione dei Cavalieri di San Nicola: Der höchste und wuchtigste Wehrturm (1538) mit der gigantischen Pechnase begrenzt die Klosterfestung nach hinten. Am Fuß des Torrione führen drei Rampen im Zickzackkurs über den Verteidigungsgraben auf das nahezu kahle Inselplateau. Hier weideten früher die Esel des Klosters. Nach einigen Hundert Metern beginnt das archäologische Freigelände von San Nicola.

Nekropole: Ungefähr in der Mitte des Plateaus erstreckt sich das Gräberfeld. Überall sieht man offene Felsgräber aus vorchristlicher Zeit, die noch in der Tradition eines jungsteinzeitlichen Bestattungsritus stehen. Man erkennt kleine Nischen und Aushebungen für die Grabbeigaben.

La Tomba di Diomede: Der runde Kultbau inmitten der Grabstätten wurde aus einem kleinen Kalksteinhügel gehöhlt. Die etwas unheimliche Gruft mit der halbrunden Öffnung gilt als letzte Ruhestätte des legendären Griechen Diomedes, des unbesiegbaren Helden von Troja und Königs von Argos.

La Tomba di Giulia: Unweit der Diomedesgruft befindet sich angeblich auch das Kammergrab der verbannten Julia, einer Enkelin des römischen Imperators Augustus. Kaiser Tiberius verurteilte Julia wegen Ehebruchs zu lebenslänglichem Exil auf den Tremiti-Inseln, wo sie nach 20-jähriger Einsamkeit starb.

Kurz vor dem Abgrund der **Punta del Camposanto** erstreckt sich der neuzeitliche Friedhof von San Nicola. Er liegt in einer natürlichen Vertiefung und wurde Anfang des 19. Jh. unter französischer Besatzung angelegt.

In Trani steht die Königin der Meereskathedralen

Provinz Bari

Die Terra di Bari ist die zweitgrößte und bevölkerungsreichste Provinz Apuliens. Mittelalterliche Hafenstädte reihen sich entlang der Küste wie Perlen an der Kette, während über dem hügeligen Hinterland das Castel del Monte thront. Größter Anziehungspunkt ist das Tal der Trulli mit seinen charakteristischen Steinhäusern.

Bari, die verkehrsgeplagte, quirlige Hauptstadt der Region, ist der industrielle und verwaltungspolitische Mittelpunkt der Provinz. Die faszinierende Altstadt dieser kontrastreichen Mezzogiorno-Stadt ist ein Hort süditalienischer Traditionen und versprüht viel Atmosphäre; das moderne Geschäftsviertel Quartiere Murattiano mit seinen Hauptschlagadern Via Sparano und Corso Cavour zeigt sich hingegen modern und weltoffen. Die Kathedrale ist eine kunstgeschichtliche Kostbarkeit ersten Ranges.

An der **Costa di Bari** ist das Baden eher Nebensache. Die Küste wird aber von einer Kette prächtiger Hafenstädte gesäumt. Barletta, Trani, Giovinazzo, Polignano und Monopoli sind sehenswerte mittelalterliche Küstenorte mit eigener Geschichte, urbaner Schönheit, architektonisch-künstlerisch interessanten Gotteshäusern und intakten Befestigungsanlagen.

Das apulische Kernland, die **Murgia,** beginnt im Küstenhinterland und zieht sich bis tief in die Nachbarprovinzen Brindisi und Tarent hinein. Eine wechselhafte Landschaft voller Überraschungen, die von einer jahrhundertelangen bäuerlichen Tradition geprägt ist. Farbe und Geschmack von Oliven, Mandeln, Wein, Obst und Gemüse sind die sinnlichen Komponenten dieser abwechslungsreichen

Hügel- und Karstlandschaft. Kleine Städte krönen die kahlen Hügel mit ihrem weißen Häuserkranz. Und im romantischen *Valle d'Itria* erstreckt sich über viele Quadratkilometer ein Meer von eigenartigen, oft blendend weiß gekalkten Bauernhäuschen: die berühmten *Trulli*.

Hotels und Übernachtungen: Die Hafenstädte sind gut mit Hotels aller Kategorien versorgt, in der Hauptsaison kann es dennoch Engpässe geben. Bari hat ein langes Hotelverzeichnis – vom 4-Sterne-Palazzo bis zur einfachen Jugendherberge. Das Hinterland ist traditionell gut mit Agriturismi bestückt, v. a. in der Umgebung von Castel del Monte und im Itria-Tal, wobei das touristisch gut erschlossene Trulli-Land preislich etwas über den anderen Teilen der Provinz liegt. Campingplätze sind an der Costa di Bari, einmal abgesehen von Giovinazzo und Monopoli, eher rar, während die in jüngster Zeit von privater Hand geschaffenen B&B-Unterkünfte an der Küste und im Hinterland den einen oder anderen Engpass der Vergangenheit erfolgreich behoben haben.

Essen und Trinken in der Provinz Bari

Die Terra di Bari ist die Heimat der *Orecchiette*. Vor allem in Bari erlebt man die lukullische Faszination der hausgemachten Pasta noch als tägliche Inszenierung. Unermüdlich formt die fleißige Mamma die kleinen Teigmuscheln, die in den Gassen der Altstadt auf großen Holztabletts zu bewundern sind. Die Nudeln werden oftmals nur mit Blattgemüsen bzw. Feld- und Gartenkräutern zubereitet. Für die reichhaltigeren Varianten verwendet man Fleisch- oder Fischragouts. Eine schmackhafte Nudelsuppe entsteht, wenn man die Orecchiette zusammen mit Gemüse oder Hülsenfrüchten kocht. Auch Brot gehört zu den Spezialitäten. Nirgendwo ist es so schmackhaft wie in Altamura, wo es mit fast schwarzer Kruste aus dem Holzofen kommt, und in Bari wird sogar eine Brotkirmes gefeiert (→ S. 167).

Antipasti: Zu empfehlen sind hier z. B. die grünen Oliven in Salzlake, die im Dialekt unter dem Zungenbrecher *Auui nn'Acque* firmieren. Auch in Öl eingelegte Artischocken und Tomaten (*sott'olii*) sieht man häufig auf der Speisekarte.

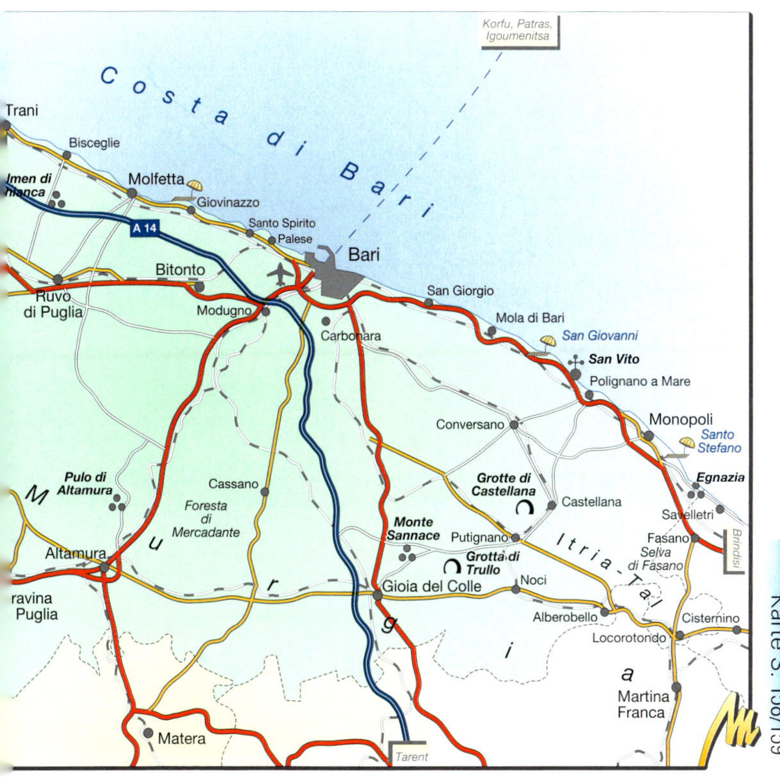

Provinz Bari
Karte S. 158/159

Primi piatti: *Broccoli di Rapa con Orecchiette,* Pasta mit Brokkoligemüse und Sardellen, ist neben *Maccheronini con Ricotta forte,* Makkaroni mit kräftigem Frischkäse, eine beliebte regionale Spezialität.

Secondi piatti: Äußerst beliebt ist Lammfleisch, z. B. mit Kartoffeln aus dem Ofen *(agnello e patate cotti al forno).* Aus Brotteig werden Pizzataschen gemacht, die *Focacce barese,* die mit einer Füllung aus Sardellen und Käse herzhaft munden. *Melanzane ripiene* heißen die mit Kräutern gefüllten Auberginen. Als Fischgericht vielleicht mal *Sogliole gratinate,* überbackene Schollen, probieren!

Dolci: Lecker sind Mandelnachspeisen, z. B. *Castagnedde.* Unschlagbar jedoch ist das Schokoladenbrot, *Pane di Cioccolata* bzw. *Voglie di Cioccolata* genannt.

Vino: Zwar bleibt die Masse der Weine anonym, aber einige Gebiete haben sich mit DOC-Prädikaten einen Namen gemacht, darunter die Bianco-, Rosato- und Rosso-Weine aus der Gegend um Castel del Monte und Gioia del Colle.

Gastlichkeit auf der Piazza Mercantile

Bari

ca. 350.000 Einwohner

Sie ist eine chaotisch-lebendige Großstadt mit harten Gegensätzen. Der dichte, vorstädtische Wohn- und Industriegürtel umschließt einen kompakten und überschaubaren Stadtkern. Das Zentrum teilt sich kompromisslos in einen Alt- und einen Neustadtbereich, die Trennungslinie bildet der breite Corso Vittorio Emanuele.

Und wie bei Manhattan und Harlem sind auch die beiden zentralen Stadtteile von Bari extrem gegensätzlich: Während „oben" die geschäftigen Hausfrauen und die jugendlichen Scippatori (s. u.) regieren, bestimmen „unten" Nadelstreifenanzüge und exklusive Einzelhandelsgeschäfte das Stadtbild. In der faszinierend proletarischen Altstadt mit dem angrenzenden Hafengebiet stehen die wuchtigen, spätmittelalterlichen Baudenkmäler, wohingegen die Neustadt – insbesondere das Murat-Viertel – an die ruhmreiche Zeit des bürgerlichen Aufschwungs erinnert.

Die engen Gassen der gepflegten **Altstadt** gehören ganz zum privaten Lebensraum ihrer Bewohner. Manchmal misstrauisch, bisweilen herzlich werden Fremde in dieser öffentlichen guten Stube empfangen. Wenn man die Frauen bei ihrer täglichen Herstellung der Orecchiette (→ 166) beobachtet, fühlt man sich fast schon an sozialromantische Genrebilder erinnert. Vor großen Holztabletts sitzend, schneiden sie den zu langen Würsten gerollten Teig in Stücke und gleichzeitig, für den Betrachter fast unsichtbar, modellieren sie mit dem Daumen die muschelähnliche Form – unablässig wie am Fließband. Was den Familienbedarf übersteigt, wird unter dem Torbogen der *Strada Arco Basso* am nordwestlichen Altstadtrand (gegenüber dem Eingang zur Festung) an die örtliche Gastronomie verkauft. Einen weiteren Teil des Tages verbringen die Hausfrauen anscheinend mit der Pflege der Gassen, gleich mehrmals täglich scheuern sie die paar Quadratmeter vor ihrer Haustür blitzblank. Noch vor einem Jahrzehnt war die Altstadt für Touristen ein unsicheres Terrain, aber inzwischen haben sich Restaurants und Herbergen auch in den einst verrufenen Winkeln der Altstadt eingenistet. Doch auch heute hört man manchmal den Satz „State attenti alle borse!" – die eindringliche Warnung, um Gottes willen auf die Taschen aufzupassen. Der freundliche Hinweis mahnt unbekümmerte Besucher zur Wachsamkeit, denn, so will es nun mal der anhaltend schlechte Ruf des Viertels, an jeder Ecke lauert Gefahr. Es gibt sie immer noch, die jugendlichen Scippatori, die es auf die Habseligkeiten ahnungsloser Touristen und neugieriger Bareser abgesehen haben. Zwar sorgt die in den letzten Jahren immer größer gewordene Polizeipräsenz zunehmend für Sicherheit, aber diese spezifische Form der Straßenkriminalität kann dadurch nicht vollständig verhindert werden. Ernst genommen werden die Poliziotti (Polizisten) von den Minderjährigen des Viertels, die den Schutz der organisierten Unterwelt genießen, sowieso nicht; provozierend lungert der Nachwuchs manchmal um die Streifenwagen herum und zeigt deutlich, wer hier daheim ist.

Vielerorts präsentiert sich die Altstadt hingegen ganz entspannt, etwa im Bereich der *Piazza Ferrarese* und der *Piazza Mercantile* sowie auf dem anschließenden Stadtmauerweg *Via Venezia.* Durch belebende Baumaßnahmen und Sanierungen hat sich dieses südöstliche Hafenrandgebiet der Altstadt innerhalb kurzer Zeit vom schlechten Ruf befreit. Viele neue Lokale und eine friedliche Stimmung ziehen abends immer mehr Bareser und Touristen in die Gegend. Andere Teile werden über kurz oder lang nachziehen: In der Nähe der *Piazza San Pietro,* fast am äußersten Ende des Altstadtsporns, hat Anfang 2008 ein Bareser Rechtsanwalt eine klitzekleine Jugendherberge eröffnet!

Neustadt: 1813 legte Joachim Murat den Grundstein zum Bau des nach ihm benannten Stadtviertels. Die streng geometrisch angeordneten Einkaufsstraßen des Quartiere Murattiano gleichen sich wie ein Ei dem anderen. Schicke Einzelhandelsgeschäfte Tür an Tür, im Winter mit beheizten Schaufenstern, damit auch an kalten Tagen die Käufer vor den Auslagen stehen bleiben. Die weitgehend zur gemütlichen Fußgängerzone ausgebaute *Via Sparano* ist neben dem *Corso Cavour* das pulsierende Zentrum der Bareser Neustadt. An der Ecke zur *Via Putignani* erfüllte von 1895 bis 2002 der edle Damen- und Herrenausstatter *Mincuzzi* in einem klassizistischen Prachtbau die Wünsche der solventen Oberschicht, heute residiert hier ganz zeitgemäß eine Benetton-Filiale. Die gesamte Neustadt wäre ein einziges Shoppingparadies, gäbe es da nicht die zahlreichen Gründerzeitbauten zu besichtigen, architektonische Sehenswürdigkeiten aus der bürgerlichen Blütezeit der Stadt. Beispiele sind etwa das *Teatro Petruzzelli* oder das Zentralgebäude der Universität, in dem auch das archäologische Museum untergebracht ist, welches allerdings seit etlichen Jahren der Wiedereröffnung harrt *(Palazzo Ateneo).*

Geschichte

Das römische *Barium* der Antike lag zwar etwas abseits der großen Heeresstraßen, die Apulien damals durchzogen, war aber bereits ein bedeutender Handelshafen des südöstlichen Mittelmeerraums. Im 9. Jh. führte die Stadt einige Jahrzehnte lang eine orientalisch-arabische Existenz, nämlich als Zentrum eines sarazenischen Emirats. Noch im gleichen Jahrhundert eroberten die Byzantiner Bari zurück und errichteten einen prunkvollen Statthalterpalast, von dem heute allerdings nichts mehr steht. Der sprichwörtliche Reichtum der Bareser Kaufleute sorgte jedoch dafür, dass die fremden Herrscher in Bari selten glücklich wurden. Gegen das Regime der Byzantiner formierten sich unter dem Freiheitshelden Melo von Bari Aufstände der selbstbewussten Bürger (→ „Dynastie von Widerstandskämpfern", S. 206). Den Wunsch der Bareser nach Autonomie bekam auch der Salier Heinrich II. zu spüren, als er mit seinem Heer nach Apulien marschierte, um den Stiefelsporn für die Reichskrone zu gewinnen, und u. a. am Widerstand der Stadt Bari scheiterte.

Spanische Willkür – kleiner Auszug aus der Steuerhistorie

Zur Zeit der spanischen Herrschaft erfuhren die Besatzer, mit welch revolutionärer Vehemenz die Bareser ihre Orecchiette-Mütter verteidigen. Anlass zu dieser Demonstration gab 1647 die Einführung einer Mehlsteuer. Zunächst akzeptierten die wehrlosen Bewohner Baris widerwillig die neue spanische Schikane. Als sie aber sahen, dass die Soldaten bei der Steuereintreibung ihre Frauen belästigten, hielt sie nichts mehr. Es brach ein Aufstand aus und acht Tage hagelte es Prügel, bis die Spanier schließlich auf die verhasste Abgabe verzichteten.

Die Normannen läuteten zu Beginn des zweiten Jahrtausends die apulisch-romanische Blütezeit der Stadt ein, sie begannen mit der Errichtung der wuchtigen Wehr- und Sakralbauten. Bari war damals aber auch das Zentrum des Widerstands gegen den spätmittelalterlichen „Imperialismus" der Normannen und provozierte dadurch 1156 seine vollständige Zerstörung durch Wilhelm den Bösen. Bereits zehn Jahre später begann der Wiederaufbau, den im folgenden Jahrhundert Friedrich II. bis zum wirtschaftlichen Aufschwung vorantrieb. Nach der Vernichtung der Staufer lenkten die Anjous die Geschicke der Stadt und sorgten für einen gründlichen Niedergang. Die Spanier glänzten in erster Linie durch unbarmherzige Steuererlasse (→ „Spanische Willkür"). Zu allem Übel tobte im Jahr 1656 die Pest und rottete fast die gesamte Bevölkerung aus.

Erst Joachim Murat, Anhänger Napoleons und Kurzzeitkönig von Neapel, verhalf der Stadt zu neuen Ehren, als er sie Anfang des 19. Jh. zur Provinzhauptstadt erklärte und mit dem Bau der Neustadt begann. Nach der Einheit Italiens und mit dem bürgerlichen Aufschwung entwickelte sich Bari wirtschaftlich und kulturell zu einem maßgeblichen Zentrum im Süden Italiens.

Die eilige Expansion in der Nachkriegszeit verweist hingegen auf die Probleme des gesamten Mezzogiorno: Die urbane Entwicklung ging weitgehend an den realen Bedürfnissen einer rapide wachsenden Bevölkerung vorbei. Industrieller Wildwuchs an der Peripherie und extreme soziale Kontraste im Zentrum bestimmen das Stadtbild noch heute wesentlich mit.

Information/Anfahrt & Verbindungen/Unterwegs

- *Information* Vorbildlich sortierter **Infokiosk (APT)** am Bahnhofsvorplatz, der Piazza Aldo Moro. Hier sind Stadtpläne und diverses Informationsmaterial über die Stadt Bari und die ganze Provinz erhältlich. Mo–Sa 9–19, So 9–13 Uhr geöffnet. ✆ 080-9909341, www.infopointbari.com. Ein weiterer **Infopoint** befindet sich in der Ankunftshalle des Flughafens Bari Palese.
- *Auto* Am besten das Auto außerhalb abstellen und mit dem Zug nach Bari fahren. Die Stadt schlägt alle Chaosrekorde hinsichtlich

Provinz Bari
Karte S. 158/159

Straßenführung, Beschilderung und Vorwärtskommen. Wer auf den eigenen fahrbaren Untersatz nicht verzichten mag, sollte das städtische Park-and-ride-System nutzen: Auf ausgewählten Parkplätzen in Altstadtnähe (von Norden her kommend im Bereich Corso Vittorio Veneto, aus der Gegenrichtung am Lungomare Nazario Sauro) kostet das Tagesticket nur 1 € inkl. Stadtbus. Zentrumsnah parken: Ein großer Parkplatz befindet sich direkt am Kastell (Corso Vittorio Veneto/Via Giambattista Bonazzi), und auch vom Parkhaus *Porto* (Via Niccolò Pizzoli) ist man schnell zu Fuß in der Altstadt.

• *Bahn* Bari ist der Knotenpunkt mehrerer Bahngesellschaften, deren Bahnhöfe sich alle um die Piazza Aldo Moro am Südrand der Neustadt gruppieren.

Vom **FS-Bahnhof** gehen mehrmals tägl. Fernzüge über Foggia und Ancona nach Norditalien: etwa 10-mal tägl. von und nach Mailand und 2- bis 3-mal tägl. von und nach Rom. Auf derselben Strecke fahren häufig Nahverkehrszüge nach Giovinazzo, Molfetta, Bisceglie, Trani und Barletta. Weitere FS-Verbindungen führen nach Brindisi und Lecce (über Polignano und Monopoli) und nach Tarent. ✆ 080-5231776, www.fs-online.it.

Die Züge der privaten *Ferrovie del Sud-Est* starten auf den westlichen Gleisen des FS-Bahnhofs nach Alberobello und Locorotondo in die Trulli-Region, nach Martina Franca in der Provinz Tarent und zu anderen Zielen. ✆ 800-079090, www.fseonline.it.

An der Westflanke des Platzes befindet sich der moderne Bahnhof der *Ferrovie del Nord Barese* mit einer Linie durchs Küstenhinterland über Bitonto, Ruvo, Andria und Barletta. ✆ 080-5789542, www.ferrovienordbarese.it.

Hier ist ebenfalls die Abfahrt der Züge der *Ferrovie Appulo Lucane* ins Gebiet der Hochmurgia und Gravine (Altamura, Matera) sowie nach Potenza. ✆ 080-5725229, www.fal-srl.it.

• *Bus* *SITA*- und *STP-Busse* starten am Bahnhofsvorplatz, der Piazza Aldo Moro, sowie am Largo Eroi del Mare, an der südlichen Hafenmole. Es gibt relativ häufige Verbindungen ins Landesinnere (Altamura, Gravina, Gioia) und die Küste entlang (Barletta, Monopoli) sowie in andere Provinzen und Regionen.

AMTAB-Stadtbus: Vom Bahnhof geht's an den Altstadtrand (Piazza Libertà) mit dem Bus Nr. 2. ✆ 800-450444, www.amtabservizio.it.

• *Fähre* Der Passagierhafen nach Griechenland und Kroatien liegt nordwestlich der Altstadt. Hier befinden sich auch die Büros der Reedereien.

• *Flugzeug* *Aeroporto Bari-Palese*, 9 km nordwestlich von Bari, an der S 16, mit Charter-, Linien- und Billigflügen von oder nach Deutschland. Infopoint (APT), Büros verschiedener Fluggesellschaften sowie die gängigen Mietwagenagenturen befinden sich in der Ankunft- bzw. Abflughalle. ✆ 800-949944, www.aeroportidipuglia.it.

Transfer von und zum Flughafen: Der AMTAB-Stadtbus Nr. 16 verbindet den Flughafen stündl. mit der Piazza Aldo Moro am Bahnhof (5–21 Uhr). Schneller und bequemer sind die Busse der privaten Gesellschaft *Tempesta Autoservizi*, die fast stündl. zwischen dem Flughafen und dem Bahnhof verkehren, Einzelticket 4,15 €, Fahrzeit etwa 30 Min. ✆ 080-5219172, www.autoservizitempesta.it. Das Taxi ins Zentrum kostet 25 €.

Kostenlos vom Flughafen in unterschiedliche Teile Apuliens: Von Mitte Juni bis Mitte Sept. verkehren jeweils Mo–Sa Busse der Gesellschaft *Pugliabus* vom Flughafen Bari nach Brindisi, Tarent, Foggia und nach Matera (über Altamura). Allerdings mit nur wenigen Verbindungen. Bedingung für den kostenlosen Transfer ist ein gültiges Flugticket.

Buchung im Internet unter pugliairbus.aeroportidipuglia.it oder direkt beim Fahrer.

• *Fahrrad* Bikesharing ist eine charmante Alternative, um sich im Stadtzentrum vorwärts zu bewegen – v. a. für diejenigen, die eine längere Zeit in Apuliens Hauptstadt verbringen. Fahrradstationen gibt's am Bahnhof und am Corso Vittorio Emanuele gegenüber dem Teatro Piccinni. *Bici in Città*, ✆ 080-5289587, www.bicincitta.com.

Adressen/Einkaufen

• *Medizinische Versorgung* *Croce Rossa Italiana* (Rotes Kreuz), Erste Hilfe, ✆ 080-5041733. *U.S.L. Bari*, Piazza Aldo Moro 21, ✆ 080-5726111.

• *Mietwagen* Mehrere Agenturen befinden sich am Flughafen, u. a. Avis (✆ 080-5316168) und Europcar (✆ 080-5316144). Avis betreibt zwei weitere Filialen im Stadtgebiet, darunter eine in unmittelbarer Nähe zum Bahnhof, Via Luigi Zuppetta 5a, ✆ 080-9643531, www.avisautonoleggio.it.

• *Post* Hauptpostamt, Via Garruba 1, Nähe Piazza Umberto I (Universität).

• *Internet* *Netcafé ACME S.R.L.* in der Neustadt, Nähe Corso Vittorio Emanuele. Via Andrea di Bari 11, ✆ 080-5241756.

• *Einkaufen* Schicke Einzelhandelsgeschäfte und kleine Kaufhäuser finden sich in der gesamten Neustadt, v. a. in der verkehrsberuhigten Via Sparano da Bari und am Corso Cavour.

Libreria Villari, gut sortierte Buchhandlung mit Sach- und Kunstbüchern zur Region, zum Stöbern, für Leute mit Italienischkenntnissen. Via Lombardi 28, am Hotel Palace.

Libreria Feltrinelli, größte Buchhandlung Apuliens mit guter Auswahl an Büchern über die Region, u. a. war 2008 auch der Trekkingführer „Guida escursionistica della Puglia" hier erhältlich. Via Melo da Bari 119, mitten in der Neustadt.

Enoteca De Pasquale, wer auf der Suche nach guten apulischen Qualitätsweinen ist, kann sich hier ausgiebig beraten lassen. Via Marchese di Montrone 87 (Neustadt),

Lebendiges Altstadtquartier

Übernachten (siehe Karte S. 163)

Die Hotels der gehobenen Kategorie befinden sich im oberen Teil der Neustadt und werden insbesondere von Geschäftsleuten frequentiert. Einige ordentliche 2- und 3-Sterne-Hotels liegen wenige Schritte vom Bahnhof entfernt. Eine jugendherbergsähnliche Einrichtung befindet sich in der Altstadt.

**** **Palace (10)**, moderner Großbau an der Grenze zwischen Alt- und Neustadt. Gut geführt, vollständig klimatisiert und komfortabel eingerichtet, Zimmer mit PC, Fax- und Internetanschluss. Gutes Hotelrestaurant mit Dachterrasse und üppigem Frühstücksbuffet, Hotelgarage. Menü ca. 35 €. DZ 205–230 €, EZ 145–170 €. Via Lombardi 13, ✆ 080-5216551, ℻ 080-5211499, www.palacehotelbari.it.

*** **Boston (12)**, Neubau in der oberen Neustadt, internationaler Standard, relativ kleine, picobello saubere, funktional-moderne Zimmer. DZ 135–175 €, EZ 95–135 €, ohne Restaurant. Via Niccolò Piccinni 155, ✆ 080-5216633, ℻ 080-5246802, www.bostonbari.it.

*** **Hotel Moderno (17)**, internationaler 3-Sterne-Standard, insgesamt etwas nüchtern, aber recht preiswert. DZ 65–80 €, EZ 45–55 €. Via Scipione Crisanzio 60, ✆ 080-5213313, ℻ 080-5214718, www.modernobari.com.

** **Albergo Giulia (16)**, hübsch ausgestattet und ordentlich geführt, netter Frühstücksraum. DZ 70–75 €, EZ 55–60 €, ohne Bad jeweils 10 € günstiger. Bahnhofsnähe, Via Scipione Crisanzio 12, im ersten Stock, ✆ 080-5216630, www.hotelpensionegiulia.it.

** **Adria (18)**, ein Lesertipp! Jüngst renoviert, saubere Zimmer mit tollen Bädern, freundlicher Service und reichhaltiges Frühst., Hotelrestaurant, Menü 15 €. DZ 120 €, EZ 70 €, Pkw-Stellplatz für 12 €. Via Zuppetta 10, ✆ 080-5246699, ℻ 080-5213207, www.adriahotelbari.com.

* **Pensione Aquila (14)**, freundliche, wenn auch einfache Herberge im Herzen der Neu-

stadt. Kaum sichtbares Klingelschild, der Besuch lohnt sich allein schon wegen des grandiosen Treppenhauses mit gusseisernem Aufzug. Nur fünf Zimmer, ganzjährig geöffnet. DZ 65 €, EZ 45 €. Via Benedetto Cairoli 85, ✆ 080-5248375, www.pensioneaquila.com.

B&B Backpackers (2), 2008 neu eröffnetes Hostel „Santa Claus" an der Spitze der Altstadt, das den Eintrag ins Guinness-Buch als kleinste Jugendherberge Italiens verdient hätte. Zwei winzige Zimmer mit 20 Betten, kompetente Leitung, relaxte Atmosphäre. Febr.–Okt. geöffnet. 19 € für ein Bett im Schlafsaal inkl. Frühst. Arco San Pietro 4, ✆ 338-1744695, ✆ 080-5248596, www.baribackpackers.com.

Essen & Trinken (siehe Karte S. 163)

Die Orecchiette, die Bareser Pasta-Spezialität, sollte man in einem der unten empfohlenen Restaurants auf jeden Fall ausprobieren. Außerdem gibt es an der alten Hafenmole *Molo San Nicola* auf sehr originelle Art zubereitete, frische Meeresspezialitäten. Schon am frühen Vormittag geht's hier hoch her. Die Einheimischen nennen ihren Gang zum alten Landungsplatz *nderre alle lanze*. Straßenhändler verkaufen u. a. frische Austern, weich geklopfte Tintenfische, Seeigel, Miesmuscheln und sog. Meeresnüsse. Nichts für empfindliche Mägen – alles wird roh und mit viel Zitronensaft angeboten! Die sehenswerte alte Fischmarkthalle, heute mit Obst- und Gemüse, befindet sich ein Stück weiter in Richtung Altstadt an der *Piazza Ferrarese*, gleich hinter dem monumentalen Liberty-Bau des Teatro Margherita. Der Fischmarkt findet mittlerweile an der oberen Mole des *Porto Vecchio* statt. Eisliebhaber kommen am Corso Cavour auf ihre Kosten, dort gibt es zahllose Gelaterie.

• *In der Neustadt* **Taverna Caprese (13)**, echte neapolitanische Pizzeria und Ristorante mit hohem, kühlen Gewölbesaal. Sehr geräumig, aber nicht ungemütlich, Pizza um 6 €. Neueröffnung in der Via Putignani 123, ✆ 080-5216827.

Terranima (15), Tipp! Freundliches kleines Ristorante, geschmackvoll eingerichtet, heller Steinfußboden wie ein Trottoir, lokaltypische Jahreszeitenküche mit vegetarischem Schwerpunkt. Zu den Spezialitäten gehören Gemüsetorten und Orecchiette mit Brokkoli und Zucchiniblüten, leckere Zitronennachspeisen, Menü ca. 18 €, Wein in Flaschen und glasweise, sonntagabends geschlossen. Via Putignani 213–215, ✆ 080-5219725, www.terranima.com.

Der freundliche Besitzer betreibt auch das benachbarte **Caffè Batafobrle**, wo man sich zum Aperitif trifft oder nach dem Essen einen Kaffee trinkt. Der merkwürdige Name setzt sich übrigens aus den Abkürzungen der fünf Provinzen zusammen: BA-TA-FO-BR-LE.

Meridional Caffè (11), preiswerter Mittagstisch und Frühstück *al italiano* für Fortgeschrittene. Die Einheimischen drängen sich hier mittags um die wenigen Tische. Angeschlossene Bar mit guter Pasticceria, tägl. 6.30–20.30 Uhr geöffnet. Via Niccolò Piccinni 124, ✆ 080-5213912.

• *In der Altstadt* **Al Pescatore (3)**, alteingesessenes, beliebtes Fischlokal, hübsch aufgemacht, große Terrasse, zur Straße hin durch Blätterwerk und Markisen geschützt. Zu den Spezialitäten zählen die reichhaltigen Fischsuppen, Menü ca. 30 €, kein Ruhetag. Direkt am Kastell, Piazza Federico II di Svevia 6/8, ✆ 080-5237039.

Osteria al Gambero (1), reines Fischrestaurant mit Frischegarantie, unter großem Zeltdach und mit viel Atmosphäre. Fisch und Meeresfrüchte in allen Variationen, auch roh. Linguine mit Hummer *(con l'astice)*, reichhaltige Fischsuppen, Seebarsch *(spigola)* und andere Mittelmeerdelikatessen vom Holzkohlengrill *(alla brace)*, Menü 25–30 €, So Ruhetag. Etwas abgelegen an der Stazione Marittima, Corso Antonio De Tullio 8, ✆ 080-5216018.

La Cecchina (5), an der stimmungsvollen Altstadtpiazza Mercantile 31, großer Gewölbesaal, Tische im Freien, Fisch und Fleisch von Holzkohlengrill, Menü inkl. Getränke ca. 20 €, auch Pizza. ✆ 080-5214147.

Vini e Cucina (9), typische Nachbarschafts-Osteria seit 1870. Kühles Kellergewölbe, schnörkellose Hausmannskost, deftige Portionen, volkstümlich und preiswert, offener Wein, So Ruhetag. Strada Vallisa 23, Nähe Piazza Ferrarese, ✆ 330-433018.

Osteria Delle Travi (7), Tipp! Etwas versteckt am Altstadtrand gelegen und in abends düsterer Umgebung. Die fast schon legendäre Osteria, die mittlerweile von den Enkelkindern des Gründers geführt wird, bietet solide lokaltypische Küche mit einigen selten gewordenen Spezialitäten, z. B. jeden Freitag *Tiella di Riso, Patate e Cozze*, eine Art Primo-Auflauf mit Reis, Kartoffeln und Miesmuscheln. Ehrliche Preise, Menü ab 16 €, Mo Ruhetag. Largo Chiurlia 12, Verlängerung der Via Sparano da Bari, ✆ 339-1578848.

• *Cafés/Nachtleben* Bari ist nicht gerade die Straßencafé-Metropole des Südens. Eine echte Institution ist jedoch das **Gran Caffè** am Corso Cavour.

Die beiden Altstadtplätze Piazza Ferrarese und Piazza Mercantile sind so etwas wie die „gute gastronomische Stube" Baris, mit zahlreichen Restaurants und Straßencafés. Die friedliche Stimmung hält sich hier bis in die späten Abendstunden. Gemütlich sitzt man z. B. im **Caffè Nero (8)** in der Stradella Vallisa 19, einer Seitenstraße der Piazza Ferrarese, mit vornehmlich jungem Publikum oder im **Caffè sotto il Mare (6)** am anschließenden Stadtmauerweg Via Venezia. Für den kleinen Mittagshunger eignet sich das **Caffè Barcollo (4)** direkt neben der „Rechtssäule" – mittendrin und dennoch abseits des Trubels. Belegte Schinkenbrote und Salate ab 5 €. Piazza Mercantile 69/70, ✆ 080-5213889.

Feste & Veranstaltungen

Processione dei Misteri, feierlicher Karfreitagsumzug.

Festa di San Nicola, großes Fest zu Ehren des Schutzheiligen von Bari am Lungomare und in der Altstadt. Die Holzstatue des hl. Nikolaus wird feierlich aus der Kathedrale geholt, durch die Altstadt getragen und am nächsten Tag in Begleitung zahlloser Boote aufs Meer hinausgefahren – in Erinnerung an die Rückkehr der Gebeine des entführten Heiligen im Jahr 1087. Feuerwerksspektakel gehört selbstverständlich dazu, 7.–9. Mai.

Sagra del Pane in Piazza, eine Brotkirmes, auf der sogar Skulpturen aus Brot gebacken werden, Ende Okt.

Festival Castello, Theater-, Musik- und Kinoveranstaltungen auf der Festung, Juli/Aug.

Teatro Piccinni, Stadttheater und einzige städtische Bühne seit dem Brand im Teatro Petruzzelli (s. u.). Corso Vittorio Emanuele 88, ✆ 080-5213717.

Sehenswertes (Altstadt)

Castello Normanno-Svevo: Der Normanne Robert Guiscard ließ die trapezförmige Wehranlage auf römischen Fundamenten direkt am Hafenbecken, am südwestlichen Altstadtrand, errichten (Baubeginn 1071). Von der Festung aus konnte man dem patriotischen Widerstand in der Stadt gut imponieren, denn Bari war zur damaligen Zeit das hartnäckigste Zentrum des apulischen Kampfs gegen die Besatzungsmächte. Das Kastell wurde von Friedrich II. zwischen 1233 und 1240 völlig neu ausgebaut. Es erhielt u. a. ein Westportal, das ganz nach dem Geschmack Friedrichs eher an orientalische Formen als an die abendländische Gotik erinnert. Die Eingangshalle als feierliche Loggia und die Freitreppe, die vom Hof in die Obergeschosse führt, sind ebenfalls staufische Leistungen. Isabella von Aragon ließ später im Geschmack der Renaissance prunkvoll anbauen, u. a. die Ecktürme an der der Stadt zugewandten Seite. Bona Sforza, ihre Tochter, die Königin von Polen und letzte Herzogin von Bari, residierte ebenfalls in diesem massiven Gemäuer. Den spanischen Bourbonen fiel nichts anderes ein, als die Burg in einen Kerker umzuwandeln.

Die mächtige Vierflügelanlage betritt man von der Piazza Federico II di Svevia über eine Brücke, die den Burggraben überspannt. Zunächst geht es durch die Eingangshalle in den weitläufigen Innenhof. Einige Räumlichkeiten der Festung sind für wechselnde Ausstellungen reserviert, der Rest beherbergt die Büros von Ämtern und Behörden. Im Kastell ist außerdem eine *Gipsoteca* untergebracht, eine interessante Sammlung von Gipsabdrücken berühmter Plastiken sowie historischer apulisch-romanischer Architekturmodelle.

Öffnungszeiten Tägl. außer Mi 8.30–16 Uhr, Sa/So bis 19.30 Uhr. Eintritt 2 €. ✆ 080-5286218.

Repräsentativ: Die Kathedrale San Sabino

Kathedrale San Sabino: Unverkennbar ragt sie spitz betürmt aus der Altstadt heraus. Der Bau wurde im letzten Drittel des 12. Jh. auf den Trümmern des von Wilhelm I. im Jahr 1156 zerstörten byzantinischen Vorgängerbaus errichtet. Die Fassade wirkt mit den im oberen Teil noch vorhandenen byzantinisch-maurischen Verzierungen und den Portalen aus dem 18. Jh. ziemlich uneinheitlich. Vom einzigen noch stehenden Turm an der Ostfassade – den nur Auserwählte betreten dürfen – soll man einen wunderschönen Panoramablick haben.

Das Innere wurde von barocken Zutaten befreit und verkörpert wieder reinsten apulisch-romanischen Stil. Die Reste des alten Fußbodenmosaiks (8. Jh.) stammen noch vom Vorgängerbau. Architektonisch interessant ist die sog. *Trulla* neben dem linken Seitenschiff. Dieser ehemals freistehende Rundbau, ein Baptisterium aus dem 11. Jh., beherbergt seit dem 18. Jh. die Sakristei. Die Krypta im Untergeschoss ist noch weitgehend barockisiert. Über dem dortigen Hauptaltar steht die hochverehrte byzantinische Ikone der Maria Odegitria. Basilianermönche (→ S. 25) retteten sie einst vor den Bilderstürmern aus Konstantinopel.

Öffnungszeiten Tägl. 8–13.30 und 16–19.30 Uhr.

Museo Diocesano: Im angrenzenden Bischofspalast werden einige Glanzstücke der Bareser Kirchenschätze aufbewahrt, u. a. drei über 8 m lange Exultet-Rollen aus dem frühen 11. Jh. Die Liturgie auf diesen byzantinisch beeinflussten Buchrollen wurde immer am Karsamstag verlesen. Der vortragende Priester ließ die Rollen dabei über die Kanzelbrüstung herabhängen, so dass die Illustrationen neben dem Text – die auf dem Kopf standen! – für die Gläubigen im Kirchenschiff sichtbar waren.

Öffnungszeiten Do/Sa/So 9.30–12.30, Sa auch 16.30–19.30 Uhr. Palazzo Arcivescovile in der Strada dei Dottula, ✆ 080-5210064, www.odegitria.bari.it.

Basilica San Nicola: Der gedrungene Körper der romanischen Prachtkirche mit ihrem schweren Mauerwerk ist aus dem weißem Kalkstein Pietra Tranese (→ S. 182).

Früher stand an dieser Stelle der Palast des Gouverneurs aus Konstantinopel, der sog. Katapanspalast. Er war der Inbegriff byzantinischer Präsenz in Apulien. Die Normannen überbauten die Residenz in über hundertjähriger Arbeit (1087–1189) vollständig und errichteten eine der größten Kirchen Apuliens: stilbildend und monumental. Die massive Eckturm-Einfriedung – als Ausdruck normannischer Stärke gedacht – lässt die Kirche tatsächlich wie eine Festung erscheinen. Trani wetteiferte damals mit Bari um den größten und schönsten Dombau an der Costa di Bari (Näheres dazu unter Trani, S. 181 f.).

Durch die beiden figurengeschmückten Portale gelangt man ins Innere. Die üppig verzierte barocke Holzdecke stammt aus dem 17. Jh. Der Altar ist mit einem prächtigen Baldachin überdacht, der die Statue des hl. Nikolaus schützt, die mit bischöflichen Gewändern behangen ist. Dahinter, auf dem byzantinischen Mosaikboden, steht ein wertvoller Bischofsthron (11. Jh.), dessen Sitzfläche von schmerzverzerrten Menschlein getragen wird. Die vermeintlichen Überreste des hl. Nikolaus befinden sich in der Krypta – noch heute ein viel besuchtes internationales Wallfahrtsziel. Inzwischen hat man auch eine Kapelle für orthodoxe Pilger eingerichtet. Die 26-Säulen-Krypta wurde bereits 1089 von Papst Urban II. geweiht. Er reiste extra aus dem vornehmen Rom nach Apulien, um die heiligen Reliquien in ein tiefes Grab unter schwere Steinplatten zu betten. Aus dem Grab träufelt angeblich eine wundersame Flüssigkeit, heiliges Manna genannt, die einst flaschenweise zu horrenden Preisen reißenden Absatz fand.

Die Schatzkammer *Tesoro di San Nicola* gleich rechts am Haupteingang beherbergt die zahlreichen Geschenke an den Schutzheiligen sowie wertvolle Urkunden vom byzantinischen Gouverneur und von Friedrich II.. Außerdem finden sich hier die Krone des normannischen Königs Roger II. von Sizilien, Votivbilder der Zaren von Russland, illuminierte Gebetbücher und die Reste jener Holzkiste, in der die Gebeine des hl. Nikolaus aus Myra entführt wurden.

Öffnungszeiten Tägl. 7–12.45 und 16–19.45 Uhr.

Santa Claus

In Bari machten einst die Pilger und Kreuzfahrer auf dem Weg ins Heilige Land Zwischenstopp, um vor dem Kirchenschatz von San Nicola niederzuknien. Die Basilika war nämlich eigens als würdige Herberge für die Gebeine des San Nicola entstanden – eben des Heiligen, der als (vor-)weihnachtlicher Kinderbeschenker noch heute fast überall populär ist. 1087 waren die Gebeine des wundertätigen Bischofs aus Myra in Kleinasien „geholt" worden. Der Legende nach haben 62 tapfere Seeleute die Reliquien in Myra geraubt und nach Bari gebracht, jedoch halten sich ernstzunehmende Gerüchte, dass die Italiener den falschen Sarg erwischt hätten. Alljährlich am 8. Mai wird der Coup mit einer großen Bootsprozession gefeiert.

Kirche San Gregorio: Dieser elegante romanische Sakralbau aus dem 12. Jh. befindet sich in unmittelbarer Nähe der Kathedrale San Nicola. Die Gewölbe des Innenraums ruhen auf schmalen Säulen mit reich verzierten Kapitellen. Das zumeist verschlossene Gotteshaus ist die beliebteste Bareser Hochzeitskirche.

Via Venezia: Im Rücken von San Nicola beginnt der erhöhte, jüngst sanierte Stadtmauerweg Via Venezia mit Blick auf die Altstadt und den Porto Vecchio. Er endet

Provinz Bari
Karte S. 158/159

an dem belebten Piazza-Duo Ferrarese und Mercantile, wo zwischen einigen interessanten historischen Gebäuden die *Colonna della Giustizia* auffällt. Hier wurden früher die Bankrotteure öffentlich zur Schau gestellt, deshalb auch der Spitzname *Colonna della Vergogna* (Scham, Schande).

Sehenswertes (Neustadt)

Neustadt: Dieser Prachtbau beherbergt eine Benetton-Filiale

Teatro Petruzzelli: Der eindrucksvolle Bau mit der rotbraunen Fassade am belebten Corso Cavour entstand um die vorletzte Jahrhundertwende und war Anfang des 20. Jh. das kulturelle Zentrum des liberalen Bareser Bürgertums. Im Oktober 1991 brannte das Theatergebäude vollständig aus. Die kollektive Trauer um das kulturelle Wahrzeichen der Stadt war groß. Im Petruzzelli trafen sich nicht nur die Opern- und Theaterfreunde Apuliens. Dank der hervorragenden künstlerischen Leitung war es über die Landesgrenzen hinaus bekannt und hatte Anschluss an die internationale Kulturszene. In den Bereichen Konzert, Tanz, Oper und Varieté gastierten namhafte Gruppen und Solisten aus aller Welt.

Über dem Außenbalkon befinden sich die Gipsbüsten von Verdi, Rossini und Bellini. Im ca. 200 m² großen Foyer stehen die Statuen der bekanntesten apulischen Komponisten: Nicola De Giosa, Saverio Mercadente, Giovanni Paisiello und Niccolò Piccinni, dem die Stadt ein eigenes, sehenswertes und regelmäßig bespieltes Theater am Corso Vittorio Emanuele gewidmet hat (s.u.). Die seit Jahren verschleppte Restaurierung des Teatro Petruzzelli ist längst zum kulturpolitischen Skandal geworden.

Pinacoteca Provinciale Corrado Giaquinto: Die Landespinakothek ist im ehemaligen *Palazzo della Provincia* in der Via Spalato 19, Ecke Lungomare Nazario Sauro untergebracht. Es handelt sich um die umfangreichste Gemäldesammlung der Region mit Werken aus dem 15. bis 19. Jh., wobei die heimische neben der neapolitanischen und venezianischen Malerei den Schwerpunkt bildet. Außerdem gibt es eine neue Abteilung mit Gegenwartskunst zu sehen.

Öffnungszeiten Di–Sa 9.30–13 und 16–19 Uhr, So nur vormittags, Mo und an Feiertagen geschlossen. Eintritt 2,60 €. ✆ 080-5412422, www.retepuglia.uniba.it/Pinacoteca.

Teatro Comunale Piccinni: Das von außen unscheinbar wirkende Theater wurde 1854 eingeweiht, es fasst 620 Zuschauer und avancierte nach der Brandkatastrophe im Teatro Petruzzelli (s. o.) zum wichtigsten Bühnenhaus der Provinz. Benannt ist es nach dem Bareser Komponisten Niccolò Piccinni (1728–1800), dessen zahlreiche komische Opern den Nerv der damaligen Zeit trafen. Die dekorreiche Innenausstattung wurde einem neapolitanischen Designer übertragen. Besonderes Augenmerk gebührt dem Theatervorhang, dessen Motive an eine Schenkung von König Manfred (→ S. 140), dem Sohn Kaiser Friedrichs II., an die Stadt erinnern. Heute werden hier Opern und Konzerte gegeben.

Öffnungszeiten Di–Sa 10.30–12.30 und 17–20 Uhr, falls keine Proben oder Abendveranstaltungen stattfinden. Zugang über die Passage links vom Haupteingang. ✆ 080-5212484, www.fondazionepetruzzelli.it.

Stolz ist Bari auf seinen **Skulpturenpark** auf der Piazza del Mediterraneo im Nordwesten der Stadt, der 1997 im Rahmen des internationalen Künstlertreffens *Giochi del Mediterraneo* errichtet worden ist. Im Zentrum der weitläufigen, quadratischen Platzanlage stehen zahlreiche, z. T. monumentale Objekte und Installationen – interessant für Liebhaber zeitgenössischer moderner Kunst.

Bitonto

ca. 55.000 Einwohner

Ein Ausflug in die Kleinstadt, dessen Atmosphäre gern mit Neapel verglichen wird, lohnt sich. Inmitten des verwinkelten Stadtkerns steht die Kathedrale San Valentino mit strahlend weißer Kalksteinfassade – eines der ausgereiftesten Beispiele apulisch-romanischer Sakralarchitektur.

Gleich hinter dem Dickicht der stark zersiedelten Peripherie von Bari beginnt das flache Randgebiet der Murgia. Das eher bäuerlich geprägte Bitonto liegt eingebettet in endlosen Olivenbaumpflanzungen. Hier wird ein Großteil des apulischen Olivenöls produziert. Das lokale Speiseöl mit dem Handelsnamen *Cima di Bitonto* ist wegen seiner guten Qualität weit über die Landesgrenzen hinaus bekannt. Die ertragreichen Bäume, die in dieser Gegend außergewöhnlich groß sind, werden noch

Romanischer Dom San Valentino

überwiegend manuell abgeerntet. Die Arbeit verrichten wie in alter Zeit v. a. Braccianti, einheimische und ausländische Tagelöhner.

Höhere Gewalt: Das Frühjahr 1999 wird den örtlichen Olivenölproduzenten wohl noch lange in Erinnerung bleiben, denn Anfang Mai ereignete sich hier eine kleine Naturkatastrophe: Ein kurzer, aber sehr heftiger Hagelschauer beschädigte die jungen Triebe der Olivenbäume so stark, dass die Ernteeinbußen bis zu 80 % betrugen. Außerdem benötigten die Bäume mindestens drei Jahre, um sich zu erholen und wieder die gleiche Menge an Oliven wie vor der Zeit zu tragen.

Bitonto ist ein altes Siedlungszentrum des peuketischen Volkstamms und war bereits im vierten vorchristlichen Jahrhundert ein bedeutender Handelsplatz. Die *Via Traiana,* die römische Heeresstraße und Handelsroute in den Fernen Osten, verband das Munizipium Bitonto über den Hafen von Bari mit dem Oströmischen Reich. Die erste gewaltsame Zerstörung erlebte die Stadt um 975, zur Zeit der byzantinischen Herrschaft in Bari. In der normannisch-staufischen Periode entstand das mittelalterliche Stadtbild, das im Lauf der Jahrhunderte schichtweise überlagert wurde – die auffallenden Höhenunterschiede der Altstadtbepflasterung machen die jeweiligen Bebauungsphasen deutlich sichtbar. 1734 schlugen die Bourbonen vor den Toren Bitontos eine entscheidende Schlacht gegen die expandierenden Österreicher; der Obelisk auf der Piazza 26 Maggio 1734, am Ende der *Via Repubblica,* erinnert daran. Trotz der Nähe zu Bari beharrt das selbstbewusste Städtchen auf Eigenständigkeit, v. a. seit der restaurierte angiovinische Festungsturm für eine neue städtebauliche Qualität an der *Porta Baresana,* dem traditionellen Zugang zur Altstadt, sorgt.

Gemütliches Straßencafé in Bitonto

• *Information* Freundlichen Service, Stadtpläne und Unterkunftsverzeichnisse gibt's im **Infopoint der Cooperativa Ulixes** direkt an der Porta Baresana. Mo–Fr 8.30–13.30 und 15.30–19 Uhr, Sa nur vormittags. Piazza Marconi 4, ✆ 080-9903078, www.cooperativaulixes.it. Weitere Infos zu Kommune unter www.comune.bitonto.ba.it, aktuelle Veranstaltungstipps unter www.bitontolive.it.

• *Anfahrt & Verbindungen* **Auto**, den Schnellstraßenring um Bari in Richtung Modugno (ausgeschildert) verlassen, von dort am besten auf der S 98 weiter. Parkmöglichkeiten am östlichen Altstadtrand auf der Piazza Marconi.

Bahn, von Bari-Zentrum aus empfiehlt sich die Ferrotranviaria Bari-Nord. Tägl. mehrmals Züge in beide Richtungen mit 25 Min. Fahrzeit. Vom Bahnhof führt die Via Repubblica zur Altstadt.

• *Übernachten/Essen & Trinken* *** **Hotel Nuovo**, Familienbetrieb seit 1965. Von außen etwas steril wirkender Neubau im

Die Dompiazza ist das Herzstück der Altstadt

Wohngebiet, recht kleine Zimmer, schlicht und sauber, vorwiegend von Geschäftsleuten frequentiert, eigene Garage, kein Hotelrestaurant. DZ 80 €, EZ 55 € ohne Frühst. Einziges Hotel in der City, Altstadtnähe, Via Enrico Ferrara 21, ✆ 080-3751178, 📠 080-3718546.

B&B Il Basilisco, ein guter Tipp für stilvolles Wohnen mitten in der Altstadt. Drei Zimmer in warmem Zen-Design teilen sich ein Bad, bester Blick auf die Kathedrale. Das Restaurant und Straßencafé *Il Plancheto* im Erdgeschoss ist ebenfalls zu empfehlen. Jan. geschlossen, Mo Ruhetag (Ristorante). DZ 70 €, EZ 35 €. Piazza Cattedrale 5, ✆ 080-9903117 oder 393-5818863, basiliscobeb@fastwebnet.it.

Il Barbecue, etwas versteckt in einer Nebenstraße der Piazza Marconi gelegen, kleines volkstümliches Ristorante, einfache Hausmannskost, Fleisch vom Holzkohlegrill, deftige Primi, Pizza aus dem Steinofen, Menü mit Getränken max. 20 €. Via Petrarca 11, ✆ 080-3748831, So Ruhetag.

Traetta, im Frühjahr 2008 neu eröffnetes Ristorante mit angeschlossener Pasticceria und Caffetteria. Anspruchsvolle landestypische Kost direkt am Altstadttor Porta Baresana in einem stilvollen Gewölbesaal (ein weiterer Zugang von der Piazza Marconi). Menü 20–25 €, mittags und abends geöffnet. Piazza Cavour 26, ✆ 080-3718715 oder 339-2410093.

• *Einkaufen/Spezialitäten* Bocconotti sind eine lokale Gebäckspezialität mit Ricotta und schmecken ausgezeichnet in der **Pasticceria Il Bocconotto**. Via Sedile 7, gleich hinter dem Altstadttor rechts, Mo geschlossen.

• *Feste & Veranstaltungen* **Festa dei Santissimi Medici**, Stadtfest zu Ehren der beiden heiligen Ärzte und Zwillinge Kosmas und Damian. Mehrtägige Feierlichkeiten mit großen Votivkerzen überall in der Stadt und einer Prozession zur Wallfahrtskirche am Stadtrand, um den 26. Sept.

Sehenswertes

Das alte Stadttor **Porta Baresana** an der Piazza Marconi führt direkt in die Altstadt. Gleich daneben steht der Rundturm der Anjous aus dem späten 14. Jh. *(Il*

Torrione Angioino), der seit Abschluss der Restaurierungsarbeiten für wechselnde Kunstausstellungen genutzt wird. Den Übergang zum verwinkelten Altstadtviertel markiert ferner die Piazza Cavour mit der barocken Kirche San Gaetano. Interessant sind auch die beiden Renaissancepaläste mit den katalanischen Architekturelementen.

Die nahezu vollständig bewohnte **Altstadt** durchzieht ein weitverzweigtes Gassenlabyrinth, das man sich aufmerksam erschließen sollte. Die trichterförmige Anlage des *Borgo Vecchio* weist etliche Höhenunterschiede auf, welche die verschiedenen Bebauungsphasen verdeutlichen. Die Dächer der mittelalterlichen Häuser am südlichen Mauerring sind teilweise begehbar – sie erhielten ihre Bepflasterung während der zweiten Altstadterweiterung. Insgesamt ein sehenswertes Potpourri aus bescheidenen Wohnhäusern, herrschaftlichen Adelspalästen, aufgegebenen Kirchen, mittelalterlichen Stadttoren und dem 2005 wiedereröffneten *Teatro Umberto I* aus der ersten Hälfte des 19. Jh.

Kathedrale San Valentino: Sie liegt im Herzen der Altstadt und ist ganz aus Pietra Tranese (→ S. 182) gebaut, dem harten, weißen Kalkstein, der in der Gegend von Trani gebrochen wird. Ein vollkommenes Beispiel apulisch-romanischer Sakralarchitektur aus dem 12./13. Jh. (Baubeginn 1156). Die restaurierte Fassade unterteilen zwei kantige Strebepfeiler; über den beiden doppelbogigen Mittelfenstern sieht man eine kunstvoll gearbeitete Fensterrose, die das Giebeldreieck fast ganz ausfüllt. Beachtenswert ist v. a. das geschmückte Portal, das von Löwen und Fabelwesen flankiert wird. Aufgrund ihrer exponierten Lage ist auch die Seitenfassade reich ausgestaltet mit sechs Arkaden und einem galerieartigen Überbau.

Im Inneren der dreischiffigen Basilika verdient die *Steinkanzel* von 1229 besondere Aufmerksamkeit. Ihre Reliefverzierungen zeigen u. a. einen thronenden Fürsten mit Krone und Zepter – nach Ansicht einiger Kunsthistoriker handelt es sich dabei um ein Porträt Friedrichs II. Im linken und rechten Seitenschiff befinden sich jeweils Bischofsgrabmäler aus dem 17. Jh. Im heiligen Säulenwald der Krypta sind byzantinische Fresken und ein großartig skulptiertes Lesepult zu bewundern. Hier beginnt auch der erst 2002 freigelegte Weg durch die beeindruckenden Überreste der Vorgängerbauten aus frühchristlicher und vorromanischer Zeit, mit Fragmenten eines Fußbodenmosaiks aus dem 5./6. Jh. und einem großartigen Greifenmosaik aus dem 10./11. Jh.

Öffnungszeiten Tägl. 9.30–12.30 und 16–19 Uhr.

Palazzo Eustacchio Rogadeo: Der Adelspalast aus dem 13. Jh. befindet sich nahe der Kathedrale in der Via Gian Donato Rogadeo 52; er beherbergt u. a. die Stadtbibliothek *(Biblioteca comunale).* In einem angeschlossenen Raum, der die Bezeichnung Museum absolut nicht verdient oder allenfalls den Titel Kuriosum, ist ein unübersichtlicher Mix aus archäologischen Fundstücken, Dokumenten aus der Zeit des Risorgimento und Gemälden ausgestellt.

Öffnungszeiten Mo–Fr 9.30–13.30, Di/Do auch 15–18 Uhr. Eintritt frei. ✆ 080-3751877.

Museo Archeologico: Sehenswert ist hingegen das neu eröffnete archäologische Museum der Fondazione De Palo-Ungaro, Via Mazzini 44, mit kunst- und kulturgeschichtlich wertvollen Exponaten aus den antiken Nekropolen von Bitonto und Ruvo.

Öffnungszeiten Di–So 9–12, Di/Do auch 17–19 Uhr. Eintritt frei. ✆ 080-3715402.

Stimmungvolle Costa di Bari

Costa di Bari

Die apulische Küste ober- und unterhalb von Bari ist mit hübschen Hafenstädten gespickt. Auf diesen etwa 110 Kilometern zeigt Apulien als die küstenreichste Festlandsregion Italiens sein seestädtisches Gesicht am deutlichsten.

In kurzen Abständen von 10 bis 20 km säumen idyllische mittelalterliche Hafenstädte das Meeresufer. Die durchweg niedrige Klippenküste der Costa di Bari ist zwar für Wasserratten wenig attraktiv, aber dafür kann man in Kunstgeschichte schwelgen und erlebt obendrein viel Hafenatmosphäre. Trani mit der Königin der apulisch-romanischen Kathedralen und Polignano mit seinen waghalsig bebauten Klippen sind die Reisehöhepunkte an diesem dicht besiedelten Küstenstreifen, dessen Endpunkte im Nordwesten Barletta und im Südosten Monopoli bilden.

• *Anfahrt* Die P 141 (von Manfredonia) und die S 16 (von Foggia) führen beide nach Barletta; von dort auf der Küstenentlastungsstraße oder der parallel verlaufenden, aber zeitaufwändigeren alten Küstenstraße (S 16) durch die Ortskerne der Hafenstädte Trani, Bisceglie, Molfetta und Giovinazzo. Von Bari nach Monopoli gibt es keine Alternative zur stark frequentierten und in diesem Abschnitt leider auch unfallträchtigen Schnellstraße.

Barletta

ca. 90.000 Einwohner

Die wichtige Hafenstadt ist neben Bari der größte Warenumschlagplatz der Provinz. Auf den ersten Blick wirken die Neubauten und Industrieareale am Stadtrand wenig einladend, aber wer erst einmal ins alte Hafenviertel und zu den gut erhaltenen Baudenkmälern vorgedrungen ist, der kommt mit Sicherheit auf seine Kosten.

Das Kastell aus dem 13. Jh., das früher direkt am Meeresufer stand, gehört nach der aufwändigen Restaurierung wieder zu den eindrucksvollsten spätmittelalterlichen Wehrbauten Apuliens. Der Dom Santa Maria Maggiore (ebenfalls 13. Jh.), einer der

Barletta, die Filmstadt: In der Patricia-Highsmith-Verfilmung von „Nur die Sonne war Zeuge“ durch René Clément (1960) schippert Alain Delon mit einem Hochseesegler und bösen Absichten durchs Hafenbecken. Und der italienische Regisseur Franco Zeffirelli lässt seinen Otello (1988) im Castello von Barletta singen.

wuchtigsten romanischen Sakralbauten an der Küste, wurde Anfang der 90er Jahre für die stolze Summe von 1,6 Mio. Euro komplett restauriert. *San Sepolcro* ist die älteste Kirche (Ende 12. Jh.), die Barletta zu bieten hat. Eindrucksvoll steht der Bronzeherkules *Colosso di Barletta* daneben (Alter rund 1500 Jahre, Größe über 5 m) und schaut sehnsüchtig über die Altstadt und das Meer hinweg in Richtung seines Geburtsorts Konstantinopel.

Gigantischer Koloss aus Bronze

Zwar ist der Hafen selbst wenig beschaulich, im quirligen **Hafenviertel** erinnern jedoch nicht nur die Namen der Plätze (Piazza Pescheria, Piazza Marina) an die Fischfang- und Seehandelstradition. Überall stößt man noch heute auf Fischereibetriebe und Niederlassungen kleiner Handelsgesellschaften. Der Fischmarkt an der barocken Porta Marina, dem alten Hafentor, ist allmorgendlicher Schauplatz einer Inszenierung rund um den Fisch – und im Hintergrund sorgen die hohen Silos und modernen Industrieanlagen für einen bizarren Kontrast. Im Labyrinth der engen Altstadtgassen, schmalen Treppenwege und überbauten Mauerbögen gibt es viel zu entdecken. Mitunter sieht man die Hausfrauen, wie sie den frischen Tintenfisch auf den Pflastersteinen direkt vor ihren Haustüren weich klopfen. Reste der dunklen Flüssigkeit spritzen dabei in alle Richtungen.

Großstädtisch gebärdet sich Barletta v. a. am *Corso Vittorio Emanuele.* Die dortigen Einzelhandelsgeschäfte preisen in ihren Auslagen feine Waren an, und elegante Menschen treffen sich in schicken Bars. In den frühen Abendstunden füllt sich die zentrale *Piazza Aldo Moro,* auf der das temperamentvolle Menschengetümmel bisweilen einem Volksaufstand gleicht. Dabei geht es doch „nur“ um Geselligkeit – ein mediterranes Schauspiel, das in Barletta besonders intensiv zelebriert wird.

Information/Anfahrt & Verbindungen/Adressen

• *Information* Im **IAT-Büro** sind ein Stadtplan und Prospekte über Barletta und Umgebung erhältlich, dazu liegen massenhaft Visitenkarten von Hotels und Restaurants aus. Geöffnet Mo–Fr 9–13 und 16.30–19 Uhr. Corso Garibaldi 204, ✆ 0883-331331, www.comune.barletta.ba.it.

• *Auto* Von der A 14 führt ein kerzengerader Zubringer ins Zentrum. Die P 141 und die S 16 führen ebenfalls direkt dorthin. Gute Parkmöglichkeiten am Castello.

• *Bahn* FS-Bahnhof der Adria-Hauptstrecke Ancona – Foggia – Bari. Außerdem ist Barletta der Endbahnhof der *Ferrotranviaria Bari-Nord*. Mit dem *Treno dell'Archeologia e dell'Ambiente* erreicht man das Ausgrabungsgebiet von Canne della Battaglia (→S. 205). Der Bahnhof liegt relativ zentral; über die Viale Carlo Giannone erreicht man schnell die belebte Piazza Aldo Moro.

• *Bus* Der Busbahnhof befindet sich nördlich vom Albergo Prezioso (s. u.) auf einer rechteckigen Piazza in Höhe der Via Manfredi 40–60.

• *Internet* Die **ki-point**-Filiale, Corso Cavour 90, bietet Internetzugänge. ✆ 0883-336528.

Übernachten/Essen & Trinken

• *Hotels* ****** Nicotel (1)**, komfortabler und gut geführter Neubau am südlichen Lungomare, zehn Gehminuten zum Kastell, kein Restaurant. DZ 150 €, EZ 100 € inkl. Frühst. Via Regina Elena, ✆ 0883-348946, ℻ 0883-334383, www.nicotelhotels.com.

*** Albergo Prezioso (2)**, Hafenviertel-Randlage, Nähe Piazza Plebiscito. Akzeptable Unterkunft, wenn man bescheidene Ansprüche stellt. DZ 45 €, EZ 30 €. Via Teatini 11, ✆/℻ 0883-520046.

B&B Vins Lounge (5), kleines Privatquartier mitten im Centro storico, im zweiten Stock eines Altbaus. Drei tadellose Zimmer, ruhig gelegen, kurze Wege zu den Sehenswürdigkeiten der Stadt. DZ 65 €. Via del Duomo

Provinz Bari
Karte S. 158/159

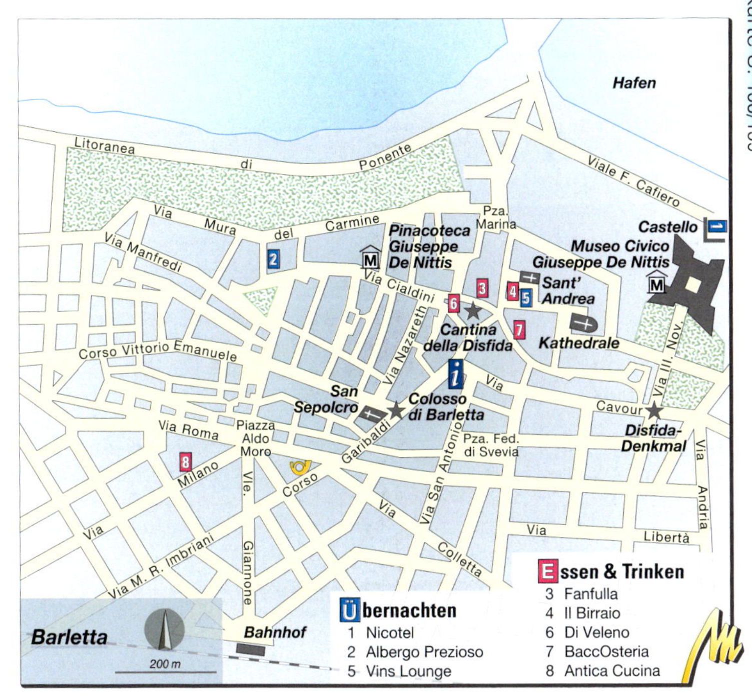

5, ✆ 0883-390788 oder 347-5916026, ✆ 0883-390788, www.vinslounge.it.

• *Essen & Trinken* **Antica Cucina (8)**, zentrale Trattoria (Nähe Piazza Aldo Moro) mit Tradition und Michelin-Stern. Fischgerichte mit Frischegarantie, ausgezeichnete Fleisch-Secondi (z. B. Zicklein), regionale Käsespezialitäten und vorzügliche Ricotta-Nachspeisen, ausgewählte Flaschenweine, Menü 25–35 €. Mo/Di sowie Sonntagabend geschlossen. Via Milano 73, ✆ 0883-521718.

L'Osteria di Veleno (6), ehemalige Enoteca mit Flaschen- und Fässerdekoration, im Herzen des alten Hafenviertels gelegen, auch Tische im Freien. Die gemütliche Osteria ist im Stil der historischen Cantina della Disfida (s. u.) eingerichtet und serviert solide Fischküche, eine Spezialität ist die Fischsuppe. 80 verschiedene Wein- und 20 Grappasorten, Menü um die 30 €, geöffnet nur abends, Mo Ruhetag. Via Enrico Cialdini 21, ✆ 0883-532880.

• *Abends* In der Altstadt haben in den letzten Jahren etliche Pubs, American Bars, Enoteche und Birrerie eröffnet, in denen häufig auch kalte und warme Snacks serviert werden. Uns hat das **Café Fanfulla (3)** am besten gefallen: Tische auf der Piazza Sfida, offener Wein, Cocktails, Crêpes, junges Publikum, gute Musik, lange geöffnet, Mi Ruhetag.

BaccOsteria (7), Tipp! Mitten im alten Hafenviertel, modern-rustikal eingerichtet, transparenter Boden mit Blick in den gut sortierten Weinkeller, allererste Adresse für lokaltypische Küche auf hohem Niveau zu akzeptablen Preisen. Zu den Spezialitäten des Hauses gehören z. B. Spaghetti mit Seeigeln *(ricci)*, Calamari mit Ricotta-Füllung und in Moscato di Trani (Dessertwein) geschmortes Zicklein *(capretto)*, Menü 30–40 €. Unbedingt reservieren, da nur wenige Tische vorhanden sind, Mo Ruhetag. Via San Giorgio 5, ✆ 0883-534000.

Eine echte Herausforderung ist hingegen das erste apulische Brauhaus **Il Birraio (4)** mit angeschlossener **Pizzeria** in der Via del Duomo 13.

Feste & Veranstaltungen/Baden

Großes Stadtfest in Erinnerung an die Disfida di Barletta mit folkloristischem Umzug und Reitturnier, Ende Juli. Folgendes Ereignis stand Pate: Am 13. Febr. 1503 fand im Hinterland von Barletta ein Kampf zwischen je 13 italienischen und französischen Rittern statt. Dem Turnier war ein heftiger Wortwechsel in einer Altstadtkneipe vorausgegangen, der heute noch erhaltenen Cantina della Disfida (s.u.).

Der **Lido** von Barletta befindet sich an der Litoranea di Levante, östlich der zweiten Hafenmole. Neben den z. T. eingezäunten Bagni mit Barbetrieb findet man auch frei zugängliche Strandabschnitte.

Sehenswertes

Castello mit Museo Civico Giuseppe De Nittis: Der wuchtige quadratische Flügelbau mit den weit vorspringenden Eckbastionen ist eine eindrucksvolle Wehranlage, an deren Errichtung alle Herrscherdynastien, die Apulien zwischen dem 13. und 16. Jh. regierten, beteiligt waren. Vor dem Aufbruch ins Heilige Land verkündete der Stauferkaiser Friedrich II. auf dem Vorplatz des Kastells den kirchlichen und weltlichen Würdenträgern seines unteritalienischen Königreichs höchstpersönlich sein politisches Testament. Es sollte im Falle einer ausbleibenden Rückkehr vom Kreuzzug in Kraft treten und sah Kaisersohn Manfred als Thronfolger vor. In der Tat machte dieser die Burg von Barletta 1259, neun Jahre nach dem Tod des Vaters, zu seiner Residenz.

Seit dem Ende der Restaurierungsarbeiten in den 1980er Jahren beherbergt das Kastell auch das städtische Museum. Hier wird eine etwas angenagte Büste Friedrichs II. aufbewahrt – eine der ganz wenigen plastischen Darstellungen des Staufers. Hauptsächlich aber widmet sich das Museum dem Werk des Malers *Giuseppe De Nittis*. Der Künstler behauptete sich im 19. Jh. erfolgreich im Umfeld der Pariser Impressionisten. Die umfangreiche Ölgemäldesammlung *Disfida di Barletta* („Die

Die Herausforderung

„Eine Stunde von der Stadt entfernt liegt mitten im Felde der Kampfplatz der berühmten ‚Disfida di Barletta'. Dort fochten am 13. Februar 1503 dreizehn italienische Ritter mit ebenso vielen auserwählten Franzosen einen Zweikampf aus, welchen höhnische Bemerkungen französischer Edler über die Kriegsuntüchtigkeit der Italiener veranlasst hatten … Die tapfern und fröhlichen Franzosen erschienen in ihrem nationalen Übermut so siegesgewiss, dass ihrer keiner jene Summe Geldes mit sich gebracht hatte. Aber das Los fiel anders aus als ihre Erwartung; ein Franzose blieb tot auf dem Kampfplatz, die anderen wurden verwundet in das Kastell Barletta abgeführt, wo sie erst ihr Lösegeld aufzubringen hatten und dann freundlich entlassen wurden … Ganz Italien jubelte, nur mischte sich in diese patriotische Freude das demütigende Bewusstsein, dass der ritterliche Sieg nicht für die Freiheit des Vaterlandes, sondern unter den Fahnen des spanischen Eroberers erfochten war, der bald darauf halb Italien knechten sollte."

Ferdinand Gregorovius, in: *Wanderjahre in Italien*

Das Kellergewölbe der **Cantina della Disfida,** Schauplatz des historischen Konflikts, kann in der Altstadtgasse Via Enrico Cialdini 1 besichtigt werden. Hier befindet sich auch das Gipsdenkmal mit den zwei kämpfenden Rittern, das seinerzeit am Kampfplatz der Disfida aufgestellt wurde. Eine Bronzekopie davon steht auf dem Vorplatz des Kastells.

Öffnungszeiten Di–So 9–13 und 15–20 Uhr. Eintritt frei.

große Herausforderung") enthält zahlreiche Hauptwerke De Nittis' und repräsentiert in hervorragender Weise das außergewöhnliche Talent des Malers aus Barletta. Anschließend sollte man unbedingt die Rampe hoch auf das begehbare Dachgeschoss mit *Bella Vista,* wo sich auch ein kleines Marionettenmuseum befindet.

Öffnungszeiten Kastell und Museum Tägl. außer Mo 9–13 und 15–19 Uhr. Eintritt 4 €, Kombiticket mit der gleichnamigen Pinakothek (s. u.) 6 €.

Pinacoteca Giuseppe De Nittis: Der prächtige *Palazzo della Marra,* der um 1700 im barocken Geschmack der Zeit umgestaltet wurde, war Sitz der Adelsfamilie Orsini und beherbergt heute die Schätze der städtischen Pinakothek. Glanzstücke sind natürlich die Werke des impressionistischen Malers Giuseppe Gaetano de Nittis, der am 25. Februar 1846 in Barletta geboren wurde. Weitere Räume werden für wechselnde Sonderausstellungen genutzt.

Öffnungszeiten Mo 10–14, Di–So 10–20 Uhr. Die Eintrittspreise sind abhängig von Art und Umfang der Wechselausstellungen. Via Enrico Cialdini 74, ✆ 0883-538312, www.pinacotecadenittis.it.

Kathedrale Santa Maria Maggiore: Das Gebäude erstrahlt nach der Restaurierung innen und außen wieder in vollem Glanz. Der romanische Kirchenbau in unmittelbarer Kastellnähe wurde um 1140 begonnen. Die figurengeschmückten Seitenportale stammen noch aus dem 12. Jh., während das Hauptportal später im Renaissancestil umgestaltet wurde. Der dreischiffige Innenraum mit den fünf Chorkapellen besitzt sakrale Kostbarkeiten aus allen Jahrhunderten, darunter natürlich auch ein Tafelbild der *Madonna della Disfida.*

Colosso di Barletta: Seit 1491 steht die riesenhafte Bronzefigur unbeweglich an der Längsseite der Kirche San Sepolcro. Über 5 m misst der Gigant mit dem erhobenen

Eine Legende über den Giganten erzählt, dass er die Stadt einst durch eine List gerettet haben soll, und zwar vor der Zerstörungswut der Sarazenen, die einen Vergeltungsschlag gegen die Kreuzritter führten. Beim Marsch auf Barletta, das die Schutztruppen bereits verlassen hatten, trafen die muselmanischen Krieger den Koloss weinend am Hafen sitzen. Auf die mitleidige Frage nach dem Grund seiner Trauer antwortete er, dass er den Schmerz nicht überwinden könne, wegen körperlicher Untauglichkeit ausgemustert worden zu sein. – Fluchtartig bliesen die Sarazenen zum Rückzug.

Kreuz in der Rechten und den halbmeterdicken Waden. Es handelt sich um die größte Gussskulptur der Spätantike! Die Statue der Superlative stellt wahrscheinlich einen oströmischen Kaiser dar, möglicherweise Valentinian I. (Regierungszeit 364–375). Der Riese stand ursprünglich in Konstantinopel, der Hauptstadt des byzantinischen Kaiserreichs. Nach der Eroberung der Stadt durch Kreuzritter im Jahr 1204 wurde der Koloss von Venezianern per Seefracht nach Westen geschickt. Die Reise endete jedoch mit einem Schiffbruch vor der apulischen Küste. 1309 wurden der Statue im Auftrag Karls II. von Anjou die Extremitäten amputiert, um aus der Bronze Glocken gießen zu können. Erst Ende des 15. Jh. wurde der Torso wieder zu einer vollständigen Skulptur ergänzt und hier aufgestellt.

Basilica del Santo Sepolcro: 1972 wurde die Kirche vollständig restauriert, dabei hat man versucht, den schlichten Charakter der ursprünglich romanischen Kirche aus dem 12. Jh. zu rekonstruieren. Vom Originalbau stammen heute nur noch Teile der Fassade sowie ein großes Taufbecken. Im rechten Seitenschiff erkennt man vorne das hübsche Bildnis einer Madonna im Ikonenstil. Beachtenswert sind v. a. die Freskenfragmente aus dem 14. Jh. auf den Emporen über der Eingangshalle. Der aus dem weißen Kalkstein Pietra Tranese (→S. 182) errichtete Kirchenbau wirkt hell und luftig.

Beherbergt ein sehenswertes Museum: Das Kastell von Barletta

Blick über den Hafen zur Kathedrale

Trani

ca. 55.000 Einwohner

Eine stolze Hafenstadt, die man unbedingt gesehen haben muss. Der strahlend weiße Dom, die Königin unter den apulisch-romanischen Kathedralen, steht „mit einem Bein" fast im Wasser. Das große Hafenbecken wird von einer Promenade weiträumig eingefasst – zur blauen Stunde am Abend ist sie romantischer Treffpunkt von Alt und Jung.

Der schönste Blick auf die saubere und lichterfüllte Hafenstadt ergibt sich von der leicht erhöhten *Villa comunale*, dem meerseitig gelegenen Stadtpark. Der für süditalienische Verhältnisse peinlichst gepflegte Stadtkern strotzt geradezu vor monumentalen Stadtpalästen mit imposanten Fassaden aus den verschiedensten Epochen. Das Stauferkastell, die uneinnehmbare Hafenbastion, wurde gründlich restauriert und ist wieder zu besichtigen.

Trani stritt mit Bari im Mittelalter um die Position als bedeutendste Seehandelsstadt an der unteren Adria. In dieser Zeit entstand auch die Hafenbefestigung, und 1063 gab sich Trani als erste italienische Hafenstadt ein eigenes Seerecht. Den genauen Wortlaut dieser *Ordinamenta Maris* kann man heute auf einem Denkmal im Stadtpark nachlesen. Vergleichbar mit den Hansestädten im Norden Europas war Trani zu dieser Zeit eine geschäftige Handelsstadt mit tüchtigen Kaufleuten und Reedern, die sich trotz der normannischen Eindringlinge, der Kreuzzugsunruhen, der venezianischen Adria-Vorherrschaft und Bari im Nacken eine weitgehende Autonomie bewahren konnte. Dieses historisch gewachsene Selbstbewusstsein strahlt die Stadt noch heute aus.

Trani und Bari stritten damals nicht nur um die wirtschaftliche Vorherrschaft, sondern auch um die geistige Führungsrolle als christliche Pilgerstätte an der Costa di

Pietra Tranese

In der Peripherie der Stadt wimmelt es von Marmor-, Granit- und Steinsägereien, welche die Umgebung mit einem zementfeinen Staub bedecken. Schon zur Zeit der mittelalterlichen Bauperiode wurde hier die blendend weiße Pietra Tranese gebrochen, ein harter Kalkstein, aus dem u. a. die Kathedralen von Trani, Bari und Bitonto gebaut sind.

Bari. Beide Städte widmeten ihre eindrucksvollen Gotteshäuser jeweils einem (natürlich unterschiedlichen) hl. Nikolaus. Der Traneser **Dom San Nicola Pellegrino,** der im Jahr 1097 begonnen wurde, geht – nach Meinung der Kunstkenner – als Sieger aus dem mittelalterlichen Kathedralen-Wettstreit beider Städte hervor.

Unter dem Staufer Friedrich II. prosperierte die Stadt weiter, und die Errichtung des Kastells im 13. Jh. machte die ohnehin schon sichere Hafenanlage schier uneinnehmbar. Mit den Anjous begann der Niedergang. Im 16. Jh. fiel Trani mehrmals in die Hände der Venezianer. Unter spanischer Herrschaft verlor die einst glorreiche Seestadt zunehmend an Bedeutung, denn die spanischen Seefahrer hatten – wie wir spätestens im Kolumbusjahr 1992 gelernt haben – andere Kontinente und andere Seewege im Auge. Auch mit den Franzosen konnten die Traneser, ganz im Gegensatz zu ihren Bareser Nachbarn, nicht so richtig. Im Zuge der napoleonischen Eroberung Italiens verweigerten die Bürger Tranis den französischen Generälen sogar den Einzug in die Stadt. Doch dieser Widerstand hat sich nicht ausgezahlt. Trani wurde 1797 gebrandschatzt und danach klein gehalten, während das franzosenfreundliche Bari aufblühte.

Information/Anfahrt & Verbindungen/Adressen

• *Information* **Ufficio Informazioni**, Piazza Trieste 10, im Palazzo Palmieri, ✆ 0883-588830, www.traniweb.it, www.comune.trani.ba.it und www.trani.biz.

• *Anfahrt/Verbindungen* **Auto**, an der Küstenstraße, die ins Zentrum von Trani führt, befinden sich zahlreiche steinverarbeitende Betriebe (Pietra Tranese). Der Corso Vittorio Emanuele, eine prächtige Allee, führt direkt auf die moderne Piazza della Repubblica; links geht es hinunter zur Villa comunale (Stadtpark) und zum Hafenbecken.

Gute Parkmöglichkeiten bestehen auf der Piazza Plebiscito (am Haupteingang zum Stadtpark), ein bewachter Parkplatz befindet sich zwischen Dom und Kastell.

Bahn, Trani besitzt einen FS-Bahnhof. Auf der schnurgeraden Via Cavour erreicht man den Porto in ca. 15 Min. zu Fuß.

• *Internet* **Café Ervin**, an der Ausfallstraße in Richtung Bisceglie, Via Vittorio Malcangi 352 (nach der letzten Ampel rechts).

• *Post* In einer der Geschäftsstraßen, die vom Viereck der Piazza della Repubblica abzweigen, Via Giovanni Bovio 121.

• *Mietfahrzeuge* **Avis**, gegenüber dem Bahnhof. Kleinwagen ab 82 €. Piazza XX Settembre 9, ✆ 0883-588874, www.avisautonoleggio.it.

Übernachten/Essen & Trinken

• *Übernachten* **** **Hotel Regia (1)**, in unmittelbarer Domnähe. Herrschaftlicher Palazzo aus dem 18. Jh., innen vollständig modernisiert, das Hotelrestaurant hat eine lauschige Speiseterrasse mit Hafenblick. DZ 130–150 €, EZ ab 120 €. Piazza Duomo 2, ✆/℻ 0883-584444, www.hotelregia.it.

**** **San Paolo al Convento (3)**, bejahrter Hotelpalazzo am Hafen mit herrlichem Blick auf die Kathedrale. Die Zimmer befinden sich im Convento dei Padri Barnabiti, zu dem auch die benachbarte Karmeliterkirche gehört. DZ 90–240 €. Via Statuti Marittimi 111, Nähe Stadtpark, ✆ 0883-482949, ℻ 0883-

487096, www.sanpaoloalconvento.traniweb.it.

*** **Hotel Trani (10)**, relativ frischer Neubau in Bahnhofsnähe. Ordentlicher Gesamteindruck, Garage, Restaurant. DZ 66–74 €, EZ 42–47 €. Corso Imbriani 137, ☏ 0883-588010, ℻ 0883-587625, www.hoteltrani.it.

B&B Centro Storico (4), Tipp! Charmantes Logis im Herzen der Altstadt. Die unterschiedlich geschnittenen und möblierten Zimmer verteilen sich auf mehrere Stockwerke, bei einigen handelt es sich um ehemalige Zellen eines Klarissenklosters aus dem 15. Jh. Prachtstück der Anlage ist die heimelige Frühstücksterrasse. EZ 35 €, DZ 50 €. Via Leopardi 29, ☏ 0883-506176 oder 347-9131740, www.bbtrani.it.

** **Albergo Lucy (5)**, kleiner Familienbetrieb in Hafennähe. Zehn große, helle und hübsch mit alten Möbeln eingerichtete Zimmer mit zwei bis drei Betten. 2005 hat die betagte Signora Lucy (Lucia) die Leitung an Tochter und Schwiegersohn übergeben. DZ 60 € (kein Frühst.). Piazza Plebiscito 11, am Haupteingang zur Villa comunale (Stadtpark), ☏/℻ 0883-481022, www.albergolucy.com.

• *Essen & Trinken* Dessertweinliebhaber sollten hier den samtigen *Moscato di Trani* probieren, es gibt ihn als *Dolce naturale* (15 %) und *Liquoroso* (18 %).

La Darsena (8), an der Hafenfront, in einem prächtigen Gewölbesaal des historischen Palazzo Quercia, seit über 20 Jahren für ausgezeichnete Fischküche bekannt, Menü 30 €, Mo Ruhetag. Via Statuti Marittimi 98, ☏ 0883-487333.

La Locanda (9), Hafennähe, in der Seitengasse Via Zanardelli 12. Geschmackvoll eingerichtet, Tische auch auf der Gasse, schnörkellose lokaltypische Küche, Menü 25 €, Mi Ruhetag. ☏ 0883-480218.

Provinz Bari
Karte S. 158/159

Corteinfiore (6), im Innenhof eines historischen Palazzo, der einem Paradiesgarten gleicht, mit alten Zitrus- und Granatapfelbäumen. Raffinierte Fischküche, elegantes Publikum, erlesene Flaschenweine, Menü 30 €, So abends und Mo geschlossen. Via Ognissanti 18, ✆ 0883-508402.

Hostaria Borgo Antico (7), fantasievoll gestaltete, sinnliche Erlebniswelt zwischen Piratenschiff und Villa rustico, ein kulinarischer Spaß für die ganze Familie. Vor allem für Pizza am Abend zu empfehlen. Tolle Küstenlage mit Terrasse auf felsigen Klippen direkt am Wasser. Menü ab 20 €, Pizza ab 5 €, Mo Ruhetag. Vialetto Grotta Azzurra 1/11, an der Küstenstraße zwischen Stadtpark und Kloster Santa Maria di Colonna, ✆ 0883-484080.

Osteria Caccianferno (2), Tipp für Fischverächter! In einer Seitengasse vom Domplatz, kühles Gewölbe, Tische auch draußen. Primi und Hauptgerichte nur auf Fleisch- und Gemüsebasis (knuspriges Grillfleisch). Deutliche Aschenbecherinschrift: „Gäste sind wie Fisch, nach drei Tagen stinken sie." Menü ca. 20 €, Mo Ruhetag. Via San Nicola 9, ✆ 0883-585978, www.osteriacaccianferno.it.

Feste & Veranstaltungen

Viertägiges Stadtfest zu Ehren des Schutzheiligen *San Nicola il Pellegrino* mit Fackelumzug, Musik und Feuerwerk. Haupttag ist der 1. So im Aug.

Sehenswertes

Kathedrale San Nicola Pellegrino: Jede ordentliche Kathedrale braucht eine(n) Heilige(n)! In Trani war es der aus Griechenland stammende Pilger Nikolaus, der 1094 vor der damaligen Stadtkirche Santa Maria della Scala zusammenbrach und starb. Papst Urban II. sprach diesen griechischen Pilger wegen dessen wunderwirkender Aura und auf Drängen der Traneser Kirchenlobby heilig; womit Trani auch einen hl. San Nicola (il Pellegrino) hatte und mit dem Bau der gleichnamigen Kathedrale beginnen konnte. Auftakt war 1097 – zehn Jahre nach der Grundsteinlegung zum Nikolausdom in Bari. Die Baugeschichte des Traneser Doms liest sich wie ein einziger Wettstreit mit dem Bareser Dom in Sachen Größe und Aussehen. Erst im 13. Jh. war die „Königin der Kathedralen", eine der eindrucksvollsten Kirchenbauten Apuliens, vollständig fertig.

Die doppelläufige Freitreppe, die zum Eingangsportal hinaufführt, entstand nicht etwa aus Furcht vor einer Springflut, sondern war notwendig, da die Vorgängerkirche Santa Maria della Scala in den Kathedralenbau integriert wurde. Sie bildet Teile der Unterkirche. Der mittlere Arkadenbogen der Fassade rahmte einst eine kostbare zweiflügelige Bronzetür, die der heimische Meister namens Barisanus Ende des 12. Jh. unter Verwendung byzantinischer und romanischer Stilelemente schuf. Heute ist die wertvolle Tür nach gründlicher Restaurierung im Inneren der Kirche verwahrt, wo sie effektvoll angestrahlt wird.

Der schlanke Campanile entstand in mehreren Bauphasen, der obere Abschluss wird um 1360 datiert. 1952 war der Glockenturm vom Einsturz bedroht; er wurde vollständig abgetragen und originalgetreu wiederaufgebaut. Die ummauerten Apsiden der Rückfront wirken im Gegensatz zur ansonsten eleganten Gesamterscheinung wie ein Bollwerk.

Das *Kircheninnere* ist ein lichtdurchflutetes, zweigeschossiges Arkadengewölbe, das auf Doppelsäulen ruht. Darunter befinden sich die Reste der erwähnten Vorgängerkirche, die erst in jüngerer Zeit freigelegt wurden. Noch weiter darunter liegt die frühchristliche Gebetszelle des San Leucio aus rohem Bruchstein, wahrscheinlich 6. Jh. Die Halle der Säulenkrypta ist über die Seitenschiffe zu erreichen. Die Gebeine des Nicola Pellegrino ruhen in einem Silberschrein unter dem Altar der Mittelapsis; außerdem sei noch auf die Fresken im byzantinischen Stil hingewiesen.

Öffnungszeiten Mo–Sa 8.15–12.15 und 15.15–18 Uhr, So und Feiertag 9–13 und 15.30–18 Uhr.

Stauferkastell: Die zwischen 1230 und 1249 unter Friedrich II., quasi in Rufweite zum Dom errichtete Vierflügelanlage war ein Repräsentationsbau des mächtigen Staufers. Die Wehranlage wurde in den folgenden Jahrhunderten nur geringfügig verändert und ist damit – wie Castel del Monte – einer der wenigen rein staufisch gebliebenen Bauten Apuliens. Friedrichs unehelicher Sohn und Nachfolger König Manfred (→ S. 140) feierte hier 1259 seine Hochzeit mit Helena von Epirus. Das Castello, das im 20. Jh. als Gefängnis mit Hochsicherheitstrakt diente, ist nach jahrzehntelangen Restaurierungsarbeiten wieder zu besichtigen. Ein kleines Museum ist mit mittelalterlichen Objekten bestückt, u. a. eine sehenswerte steinerne Lünette mit dem Relief eines Kriegers, und weiteren Funden, die 1533 bei Ausgrabungsarbeiten entdeckt wurden. Eine Fotoausstellung dokumentiert die Restaurierung. Über eine Freitreppe gelangt man ins Obergeschoss zu wechselnden Ausstellungen.

Öffnungszeiten Tägl. 8.30–19 Uhr. Eintritt 2 €.

Nah am Wasser gebaut – das Stauferkastell

Stadtpark und Hafenbecken: Direkt neben dem Hafen befindet sich ein erholsamer Uferpark, die Villa comunale mit dem Seerechtsdenkmal und zwei angrenzenden Kirchen, einem Renaissancebau aus dem 16. Jh. und einem ursprünglich romanischen Gotteshaus. An der meerseitigen Spitze des Parks steht ein kleines Fort – der schönste Aussichtspunkt mit Blick auf das fast geschlossene Hafenrund. Am Hafenbecken selbst hat man nahezu den ganzen Tag über die Gelegenheit, den Fischereibetrieb zu beobachten. Der Fischmarkt ist direkt am Hafen und auf dem Marktplatz in der Altstadt.

Kloster Santa Maria di Colonna: Das Kloster befindet sich am Ende der östlichen Stadtbucht auf der Spitze einer Halbinsel und ist allein schon wegen der fantastischen Lage sehenswert. Die Restaurierung des ehemaligen Benediktiner- und späteren Franziskanerklosters mit der dreischiffigen Kirche ist erst jüngst abgeschlossen worden. Die Benediktiner errichteten den Klosterkomplex im 12. Jh., nachdem sie wegen des Kathedralenneubaus aus ihrem städtischen Domizil Santa Maria della Scala weichen mussten.

Öffnungszeiten Von innen nur Sonntagvormittag zu besichtigen.

Bisceglie

ca. 45.000 Einwohner

Die bescheidene Kleinstadt mit mittelalterlichem Ortskern besitzt einen beschaulichen Naturhafen. Vom normannischen Kastell sind nur mehr Türme vorhanden. Der Dolmen di Chianca, ein gut erhaltenes Megalithgrab, liegt ein paar Kilometer entfernt im Landesinneren – ein lohnenswerter Ausflug ins fruchtbare Küstenhinterland voller Olivenbäume.

Die Kathedrale Santissimi Pietro e Paolo (Bauzeit 1073–1295) steht mit ihrem winzigen Vorplatz im Zentrum der Altstadt. Sie führt im Schatten der strahlend weißen Dombauten der Nachbarstädte eher ein Aschenputteldasein. Die bescheidene dreischiffige Emporenbasilika mit Holzdecke wurde zwischen 1962 und 1975 von allen Barockisierungen des 18. Jh. befreit. Interessant ist die wohlproportionierte Baldachin-Säulen-Konstruktion an der Frontfassade. Innen und außen sind zahlreiche Reliefverzierungen zu bewundern.

Von Norden kommend erreicht man auf der Durchgangsstraße zwangsläufig die zentrale Piazza – wie sollte sie auch anders heißen – Vittorio Emanuele II mit Parkmöglichkeiten. Hier kann der Altstadtbummel beginnen. Vor der imposanten Fassade des unübersehbaren Teatro Garibaldi geht es links hinunter zum alten Hafenviertel und im Zickzackkurs vorbei an einsturzgefährdeten Altbauten, balkengestützten Mauern, Turmruinen und bossierten Häuserfronten aus dem 15. Jh. Unversehens steht man vor dem kleinen Becken des Fischer- und Sporthafens.

Am Altstadt-Torbogen steht das schmale Kirchlein Sant'Adoeno aus dem 11. Jh., dessen Stein heute vom Ruß geschwärzt ist. Im barockisierten Inneren ist ein Taufbecken mit einer meisterlichen Reliefverzierung am Rand zu sehen. Die interessante Kuppelkirche Santa Margherita von 1197 (hinter dem Teatro Garibaldi) ist eine kleine Privatkirche mit den Grabmälern der Adelsfamilie Falcone an der Außenwand. Die drei aufwendig gearbeiteten Grabmäler sind Meisterwerke aus dem 13. Jh.

Ebenfalls im Centro storico steht das ehemalige *Monastero di Santa Croce*, das heute ein frühgeschichtliches Museum mit interessanten Fundstücken aus dem Großraum von Bisceglie beherbergt. Im Innenhof des Klosters befinden sich auch die Geschäftsräume der örtlichen Touristeninformation **Pro Loco.**

Öffnungszeiten Museo Civico Archeologico Di–Fr 9–13, Di/Do auch 16–18, Sa 10.30–12.30 Uhr. Eintritt frei. Via Giulio Frisari 7.

• *Übernachten/Essen & Trinken* **** **Salsello**, etwas fantasieloser Neubau am städtischen Nordufer, aber gut geführt und mit viel gelobtem Hotelrestaurant. DZ 92–100 €, EZ 72–78 €, HP ca. 70 €/Person. Via Vito Siciliani 29, ✆ 080-3955953, 080-3955951, www.hotelsalsello.it.

**** **Palazzo Bonomi**, neben dem pittoresken Festungsturm. Die beste Adresse im Centro storico für Schlafen, Essen und Weindegustation, Menü 30 €, EZ 80–90 €, DZ 130–140 €. Largo Castello 6, ✆ 080-3953755, 080-3362652, www.palazzobonomiresort.it.

La Sirenella, im Sommer angesagtes Open-Air-Restaurant am nördlichen Ende der Hafenbucht. Jugendliches Publikum, ideal für den Pizzahunger. Via della Liberta 8, ✆ 080-3922962.

Umgebung

Dolmen di Chianca: In der Geschichte der europäischen Grabriten steht der Dolmen für den Übergang von der Höhlen- bzw. Grottenbestattung zur künstlich angelegten Grabstätte. Der Dolmen di Chianca wurde erst Anfang des 20. Jh. ent-

Frühgeschichtliche Maßarbeit: Dolmen di Chianca

deckt, vom ihn umgebenden Erdhügel befreit und zugänglich gemacht. Das prähistorische Steinplattengrab gehört zu den wenigen gut erhaltenen Megalithgräbern Italiens. Die Grabbeigaben für die in Kauerstellung bestatteten Toten befinden sich im Museo Archeologico von Bari (→ S. 161). In der Umgebung sind weitere Steingräber öffentlich zugänglich gemacht worden.

Anfahrt Dem Hinweis „Dolmen" an der Durchgangsstraße von Bisceglie landeinwärts folgen. Kurz vor der Autobahn links, auf einer engen Asphaltpiste geht es ein ganzes Stück durch Olivenbaum- und Weinplantagen.

Molfetta

ca. 65.000 Einwohner

Eine grandiose Kathedrale mit drei Kuppeldächern und zwei flankierenden Glockentürmen steht direkt am Hafen. Hinter den hohen Fronten der herrschaftlichen Uferpalazzi verbirgt sich die langsam wieder erwachende Altstadt mit ihrem entdeckenswerten Gassenlabyrinth, das in den sechziger Jahren des 20. Jh. nahezu vollständig verlassen war.

Im großen Hafenbecken liegt die stattliche Fischereiflotte Molfettas vor Anker und an der Hafenfront steht der spätmittelalterliche *Duomo Vecchio San Corrado* (Grundsteinlegung 1150). Weit über 100 Jahre zog sich die Errichtung dieses eingekeilten Prachtbaus hin, dessen Kuppeln und Türme der Altstadt-Skyline einen markanten Verlauf geben. An den hellen Außenwänden der Kathedrale unbedingt auf die teils grotesken, figürlichen Verzierungen achten! Im Inneren sind byzantinisch-orientalische und abendländisch-romanische Stilelemente vereint; gleich am Eingang ein Weihwasserbecken mit der Sockelfigur in Gestalt eines Sarazenen. Romanische Reliefverzierungen schmücken auch den Altar. Architektonisch interessant ist v. a. die lichtdurchflutete ovale Zentralkuppel.

Gleich hinter dem alten Dom beginnt die labyrinthische Altstadt, die nach und nach wieder zu neuem Leben erwacht. Eifrig wird restauriert und überall dort, wo die Balkone schon wieder trittfest sind, sprießen liebevoll gepflegte Topfpflanzen – viel Grün zwischen mittelalterlichem Mauerwerk. Aus der Vogelperspektive wirkt die Altstadt wie eine Austernmuschel, mit zwischen zwei Polen verlaufenden Gassen. Während das westliche Ende von den Doppeltürmen des Doms dominiert wird, münden die Gassen am östlichen Ende der Altstadt auf die malerische *Piazza Municipio,* die von mehreren frisch restaurierten Adelspalästen eingefasst wird. Besonders erwähnenswert ist hier die *Chiesa di San Nicola* – eine ehemalige Kirche des Templerordens – und der *Palazzo Giovene* aus dem 16. Jh. Letzterer ist heute Sitz der Stadtverwaltung, die in den Räumen von Zeit zu Zeit die Werke örtlicher Künstler präsentiert.

Der breite *Corso Dante Alighieri* trennt die ins Meer hineinragende Altstadt vom eigentlichen Stadtzentrum ab und erleichtert die Orientierung. An dieser Achse befindet sich auch der neue Dom, der vielmehr die eigentliche Kathedrale der Stadt ist – eine mächtige Barockkirche aus dem Jahr 1610. Nur wenige Schritte weiter verkaufen die Fischer an der *Piazza Mazzini,* im pittoresken Kreuzgang eines ehemaligen Franziskanerklosters aus dem Jahr 1220, ihren Fang. Die Peripherie der Stadt ist stark industrialisiert. In jüngster Zeit entstanden großflächige Outlet-Zentren, für die auf grellen Plakatwänden links und rechts der Küstenschnellstraße geworben wird.

• *Information* Die städtische **Touristeninfo** befindet sich in der Altstadt an der Piazza Municipio 30. Mo–Sa 9–12 und ab 16 Uhr geöffnet, So nur vormittags. ✆ 080-3359402, www.prolocomolfetta.it.

• *Anfahrt & Verbindungen* **Auto**, am Ortseingang der Ausschilderung „Porto" folgen und an der breiten Uferstraße oder an der Piazza Mazzini (mit dem Monument in der Mitte) parken. So hat man Hafen, Altstadt und Dom gleich in der Nähe.

Bahn, Ankunft am ungünstig gelegenen FS-Bahnhof; der lange Corso Umberto führt in die Altstadt.

• *Mietfahrzeuge* **Nolò** am Corso Dante Alighieri 44 verleiht Fahrzeuge jeder Couleur: Fahrräder (auch Tandems), Scooter und Pkws. Kleinwagen ab 50 €, Vespas ab 36 €, Räder ab 10 €/Tag. ✆ 080-9648284, www.nolo-rent.com.

• *Übernachten* *** **Hotel Garden**, kleiner, gepflegter Hotelbetrieb an lauter Ausfallstraße, mit Hotelrestaurant. DZ 80 €, EZ 55 €. Am Stadtrand, an der Straße nach Terlizzi, ✆ 080-3341722, ✆ 080-3349291, www.gardenhotel.org.

• *Essen & Trinken/Cafés* **Borgo Antico**, schickes, kleines, alteingesessenes Ristorante in historischem Gemäuer mit häufig wechselnder Karte. Ausgezeichnete Fischgerichte, aber relativ teuer, Menu Degustazione um die 40 €, Mo geschlossen. An der Altstadtpiazza Municipio 20, ✆ 080-3974379.

Isola di Sant'Andrea, dunkles, aber gemütlich eingerichtetes Gewölbe, große Auswahl an Meeresfrüchte-Antipasti, Seeigel immer frisch. Das Preis-Qualitäts-Verhältnis stimmt, Menü ca. 20 €. Via Dante 98 (an der Piazza Mazzini), ✆ 080-3354312.

I due Foscari, klimatisiertes Hafenrestaurant in einem historischen Palazzo mit geschmackloser Holzveranda an der Hafenpromenade und Pizzeria im Nebengebäude, Menü um die 18 €, Do Ruhetag. Via San Domenico 15, ✆ 080-3974497.

Bistrot, Tipp! Heller Gewölbesaal nahezu ohne Dekoration, am Altstadtrand unweit der Piazza Mazzini. Die Suche lohnt sich schon allein wegen der köstlichen Primi, z. B. Linguine al Limone e Prosciutto oder Risotto con Carciofi e Gamberi, Menü ab 20 €, Mi Ruhetag. Corso Dante Alighieri 33, ✆ 080-3975812.

Blues Cafè, Straßencafé an der Piazza Mazzini, Jugendtreff, lange geöffnet. Corso Dante Alighieri 49, ✆ 080-3976411.

Weitere gemütliche Straßencafés und Gelaterie befinden sich ein paar Schritte weiter an der breiten Hafenpromenade, z. B. das **Café al Duomo** und die **Gelateria Cipriani**.

Herausgeputzt: Das Hafenstädtchen Giovinazzo

Giovinazzo

ca. 20.000 Einwohner

Schmucke, kleine Küstenstadt, die im Ortskern und im Bereich des winzigen Naturhafens fast schon verdächtig sauber ist. Wäre die Stirnseite nicht zubetoniert, könnte man sogar von einer idyllischen Hafenbucht sprechen.

Die leicht erhöht stehende romanische Kathedrale (13. Jh.) hat in jüngerer Zeit eine vollständige und sorgfältige Restaurierung erlebt. Nun thront sie hell leuchtend über dem Hafenbecken und der Altstadt. Gleich dahinter erstreckt sich das vorbildlich sanierte *Centro storico,* ein stellenweise orientalisch anmutendes Gassengewirr mit zahlreichen historischen Bauten und viel Atmosphäre.

1283 war die kuppellose Kathedrale mit den beiden Ecktürmen fertiggestellt. Im 18. Jh. fiel die schlichte romanische Kirche der damals grassierenden Barockisierungsmode zum Opfer; im Gegensatz zu vielen anderen Sakralbauten hat man diese aber niemals von dem barocken Zierrat wieder befreit. Beeindruckend ist die Krypta mit den romanischen Kapitellen. Der ziselierte Silberschrein in der Sakristei stammt ebenfalls aus dem 13. Jh.

Neben der Kathedrale befindet sich ein meerseitig befestigter Herzogspalast aus dem 17. Jh. *(Palazzo Ducale),* der heute allerdings leer steht und seit Jahren darauf wartet, wieder in neuer Schönheit zu erblühen.

• *Information* **Pro Loco** am Eingang zur Altstadt an der Piazza Umberto 12. Rechts daneben befindet sich ein kleines **Antiquarium**, das auf Nachfrage von den Mitarbeitern gerne geöffnet wird (Eintritt frei). Werktags 10–12.30 Uhr und 17–19 Uhr, Samstagnachmittag und So geschlossen. ✆ 080-3942138, www.giovinazzo.it.

• *Anfahrt & Verbindungen* **Auto**, von Norden und Süden endet die Küstenstraße im Stadtzentrum am weitläufigen Dreieck der Piazza Vittorio Emanuele II. Dort sind ausreichend Parkplätze vorhanden (Parkschein am Automaten). Der **FS-Bahnhof** befindet sich am südlichen Stadtrand. Nicht alle Züge zwischen Bari und Barletta halten in Giovinazzo!

• *Übernachten/Camping* **** **San Martin**, aufwendig sanierter Palazzo mitten in der Altstadt, insgesamt 20 komfortable Zimmer mit historischem Mobiliar eingerichtet, feines Hotelrestaurant. DZ 120 €. Via Spirito Santo 42, ✆ 080-3942627, ℻ 080-3901238, www.smartinhotel.it.

*** **Hotel Lafayette**, recht ordentliches Strandhotel mit Swimmingpool. Zwischen Küstenstraße und Meer eingeklemmtes Areal an der nördlichen Stadtausfahrt in Richtung Molfetta. Zimmer teilweise mit Balkon und Blick aufs Meer. DZ 80 €, EZ 55 €. ✆ 080-3947022, ℻ 080-3945505, .

* **Albergo Mediterraneo**, bescheidener, kleiner Familienbetrieb mit benachbarter Tavernetta (Ristorante und Pizzeria), nur für eine Notübernachtung zu empfehlen. Ganzjährig geöffnet. DZ 60–65 €. Via Molfetta 118, direkt an der lauten Durchgangsstraße, ✆/℻ 080-3947625, h_mediterraneo@libero.it.

** **Camping La Baia**, einer der wenigen Campingplätze an der felsigen Costa di Bari. Kleines, gepflegtes Grundstück hinter schützenden Mauern, schattig, Mai–Sept. geöffnet. 2 Pers., Zelt und Auto 20–22 €. Nördliche Ortseinfahrt, direkt am Felsufer, ✆/℻ 080-3945165, www.campinglabaia.it.

*** **Camping Campofreddo**, windige Uferzone, wenig Schatten, überwiegend Wohnwagen-Dauerstellplätze. 2 Pers., Zelt und Auto 19–21,50 €. Am südlichen Stadtrand, ✆/℻ 080-3942112, www.campofreddo.it.

• *Essen & Trinken/Cafés* **Al Porto Antico**, direkt am zubetonierten Hafenstrand in einem alten Garagengewölbe unterhalb der Straße. Nettes, kleines Ristorante mit Pizzeria, Tische auch im Freien, ehrliche Preise, Mo geschlossen. Lungomare Marina Italiana 1, ✆ 080-3948699.

O'Sarracino, Neueröffnung, ebenfalls direkt am Hafen. Kleiner Speiseraum im hohen Gewölbe einer ehemaligen Werft und Tische auf der Hafenterrasse. Solide Fischküche, Menü ab 20 €. ✆ 348-3837627.

La Creperia, im historischen Palazzo Zurlo mitten in der Altstadt. Crêpes, Snacks und mehr, Tische im Freien, vorwiegend junges Publikum, abends lange geöffnet, Mi Ruhetag. Piazza Zurlo 16, ✆ 080-3943441, www.lacreperia.it.

Fondaco de'Guelfi, stilvoller Landgasthof mit lauschigem Garten. Hervorragende Küche, erstklassige Gemüse-Primi und delikate Fleischgerichte, Menü ca. 30 €, tägl., aber nur abends geöffnet. Auch Vermietung von sehr ansprechend mit Stilmöbeln eingerichteten Zimmern, HP 70 €/Person. Außerhalb, an der Küstenstraße nach Santo Spirito, Ortsteil Torre San Matteo ✆ 080-3948008.

Schöne Freiplätze auf einer Terrasse über dem Hafen und gutes Eis gibt es in der **Gelateria Il Canaruto**, Piazza Porto 27, ✆ 080-3946346.

Einen noch schöneren Blick auf die Stadt genießt man von der anderen Seite des Hafenbeckens, von der **Café-Lounge Fronte del Porto**. Nur im Sommer geöffnet, Mo Ruhetag. Lungomare Marina Italiana, ✆ 080-3947526, www.frontedelporto.it.

• *Baden* Die Felsküste ist hier stark zerklüftet, aber die glatt gespülten Felsnasen und -becken bieten gute Einstiegsmöglichkeiten ins Wasser.

Weiter in Richtung Bari: Über Santo Spirito und Palese geht es häufig nur im Schneckentempo ins Zentrum der Regionsmetropole. Relativ zügig umfährt man Bari hingegen auf der Schnellstraße. Alles Wissenswerte zu Bari finden Sie ab → S. 160, im Folgenden geht es die südliche Costa di Bari entlang bis zur Provinzgrenze.

Polignano a Mare

ca. 17.000 Einwohner

Eine touristische Perle an der südlichen Costa di Bari, die nicht durch ein anmutiges Gotteshaus besticht, sondern durch eine schier göttliche Lage.

Malerisch und waghalsig zugleich klammert sich die bildhübsche Kleinstadt an die Ränder der grottengespickten Steilküste. Die schmalen Gassen der schneeweiß getünchten Altstadt führen an verschiedenen Stellen zu spektakulären Aussichtsplattformen direkt über dem Abgrund, wo man atemberaubende Blicke auf Höhleneingänge, poröse Felswände, stufenförmige Steingebilde und prächtige Häuserfronten am Klippenrand hat. Senkrecht darunter das smaragd- bis türkisfarbene Meer. Die tief ins Felsinnere verzweigte *Grotta Palazzese* ist vom gleichnamigen Hotelkomplex überbaut, an der Rezeption kann man um Erlaubnis für eine Besichtigung fragen.

Aus dem engen Ortskern ragt die städtische Hauptkirche *Santa Maria Assunta,* die bereits 1295 geweiht, aber im Lauf der Jahrhunderte wiederholt verändert wurde. Das Hauptportal ist im Stil der Spätrenaissance gehalten, während der Innenraum der dreischiffigen Kirche sich weitgehend barock zeigt. Chorgestühl und Flügelaltar sind äußerst kunstvoll gearbeitet.

Polignano ist übrigens eine der feierfreudigsten Städte der Provinz Bari; mehrere kulinarische Feste und folkloristische Veranstaltungen erhöhen die Attraktivität des ohnehin schon reizvollen Städtchens noch um einiges. In diesem Zusammenhang muss unbedingt erwähnt werden, dass es sich bei Polignano um den Heimatort des 1994 verstorbenen, unvergesslichen *Domenico Modugno* handelt, der mit seinem Schlager „Volare" musikalisch mehrfach die Welt eroberte. Ein respektables Denkmal haben die Polignaneser ihm jedoch noch nicht gesetzt.

Anfahrt & Verbindungen

• *Auto* Am besten schon in San Vito von der S 16 abfahren und von dort über die Küstenstraße ins Zentrum. Günstig gelegene Parkplätze am nördlichen Eingang zur Altstadt vor dem Hotel Covo dei Saraceni.

• *Bahn* Station an der FS-Linie Bari – Brindisi. Der Bahnhof liegt etwas ungünstig in der Neustadt.

Übernachten/Essen & Trinken

• *Hotels* **** **Grotta Palazzese**, First-Class-Hotel, direkt über der gleichnamigen Grotte am südlichen Rand der Altstadt gelegen. Einzigartiges Höhlenrestaurant mit suggestiver Atmosphäre, auch Tische im Freien, eigene Muschelbecken, Fischküche auf Gour-

Spektakulär aufgewürfelte Häuser

Provinz Bari
Karte S. 158/159

metniveau. Relativ kleine Zimmer, aber Frühstücksterrasse mit tollem Blick aufs Meer. DZ 116–150 €. Via Narciso 59, ✆ 080-4240677, ✆ 080-4240767, www.grottapalazzese.it.

**** **Covo dei Saraceni**, ebenfalls schöne Küstenlage, Restaurantterrasse direkt über dem Meer. Modern, jüngst renoviert und gut geführt. DZ 100–145 €, EZ 75–120 €. Via Conversano 1, ✆ 080-4241177, ✆ 080-4247010, www.covodeisaraceni.com.

**** **Castellinaria**, luxuriöses Strandhotel an kleinem, geschütztem Privatstrand, viel Grün, das die Geräusche der nahen Schnellstraße allerdings nicht ganz ausblenden kann. Vornehmes Hotelrestaurant. DZ 121–185 €, EZ 78–115 €. Ungefähr 3 km außerhalb der Stadt an der nördlichen Badebucht von San Giovanni, ✆/✆ 080-4240233, www.hotelcastellinaria.it.

B&B dei Serafini, sehr schöne Privatunterkunft in der Altstadt, die zum Ristorante Cablu gehört (s. u.). Neun teils sehr unterschiedich eingerichtete Zimmer, vom Standard-EZ bis zur üppig möblierten Suite. Standard-DZ 60–90 €. Piazza Vittorio Emanuele 43, ✆ 080-4247562 oder 349-5776033, www.bebdeiserafini.com.

• *Essen & Trinken* **Trattoria della Nonna**, in der Altstadt gleich hinter dem Kirchplatz in einer Seitengasse. Kühles Gewölbe mit kleiner Terrasse am Eingang, tadellose Meeresküche, Menü um die 25 €, der Wirt spricht etwas Deutsch, Mo Ruhetag. Via San Benedetto 39, ✆ 080-4241024.

Cablu, Ristorante und Pizzeria im Centro storico mit winziger Terrasse und ebenfalls kleinem, aber gemütlichen Speisesaal. Großes Antipasti-Angebot, ausgewählte Weine und tägl. frischer Fisch, Menü ab 25 €, auch Zimmervermietung (s. o.), Mo Ruhetag. Via Porto 23, ✆ 080-4241031, www.cablu.it.

Il Grottone, Tipp! Alteingesessene Trattoria direkt auf dem flachen Felsufer, 150 m nördlich vom Hotel Covo dei Saraceni (s. o.). Toller Blick auf Polignano, kühler Speiseraum und lauschige Terrasse, unverfälschte Fischküche mit Frischegarantie, Menü schon ab 16 €, nur Mai–Sept. geöffnet. ✆ 080-4248938.

Baden/Bootstouren/Feste & Veranstaltungen

• *Baden* An der Küstenstraße nördlich und südlich von Polignano auf versteckte Badebuchten achten. Bei **San Giovanni** führt eine Stichstraße zu einem kleinen Sandstrand zwischen flachen Felsen.

• *Bootstouren* Entlang der grotten- und buchtengespickten Felsküste, von Mai bis Sept. ab dem Molo Lungo.

• *Feste & Veranstaltungen* **Festa dell' Aquilone**, am zweiten So im Mai schmücken Hunderte von bunten Papierdrachen den Himmel über Polignano.

Festa Patronale di San Vito, Schutzheiligenfest mit Meeresprozession von San Vito nach Polignano, dort Feuerwerk (Mitte Juni).

L'Estate Polignanese, örtliches Sommerfest mit kulinarischen und musikalischen Höhepunkte den ganzen Juli über.

Sagra del Pesce, Stadtfest rund um den Fisch. Leckere Fischgerichte werden auf großen Holzkohleöfen und in riesigen Pfannen auf offener Straße zubereitet, am ersten Sa im Aug.

Sagra dei Gnumeridd, ein weiteres kulinarisches Ereignis mit Lammrouladen und Innereien am Spieß. Dem Schmaus geht eine Prozession aufs Land mit der Bitte um Regen voraus, zweiter So im Sept.

Umgebung

San Vito: Es lohnt sich, einen Zwischenstopp ca. 3 km nordwestlich von Polignano a Mare in San Vito zu machen. Der Weg führt vorbei an dunklen, rotbraunen Feldern mit Feigen- und dickstämmigen Ölbäumen. Die wenigen Häuser der verschlafenen Ortschaft gruppieren sich um eine idyllische Bucht. Die wuchtige Anlage des *Convento di San Vito* mit der ursprünglich romanischen Kirche steht direkt am felsigen Ufer. Die einstige Abtei der Benediktiner (11. Jh.) und später der Zisterzienser (13. Jh.) wirkt wie eine befestigte Masseria am Meer. Der bewohnte Klosterkomplex, der seit Generationen im Besitz der Adelsfamilie La Greca ist, befindet sich in einem anmutig verwitterten Zustand.

• *Essen & Trinken* **La Colonna**, beliebtes Ausflugsrestaurant an der kleinen Bucht von San Vito. Schöne Lage, große Speiseterrasse, schmackhafte Bareser Fischküche, auch Pizza, Menü ca. 20 €. ✆ 080-4265733.

La Veranda di Giselda, freundliche, kleine Strandbar an der San-Vito-Bucht. Mittags und abends kalte Snacks sowie einige preiswerte Meeresfrüchte-Primi und -Secondi aus der Garküche. ✆ 080-4240863.

Monopoli

ca. 48.000 Einwohner

Die südlichste Hafenstadt an der Costa di Bari entpuppt sich als lebendige Einkaufsmetropole mit großer Vergangenheit. Den schönsten Blick auf die Altstadt genießt man von der Dachterrasse des frisch restaurierten Kastells am Hafen.

Rund um die weiträumige *Piazza Vittorio Emanuele II* breiten sich die geradlinig verlaufenden Straßenzüge der Neustadt aus – ein Schachbrettmuster, entstanden im bürgerlichen 19. Jh. Ganz anders das mittelalterliche Hafenviertel mit seinen krummen, verwinkelten Gassen, das sich am besten vom malerischen Entree der *Piazza XX Settembre* aus erschließt. An jeder Ecke stößt der Besucher auf interessante Baudenkmäler – auf Kirchen, Klöster und Paläste. Ein beeindruckendes Erlebnis ist die tägliche Fischkutterparade mit anschließendem Fischmarkt in den frühen Abendstunden. Es handelt sich dabei um die größte Fischauktion an der Costa di Bari! Abenteuerlich sehen die älteren Kutter aus, die mit ihren aufgequollenen Holzrümpfen wenig Vertrauen erwecken. Die Aufbauten – riesige Fangnetze an lanzenartigen Stangen – ähneln ein wenig den nordapulischen Trabucchi.

Monopoli: Piazza in der Altstadt

Direkt am Hafen befindet sich auch das *Castello Carlo V* mit dem mächtigen Rundturm, das auf der Grundlage einer älteren Normannenfestung unter den spanischen Habsburgern im 16. Jh. errichtet wurde. An der Hafenmauer des Kastells erkennt man ein interessantes Reliefbild mit einem Fischkutter im Hintergrund. Es erinnert an den eindrucksvollen Einsatz der Fischer von Monopoli, die vor über 20 Jahren die Besatzung einer havarierten griechischen Fähre zum größten Teil retten konnten.

Am südlichen Ende des weit verzweigten Hafenviertels steht die Kathedrale *Madonna della Madia* in unerwarteter Ruhe und Abgeschiedenheit. Der prachtvolle Barockdom aus der Mitte des 18. Jh. ist ziemlich untypisch für die Bareser Gegend und erinnert – wie das Kastell auf seine Weise – bereits an die charakteristische Architektur

Blick vom Dach des Kastells auf Monopoli

des Salento. Bei dem über alles verehrten Kirchenschatz handelt es sich um eine Mariendarstellung im Ikonenstil. Wenn man der Legende Glauben schenkt, ist sie wundersamerweise auf einem Floß an den Ufern der Stadt gestrandet. Seit 2006 sind die archäologischen Ausgrabungen unterhalb der Kathedrale zu besichtigen.

• *Information* Die **Stadtinfo** liegt etwas versteckt am Altstadtrand in einer Seitengasse der Piazza XX Settembre. Hier gibt es gute Stadtpläne und reichlich Prospektmaterial über die Highlights in der Provinz Bari. Mo–Sa 9–12 und 17–20 Uhr. Vico Aquaviva 19, ✆ 080-4140361, www.comune.monopoli.bari.it.

• *Anfahrt & Verbindungen* Wenn Sie mit dem **Auto** unterwegs sind, der Ausschilderung „Centro" folgen; kurzzeitige Parkmöglichkeiten in der Neustadt auf dem großen Viereck der Piazza Vittorio Emanuele II.

Bahn, Station an der FS-Linie Bari – Brindisi. Vom Bahnhof führt die Via Magenta hinunter zum Hafen.

• *Übernachten/Essen & Trinken* **** **Vecchio Mulino (6)**, komfortabler und architektonisch ansprechender Bau (ehemalige Pastafabrik) mit Restaurant und Privatstrand (auch für Nicht-Hotelgäste, → „Umgebung/Santo Stefano", S. 197). DZ 134–153 €, EZ 92–105 €. Viale Aldo Moro 192, an der südöstlichen Stadtausfahrt, ✆ 080-777133, 📠 080-777654, www.vecchiomulino.it.

***** **Il Melograno**, nur für den Fall der Fälle, beim „Granatapfel" handelt es sich um das luxuriöseste Landhotel der Region. DZ ab 300 €, EZ ab 180 €. Rund 5 km südwestlich von Monopoli, ✆ 080-6909030, 📠 080-747908, www.melograno.com.

B&B Porta Vecchia (3), Tipp! Auch wenn die überaus freundliche Privatunterkunft in der Altstadt alles andere als leicht zu finden ist, der Weg lohnt sich! Fünf Zimmer, tolle Frühstücksterrasse mit Blick über die Altstadtdächer. EZ ca. 40 €, DZ 50–80 €. Via Peroscia 21, ✆ 080-802690 oder 339-8491175, www.laportavecchia.it.

B&B Amalfitana (1), sieben ordentliche, aber sehr unterschiedlich geschnittene Zimmer in einem renovierten Altstadtpalazzo gegenüber der mittelalterlichen Chiesa Santa Maria degli Amalfitani. Im Erdgeschoss kredenzt die ebenfalls empfehlenswerte **Trattoria da Pierino L'Inglese (1)** seit

1965 lokaltypische Meereskost (Mo Ruhetag). DZ 60–80 €. Via Amalfitana 14, ✆ 080-9306842, www.lamalfitana.com.

La Vecchia Taverna (5), volkstümliche Osteria in der Altstadt, spezialisiert auf gegrillte Fisch- und Fleischspezialitäten, Menü ca. 20 €. Der Besitzer spricht Englisch und ist bei touristischen Auskünften gerne behilflich. Do Ruhetag. Via Argento 33, nur unweit der Chiesa Purgatorio, ✆ 080-777779, www.lavecchiataverna.it.

Ristorante Miseria e Nobilità (7), etwas außerhalb an der *Cala Porto Rosso*, das einfache Fischrestaurant schwebt förmlich über den Klippen. Angrenzend die kleine Badebucht, von der lauschigen Speiseterrasse ein herrlicher Blick aufs Meer und die Altstadt. Einfache, aber frische Meeresküche zu ehrlichen Preisen, auch Pizza. Via Tommaso Moro 2 (von der Stadtausfahrt in Richtung Capitolo), ✆ 080-8876654, www.ristorantemiseriaenobilita.com.

Caffè Roma (4), kleines Straßencafé am Marktplatz mit Blick auf das quirlige Treiben. Leckeres Gelato al Tartufo. Piazza XX Settembre/Piazza Vescovado.

Osteria Perricci (2), Tipp! Seit vier Generationen beliebte Nachbarschaftstrattoria mitten im Centro storico. Köstliche Fisch- und Fleischgerichte zu vernünftigen Preisen, Menü 20-25 €. Eine Primo-Spezialität sind die Cavatelloni-Nudeln mit Thunfisch und weißen Bohnen *(tonno e fagioli)*. Die Kellner sind wahre Akrobaten, denn der Durchgang zwischen Küche und Speiseraum ist so niedrig, dass sie sich jedes Mal bücken müssen. Mi Ruhetag. Via Orazio Comes 1/3, ✆ 080-9372208.

Provinz Bari
Karte S. 158/159

Sehenswertes

Castello Carlo V: Der kompakte Burgblock erinnert eher an einen Küstenwachturm, als an die weitläufigen Kastellanlagen von Manfredonia, Barletta oder Trani, die ebenfalls die Altstadt meerseitig schützten. Vom mutmaßlichen normannischen Vorgängerbau ist nichts mehr erhalten, es gilt aber als gesichert, dass die Festung aus der Mitte des 16. Jh. ältere Bauelemente aufgenommen hat. Ein steinernes Wappen unter der Loggia erinnert an den spanischen Bauherrn, den Vizekönig von Neapel Pedro Álvarez de Toledo. Die Innenräume des frisch restaurierten Kastells stehen bislang leer, können jedoch besichtigt werden.

Öffnungszeiten Tägl. 10–12 und 18–20 Uhr. Eintritt frei. ✆ 080-9303014.

Kathedrale Madonna della Madia: Der hohe Barockturm ist das Wahrzeichen der Altstadt und überragt die umliegenden Dächer. Im Inneren der dreischiffigen Basilika sind einige byzantinische Ikonen zu sehen, u. a. das Bildnis der *Madonna della Madia* aus dem 13. Jh. Die romanische Krypta ist von einem Seiteneingang aus erreichbar. Von der Kathedrale aus nur wenige Schritte weiter lohnt ein Blick auf das mit Totenköpfen verzierte Eingangsportal der *Chiesa del Purgatorio* – ein alles andere als dezenter Hinweis auf die Vergänglichkeit der Welt und die Nutzlosigkeit irdischen Strebens.

Öffnungszeiten Krypta Sa 18.30–20 sowie So 11–12.30 und 18.30–20.30 Uhr.

Umgebung

Villen und Masserie im Hinterland: Das Hinterland von Monopoli ist von jeher Großgrundbesitz. Die reichlich fließenden Einkünfte aus dem Export von Olivenöl nutzten die Kaufleute, um sich in den letzten Jahrzehnten des 19. Jh. in exponierten Lagen ihre Traumvillen zu errichten. Nach dem Vorbild der venezianischen Landgüter mixten sie munter verschiedene Stile zu ganz individuellen „Visitenkarten“ zusammen: orientalische Arabesken, normannische Matroneen (Galerien) und Blumenornamente im Jugendstil und später auch Art déco. Die Wiederentdeckung des Landlebens führte zudem zur Planung neuer Parks und Gärten, welche die Villen und Masserie großzügig umgeben. Die schönsten Landhäuser liegen im Dreieck zwischen Monopoli, Conversano und Castellana Grotte. Am besten lassen sie sich während einer Ausflugsfahrt auf Landstraßen und kleinen Nebenstrecken entdecken – mit dem Auto, Scooter oder mit dem Fahrrad.

Landvilla in der Nähe von Monopoli

Capitolo/Lamandia: Südöstlich von Monopoli bricht die flache Felsküste mehr und mehr auf; zahlreiche kleine Sandbuchten liegen eingebettet zwischen niedrigen Klippen unmittelbar an der kurvenreichen Küstenstraße. Ein überraschend touristischer Küstenstreifen mit mehreren Strandhotels und Ferienanlagen der gehobeneren Kategorie sowie eleganten Fischrestaurants direkt am Meer. Im Hochsommer ist hier die Hölle los, in der Nebensaison findet man jedoch sein Strandidyll.

Santo Stefano: Etwa 4 km südöstlich von Monopoli führt eine Stichstraße zum „Castello“. Das alte Benediktinerkloster ist in einem top Zustand, allerdings befindet es sich in Privatbesitz und ist fest verschlossen. Unmittelbar daneben erstreckt sich eine geschützte *Badebucht;* hier hat sich das gepflegte Bagno des Hotels Vecchio Mulino breitgemacht (→ „Monopoli/Übernachten“, S. 194), Eintritt für Nicht-Hotelgäste!

Camping ** **Santo Stefano**, kleiner, schattiger Platz im hohen Pinienwald an der gleichnamigen Badebucht, von Ende Mai bis Ende Sept. geöffnet. 2 Pers., Zelt und Auto ca. 25 €, ✆ 080-777065, www.campingsantostefano.it.

Egnazia

Die frühapulische Küstensiedlung Egnazia ist ein unbedingtes Muss für Geschichtsbegeisterte. Das gesamte Ausgrabungsgebiet ist zugänglich, und ein angeschlossenes, didaktisch vorbildliches Museum zeigt interessante bis spektakuläre Grabungsfunde und rekonstruiert wichtige Zusammenhänge.

Egnazia liegt an der Küstenstraße, ca. 10 km südöstlich von Monopoli, unmittelbar an der Grenze zur Provinz Brindisi, dem einstigen Grenzgebiet der Messapier und Peuketier. Jahrelang befand sich der Eingang zum Gelände direkt an der Küstenstraße, jetzt hat man ihn samt Parkplatz verlegt, sodass die Besichtigung vernünftigerweise im Museum beginnt.

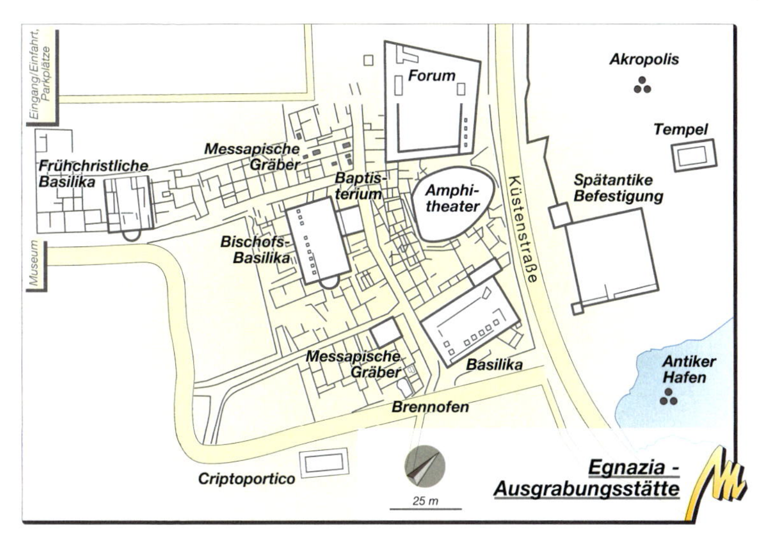

Die drei Grazien

Eine brillante Mosaikarbeit im Museum von Egnazia variiert das berühmte Motiv der drei Grazien. Im römischen Altertum wurden diese göttlichen Frauengestalten mit den Künsten assoziiert, die lateinischen Gratiae waren zugleich Sinnbilder für jugendliche Anmut und Lebensfreude. Den drei Grazien entsprechen in der griechischen Mythologie die Chariten, die drei anmutigen und segenspendenden Töchter des Zeus und der Nymphe Eurynome, Aglaia (Glanz), Euphrosyne (Frohsinn) und Thalia (Blühende), → Bild S. 23.

Museo di Egnazia

Das moderne Museum zeigt neben anschaulichen Rekonstruktionen der Stadtanlage v. a. motivreiche Bodenmosaiken, Terrakottafiguren, mehrfarbige Keramiken, Schmuck, Büsten und Architekturfragmente. Direkt unterhalb des Museums liegt ein zugängliches Kammergrab. Prähistorische Geländefunde bereichern die Ausstellung ebenfalls. Geradezu sensationell sind die Exponate aus der jüngsten Grabungsphase, darunter ein Goldring mit tempelartiger Krone *(ciborio)* und Schmuckstein (Granat) aus dem 6. Jh. Im gut sortierten Museumsshop gibt es auch aktuelle deutschsprachige Publikationen zur Geschichte und Ausgrabungsgeschichte Egnazias.

Öffnungszeiten Ausgrabungsgelände und Museum Tägl. 8.30–19 Uhr. Eintritt 3 €.

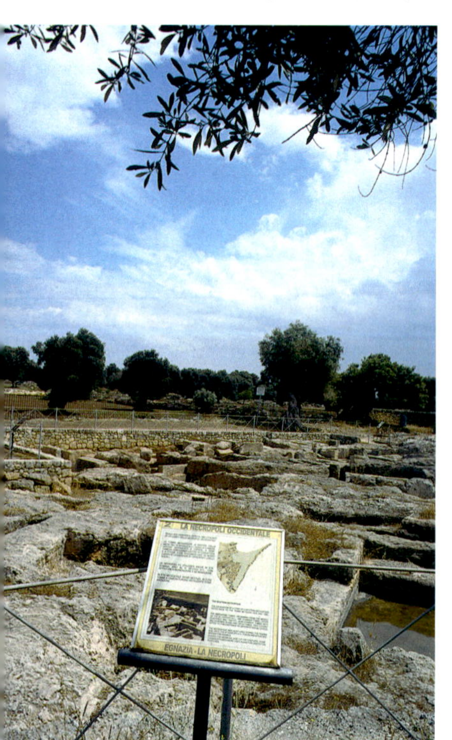

Egnazia: Das Ausgrabungsgelände

Ausgrabungsgelände

Die ältesten Spuren der frühapulischen Stadt Egnazia führen in die späte Bronzezeit (13./12. Jh. v. Chr.). Aus der messapischen Besiedlungsperiode um das 5. Jh. v. Chr. stammt die fast 2 km lange Befestigungsmauer, die den Akropolishügel halbkreisförmig abschirmte. Eindrucksvolle Reste dieser *Muraglia messapica,* die stellenweise eine Höhe von 7 m erreichte, sind noch am nördlichen Felsufer zu sehen. Messapische Gräber wurden inner- und außerhalb des Mauerrings freigelegt. Die Grabbeigaben, vorwiegend kunstvoll gearbeitete Tonwaren, sog. „Egnaziakeramik", beherbergt das Museum.

Die Hellenisierungsphase von Egnazia konnten die Archäologen am Übergang von der Rundhauskonstruktion hin zur rechteckigen Häuserform mit rechtwinkliger Straßenführung und zentraler *Agora* (Platzanlage) deutlich erkennen.

Eine Blütezeit erlebte Egnazia in der Phase der Romanisierung ab dem 3. Jh. v. Chr., v. a. aber durch den Bau der römischen Heer- und Handelsstraße *Via Traiana* Anfang des 2. Jh. n. Chr. Sie durchläuft die Stadt in Längsrichtung und war damals die bequemere Alternative zur *Via Appia* auf dem Weg von Rom nach Brindisi. Man beachte die tiefen Spurrillen der breiten Pflastersteinstraße. Die römische Stadt selbst bestand aus unregelmäßig angeordneten Häuserblocks und besaß ein ausgeklügeltes Wasserversorgungssystem mit Steinrinnen, Zisternen und Sammelbecken auf unterschiedlichen Niveaus.
Die Errichtung des Hafens in der Bucht unterhalb der Akropolis geht auf die frühe Kaiserzeit zurück, ebenso das Amphitheater. Aus dem 4./5. Jh. stammen die beiden frühchristlichen Basiliken. In der Spätantike war Egnazia ein blühendes Gemeinwesen mit Bischofssitz.
Der Einfall der Ostgoten unter ihrem König Totila (545) hatte die vollständige Zerstörung der Stadt zur Folge. Später dienten ihre Trümmer als Steinbruch zur Errichtung von Monopoli. Noch Anfang des 20. Jh. wurde hier ausgiebig geplündert. Erst die Eröffnung des Ausgrabungsgeländes im Jahr 1912 schützte die Ruinen von Egnazia.

Einen Höhepunkt der Geländebesichtigung bildet der unterirdische *Criptoportico*. Dabei handelt es sich um ein begehbares, nahezu quadratisches Gängesystem mit regelmäßigen Mauernischen und Lichtschächten, dessen ursprüngliche Bedeutung den Archäologen nach wie vor Rätsel aufgibt.

Baden/Wandern

250 m südlich des Ausgrabungsgeländes zweigt hinter einer Parkbucht ein Sandweg von der Küstenstraße zum Meer ab. Zwischen den flachen Felsklippen finden sich einige akzeptable Badebuchten und Picknickplätze. Auf teilweise ausgebauten Wegen kann man an der Küste bis Savelletri (s. u.) wandern, das im Süden bereits zu erkennen ist.

Savelletri

Südöstlich von Egnazia taucht dieser friedliche, kleine Fischerort auf, der bereits in der Provinz Brindisi liegt. Im natürlichen Hafenbecken ist die stattliche Fischfangflotte der Ortschaft daheim, die sich auf den Fang großer Tiefseefische und Haie spezialisiert hat. Lang ist es her und fast vergessen, aber vielleicht gerade deshalb erzählenswert: Im Mai 1999 dümpelten die bunten Kutter tagsüber im Hafen und ich sah die Fischer von Savelletri mit resignierten Gesichtern an ihren speziellen Fangvorrichtungen werkeln. An diesem Tag durften sie wieder einmal nicht auslaufen wegen des Kriegs im benachbarten Kosovo. Doch seitdem die Adriafischerei keinen kriegsbedingten Einschränkungen mehr unterliegt, kann man auch den täglichen Fang der Fischer von Savelletri wieder bestaunen – entweder direkt am Kai, wo die z. T. zentnerschweren Fische sofort verladen werden, oder in den örtlichen Fischmarkthallen.

Essen & Trinken **Il Veliero**, großes Fischrestaurant direkt am Hafenbecken von Savelletri, Speiseterrasse mit Blick auf das Hafengeschehen, stets fangfrische Ware, Menü ab 20 €, in den Wintermonaten Di geschlossen. Via del Porto 1, ✆ 080-4820022.

Weiter in Richtung Brindisi: Alles Wissenswerte zum weiteren Küstenverlauf wird im Kapitel zur Provinz Brindisi vorgestellt, den Anschluss finden Sie im Kapitel „Küste nördlich von Ostuni“, S. 257.

Klassische Murgia-Landschaft

Die Murgia

Das apulische Kernland beginnt südlich des Flusses Ofanto und zieht sich bis in die Provinzen Brindisi und Tarent. Die Karstlandschaft ist trotz chronischen Wassermangels keineswegs unfruchtbar, im Gegenteil: Die Gegend ist erstaunlich abwechslungsreich und entwickelt im Frühjahr stellenweise eine Farbenpracht, die ihresgleichen sucht.

Schon früh beginnt das intensive Farbenspiel der blühenden Mandel- und Obstbäume v. a. das idyllische *Valle d'Itria* zu verzaubern. Die silbriggrünen Olivenhaine und die dichten Steineichen- und Pinienwälder der *Selva di Fasano* sorgen für farbliche Kontraste. Erst im weiten Hinterland beginnt die Hochmurgia langsam zu zerklüften und zieht sich in langen, canyonartigen *Gravine* (→ „Höhlensiedlungen, Grottenkirchen und Schluchtenstädte", S. 201) den Apenninausläufern entgegen. Nicht nur in prähistorischer Zeit dienten die Höhlen in diesen tiefen und engen Schluchten den Menschen als natürliche Zufluchts- und Siedlungsstätten. Fast 70.000 ha der Hochmurgia sind 2004 zum Nationalpark erklärt worden *(Parco Nazionale dell'Alta Murgia)*.

In der apulischen Kernlandschaft, in der auch knorrige Weinreben und rostrote Felder nicht fehlen, lauern einige urbane und architektonische Höhepunkte. Minervino Murge thront anmutig auf einem Karsthügel und das berühmte *Castel del Monte* setzt der Murgia geradezu eine kaiserliche Krone auf. Gravina in Puglia hingegen ist eine der schönsten Schluchtenstädte der Provinz Bari und Alberobello schmeichelt mit romantischer Trulli-Architektur.

Höhlensiedlungen, Grottenkirchen und Schluchtenstädte

Die *Gravine* der Hochmurgia sind Erosionstäler, die wahrscheinlich in der letzten Eiszeit vor etwa 15.000 Jahren entstanden sind. Die Höhlen- und Grottenbildung in diesen Schluchten ist ein Phänomen, das sich durch die geologischen Eigenschaften des Karstbodens erklärt. Die zahlreichen Höhlen in den Schluchten boten den Menschen bereits in prähistorischer Zeit Schutz. Genaueres weiß man allerdings erst aus der Zeit des frühen Mittelalters, als die ersten Höhlensiedlungen entstanden.

Vor allem die Mönchsgemeinschaften aus dem Byzantinischen Reich, die den Häschern der ikonoklastischen Kaiser zu entkommen suchten, fanden in den Schluchten ideale Zufluchtsstätten (→ „Das ‚griechische' Apulien", S. 25). Ihre Siedlungskerne bestanden aus Wohn- und Wirtschaftsbereichen sowie einem sakralen Raum – in der Regel einer Grottenkirche, die dem byzantinischen Ritus entsprach. Das gemeinschaftliche und religiöse Leben in den Gravine ist zwar längst erloschen, aber darüber sind im Lauf der Jahrhunderte faszinierende Schluchtenstädte entstanden – wie Gravina in Puglia (S. 214 f.) oder Massafra (S. 282).

Canosa

ca. 31.000 Einwohner

Provinz Bari
Karte S. 158/159

Eine geschichtsträchtige Kleinstadt, auch wenn sie mit der Burg Canossa in der Emilia-Romagna nichts zu tun hat. Das zur Römerzeit zu Ruhm und Ansehen gekommene Canusium strotzt zwar an allen Ecken von Altertum, hält aber dennoch nicht ganz, was seine große Vergangenheit verspricht.

Soviel vorweg: Die Baudenkmäler und Ausgrabungsstätten im Stadtbereich und in der näheren Umgebung sind nach wie vor unzulänglich ausgeschildert – was den aufgeschlossenen Besucher erheblich verärgert. Zwar hat die umtriebige Tourismusgemeinschaft *Fondazione Archeologica Canosina* die Zugänglichkeit der antiken Sehenswürdigkeiten ein ganzes Stück vorangebracht, den grundsätzlichen Missstand kann auch sie nicht beheben. Ganz abgesehen davon lohnt der Besuch Canosas allein schon wegen der zentral gelegenen Kathedrale *San Sabino.* In der südlichen Peripherie findet man – wenn man sie denn findet – die freigelegte, frühchristliche Basilika San Leucio. Ein weiterer Anziehungspunkt ist die weit außerhalb in Richtung Barletta gelegene Ausgrabungsstätte von Cannae.

Die legendäre Überlieferung, dass der griechische Trojakämpfer Diomedes (dem wir schon auf den Tremiti-Inseln begegnet sind, S. 150) die Stadt gegründet haben soll, widerspricht nicht der historischen Gewissheit, dass Canosa in der daunisch-griechischen Epoche eine grandiose Blütezeit erlebte, wie umfangreiche Grabungsfunde eindrucksvoll belegen. Wenig später machten die Römer ihr *Municipium Canusium* zu einer ihrer wichtigsten Kolonien im apulischen Herrschaftsbereich. Im 4. Jh. war Canosa eine der bedeutendsten Bischofsstädte im römisch-katholischen Süden und verwies Bari in dieser Hinsicht bis ins 11. Jh. hinein auf den zweiten Platz. Dann zog der Bischof der Doppeldiözese Canosa-Bari nach Bari um. Die Verlegung des bischöflichen Amtssitzes löste einen Streit zwischen den beiden Städten aus. Die Rivalität steigerte sich so weit, dass der neue Erzbischof von Bari die Echtheit der Gebeine des hl. Sabinus in Canosa bestritt und statt dessen diejenigen in der Kathedrale San Sabino von Bari als Originale bezeichnete. Erst eine vehemente päpstliche Intervention beendete die Auseinandersetzung zugunsten der Gebeine Canosas.

Die geografisch günstige Lage bedingte die frühe militärische Bedeutung der Stadt – obwohl Canosa niemals eine nennenswerte Festung besaß. Die berühmte **Schlacht von Cannae** fand angeblich (→ S. 205 und S. 92) in der weiten Ebene nördlich von Canosa statt. Mit Sicherheit aber kam es hier zu kriegerischen Auseinandersetzungen zwischen den Normannen und den Byzantinern, und später schlugen auch die Spanier hier ein militärisches Hauptquartier auf.

• *Information* **Infopavillon (IAT)**, direkt neben der Kathedrale San Sabina. ✆ 0883-664043, www.canusium.it, www.iatcanosa.it bzw. www.canosadipuglia.org.

Freier Eintritt bei Voranmeldung: Seit 2007 läuft ein Pilotversuch, der die Zugänglichkeit der städtischen Sehenswürdigkeiten verbessern soll. Bei telefonischer Voranmeldung unter ✆ 333-8856300 oder 0833-611176 sorgen Mitarbeiter der Fondazione Archeologica Canosina innerhalb von 10 Min. dafür, dass Fremde nicht vor verschlossenen Türen stehen, und dies tägl. von 9 bis 13 und von 15 bis 19 Uhr.

• *Anfahrt & Verbindungen* **Auto**, auf der A 14 von Foggia kommend die Abfahrt Canosa nehmen und auf der S 93 weiter ins Zentrum.

Bahn, eine FS-Nebenstrecke verbindet Barletta mit Spinazzola; Stopps in Cannae, Canosa und Minervino Murge, mehrmals tägl. beide Richtungen.

• *Übernachten/Essen & Trinken* *** **Hotel Canusium**, flacher Neubau mitten in einem Wohngebiet am Stadtrand Richtung Andria. Gut geführter, kleiner Hotelbetrieb, etwas komfortabler als das Albergo del Centro. DZ 75 €, EZ 50 €. Piazza Oristano 32, ✆ 0883-662508, ✆ 0883-617737.

Agriturismo Lama di Luna, in der Nähe der 10 km entfernten Ortschaft Montegrosso gelegener Biohof. Öl-, Obst- und Mandelanbau auf 200 ha, geheizt wird mit Solarenergie. Ein ruhiger Ort fast im Niemandsland. DZ 140–150 €. Località Montegrosso, ✆/✆ 0883-569505, www.lamadiluna.com.

*** **Albergo del Centro**, unser langjähriger Tipp, mittlerweile klimatisiert und teilrenoviert. Gegenüber der Kathedrale, in der ersten Etage eines Stadthauses von 1830 untergebracht; kleiner Familienbetrieb, zehn modern eingerichtete Zimmer. DZ 70 €. Corso San Sabino 92, an der Piazza Veneto, ✆ 0883-612424, ✆ 0883-611986, www.hoteldelcentrocanosa.it.

Tipp: Gemütliches, alteingesessenes, der Hoteliersfamilie gehörendes **Restaurant Boemondo** mit antiquarischer Einrichtung und guter lokaltypischer Kost. Es gibt u. a. selbstgemachte schwarze Troccoli (Nudeln) mit verschiedenen Soßen und je nach Saison leckere Pilz- und Wildgerichte, Menü ca. 20 €. ✆ 0883-614111.

Antichi Sapori, beliebtes Ausflugsristorante im 10 km entfernten Weiler Montogrosso. Allerbeste, traditionsbewusste Jahreszeitenküche. Die Antipasti-Palette unter Verwendung von Wildgemüse und Kräutern ist eine Offenbarung! Menü ca. 25 €, Samstagabend und So geschlossen. Piazza Sant' Isidoro in Montegrosso (ca. 2 km südlich der S 98 Richtung Andria), ✆ 0883-569529, www.antichisapori.biz

Sehenswertes

Kathedrale San Sabino: Die mit der Kathedrale von Bari namensgleiche Kirche steht direkt auf der Piazza Boemondo. Während der Bauphase im 11./12. Jh. führten Canosa und Bari einen heftigen Kampf um die Führungsrolle als Bischofssitz, was sich auch in den jeweiligen Bauvorhaben niederschlug. Für Bari war es bereits der zweite Wettkampf dieser Art (→ Trani, S. 181). Im Grundriss gleichen sich die

Archäologisches Museum im Palazzo Sinesi

Provinz Bari
Karte S. 158/159

beiden Kathedralen auch wie zwei Serienautos, aber bekanntlich macht ja die Ausstattung den Unterschied aus. San Sabino di Canosa besticht durch eine meisterhafte Fünf-Kuppel-Kombination (nur von innen zu erkennen), und die auf einem hohen Bogengewölbe ruhende Steinkanzel (1040) ist die älteste Kanzel ganz Apuliens. Der von zwei Elefanten getragene Bischofsstuhl ist von seiner Machart her ein ebenso seltenes Exemplar und gehörte dem letzten Erzbischof von Canosa (→ „Sitzt Ihr bequem, Exzellenz?“ s.u.).

Nach einem Erdbeben im 17. Jh. fanden an der Kirche einige bauliche Veränderungen statt; das Langhaus wurde gestreckt, und auch die heutige Fassade weicht stark

Sitzt Ihr bequem, Exzellenz?

Nachdem Kaiser Konstantin der Große im Jahr 313 das Christentum anerkannt hatte, wurden die Bischöfe den weltlichen Würdenträgern gleichgestellt und hatten somit auch Anspruch auf einen repräsentativen Thron. Die **apulischen Bischofsstühle** waren seinerzeit einzigartig, sie entsprachen in ihrer Grundform nicht etwa der üblichen römischen Sella curulis, einem flachen, oft von menschlichen Gestalten getragenen Sitz mit niedriger Lehne, sondern dem antiken Solium, einem kastenförmigen, recht unbequemen Sitz mit hoher, steifer Lehne, geraden Armstützen und einer Fußbank. Das bevorzugte Trägertier der apulischen Bischofsthrone war der Löwe. Eine Ausnahme macht der Stuhl in der Kathedrale von Canosa, er ruht auf zwei Elefanten. Außerdem ist es der einzige apulische Thron, mit dem christlichen Symbol des Kreuzes. Ansonsten fehlt den Bischofsstühlen nämlich jeder Hinweis auf ihre sakrale Funktion.

vom Original ab. Die bereits erwähnten Gebeine des heiligen Bischofs befinden sich in der von antiken Säulen getragenen Krypta.

Tomba di Boemondo: Das Mausoleum des Bohemund, des normannischen Abenteurers, Kreuzritters und schließlich Fürsten von Antiochia, ist ein eigenständiger, kleiner Kuppelbau neben der Kathedrale, dessen zwei Bronzetüren ein weiteres Mal den Superlativ bemühen: Es handelt sich um die ältesten Türen dieser Art, die im Land selbst hergestellt wurden (Anfang 12. Jh.). In der rechten Flügeltür ist die halbe normannische Guiscard-Dynastie im Flachreliefformat zu erkennen: Bohemund, Roger Borsa, Wilhelm und Tankred. Die linke Flügeltür zeigt hingegen eine Fülle arabischer Schriftzeichen, die zu Ornamenten stilisiert worden sind.

Palazzo Sinesi: Unweit der Kathedralenpiazza steht dieser herrschaftliche Palazzo, der ein exzellent bestücktes archäologisches Museum beherbergt. Die Exponate aus dem 3. und 4. Jh. v. Chr. stammen aus daunisch-griechischen Kammergräbern, von denen einige in und um Canosa entdeckt worden sind. Als ergiebigste Schatzkammer erwies sich der *Ipogeo Varrese* mit bestens erhaltenen Tellern, Vasen und Gefäßen, die mit mythischen Bildergeschichten dekoriert sind. Da erzählt z. B. die eine, dass man eine Göttin nicht ungestraft beobachtet, wenn sie ein Bad nimmt, so wie es Aktaion tat. Er wurde in einen Hirsch verwandelt, woraufhin ihn die eigenen Hunde zerfleischten.
Um die seltenen, z. T. rosafarbenen Vasen mit den applizierten Figuren und Köpfen zu sehen, muss man normalerweise weit reisen, und zwar nach Berlin, Paris, London oder New York, wo sie zu den Highlights der dortigen archäologischen Museen gehören. Der gut erhaltene Brustpanzer aus dem Hypogäum Varrese hat ebenfalls Seltenheitswert, er gehörte einem daunischen Krieger, einem der stolzen Principi dauni.
Öffnungszeiten Tägl. außer Mo 9–13, Di/Fr auch 17–20 Uhr. Eintritt frei. Via Kennedy 18, ✆ 0883-664716.

Ponte Romano: Etwa 4 km vor den Toren der Stadt quert parallel zur ausgebauten Schnellstraße nach Cerignola/Foggia (S 16/98) eine römische Brücke den Fluss Ofanto. Auf ihr führte die *Via Traiana* von Benevent über Canosa nach Brindisi. Im Gegensatz zur ungleich berühmteren und auch älteren Via Appia (→ S. 242) ermöglichte die küstennahe Alternative den Römern eine raschere Fortbewegung in Apulien.

Ipogeo Lagrasta: Dieses Hypogäum kann, ebenso wie einige andere Kammergräber Canosas, im Rahmen einer Führung mit der erwähnten Fondazione Archeologica Canosina besichtigt werden (s. o.). Ein mit Halbsäulen verzierter Gang führt in dieses mit Fresken ausgemalte Familiengrab, das neun miteinander verbundene Grabkammern besitzt, in denen drei Generationen einer Familie bestattet worden sind. Es handelt sich um das größte bisher entdeckte Ipogeo Apuliens. Die intakten Fundstücke lagern in den Magazinen des Palazzo Sinesi und warten auf die Fertigstellung des geplanten großen archäologischen Museums von Canosa.

Basilica San Leucio: Sie ist nicht leicht zu finden, und wer ganz sichergehen möchte, sollte sich vorher telefonisch anmelden (s. o.): Zunächst auf der Via Kennedy stadtauswärts, dann rechts in die Via Santa Lucia (Einbahnstraßensystem!). Etwa 2 km vor der Stadt verbergen sich zwischen Olivenfeldern die Fundamente einer frühchristlichen Basilika (4./5. Jh.) mit antiken Säulen und Kapitellen sowie bemerkenswerten Fußbodenfragmenten. Die schönste Entdeckung auf diesem kleinen Ausgrabungsgelände ist sicherlich der in Fels skulptierte Hera-oder-Athena-Kopf. Die makaberste hingegen das Steingrab mit dem Totenschädel. Nebenan steht ein kleines Antiquarium mit interessanten Grabungsfunden.

Vom Schlachtfeld zur blühenden Landschaft

Canne della Battaglia

Es ist der Ort, von dem viele vermuten, dass eine der berühmtesten Schlachten der Antike eben hier ausgetragen wurde: die „Schlacht von Cannae" zwischen dem Karthager Hannibal und den Römern am 2. August 216 v. Chr. Sie gilt als blutiger Höhepunkt des Zweiten Punischen Krieges.

Wie mit Zaubertrank gestärkt, erteilte der karthagische Heerführer Hannibal den zahlenmäßig weit überlegenen 16 römischen Legionen eine bittere Lektion und führte ihren beiden Feldherren, die Konsuln Lucius Aemilius Paulus und Gaius Terentius Varro, als militärstrategische Dilettanten vor. Ähnlich wie Napoleon in der Schlacht von Waterloo, erlitten die Römer an diesem Tag „ihr ganz persönliches Cannae". Die traumatische Niederlage wirkte zwar nach, zeitigte aber insgesamt nur wenig Konsequenzen: Um Rom mit eigenen militärischen Mitteln anzugreifen, reichten die Ressourcen nicht aus. Hannibal bezweckte in der Hauptsache die Zerstörung des römischen Bundesgenossensystems. Bis auf einige wenige Ausnahmen – 212 v. Chr. konnte er z. B. die Bewohner Tarents für sich gewinnen – gelang dies dem siegreichen Feldherrn jedoch nicht. Die weitere Entwicklung der Auseinandersetzungen zwischen Rom und Karthago zeigte, dass die Schlacht von Cannae gleichzeitig der Wendepunkt war: Der Dritte Punische Krieg endete schließlich mit der vollständigen Zerstörung des karthagischen Staates. Unter Wissenschaftlern bestehen jedoch seit geraumer Zeit erhebliche Zweifel, ob die berühmte Feldschlacht tatsächlich in der nördlich von Canosa gelegenen Ebene stattfand. Bisher konnten keine antiken Waffen und Rüstungen gefunden werden, sondern „nur" Knochen (→ S. 92).

Mit Sicherheit aber war die Ebene am Ufer des Flusses Ofanto im Mittelalter Schauplatz einer anderen entscheidenden Auseinandersetzung, die für das Schicksal

Apuliens von größter Bedeutung war. Unter der Führung des Freiheitshelden und Widerstandskämpfers Melo schlug sich hier im Oktober 1018 ein apulisch-normannisches Heer mit der Macht aus Byzanz.

Eine Dynastie von Widerstandskämpfern

Aufgrund der Benachteiligung der Bürger und reichen Kaufleute Baris durch den byzantinischen Statthalter formierte sich bald der apulische Widerstand gegen die fremden Besatzer und scharte sich um **Melo aus Bari.** Der wiederum warb zur Stärkung der eigenen Sache eine normannische Söldnertruppe an. Allerdings wurden die Revolutionäre nach beträchtlichen anfänglichen Erfolgen vom Katapan Boiannes auf dem antiken Schlachtgrund von Cannae gestellt. Die Aufwiegler verloren das Treffen, Melo floh nach Deutschland und erschien gemeinsam mit einigen Normannen und Papst Benedikt VIII. beim Salierkaiser Heinrich II. in Bamberg. Zwar ernannte der Reichsfürst ihn gnädig zum Herzog von Apulien, was Melo jedoch nichts mehr einbrachte, da er gleich darauf im mitteleuropäischen Exil starb. Der Mitverschworene **Datto** hingegen, ein Schwager Melos, wurde von den Byzantinern inhaftiert, grausam gefoltert und schließlich umgebracht.

Melo hatte einen Sohn namens **Argyros,** der nach der verlorenen Schlacht von den Protagonisten des Aufstands zum Anführer der Bewegung bestellt wurde. Allerdings hing dieser nur mit halbem Herzen an der Sache. Während der Belagerung von Trani wechselte er mit fliegenden Fahnen die Fronten und lief zu den Byzantinern über, wohl wissend, dass es wenig Sinn macht, die byzantinische Herrschaft gegen eine normannische Besatzung einzutauschen. Und in der Tat: Als nach dem Tod des starken oströmischen Kaisers Basileios II. ab 1025 die byzantinische Macht in Italien ganz allmählich bröckelte, schluckten die Normannen Schritt um Schritt die herrschaftsfreien Territorien.

Diese Zeit erlebte Argyros nicht mehr in Apulien, denn als Lohn für sein Verhalten bei Trani hatte man den Sohn des Bareser Freiheitshelden zum byzantinischen Gouverneur von Kalabrien ernannt. Der neue Anführer der Rebellen in Apulien wurde hingegen ein Normanne, der auf den martialischen Namen Wilhelm Eisenarm hörte. Er war der erste Hauteville, der älteste Bruder von Robert Guiscard, dem späteren Herzog von Apulien (→ „Geschichte“ und S. 116).

• *Anfahrt & Verbindungen* **Auto**, von Canosa Richtung Cerignola und rund 1 km hinter der Bahnüberführung rechts den Ofanto entlang nach Cannae; ab der A-14-Unterführung noch ca. 10 km geradeaus (gut ausgeschildert). **Bahn**, auf einer alten FS-Nebenstrecke rollt der *Treno dell'Archeologia e dell'Ambiente* und verbindet Barletta mit Spinazzola, mit Stopps in Canne, Canosa und Minervino. Reizvolle Streckenführung durch das Ofanto-Tal. Vom Bahnhof in Canne della Battaglia erreicht man das Ausgrabungsgelände gut zu Fuß.

Ausgrabungsgelände von Cannae

Es ist eines der ältesten und größten archäologischen Areale Apuliens – und eines der umstrittensten. Freigelegt wurden hier Spuren einer frühgeschichtlichen Siedlungsstätte, aber v. a. die Reste einer frühmittelalterlichen Stadt, die bereits im ausgehenden Mittelalter aufhörte zu existieren. Der weitläufige archäologische Park kann seit Jahrzehnten besichtigt werden. Durch die zitadellenartige Anlage führt ein von Steinquadern und antiken Säulenfragmenten gesäumter Weg. Am höchsten Punkt des Ausgrabungsgeländes hat man einen ungetrübten Blick auf die Umgebung. Die verblichenen Schautafeln, die hier jahrelang den Verlauf der antiken Schlacht erläuterten, sind mittlerweile entfernt worden.

Das 1999 eröffnete *Antiquarium* am Eingang des Ausgrabungsfeldes ist ein ausgesprochen gut bestücktes archäologisches Museum mit seltenen Keramikfunden sowie Bronzearbeiten, Schmuck und Münzen aus verschiedenen Jahrhunderten und von unterschiedlicher Provenienz. Eines der ältesten und interessantesten Exponate ist wohl die kleine Tonfigur (erste Vitrine) aus dem 5. Jt. v. Chr., die in ihrer Form ein wenig an die daunischen Stelen erinnert.

Öffnungszeiten März–Okt. tägl. 8.30–19, Nov.–Febr. tägl. 8.30–16.30 Uhr. Eintritt 2 €.

Minervino Murge

ca. 11.000 Einwohner

Ein weiterer Balkon Apuliens, ca. 450 m über dem Meeresspiegel. In imposanter Lage thront Minervino am Rand der Hochmurgia. Es gilt als das schönste Bergdorf im dünn besiedelten Hinterland der Provinz Bari.

Riskant klammern sich die Häuser um die Kuppe eines kargen Hügels. Zwar ist das kleine bäuerliche Zentrum seit Kurzem durch eine Schnellstraße an die Costa di Bari angebunden, aber dennoch ticken hier die Uhren langsam. Ein guter Ausgangspunkt für eine Stadtexkursion ist die *Piazza Gramsci* am Eingang zur Altstadt.

Die Stadt ist römischen Ursprungs und ihr Name leitet sich von Minerva ab, der Göttin der Weisheit, der hier einst ein Tempel geweiht war. Die Sarazenen brand-

Minervino Murge ist ein klassisches Bergdorf

schatzten Minervino 862 und läuteten damit das vorläufige Ende ein. Erst unter den Normannen blühte die Stadt wieder auf und bekam ihre *Kathedrale Santa Maria Assunta*. Das sehenswerte Gotteshaus erhielt später ein Renaissancekleid. Um die zentrale Kirchenpiazza herum erstreckt sich die heimelige Altstadt – einfach auf Erkundung gehen, schöne Aussichtspunkte aufstöbern, weitere Kirchen entdecken und die Seele baumeln lassen.

Anschließend geht es über die beschauliche *Piazza Bovio* weiter zum anderen Ende der Altstadt. Man geht ein ganzes Stück durch ein quirliges Wohngebiet, in dem ganz normaler kleinstädtischer Alltag regiert. Oben, im Stadtpark, steht ein Gefallenendenkmal namens *Faro* aus faschistischer Zeit, und tatsächlich handelt es sich um einen 32 m hohen Leuchtturm – kurios.

• *Information/Anfahrt & Verbindungen* **Auto**, von Canosa über die S 98/97. Die Strecke führt durch eine typische Murgia-Landschaft. Einige wenige gut gelegene Parkplätze gibt es auf der lebhaften Piazza Gramsci am Eingang zur Altstadt, dort hängt auch ein **Stadtplan** zur Orientierung.

Bahn, der Ort liegt an der FS-Nebenstrecke Barletta – Cannae – Canosa – Minervino – Spinazzola.

• *Übernachten/Essen & Trinken* **La Tradizione**, alteingesessene Trattoria mit ausgezeichneten lokaltypische Gerichten. Eine Primo-Spezialität sind die Troccoli alla Murgese, unter den Contorni findet man herzhafte Lampascioni (wildwachsende Zwiebeln) und Cardoncelli-Pilze, am besten zu Agnello a Cutturiello (Lammgulasch). Ehrliche Preise, Menü 18–20 €, Do Ruhetag. Unterhalb der Piazza Bovio, in der Via Imbriani 11, ✆ 0883-691690.

L'Antico Palazzo, luxuriös gestaltete Innenräume in einem alten Adelspalast am Eingang zur Altstadt (keine Außenplätze). Leckere Tortelloni sowie diverse Fleisch-Spezialitäten, die Geschäftsführerin spricht deutsch. Menü ca. 20 €, ganzjährig mittags und abends geöffnet, Mo Ruhetag. Corso De Gasperi 24, ✆ 0883-692622.

Casa Scesciola, Tipp! Mitten im Borgo vecchio, unweit der Kathedrale. Helle, rustikal-gemütliche Einrichtung, Speiseterrasse mit Ausblick. Der freundliche Familienbetrieb ist weit über die Ortsgrenze hinaus bekannt für seine bodenständige Jahreszeitenküche. Große Antipasti-Auswahl, verschiedene hausgemachte Pastasorten, aromatische Gemüse-Contorni, bester Käse, hier vielleicht mal Fleisch vom Pferd oder Esel probieren. Das Preis-Qualitäts-Verhältnis stimmt, Menü 20–25 €, sonntagabends und Mo geschlossen. Auch **Vermietung von Apartments** (EZ 40 €, DZ 60 €). Vico III Vescovado 22, ✆ 0883-695932, casascesciola@libero.it, www.casascesciola.it.

Castel del Monte

Die steinerne Krone Apuliens ist unvermeidlicher Anlaufpunkt kulturbewusster Reisender auf den Spuren der Staufer. Die geheimnisvolle Burg Kaiser Friedrichs II. – seit 1996 UNESCO-Weltkulturerbe – thront weithin sichtbar auf einer Anhöhe in der flach-hügeligen Murgia-Landschaft.

Der eigenwillige achteckige Bau mit den acht achteckigen Türmen und dem achteckigen Innenhof, um den sich auf zwei Stockwerken jeweils acht Säle gruppieren, besaß einst eine prunkvolle Ausstattung. Obwohl er in den letzten Jahrhunderten gründlich geplündert wurde, geht von ihm noch immer eine faszinierende Wirkung aus, der man sich nicht entziehen kann. Von außen imponiert der monumentale Bau durch seine organische Geschlossenheit. von innen durch seine geometrisch-labyrinthische Anlage. Die hohen, trapezförmigen Räume waren einst vollständig mit Marmor und anderen edlen Materialien verkleidet, die Tür- und

Das trutzige Oktogon ziert die italienischen 1-Cent-Münzen

Fensterrahmungen sind teilweise nach wie vor mit Halbsäulen aus Porphyr besetzt. Rundum laufen Sitzbänke, Reste von meterhohen Kaminen sind noch erhalten, ebenso das raffinierte System von Lüftungsschächten und Wasserleitungen über beide Stockwerke.

Castel del Monte ist im eigentlichen Sinn des Wortes kein Kastell, sondern eher ein Repräsentationsbau, der ursprünglich einmal *Castrum Sancta Maria de Monte* hieß. Die Errichtung, etwa im Jahr 1240, fällt zeitlich mit dem Wiedererstarken der kaiserlichen Macht und dem neuen kaiserlichen Selbstverständnis nach seiner Rückkehr vom Kreuzzug aus Jerusalem zusammen. Viele Aspekte, die die Friedrich-Forschung über das Wesen des Herrschers zusammengetragen hat, manifestieren sich in diesem achteckigen Gemäuer. Castel del Monte steht für dessen Lebensgefühl, Weltbild, Machtanspruch und v. a. für die messianische Überzeugung vom ewigen, weltlichen Herrscher in der Person Friedrichs II. Lage und Position der Burg entsprachen außerdem der Vorstellung von der kaiserlichen Präsenz im Königreich Apulien. Friedrich, dem immer vorgeworfen wurde, keine Kirchen, sondern nur Militär- und Profanbauten in Auftrag gegeben zu haben, errichtete ein auf Allgegenwärtigkeit und Abschreckung ausgerichtetes Verteidigungssystem. Und Castel del Monte erfüllte diese Funktion von allen süditalienischen Burgen des Regenten am augenfälligsten: Es stand im Zentrum des apulischen Kernlands, war von Weitem zu sehen und wirkte dabei äußerst bedrohlich.

Die raffinierte Innenausstattung machte die Burg zu einem Schloss, in dem es sich angenehm wohnen ließ und das dem kaiserlichen Hedonismus und seinem prunkvollen Lebensstil Rechnung trug. Es wimmelt heute in der Umgebung des Schlosses von Falken, und die Vermutung liegt daher nahe, dass er eben hier seiner Leidenschaft, der Falkenjagd, hätte frönen können. Vielleicht hat der Kaiser hier sogar einen Teil seines zwischen 1241 und 1248 geschriebenen Lehrbuchs „De arte venandi cum avibus" („Über die Kunst, mit Vögeln zu jagen") verfasst. Oder auch nicht, denn so wenig es einen Beleg dafür gibt, dass dieses trutzige Oktogon vom Stauferkaiser höchstpersönlich entworfen wurde (wie immer wieder behauptet wird), so wenig lässt sich nachweisen, dass der Sohn Apuliens jemals einen Schritt in dieses Gemäuer gesetzt hat. Dennoch scheint Castel del Monte dem Kaiser auf den Leib geschrieben: Die vermeintlich widersprüchliche Vereinigung von mathematischer Strenge und mystisch-orientalischen Anklängen findet sich nicht nur im Bauwerk, sondern auch in der Person Friedrichs wieder.

Architektur, die Staunen macht

„Mit Castel del Monte, das schon von weither den Blick auf seine Silhouette zieht, lassen sich an Ausdruckskraft inmitten großartiger Natur nur wenige Schöpfungen von Menschenhand vergleichen."
(Gustav Faber, in: *Süditalien. Geschichte – Kultur – Kunst*).

„Nirgends Figürliches, nirgends Farbe, außer der honiggoldenen des Steins. Nur Waagrechtes und Senkrechtes. Ein vollkommen regelmäßiges Achteck mit acht völlig gleichen achteckigen Türmen. Achteckig der Hof, achteckig die Turmräume, dazu acht Säle in jedem der beiden Stockwerke. Lässt sich absolutere Architektur denken?" (Eckart Peterich, in: *Italien*, Bd. 3).

„Wie das Diadem des Hohenstaufenreichs, das herrliche Land krönend, erschien es mir, wenn es die Abendsonne von Purpur und Gold funkeln ließ."
(Ferdinand Gregorovius, in: *Wanderjahre in Italien*).

„Wer Castel del Monte betritt, gleitet in den Bereich der mathematischen Formel hinein, denn das Gebäude ist geradezu ein Rechenexempel in Achtecken, dargestellt auf der Ebene zweier Geschosse."
(Henry Vollam Morton, in: *Wanderungen in Süditalien*).

„In der öffentlichen Meinung, soweit sie den Chroniken zu entnehmen ist, löste die enorme Bautätigkeit des Kaisers vielfach Besorgnis und Schrecken aus, auch darum, weil das Bauen so kostspielig war und überdies der mit Steuern geplagten Bevölkerung zusätzliche Lasten auferlegte."
(Eberhard Horst, in: *Friedrich II. Der Staufer. Kaiser, Feldherr, Dichter*).

Die tiefere Bedeutung der oktogonalen Form ist bis heute nicht zufriedenstellend enträtselt. Der Goldene Schnitt, Planeten- und Sonnenkonstellationen, Bezug zu antiken Heiligtümern, orientalischen Moscheen und esoterischen Theorien – alles wurde herangezogen, um das Geheimnis des Bauwerkes zu lüften, aber die Fragezeichen sind geblieben. Vielleicht ist Castel del Monte ja der steinerne Ausdruck einer ganzheitlichen staufischen Kaiserideologie. Das magische Achteck – ein ewiges Kaisersymbol? So wie der Kreis das Unendliche, Göttliche und Metaphysische beschreibt, das Quadrat indes das Irdische, Profane und Rationale, so könnte das Achteck als geometrischer Zustand zwischen Kreis und Quadrat interpretiert werden. Castel del Monte, das vollkommene Achteck, wäre somit das Bindeglied zwischen Diesseits und Jenseits. Vielleicht handelt es sich aber auch nur um ein mittelalterliches Observatorium mit einer originellen Form – wer weiß? Esoteriker zieht der Ort jedenfalls magisch an. Empfehlenswert ist eine Mußestunde im erfrischend schattigen Innenhof, die man mit Meditationen und Träumereien über die wundersame Achterkombination verbringen kann – oder auch nicht. Und danach das obligatorische Erinnerungsfoto von der Hofmitte im Liegen nach oben.

Manchmal spielen sich hier tatsächlich eigenartige Dinge ab: Am 22. September 1992, als die Schattenlinie des Baus – wie jedes Jahr zur gleichen Zeit – mit der Außenbegrenzung der Türme zusammenfiel, zog plötzlich ein Unwetter heran, wie wir es zuvor noch nie erlebt hatten. Grelle Blitze durchzuckten den Himmel, entluden sich im Innenhof und erleuchteten die Krone Apuliens gespenstisch. Das ohrenbetäubende Dröhnen gewaltiger Donnerschläge erschütterte die Innenräume und die Regentropfen prasselten wie Steinschläge gegen das kompakte Gemäuer. – Hatte Friedrich vielleicht gegrollt?!

Öffnungszeiten Tägl. 9–18 Uhr. Eintritt 3 €. ✆ 0883-569997.

• *Anfahrt & Verbindungen* **Auto**, von Minervino Murge über die S 170 durch eine bizarre Hügellandschaft. Von der Costa di Bari und der A 14 nicht den Weg über Andria wählen, sondern die Alternative über Corato. Von der vierspurig ausgebauten Stadtumgehung ist Castel del Monte gut ausgeschildert.

Parken, in den Sommermonaten auf dem Großparkplatz an der S 170, Shuttlebusse alle 10 Min. zum Castel. Ansonsten ist der Parkplatz am Castel geöffnet.

Bus, vom Bahnhof in Andria fährt mehrmals tägl. – außerhalb der Sommermonate seltener – ein öffentlicher Bus nach Castel del Monte, Fahrzeit knapp 30 Min. Andria liegt an der Strecke der Ferrotranviaria Bari-Nord, die Bari mit Barletta verbindet.

• *Übernachten/Essen & Trinken* ****** Park Hotel Castel del Monte**, modernes und gepflegtes Landhotel auf schattigem, weitläufigem Grundstück mit Restaurant und Swimmingpool. Komfortable DZ 120 €, EZ 70 €. Nur 2 km von Castel del Monte, an der Landstraße nach Andria (ausgeschildert), ✆ 0883-569866, 📠 0883-569977, www.casteldelmonteparkhotel.it.

Agriturismo Il Cardinale, herrschaftlicher Gutshof mit 200 ha Getreidefeldern, allerdings bereits ca. 30 km südlich von Castel del Monte. Stilvoll ausgebaute Masseria mit Reiterhof, Reitausflüge sind für Fortgeschrittene möglich. Ländlicher Luxus mit ritterlichem Speisesaal, Billardzimmer, Ruhegarten und Swimmingpool, eine schattige Oase in sanfter, weitgehend baumloser Hügellandschaft. Man wohnt in geräumigen DZ oder in Apartments, gutes Restaurant, Menü 27-30 €. DZ 80–90 €, EZ 54–60 € inkl. Frühst. Bei Poggiorsini, abseits der S 97 zwischen Spinazzola und Gravina, an der Regionalgrenze zur Basilikata, ✆/📠 080-3237279, www.ilcardinale.it.

Sei Carri, Azienda agrituristica mit Tierhaltung und Käseproduktion in exponierter Lage und mit vollem Blick auf Castel del Monte. Fünf schlichte Zimmer, großes, rustikales Ausflugsrestaurant im unverputzten Gemäuer. Camping ist möglich, ca. 15 € pro Zelt für 2 Pers. Ganzjährig geöffnet. DZ 70 €, HP 100 €/Person. Wenige Kilometer südlich, jenseits der S 170, ✆/📠 0883-569836, www.agriturismoseicarri.it.

Agrituristica Tenuta Pedale, Tipp! An der S 170 in Richtung Ruvo auf die Ausschilderung achten. Stattliche Masseria aus dem 17. Jh. mit prächtiger Türmchenfassade und weitläufigem Reiterhof. Die Unterbringung erfolgt in den umgebauten Nebengebäuden, neun große Zimmer mit Bauernmöbeln hinter massivem Mauerwerk, schattige Terrasse vor jedem Zimmer. Im rustikalen Restaurant auf zwei Etagen finden gelegentlich auch Feierlichkeiten statt. Die bodenständige Küche verwendet Getreide, Öl, Gemüse und Obst aus eigener Bioproduktion, der Hauswein trägt das DOC-Gütesiegel. Das italienische Frühstück wird auf der Restaurantterrasse serviert. Menü 20 €, ganzjährig geöffnet. Zentrale Lage für Ausflüge in alle Richtungen, Reitunterricht möglich. DZ 80 €, HP 60 €/Person. ✆ 080-8980948, 340-7331574, 📠 080-8980948, www.tenutapedale.it.

Provinz Bari
Karte S. 158/159

Andria

ca. 95.000 Einwohner

Friedrich II. liebte die Stadt ihrer Treue wegen, das belegt eine von ihm selbst diktierte Inschrift auf der Porta Sant'Andrea, dem einzig erhaltenen Stadttor. Dort heißt es: „Andria fidelis nostris affixa medullis", was man mit „Das treue Andria ist unserem Herzen innig verbunden" übersetzen kann. Allerdings: Wer gezielt kommt, um die Grabstätten der beiden Friedrich-Ehefrauen *Isabella von Jerusalem* und *Isabella von England* aufzusuchen, erlebt eher eine Enttäuschung, denn in der nahezu schmucklosen Krypta der *Kathedrale Santa Maria Assunta* befindet sich lediglich eine kleine Gedenktafel. Heute ist Andria ein quirliges Zentrum der landwirtschaftlichen Verarbeitungsindustrie und touristisch wenig attraktiv. Orientierung bieten drei zum Himmel strebenden Kirchtürme: der 72 m hohe Campanile der bereits erwähnten Kathedrale, welcher noch übertroffen wird vom 75 m messenden Turm des Franziskanerklosters. Doch auch dieser wird noch um einen Meter von der *Chiesa di San Domenico* überragt.

Ruvo di Puglia

ca. 25.000 Einwohner

Das gepflegte, wohlhabende Städtchen ist im küstennahen Hinterland der Costa di Bari auf einem sanften Murgia-Hügel gelegen. Neben einer bedeutenden romanischen Kathedrale befindet sich hier ein sehenswertes Museum, prallvoll mit frühgeschichtlichen und antiken Vasenfunden aus der nahen Umgebung.

Überraschend viel Grün erwartet den Besucher und das nicht nur an der baumbestandenen Durchgangsstraße und auf der zentralen Piazza. Auch in der beschaulichen Altstadt wuchert ein Pflanzenmeer von Balkonen und Fenstervorsprüngen. Der intakte Ortskern um die Piazza der Kathedrale ist ein picobello sauberes Wohnviertel mit prächtigen Fassaden und heimeligen Gassen, in denen man mehr freundlichen Menschen begegnet als anderswo. Der Volksmund sagt: Aus Sparsamkeit und Geiz hätten die Ruvaner ihre Altstadt jahrhundertelang gehegt und gepflegt, anstatt sie wegen der doch recht engen Wohnverhältnisse zu verlassen und eine moderne Vorstadt zu errichten. Das Beharrungsvermögen hat sich gelohnt – jedenfalls aus touristischer Sicht.

• *Information* **Pro Loco**, im runden Turm der Stadtmauer schräg gegenüber dem Museo Jatta (s. u.). Via Veneto 48, ✆ 080-3615419, www.comuneruvodipuglia.it.

• *Anfahrt & Verbindungen* **Auto**, an der S 98 zwischen Bitonto und Andria gelegen. **Bahn**, Station der Ferrotranviaria Bari-Nord zwischen Bari und Barletta.

• *Übernachten/Essen & Trinken* **** **Hotel Pineta**, modernes Großhotel am Ortsrand mit Swimmingpool. Schöner Blick über den flachen Teil der Murgia bis zur Küste, gut ausgestattete Zimmer in schlichter Eleganz. Ende 2007 neu eröffnet, ganzjähriger Betrieb. EZ 80–100 €, DZ 120–140 €. Via Carlo Marx 5, ✆/📠 080-3611578, www.hotelpinetaruvo.it.

Hostaria Pomponio, Tipp! Kleine Altstadtosteria, eng und rustikal, von Jung und Alt frequentiert. Deftige Fleischgerichte wie Rouladen mit Innereien *(gnumarelli)*, Leberspieße *(spiedini di fegato)* und knusprig gebratenes Lamm *(costatine di agnello)*, große Auswahl an Gemüse-Contorni, offener Hauswein. Menü 20 €, mittags und abends geöffnet, So Ruhetag. Vico Pomponio 3, Ecke Via Alcide de Gasperi (Nähe Rathausplatz), ✆ 080-829970.

*** **Talos**, modernes Stadthotel mitten im Bahnhofsviertel, jüngst renoviert, hübsch eingerichtet, ohne Hotelrestaurant, Garage. DZ 80 €, EZ 55 €. Via Morandi 12, ✆ 080-3611645, ✆ 080-3602640, www.hoteltalos.com.

Agriturismo Le Vedute, der professionell ausgestattete Hof ist ein idealer Ort für Reiterferien, Hindernisspringen und Dressur mit deutschem Reitlehrer. Ruhig im flachen Murgia-Randgebiet gelegen, inmitten von Oliven- und Weinkulturen. Unterbringung in drei hübschen, klimatisierten Zimmern. Auf authentische Küche mit eigenen Landwirtschaftsprodukten (auch Wein) wird großer Wert gelegt. Ganzjährig geöffnet. DZ inkl. Frühst. 66–76 €, EZ ab 46 €. 4 km nördlich von Ruvo, gut ausgeschildert, ✆ 080-3952416 und 349-7730186, ✆ 080-3952416, www.levedute.it.

Piripicchio, kühl-modernes Ambiente in altem Gemäuer, als Pizzeria zu empfehlen, Mo Ruhetag. Am baumbestandenen Corso Cavour 52, ✆ 080-3612805.

Pasticceria Berardi, hinreißende Süßwaren von Meisterkonditor Giuseppe Berardi (auch Gelateria). Stilvoller Innenraum, die Freiplätze davor allerdings an der Durchgangsstraße am Altstadtrand. Corso Jatta 35/37, ✆ 080-3612498.

Sehenswertes

Kathedrale Santa Maria Assunta: Der unversehrte apulisch-romanische Prachtbau mit dem schnittigen Vorplatz gehört zu den bedeutendsten Nachfolgebauten von San Nicola in Bari (→ „Il Romanico pugliese“, S. 27). Nicht ganz stilecht ist allerdings der freistehende Campanile. Friedrich II. war ein wesentlicher Förderer des Baus, der bereits Ende des 12. Jh. begonnen wurde. Allein die makellose Fassade mit dem reich verzierten Portal wird auch Kirchenmuffel beeindrucken. Löwen und geflügelte Fabeltiere flankieren den Eingang. In der Lünette des zweiteiligen Fassadenfensters schwebt der Erzengel Michael, und oberhalb der zwölfspeichigen Rosette thront gar eine Figur Friedrichs II.

Lupenreine Romanik: Fassade der Kathedrale Santa Maria Assunta

Auf Ton gebaut

„Ruvo bot damals im Kleinen den Anblick der Goldgräbereien Kaliforniens dar. Es bildeten sich Gesellschaften; man durchwühlte die ganze Umgebung der Stadt. Die Felder verwandelten sich in Märkte. Wenn man alle Vasen, so erzählte Jatta, die man damals ausgrub, in eine Sammlung vereinigt hätte, so würde dieselbe durch ihre Zahl und ihren Wert vielleicht jede andere in der Welt übertroffen haben ..." Giovanni Jatta und sein Bruder Giulio gründeten ein Museum der Tongefäße im Jahr 1820 und vollendeten dasselbe im Jahr 1835.

Ferdinand Gregorovius, in: *Wanderjahre in Italien*

Die Proportionen des Innenraums sowie die gestreckten Arkaden- und Säulenreihen lassen noch erkennen, dass das schmale Mittelschiff ursprünglich zweigeschossig geplant war. Die kunstvoll mit Menschenköpfen verzierten Konsolen des Blendarkadenfrieses sind kleine Meisterwerke. Erwähnenswert sind außerdem die Freskenfragmente im Chorraum und die archäologischen Ausgrabungen unterhalb der Kathedrale.

Öffnungszeiten Tägl. 9–12 und 16–19.30 Uhr.

Museo Jatta im Palazzo Jatta: Der aus Ruvo stammende Giovanni Jatta (1767–1844) und dessen Neffe, Giovanni Jatta junior (1832–1895), legten den Grundstock zu dieser umfangreichen Sammlung, die insgesamt über 2000 Einzelstücke umfasst, und welche die Räumlichkeiten des relativ kleinen Museums bis in den allerletzten Winkel ausfüllt. Alles begann mit dem Zufallsfund einer gut erhaltenen antiken Vase im Jahr 1810; anschließende systematische Grabungen auf dem Gelände der Nekropolen von Ruvo brachten Tausende von italo-griechischen Vasen des 6. bis 3. Jh. v. Chr. ans Licht, darunter peuketische, korinthische, attische und lokale Keramik.

Abgesehen von der Vielfalt beeindruckt der erstaunlich gute Erhaltungszustand der meisten ausgestellten Vasen, Amphoren, Krater, Schalen, Krüge und Becher. Ein wahres Erlebnis für kunstgeschichtlich Interessierte. Das Schmuckstück dieser kostbaren Sammlung ist ein attischer Krater aus dem 5. Jh. v. Chr. mit der Darstellung des Todes des Talos *(Morte di Attalo),* dem bronzenen Riesen von Kreta. Es handelt sich um die großen Vase auf dem Säulenstumpf im letzten Raum.

Öffnungszeiten Mo–Mi und So 8.30–13.30, Do–Sa 8.30–19.30 Uhr. Eintritt frei. Piazza Bovio 35, ✆ 080-3612848.

Gravina in Puglia

ca. 40.000 Einwohner

Eine der schönsten Schluchtenstädte Apuliens erstreckt sich hier an den Rändern einer von Rissen und Spalten durchzogenen, canyonartigen Kluft (Gravina). Sie ist über prähistorischen, peuketischen, frühchristlichen sowie neuzeitlichen Grotten- und Höhlenbehausungen entstanden.

Ein nachhaltiges Erlebnis verspricht die Besichtigung der fünfschiffigen Grottenkirche *San Michele,* die vor dem Bau der oberirdischen Kathedrale als städtische Hauptkirche diente. Die Schlucht von Gravina in Puglia war schon in der Bronzezeit besiedelt und entwickelte sich später zu einem Zentrum der urapulischen Peu-

Blick von den Höhlen auf die Altstadt

ketier. In römischer Zeit erlangte der Ort Bedeutung als Handelsposten an der *Via Appia* (→ S. 242); im frühen Mittelalter ließen sich hier Mönche aus Sizilien nieder, die vor den Sarazenen geflohen waren. Die bilderverehrenden Brüder schufen die mit byzantinischen Fresken verzierte Grottenkirche San Michele als religiösen Mittelpunkt ihrer Höhlensiedlung. Erst unter den Normannen (11. Jh.) begann die Stadt, verstärkt an der Erdoberfläche zu wachsen. Die Höhlenbehausungen wurden jedoch keineswegs vollständig aufgegeben; bis ins 20. Jh. hinein dienten noch einige – natürlich weitgehend modernisiert – den Bewohnern von Gravina in Puglia als Wohnungen. Am nördlichen Altstadtrand quert ein ehrwürdiger Viadukt *(Ponte Viadotto)* die Schlucht. Von der anderen Seite eröffnet sich ein atemberaubender Blick auf die Stadt (→ Bild S. 32).

• *Information* **Infobüro (IAT)** in zentraler Lage, hervorragend organisiert, viel nützliches Infomaterial zur Stadt und Region. Di–Sa 9–13 und 15–17 Uhr, So nur vormittags geöffnet. Via Matteotti 15/17, ✆ 080-3268153, www.gravinanews.it bzw. www.comune.gravina.ba.it.

• *Anfahrt & Verbindungen* **Auto**, zwei landschaftlich schöne Anfahrten: von Trani/Corato auf der S 378 und von Canosa/Minervino auf der S 97. Die S 96 von Bari über Altamura hingegen ist stark befahren und reizlos.

Bahn, gute Zugverbindungen mit den Ferrovie Appulo Lucane nach Bari und mit den Ferrovie dello Stato nach Spinazzola bzw. Canosa (schöne Fahrt durch die Hochmurgia) und Altamura bzw. Gioia del Colle.

• *Übernachtung/Essen & Trinken* **Albergo Zia Rosa**, große, hübsch eingerichtete Doppelzimmer, die Unterbringung erfolgt in jüngst renovierten Altstadthäusern in unmittelbarer Nähe der Trattoria (s. u.). EZ 40 €, DZ 60 €. Via Marconi 18, ✆/℻ 080-3256369, www.trattoriaziarosa.it.

B&B Le Stanze del Console , frisch renovierter Altbau am oberen Altstadtrand, wie eine Pension geführt. 14 Zimmer, teils mit edlem Mobiliar ausgestattet, gute Bäder, ganzjährig geöffnet. EZ 40 €, DZ 60 €. Via Vittorio Veneto , ✆ 080-3266992, www.lestanzedelconsole.it.

Osteria Cucco, von der italienischen Slow-Food-Organisation empfohlen, angenehmer

Speiseraum, tadellose Cucina gravinese, gute regionale Weine, Menü 20–25 €, Mo geschlossen. Piazza Pellicciari 4, vor dem Altstadttor, ✆ 080-3261872, www.osteriacucco.it.

Madonna della Stella, bei Italienern äußerst beliebtes Ausflugsristorante auf der anderen Seite der Schlucht. Herrlicher Blick von der Terrasse auf die Altstadt, gute landestypische Küche, Di Ruhetag. Auch zehn sehr ansprechend ausgestattete **Zimmer,** EZ 45 €, DZ 75 €. Via Madonna della Stella, ✆ 080-3256383, ✆ 080-3223302, www.madonnadellastella.org.

Trattoria Zia Rosa, Tipp! Gleich hinter dem Brunnen am Abstieg zur Grottenkirche San Michele. Beliebte Trattoria im Centro storico, solide Hausmannskost nach traditionellen Rezepten, große Portionen. Zu den Primo-Spezialitäten gehören Cavatelli-Nudeln mit Pilzen *(funghi cardoncelli)* und Gemüsesuppen, unter den herzhaften Fleisch-Secondi findet man auch Pferdefleisch und Zicklein, Menü 20 €, Mi Ruhetag. Via Marconi 18, ✆ 080-3256369, www.trattoriaziarosa.it.

Sehenswertes

Chiesa Madonna delle Grazie: Wer mit dem Zug ankommt, sieht gleich am Bahnhof die eigenwillige Fassade der Barockkirche von 1602, die ein selbstherrlicher Bischof während seiner Amtszeit errichten ließ. Die Fassade wird oberhalb des imitierten Bossenwerks von einem riesigen Adler mit ausgebreiteten Flügeln beherrscht – dem bischöflichen Wappen.

Altstadt: Bevor man die spätmittelalterliche Altstadt mit ihren Baudenkmälern und Museen besichtigt, sollte man im alteingesessenen *Café Risorgimento* an der *Piazza della Repubblica* eine Stärkung zu sich nehmen. Und dann hinein in das beschaulich verwinkelte Wohnviertel des *Centro storico,* das aufgrund der Schluchtenrandlage viele überraschende Höhenunterschiede aufweist. Mittendrin entdeckt man die verschiedensten Kirchenfassaden, herrschaftliche Palazzi der Adelsfamilie Orsini sowie zahlreiche übermauerte Höhlenbehausungen – und plötzlich steht man vor schwindelerregenden Aussichtspunkten mit Blick in die breite, grottenzerfurchte *Gravina.*

Kathedrale: Die Baugeschichte des Doms überspannt nahezu sieben Jahrhunderte. Den Grundstein legten die Normannen 1092. Von der romanischen Form ist allerdings wenig übrig geblieben, denn im frühen 15. Jh. wurde der Dom gotisch erweitert und 1447 durch einen Brand stark beschädigt. Der Wiederaufbau ereignete sich dann bereits unter dem Einfluss der aufkommenden Renaissance, woran v. a. die großartige Fensterrose erinnert. Der Glockenturm, die letzte Baumaßnahme, wurde erst Anfang des 18. Jh. fertiggestellt. Die in den 1990er Jahren begonnene Restaurierung ist mittlerweile ebenfalls beendet und lässt die Kathedrale in neuem Glanz erstrahlen.

Im angeschlossenen *Museo Capitolare Arte Sacra* kann der umfangreiche Kirchenschatz bewundert werden.

Öffnungszeiten Tägl. außer Mo 9–13 und 17–20 Uhr. Eintritt frei.

Chiesa del Purgatorio: Die jüngst restaurierte Privatkirche der feudalen Familie Orsini steht ebenfalls an der Piazza Papa Benedetto XIII. Die Kapelle mit den etwas makabren Skelett- und Totenkopfverzierungen über dem Portal wurde 1644 erbaut. Knapp 500 Jahre, bis zum Beginn des 19. Jh., gehörte Gravina zur Grafschaft der Orsini, aus deren Adelsdynastie 1724 immerhin der 250. Papst der katholischen Kirche, Benedikt XIII., hervorging. Im Inneren der Grabkapelle hängen einige großformatige Gemälde aus der barocken neapolitanischen Malerschule. Zur Besichtigung muss man sich an das oben genannte Museo Capitolare Arte Sacra wenden.

Biblioteca Finya: Die älteste Bibliothek Apuliens (1688) liegt der kleinen Orsinikirche gegenüber. Auch ihre Restaurierung ist abgeschlossen, und auf dem Zifferblatt der Fassadenuhr erkennt man die farbigen Porträts von Giuseppe Garibaldi und König Vittorio Emanuele II.

Höhlenkirche San Michele: Die *Calata di San Michele* neben der Bibliothek führt hinunter zur halboffenen Grottenkirche. Gleich am Eingang steht das Heiligtum, eine Statue des Erzengels Michael. Der Schutzheilige wird in Gravina in Puglia ebenso wie in Monte Sant'Angelo auf dem Gargano und anderswo sowohl am 8. Mai als auch am 29. September gefeiert. Der fünfschiffige, pfeilergestützte Innenraum, der Altarraum und die Nebenräume der Höhlenkirche wurden im frühen Mittelalter, wahrscheinlich von Basilianermönchen, in den weichen Kalkstein hineingegraben. Die Fresken an der Wand – von links nach rechts die drei Erzengel Gabriel, Michael und Raffael – sind jedoch unverkennbar jüngeren Datums (16./17. Jh.). Den Malereien und Nischendekorationen haben Mutwille und Zerstörungswut noch im späten 20. Jh. irreparable Schäden zugefügt. In einer Seitenkapelle wurden die Knochen der von Arabern erschlagenen Christen aufbewahrt – als Kinder aus dem Borgo mit ihnen spielten, wurden sie in die nahegelegene *Cappella San Bartolomeo* verfrachtet. Heute schützt eine massive Einzäunung die Grottenkirche. Zutritt erhält man nur, wenn man sich freundlich an das oben genannte Museo Capitolare wendet. Oder man spricht an der zentralen Piazza vor der Chiesa del Purgatorio (s. o.) Einheimische an und fragt nach einem Führer.

Museo Civico Archeologico: In diesem vor wenigen Jahren eröffneten Museum an der Kathedralenpiazza werden erstmals neuere archäologische Funde aus Gravina und der unmittelbaren Umgebung gezeigt. Eindrucksvoll sind v. a. die großen apulisch-griechischen Prunkamphoren mit Fuß sowie die detaillierten Rekonstruktionen der Kriegergräber aus peuketischer Zeit (5. Jh.) mit Skeletten und Grabbeigaben. Zum Zeitpunkt der letzten Recherche war das Museum wegen umfangreicher Umbauarbeiten geschlossen, der Zeitpunkt der Wiedereröffnung noch nicht bekannt.

Museo Pomarici Santomasi: Das gut bestückte Altstadtmuseum befindet sich in einem herrschaftlichen Palazzo aus dem 17. Jh. und besitzt eine umfangreiche archäologische Sammlung. Unter anderem ist hier die Rekonstruktion der Grottenkirche *San Vito Vecchio* aus dem 13. Jh. mit Fresken zu sehen, außerdem Inkunabeln, Münzen, Waffen, Uniformen, Barockgemälde und historisches Mobiliar. Insgesamt eine recht bunte, aber interessante Mischung. Zur Münzsammlung gehört übrigens eine Goldmünze mit dem Wappen Friedrichs II.

Öffnungszeiten Mo–Sa 9–13 und 16–19 Uhr, So 9–12 Uhr. Eintritt 3 €. Via del Museo 23. Falls verschlossen, in der Bibliothek im ersten Stock nachfragen.

Umgebung

Ruinen eines Stauferkastells: An der nördlichen Stadtausfahrt, neben der Verbindungsstraße zur S 378, stehen die Überreste einer kleinen Burg Friedrichs, die der Stauferkaiser angeblich zur Falkenjagd benutzte. Zwar ist die Ruine nicht zugänglich, aber dahinter breitet sich die großartige Kulturlandschaft der Murgia aus – eine gute Gelegenheit, um das schönste Urlaubsfoto vom apulischen Kernland zu schießen!

Straßencafé in der Altstadt

Altamura

ca. 68.000 Einwohner

Der Widerstand der Bürger gegen den streitbaren Kardinal Fabrizio Ruffo brachte der Stadt 1799 den Beinamen „Löwin Apuliens" ein. Zwei steinerne Löwen flankieren auch das Portal der mächtigen Kathedrale Santa Maria Assunta im Zentrum der Altstadt.

Im Auftrag der Bourbonen war der Kardinal Fabrizio Ruffo 1799 in Kalabrien gelandet, um an der Spitze seiner *Sanfedisti,* einem lose zusammengewürfelten Heerhaufen aus Bauern und Briganten, nach Neapel zu marschieren. Erfolgreich zerschlug er die *Parthenopäische Republik* und ebnete den Weg für die Rückkehr der Bourbonen nach Neapel. Der Schriftsteller Raffaele Nigro schreibt in seinem Roman „Die Feuer am Basento" (→ S. 64), die Bauern glaubten, der Kardinal sei auf seinem Eroberungszug durch Süditalien im Verbund mit Erzengeln gereist, „die Eisen verbiegen und die Mauern niederreißen". Reihenweise ergaben sich die Städte Apuliens dem Kardinal und seinem Heer – und hissten auf ihren Zinnen wieder die Flagge der Bourbonen. Die Bürger Altamuras jedoch erwiesen sich als begeisterte Anhänger der Französischen Revolution und leisteten dem konservativen Kirchenmann erbitterten, wenn auch letztlich erfolglosen, Widerstand. Immerhin durfte sich die Stadt seither mit dem marketingträchtigen Titel „Die Löwin Apuliens" schmücken.

Auch völlig abgesehen von dieser neuzeitlichen Episode schreiten Besucher in und um Altamura über historisches Pflaster: Bereits in der tropischen Kreidezeit, vor ca. 80 Mio. Jahren, tummelten sich große Dinosaurierherden in der Umgebung, was durch zahllose fossile Fußstapfen belegt ist. Hinsichtlich Umfang und Erhaltungszustand sind die *Orme di Dinosauri* eine Weltsensation. Ein weiterer spektakulärer archäologischer Fund in der näheren Umgebung von Altamura sorgte 1993 für weltweite Schlagzeilen: In einer natürlichen Bodenhöhle namens *Grotta di Lamalunga* fanden Freizeitarchäologen ein vollständig erhaltenes menschliches Skelett, dessen Alter auf über 200.000 Jahre geschätzt wird. Der sog. *Uomo di Altamura* (Mann von Altamura) maß nur 1,65 m und war wahrscheinlich ein Nachfahre des Heidelbergmenschen (Homo erectus heidelbergensis). Aus peuketischer Zeit hingegen stammen Reste einer Megalithmauer, die eine Siedlung auf dem Hügel der Stadt umschlossen haben dürfte.

Auf die vor- und frühgeschichtlichen Besiedlungsphasen folgten Jahrhunderte der Bedeutungslosigkeit; weder Römer, noch Byzantiner oder Normannen interessierten sich ernsthaft für Altamura. Erst die Staufer halfen der Stadt mit der namengebenden „hohen Ringmauer" wieder auf die Sprünge. Friedrich II. siedelte hier im 13. Jh. Apulier, Griechen und Juden an. Und er nutzte die seltene Gelegenheit, einer bis dato kirchenlosen Stadt eine Kathedrale zu schenken, wodurch er den päpstlichen Vorwurf der Unfrömmigkeit ein wenig entkräften konnte. Auch seine religiöse Toleranz stellte er unter Beweis und gestand der griechisch-orthodoxen Bevölkerung eine Kirche zu – *San Nicola dei Greci* ist bis heute erhalten. Unter der Herrschaft der Anjous wurde Altamura befestigt, später gelangte die Stadt in den Besitz der mächtigen Adelsfamilie Orsini, wurde aber im Jahr 1531 von den Bürgern für 20.000 Dukaten wieder freigekauft. Nur sieben Jahre später war es allerdings mit der städtischen Autonomie auch schon wieder vorbei: Als Margarete von Parma, die uneheliche Tochter Karls V., den Adeligen Ottavio Farnese heiratete, vermachte der habsburgische Kaiser ihr – und damit letztlich der Adelsfamilie Farnese – die Stadt als Aussteuer. Die größte politische Bedeutung errang die Stadt unmittelbar nach der italienischen Staatsgründung, denn 1861 wurde Altamura vorläufiger Sitz der apulischen Regionalverwaltung.

Die größte Stadt im Nationalpark Hochmurgia ist heute ein wichtiges überregionales Handelszentrum. Die Zeiten der armseligen Märkte und Behausungen sind anscheinend längst vorbei. Verschwunden ist auch der legendäre „Markt der kurzen Hosen", auf dem arme Städter ihre Söhne für einen Monatslohn ein ganzes Jahr lang an einen Hirten oder Bauern abtraten. Nur die abgeschlossenen Wohneinheiten in der Altstadt, die sog. *Claustri,* vermitteln Besuchern noch ein lebendiges Bild aus vergangenen Tagen. Ganz besonders, wenn neugierige Ortsfremde hin und wieder auf ihren Streifzügen in den zahlreichen „Sackgassen" enden und unverrichteter Dinge wieder umkehren müssen. Bereits ein kurzer Blick auf den Stadtplan genügt, um zu erkennen, dass es im Zentrum von diesen Hinterhöfen nur so wimmelt.

Provinz Bari
Karte S. 158/159

Information/Anfahrt & Verbindungen

• *Information* **Pro Loco**, mitten in der Altstadt, am Corso Federico II. Hier verrichtet u. a. der sympathische Rentner Alessandro seinen ehrenamtlichen Dienst, sorgt für großzügige Öffnungszeiten (tägl. 9–12 und 17–19 Uhr) und verteilt ein nützliches und informatives Faltblatt mit Stadtplan. Piazza della Repubblica 11, ✆ 080-3143930, www.comune.altamura.ba.it.

• *Auto* Altamura ist von Bari am schnellsten auf der viel befahrenen S 96 zu erreichen; der Weg von Nordwesten (S 378 und S 97) führt durch eine schöne Murgia-Landschaft. **Parkplätze** findet man zwischen der Piazza Resistenza und dem Teatro Mercadante am südlichen Entree zur Altstadt.

• *Bahn* Der Bahnhof liegt relativ ungünstig am nordwestlichen Stadtrand. Mit den *Ferrovie Appulo Lucane* von/nach Bari, Gravina und Matera (Basilikata) oder mit den *Ferrovie dello Stato* nach Gioia del Colle sowie über Gravina nach Spinazzola und Canosa.

Übernachten/Essen & Trinken

• *Übernachten* **** **Hotel San Nicola (2)**, 25 überwiegend komfortable und geschmack voll eingerichtete Zimmer in einem unauffälligen, aber vorbildlich restaurierten Altstadtpalazzo. Vorwiegend von Geschäftsreisenden frequentiert, mit feinem Ristorante und Frühst. auf der Dachterrasse. DZ 90–140 €, EZ 70–90 €. Via Luca de Samuele Cagnazzi 29 (Querstraße zum Corso Federico II), ✆ 080-3105199, ✆ 080-3144752, www.hotelsannicola.com.

*** **Hotel Svevia (6)**, außerhalb der Altstadtmauern, Nähe Piazza Zanardelli, an der Straße nach Matera. Funktionaler Neubau, jüngst renoviert und gut geführt, mit Restaurant. DZ 95 €, EZ 64 €. Via Matera 2, ✆ 080-3111742, ✆ 080-3112677, www.hotelsvevia.it.

• *Essen & Trinken* **Ristorante del Corso (3)**, alteingesessenes Restaurant am Corso Federico II 84; eine echte Spezialität ist die Zuppa di Scamorza (Käsesuppe mit Kräutern). ✆ 080-3142695.

Tre Archi (5), überraschend großes Ristorante im Schatten der Kathedrale mit über 200 Plätzen, 8 sehr unterschiedlichen Speiseräumen und Dachterrasse. Groß und intim ist hier kein Widerspruch, obendrein kinderfreundlich mit Spielzimmer für die Kleinen. Auf der Karte stehen typisch apulische und nationale Gerichte, außerdem gibt es leckere Pizza aus dem Steinofen, guten Hauswein und erlesene Flaschenweine. Menü ab 15 € und nach dem Essen geht's hoch in die Latino-Bar. Nur abends geöffnet, Mi Ruhetag. Via San Michele 28, ✆ 080-3115569, www.trearchi.it.

Caffè Ronchi-Striccoli (4), ältestes Kaffeehaus Apuliens, seit 1905 am Domplatz, Einrichtung mit Patina. Ausgefallene Mixgetränke und frühabendlicher Treffpunkt für Alt und Jung.

Federico II di Svevia (1), Tipp! Über 50 Jahre lang hieß sie *Trattoria Padova*, bevor das beliebte Nachbarschaftslokal zu Ehren des Stauferkaisers umbenannt wurde. Schlicht und einfach ist die Einrichtung, schmackhaft die lokaltypische Küche. Ehrliche Preise, Menü um die 15 €, Sa Ruhetag. Via Giuseppe Luciani 3/5, Nähe Piazza Repubblica, ✆ 080-3145699.

Einkaufen/Feste & Veranstaltungen

• *Einkaufen* **Mostra-Mercato**, auf diesem wichtigsten Kunsthandwerksmarkt der Murgia-Städte findet man Souvenirs aller Arten, 1.–10. Mai.

Pane di Altamura, Selbstversorger und solche, die es werden wollen, sollten in einer Bäckerei (*forno* oder *caseificio*) unbedingt das berühmte Brot aus Altamura kaufen. Mit fast schwarzer Kruste kommt diese lokale Spezialität aus dem Holzofen.

• *Feste & Veranstaltungen* **Festa Patronale** zu Ehren der Stadtpatronin, der heiligen Irene, mit viel Folklore und Feuerwerk vom 14. bis 16. Aug.

La Cavalcata, am So nach dem Patronatsfest findet eine Prozession zur Wallfahrtskirche Buoncammino statt. Der Prozession geht eine *Asta della Bandiera* (Versteigerung) voraus.

Sehenswertes

Altstadt: Orientierung bietet der *Corso Federico II di Svevia*, der die konzentrisch angelegte Altstadt in zwei Hälften teilt. Am leichtesten lassen sich die Sehenswürdigkeiten von der *Piazza Resistenza*, dem südlichen Zugang zum historischen Zentrum, erschließen.

Kathedrale Santa Maria Assunta: Sie bildet den Mittelpunkt der Altstadt und ist die einzige von Friedrich II. errichtete Kathedrale Apuliens. Baubeginn war 1232, bald nach ihrer Fertigstellung wurde sie jedoch durch ein Erdbeben im Jahr 1316 zerstört, aber originalgetreu erneuert. Später kamen barocke Ausgestaltungen und Veränderungen hinzu, sodass die ursprüngliche Formgebung nur noch im Groben

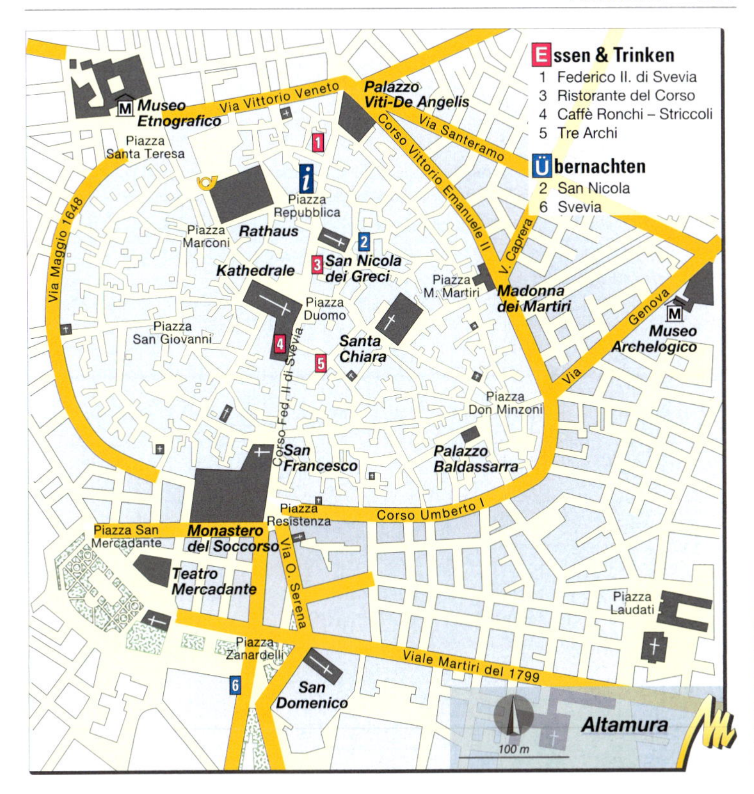

Provinz Bari Karte S. 158/159

zu erkennen ist. Der kunsthistorisch interessanteste Teil ist das Löwenportal mit zahlreichen Figuren und Szenen, am markantesten sind die beiden identischen Glockentürme aus dem 16. Jh.

San Nicola dei Greci: Sie ist die Kirche der ehemaligen griechischen Gemeinde von Altamura. Die letzte Messe nach griechisch-orthodoxem Ritus fand hier 1601 statt. Der größte Schatz der innen wie außen im Laufe der Zeit völlig veränderten Kirche ist die Mumie der heiligen Beatrix.

Peuketische Megalithmauer: Am nordöstlichen Stadtrand entlang der Via Mura Megalitiche sind noch einige große Steinblöcke der frühgeschichtlichen Ringmauer zu sehen, welche die Stadt umgab, als sie noch von den peuketischen Urapuliern besiedelt war.

Museo Archeologico Statale: Ein moderner Museumsbau am südlichen Altstadtrand. Im Mittelpunkt der Ausstellung steht die Dokumentation über den *Uomo di Altamura*. Da das völlig versinterte Skelett des über 200.000 Jahre alten „Mannes von Altamura" nicht geborgen werden kann, ersetzen anschauliche Fotos und Videoaufnahmen vom Fundort Grotta di Lamalunga das Original – eine gelungene multimediale Inszenierung. Ansonsten sind sehr interessante Fundstücke aus den Grabungsgebieten von Altamura und Gravina ausgestellt. Darunter auch der ominöse

Osso a globuli aus dem 2. Jt. v. Chr., ein ca. 10 cm großer geschnitzter Knochen mit geometrischen Verzierungen. Der Knochen stammt aus dem nahen Casal Sabini und ist eine echte Rarität, da solche Objekte sonst nur im ägäisch-anatolischen Raum gefunden worden sind.

Öffnungszeiten Di–Fr 8.30–19.30, Sa/So 8.30–13 Uhr. Eintritt 2 €. Via Santeramo 88.

Museo Etnografico: Das kleine Heimatkundemuseum ist in einem alten Konventsgebäude an der Piazza Santa Teresa am Nordrand der Altstadt untergebracht. Sehenswert sind hier neben den landwirtschaftlichen Gerätschaften v. a. die Modelle alter Backöfen, in denen früher das herzhafte *Pane di Altamura* (→ „Einkaufen“, S. 220) gebacken wurde.

Öffnungszeiten Di–Sa 9–12 Uhr. Eintritt frei. Das Museum war zum Zeitpunkt der letzten Recherche wegen Renovierungsarbeiten am Gebäude geschlossen.

Umgebung

Pulo di Altamura: Ein lohnenswerter Abstecher führt zum größten Pulo Apuliens. Dieser gewaltige Naturkrater (Doline) entstand in erdgeschichtlicher Vorzeit und birgt frühmenschliche Spuren. Die über 500 m breite und ungefähr 80 m tiefe Bodenhöhle liegt in einer flach gewellten Karstlandschaft abseits jeglicher Zivilisation. Heute dient das Erdloch u. a. als Autofriedhof, einige ausgebrannte Wracks liegen auf dem Grund, auf den man sich lieber nicht begeben sollte. Riesige Kolkraben halten Wache.

Anfahrt Von Altamura die nordöstliche Stadtausfahrt (Via Bari) benutzen. Hinter der Bahnüberführung der Ausschilderung „Pulo“ folgen, insgesamt ca. 8 km.

Foresta di Mercadante: Es ist eines der wenigen zusammenhängenden Waldgebiete der Murgia – mit Kiefern, Zypressen und vereinzelten Eichen. Eine erholsame, schattige Abwechslung in diesem ansonsten nahezu baumlosen apulischen Kernland. Die Foresta liegt abseits der S 171 zwischen Altamura und Gioia del Colle, westlich von Cassano delle Murge.

Wissenswertes zur Stadt **Matera** finden Sie im Reiseführer „Kalabrien & Basilikata“ des Michael Müller Verlags.

Gioia del Colle

ca. 27.000 Einwohner

Der ganze Stolz der quirligen Murgia-Stadt ist das Stauferkastell, in dem ein übersichtliches und sehenswertes archäologisches Museum untergebracht ist. Nur unweit der Stadt wurden auf dem Monte Sannace die Reste einer peuketischen Stadt freigelegt.

Ein guter Ausgangspunkt für Stadterkundungen ist die gekachelte, zentrale *Piazza Plebiscito,* auf die man über die örtliche Durchgangs- und Geschäftsstraße automatisch trifft. Den Ort während der Rushhour zu passieren, ist allerdings ein Abenteuer für sich. Ruhig dagegen wird es auf der ca. 4 km nordöstlich von Gioia gelegenen Ausgrabungsstätte von *Monte Sannace,* die erst seit einigen Jahren als **Parco archeologico** begehbar ist. Zu sehen sind die spektakulären Überreste der größten bisher freigelegten peuketischen Stadt. Ein mehrfacher Mauerring umschloss die auf einem sanften Hügel (382 m ü. d. M.) gelegene Akropolis. In den Nekropolen konnten zahlreiche Keramik- und Bronzearbeiten peuketischer Machart geborgen werden. Die Altersbestimmungen der Grabungsfunde lassen auf eine Blütezeit im sechsten und fünften vorchristlichen Jahrhundert schließen. Die dramatische Entvölkerung im 4. und 3. Jh. v. Chr. gibt den Wissenschaftlern allerdings Rätsel auf: Waren es die landhungrigen Spartaner aus dem nahegelegenen Tarent oder die bereits heranrückenden Römer, welche die friedlichen Urapulier vom Monte Sannace vertrieben haben?

Öffnungszeiten Mi–So 8.30–15 Uhr. Eintritt 2,50 €, Kombiticket mit dem Museum im Kastell 4 €.

Das **Kastell** liegt am höchsten Punkt des Altstadthügels und zählt zu den am besten erhaltenen Stauferburgen der Provinz Bari. Wie so oft, wurde auch hier eine bereits bestehende byzantinische Festung von den nachfolgenden Landesherren um- bzw. ausgebaut: Die heute noch sichtbare Burg wurde von den Hautevilles begründet. Später fügte ihr der Normanne Roger II. einige Anbauten hinzu, bevor die Baumeister Friedrichs II. um 1230 für die heutige Gestalt sorgten. Der im Grundriss quadratische Wehrbau verfügt über ein markantes Bossenwerk und zwei mächtige Ecktürme. Erdbebengeschädigt und über mehrere Jahrhunderte den architektonischen Fantasien ihrer verschiedenen Besitzer ausgeliefert, gelangte die Anlage 1967 in Staatsbesitz. Seitdem wurde die Baugeschichte gründlich recherchiert, das äußere Erscheinungsbild harmonisiert und das vielleicht vorbildlichste Kleinmuseum Apuliens eingerichtet. Hier sind v. a. die Grabungsfunde aus der nahen peuketischen Akropolis des Monte Sannace ausgestellt. In einigen Räumen, die den Innenhof umschließen, kann man die regen Restaurierungsarbeiten beobachten: Geschickte Hände verwandeln ornamentierte Scherben wieder in peuketische Vasen, Krüge, Trinkgefäße und Teller. An Kaisers Zeiten erinnert nur noch der steinerne Thron im gleichnamigen Saal.

Öffnungszeiten Kastell und Museo Archeologico Nazionale Tägl. 8.30–19.30 Uhr. Eintritt 2,50 €. Außerdem gibt es hier einen Buchladen und eine Cafeteria.

Prunkstück der Altstadt ist das Kastell

Es begann in Gioia del Colle – der Bauernaufstand von Apulien

In der Zeit der Unità Italiens stand Gioia del Colle mehrfach im Brennpunkt des Geschehens. Ganz besonders, als sich im Juli 1861 Briganten und Landarbeiter gegen die Piemontesen aus dem Norden erhoben. Etwa um Mitternacht, vom 23. auf den 24. Juli, witterte die Nationalgarde, dass etwas nicht stimmt: Das Gerücht von einem Mord auf der Landstraße machte die Runde. Als eilig herbeigerufene Soldaten vier Tage später die Gegend kontrollierten, stellten sie fest, dass die Briganten im umliegenden Land die Gutshöfe nach Waffen und Munition absuchten. Zum Einschreiten war es jetzt bereits zu spät, denn die angreifenden Partisanen machten sich schon bereit, Gioia zu stürmen. Der Magistrat verhängte ein Ausgehverbot, und mit vereinten Kräften gelang es, den Angriff abzuwehren. Die Briganten zogen sich daraufhin zurück und verschanzten sich im Vorort San Vito. Das nützte den Aufständischen jedoch nichts: Die verstärkte Truppe aus dem Piemont erwiderte den Angriff gnadenlos, erstürmte die notdürftige Befestigung und verfolgte die Flüchtigen. Wer blieb, wurde umstandslos erschossen. Die Kämpfe kosteten insgesamt 150 Menschenleben, waren aber der Auftakt zu einer ganzen Reihe von Aufständen der Bauern und Briganten gegen die neuen Herrscher aus dem Norden.

Anführer der Partisanen war ein gewisser Pasquale Romano, der aus Gioia stammte und in jenen Jahren vielleicht der bekannteste Banditenführer Apuliens war. Selbst die Piemontesen fürchteten – und respektierten ihn. Das beweist zumindest ein damaliges Gutachten für das italienische Parlament, das sich vorrangig mit der Brigantenfrage im Süden auseinanderzusetzen hatte. Dort hieß es über den Mann: „In seinem Gemüt vermischten sich starker Fanatismus mit einer einfachen Religiosität, doch selbst seine ständigen Verbrechen hatten nicht allen Sinn für Ehre in ihm erstickt." Die Wertschätzung seitens der Gegner brachte Pasquale Romano jedoch nichts: 17 Monate nach dem erfolglosen Versuch, seine Heimatstadt zu erstürmen, wurde der Rebell bei einem Überraschungsangriff piemontesischer Soldaten in einem kleinen Wäldchen festgesetzt. Die Truppe schleppte den Anführer im Triumphzug nach Gioia, wo er drei Tage lang splitternackt den gaffenden Einwohnern zur Schau gestellt wurde. Um zu vermeiden, dass sein Märtyrergrab postum zur Pilgerstätte würde, ließen die Nationalgardisten den Aufrührer anschließend kurzerhand verschwinden. Seine Legende lebt bis heute fort (→ „Geschichte", S. 30).

• *Information* Die kleine **Pro-Loco-Geschäftsstelle** in der Via Fontana 20 am Eingang zur Altstadt hat nur sporadisch geöffnet, www.gioiadelcolle.info.

• *Anfahrt & Verbindungen* **Auto**, Gioia liegt an der A 14 von Bari nach Tarent und ist auf der S 171 gut erreichbar von Gravina/Altamura.

Bahn, zentral gelegener Bahnhof. Mit der FS von/nach Bari, Tarent und Altamura/Gravina.

• *Übernachten* *** **Hotel Svevo**, Stadtausfahrt Richtung Santeramo, ca. 200 m hinter dem Bahnübergang, vor der Autobahnabfahrt. Fantasieloser Neubau, Business-Kategorie, gut geführt, mit ausgezeichnetem Restaurant, Garage. DZ 90 €, EZ 70 €. Via Santeramo 319, ☏ 080-3484304, ℻ 080-3482797, www.hotelsvevo.it.

B&B Ciacco, 6 ordentliche, aber sehr einfach eingerichtete Zimmer am Rand der Altstadt, darunter nette Apartments für Selbstversorger, verteilt auf zwei Gebäudeeinheiten. Das Frühst. ist ausbaufähig. Die Privatunterkunft hat nichts mit der gleichnamigen Pizzeria im Erdgeschoss zu tun. EZ 25 €, DZ 50 €. Via Carlo di Borbone 2 (gleich an der Piazza Plebiscito), ☏ 080-3431116 oder 393-4710616.

• *Essen & Trinken* **All'Ombra del Castello**, Pizzeria und Pub an der baumbestandenen Piazza dei Martiri direkt neben dem Eingang zum Castello. Vorwiegend junges Publikum, leckere Pizza und Bier vom Fass (u. a. Augustiner), Mo Ruhetag. ✆ 080-3483014.

Ueffilo, stimmungsvoller Weinkeller *(cantina)* und Heimstätte eines bemerkenswert aktiven Jazzclubs, vorwiegend regionale Weine, lokale Snacks. Hinter dem Castello, unweit der Hauptkirche. Mo/Di geschlossen, sonst lange geöffnet. Via Donato Boscia 21, ✆ 080-3430946.

Federico II, alteingesessene Trattoria, hübsch eingerichtet, ganz dem Namen verpflichtet, mit Stauferwappen und alten Fotos vom örtlichen Castello. Deftige Küche, hausgemachte Pasta, Menü max. 20 €, Di Ruhetag. Via Gioberti 35 (Nähe Altstadtring und Piazza XX Settembre), ✆ 080-3430879.

Conversano

ca. 24.000 Einwohner

Das etwas größere Städtchen im Küstenhinterland besitzt einige interessante mittelalterliche Großbauten. Am besten begibt man sich gleich auf den weitläufigen Vorplatz des weithin sichtbaren Kastells, denn dann hat man alle Sehenswürdigkeiten in unmittelbarer Nähe: die normannische Festung, die angrenzende romanische Kathedrale und das nur ein paar Schritte entfernte Benediktinerkloster mit dem *Museo Civico*. An klaren Tagen sieht man von der *Piazza Castello* sogar das Meer. Allerdings waren 2008 schlichtweg alle Denkmäler der Stadt hinter Baugerüsten versteckt, der Zutritt für Besucher versperrt. Positiv gewendet heißt das: Es tut sich was in Conversano, und hoffentlich stehen die Sehenswürdigkeiten bald wieder zur Besichtigung offen!

Ab dem 15. Jh. lenkte die Adelsfamilie der Acquaviva, welche dem herrschenden Königshaus Aragon eng verbunden war, die Geschicke der Stadt. Von Heldentaten im Kampf gegen die Türken ist die Rede, wofür das Grafengeschlecht mit dem Itria-Tal belehnt wurde. Städtebaulich taten sich die Acquaviva d'Aragona, wie sie sich nennen durften, nicht besonders hervor, aber südlich von Conversano errichteten sie ihr Jagdschloss *Castello Marchione*, einen herrschaftlichen Landsitz, der noch heute zur Habschaft der Nachfahren gehört.

• *Information* An der Piazza Castello hat der örtliche Kulturverein **Armida** sein Büro, der u. a. Führungen durch die restaurierten Räumlichkeiten der Festung anbietet. Di–So 9–12 und 16.30–19.30 Uhr. Das Büro befindet sich neben dem Caffè Aragonese, ✆ 080-4959510, www.cooparmida.org bzw. www.comune.conversano.ba.it.

• *Übernachten* **** **Corte Altavilla**, der frisch restaurierte und auf edel getrimmte Altstadtpalazzo ist das beste Quartier in der Stadt. Schöner Blick von der Dachterrasse mit Bar und Restaurant, opulent ausgestattete und sehr behagliche Zimmer, die auf drei Gebäudeteile verteilt sind. Das ebenfalls sehr gute Restaurant verwendet ausschließlich lokale Produkte und ist auf anspruchsvolle Cucina di Terra spezialisiert. Standard-DZ 98–125 €. Vico Goffredo Altavilla 8 (Nähe Kathedrale, ausgeschildert), ✆ 080-4959668, ℻ 080-4951740, www.cortealtavilla.it.

*** **Palazzo d'Erchia**, etwas versteckt im unteren Teil der Altstadt gelegen, hübsch restaurierter Altstadtpalazzo mit Kirchlein nebenan. Zehn geschmackvoll eingerichtete Zimmer, feines Ristorante. DZ 80–110 €. Via Acquaviva d'Aragona 116, ✆/℻ 080-4950350, www.palazzoderchia.it.

• *Essen & Trinken* **Carpe Diem**, vornehmes Feinschmeckerlokal mit regionaltypischer Küche, hellem, kühlen Gewölberaum sowie Speiseterrasse im Innenhof des Castello. Ausgewählte regionale Flaschenweine, Menü um die 30 €, Di Ruhetag. Piazza Castello, ✆ 080-4958524.

Porta Antica, gemütliche Osteria mitten in der Altstadt mit zwei rustikalen Speisesälen und Tischen in einem angrenzenden Kreuzgang. Das Schild „Delikatessen" über dem Eingang verweist auf herzhafte lokaltypische Küche. Leckere Gemüsesuppen und -beilagen, Secondi häufig auch mit Pferde- oder Eselsfleisch, Menü um die 18 €, Sonntagabend und Mo geschlossen. Via Porta Antica 27, ✆ 080-4952669.

Caffè Aragonese, alteingesessenes Straßencafé zwischen Kastell und Kathedrale, leckeres Eis und Granita.

In der Altstadt von Conversano

Sehenswertes

Das trapezförmige **Normannenkastell** wurde im 14. Jh. durch einen Rundturm erweitert und im 16. Jh. von den Acquaviva d'Aragona ausgebaut. Die monumentalen Prunkräume beherbergen eine kleine, aber feine Pinakothek, bestückt mit zehn großformatigen Gemälden des Neapolitaners Paolo Finoglio. Der Zyklus thematisiert Torquato Tassos Kreuzfahrerepos „La Gerusalemme liberata", „Das befreite Jerusalem". Die ursprünglich exakt für die Prunkräume der Festung angefertigten Gemälde sind erst im Jahr 2000 hierher zurückgekehrt.

Die **Kathedrale,** die keinem bestimmten Heiligen gewidmet ist, sondern schlicht Basilica Cattedrale heißt, ist vom 11. bis 14. Jh. im Stil der apulischen Romanik errichtet worden. Sie trägt dadurch sowohl Züge der Früh- als auch der Spätform jener berühmten Epoche, von der die herrlich verwitterte Fassade noch Bände erzählt.

Ein wahrer Genuss ist auch der Anblick des verspielten Turms des **Klosters San Benedetto,** das bereits im 10. Jh. erwähnt wurde. Im 13. Jh. zogen hier Zisterzienserinnen ein, die Papst Gregor X. mit bischöflichen Befugnissen versah. Die mächtigen Ordensschwestern schmückten ihr Klosterportal daraufhin mit vier Löwenfiguren. Das Klostermuseum, das sich im Kreuzgang der Anlage befindet, besitzt eine interessante archäologische Sammlung. Die Exponate reichen von primitiven Tonarbeiten aus dem Neolithikum bis hin zu formschöner, bemalter Egnazia-Keramik (→ S. 197).

Kirche Santa Catarina: Das kleine Gotteshaus aus dem 12. Jh. steht etwa ein Kilometer nordöstlich von Conversano, an der Landstraße nach San Vito. Santa Catarina hat einen kleeblattförmigen Grundriss – eine Bauform, die in erster Linie aus Syrien bekannt ist. Innenbesichtigungen sind nur mit dem Kulturverein Armida (s. o.) möglich!

An der Landstraße nach Putignano steht das bereits erwähnte Jagdschloss **Castello Marchione** des Geschlechts Acquaviva d'Aragona. Aufwendig restauriert steht es mitten im Grünen und gleicht einem verwunschenen Schloss. Auch wenn keine Innenbesichtigung möglich ist, lohnt sich der Weg dorthin. Im zugänglichen Park steht eine 500-jährige Eiche und erinnert an das einstige Jagdrevier im weitläufigen Eichenwald.

Castellana-Grotten (Grotte di Castellana)

Das bizarre Höhlenlabyrinth von Castellana ist die größte unterirdische Touristenattraktion Italiens mit einer Viertelmillion Besucher jährlich. Die Grotten reichen bis tief ins Innere einer zerklüfteten Hügellandschaft, die mit dichten Olivenhainen und Mandelbaumplantagen bedeckt ist.

Die z. T. gigantischen Tropfsteinhöhlen werden seit 1938 systematisch erforscht. Die Wissenschaftler mussten sich anfangs allerdings erst einmal durch einen stinkenden Berg aus landwirtschaftlichen Abfällen und Tierkadavern graben, bevor sie ins weitverzweigte Innere der Grotten vordringen konnten – das Wurfloch, durch das sich die unterirdische Müllhalde gefüllt hatte, war die einzige natürliche Öffnung des Höhlensystems. Bisher ist das faszinierende Labyrinth über eine Länge von ungefähr 1600 m erforscht und der Öffentlichkeit zugänglich gemacht worden.

In rund 70 m Tiefe, unter dem Dach riesiger Höhlengewölbe, die durch enge, tunnelartige Gänge miteinander verbunden sind, offenbart sich dem Betrachter eine fantastische Märchenwelt. Die weiten Hallen bergen wundersame Steinformationen, die so bildhafte Namen wie Tempelschiff, Turm von Pisa oder Mailänder Dom tragen. Überall sieht man bizarre Stalagmiten- und Stalaktitengebilde, zu deren Erschaffung die Natur Jahrtausende gebraucht hat. Wo Menschenhand an die Steinzapfen reicht, fehlt zwar hier ein Stückchen und dort eine Spitze, die gezackten Naturgebilde an den Höhlenwände sind aber noch „lebendig" – bei einer seit ewigen Zeiten konstanten Temperatur von ca. 15 °C tropft und wächst alles weiter vor sich hin.
Durch den 450 m langen „Wüstengang" gelangt man zum End- und Höhepunkt der großen Erkundungstour: zur eindrucksvollen *Grotta Bianca*. Die weiße Höhle ist ein filigraner Naturschrein aus feinsten Steinhäuten und -fäden, dessen effektvolle Beleuchtung ihren Zweck nicht verfehlt.

Um den Grotteneingang herum ist ein „Pseudodorf" aus Hotels, Restaurants und Souvenirboutiquen entstanden, das man meiden sollte. Die nahe gelegene Stadt Castellana Grotte ist ebenfalls kein lohnenswertes Touristenziel. Erwähnenswert ist jedoch die ortsansässige, renommierte Keramikwerkstatt *LAMAS*. Sie hat ihren Ausstellungsraum in der luxuriösen Masseria I Monti (→ „Übernachten/Essen & Trinken"), die von der Besitzerfamilie Simone betrieben wird.

• *Besichtigung/Öffnungszeiten* Es gibt einen großen Erkundungsgang (3 km, 2 Std., 13 €) und einen kleinen Erkundungsgang (1 km, 50 Min., 8 €), wobei nur der große die Besichtigung der Weißen Grotte einschließt. Jacke und feste Schuhe nicht vergessen, weil es unter Tage kühl und glitschig ist! Infos unter ✆ 080-4998211 oder www.grottedicastellana.it.

Mitte Okt. bis Mitte März: tägl., kleiner Erkundungsgang um 9.30, 10.30, 11.30, 12.30, 15 und 16 Uhr; großer Gang um 10, 12 und 15.30 Uhr.

Mitte März bis Mitte Okt.: tägl., kleiner Gang 8.30–12.30 stündl. und um 13 Uhr, nachmittags ab 14.30–18.30 Uhr wieder stündl., letzte Führung um 19 Uhr; großer Gang stündl. 9–12 und 15–18 Uhr.

Führungen auf Deutsch (nur Mitte März bis Mitte Okt.): kleiner Gang tägl. 9.30 und 14.30 Uhr, großer Gang tägl. 11 und 16 Uhr.

• *Anfahrt & Verbindungen* **Auto**, die S 634 von Bari über Conversano führt durch eine schöne Gegend voller Wein-, Oliven- und Mandelplantagen. Von Gioia del Colle auf

Provinz Bari
Karte S. 158/159

der S 604 bis Noci und dann weiter über Putignano nach Castellana – auf dieser Strecke erste Trulli-Bauernhäuschen. **Gebührenpflichtige Parkplätze** am Grotteneingang.

Bahn, von Bari mit den *Ferrovie del Sud-Est* bis Stazione Castellana G. Grotte – nicht mit der Stadt Castellana Grotte verwechseln! Vom Bahnhof sind es ca. 200 m bis zum Grotteneingang.

• *Übernachtung/Essen & Trinken* **Vallata Verde**, Agriturismo inmitten dichter Kirschplantagen, die Unterbringung erfolgt in zwei kleinen Trulli-Häuschen und in einem rustikalen Apartment. Ein kleiner Swimmingpool gehört zum Anwesen. Gute, deftige Küche, große Portionen; von Nachteil ist jedoch der Wochenendandrang im mittlerweile erheblich vergrößerten Ausflugsrestaurant, ganzjährig geöffnet. HP 41–49 €/Person. An der Landstraße von Castellana-Stadt in Richtung Selva di Fasano, auf die Ausschilderung achten, ✆ 080-4961256, vallata@tin.it.

Masseria I Monti, luxuriöses Landhotel in einer Masseria fortificata aus dem 16. Jh. Unterbringung in zehn komfortablen Trulli-Suiten, Gourmetrestaurant, Menü 50 €. Ruhig und abgeschieden gelegen, an der Landstraße nach Putignano/Noci. DZ ab 160 €. ✆ 080-4973235, 📠 080-4974133, www.barsentum.it.

Masseria Serragambetta, Tipp! Hübsches Anwesen, 15 ha biologischer Oliven-, Obst- und Mandelanbau. Gemütlich-rustikale Unterbringung im Haupthaus (19. Jh.) und den Nebengebäuden, 9 DZ und Apartments mit Kochnische. Mutter Zia Nina und Sohn Domenico kümmern sich leidenschaftlich um Haus, Land und Gäste. Gemeinsam kochen mit Zia Nina ist möglich, deren herzhafte Hausmannskost bereits mehrfach ausgezeichnet worden ist. Mithilfe in der Landwirtschaft ist willkommen, ein Pool ist im Entstehen. Nicht von der Lage an der Landstraße abschrecken lassen! HP 52–60 €/Person. Via Conversano 204 (Località Serragambetta, vom Ort Castellana Grotte 2 km in Richtung Conversano), ✆/📠 080-4962181, www.serragambetta.it.

Putignano

ca. 28.000 Einwohner

Spätestens hier, in der ländlichen Umgebung von Putignano, stößt die Murgia, das apulische Kernland, an die idyllische Gartenlandschaft des sanften Itria-Tals, dessen zentrales Trulli-Gebiet um Alberobello wir im folgenden Kapitel behandeln. Putignano selbst hat eine wenig spektakuläre, aber nette und gepflegte Altstadt zu bieten, in der nahezu zehn Kirchen und Kirchlein sowie etliche herrschaftliche Palazzi auf Besucher warten. Am besten betritt man das weitgehend autofreie *Centro storico* durch das gut erhaltene Stadttor Porta Barsento und schlendert durch die Pflastersteingassen zur zentralen Kirchenpiazza, wo die ursprünglich romanische *Chiesa di San Pietro* seit April 2005 restauriert wird. Im Inneren sind Arbeiten des Renaissance-Bildhauers Stefano da Putignano zu sehen. Gleich daneben erhebt sich der imposante Palazzo Principe. Und im alten Sedile, ebenfalls am Kirchplatz, informiert das kleine Pro-Loco-Büro u. a. auch über den hiesigen Karneval, der bereits seit dem 12. Jh. gefeiert wird.

Am Stadtrand von Putignano, Richtung Bari, lädt die *Grotta del Trullo* zu einer weiteren Höhlenexkursion ein. Im Vergleich zur weitaus bekannteren Grotte di Castellana besteht sie nur aus einer einzigen, 20 m tiefen Höhle, die allerdings alle typischen Merkmale einer Jahrtausende alten Karstgrotte aufweist. Der über 60-jährige Michele, einer der ortsansässigen Grottenführer, der die halbstündige Führung mit gebremstem Enthusiasmus absolviert, hat die berühmte Nachbargrotte nur einmal in seinem Leben gesehen.

Öffnungszeiten Okt.–Mai tägl. 10–12.30 und 14.30–17 Uhr, Juni–Sept. tägl. 9–12.30 und 14.30–18.30 Uhr, Mo jeweils geschlossen. Eintritt 4 €. ✆ 080-4912113, www.grottadeltrullo.com.

Hausskulpturen im Trulli-Land

Valle d'Itria – das Trulli-Land

Das fruchtbare Itria-Tal gehört zu den schönsten Kulturlandschaften des Südens. Die Obst- und Mandelbaumblüte verwandelt die Gegend in einen farbenprächtigen Garten. Endlose Wein- und Olivenpflanzungen, dazwischen krumme Mauern aus aufgeschichteten Feldsteinen. Im Nordosten krönen kräftige Steineichen- und Kiefernwälder die flachen Hügelkuppen.

Die landschaftlichen Reize allein sind es allerdings nicht, die das Valle d'Itria zur beliebtesten Ecke der Provinz Bari machen. Die große Attraktion der Gegend ist die eigenwillige Trulli-Architektur. Über viele Quadratkilometer streuen sich die kegel- und pyramidenförmigen, spitz zulaufenden, blendend weiß gestrichenen Steinhäuschen. Das Städtchen Alberobello ist mit fast 1500 dieser Rundhäuser die absolute Trulli-Königin – eine romantische Märchenstadt im idyllischen Bilderbuchtal. Kein Wunder, dass man überall Reisegruppen aus den USA und Japan sichtet. Der kollektive Hype um die Zipfelmützen aus Stein verursacht natürlich aber auch manche Geschmacksverirrung in Gestalt niedlicher kleiner Miniatur-Trulli aus Plastik oder Naturstein. Abseits der ausgetretenen Pfade, insbesondere auf einer gemütlichen Fahrradtour, lassen sich im Valle d'Itria allerdings noch jede Menge alte oder neu errichtete Trulli-Gehöfte aufspüren – fotogene Hausskulpturen im üppig blühenden Gartenparadies!

Il Trullo – Plattenbau als Steuerbetrug

Wie Zipfelmützen ragen die Land-Trulli aus den grünen Olivenhainen und Weingärten hervor, zumeist handelt es sich um schlichte Bauernhütten, die aus rohem Feldgestein geschichtet sind. Aber man sieht auch kunstvoll gemauerte Landhäuschen, wobei oftmals mehrere Trulli zu ganzen Komplexen verbunden sind. Rund 5000 dieser markanten Bauten hat man im gesamten Itria-Tal gezählt (→ „Kleines Glossar ländlicher Kulturbauten" S. 22).

Entstehungsgeschichtlich gehen die apulischen Trulli auf antike Vorbilder zurück, obwohl die ältesten heute noch erhaltenen gerade mal 300 Jahre alt sind. Ihre Form ähnelt einem altgriechischen, runden Kultbau, dem Tholos. Von dieser frühmykenischen Bauform gibt es im Mittelmeerraum zahlreiche andere und v. a. viel ältere Nachbildungen, z. B. die rätselhaften Nuraghi auf Sardinien oder vergleichbare Kult- und Profanbauten auf Pantelleria, einer Insel in der Straße von Sizilien, sowie auf den spanischen Balearen.

Die Bauweise ist im Prinzip immer die gleiche: Auf einer annähernd quadratischen Grundfläche werden rohe Feldsteine in Trockenbauweise zu dicken Grundmauern übereinander gesetzt. Die Kegelform der Dächer ergibt sich durch schräg aufeinandergeschichtete Chiancarelle (Steinplatten). Das unerschöpfliche Baumaterial liefert der steinige Boden gratis. Der Pinnacolo (Dachspitze) ist meistens kugel- oder sternförmig verlängert. Mauerwerk und Spitze sind schneeweiß gekalkt, während das konische Dach die charakteristische grauschwarze Natursteinfarbe behält. An den Dächern entdeckt man die vielfältigsten Verzierungen und Symbole, einerseits, um die Häuser einer Trulli-Siedlung zu individualisieren (Prinzip Hausnummer), und andererseits, um die überirdischen Kräfte zum Schutz herbeizurufen (Prinzip Aberglaube). Initialbuchstaben, heidnische, christliche und astrologische Zeichen sind kunstvoll aufgepinselt und von Weitem sichtbar.

Trulli-Varianten: Die Technik der reparaturanfälligen Trockenbauweise wurde von Generation zu Generation weitergegeben und immer fantasievoller umgesetzt. So wurden aus den einfachen Bauernhütten, die anfangs der Unterbringung von Vieh und der Gerätschaften dienten, bald kleine Landhäuschen, die sogar mit geräumigen Nischen, Fenstern und Zisternen ausgestattet waren. Bei größerem Platzbedarf wurden die normalerweise einräumigen Trulli einfach miteinander verbunden und zu bequemen Trulli-Konglomeraten zusammengefügt.

Die sicherlich netteste der zahlreichen Entstehungslegenden berichtet Giangirolamo II. Acquaviva, im 17. Jh. Feudalherr der Gegend: Schon damals mussten Hausbesitzer an den König eine Art Grundsteuer abführen. Um seinen Untertanen diese Abgabe zu ersparen, ließ Giangirolamo die Bevölkerung mörtellose Steinhütten bauen, die sie vor den Steuereintreibern als Steinhaufen deklarierten. So überlistete der Feudalherr den König und dessen offensichtlich blinde Beamte – und trieb die Steuern dann angeblich selber ein.

Alberobello – pittoreske Zipfelmützen

Alberobello

ca. 11.000 Einwohner

Sie ist die geschäftstüchtige Hauptstadt des Itria-Tals und unangefochtene Trulli-Königin. Trotz zahlreicher Touristen aus allen Erdteilen und entsprechend viel angepasster Folklore ist die Stadt ein guter Ausgangspunkt zur Erkundung der Umgebung. Die beiden Trulli-Viertel Rione Aia Piccola und Rione Monti stehen seit 1996 unter dem Schutz der UNESCO.

Das Zentrum der gepflegten Neustadt bildet die hübsche *Piazza del Popolo* – ein guter Ausgangspunkt für einen beschaulichen Bummel. Von dort sind es nur wenige Schritte zur *Zona dei Trulli*. Bereits Ende des 16. Jh. sollen in den beiden Vierteln Rione Aia Piccola und Rione Monti die ersten steinernen Iglus entstanden sein; der eigentliche Bauboom erwachte jedoch erst im 18./19. Jh. Oberhalb des steil ansteigenden Bergviertels thront die Kirche *San Antonio*. Der über 20 m hohe Kuppelbau hat – wie sollte es auch anders sein – eine Dachkonstruktion im Trulli-Stil.

Sehenswert ist das *Museo del Territorio:* Die *Casa Pezzolla* entpuppt sich als ein beispielhaftes Trulli-Konglomerat aus ca. 20 Häuschen oberhalb des Viertels Aia Piccola. Eine Art Heimat- und Bauernmuseum mit Dokumentationen über den Ursprung der Trulli und die Entstehung der Stadt Alberobello. Zu sehen ist auch eine originelle Sammlung von Trulli-Dachspitzen *(pinnacoli)*. Offene Feuerstellen *(focarili)*, bäuerliche Gerätschaften und typische Haushaltsgegenstände geben Einblick in die traditionelle Wohn- und Arbeitskultur.

Öffnungszeiten Tägl. außer Mo 10–13 und 15.30–19 Uhr. Eintritt 3 €. Nähe Piazza del Popolo.

Am anderen Ende der Stadt kann der *Trullo Sovrano* bewundert werden, der einzige Trullo mit Obergeschoss. Er steht hinter der *Chiesa Santissimi Medici Cosma e Damiano*, einer Kirche aus dem späten 19. Jh. in undefinierbarem Stilmix. Das

Trullo-Anwesen entstand in der ersten Hälfte des 18. Jh. im Auftrag einer wohlhabenden Priesterfamilie, daher auch der ursprüngliche Name *Corte di Papa Cataldo.* Es handelt sich um einen der ersten Trulli überhaupt, die mithilfe von Mörtel errichtet wurden, und diente im Verlauf der Zeit unterschiedlichen Zwecken: als Bauernhof, Ladengeschäft, Wohnung, zeitweilig hatte sogar eine Mönchsgemeinschaft hier ihren Sitz. Der linke Flügel ist der älteste Gebäudeteil und geht auf das 17. Jh. zurück. Das Innere ist im Stil eines Heimatmuseums eingerichtet und kann besichtigt werden.

Öffnungszeiten Tägl. 10–18 Uhr. Eintritt 1,50 €. Mit gut sortiertem Buchladen.

Am nordöstlichen Stadtrand, unmittelbar hinter den Bahngleisen, kommen im *Museo del Vino* die Freunde des Rebensaftes auf ihre Kosten. Es handelt sich um das sehenswerte Firmenmuseum eines traditionsreichen Kelterbetriebes der Region. Im Erdgeschoss können Besucher einen Blick in den Abfüll- und Verpackungsprozess werfen, der didaktisch hervorragend inszenierte Ausstellungsbereich befindet sich im Obergeschoss. Selbstverständlich können die Weine auch degustiert werden.

Öffnungszeiten Mo–Fr 10–13 und 16–19 Uhr. Eintritt frei. Via due Macelli 8, ✆ 080-4323548, www.museodelvino.biz.

Information/Anfahrt & Verbindungen/Adressen

• *Information* Überall in der Stadt sind städtisch oder privat geführte Infobüros verteilt, auch in den beiden Trulli-Vierteln (in der Via Monte Nero und Via Brigata Regina). Das Ufficio Turistico Trullo mit dem schönen Beinamen **Casa d'Amore** befindet sich ganz in der Nähe der Piazza del Popolo und wird auch für wechselnde Kunstausstellungen genutzt. Mo–Fr 8.30–13 Uhr, Di/Do auch 15–20 Uhr. Piazza Ferdinando IV, ✆ 080-4325171, www.comune.alberobello.ba.it.

• *Anfahrt & Verbindungen* mit dem **Auto** von Bari am schnellsten über die S 100 und S 172 zu erreichen; von der Küstenstraße führen mehrere landschaftlich reizvolle Landstraßen gemächlich ins Trulli-Land. Von Gioia del Colle über Noci schöne Fahrt auf der S 604 durch ein ausgedehntes Walnussbaumgebiet.

Auf den **Parkplätzen** am Largo Martellotta unterhalb der Trulli-Viertel werden bis 22 Uhr Parkgebühren verlangt. Bei einem Kurzaufenthalt besorgt man sich am besten die entsprechende Parkkarte für 2 €/Stunde oder 4,50 €/Tag, denn sonst ist garantiert ein Strafzettel von ca. 30 € fällig!

Bahn, Alberobello ist mit den *Ferrovie del Sud-Est* von Bari erreichbar. Der Bahnhof liegt günstig, ca. 10 Min. zu Fuß zur Piazza del Popolo. Die **Busse** der Gesellschaft *Marozzi* fahren mehrmals tägl. von und nach Bari, *SITA-Busse* verbinden Alberobello mit Martina Franca (→ S. 278).

• *Internet* Im Büro der Autovermietung am Corso Trieste e Trento (s. u.) stehen zu den üblichen Geschäftszeiten einige Internet-Terminals zur Verfügung.

• *Mietfahrzeuge* Eine kleine, privat geführte **Autovermietung** befindet sich am Corso Trieste e Trento 11, auch mit Chauffeur. Mo–Sa 9–13 und 16.30–20.30 Uhr, ✆ 080-4322942 oder 368-3169417. **Fahrräder** für 15 €/Tag und 70 €/Woche verleiht das Hotel *Trullidea* (s. u.).

• *Post* Im Stadtzentrum, Corso Trieste e Trento 106.

Übernachten/Camping

**** **Astoria (3)**, altgedientes Stadthotel in Bahnhofsnähe, komplett modernisiert, große, funktionale Zimmer, gutes Restaurant, Parkplatz. DZ 75–85 €. Viale Bari 11, Ecke Viale Margherita, ✆ 080-4323320, ℻ 080-4321290, www.astoriaweb.it.

*** **Cuor di Puglia (6)**, blitzsaubere Hotelanlage am Stadtrand mit Swimmingpool und Restaurant. Wird häufig von Reisegruppen belegt. Die schönsten Zimmer befinden sich in der sehr ruhig gelegenen Dependance. DZ 70 €. Via Michele Viterbo (Nähe Ortsumgehung unterhalb Grand Hotel Olimpo), ✆ 080-4325595, ℻ 080-4323254, www.cuordipuglia.it.

*** **Lanzillotta (5)**, gut geführtes Stadthotel in zentraler Lage, seit vier Generationen im Familienbesitz. 2008 nach gründlicher Renovierung neu eröffnet. Schlicht möbliert, mit Restaurant, von einigen Zimmern Blick auf

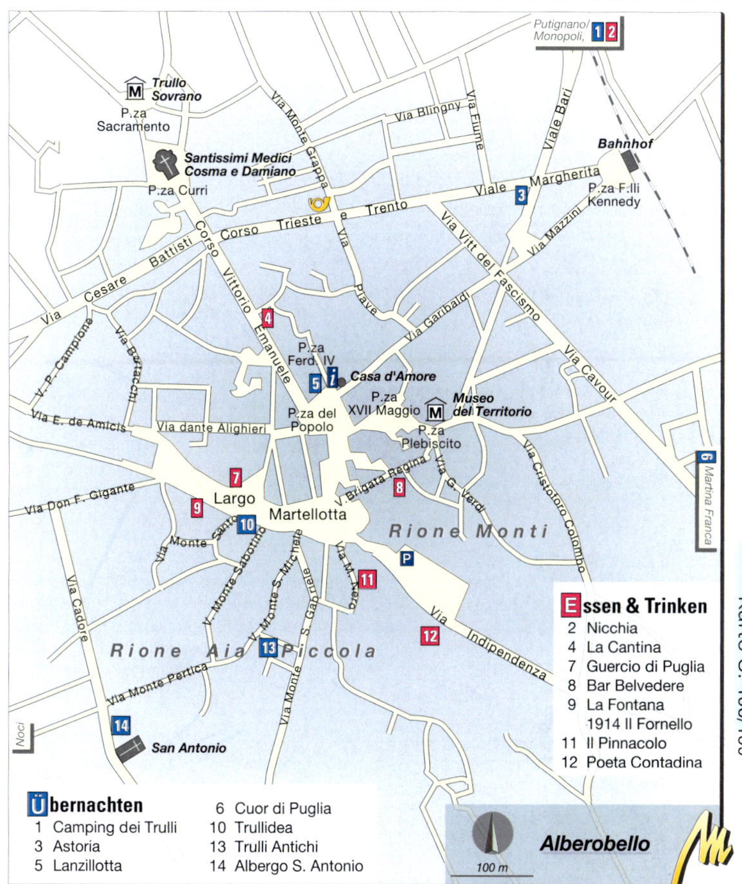

Provinz Bari
Karte S. 158/159

die Trulli-Viertel. DZ 75 €, EZ 50 €. Piazza Ferdinando IV 30 (an der Piazza del Popolo), ✆ 080-4321511, 📠 080-4325355, hotellanzillotta@tiscalinet.it.

Trullidea (10), Tipp! Wohnen in Original-Trulli, die im Rione Monti verteilt sind. 1-Raum-Trullo mit Kochnische (Frühst. wird nicht serviert, Zutaten liegen aber im Trullo parat). Zentrale Rezeption am Largo Martellotta mit Fahrradverleih und diversen Routenvorschlägen. 86 €/Tag für 2 Pers. im Standard-Trulli. Via Monte San Gabriele 1, ✆/📠 080-4323860, www.trullidea.it.

Casa Albergo Sant'Antonio (14), ehemaliges Sommerseminar der Diözese Conversano-Monopoli, in den 70er Jahren verfallen und seit 2000 ein Hotelbetrieb für jedermann. Alles ziemlich nüchtern, aber picobello sauber. DZ inkl. Frühst. 64–76 €, EZ 42–50 €. Via Isonzo 8a (direkt an der Trulli-Kirche), ✆/📠 080-4322913, www.santantonioalbergo.it.

Trulli Antichi (13), Mariella Schiavone, die auch den Souvenirladen *Arte Regalo* betreibt, vermietet nett eingerichtete Original-Trulli im oberen Teil des Rione Monti, komplett mit Küche ausgestattet, ideal für Selbstversorger. Trullo ca. 80 € (ohne Frühst.). Via Monte Tonale 2, ✆ 339-3570174 oder 333-4530402, www.trulliantichi.it.

*** **Camping dei Trulli (1)**, großer, gut ausgestatteter und schattiger Platz mit Swimmingpool, Pizzeria und Disco, auch Bungalows. 2 Pers., Zelt und Auto 19,50–27 €. In Pantanella, an der Landstraße nach Castellana/Monopoli, ✆ 080-4323699, 📠 080-4322145, www.campingdeitrulli.it.

Essen & Trinken (siehe Karte S. 233)

Il Guercio di Puglia (7), Tipp! Untergebracht im Gewölbe des ehemaligen Wehrturms, eines der ältesten Gebäude der Stadt. Hier residierte einst Feudalherr Giangirolamo II. Noch schöner als im massiven, ritterlichen Speisesaal sitzt man auf der lauschigen Terrasse mit halbem Blick auf das Trulli-Viertel Monti. Hochwertige Küche und eine exzellente Auswahl apulischer Weine, Menü ab 20 €, leckere Pizza ab 4 € (auch zum Mitnehmen), Mi geschlossen. Largo Martellotta 12, ✆ 080-4321816.

Il Poeta Contadino (12), etwas abseits zwischen den beiden Trulli-Vierteln gelegen, stilvolles Ambiente, gehobene Spezialitätenküche, teuer, Menü ca. 50 €, Mo Ruhetag. Via Indipendenza 21, ✆ 080-4321917, www.ilpoetacontadino.it.

Il Pinnacolo (11), im Monti-Viertel in einem typischen Trulli-Komplex, zwei gemütliche Speiseräume und zwei große Speiseterrassen, von viel Grün umgeben. Gute lokal- und regionaltypische Cucina di Mare e di Terra, das Preis-Qualitäts-Verhältnis stimmt, Menü um die 20 €, Mi Ruhetag. Via Monte Nero 30, ✆ 080-4325799, www.ilpinnacolo.it.

La Cantina (4), Osteria im traditionellen Stil, alteingesessener Familienbetrieb, helles Kellergewölbe, klein und gemütlich, Hausmannskost vom Allerfeinsten, alles frisch und sehr fein zubereitet. Immer nach den aktuellen Tagesgerichten fragen, Menü um die 25 €. Rechtzeitig reservieren, da nur wenige Tische und sehr beliebt, Di geschlossen. Vico Lippolis 9, am zentralen Corso Vittorio Emanuele ✆ 080-4323473, www.ilristorantelacantina.it.

La Nicchia (2), ein Lesertipp! Beliebtes Ausflugsristorante und Pizzeria ca. 1 km außerhalb an der Straße in Richtung Putignano. Man sitzt in einem ansprechend gestalteten Trullo, davor eine Terrasse unter Olivenbäumen (allerdings nahe der Straße). Sehr gute landestypische Küche, Menü ab 20 €, Pizza ab 4 €. An der S 172, ✆ 080-4322278, www.ristorantelanicchia.it.

La Fontana 1914 Il Fornello (9), kleine Restaurant-Bar mit Imbisscharakter. Die hier servierten frisch gegrillten Fleischspieße sind die ideale Alternative zum sonst üblichen opulenten Mehrgängemenü. Auch große Antipasti-Auswahl sowie leckere Panini für den kleinen Hunger zwischendurch. Largo Martellotta 55, ✆ 380-3696969.

Bar Belvedere (8), von der kleinen Trullo-Bar, in einem parkähnlichen Garten am Rand des Rione Aia Piccola, eröffnet sich ein toller Ausblick auf das Trulli-Viertel. Zugang über die Treppen vom Parkplatz am Largo Martellotta. ✆ 348-2421615.

Feste & Veranstaltungen/Einkaufen

Festa di Sant'Antonio, Trulli-Kirchenfest im historischen Viertel Monti, 13. Juni.

Festa sull'Aia, Fest im Trulli-Viertel mit Wein, Spezialitäten und Musik, zweite Julihälfte.

Città dei Trulli, Veranstaltung mit mehreren überregionalen Folkloregruppen, drittes Augustwochenende.

Patronatsfest zu Ehren der Heiligen Kosmas und Damian mit Jahrmarkt, Prozession, Volksmusik und Feuerwerk. Es gibt u. a. **Oliven**, die speziell für dieses Fest ausgesucht und nach einer Geheimrezeptur eingelegt werden – unbedingt probieren! 25.–28. Sept.

• *Einkaufen* Am Rand des Rione Monti hat in einem Trulli die Künstlerin Paola Convertino ihren Laden und ihre Werkstatt eingerichtet. In ihrem Studio **Il Trulletto dell'Arte** gibt es Trulli-Motive zuhauf zu erstehen, entweder als hübsche Aquarellminiatur oder kolorierte Tuschezeichnung. Via Monte San Michele 33, ✆ 328-7613876, www.paolaconvertino.it.

Umgebung/Wandern und Radfahren

Parco Bosco Selva: Nur ein Kilometer oberhalb von Alberobello, in Richtung Noci und Gioia del Colle, befindet sich der kommunale Stadtpark. Mehrere angelegte Wanderwege unter Pinien und Steineichen laden zu ausgedehnten Spaziergängen ein. Der städtische Campingplatz, der sich noch vor wenigen Jahren an die Ausflugs-Bar anschloss, bleibt jedoch bis auf Weiteres geschlossen.

Auf Nebenstrecken durch das Valle d'Itria: Das Fahrrad bietet herrliche Möglichkeiten, das liebliche Tal mit seinen landschaftlichen und kulturellen Besonderheiten zu erkunden. Eine besonders schöne Strecke führt von Alberobello ins unbedingt sehenswerte Martina Franca (→ S. 278), das bereits zur Nachbarprovinz Tarent gehört. Die schmale, ca. 15 km lange Landstraße ist weitgehend von niedrigen Feldmauern begrenzt und vergleichsweise verkehrsarm. Eine andere sehenswerte Strecke führt an zahlreichen Landgütern im Trulli-Stil vorbei: Zunächst vom Bahnhof Alberobello in den Vorort Coreggia und von dort auf kleinen Nebenstraßen weiter bis nach Locorotondo (→ S. 236), das ebenfalls einen Besuch wert ist.

Noci

ca. 19.000 Einwohner

Der Ort ist ein quirliges, sympathisches Landstädtchen, in dem die Welt noch in Ordnung zu sein scheint. Die alten Herren flanieren tagaus, tagein im Baumschatten des *Villa comunale* auf und ab, während die sog. bessere Hälfte eher im friedlichen, weiß getünchten *Centro storico* anzutreffen ist. Dort, an der *Piazza del Plebiscito* mit Hauptkirche aus dem 14. Jh. und alteingesessenem Straßencafé, ist die Altstadtidylle perfekt – einfach die Seele ein wenig baumeln lassen. Am zentralen Platz befindet sich auch das örtliche Informationsbüro, das nützliche Stadtpläne und Broschüren verteilt.

Rund 5 km außerhalb von Noci, an der Landstraße in Richtung Fasano und Monopoli, thront auf einem Hügel die frühchristliche *Chiesa di Barsento*. Schlicht, weiß, mit einem Dach aus Chiancarelle steht sie dort und bestimmt von ihrer prädestinierten Lage aus die Umgebung. Neben dem meist verschlossenen Portal erkennt man, eingemauert in die Außenwand, ein Steinrelief mit byzantinischer Inschrift.

In Richtung Gioia del Colle lenkt ein weiterer Sakralbau die Aufmerksamkeit auf sich: die Abtei *Madonna della Scala*. Die 1952 an Stelle eines mittelalterlichen Vorgängerbaus errichtete Kirche muss man zwar nicht unbedingt gesehen haben, es ist aber durchaus interessant zu wissen, dass die Klostergemeinschaft eine Spezialwerkstatt für Buchrestaurierung betreibt. So wurden mit ihrer Hilfe u. a. die katastrophalen Flutschäden der Staatsbibliothek von Florenz (1966) beseitigt.

• *Übernachten* **** **Hotel Cavaliere**, modernes Stadthotel an der Ausfallstraße nach Gioia del Colle, die beste Unterkunft in Noci. Ordentliche, jedoch nicht überragende Zimmer mit Balkon (die ruhigen Zimmer gehen nach hinten raus). Ristorante (Menü ca. 15 €) und Tiefgarage (10–15 €/Nacht). EZ 65 €, DZ 100 €. Via Siciliani 47, ✆ 080-4977589, ℻ 080-4949025, www.hotelcavaliere.it.

Agriturismo Le Casedde, Tipp! Die kleine Azienda agricola mit 12 ha Öl, Wein und Obst bietet neben freundlichen Zimmern im ausgebauten Wirtschaftsgebäude auch zwei romantische Trulli-Unterkünfte, der große Familien-Trullo verfügt über drei Schlafräume. Das Restaurant ist zwar nicht immer in Betrieb, nach Voranmeldung wird jedoch herzhafte Küche serviert, Menü ca. 22 €. Nicht von der Lage an der Straße abschrecken lassen! EZ 56 €, DZ 68 €. 2 km auf der S 604 in Richtung Gioia del Colle, auf einfachen Holzwegweiser achten, ✆ 080-4978946, www.lecasedde.com.

• *Essen & Trinken* **L'Antica Locanda**, vielfach ausgezeichnete Altstadtosteria, helles Kellergewölbe, drei gemütliche und hübsch dekorierte Speiseräume. Beste Regionalküche mit Schwerpunkt auf Gemüse und Fleisch, erlesene regionale Weine, glas- und flaschenweise, Menü um die 25 €, Sonntagabend und Di geschlossen. Via Spirito Santo 49, ✆ 080-4972460.

Locorotondo

ca. 14.000 Einwohner

Città del Vino bianco – die Stadt des Weißweins. Die Hügelkuppe bedeckt ein strahlend weißer Häuserkranz, aus dem die Hauptkirche San Giorgio Martire beinah störend hervorragt. Uralte Weinterrassen ziehen sich den Stadthang hinunter und erstrecken sich weit in die Umgebung.

Obwohl einige Trulli-Häuschen in der Ortschaft nicht zu übersehen sind, prägt ein anderer Häusertyp das Stadtbild: das kleine Giebelhaus mit der extrem schrägen Cummersa (Dach) aus aschgrauen Ziegeln. Die niedlichen Hexenhäuschen mit den gemauerten Schornsteinen stehen dicht an dicht und verleihen der Altstadt einen fast musealen Charakter. Außerdem erinnern die Konturen dieser Giebelhäuser an die Strichzeichnungen von Kinderhand. Zumindest ist ihre Form zum Markenzeichen geworden, denn sie zieren die Etiketten des fruchtig-trockenen örtlichen DOC-Weißweins. Die *Cantina del Locorotondo* ist die älteste Winzergenossenschaft Apuliens und wurde bereits 1929 gegründet.

Den Spaziergang durch die Altstadt beginnt man am besten an der *Porta di Napoli*, dem Südtor. Davor befindet sich der Stadtpark *(Villa comunale)*, eine kleine begrünte Aussichtsterrasse mit fantastischem Blick auf das ziemlich zersiedelte Itria-Tal. Weit im Osten ist bei klarer Sicht der Nachbarort Cisternino zu erkennen (Provinz Brindisi), im Süden die Barockstadt Martina Franca (Provinz Tarent) – jeweils exponiert auf einem Hügel thronend. Die Stradelle (Gassen) im historischen Zentrum sind sehr gepflegt, überall hängen Blumenampeln, üppiges Grün ziert die weiß gekalkten Fassaden. Ältere Menschen sitzen in mediterraner Manier grüppchenweise vor ihren Häusern – zufrieden und freundlich.

An der Piazza steht die Hauptkirche *San Giorgio Martire*, ein neoklassizistischer Bau aus dem 19. Jh., der kunsthistorisch wenig interessant ist. Sehenswert hingegen, und v. a. ins Stadtbild passend, ist die kleine frühchristliche *Chiesa San Nicola* aus dem 6. Jh. Am nördlichen Altstadtrand dann die *Chiesa Madonna della Greca* nicht vergessen; im Inneren wartet die orientalisch anmutende *Madonna mit vier Heiligen*. Einzigartig ist auch das Standbild eines betenden Kreuzritters.

• *Information* **Pro Loco**, gleich hinter der Porta Napoli, dem Bogentor zur Altstadt. Erhältlich sind Stadtpläne und diverse Infobroschüren. Mo–Fr 10–13 und 17–20 Uhr. Piazza Vittorio Emanuele 27, ✆ 080-4313099, www.prolocolocorotondo.it.

• *Feste & Veranstaltungen* **Festa di San Rocco**, Prozession, großes Feuerwerk und festliche Aktivitäten im gesamten Centro storico, 15.–17.Aug.

• *Übernachten* ****** Il Palmento**, neues, luxuriöses Trulli-Landhotel mit Gourmetrestaurant, Pool, Tennisplatz und Wellnessbereich. Fahrräder können gestellt werden. DZ ab 150 €. Contrada Cupa 161, 5 km nördlich in Richtung Fasano, ✆/📠 080-4383404, www.ilpalmento.com.

***** Al Casale**, bescheidenes, familiäres Stadthotel mit Ristorante/Pizzeria. Die Zimmer sind okay, jedoch ist das Hotel mit drei Sternen etwas überbewertet. Zehn Gehminuten ins Stadtzentrum. DZ 60 €, EZ 40 €. Via Gorizia 39/41, an der Stadtausfahrt Richtung Alberobello (Nähe Bahnhof), ✆ 080-4311377, www.hotelalcasale.it.

Sotto Le Cummerse, nach dem Konzept des *Albergo diffuso* vermittelt dieses Logis zehn edel eingerichtete Apartments mitten

Abendstimmung in Locorotondo

Provinz Bari
Karte S. 158/159

in der Altstadt. Ideal für Selbstversorger, die stilvolles Wohnen bevorzugen. Die Rezeption befindet sich am Altstadtring, Frühst. wird auf Wunsch in einer Bar eingenommen. DZ 82 €. Via Vittorio Veneto 138, ✆/℻ 080-4313298, www.sottolecummerse.it.

• *Essen & Trinken* **Centro Storico**, urgemütliche, alteingesessene Altstadttrattoria wenige Schritte hinter der Piazza Emanuele. Schnörkellose Hausmannskost, kleine Preise, Menü max. 20 €, Mi Ruhetag. Via Eroi di Dogali 6, ✆ 080-4315473.

U'Curdunn (Locorotondo im Dialekt), stilvoll eingerichtetes, kleines Restaurant, Nähe Chiesa San Giorgio. Hausgemachte Pasta, eine Primo-Spezialität sind die Orecchiette con Rape, Menü um die 20 €, Mo Ruhetag, der Padrone spricht etwas Deutsch. Via Dura 19, ✆ 080-4317281.

Ai Tre Santi, ein Leserhinweis! Das versteckt am hinteren Ende einer Altstadtgasse gelegene Restaurant serviert gediegene Cucina tipica, opulente Vorspeisenteller. Via Dottor Guarnieri 51, ✆ 347-6852188.

La Bottega di Alfredo, sehr kleine, aber exzellent sortierte Altstadt-Enoteca im Stil eines Naturkostladens: Zahlreiche Weine der Region aus ökologischer Produktion, dazu diverse Prodotti tipici (Pasta, Honig und Olivenöl). Via Eroi di Dogali 12, ✆ 080-4311782.

Umgebung

Selva di Fasano: Dieses schattige Naherholungsgebiet erstreckt sich ca. 10 km nördlich von Locorotondo über einen bewaldeten Karstbuckel. Trotz deutlicher Zersiedelung und viel eingezäuntem Privatbesitz eine lohnenswerte Ecke, v. a. wegen der satten, abwechslungsreichen Vegetation. Kurvige Landstraßen führen durch Weinterrassen, Steineichen- und Pinienwälder, dazwischen Mandelbaumfelder und uralte Olivenhaine, jeder Baum mit eigener, entsteinter Terrasse. Oben genießt man eine tolle Aussicht ins grün-weiß-rote Trulli-Land und hinüber zur grün-weiß-blauen Adriaküste. Hier muss man einfach den Fotoapparat zücken, z. B. bei der kleinen, schneeweißen und einsam gelegenen *Chiesa San Michele*.

Zoosafari Fasano: Fasano selbst ist in der Peripherie relativ stark industrialisiert und absolut kein Touristenziel, aber 2 km außerhalb der Ortschaft, die schon zur Provinz Brindisi gehört, befindet sich der größte Safaripark bzw. der größte befahrbare Zoo Italiens, eine Mischung aus Disneyland und Tierpark. Über 1000 exotische Groß- und Kleintiere aus fünf Kontinenten kreuchen und fleuchen durch eine mediterrane Pampa. Dromedare grasen unter Oliven, Affen schaukeln in Mandelbäumen und Tiger streifen durch das Gebüsch. Vogel- und Tropenhäuser, Delfinshow und Vergnügungspark *Fasanolandia* auf insgesamt 120 ha Freigehege – v. a. ein Erlebnis für Kinder. Jährlich kommen fast 700.000 Besucher, Spaß ist garantiert.

• *Öffnungszeiten* tägl. ab 9, 9.30 bzw. 10 Uhr (je nach Jahreszeit) bis Sonnenuntergang. Eintritt 15 €/Person im eigenen Auto, Kinder unter 4 Jahren frei. *Fasanolandia*, der Spielpark mit seinen Attraktionen, kostet 8 €/Person, wobei für Fahrgeschäfte jeweils 2 € extra gezahlt werden müssen. Die Delfinshow kostet 6 €. Für Schulklassen und Gruppen gibt es Ermäßigungen. Infos unter ✆ 080-4414455, ✆ 080-4422525, www.zoosafari.it.

Cisternino

ca. 12.000 Einwohner

Ein weiteres urbanes Schmuckstück im Trulli-Land und wie Fasano bereits in der Provinz Brindisi gelegen. Auf einer weithin sichtbaren Hügelkuppe breitet sich der freundliche Ort aus – eine herrliche Position zwischen dem flachen Küstenhinterland und der nahen Selva di Fasano. Das kleine, äußerst gepflegte Altstadtlabyrinth ist vom Feinsten, und die zentrale Altstadtpiazza *Vittorio Emanuele* kann sich hinsichtlich harmonischer Platzgestaltung mit vielen berühmteren Ortschaften der Region messen. Die *Chiesa Matrice di San Nicola*, zeigt im Inneren viel mittelalterliche Bausubstanz, ein Glasboden gibt sogar den Blick auf die Mauerreste und Grabkammern des frühchristlichen Vorgängerbaus frei. Einen Stadtbummel beginnt man am günstigsten an der *Piazza Garibaldi* vor den Toren der Altstadt, die nicht nur ausreichend Parkplätze bietet, sondern auch einen tollen Ausblick über das Valle d'Itria bis zum weißen Häusermeer von Ostuni (→ S. 253) gewährt.

• *Information* **Pro Loco**, das lokale Infobüro gibt Freizeittipps und ist bei der B&B-Vermittlung behilflich. Via Quirico 17 (Nähe Piazza Garibaldi), ✆ 080-4446661, www.prolococisternino.it.

• *Essen & Trinken* **La Bell'Italia**, gemütliche Altstadtosteria, wohnlich eingerichtet, mit der amüsanten, aber ernst gemeinten Küchenbeschreibung „Cucina tipica e atipica". Eine Primo-Spezialität sind die Laganari all'Ragù paesano, Menü um die 15 €, Mi Ruhetag. Via d'Aosta 29, ✆ 080-4449036.

Al Vecchio Fornello, alteingesessene Metzgerei mit Rosticceria, an der Hauptpiazza. Insgesamt drei rustikale Speiseräume und einige Tische auf der Gasse. Und so funktioniert's: Man sucht sich sein Grillfleisch in der Metzgerei-Vitrine aus, das am Spieß in den Ofen kommt, dazu gibt es Gemüse oder Salat und vorweg Wurst-Schinken-Antipasti. Menü inkl. Getränke 12–15 €, Mo zu. Via Basiliani 18, ✆ 080-4446431.

• *Übernachten* **Il Portico**, Agriturismo-Tipp bei Cisternino, gepflegtes Trulli-Gehöft, ruhige, geschützte Lage, viel Grün, 13 ha biologische Landwirtschaft, Hauptprodukt Öl. Die sympathischen Gastgeber bieten 2 DZ und 1 Apartment für 4–5 Pers. Sehr geschmackvoll mit antiken Möbeln eingerichtet, die Signora hat eine Vorliebe für schöne Stoffe, Kunststoff ist absolut tabu. Die Küche bietet vorwiegend vegetarische Gerichte, Pasta und Brot sind hausgemacht, lauschige Speiseterrasse. HP 60 €/Person im Trullo, 42 € in Gästezimmern. 3 km Richtung Martina Franca, ✆ 080-4449653, www.agriturismoilportico.it.

Strahlend weiße Häuser: Typisches Stadtbild im Hinterland

Provinz Brindisi

Bei der Grenzziehung im Jahr 1927 kam die flächen- und bevölkerungsmäßig kleinste Provinz vergleichsweise schlecht weg. Die schönsten Ferienorte wurden Bari oder Tarent zugesprochen. Nur Ostuni, die schneeweiße Hügelstadt am Rand der Murgia, blieb großzügigerweise auf dem Territorium von Brindisi.

Das knapp 2000 km² große Hinterland der Provinzhauptstadt ist eine einzige landwirtschaftliche Nutzfläche, deren Haupterzeugnisse Olivenöl, Wein, Tafeltrauben und Tabak sind. Einen landschaftlichen Höhepunkt der Provinz bildet die Gegend um Ostuni. Abseits des sanften Itria-Tals und der waldreichen Selva di Fasano sowie unbehelligt von jeglicher Trulli-Romantik, liegt die strahlende Vorzeigestadt Ostuni auf dem allerletzten Treppenabsatz des apulischen Kernlands, umgeben von uralten Wein- und Ölbaumkulturen. Auch städtebaulich ist Ostuni eine Ausnahmeerscheinung, die sogar das Interesse japanischer Unternehmer geweckt hat. In der Umgebung von Francavilla Fontana erhebt sich der frühgeschichtliche Steinhügel *Specchia Miano* – eine echte Kuriosität in der an archaischen Steinmonumenten so reichen Region.

Bereits in den 60er Jahren des vergangenen Jahrhunderts hat sich Brindisi zu einem beachtlichen Zentrum der Petro- und Kunststoffindustrie entwickelt, auch der Hafen war und ist von großer Bedeutung. Mittlerweile ist außerdem das konventionelle Kraftwerk Brindisi-Cerano dazugekommen, kein Wunder also, dass es sich beim Küstenstreifen nahe der Provinzhauptstadt weitgehend um ein touristisches Notstandsgebiet handelt. Eine überraschende Ausnahme ist das kleine Küstennaturschutzgebiet *Marina di Torre Guaceto.*

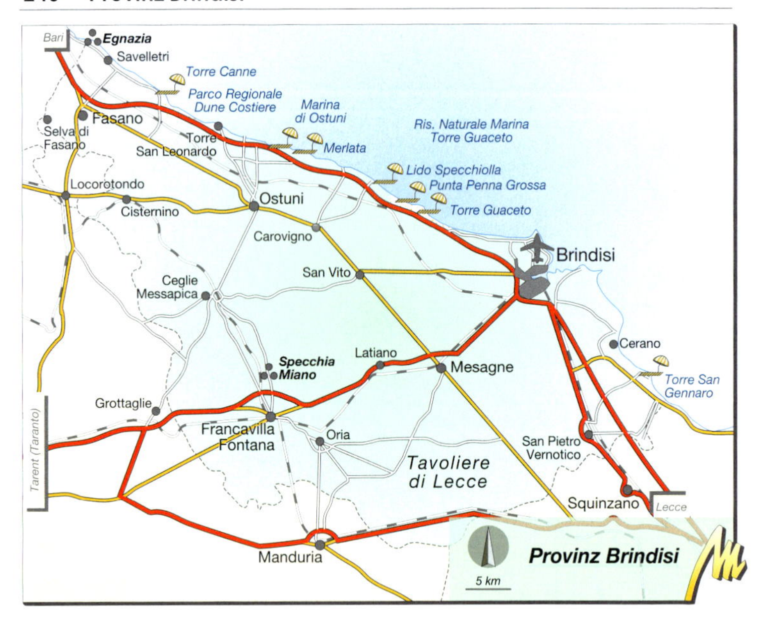

Die mit hellen, feinsandigen Stränden **schönste Badezone** der Provinz liegt zwischen *Marina di Ostuni* und dem Thermalbad *Torre Canne,* wo auch die besten Campingplätze zu finden sind. Aus Gründen der Übersichtlichkeit wurden die Orte Egnazia (→ S. 197), Savelletri (→ S. 199) und Cisternino (→ S. 238) bereits im Kapitel zur Provinz Bari behandelt.

Essen und Trinken in der Provinz Brindisi

Pesce: Rekordverdächtig ist in Brindisi nach Ansicht der Feinschmecker die Fischsuppe. Roher Fisch und Meeresfrüchte in Essig bereichern das Angebot der örtlichen *Antipasti di Mare.* Reis und Nudeln werden vorwiegend mit einem gehaltvollen *Sugo di Frutti di Mare* serviert.

Spezialitäten: Im Landesinneren sollte man die *Puddica* probieren, ein zentimeterdicker Brotfladen mit eingedrückten Tomaten- und Knoblauchstückchen, Kapern, Oregano und Olivenöl, den man in einem Forno (Bäckerei) kauft. Gefülltes Gemüse (Tomaten, Artischocken und Auberginen) findet man nirgendwo so häufig wie hier; das Gleiche gilt für Rostbraten verschiedener Fleischsorten, dazu passend Bohnen oder Chicorée. Selten – und ein ganz ungewöhnlicher Nudelersatz – ist *Cranu stumpato*, gekochtes Getreide, mit verschiedenen Ragouts serviert.

Vino: Im Hinterland reift v. a. die Traube *Negroamaro*, aus der kräftige Rosso- und fruchtige Rosato-Weine (DOC Brindisi) gemacht werden. Der *Malvasia Bianca di Brindisi* bildet eine Ausnahme unter den Weinen der Provinz. Mit seinem lieblichen Geschmack gleicht er dem klassischen Malvasier und ist mit knapp über 12 Vol.-% bereits ein sehr starker Weißwein.

Hotels und Übernachtungen: Nur in Brindisi und Ostuni kann man von einem ausreichenden Angebot sprechen, bei dem auch preiswertere Häuser nicht fehlen (z. B. die Jugendherberge in Brindisi). In Francavilla Fontana und in Oria ist die Auswahl eher knapp, dagegen zählen Agriturismi eindeutig zur Stärke der Region.

Brindisi

ca. 95.000 Einwohner

Seit der antiken römischen Expansion in den Orient ist Brindisi eine Transitstadt. Alle Wege führen zum Hafen und von dort schnurstracks aufs Schiff. Früher legten hier die römischen Galeeren ab, später die Kreuzritter und heute Griechenlandtouristen.

Bereits die messapischen Urapulier entdeckten diesen idealen Naturhafen und gaben ihm seiner geweihähnlichen Form wegen den Namen *Brunda* (Hirschkopf). Das offene Meer ist durch den schmalen *Canale Pigonati* mit zwei länglichen Meerbusen, *Seno di Ponente* und *Seno di Levante*, verbunden. Die v-förmig auseinanderstrebenden Buchten umschließen das historische Stadtzentrum. Trotz der massiven Kaimauern, der ansässigen Hafenindustrie und der betriebsamen Terminals erkennt man noch heute den natürlichen Verlauf der beiden Förden.

Die Römer machten Brunda zu *Brundisium* und bauten den messapischen Hafen zu ihrem größten und wichtigsten Handels- und Militärstützpunkt an der Adria aus. Die antike Stadt avancierte zum Tor in den Orient und zum bedeutendsten Bindeglied zwischen Rom und seinen Provinzen östlich des Mittelmeers. Den Anschluss an die Hauptstadt stellte wiederum die *Via Appia* her, die der aus Neapel stammende Dichter Publius Papinius Statius als „Königin der Straßen“ *(Regina Viarum)* bezeichnete. Als klassischer Endpunkt der Römerstraße entwickelte sich die apulische Hafenkolonie prächtig. Kaiser und Dichter verweilten hier, römische Prunkbauten bestimmten das Stadtbild. Vergil, einer der prominentesten Römer jener Tage, starb 19 v. Chr. in Brindisi. Zuvor war er gemeinsam mit Kaiser Augustus nach Athen gereist, wo er an einem unbekannten Fieber erkrankte. Angeblich soll der Regent persönlich für den Rücktransport des Epikers gesorgt haben. Als das Schiff schließlich in Brundisium ankerte, lag der Schöpfer der berühmten *Aeneis* bereits im tiefsten Delirium. Die das Ende der Via Appia markierende Säule am Hafenkai ist, abgesehen von den antiken Fundstücken im archäologischen Stadtmuseum, der einzige monumentale Überrest der römischen Stadt (→ S. 242).

Die zweite Glanzzeit erlebte die Stadt in den turbulenten Jahren der christlichen Kreuzzüge. Anfangs mit den Normannen und später mit Friedrich II. öffnete sich das Tor zum Orient erneut und brachte Unheil über den Nahen Osten. Die mittelalterlichen Bauwerke, die vom 11. bis 13. Jh. in Brindisi entstanden, z. B. das *Castello Svevo*, wurden größtenteils 1456 durch ein Erdbeben zerstört.

Das Zeitalter der Industriellen Revolution und die weltweiten Handelsverbindungen des 19. Jh. brachten Brindisi und seinen Hafen ein drittes Mal ins internationale Spiel. Von der Eröffnung des Suezkanals im Jahr 1869 und der Errichtung der *South Italian Railway Adriatic Line* profitierte die Stadt in gewohnter Manier wie einst in der Antike und im Mittelalter. Von London nach Brindisi benötigte der Zug um die Wende zum 20. Jh. nur 43 Stunden, und weiter ging die Reise per Postschiff der Reederei *Valigia delle Indie* bis nach Bombay. Zur Geschichte dieses altehrwürdigen Handels- und Reiseweges gehört u. a. auch die Ankunft Mahatma

Via Appia – Horaz und die berühmteste Straße der Antike

„Brindisi macht den Schluss des langen Gedichtes und Weges" – mit dieser humorvollen Zeile endet die fünfte Satire des römischen Dichters Horaz. Er stammte aus Lukanien und hieß mit richtigem Namen eigentlich Quintus Horatius Flaccus. Bekannt wurde er durch seine Oden, v. a. aber mit seinen Satiren, in denen er die menschlichen Fehler und Schwächen auf freche und mitunter frivole Weise aufs Korn nahm. Besagte fünfte Satire hingegen ist ein in Verse gefasster Reisebericht: Horaz befuhr im Jahr 37 v. Chr. die Via Appia von Rom über Capua und Benevent nach Apulien. Er berührte dabei Canosa, Bari und Egnazia. Mit ihm zusammen reisten der Dichterfreund und -kollege Vergil sowie ein gewisser Maecenas, der ein betuchter Freund der Kunstschaffenden war. Das Wort „Mäzen" leitet sich von diesem Römer ab.

Im zweiten Band seiner berühmten Italientrilogie bezeichnet Eckart Peterich die Via Appia als „Schicksalsstraße des europäischen Geistes", weil sie die Städte Großgriechenlands in Süditalien mit der Ewigen Stadt verband. Seit 312 v. Chr. in drei Bauphasen entstanden, verdankte sich das ambitionierte Straßenprojekt der Initiative des römischen Zensors und Namenspatrons Appius Claudius Caecus. Nachdem das erste Teilstück bis Capua fertiggestellt war, geschah lange Zeit nichts, bevor die beiden weiteren Bauabschnitte bis Benevent und schließlich bis Brundisium in Angriff genommen wurden. Aber der Verlauf der Straße über Tarent war umständlich, weshalb später die küstennahe Via Traiana als Abkürzung das bestehende Straßennetz ergänzte.

Auf diesem Weg reisten Horaz, Vergil und Maecenas nach Apulien. Meilensteine flankierten die Straßen in regelmäßigen Abständen und rationalisierten das Reisen in der Antike. Den ältesten datierbaren Stein fand man in der Nähe von Canosa di Puglia. Rasthäuser sorgten für die nötige Bequemlichkeit, die Straßen wurden so trassiert, dass sie mit ein- oder zweiachsigen Wagen befahrbar waren. Der Historiker Gustav Faber schreibt: „Über das Pflaster der Appia, das man mit einer Mischung aus Kalk und Puzzolanerde gemörtelt hatte, rollte ein nie abreißender Verkehr, so dass die Straße trotz acht Meter Breite oft verstopft war. Das Schimpfen und Fluchen mochte das auf modernen Straßen Gewohnte noch überboten haben." Davon freilich berichtet der Dichter Horaz nichts. Allenfalls erwähnt er den Regen und mokiert sich über den üblen Straßenbelag: „Besser ist anderen Tages das Wetter, doch schlechter die Straße bis zu den Mauern des fischreichen Bari hin."

Gandhis aus Bombay, der auf dem Weg nach London war, um mit der ungeliebten Kolonialmacht zu verhandeln. Er reiste übrigens in Begleitung seiner Ziege, die dem asketischen Führer der indischen Unabhängigkeitsbewegung unterwegs die Vollverpflegung garantierte. Der Ausbruch des Ersten Weltkriegs blockierte alle Verbindungen in den Osten. Matrosen, Kaufleute und Reisende räumten das Feld – das Hafenbecken von Brindisi gehörte für ein paar Jahre den Fischern. Noch heute erinnert einiges an die großartige Zeit der Valigia delle Indie, nicht zuletzt das einst prunkvolle Hafenhotel *Delle Indie,* das inzwischen allerdings *Hotel Internazionale* heißt, aber immer noch Maßstäbe setzt.

Die Nachkriegsgeschichte der Stadt im Mezzogiorno liest sich weniger ruhmreich als die vorhergegangene. Die Altstadt geriet teilweise in einen so katastrophalen baulichen Zustand, dass die wenigen Bewohner lange Zeit mit ihrer Evakuierung rechnen mussten. Teile der ältesten Stadtviertel *Sciabiche* und *San Pietro degli Schiavoni* befinden sich weiterhin in einem sanierungsbedürftigen Stadium. Man glaubt es kaum, doch am Rande dieses Elendsviertels erhebt sich mittlerweile seit drei Jahrzehnten ein moderner Theaterneubau – einer der augenfälligsten Affronts gegenüber der lange vernachlässigten Altstadt. Bedauerlich genug, dass man das alte Stadttheater am Corso Umberto in den 60er Jahren bedenkenlos geopfert hat – doch der eigentliche Skandal ist, dass das neue Theater nach seiner Fertigstellung in den 70er Jahren weitgehend leer stand und erst seit 2002 eine künstlerische Leitung hat und als *Teatro Comunale Giuseppe Verdi* bespielt wird. Unter diesem modernen Denkmal korrupter Politik, das zwischenzeitlich selbst schon sanierungsbedürftig war, ist ein archäologisches Gelände mit interessanten Mauerreste aus der römischen Siedlungszeit freigelegt worden.

Mit durchschnittlich 1000 Transitgästen täglich ist Brindisi heute der größte Fährhafen Süditaliens. Tourismus heißt für Brindisi, sich diesen Bedingungen anzupassen. In kurzer Zeit soll der eilige Gast möglichst viel Geld ausgeben: eine schnelle Übernachtung, eine warme Mahlzeit – für Besichtigungen bleibt wenig Zeit. Das Verhältnis zwischen den Einheimischen und den rastlosen Fremden zeichnet sich deshalb nicht gerade durch besondere Freundlichkeit aus, man begegnet sich eher mit Respekt. Wer die aufgeschlossene Seite der Brindisianer kennenlernen möchte, muss schon etwas länger bleiben.

Die Skandalstadt Brindisi lebt außerdem seit Langem mit dem Vorwurf, dass die vorhandenen industriellen Kapazitäten nicht ausgelastet seien und eigentlich wesentlich mehr gegen die hohe Arbeitslosigkeit getan werden könne. Und vom modernen, konventionell betriebenen Kraftwerk in Cerano befürchten die Bürger irgendwann den „schwarzen Regen“, der die Lebensqualität in der Stadt noch tiefer sinken lassen würde.

Brunnenskulptur im Stadtzentrum

Der Transittourist reist, durch all das unbekümmert, weiter; aber dem aufgeschlossenen Besucher fällt auch auf, dass sich endlich etwas tut in der mehrfach gestraften Hafenstadt: Die einst verkehrsgeplagte Durchgangsstraße Corso Roma bzw. Corso Giuseppe Garibaldi ist größtenteils in eine Fußgängerzone umgewandelt worden, was wieder Ruhe in die Altstadt einkehren lässt und die Straßencafés zum Leben erweckt. Die meisten Baudenkmäler der Altstadt warten zwar immer noch auf ihre Restaurierung, sind aber aufgrund neuer Ausschilderungen besser auffindbar als früher. Endlich ist auch die Säule der Via Appia, das einzige erhaltene Großrelikt aus der Antike, nach jahrelanger restaurierungsbedingter Abwesenheit in voller Pracht zurückgekehrt. Und schließlich zeigt das archäologische Museum mehr und mehr seiner antiken Schätze.

Information/Anfahrt & Verbindungen/Adressen

• *Information* **Casa del Turista**, am Hafen nahe dem Hotel Internazionale, Stadtplan und Hochglanzbroschüren. Tägl. 8.30–12.30 und 15–20.30 Uhr. Viale Regina Margherita 44, ✆ 0831-562126, www.brindisiweb.com.

• *Auto* Wer dem Wegweiser „Porto" folgt, gelangt zwangsläufig zur nördlichen Hafenrandstraße Viale Regina Margherita/Via Lenio Flacco, wo es gute Parkchancen gibt.

• *Bahn* Brindisi liegt an der FS-Hauptstrecke zwischen Bari und Lecce, tägl. mehrere Züge in beide Richtungen; außerdem Ausgangspunkt der FS-Hauptstrecke nach Tarent, ebenfalls häufige Verbindungen.

Der **Hauptbahnhof** liegt günstig am Altstadtrand an der Piazza Crispi. Von hier geht's über den größtenteils verkehrsberuhigten Corso Umberto I in 10 Min. zu Fuß direkt zur zentralen Piazza del Popolo. Die Gepäckaufbewahrung befindet sich in der Hochsaison oft am Rand ihrer Kapazität. Viele Züge fahren bis zum Hafenbahnhof (Stazione marittima).

• *Fähre* Die kleinen **Hafenfähren** sind Teil der städtischen Verkehrsbetriebe (STP), sie laufen tagsüber ununterbrochen im 15-Minuten-Takt aus; pro Fahrt 0,80 €, Tagesticket 3 €. Auf dem Boot sind Tickets teurer, daher am besten vorher besorgen, z. B. am Hafenkai in der *Bar Vertigo Café*, Viale Margeritha 40. Insgesamt gibt es vier Anlegestellen im großen Hirschkopf-Hafenbecken: vor dem Hotel Internazionale, am Hafenbahnhof, neben dem Monumento al Marinaio und an der rechten Ufermauer des Hafenkanals Pigonati.

Mehrmals tägl. starten **Autofähren nach Griechenland**; Abfahrt immer abends. Zahlreiche Schiffsagenturen findet man an der Straße vom Hauptbahnhof zum Hafen, Corso Umberto I und Corso Giuseppe Garibaldi.

• *Flugzeug* Der internationale Flughafen *Papola Casale* liegt 3 km nördlich der Stadt; mit dem öffentlichen Stadtbus der Linie A geht's ins Zentrum und zum Bahnhof, mit *Pugliairbus* nach Bari oder Tarent (→ S. 164). Mietwagen am Flughafen (u. a. Hertz, ✆ 0831-413060); www.seap-puglia.it.

• *Busse* Die meisten der grünen Stadtbusse starten auf der Piazza Crispi vor dem Hauptbahnhof. ✆ 0831-549245, www.stpbrindisi.it.

• *Taxi* Vom Bahnhof an der Piazza Crispi, ✆ 0831-597901.

• *Mietfahrzeuge* Autovermietung *Avis* im Stadtzentrum, zwischen Bahnhof und Innenstadt. Piazza Cairoli 25, ✆ 0831-526407. *Maggiore* im Hauptbahnhof, Piazza Crispi 13, ✆ 0831-525838. Weitere Mietwagenbüros am Flughafen (s. o.).

• *Post* Die Hauptpost befindet sich an der Piazza della Vittoria 10.

• *Internet* Die Internetkette *Ki-point* besitzt eine Filiale in Bahnhofsnähe, Corso Umberto I 130, Mo–Fr 8.30–13 und 15.30–19 Uhr.

Übernachten

• *Hotels* ****** Hotel Internazionale (3)**, historisches Hafenhotel aus der Zeit der Valigia delle Indie (s. o.). Der Charme der Jahrhundertwende ist seit der jüngsten Modernisierung weitgehend dahin, aber nach wie vor ist alles sehr stilvoll. Balkonzimmer mit Hafenblick; Hotelrestaurant mit geräumigem Speisesaal, der sich auch für opulente Bankette eignet. DZ bis 250 €, EZ bis 160 €. Viale Regina Margherita 23, direkt am Hafen

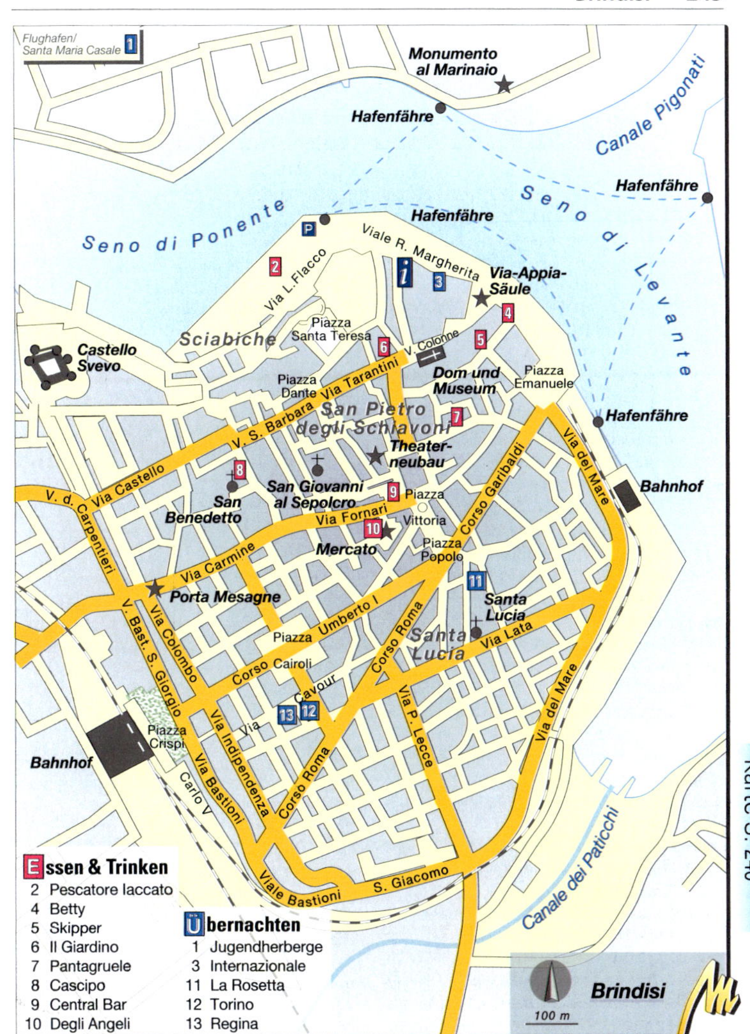

Provinz Brindisi Karte S. 240

nahe der Via-Appia-Säule, ✆ 0831-523473, ℻ 0831-523476, www.albergointernazionale.it.

*** **La Rosetta (11)**, relativ neues, komfortables Stadthotel mit viel Marmor, Nähe Piazza del Popolo. DZ 70–90 €, EZ 50–70 €. Via San Dioniso 2, ✆ 0831-590461, ℻ 0831-563110, www.brindisiweb.com/rosetta.

*** **Regina (13)**, modernisierter Altstadtpalazzo, gut geführt, schlicht möbliert. DZ 90 €, EZ 70 €. Via Cavour 5, ✆ 0831-562001, ℻ 0831-563883, www.hotelreginaweb.com.

** **Torino (12)**, kleiner, modernisierter Altstadtpalzzo zwei Schritte vom Regina entfernt, ordentlicher Gesamteindruck. DZ 45–75 €, EZ 35–55 €. Largo Palumbo 6, ✆ 0831-597587, ℻ 0831-522092, www.brindisiweb.com/torino.

• *Jugendherberge* **Ostello Gioventù Carpe Diem (1)**, stadteigene Einrichtung, 30er-Jahre-Bau, zwischen Stadt und Flughafen, auf der anderen Seite des Seno di Ponente. Ganzjährig geöffnet, internationales Publikum, sehr relaxte Atmosphäre. Kleine Bar, Schlafsäle und Doppelzimmer. Auf Anruf Abholung vom Bahnhof oder Flughafen! Dormitorio 15 €/Person, DZ 40 € ohne Bad, 50 € mit Bad, EZ 25 €. Via Nicola Brandi 2, ✆ 338-3235545, www.hostelcarpediem.it.

Essen & Trinken (siehe Karte S. 245)

Die Restaurants am Corso Giuseppe Garibaldi empfehlen wir nicht, da sie vorwiegend auf die schnelle Abfütterung der Transitreisenden spezialisiert sind. Gleiches gilt auch für die dort angesiedelten Straßencafés.

Ristorante del Pescatore Iaccato (2), an der Uferstraße des alten Hafenviertels Sciabiche inmitten der Fischverkaufsstände, einfach und originell. Hemdsärmelige Bedienung, schnörkellose Fischküche mit Frischegarantie, Menü ab 20 €, Pizza ab 4 €. Via Lenio Flacco 32, ✆ 0831-524084, Mi geschlossen.

Cascipo (8), gemütliches Altstadtrestaurant, Nähe Chiesa San Benedetto. Helle, kühle Gewölbesäle, geschmackvoll eingerichtet. Cucina di Mare e di Terra mit regionalen und nationalen Gerichten, abends auch Pizza, Menü 25 €. Via San Benedetto 45, ✆ 0831-528348, Mi Ruhetag.

Il Giardino (6), schickes Ristorante mit Pizzeria in einem Altstadtpalazzo aus dem 15. Jh., gotisch gewölbte Speisesäle und lauschiger Innenhof mit Tischen unter der Pergola. Tadellose Küche mit Schwerpunkt auf Fisch, Menü 25–30 €. Via Tarantini 14/18, ✆ 0831-564026, Sonntagabend und Mo geschlossen.

Skipper (5), Ristorante in Hafennähe, Querstraße zum Viale Regina Margherita; ideal für den Pizzahunger. Via Dogana 2, ✆ 0831-523086.

La Locanda degli Angeli (10), sparsam aber mit viel Fantasie gestalteter Innenraum, draußen Plastikstühle auf dem ansonsten stimmungsvollen Marktplatz – dafür passt das gastronomische Angebot. Menü ab 20 €, Pizza ab 4 €. Piazza Mercato 29, ✆ 0831-524200.

Pantagruele (7), Tipp! Stimmungsvolle Trattoria in der Altstadt, einige Tische im Freien. Raffinierte regionale Küche, mehrfach ausgezeichnet. Zu den Primo-Spezialitäten gehören Maccheroncini con Funghi Porcini (Steinpilze) und Laganari con Vongole e Zucchini, Menü um die 30 €. Via Salita di Ripalta 1/3, ✆ 0831-560605, Samstagabend und So geschlossen.

Empfehlenswert, v. a. in den Mittags- und frühen Abendstunden, ist die **Central Bar (9)** am Ende der Piazza della Vittoria, ein beliebtes Straßencafé mit Piazza-Atmosphäre. Zum Aperitif werden kleine Frisedde, Pizze und Oliven serviert. Piazza Sedile 7, ✆ 0831-524150.

Betty (4), der beliebteste Treff am Hafenkai. Große, lauschige Terrasse mit Hafenblick, Snacks, Eis und Mixgetränke. Der beste Ort, um Brindisi von seiner Schokoladenseite zu erleben, abends lange offen. Viale Regina Margherita 6, ✆ 0831-521528.

Diverses/Feste & Veranstaltungen

• *Einkaufen* **La Valigia delle Indie**, Antiquitätenhändler mit zahlreichen Originalen und Replikaten aus der glorreichen Vergangenheit der Seefahrerstadt Brindisi; historische Postkarten, Drucke und viel Kurioses. Via Tarantini 20, nahe dem Domplatz.

Markt, jeden Vormittag auf dem stimmungsvollen alten Marktplatz mit Überdachung, nahe Piazza del Popolo.

• *Feste & Veranstaltungen* **Processione del Cavallo Parato**, feierliche Fronleichnamsprozession, deren Ursprung bis ins Mittelalter zurückreicht. Der Erzbischof höchstpersönlich besteigt ein reich geschmücktes Pferd und reitet mit der Monstranz in den Händen durch die Straßen der Stadt.

Festa di San Teodoro e San Lorenzo, abendliche Bootsprozession zu Ehren der beiden Schutzpatrone. Die Statuen der Heiligen werden mit viel Rummel und in Begleitung zahlreicher Privatboote durchs Hafenbecken geschippert (Anfang Sept.).

Melonata Ferragostale, das große Wassermelonenereignis! Kollektives Melonenessen in der ganzen Stadt (15. Aug.).

Die Hafenfähre kreuzt vor dem Seefahrerdenkmal

Sehenswertes

Colonne Romane (Via-Appia-Säulen): An der Uferstraße Viale Regina Margherita, oberhalb der breiten Steintreppe, steht eine der Endsäulen der römischen Heerstraße Via Appia (→ S. 242). Ihr großartiges Halbfigurenkapitell, das Gottheiten aus der griechischen Mythologie zeigt, ist eine wahre Augenweide. Ursprünglich waren es zwei Säulen aus feinstem orientalischen Marmor, die hier im 1. Jh. n. Chr. aufgestellt wurden. Die durch ein Erdbeben im 16. Jh. eingestürzte zweite Säule, von der hier nur noch der Marmorsockel steht, ist heute in Lecce zu bewundern, wo sie die Monumentalstatue des Stadtheiligen Sant'Oronzo trägt. Noch heute führt die „Via Appia" vom Autobahnring geradewegs durch die Neustadt von Brindisi und endet an der *Porta Mesagne*, einem gut erhaltenen und mittlerweile frisch restaurierten Zugangstor zur mittelalterlichen Altstadt.

An der Fassade eines Palazzo auf dem kleinen Säulenplatz erinnert eine Gedenktafel an den römischen Epiker Vergil, der 19 v. Chr. mit 51 Jahren in Brindisi starb (s. o.).

Monumento al Marinaio (Seefahrerdenkmal): Gegenüber der Appia-Säule, auf der anderen Hafenseite (→ „Verbindungen/Fähre", S. 244), steht das 53 m hohe, faschistische Gefallenenmonument. Es soll ein überdimensionales Steuerruder darstellen. Im Inneren gemahnt eine Kapelle an 6000 im letzten Weltkrieg gefallene Marinesoldaten. Ein Aufzug, wenn er denn in Betrieb ist, fährt zur Spitze hinauf. Von oben eröffnet sich ein fantastischer Blick auf den Hirschkopfhafen, die gesamte Stadt und die Küste. Allein die Überfahrt lohnt sich bereits, denn auch von der unteren Aussichtsplattform hat man ein breites Stadtpanorama vor sich.

Öffnungszeiten Do–So 9–13 und 15–20 Uhr. ✆ 0831-642002.

Dom: Der ursprünglich romanische Bau stammt aus dem 11. Jh. und wurde durch ein Erdbeben Mitte des 18. Jh. nahezu völlig zerstört. Am und im heutigen Barockgebäude erinnern nur noch wenige Details und Fragmente an den Vorgängerbau. Der alte Mosaikfußboden im Chor wird hinsichtlich der Ausführung und der Motive mit der gut erhaltenen Mosaikarbeit im Dom von Otranto verglichen. Spektakulärstes historisches Ereignis, das in diesem dunklen Gotteshaus mit dem Reiterstandbild des San Teodoro stattfand, war 1225 die Hochzeit von Friedrich II. und Jolanthe von Brienne, der Erbin des Königreichs Jerusalem und zweiten Frau Friedrichs.

Aus der Zeit der Kreuzzüge stammt der zweibogige *Portico dei Cavalieri Templari* am Domplatz. Er schmückt die glatt gescheuerte Piazza ebenso wie die Madonnensäule in der Platzmitte. Erwähnenswert ist außerdem die üppig verzierte Loggia Balsamo aus dem 14. Jh., die wie eine Theaterloge über dem Eingang zur Dompiazza hängt.

Museo Archeologico Francesco Ribezzo: Gleich neben dem gekappten Glockenturm des Doms befindet sich das archäologische Stadtmuseum mit dem gepflegten Innenhof, das zahlreiche Marmortorsi und Sarkophage zu bieten hat. Neben Amphoren, Figurenkapitellen und Statuen aus unterschiedlichen Epochen sind v. a. messapische Vasen, Trinkgefäße und andere tönerne Grabbeigaben von Bedeutung, die auf den diversen Ausgrabungsgeländen der Provinz gefunden wurden.
Jeder neue archäologische Fund vor der Hafeneinfahrt oder in Küstennähe entfacht wieder die alte Diskussion um den Museumsausbau, wie es beim sensationellen Fund der sog. *Bronzi di Brindisi* zuletzt der Fall war. Und tatsächlich hat das betagte Museum mittlerweile einen modernen Ausstellungsraum für diesen neuen, absolut sehenswerten Museumsschatz erhalten.

Öffnungszeiten Dom und archäologisches Museum waren zum Zeitpunkt der letzten Recherche wegen Renovierung geschlossen. Die Wiedereröffnung ist für 2009 geplant, Öffnungszeiten standen noch keine fest.

Chiesa San Giovanni al Sepolcro: Sie befindet sich am Rande des Altstadtviertels San Pietro degli Schiavoni. Der kleine gedrungene Kirchenrundbau aus dem 11./12. Jh. gehörte zu den städtischen Besitztümern des Templerordens. Gesucht wird immer noch nach Indizien, die belegen sollen, dass sich an dieser Stelle ein antiker Tempel befunden hat. Die prächtige Portaleinfassung mit Löwensockeln und Figurenkapitellen verdient besondere Aufmerksamkeit.

Öffnungszeiten Besichtigung nach Voranmeldung unter ✆ 368-7532193.

Chiesa San Benedetto: Unweit von San Sepolcro steht der kunstgeschichtlich interessanteste Sakralbau der Stadt. Die Benediktinerkirche stammt aus dem 11. Jh. und ist die einzige Hallenkirche Apuliens. Die Architravdarstellungen über dem Südportal zeigen byzantinische Einflüsse, während der Außenbau größtenteils noch apulisch-normannischen Stil verkörpert. Den angrenzenden Kreuzgang sollte man wegen der schlanken Säulen mit den übergewichtigen, aber fein skulptierten Kapitellen nicht verpassen (Zugang durch die Sakristei).

Öffnungszeiten 8.30–12 und 17–19 Uhr. ✆ 0831-597474.

Castello Svevo e Alfonsino: Das Castello Svevo aus dem Jahr 1226 ist am besten von der Hafenfähre aus zu erkennen. Landseitig wird die Stauferburg am Ufer des Seno di Ponente durch die ansteigende Straße fast vollständig verdeckt. Sie wird von der italienischen Marine genutzt und kann nicht besichtigt werden.

Auch das außerhalb auf der vorgelagerten Isola Sant'Andrea gelegene **Castello Alfonsino** steht unter Marineverwaltung. 1491 wurde die damals militärtechnisch äußerst innovative Seefestung unter Ferdinand I. von Aragon erbaut. Aufgrund der spezifischen Färbung der Ziegel wird das Kastell auch „Rotes Fort" genannt. Ein Straßendamm führt auf die Insel, die mittlerweile von den Marinetruppen geräumt ist. Das Kastell wartet auf eine grundlegende Sanierung und ist ebenfalls nicht zu besichtigen. Für einen Blick von außen folgen Sie den Hinweisschildern „porto turistico“ auf der anderen Seite des Seno di Ponente.

Chiesa Santa Lucia: Die lang gestreckte romanische Kirche aus dem 11. Jh. befindet sich im gleichnamigen Altstadtviertel, unweit der Piazza del Popolo. Sie präsentiert sich weitgehend schmucklos. Die Krypta unterhalb des rechten Seitenschiffs entstand durch den Umbau der ehemaligen Grottenkirche, die Basilianermönche im Mittelalter (ca. 8. Jh.) errichteten. Von kunstgeschichtlicher Bedeutung sind v. a. die Freskenfragmente der Krypta und der Oberkirche.
Öffnungszeiten Mo–Fr nur 17–18 Uhr. ✆ 0831-523159.

Santa Maria del Casale

Santa Maria del Casale: Das Gotteshaus ist auf der anderen Hafenseite, in wenig beschaulicher Umgebung in Airportnähe gelegen und ist daher auch am besten mit dem Stadtbus Linie A, Richtung Flughafen, zu erreichen. Für Kirchenfans ist der gestreifte, orientalisch anmutende Bau ein Muss. Bei der hochstrebenden, einschiffigen Kirche, zu der früher auch noch ein Kloster gehörte, handelt es sich um einen typisch gotischen Sakralbau. Grund ihres Bestehens ist ein Gelübde: Der Anjou Philipp I. von Tarent ließ sie anstelle eines älteren Vorgängerbaus errichten, nachdem ihm endlich ein männlicher Nachkomme geschenkt wurde. Im Mittelalter entwickelte sich die Kirche zu einem veritablen Pilgerziel. Mit dazu beigetragen hatte das Ablassversprechen, das im Jahr 1311 Papst Klemens V. all jenen gewährte, die am Weihetag der Jungfrau Maria (8. Sept.) das Gotteshaus betraten. In der Neuzeit wiederum brachte die Nähe zum Militärflughafen weniger Erfreuliches: Zwischenzeitlich wurde die Kirche sogar als Armeedepot zweckentfremdet. Erst im Dezember 1999 stellte der zuständige Erzbischof ihren früheren Status als Wallfahrtsdestination wieder her. Unter den erstaunlich gut erhaltenen Freskenzyklen an den Innenwänden fällt in erster Linie der *Albero della Croce* auf, ein apfelbaumähnliches Gebilde mit dem gekreuzigten Jesus inmitten der Zweige, umgeben von seinen Jüngern und anderen Heiligen. Auch das Fresko vom Jüngsten Gericht an der Eingangswand ist monumental und farbenprächtig.
Öffnungszeiten Tägl. 8–12 und 16–19 Uhr. ✆ 0831-418545, www.santamariacasale.net.

Küste südlich von Brindisi

Die hiesige Petro- und Kunststoffindustrie trägt viel dazu bei, dass die unmittelbare Küstenregion von Brindisi für Badeferien nicht zu empfehlen ist. Verlässt man die Stadt über die Küstenstraße in Richtung Süden, taucht bald nach dem vorstädtischen Industriegebiet das moderne Kohleraftwerk Brindisi-Cerano auf. Die grün gestrichene, konventionelle Energieversorgungsanlage steht in direkter Ufernähe, gleich daneben erstrecken sich Strandbäder auf mausgrauem Sand. Badetauglich wird die Küste erst wieder im Salento (→ S. 309 f.).

Küste nördlich von Brindisi

Ab *Torre Guaceto* (s. u.) wird die Küste einladend und zum Baden und Wandern attraktiv. Von Brindisi aus führt die Straße zwar anfangs direkt am Wasser entlang, aber die flache Uferzone ist hier extrem zerklüftet, streckenweise zersiedelt und leider auch ziemlich verdreckt. Da lohnt sich ein kurzer Abstecher ins küstennahe Hinterland zur ausgeschilderten **Cripta di San Biagio.** Plötzlich taucht in der ländlichen Idylle eine sonderbare Hügelkuppe auf – fast glaubt man eine Art Stonehenge in Apulien entdeckt zu haben. Zwar fehlt die markante Steinanordnung, aber eines kleinen Wunders wird man im Inneren der Hügelkuppe gewahr, wo sich eine Höhlenkirche *(Chiesa rupestre)* mit Resten von Wandmalereien aus dem 12. sowie 16./17. Jh. versteckt.

Öffnungszeiten Nur So 10–12 und 15–17 Uhr. Eintritt 1,50 €.

Naturschutzgebiet Marina di Torre Guaceto: Nach dem Küstenschandfleck nördlich von Brindisi setzt die Riserva Naturale an der Landzunge von Torre Guaceto plötzlich neue Maßstäbe. Seit 1991 steht hier ein 5 Seemeilen breites und 3000 ha großes Küstengebiet unter Naturschutz, aber erst im Jahr 2000 haben die Provinz Brindisi und der WWF Italia auch eine Forschungsstation mit Besucherzentrum eröffnet. Die artenreiche Uferflora und -fauna ist ein ideales Biotop für Reiher und andere Stelzvögel, die anderswo längst verschwunden sind. Auch Meeresschildkröten legen hier wieder ihre Eier in den Sand, und die farbenprächtige Unterwasserwelt kann im Rahmen geführter Exkursionen mit Schnorchel und Maske erkundet werden. Ufertouren mit dem Rad bietet das Centro Visite ebenfalls an. Fast alle Rad- und Wanderwege enden am Küstenwachturm *Torre Guaceto* (Anfang 16. Jh.). Er sollte einst den Türken trotzen und bildet heute den weithin sichtbaren architektonischen Mittelpunkt des Naturschutzgebiets. Eine Nebenstraße führt landeinwärts zum Besucherzentrum.

Mittelalterliche Wachtürme prägen die Küste

- *Anfahrt* Von der vierspurig ausgebauten Küstenstraße S 379 gut ausgeschildert. Die Ausfahrt „Punta Penna Grossa" nehmen, gleich neben der Schnellstraße befindet sich ein gebührenpflichtiger Parkplatz. Von diesem gelangt man zu Fuß auf einer 250 m langen Stichstraße bis zum Meer.
- *Centro Visite* Das Besucherzentrum der Riserva Naturale ist wenige Kilometer im

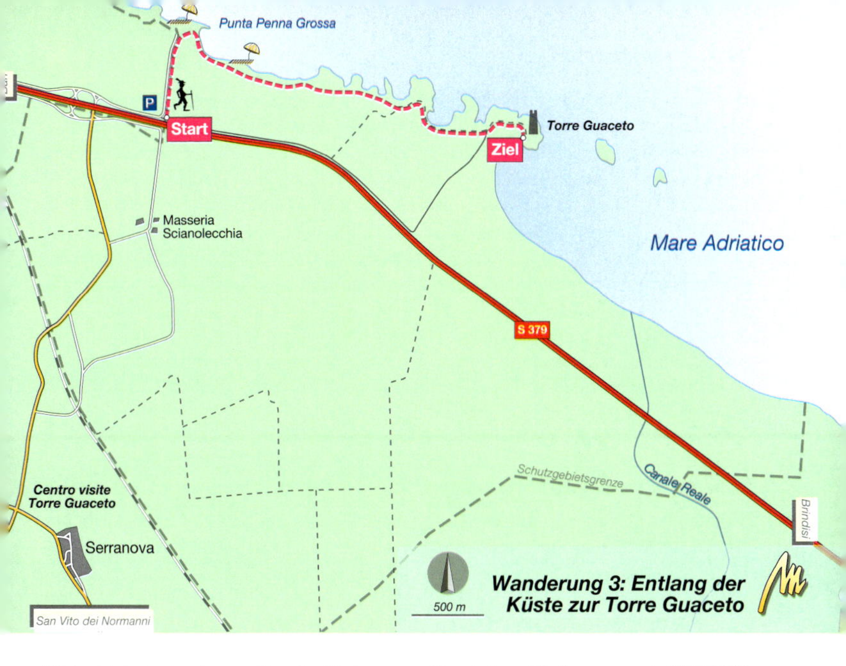

Küstenhinterland gelegen. Von der Küstenstraße S 379 die gleiche Ausfahrt nehmen („Punta Penna Grossa") und der Ausschilderung landeinwärts folgen. Schnorchel- und Radexkursionen können hier mit der jungen Crew vereinbart werden. Im Vorraum gibt es einige lokale Bioartikel zu kaufen, eine Ausstellung ist in Vorbereitung und soll voraussichtlich 2009 eröffnet werden. Mo–So 9–13, Sa/So auch 15.30–18.30 Uhr (im Juli und Aug. an Werktagen auch nachmittags). Località Serranova, ✆ 0831-989885, www.riservaditorreguaceto.it.

• *Radfahren* Die geschützte Naturlandschaft eignet sich grundsätzlich mehr zum Wandern (s. u.) als zum Radeln, dennoch lässt sich der Weg zur Landspitze und zur Torre Guaceto auch gut auf dem Drahtesel bewältigen. Fahrräder werden für 10 €/Tag nach Voranmeldung im Centro Vistite zur Verfügung gestellt.

Wanderung 3: Entlang der Küste zur Torre Guaceto

Charakteristik: Die einfache, familientaugliche Küstenwanderung führt von der Punta Penna Grossa direkt am Meer oder jenseits der Dünen landeinwärts durch artenreiche Fauna nach Osten. Der Weg endet an der äußersten Landspitze, die vom Küstenwachturm Torre Guaceto beherrscht wird. Trinkflasche und Badesachen sollten ins Gepäck, leichte Trekking-Sandalen sind das geeignete Schuhwerk.

Länge und Dauer: Für den insgesamt 5 km langen Hin- und Rückweg sollte man ca. 2 Std. Gehzeit veranschlagen.

Wegbeschreibung: Start ist der Besucherparkplatz an der S 379, von der im rechten Winkel die Stichstraße zum Meer abführt. Bereits nach 500 m endet diese an der schmalen Landspitze *Punta Penna Grossa*. Wer sich von der einladenden Badebucht linker Hand nicht verführen lässt (Rückweg!), wendet sich jetzt nach halb rechts: Rund 2 km östlich ist bereits der Küstenwachturm Torre Guaceto schemenhaft zu erkennen. Das nächste Teilstück direkt am Wasser lässt sich sehr gut barfuß erwandern. Später, wenn schwarzer Tuff mit zackigen Spitzen das Weitergehen erschwert, müssen allerdings die Schuhe wieder angezogen werden. Sobald Felsen den Weg versperren, weicht die Route auf einen von rechts kommenden Weg aus, der wenige Schritte landeinwärts weiterführt und sich kurz darauf zu einem Pfad verengt. Zehn Minuten später spaltet sich der Weg auf: Sie können entweder den küstennahen Pfad wählen oder durch das dicht bewachsene Hinterland die Gehrichtung fortsetzen – kurvenreich erreichen alle Wege alsbald das Ende der Halbinsel. Von der inmitten einer Wildsteppe völlig frei stehenden Torre Guaceto eröffnet sich ein schöner Blick auf die Küste und die vorgelagerten Inseln, die ebenfalls zum Naturschutzgebiet gehören. Für den Rückweg zum Parkplatz sollte man darauf achten, nicht versehentlich auf einem der breiten Wege von der eigentlichen Gehrichtung abzukommen. Diese führen mehr oder weniger direkt zur Schnellstraße zurück, was das Wandervergnügen schmälert. Aber letztlich ist auch diese Variante unproblematisch, denn parallel zur Straße verläuft ein Wirtschaftsweg zum Parkplatz und Ausgangspunkt der Wanderung.

Baden an der Costa Merlata

Nördlich der Punta Penna Grossa (s. o.) erstreckt sich ein breiter, frei zugänglicher Sandstrand. Mehrere Stichstraßen führen von der S 379 zu geschützten Badebuchten, um die herum kleine Feriensiedlungen entstanden sind. Die schönste Badezone der Provinz befindet sich jedoch noch ein Stück weiter im Norden: Der Abschnitt zwischen *Marina di Ostuni* und *Torre Canne* wird im Anschluss des nachfolgenden Kapitels beschrieben (→ „Küste nördlich von Ostuni", S. 257).

• *Camping* *** **Pineta al Mare**, großer, gut ausgestatteter Strandplatz, schattige Grünflächen, Swimmingpool. 2 Pers., Zelt und Auto ab 25 €. In Specchiolla, ✆ 0831-987821, ℻ 0831-987803, www.campingpinetamare.com.

** **Costa Merlata**, ebenfalls großer, gepflegter Uferplatz im gleichnamigen Ferienort, dessen Bungalowarchitektur eher angenehm ins Auge fällt. 2 Pers., Zelt und Auto 18–37 €. ✆ 0831-304004, www.costamerlata.com.

Nordseeflair am Mittelmeer

Ostunis strahlend-weißer Häuserkranz

Ostuni

ca. 34.000 Einwohner

Provinz Brindisi
Karte S. 240

Sie ist die strahlende Vorzeigestadt der Provinz Brindisi. Schon von Weitem erkennbar und unverwechselbar ist der helle Häuserkranz, der die Kuppen der Drei-Hügel-Stadt ziert. In der Neustadt schnurgerade Gassen in perfektem Weiß – die Altstadt dagegen verschlungen labyrinthisch mit hundertfach gekalkten Mauern.

Der befestigte mittelalterliche Kern ist mit seinen gezackten Rundtürmen und uneinnehmbaren Stadttoren so gut wie unversehrt geblieben. Wenn man sich irgendwo in Apulien nach Griechenland versetzt fühlt, dann hier. Die prächtigen Barockportale und die übergroßen Familienwappen, welche die Häuserfronten schmücken, passen jedoch nicht so ganz in dieses Bild. Wer sich von der Küste aus nähert, dem zeigt die pittoreske Hügelstadt ihre schönste Seite; zwischen uralten Wein- und Ölbaumkulturen schiebt sich die Stadtkrone immer deutlicher heran. Am Fuß der Altstadt erstreckt sich die weiträumige *Piazza della Libertà* mit dem überschwänglich verzierten Obelisken, auf dem in 21 m Höhe die Monumentalstatue des hl. Oronzo thront. Hier beginnt der steile Aufstieg ins historische Zentrum.

Links und rechts der Treppengassen findet man Souvenir- und Keramikläden, in denen u. a. die kleinen Fischietti in zahlreichen Varianten mehrfarbiger Natur- und Fantasieformen angeboten werden. Diese tönernen Pfeifen waren vermutlich die ersten Musikinstrumente der Antike. Heute sind die bunten Imitationen beliebte Glücksbringer für Verliebte, und folgendermaßen läuft das Geschäft: Zito (der Verliebte) schenkt Zita (der Geliebten) ein Fischietto.

In der Altstadt sind natürlich die zentimeterdicken Kalkhäute an den Mauern und auf den Treppenstufen typisch. Die Weißmacherei reicht bis ins 14. Jh. zurück: Damals sah ein festgeschriebenes Gesetz vor, die prunkvoll verzierten Portale und Familienwappen an den Herrschaftshäusern mit Kalkmilch zu übertünchen, sofern die ansässige Adelsfamilie keine besonderen Leistungen vollbracht und keine Ehren für die Stadt erworben hatte.

Beim ausgiebigen Bummel durch das verwinkelte Ostuni fallen des Weiteren die rätselhaften Höhenunterschiede auf: Die mittelalterliche Anlage, die sich über drei Hügelkuppen erstreckt, hat – zufällig oder absichtlich – Steigungen, die gar keine sind, und Gefälle, die letztlich nach oben führen. Für dieses merkwürdig-labyrinthische Gewirr interessieren sich seit Jahren japanische Unternehmer; ein Nachbau in der Heimat ist geplant.

Information/Anfahrt & Verbindungen/Adressen

• *Information* **IAT-Büro**, fast an der Piazza della Libertà, Corso Mazzini 8, werktags 9.30–12.30 und 16–19 Uhr (im Sommer auch an Wochenenden). ✆ 0831-301268, www.comune.ostuni.br.it bzw. www.ostunithewhitecity.com.

• *Auto* Wer den Hinweisen folgt, gelangt automatisch auf den großen, gebührenpflichtigen **Parkplatz** unterhalb der Stadt (10 Gehminuten ins Zentrum).

• *Bahn* Ostuni liegt an der FS-Bahnlinie Bari – Brindisi; der Bahnhof befindet sich ca. 3 km nördlich der Stadt; es gibt eine regelmäßige Busverbindung ins Stadtzentrum.

• *Post* Corso Mazzini 13, ein paar Schritte unterhalb der Piazza Libertà.

• *Internet* **Gran Caffè Tito Schipo**, in der Hauptstraße oberhalb der Piazza Libertà (siehe „Essen & Trinken").

Übernachten

Weitere Quartierempfehlungen finden Sie im nachfolgenden Unterkapitel (→ „Küste nördlich von Ostuni", S. 257).

• *Hotels* **** **Relais Sant'Eligio (9)**, ehemalige Postkutschenstation am Fuß des Altstadthügels, freier Blick über die Küstenebene bis zum Meer. Restauriert, modernisiert und blendend hell gestrichen wie Ostuni selbst, Hotelrestaurant im unverputzten Gewölbesaal, Pool und Dachgarten mit Barbetrieb. DZ 135–180 €, EZ 95–130 €. Via Giuosè Pinto 48/50, ✆ 0831-334754, 📠 0831-305754, www.santeligiorelais.it.

**** **Rione Antico La Terra (7)**, Tipp! 16 völlig unterschiedliche Zimmer in einem frisch restaurierten herrschaftlichen Altstadtpalazzo. Die hohen Gewölbe sind geschmackvoll mit Stilmöbeln ausgestattet, schicke Bäder, das Frühst. kann auf einer ruhigen Terrasse eingenommen werden. Das Restaurant San Pietro ist ebenfalls zu empfehlen, Menü ab 30 €. EZ 80–105 €, DZ 130–170 €. Via Gaspare Petrarolo 20 (keine Zufahrt mit Pkw, das Personal ist beim Gepäcktransport behilflich), ✆/📠 0831-336651, www.laterrahotel.it.

La Sommità – Relais Culti (3), noble Luxus-Chill-out-Herberge am höchsten Punkt des Centro storico. Herrschaftlicher Palazzo aus dem 16. Jh. mit Gartenterrassen, sehr stilvoll modernisiert. Hier hat die Luxusfarbe Weiß hundert verschiedene Töne, feines Restaurant und regionale Spitzenweine. DZ ab 250 €. Via Scipione Petrarolo 7, ✆ 0831-305925, 📠 0831-306729, www.lasommita.it.

** **Villa Rosa**, kleines, freundliches Albergo an der Stadtausfahrt nach Martina Franca, sehr ordentlicher Gesamteindruck. DZ 58–68 €, EZ 34–39 €. Contrada Montelamorte, ✆/📠 0831-332615, www.villarosaostuni.it.

**** **Novecento**, stilvoll restaurierte, patrizische Landvilla in ruhiger Lage. Hier kommt tatsächlich ein wenig Novecento-Landleben-Atmosphäre auf, und das in Verbindung mit dem Komfort eines modernen Hotels mit großem Pool und vornehmem Ristorante. DZ 90–120 €, EZ 70–100 €. Contrada Ramunno (ca. 3 km südlich), ✆ 0831-305666, 📠 0831-305668, www.hotelnovecento.com.

Nonna Isa, Lesertipp! Nähe Villa comunale (Stadtpark), 10 Fußminuten zum Centro storico, kleiner B&B-Familienbetrieb mit drei

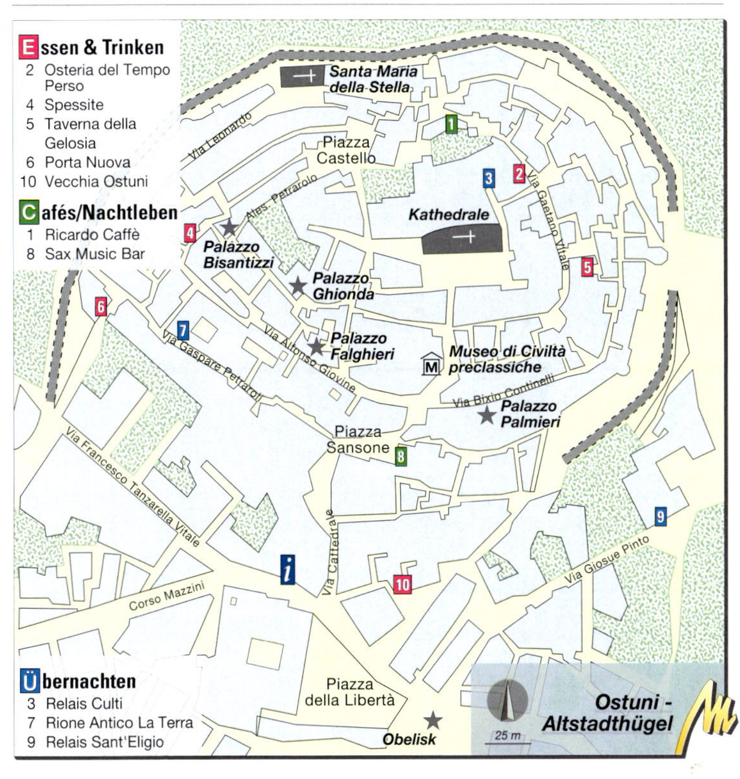

hübschen, geräumigen Zimmern und viel Freundlichkeit. DZ 37–73 €, EZ 28–36,50 €. Via Alfieri 9, ✆/℡ 0831-332515, www.nonnaisa.it.

• *Agriturismi* **Castello Spagnulo**, Agriturismo in einer Spanierfestung aus dem 16. Jh. Rustikale Apartments in massivem Gemäuer, aber auch komfortable DZ mit historischem Mobiliar. Beliebtes Ausflugsrestaurant mit guter Cucina di Terra. Da die Einrichtung insgesamt über enorme Kapazitäten verfügt und auch für Feierlichkeiten und Gruppenaufenthalte genutzt wird, finden Einzelreisende u. U. nicht die gewünschte Ruhe vor! HP 50–60 €/Person. Rund 5 km nordwestlich von Ostuni, an der S 16 nach Fasano, inmitten alter Olivenplantagen, ✆ 0831-350209, ℡ 0831-333756, www.spagnulo.it.

Eine Garantie für Ruhe bieten diese drei **Agriturismo-Tipps**.

Il Frantoio, Ferien in einer Azienda agrituristica vom Feinsten für High-Budget-Urlauber. Ein bisschen Schlaraffenland – das beschreibt die Atmosphäre auf diesem herrschaftlichen Bilderbuch-Landsitz aus dem 16. Jh. wohl am treffendsten. Harmonie und Ruhe, große, mit antiken Möbeln eingerichtete Zimmer, blühende Zitrusgärten, Liebe zum Detail, biologischer Anbau, mehrfach ausgezeichnete Küche, Strandbad in Torre Canne, Reiten möglich. DZ mit Frühst. 176–220 €, Menü inkl. Getränke 55 €. An der S 16 zwischen Ostuni und Fasano, bei Montalbano, ✆ 0831-330276, www.masseriailfrantoio.it.

Masseria Rienzo, unberührt vom Verkehr liegt diese auf den ersten Blick unscheinbare Masseria aus dem 18. Jh. mit 30 ha Landwirtschaft (Öl, Obst, Gemüse). Geschmackvoll bis edel eingerichtete Räume, 3 DZ und 2 Dreibettzimmer. Restaurant nur für Übernachtungsgäste, beste Cucina di Terra, aber ab und zu gibt es auch Fisch.

Provinz Brindisi Karte S. 240

Ostern bis Ende Okt. geöffnet, kinderfreundlich, Pool und Panoramaterrasse. DZ 100–150 €. An der Landstraße zur Küste nach Villanova/Marina di Ostuni, ✆ 0831-304548, www.masseriarienzo.com.

Essen & Trinken/Nachtleben (siehe Karte S. 255)

Osteria del Tempo Perso (2), Tipp! Etwas versteckt hinter der Kathedrale gelegen, aber die Ausschilderung ist perfekt. Eingang zwischen weiß gekalkten Felsen, gemütlich eingerichtet mit zahlreichen Gerätschaften und Bildern an den Wänden. Der zweite rustikale Speisesaal befindet sich nebenan in einer ehemaligen Backstube aus dem 16. Jh. Authentische regionale Küche, gutes Preis-Qualitäts-Verhältnis, der Schweizer Geschäftsführer spricht tadellos Deutsch und erklärt die Speisen. Nichtraucherlokal schon vor dem Inkrafttreten der strengen italienischen Gesetze gegen das Rauchen! Menü 25–30 €, Via Tanzarella Vitale 47, ✆ 0831-303320, www.osteriadeltempoperso.com.

La Taverna della Gelosia (5), die verwinkelte Trattoria hinter der Kathedrale mit drei kleinen Speiseräumen, mehreren Terrassen und viel Grün wird leidenschaftlich von der sympathischen Caterina Zecchini geführt. Experimentelle Küche nach traditionellen und mittelalterlichen Rezepten, leckere Gemüse-Antipasti und Gemüsetorten. Eine Primo-Spezialität ist die Pasta nera: Orecchiette mit schwarzen Oliven und Kräutern werden in einem Brotteller (!) serviert, Menü um die 20 €. Via Andriola 26, ✆ 0831-334736, www.tavernadellagelosia.it.

Spessite (4), Ristorante tipico in einer alten Ölmühle. Schnörkellose, lokaltypische Speisen, die auch die Einheimischen zu schätzen wissen, ehrliche Preise. Wie alle Lokale in der Altstadt gut ausgeschildert, aber dennoch nicht unbedingt auf Anhieb zu finden! Via Brancasi 43, ✆ 0831-302866, www.spessite.it, Mi geschlossen.

Porta Nuova (6), edles Fischrestaurant im Rundturm des gleichnamigen Altstadttores mit Panoramaterrasse, Menü ab 30 €. Via Gaspare Petrarolo 30, ✆ 0831-338983, www.ristoranteportanova.it.

Vecchia Ostuni (10), alteingesessenes, einfaches Ristorante im unteren Teil der Altstadt, Nähe Piazza Oronzo. Freundliche Wirtsfamilie, hübsch eingerichtet, die Küche bietet vorwiegend Fleischspezialitäten *(carne della Murgia)* aus dem Ofen und vom Holzkohlegrill, dazu leckere Gemüsebeilagen, Menü 20 €. Largo Lanza 9, ✆ 0831-303308, www.vecchiaostuni.it.

• *Cafés/Kneipen* **Caffè Riccardo (1)**, auf Hochglanz gestylte Kult-Bar am höchsten Punkt der Altstadt, knallige Plüschsessel auf Gassen und Treppen sorgen für skurrile Kontraste. Teuer, aber der Weg in den Abendstunden lohnt sich. Via Gaetano Tanzarella Vitale 61, ✆ 0831-306046, www.riccardocaffe.com.

Gran Caffè Tito Schipa, gemütliches Lesecafé wenige Schritte hinter dem Obelisken, mit luftiger Aussichtsterrasse nach hinten. Leckeres Eis und Süßwaren, Internet. Corso Vittorio Emanuele 21, ✆ 0831-333150, Di Ruhetag.

Sax Music Bar (8), Altstadtkellerkneipe mit Jazzmusik, Bier, Snacks und Pizza, lange geöffnet. Piazza Sansone/Via Cattedrale, ✆ 348-2326554.

Feste & Veranstaltungen/Einkaufen

Straßenkünstler aus aller Welt verzaubern Ende Juli die Altstadt von Ostuni.

Cavalcata di Sant'Oronzo, städtisches Hauptfest mit Reiterprozession und viel Folklore zu Ehren des Schutzheiligen, der die Stadt 1657 vor der Pest bewahrte, 25./26. Aug.

Sagra dei Vecchi Tempi, ausgelassenes Ferragosto-Volksfest und großer Kunsthandwerksmarkt am 15. Aug.

Wochenmarkt mit viel Obst und Gemüse aus der Region und jede Menge Trödel in der Neustadt, Via Sansone, samstags.

• *Einkaufen* **Bottega del Libro**, gut sortierte Literaturbuchhandlung, in der sich die Schmöker bis unter die Decke stapeln. Corso Mazzini 10 (Nähe Stadtinformation), ✆ 0831-332073.

Sololio, unter den zahlreichen Läden mit Prodotti tipici sticht das Ladengeschäft der Familie Bruno hervor, das preisgekrönte DOP-Olivenöle verkauft. Nur wenige Sorten, aber von höchster Qualität. Corso Mazzini 7, ✆ 0831-332952, www.ulivetibruno.it.

Sehenswertes

Hauptsehenswürdigkeit von Ostuni ist selbstverständlich die gesamte Altstadt. Besonders belohnt werden Besucher mit Ausdauer, die auch die äußersten Winkel der oberen Ringmauer durchstöbern, denn hier warten herrliche Ausblicke in die Umgebung.

Die **Kathedrale** aus der zweiten Hälfte des 15. Jh. steht mitten im historischen Zentrum und verkörpert eine verspielt-harmonische Mischung verschiedener Stile. Ihre Fassade mit den drei Portalen und der zentralen Fensterrose ist betont schwungvoll, wirkt aber arg eingekeilt, da ein Vorplatz fehlt. Das etwas finstere, aber üppig verzierte Innere zieren einige Ölgemälde venezianischer Machart: Das wertvollste war lange Zeit die *Madonna in Gloria* von Jacopo Palma il Giovane, bis es in den 1970er Jahren gestohlen wurde und damit spurlos verschwand.

Museo di Civiltà preclassiche: Unterhalb der Kathedrale, im ehemaligen Convento delle Monacelle, ist dieses interessante Museum zur frühen Besiedlungsgeschichte der Provinz untergebracht. Die spektakulärsten Knochen-, Werkzeug- und Schmuckfunde stammen aus einer jungsteinzeitlichen Kult- und Begräbnisstätte wenige Kilometer nördlich von Brindisi.

Öffnungszeiten Tägl. 9–13 und 15–18.30 Uhr. Eintritt 1,50 €.

Im Gassenlabyrinth von Ostuni

Küste nördlich von Ostuni

Marina di Ostuni: Zwar ist der Hausstrand von Ostuni ausufernd zersiedelt, der Hafen von *Villanova* mit dem halb verfallenen Küstenwachturm bietet dennoch Flair. Die flache, sandige Uferzone ist ein ideales Baderevier für kleine und große Wasserratten, und in den zahlreichen Pescherie versorgt sich die örtliche Gastronomie mit fangfrischem Fisch. Ansonsten dominieren die dicht an dicht stehenden modernen Ferien- und Apartmenthäuser. Ein Stück weiter nördlich erreicht die Küstenstraße die Feriensiedlung *Rosa Marina,* die weitgehend von der exklusiven Hotel- und Apartmentanlage des Grand Hotels eingenommen wird. 2008 erhielt die Marina di Ostuni das begehrte Gütesiegel „Bandiera Blu" für gepflegte Strände und sauberes Wasser.

• *Übernachten* **** **Grand Hotel Rosa Marina**, ohne den Verkehr der Schnellstraße wäre das Paradies fast perfekt: Die weitläufige, in Parks und Gärten eingebettete Hotelanlage öffnet sich nach hinten in einer abgestuften Terrassenlandschaft zum

Meer, das über einen 250 m langen Stichweg zu erreichen ist oder alternativ mit dem Trenino. Swimmingpool und Palmen, die Zimmer lassen keine Wünsche offen. Mai–Okt. geöffnet. DZ 110–220 €. ☎ 0831-350411, 📠 0831-350412, www.grandhotelrosamarina.com.

*** **Camping Pilone**, einer der größten und schönsten Strandplätze der Gegend, viel Grün, Swimmingpool, diverse Sportmöglichkeiten, Restaurant, Pizzeria, Supermarkt, Mai–Sept. geöffnet. 2 Pers., Zelt und Auto 16–30 €. Ortsteil Pilone, ☎ 0831-350135, 📠 0831-350224, www.campingpilone.it.

Masseria L'Ovile, ebenfalls in Pilone, neu eröffnetes B&B in absolut ruhiger Lage. Ansprechend renovierte und modernisierte ehemalige Schafstallungen, die einen gemeinsamen Innenhof bilden. Mai–Nov. geöffnet, ca. 1 km zum Pilone-Strand. 10 komfortable DZ 70–120 €. ☎ 0831-306063, 📠 0831-304101, www.masserialovile.com.

Baden und Wandern im Dünenschutzgebiet Torre San Leonardo

Unmittelbar nördlich von Pilone schließt sich der kleine Badeort *Torre San Leonardo* an. Eine Stichstraße führt vom Ortseingang zum frisch restaurierten Küstenwachturm und einer klitzekleinen Strandbar. Von hier bis nach Torre Canne erstreckt sich heller, feinsandiger Strand – ein erstklassiges Baderevier für Alt und Jung! Seit dem Jahr 2000 ist die einzigartige Dünenlandschaft auch ein offiziell ausgewiesenes Schutzgebiet *(Parco Regionale Dune Costiere da Torre Canne a Torre San Leonardo)*. Mit einigem Glück und einer gehörigen Portion Geduld lassen sich in den Feuchtgebieten hinter den Dünen Blesshühner und Teichrohrsänger beobachten, und auch der äußerst seltene Eisvogel soll schon gesichtet worden sein. Das Schutzgebiet steht unter Aufsicht der Region Apulien, die es im Verbund mit der Stadt Ostuni verwaltet. Für Erhalt und Pflege sorgt u. a. die junge Crew des *Lido Morelli*, einem wunderbar gelegenen Strandbad an der Mündung des schmalen gleichnamigen Flusses (→ Kasten). Von hier aus lassen sich auf schmalen Pfaden die Schilfgebiete hinter den Dünen am besten erkunden. Eine empfehlenswerte **Strandwanderung** führt von Torre San Leonardo zur einen Kilometer entfernten Morelli-Mündung. Auf dem Weg – im Schutz der Sanddünen und mit Blick auf Torre Canne – kommt sogar ein wenig Nordsee-Stimmung auf!

Von der familienfreundlichen Seite zeigt sich die Strandbar **Lido Morelli**, in einer ehemaligen Masseria direkt am Meer. Mitte Mai bis Mitte Okt. geöffnet, Getränke und Snacks, Sonnenschirm und Liege für 8 € am Tag, Verleih von Tretbooten (10 €/Stunde) und Kanus (6 €/Stunde). Ein Netz von angelegten Wegen führt von der Morelli-Mündung in das kleine Feuchtgebiet hinter den Dünen, der kleine Zeltplatz hinter dem Haus hingegen ist nur für Wohnmobile geeignet. 1 km nördlich von Torre San Leonardo, direkter Zugang von der S 379, ☎ 339-8098345, www.sicmorelli.org (Website des Dünenschutzgebiets).

Torre Canne: Die breite Landzunge, auf der lange Zeit der namengebende Küstenwachturm das einzige Bauwerk war, präsentiert sich heute als quirliges Thermalbad, das mit einem erstaunlichen Therapieangebot überrascht. Es werden u. a. Leberschäden mit Heilwässerchen behandelt, aber auch medizinische Schlammbäder verabreicht. Etliche Fischrestaurants im Ort und an der Uferstraße sorgen für das leibliche Wohl der Gäste, in den drei Großhotels verbringen auch zahlreiche deutsche Pauschaltouristen ihren Kur- und Badeurlaub. An der kurzen Hafenmole dümpeln zwar einige Fischerboote, einen beschaulich-lebendigen Fischerhafen erlebt man jedoch erst wieder im Nachbarort Savelletri (→ S. 199).

Masseria Ottava Piccola, Tipp! Der kleine, freundliche Agriturismo-Betrieb im Hinterland von Torre Canne ist die ländliche Alternative zu den Strandquartieren. Gepflegtes Anwesen inmitten von Olivenfeldern, daneben Obst, Mandeln und Gemüse sowie Kleintierzucht. Fünf Zimmer im Haupthaus, rustikal mit Bauernmöbeln eingerichtet, die bodenständige Küche verarbeitet vorwiegend eigene Produkte. Reitmöglichkeiten, Fahrräder stehen zur Verfügung. Ganzjährig geöffnet. HP 48–55 €/Person. Contrada Ottava Piccola, an der Straße nach Montalbano (gut ausgeschildert), ✆/📠 080-4810902, www.ottavapiccola.it.

Ceglie Messapica

ca. 20.000 Einwohner

Das Provinzstädtchen, das die Blütezeit seiner Vergangenheit noch im Namen trägt, führt ein touristisches Schattendasein. Obwohl es nicht viel zu tun gibt, lohnt ein Abstecher unbedingt, denn das enge Altstadtlabyrinth birgt nicht wenige Überraschungen. Zunächst bieten die beiden Sakralbauten extreme Gegensätze: Da stößt man einerseits neben der normannischen Kastellruine auf die *Chiesa Matrice* mit ihrer barocken Überfülle und steht wenig später wiederum ganz unvermittelt vor der bescheiden-anmutigen *Chiesa dell'Annunziata* aus dem 14. Jh. Wie die weißen Häuser ineinander verschachtelt sind, ist wohl kaum noch zu toppen; farbenfroh zeigen sich dagegen die kleinen Plätze zwischen den Häuserstufen, v. a. wenn die Wäsche im Freien aufgehängt wird. Eine wahre Pracht entfaltet Ceglie jedoch alljährlich zum Patronatsfest!.

Auch für Liebhaber der traditionsbewussten Küche lohnt sich die Reise. Pünktlich zum Mittag- und Abendessen zieht ein unwiderstehlicher Küchengeruch durch die Gassen, der zur Einkehr verführt. Wer hingegen kommt, um die Reste der alten messapischen Stadtmauer zu bestaunen, der wird nicht so recht fündig, da sie ohne fachkundige Führung nicht mehr eindeutig zu identifizieren ist. Ausgangspunkt für einen Stadtbummel durch das Centro storico ist die zentrale *Piazza Plebiscito* mit dem Uhrenturm.

Schmuckstück abseits der ausgetretenen Pfade

• *Information* Das **Pro-Loco-Büro** hat nur in den Sommermonaten geöffnet: Mo–Fr 10–12 und 18–21 Uhr. Piazza Plebiscito 9, ✆ 339-5783728, www.ceglie.org.

• *Anfahrt & Verbindungen* **Auto**, reizvolle Landstraße von Ostuni (11 km). **Bahn**, mit den *Ferrovie del Sud-Est* von Martina Franca.

• *Essen & Trinken* Unter den örtlichen Speiselokalen, die weit über die Stadtgrenze hinaus für ihre traditionsbewusste Küche bekannt sind, sei die **Osteria dei Santi** empfohlen. Gespeist wird unter dem Freskengewölbe einer mittelalterlichen Templerkirche. Die Küche ist sogar von der *Accademia Italiana della Cucina* ausgezeichnet worden. Eine Primo-Spezialität sind die

Provinz Brindisi
Karte S. 240

Orecchiette nere alla Cegliese (mit kräftigem Ricotta und frischen Tomaten) und danach zartes Fleisch aus dem Fornello, Menü um die 25 €. Via Porticella 1, Nähe Belvedere am jüngst restaurierten unteren Altstadttor, ✆ 0831-384213, Mo geschlossen.

Francavilla Fontana

ca. 35.000 Einwohner

Die großflächige Agrarmetropole mit dem aristokratischen Palazzo Imperiali als Hauptsehenswürdigkeit bietet außerhalb der Stadtmauern eine Kuriosität aus messapischer Zeit: den größten und besterhaltenen der rätselhaften urapulischen Beobachtungshügel.

Durch das barocke Stadttor *Porta del Carmine* gelangt man ins weitläufige und etwas spröde historische Zentrum von Francavilla. Auffällig sind die zahlreichen Adelsresidenzen, ehemals isoliert stehende barocke Prunkbauten aus dem 17./18. Jh., heute mit den schlichteren Stadthäusern zusammengewachsen und in ihrer architektonischen Wirkung weitgehend neutralisiert. Sehenswert sind sie dennoch, die hochstrebenden Fassaden der *Palazzi Giannuzzi-Carissimo, Cariglia-Cito, Argentina-Leo* usw. mit ihren fantastischen Dekorationen, Wappen und Balkonen. Wahrzeichen der Stadt ist der Campanile an der *Piazza Umberto I,* in dessen Sockelgeschoss sich ein Tabacchi-Laden befindet.

Schillerndstes Baudenkmal ist der zinnenbesetzte *Palazzo Imperiali,* in dem heute das Rathaus untergebracht ist (freie Besichtigung während der Behördenzeiten möglich). Die Entstehung dieses außergewöhnlichen Feudalpalasts geht auf das 15. Jh. zurück; aber erst die Inbesitznahme durch die namengebende Genueser Familie Imperiali ließ die schlossartige Herrschaftsresidenz aufblühen. Fassade, Portal, Loggia, Balkon und Innenhof wurden mit stilvermengender Überschwänglichkeit bearbeitet. Außen und innen erstickt der aus Tuff- und Sandstein gebaute Palazzo geradezu in einer Flut unterschiedlichster Ornamente und Wappen, darunter auch das Stadtwappen von Francavilla – ein Olivenbaum.

In den Räumen des *Piano nobile* (Hauptgeschoss) hängen zahlreiche künstlerisch wertvolle Gemälde (vorwiegend 17. Jh.) aus den venezianischen und neapolitanischen Malerschulen. Der skurrilste, vielleicht auch verrückteste architektonische Eingriff, den der offensichtlich etwas ängstliche Feudaladel am Palazzo Imperiali vornehmen ließ, war der Bau eines Fluchttunnels, der so großzügig bemessen war, dass er mit einer Pferdekutsche befahren werden konnte.Im 18. Jh. ließ die Familie Imperiali die erdbebenzerstörte Hauptkirche *Chiesa Matrice* neu errichten.

Moderne Zeiten?

Heute herrschen keine Imperiali mehr, heute wehen in Francavilla Fontana die Parteifahnen der Alleanza Nazionale, und dennoch sorgt die hiesige Textilindustrie, im Volksmund *Patria delle Camicie* (Heimat der Hemden) genannt, manchmal für Schlagzeilen. 1995 machte die Polizei bei einer Razzia in einem örtlichen Textilbetrieb eine fast unglaubliche Entdeckung: Ein stadtbekannter Unternehmer beschäftigte in seiner Hemdenfabrikation über 20 minderjährige Arbeiterinnen im Alter von 12 und 13 Jahren für einen Sklavenlohn von umgerechnet 7,25 € am Tag. Zwölf Stunden täglich mussten die schulpflichtigen Kinder wie am Fließband Designerhemden konfektionieren. Mitschuldig an der illegalen Kinderarbeit waren die skrupellosen Eltern der Mädchen.

Schicksal einer Trattoria: Jahrelang war die volkstümliche *Trattoria Da Michele* in der Via Dante Alighieri ein zuverlässiger Tipp; in den bisherigen Auflagen dieses Reiseführers wurde sie den Lesern wärmstens empfohlen. Kaum zu glauben, aber hier schien die Zeit seit der Gründung im Jahr 1949 stehen geblieben zu sein. Nach dem Tod des Vaters führte die sympathische Giovanna Fusco die Nachbarschafts-Trattoria allein weiter – und das mit Leidenschaft.

Die Trauer war groß, als 2005 ein Brand alles zunichte gemacht hatte. Seitdem stehen die Räume leer – nur das alte Straßenschild kündet noch von vergangenen Zeiten.

Entstanden ist dabei ein von Licht durchfluteter Barockbau. Wie bei den meisten Kirchen der Provinz ist auch das Kuppeldach mit farbigen Kacheln verziert. Im Inneren wird eine byzantinische Ikone der Mutter Gottes verehrt.

• *Anfahrt & Verbindungen* **Auto**, der Ort liegt an der Schnellstraße Brindisi – Tarent.

Bahn, Etappenbahnhof der *Ferrovie del Sud-Est* an der Strecke Martina Franca – Lecce. *FS-Bahnhof* an der Hauptstrecke Brindisi – Tarent.

• *Übernachten/Essen & Trinken* *** **Albergo Centrale**, einziges Hotel im Ort, unlängst renoviert. Ein gut geführtes Haus, das weniger von Touristen, dafür vorwiegend von Geschäftsleuten frequentiert wird. DZ 62–73 €, EZ 42 €. Via San Francesco d'Assisi 94, ✆ 0831-841819, ℻ 0831-810385.

Al Piccolo Mondo, Ristorante und Pizzeria neben dem Albergo Centrale. Ein freundlicher Familienbetrieb mit gemütlich eingerichtetem Speiseraum, in dem solide regionale, nationale und internationale Küche serviert wird. Der Schwerpunkt liegt auf Fischgerichten, abends auch Pizza, gutes Verhältnis von Preis und Qualität, Menü 20 €. Via San Francesco d'Assisi 96, ✆ 0831-853618, Mo Ruhetag.

Lord Connely, weil der Geschäftsführer, ein Spaßvogel, von mittelmäßiger Küche genug hatte, gründete er ganz inoffiziell die *Repubblica dei Buongustai* – und kann sich nun am eigenen Feinschmecker-Anspruch messen lassen. Die auf Fisch und Fleisch spezialisierte Küche ist dennoch bodenständig geblieben, auch Pizza. Corso Garibaldi 48/50 (im Herzen der Altstadt), ✆ 0831-091099.

Provinz Brindisi Karte S. 240

Obstverkauf direkt von der Ladefläche

Umgebung

Specchia Miano di Castelluccio: Eine frühgeschichtliche Kuriosität im Verfallszustand, der Steinhügel aus der Zeit der messapischen Besiedlung steht ungeschützt auf einer Olivenplantage. Es handelt sich um den größten aller Specchie, die die Altertumswissenschaft als Beobachtungshügel identifiziert hat, da weder Hinweise auf eine Grabanlage noch Andeutungen einer heiligen Stätte entdeckt wurden.

Anfahrt Landstraße von Francavilla Fontana in Richtung Ceglie Messapica; nach ca. 4 km an der kleinen Kirche rechts abbiegen, dann noch ca. 3 km; hinter dem Bahnübergang auf der Asphaltstraße weiter bis zum Hinweisschild „Specchia".

Oria

ca. 15.000 Einwohner

Sie ist die alte Königsstadt der Messapier, aus deren Nekropole zahlreiche interessante Zeugnisse für das Leben und Sterben der Urapulier zutage gefördert worden sind. Unermüdlich wird in Oria weiter gegraben und restauriert – überhaupt befindet sich die sympathische Stadt im Aufwind.

Für den mittelalterlichen Stadtkern und seine Baudenkmäler sollte man schon ein bisschen Zeit mitbringen. Achten Sie beim Rundgang v. a. auf die zahlreichen Wandnischen mit den Heiligenbildern, von denen es in der Altstadt insgesamt über 100 gibt. Sehenswert, abgesehen vom Castello, an dem so gut wie alle Herrscherdynastien herumgebastelt haben, sind die barocke *Chiesa Matrice* und das Stadttor *Porta degli Ebrei* mit dem anschließenden jüdischen Viertel *Giudecca*. Nicht zu vergessen die belebte *Piazza Manfredi* mit verwitterten Prachtfassaden aus dem 18. Jh., traditioneller Ausgangspunkt jeder Stadterkundung.

• *Information* Touristische Auskünfte gibt die **Agenzia Il Sedile** an der Porta Manfredi. Nützliche Stadtpläne sind hier erhältlich. Piazza Manfredi 4, ✆ 0831-845204, www.comune.oria.br.it.

Den Zugang zu den Denkmälern organisiert die private **Cooperativa Nuova Hyria** (s. u.), ✆ 335-7261616, www.carpediemoria.it.

• *Anfahrt & Verbindungen* **Auto**, Oria liegt an der Schnellstraße Brindisi – Tarent; von Brindisi kommend bereits in Latiano auf die Landstraße, die durch fruchtbares Ackerland des Tavoliere di Lecce führt. **Parkplätze** auf der Piazza Lorch vor der Porta Manfredi am Eingang zur Altstadt.

Bahn, Station an der Strecke Brindisi–Tarent. Der Bahnhof liegt außerhalb der Stadt; regelmäßige Busverbindung ins Zentrum.

• *Feste & Veranstaltungen* **Corteo Storico di Federico II e Torneo dei Rioni**, festlicher Umzug und historisches Reiterturnier der verschiedenen Stadtteile am zweiten Wochenende im Aug. Es handelt sich um eine der bedeutendsten mittelalterlichen Gedenkfeiern in Italien mit rund 500 kostümierten Darstellern, die u. a. die Hochzeitsfeierlichkeiten Friedrichs II. mit Jolanthe von Brienne im Jahr 1225 inszenieren.

Wechselvolles Oria

„Nach der Mythe war Oria (Herodot nennt die Stadt Hyria) eine Gründung des Japyx, eines Sohnes des Dädalus, also kretischen Ursprungs; ohne Zweifel war es dies meerbeherrschende Inselvolk, welches das nahe Kalabrien mit Kolonien erfüllt hat. Die Japygen vereinigten sich mit Messapiern, die sie in jenem Lande bereits vorfanden, und Oria wurde der messapische Königssitz. Die mächtige Stadt führte Krieg mit dem benachbarten Tarent; Hannibal eroberte sie, und nach dessen Besiegung wurde sie römisch. Sie dauerte unter dem Wechsel der Zeiten fort, doch ihre alten Monumente gingen unter."

Ferdinand Gregorovius, in: *Wanderjahre in Italien*

Gastronomische Wochen (im Aug.), mit Verkostung lokaler Spezialitäten und Weine, im Infobüro genaue Termine erfragen.

• *Übernachten/Essen & Trinken* **Borgo di Oria**, Albergo diffuso mit 7 in der Altstadt verteilten DZ-Apartments, zentrale Rezeption nahe der Piazza Manfredi. Wundervoll im Landhausstil eingerichtete Zimmer, teils zweistöckig und mit Terrasse. Frühst. wird auf Wunsch in einer Bar vermittelt. DZ ca. 75 € (inkl. Frühst.). Via Roma 4, ✆ 329-7145093, www.borgodioria.it.

Casa Vacanze, schickes und geschmackvoll eingerichtetes Apartment im Centro storico von privat für 4 Pers. inkl. Bettwäsche. Preis auf Anfrage, je nach Aufenthaltsdauer. ✆ 329-2307506, oriaholidays@yahoo.it.

Ristorante Luce, Tipp! Das urigste Restaurant Apuliens – man betritt den absolut schlichten Speiseraum durch die Küche. Eigenwilliger Familienbetrieb, der von den betagten Schwestern Chichina und Titina seit Jahrzehnten energisch geführt wird. Einfache, herzhafte Hausmannskost zu kleinen Preisen: garantiert hausgemachte Pasta mit Bohnen oder Kichererbsen, Gulasch *(spezzatino)*, Rouladen *(involtini)* und Hackfleischbällchen *(polpette)* wie bei Muttern. Mittagstisch, abends nur bis 21 Uhr geöffnet. Piazza Manfredi 38, ✆ 0831-845140. Sehenswertes.

Vecchia Oria, Ristorante in der Nähe der Piazza Manfredi. Großes, gemütliches Kellergewölbe, auch einige Tische draußen, regionaltypische und nationale Gerichte, auch Pizza, Menü ca. 25 €. Via Milizia 3, ✆ 0831-845880, Mi Ruhetag.

Oria: Innenraum der Kathedrale

Alla Corte di Hyria, auf Mittelalter getrimmtes Erlebnis-Ristorante im jüdischen Viertel mit anspruchsvoller Küche und erlesenen Weinen. Toll gestaltetes Kellergewölbe, Tonkrüge auf den Tischen und Hellebarden an den Wänden sorgen für den kulinarischen Spaß für die ganze Familie, Menü ca. 25 €. Via Milizia 146, ✆ 329-6624507, www.allacortedihyria.com, Mi Ruhetag.

Provinz Brindisi Karte S. 240

Sehenswertes

Piazza Manfredi: Auf den unteren Platz der Altstadt mit seinen gemütlichen Bars und Kaffeehäusern gelangt man von Süden und von der Ringstraße durch das gut erhaltene Stadttor *Porta Manfredi*. Auffällig ist v. a. das ehemalige Gerichtsgebäude an der Stirnseite des Platzes, in dem heute die Polizia Urbana residiert.

Jüdisches Viertel: Ein weiteres Stadttor, die *Porta degli Ebrei* (Jüdisches Tor), markiert das westliche Altstadt-Entree. Dahinter breitet sich das seinerzeit jüdische Viertel aus. Bereits nach dem Zusammenbruch des Römischen Reichs ließen sich in Oria zahlreiche jüdische Gelehrte nieder, und im Mittelalter, insbesondere unter den Staufern, entstand hier eine bedeutende jüdische Kolonie. Im Giudecca-Viertel erinnern zwar nur noch wenige Spuren und Symbole an die jüdische Vergangenheit, aber ein intaktes, heimeliges Wohnviertel ist es bis heute geblieben.

Palazzo Martini: Von der Piazza Manfredi führt eine steile Gasse zum verwitterten Altstadtpalast, in dem die Kostüme für den feierlichen Corteo storico (→ „Feste & Veranstaltungen", S. 262) aufbewahrt werden. Im Obergeschoss befindet sich das *Centro di Documentazione Messapica.* Neben einer ausführlichen Präsentation der messapischen Siedlungsperiode sind Grabungsfunde aus den Nekropolen der alten Königsstadt zu sehen.

Öffnungszeiten Tägl. 8.30–13.30 Uhr. Eintritt frei.

Chiesa Matrice: Die spätbarocke Kathedrale aus dem 18. Jh. besticht durch ihre bunt geflieste Zentralkuppel, die prächtige Fassade und die prunkvolle Ausstattung. Der romanische Vorgängerbau wurde 1743 bei einem Erdbeben zerstört. Um den Neubau zu finanzieren, verscherbelte der Bischof zwei romanische Säulen aus Marmor an die Bourbonen – sie sind noch heute im Königsschloss von Caserta bei Neapel zu sehen. In der Kellergruft lagern 15 aufrecht stehende Mumien – ein wirklich makabrer Anblick, der mittlerweile nur noch auf Anfrage gewährt wird.

Öffnungszeiten Tägl. 8.30–12 und 17–19 Uhr.

Neben der Kirche befindet sich das **Bischofspalais** *(Palazzo Vescovile)* mit dem palmenbestandenen Innenhof. Hier befand sich einmal ein kleines archäologisches Museum, heute sind im Hof nur noch Reste antiker und mittelalterlicher Fundstücke zu sehen.

Castello Svevo: Die steil ansteigende Via Castello führt vom Kirchenplatz hinauf zur Burg, die sich heute im Besitz der Familie der Conti Martini-Carissimo befindet. Kern der Befestigungsanlage ist ein überdimensional großer, viereckiger Bergfried aus dem 13. Jh., der staufischen Ursprungs sein könnte. Veränderungen in der Renaissance fügten der Ringmauer u. a. die Schießscharten hinzu. Der Legende nach spukt in den Mauern des Schlosses ein Gespenst: Eine schöne Edelfrau soll hier Selbstmord begangen haben, um der Entführung durch einen allzu stürmischen Brautwerber zu entgehen. Das umgebaute Burgmuseum besitzt eine umfangreiche Sammlung mittelalterlicher Waffen, darunter auch seltene Hellebarden. Höhepunkt der Besichtigung ist sicherlich die Krypta *Santissimi Crisante e Daria,* eine Grottenkirche aus byzantinischer Zeit.

Öffnungszeiten Besichtigung nur im Rahmen einer Führung, 9.30–12.30 und 16–19 Uhr, letzter Einlass um 11 bzw. 17.30 Uhr. Eintritt 5 €.

Verschlossene Türen? Zumindest zu den üblichen Öffnungszeiten sollte dies in Oria der Vergangenheit angehören, seitdem sich die Cooperativa Nuova Hyria um eine bessere Zugänglichkeit der Sehenswürdigkeiten bemüht. Via Latiano 64, ✆ 0831-840009 oder 335-7261616, www.carpediemoria.it.

Unterhalb der Festungsmauern befindet sich der erholsame *Parco Montalbano.* Dieser kleine Altstadtpark, der bereits 1726 angelegt wurde, ist eigentlich nicht mehr, aber auch nicht weniger als eine luftige Arkadenterrasse mit Brunnen, Grotten und viel Grün – ideal zum Ausruhen.

Santuario di San Cosimo alla Macchia: Die Wallfahrtskirche befindet sich etwa 5 km außerhalb, Richtung Erchie. Sie beherbergt die Reliquien der hl. Märtyrer Kosmas und Damian und ist ein beliebtes Pilgerziel. Das angeschlossene Volkskundemuseum ist das größte seiner Art in Apulien.

Öffnungszeiten Museum So 9–12 und 17–19.30 Uhr. Eintritt 1 €.

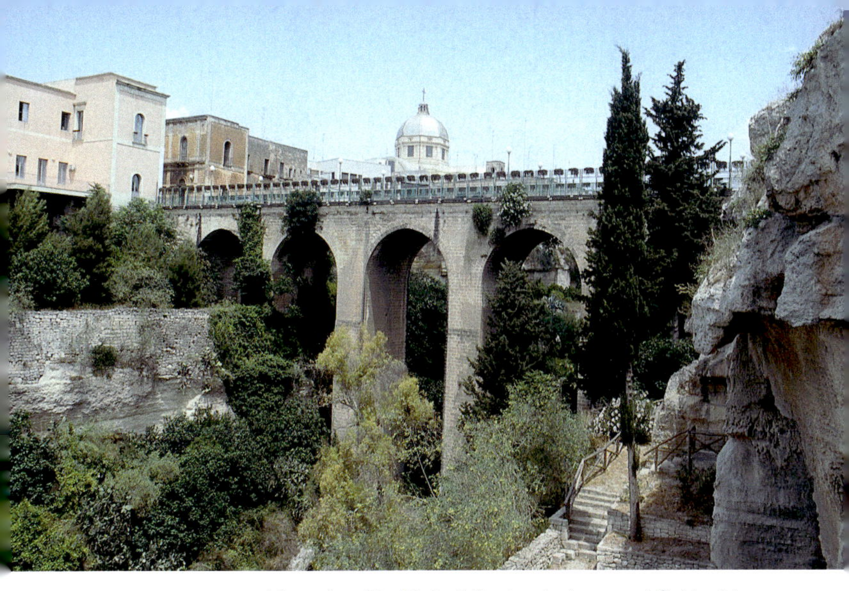

Massafra: Die Altstadt liegt zwischen zwei Schluchten

Provinz Tarent (Taranto)

Der Golf von Tarent wurde im Zuge der großen griechischen Expansion gegen Ende des 8. Jh. v. Chr. hellenisiert. Das schillerndste Zentrum griechischer Kultur auf italischem Boden war das sagenumwobene Tarent – eine Metropole der Magna Graecia.

Tarent, die nach Brindisi zweitkleinste Provinz Apuliens (ca. 2500 km²), ist landschaftlich sehr abwechslungsreich. Das ansteigende Hinterland im nordwestlichen Teil der Region gehört geologisch zum apulischen Kernland, der Murgia (→ S. 200 f.). Noch stärker als in der Nachbarprovinz haben sich hier als Folge eiszeitlicher Erosion tiefe Schluchten gebildet. An den Rändern dieser canyonartigen Gravine entstanden die für dieses Gebiet so charakteristischen Schluchtenstädte. Zu den eindrucksvollsten Beispielen zählen Massafra oder Gravina in Puglia (Provinz Bari).

Eine Begegnung völlig anderer Art garantiert die außergewöhnliche Barockstadt Martina Franca. Die bürgerlich-vornehme Landmetropole am Rand des idyllischen *Valle d'Itria* (→ S. 229) strotzt vor Selbstbewusstsein und zählt auch aufgrund ihrer Nähe zu Alberobello (→ S. 231) zu den beliebtesten Reisezielen der Provinz. Liebhaber mediterraner Keramikkunst hingegen werden in Grottaglie fündig: Die Stadt unweit der Provinzmetropole ist das wichtigste Zentrum der Keramikproduktion Apuliens. Im Künstlerviertel vor den Toren der Altstadt buhlen Läden und Werkstätten um die interessierte Kundschaft, ein Museum informiert über Geschichte und Herstellungsverfahren.

So abwechslungsreich und beeindruckend die Städte und das Hinterland der Provinz auch sind, so enttäuschend präsentiert sich die Küste. Östlich der Provinzhauptstadt ist der Golf von Tarent planlos zersiedelt, südwestlich erstrecken sich kilometerlange monotone Sandstrände mit gesichtslosen Ferienorten. Tarent

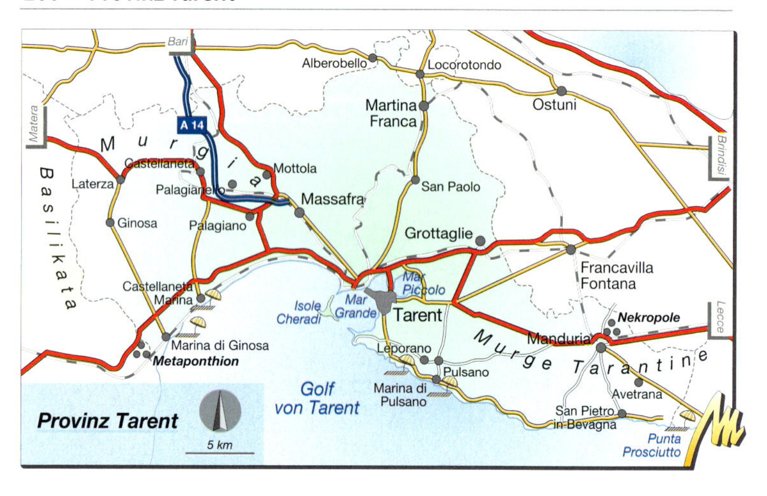

selbst erinnert zwar nicht mehr an den Glanz vergangener Tage, ist aber dennoch einen einen Besuch wert. Zu den Höhepunkten eines Aufenthalts gehören das *Museo Nazionale Archeologico,* das einzigartige Schätze aus der Antike beherbergt, sowie das muschelreiche Binnenmeer *Mar Piccolo.* Ein Abstecher führt zu den antiken Ruinen von *Metaponto* an der ionischen Küste, das wie Matera bereits in der Basilikata liegt (beide Orte sind im Michael-Müller-Reiseführer „Kalabrien & Basilikata“ ausführlich beschrieben).

Essen und Trinken in der Provinz Tarent

Pesce: Im Mar Piccolo von Tarent wird eine intensive Miesmuschel- und Austernzucht betrieben. *Ostriche alla Tarantina* heißen die schmackhaften Binnenmeeraustern mit Petersilie, paniert und in Öl gebraten. Die durchweg großen Miesmuscheln *(cozze arraganate)* werden zumeist überbacken, und zwar mit Oregano, Knoblauch und Petersilie; nach halber Garzeit begießt man sie mit Weißwein – einfach mal dieses köstliche Gericht bestellen! *Tiella* hingegen wird schon seltener angeboten: ein Auflauf aus Gemüse, Kartoffeln, Reis und Meeresfrüchten, der stark an die spanische Paella erinnert.

Spezialitäten: Eine eher ländliche Primo-Spezialität nennt sich *Scattiata*; wer Paprikagemüse mag, sollte sich diesen Leckerbissen nicht entgehen lassen. Die sehenswerte Stadt Martina Franca ist auch ein kulinarisches Zentrum: Hier gibt es besonders guten *Pecorino* und einen sehr scharfen Ricotta namens *Cacioricotta* („starker Quark“). Wenn dieser ins Bohnenpüree gegeben wird, heißt die Kreation *Ncapriata.* Dazu gehören Martineser Fleischspieße. Würste, besonders die *Soppressata,* zählen ebenfalls zu den lokalen Spezialitäten. Obwohl von Pythagoras verschmäht, gilt *Fagiolo biancho,* die weiße Bohne, als „Königin der Hülsenfrüchte“. Die bäuerliche Devise lautet hier: „Abends gekocht und morgens aufgewärmt!“

Vino: Die besten Anbaugebiete liegen in den *Murge Tarantine,* bekannteste Weinbauzentren sind Manduria und Lizzano.

Hotel und Übernachtung: Die Provinzhauptstadt Tarent besitzt zwar Hotels aller Kategorien, ohne Reservierung hören Reisende jedoch hin und wieder ein „tutto completo“. Privatquartiere (B&Bs oder Agriturismi) verbessern zwar auch hier mittlerweile die ursprünglich recht unausgewogene Hotelsituation, sind aber längst nicht so verbreitet wie in den Nachbarprovinzen. Einzig Martina Franca verfügt über ein breites und ausreichendes Hotelangebot. Zum Camping geeignet ist die ionische Badeküste.

Tarent (Taranto)

ca. 245.000 Einwohner

Sie ist 1000 Jahre älter als Rom und die eigentliche Attraktion unter den Großstädten Apuliens. Die göttliche Lage zwischen dem Binnenmeer Mar Piccolo und der Ionischen Bucht erkannte als Erster der legendäre Gründer Taras, Poseidons Sohn. Jener würde sich allerdings im Grab umdrehen, könnte er das gigantische Industriegebiet vor den Toren der Stadt sehen.

Das griechisch-spartanische *Taras* – damals bevölkerungsreicher als heute – war im 4. Jh. v. Chr. eine so blühende Gewerbe-, Handels- und Kulturstadt, dass begeisterungsfähige Historiker sich zu Bezeichnungen wie „Paris der Antike“ hinreißen ließen. Mit den beiden vorgelagerten Inseln *San Pietro* und *San Paolo* bot die Lagune des *Mar Grande* den Bewohnern der Stadt einen fast perfekten Schutz. Dennoch konnten die Bürger nicht verhindern, dass die gemeinsam mit Syrakus mächtigste Stadt der Magna Graecia später ans Römische Reich fiel. Noch im Mittelalter war Tarent die bedeutendste Griechenstadt in Apulien. All das, was aus der Frühgeschichte und der Antike ausgegraben wurde, kann im *Museo Nazionale Archeologico,* einem der besten archäologischen Museen Unteritaliens, bewundert werden – ein unbedingtes Muss für Kultururlauber!

Das Tarent des 21. Jh. gliedert sich grob in die drei Sektoren Bahnhofsviertel, Altstadtinsel und Neustadt, die alle an der Verbindung zwischen dem *Mar Piccolo* und dem *Mar Grande* liegen. Das Bahnhofsviertel erstreckt sich nordwestlich und ist touristisch eigentlich nur noch wegen des Bahnhofs selbst von Interesse – abgesehen natürlich davon, dass genau in diesem Stadtgebiet das Zentrum der messapischen Urbesiedlung lag. Daran schließt die Altstadt an, die seit dem Bau des *Canale Navigabile* im 15. Jh. abgetrennt auf einer lang gestreckten Insel liegt. Die Verbindung zum Bahnhofsviertel bildet eine feste Brücke *(Ponte Beate Egidio),* während man über die Drehbrücke *(Ponte Girevole)* von 1887 in die östlich gelegene Neustadt gelangt.

Die **Altstadtinsel** befindet sich in einem eklatanten Zustand der Vernachlässigung, der Grad der Baufälligkeit ist mehr als deutlich. Das Elendsviertel ist eine Realität des Mezzogiorno, wo sich z. T. Szenen der Armut abspielen, die man ansonsten nur aus Dritte-Welt-Ländern kennt. Lediglich 20 % der Häuser sind bewohnt! Aber auch hier beginnt sich die Situation, über kurz oder lang zu ändern. Schon etablieren sich an den Rändern die ersten Hotels, Bars und Restaurants, und es ist nur allzu wahrscheinlich, dass in den nächsten Jahren der Baukran zum unvermeidlichen Requisit eines jeden Urlaubsfotos gehören wird.

Mitten in der Altstadt stehen die *Cattedrale San Cataldo* und die *Chiesa San Domenico Maggiore,* die beide zu den Höhepunkten einer Besichtigung gehören. An der oberen Seite zum Mar Piccolo rückt das unablässige Treiben des Fischmarkts den Verfall der Altstadt etwas in den Hintergrund. Tag und Nacht werden hier Muscheln

Karte S. 266

und Frischfisch verladen – Kleintransporter aus allen Teilen der Provinz und von weiter her stehen rund um die Uhr Schlange. Einen nahezu malerischen Anblick bietet die endlos lange Reihe der bunten Fischerboote, die abends dicht an dicht auf dem Altstadtstrand liegen. In Ufernähe erkennt man die zahlreichen *Sciaje* (Muschelgehege), in denen die schmackhaften Ostriche (Austern) und Cozze nere (Miesmuscheln) gezüchtet werden. Früher – zur Zeit Großgriechenlands – vermehrten sich im Binnenmeer von Tarent die begehrten Purpurschnecken, aus denen der teuerste natürliche Farbstoff der Welt, der Purpur, gewonnen wurde (→ „Kostbares Rot“, S. 269). Am unteren, südöstlichen Ende der Altstadt stehen einige Säulenfragmente des Neptuntempels hinter Gitterstäben – einziger, kümmerlicher Rest der Antike! Imposant wirkt dagegen das 100 m entfernte *Castello Aragonese* aus dem 15. Jh., in dem gegenwärtig die Marineverwaltung residiert. Ein Teil dieser Hafenfestung steht für Ausstellungen zur Verfügung. Daneben befindet sich die Drehbrücke, die über den Canale Navigabile in die Neustadt führt.

Die **Neustadt** ist heute das eigentliche Zentrum von Tarent. Ein Bummel über die verkehrsberuhigte Flaniermeile *Via d'Aquino* bzw. *Via di Palma* mit den zahlreichen Markenboutiquen und Spezialitätengeschäften verdeutlicht den krassen Gegensatz zum vernachlässigten Altstadtquartier. Die Entstehung des Viertels als großzügiges Schachbrettmuster begann im 19. Jh. Mit seinen herrschaftlichen Wohnhäusern der Jahrhundertwende und den faschistischen Monumentalbauten ist es äußerst sehenswert; hinsichtlich Wohnkultur und Atmosphäre kann man es mit dem Murat-Viertel in Bari vergleichen. Die touristische Hauptattraktion bildet jedoch das *Museo Nazionale Archeologico* mit seiner außergewöhnlich schönen und umfangreichen archäologischen Sammlung, die nur noch vom gleichnamigen Museum in Neapel übertroffen wird. Am östlichen Neustadtrand steht ein spektakulärer Kirchenbau der Neuzeit, die *Concattedrale.*

Geschichte

Als mythischer Begründer Tarents gilt Taras, der Sohn des griechischen Meergottes Poseidon und einer Nymphe. Während Taras zu Ehren des Vaters ein Opferritual zelebrierte, sei ein Delfin aus dem Wasser gesprungen, was dieser als Zeichen sah – so erzählt es der Mythos. Bis heute ziert der Delfin das Wappen der Stadt. Eine weitere Legende bezieht sich auf die quellenkundlich bereits belegte Gründung Tarents im späten 8. Jh. v. Chr. Demzufolge musste der Spartaner Phalantus, nachdem ein von ihm geführter Sklavenaufstand in Sparta gescheitert war, die Stadt per Schiff verlassen. An der Ionischen Küste glaubte er endlich, seine neue Heimat gefunden zu haben, da sich ihm hier eine Weissagung der Pythia zu bewahrheiten schien. Die von den Kolonisatoren daraufhin ins Leben gerufene Siedlung Saturo war die legendäre Vorgängerin Tarents und ist noch heute ein Badeort wenige Kilometer vor der Stadt. Eine große Keramiktafel an der Altstadtpromenade, ein Werk der Künstlerin Silvana Galeone, bildet das Ereignis der Gründung ab.

Bereits mit der Ankunft der Spartaner begann die glorreiche Phase Tarents, und die Bewunderung für den hochkultivierten Stadtstaat war auch im 19. Jh. noch nicht verstummt. So schwärmte Ferdinand Gregorovius seinerzeit: „Die Stadt schmückte sich mit schönen Tempeln, Thermen, Gymnasien und Museen, und mit den edelsten Werken hellenischer Kunst. Ihr Reichtum gab dem von Syrakus nichts nach. Ihr Handel an allen Küsten des Mittelmeeres, ihre Fabriken, namentlich die Purpurfärbereien, der Fischfang in dem von Muscheln wimmelnden Golf und die

Neustadt: Promenade über dem Ionischen Meer

Fülle der Landesprodukte auf den von der Natur überschwänglich gesegneten Fluren erzeugten einen solchen Lebensüberfluss, dass die Üppigkeit der Tarentiner sprichwörtlich wurde, wie die der Sybariten."

Langsam begann die Dekadenz der antiken Überflussgesellschaft das Staatswesen zu zernagen. Die Beute riechenden **Römer** konnte selbst der zu Hilfe gerufene Griechenkönig Pyrrhus nicht aufhalten: 272 v. Chr. fiel das prächtige Tarent an die Römische Republik. Als Hannibal im Zweiten Punischen Krieg den Legionen des Senats das Fürchten lehrte, witterten die Tarentiner noch einmal Morgenluft in Sachen Selbstständigkeit. Sie ließen die Karthager in die Stadt, doch sollte es diesen nicht gelingen, die römische Garnison von der Akropolis zu vertreiben. Schließlich beendete Fabius Maximus die zweijährige Belagerung von *Tarentum* und ließ im Jahr 209 v. Chr. die Stadt durch seine Truppen plündern. Rund 30.000 Tarentiner sollen damals in die Sklaverei verschleppt worden sein. Erst 123 v. Chr. wurde der Stadt der Status einer römischen Kolonie zugestanden: *Colonia Neptunia*.

Kostbares Rot

Der Reichtum des antiken Tarent war auch dem natürlichen Reichtum an Purpurschnecken im Mar Piccolo zu verdanken. Noch heute bedeckt der Staub der stachligen Schneckengehäuse die Uferzone des kleinen Binnenmeers. Die Purpurfärbereien des alten Tarent waren in der antiken Welt berühmt und liefen auf Hochtouren. Mit in Purpurbäder getauchter feiner Schafwolle und gefärbten Stoffen versorgten die Tarentiner Kaufleute einst Rom und große Teile Griechenlands. Doch die Bereitung des kostbaren Farbstoffs war mühsam, denn für 1,2 Gramm reinen Purpurs benötigte man sage und schreibe etwa 10.000 Schnecken. Das zunächst farblose Schneckensekret verfärbt sich übrigens erst im Sonnenlicht leuchtend rot bis blauviolett.

Nach dem **Untergang des Weströmischen Reichs** teilte Tarent das Schicksal aller ehemaligen adriatischen Kolonien Roms – es wurde zum Zankapfel „barbarischer“ Goten und Langobarden, heidnischer Sarazenen und byzantinischer Eroberer. Immer war der Besitz von Tarent durch dessen Lage und Eignung als Kriegshafen besonders begehrt. Dabei ist den Herren aus Konstantinopel noch das größte Verdienst um die Metropole zuzusprechen, da sie diese im 10. Jh. im Prinzip wieder neu errichteten. Beim Wiederaufbau verschwanden schließlich die letzten architektonischen Reste der großen antiken Vergangenheit. 1063 eroberten die Normannen die Stadt und Tarent wurde später, wie ganz Unteritalien und Sizilien, Teil des normannischen Königreichs Neapel, das 1194 als Erbe in den Schoß der Staufer fiel. Anschließend tauchten die bekannten Dynastien der Neuzeit auf: Anjous, Aragonier, die spanischen Habsburger und Bourbonen. 1801 eroberten napoleonische Truppen das widerstandslose Tarent, das von 1806 bis 1815 die wichtigste „französische“ Hafenstadt des Kaisers im Kampf gegen England und Russland war. Marinehafen war die Stadt auch im vereinigten italienischen Königreich, Tarent wurde damals zu einem der größten Stützpunkte der Kriegsflotte ausgebaut. Am 11. November 1940 hagelte es britische Fliegerbomben, die einen Großteil der Schlachtschiffe und der Hafenanlagen zerstörten.

Aus dem Zweiten Weltkrieg erwachte Tarent als Provinzhauptstadt und sah sich mit den typischen Problemen des Mezzogiorno konfrontiert: Arbeitslosigkeit, soziale Not, baulicher Verfall, *Malavita* (Unterwelt) und Korruption. Eine nicht unumstrittene Großtat der verantwortlichen Politik war in den 60er Jahren die Ansiedlung der **Schwerindustrie.** Die Arbeitslosigkeit in der Provinz sollte eine Industrielandschaft unvorstellbaren Ausmaßes – darunter das größte Stahlzentrum Italiens – reduzieren. Spekuliert wurde dabei auch auf eine wirtschaftliche Sogwirkung. Das Konzept funktionierte mehr recht als schlecht, bis in den frühen 80er Jahren die weltweite Stahlkrise dazwischenschlug und sämtliche Träume vom Wirtschaftswunder im Süden zerplatzen ließ. Das gigantische Hafen- und Industriegebiet (heute neben Stahl auch Zement und Raffinerien) nördlich der Stadt macht einen wahrhaft gespenstischen Eindruck – ganz zu schweigen von den ökologischen Auswirkungen.

Information/Anfahrt & Verbindungen/Adressen

• *Information* **Info-Pavillon (EPT)**, nützliche Anlaufstelle mit Stadtplänen und Infomaterial zur gesamten Provinz. Piazza Garibaldi (Nähe Museo Nazionale), werktags 9–12 und 15–18.30 Uhr, Sa/So nur vormittags, www.tarantoturismo.it bzw. www.comune.taranto.it.

• *Auto* Tagesbesucher mit Pkw sollten ins Bahnhofsviertel fahren. Günstig gelegene Parkplätze am Bootsableger in der Nähe zur Altstadtbrücke (Vico del Ponte).

• *Bus & Bahn* Der Bahnhof liegt im Nordwesten der Stadt. Zu Fuß über den Viale Duca d'Aosta auf die Altstadtinsel und von dort über die Drehbrücke in die Neustadt, oder einen AMAT-Stadtbus in die Neustadt nehmen. ✆ 099-7795527, www.amat.taranto.it.

• *Taxi* Taxistand am Bahnhof (Piazza della Libertà), ✆ 099-4795415, www.taxi099.it.

• *Mietfahrzeuge* Mietwagen (Pkw) z. B. bei **Europcar**, zentral in der Neustadt, Piazza Garibaldi. Mo–Fr 9–13 und 15.30–19 Uhr sowie Samstagvormittag geöffnet. Corso Umberto I 37, ✆ 099-4526411, www.europcar.it.

• *Internet* Mehrere Internetcafés in der Neustadt, die meisten rund um die Via Cavallotti, z. B. *Netphone* (Via Mazzini 117) oder *Mania virtuale*, Via Cavallotti 58b, ✆ 349-2418524 (auch Telefon- und Fax-Service).

Karte S. 266

Übernachten

**** **Akropolis (6)**, Tipp für High-Budget-Reisende! Jüngst restaurierter Altstadtpalazzo, die Grundmauern stammen aus dem 8. Jh. 14 Zimmer, z. T. mit Original-Fliesenboden, stilvoll und edel möbliert. Restaurant und Weinbar (Mo Ruhetag), von der oberen Terrasse genießt man den Blick über Tarent. Ganzjährig geöffnet, Garage vorhanden. DZ 140–170 €, EZ 100–120 €, inkl. Frühst. Vico Seminario 3 (Nähe Dom), ✆/℻ 099-4704110, www.hotelakropolis.it.

**** **Europa (8)**, schöne Lage mit Blick auf Altstadt, Mar Piccolo und den Canale Navigabile. Ehemaliges Grandhotel, modernisiert und umgestaltet, man wohnt in großen, komfortabel ausgestatteten Apartments, z. T. auf zwei Ebenen. Standard-DZ 135–160 €, EZ 90–105 €. Via Roma 2, ✆/℻ 099-4525994, www.hoteleuropaonline.it.

*** **Plaza (13)**, Hotelhochhaus aus den 60ern, in der vorderen Neustadt, zentral, Nähe Museo Nazionale, gut geführt. DZ 85 €, EZ 75 €. Via d'Aquino 46, ✆ 099-4590775, ℻ 099-4590675, www.hotelplazataranto.com.

** **Albergo Pisani (14)**, zentral, vordere Neustadt, im Innenhof eines älteren Stadtpalazzo gelegen, schlichte Zimmer. Oft voll, rechtzeitig reservieren. Kein Frühst. DZ 50 €, EZ 30 €. Via Cavour 43, ✆ 099-4534087, ℻ 099-4525441.

B&B Isola Blu (15), drei Zimmer in einem Wohnhaus mitten in der Neustadt, gute Lage, geschmackvoll eingerichtet. Frühst. entweder im Zimmer oder in einer Bar. EZ 40 €, DZ 80 €. Via Duca di Genova 24, ✆ 329-3110999 oder 329-1044533, www.tarantoisolablu.it.

• *Jugendherberge* **Ostello della Gioventù La Locanda (4)**, Tipp für Low-Budget-Reisende! 2008 neu eröffnete, sehr familiäre Herberge am Rand der Altstadt, in einem charmanten Hinterhof gelegen. Im Erdgeschoss befindet sich ein empfehlenswertes landestypisches Restaurant (Menü ab 12 €). Internet vorhanden. 20 €/Person im Mehrbettzimmer, 30 € im EZ. Vico Civitanova (Nähe Chiesa di San Domenico, ausgeschildert), ✆ 099-4760033, ℻ 099-4761327, www.ostellolalocanda.it.

Essen & Trinken/Nachtleben (siehe Karte S. 271)

• *In der Neustadt* **Basile Luzzi (11)**, Ristorante und Pizzeria, angenehme Atmosphäre, solide Cucina di Mare e di Terra, große Pizza-Auswahl. Ausgewogenes Verhältnis von Preis und Qualität, Menü um die 20 €. Via Pitagora 76 (gegenüber dem Stadtpark), ✆ 099-4526240, Sa geschlossen.

Marco Aurelio (10), Ristorante und Pizzeria, elegantes Ambiente, klimatisierter Speisesaal, vorwiegend junges Publikum, Menü ab 20 €. Via Cavour 17 (gegenüber dem Eingang des Museo Nazionale), ✆ 099-4527893, Di Ruhetag.

Al Gatto Rosso (9), Tipp! Freundliches, alteingesessenes (seit 1952) und volkstümliches Ecklokal in der oberen Neustadt, stimmungsvoll und immer voll. Hauptsächlich Fisch-, aber auch einige Fleischgerichte, z. B. leckere Pappardelle agli Scampi, Cassuola (Fischsuppe) oder Involtini di Carne (Rouladen), Menü 15–20 €, früh kommen oder reservieren. Via Cavour 2, ✆ 099-4529875. Mo Ruhetag, 1. Septemberhälfte Ferien.

• *In der Altstadt* **Al Canale (7)**, Fisch-Feinschmeckerlokal, direkt am Canale Navigabile. Kellner, die ihr Handwerk beherrschen, Menü um die 30 €. Discesa Vasto, ✆ 099-4764201, Di Ruhetag.

Ponte Vecchio (2), alter Hafenpalazzo an der Brücke zum Bahnhofsviertel. Innen modernisiert und klimatisiert, schickes Ambiente, geschützte Speiseterrasse am Wasser. Beste tarantinische Meeresküche, Menü 30–35 €. Piazza Fontana 61, ✆ 099-4706374.

Trattoria del Pescatore (3), das beste der neu eröffneten Fischrestaurants im hinteren Teil der Altstadt. Frischer Fisch und exzellente Meeresfrüchte, überdachte Holzveranda auf der Piazza Fontana. ✆ 099-4707121, So geschlossen.

La Sirenetta (5), ehemalige Trattoria in der vorderen Altstadt, vergrößert und zum Ristorante umgebaut, Tische im Freien unter Plastikgewölbe. Passt seitdem äußerlich nicht mehr zur Umgebung, dennoch werden gute und frische Fischgerichte zu akzeptablen Preisen serviert. Via Madonna della Pace 5, ✆ 099-4600315.

• *Im Bahnhofsviertel* **Al Gambero (1)**, neu eröffneter Gourmettempel in einem modernen Haus direkt am Mar Piccolo. Schickes Ambiente und toller Altstadtblick von der großen Terrasse. Experimentelle Cucina marinara, auch vegetarische Gerichte, Menü um 35 €. Vico del Ponte 2, ✆ 099-4608324, www.algambero.it.

• *Café/Nachtleben* In der Fußgängerzone der Neustadt (Via di Palma/Via d'Aquino) finden sich die Einheimischen allabendlich zur *Passeggiata* ein, dem großen Auf und Ab. Fliegende Händler bieten hier ihre

Straßencafé in der Fußgängerzone

Ware feil, links und rechts der Flaniermeile Via di Palma befinden sich auch einige vielversprechende **Straßencafés**.

Sehr gemütlich sitzt man direkt am Mar Grande zwischen Altstadt und Kastell im **Caffè Jazz Island (12)**, das zu einem alteingesessenen *Palio Club* gehört (s. u.). Tagsüber ab 11 Uhr (außer Mo), abends viele Veranstaltungen. Zugang vom Kastelleingang, ✆ 099-4608299, nur im Sommer geöffnet.

Feste & Veranstaltungen

Pellegrinaggio dei Perdoni, nächtliche Gründonnerstagsprozession. Barfuß und in weiße Kapuzenmäntel gehüllt ziehen die Perdoni als Büßer ab Mitternacht von Kirche zu Kirche. Die beiden wichtigsten Bruderschaften der Stadt ringen zuvor in einer Art Wettbewerb um die Gunst, die Statue der Schmerzensmutter (Maria Addolorata) tragen zu dürfen.

Am nächsten Tag dann die **Processione dei Misteri**, die bekannteste Karfreitagsprozession Apuliens, in historischen Gewändern Szenen der Leidensgeschichte Jesu Christi darstellend.

Il Matrimonio di Maria d'Enghien, der historische Altstadtumzug erinnert an die Hochzeit der Gräfin Maria d'Enghien mit dem Anjou-König Ladislaus von Neapel am 23. April 1407. Ort der Trauung war die Kapelle San Leonardo im Kastell. Der Umzug findet jedes Jahr am 1. Sa im Mai statt.

Festa di San Cataldo, Schutzheiligenfest mit Hafenprozession und viel Folklore, 8.–10. Mai.

Palio di Taranto, historischer Ruderwettbewerb der zehn Stadtteile, 20. Juli.

Stella Maris, „Meeresleuchten" mit viel Feuerzauber über dem Meer, am 1. Sa im Sept.

Sehenswertes

Piazza Fontana: Die modernisierte Platzanlage mit einer Brunnenschale aus der Zeit Karls V. (16. Jh.) liegt an der nördlichen Spitze der Altstadtinsel. Daneben erstreckt sich der Fischmarkt mit der alten Markthalle. Hier ein Stimmungsbild von Ferdinand Gregorovius aus dem Jahr 1874: „Dieser Platz ist der Mittelpunkt des ärmlichen Volkslebens. Die Hauptstraßen der Stadt münden hier. Weiß übertünchte Häuser mit platten Dächern und Balkonen umschließen ihn, darunter einige schmutzige, dürftige Gasthäuser, Kaffeeschänken und Läden. Landvolk tummelt sich herum, Früchte und Gemüse verkaufend, halbnackte Menschen wie die Lazzaroni Neapels."

Chiesa San Domenico Maggiore: Der vermutlich auf den Grundresten eines Stauferkastells errichtete romanische Kirchenbau in der Nähe der Piazza Fontana wurde Anfang des 14. Jh. umgebaut und erhielt eine Fensterrose sowie sein gotisches Baldachinportal, das man heute über eine barocke Freitreppe erreicht. Charakteristisch für den romanischen Stil der Fassade ist der Rundbogenfries. Im Inneren wird die berühmte Statue der *Maria Addolorata* (Schmerzensmutter) aufbewahrt, die bei der Prozession am Gründonnerstag durch die Stadt getragen wird (→ „Feste & Veranstaltungen", S. 273). Im angrenzenden Kreuzgang wurden neben Freskenfragmenten frühantike Bebauungsspuren freigelegt.

Öffnungszeiten Die Kirche war zum Zeitpunkt der letzten Recherche geschlossen, eine Wiedereröffnung nach Abschluss der Restaurierung soll 2009 erfolgen.

Cattedrale San Cataldo: Die von außen eher bescheiden wirkende Kathedrale in der Altstadtmitte (Via Duomo) entpuppt sich im Inneren als prächtiger Kirchenbau. Aus der Zeit der byzantinischen Neugründung Tarents (10. Jh.) stammt die Unterkirche, die heutige Krypta. Der normannische Baukörper wurde im 11. Jh. über die Reste des zerstörten Vorgängerbaus gestülpt. Antike Säulen mit korinthischen Kapitellen stützen die mächtigen Rundbögen; dazwischen schwebt die vergoldete Holzdecke aus dem 17. Jh., von der die beiden Holzstatuen des San Cataldo und der Jungfrau Maria herabhängen. Unter dem farbigen Breccia-Corallina-Fußboden (farbiger Kalkschotter) sind noch Reste eines älteren, mehrfarbigen Mosaiks zu erkennen. Im rechten Chorraum befindet sich die dem Schutzheiligen Cataldo geweihte Barockkapelle, ein Kuppelbau aus dem 17. Jh. mit viel buntem Marmorschmuck und einer silbernen Heiligenstatue.

Öffnungszeiten Tägl. 8.30–19.30 Uhr. Eintritt frei.

Neptuntempel: An der unteren Spitze der Altstadtinsel steht die Ruine eines dorischen Tempels. Die mächtigen Säulenfragmente vermitteln noch eine Vorstellung von den kolossalen Ausmaßen dieses Heiligtums, das aus der Zeit der Antike, dem 6. Jh. v. Chr. stammt.

Castello Aragonese: Das alte Kastell wird auch *Castel Sant'Angelo* genannt und befindet sich unübersehbar am Kanaleingang. Die ursprüngliche Anlage der Schutzfestung wurde von den Byzantinern im Jahr 967 erbaut. Der überwiegende Teil der heutigen Anlage ist jedoch ein Werk der Aragonier und wurde 1492 vollendet, wie eine Tafel an der *Porta Paterna* beweist. Die Habsburger nutzten das Kastell später als Gefängnis, seit 1887 logiert hier die Verwaltung der italienischen Marine. Im Hof steht die Renaissancekapelle *San Leonardo* – mutmaßlicher Ort der Hochzeit der Tarentiner Fürstentochter Maria d'Enghien mit König Ladislaus aus Neapel im Jahr 1407 (→ „Feste & Veranstaltungen", S. 273).

Ponte Girevole: Die fast 90 m lange Drehbrücke (Baujahr 1887) zwischen Alt- und Neustadt ist eine Eisenkonstruktion mit beeindruckender Mechanik. Geöffnet wird die viel befahrene Überführung heute v. a. für die Schiffe der Marine, die den viertgrößten Militärhafen Italiens bzw. die Reparaturwerften im Mar Piccolo anlaufen wollen.

Museo Nazionale Archeologico: Das Nationalmuseum von Tarent ist das wichtigste archäologische Museum Apuliens und – nach Neapel – das bedeutendste Unteritaliens. Die Fülle der Exponate ist überwältigend; prähistorische Funde gehören ebenso dazu wie messapische, peuketische und daunische Ausgrabungsstücke aus der gesamten Region. Die antiken Objekte umspannen Jahrhunderte der Kunstgeschichte: griechische Keramik, attische, korinthische und apulisch-egnathische Vasen, Statuen, Torsi, Sarkophage und Architekturfragmente, Stein- und Marmorreliefs sowie Mosaiken und Bronzearbeiten. Edle Schmuck- und kostbare Filigranarbeiten gibt es in Hülle und Fülle zu sehen. Unter den Exponaten befindet sich auch der berühmte Goldschatz von Tarent, es sei denn, die *Ori di Taranto* sind gerade auf Tournee. Zu diesem antiken Schmuck gehört u. a. ein Diadem, das mit Goldblüten, Edelsteinen und Emaillen besetzt ist. Immer wieder stößt man auf faszinierende Einzelstücke wie Masken, Terrakottafiguren oder antikes Kinderspielzeug aus Ton. Ein weiterer Blickfang ist die Kopfbüste einer Adeligen aus dem 3. Jh. v. Chr., die rund 30 km nordwestlich bei Grabungsarbeiten in Mottola entdeckt wurde (→ Foto S. 9).

Öffnungszeiten Tägl. 8.30–19.30 Uhr. Eintritt 5 €. Piazza Garibaldi (Zugang über die Seitenstraße Via Cavour 10), ✆ 099-4532112, www.museotaranto.it.

Römisches Mosaik im Museo Nazionale Archeologico

Villa Peripato: Die gepflegte Grünanlage bietet Erholung vom Stadtrummel. Im Park befindet sich auch das Ausgrabungsgelände einer griechisch-römischen Nekropole.

Concattedrale: Am Ostrand der Neustadt, ganz am Ende der Via Dante Alighieri, thront die bizarre Neuzeitkathedrale von 1971. Der aufsehenerregende Kirchenbau ist ein Werk des renommierten Architekten Gio Ponti und stellt, in modern-gotischem Stil, ein Segel dar.

Isole Cheradi: Von jeher schützen die beiden vorgelagerten Inseln *San Pietro* und *San Paolo* die Stadt und den Hafen von Tarent und formen dabei das Mar Grande zu einer fast kreisrunden Lagune. Kein Wunder, dass sie seit je militärisch genutzt wurden – noch im Zweiten Weltkrieg verteidigte man von hier aus die Stadt. Heute nutzen die Tarentini sonnige Wochenenden zum Badeausflug auf die nur 118 ha große Insel San Pietro, die mittlerweile z. T. zugänglich ist. Aber auch so bietet sich von den Fährschiffen der vielleicht schönste Blick auf die Altstadt von Tarent. Boote legen an den beiden Altstadtübergängen ab, vom Pico del Ponte und der Rampa da Vinci. Die Überfahrt dauert 45 Minuten, Ticketschalter befinden sich jeweils in der Nähe.

Information/Tickets Bei *Appia Viaggi*, Via Duca d'Aosta 10 oder Viale Magna Graecia 243, einfache Fahrt 6 €. ✆ 099-4792490, www.appiaviaggi.it.

Ionische Küste

Küste östlich von Tarent: Die Gegend bietet stellenweise eklatante Beispiele süditalienischer Küstenurbanisierung, sprich Zersiedlung. Auf einer Strecke von fast 50 km, von Tarent bis zur Grenze der Provinz Lecce, sind zahlreiche wild wuchernde, hässliche Feriensiedlungen in Schwarzbauweise – ein in Italien offenes Geheimnis – entstanden. Außerdem nimmt die Küstenstraße manchmal einen derart unregelmäßigen und überraschenden Verlauf, dass man sich fragt, welche Motive die Straßenbauer hier wohl verfolgten: Über lange Strecken führt die Asphaltpiste so dicht am Ufer entlang, dass der Sandstrand regelrecht geteilt wird – zur Freude der Ragazzi aus Taranto, die beim Baden nicht auf ihre Auto-Disco verzichten müssen.

Ab Tarent erstreckt sich anfangs eine flache, schroffe Felsküste mit kleinen Sandbuchten, dann folgen längere Strände. Abgesehen von einigen Hotels und Campingplätzen gibt es hier keine befriedigende touristische Infrastruktur. Zu den angenehmen Überraschungen gehört der schöne *California Beach* in Marina di Pulsano, einladender wird das Ufer des Ionischen Meers erst wieder in der Provinz Lecce (→ „Ionische Küste nördlich von Gallipoli", S. 349).

• *Camping* *** **Santomaj**, gut ausgestatteter Küstenplatz Höhe Leporano, auch Bungalowvermietung. 2 Pers., Zelt und Auto 12–27 €. Viale delle Margherite sn., ✆ 099-5332275, 📠 099-5332151, www.santomaj.com.

** **Aurora**, ordentlicher, kleiner Zeltplatz an der Küste, schattig, auch Bungalows. 2 Pers., Zelt und Auto ab 13 €. In San Pietro in Bevagna, ✆ 099-9728744, 📠 099-9728105, www.aurora-hotel.net.

Küste westlich von Tarent: Trotz der Nähe der städtischen Schwerindustrie ist dieser Küstenabschnitt zwar relativ sauber, touristisch jedoch nur punktuell entwickelt und landschaftlich nichts Überwältigendes. Das Ufer ist durchweg flach: kilometerlange monotone, bis zu 100 m breite Sandstrände, dahinter erstrecken sich Wacholderdünen und Pinienwälder. Die wenigen Badeorte liegen ein ganzes Stück vom Meer entfernt und platzen v. a. an den Wochenenden schier aus den Nähten. *Castellaneta Marina* ist das größte Ferienzentrum in diesem Abschnitt, eine weitläufige Ferienhaussiedlung mit zahlreichen Strandbädern, Bars und Ristoranti am endlosen Strand – im August die reine Hölle. Das Mega-Feriendorf *Villaggio Il Valentino* im Hinterland von Castellaneta soll ebenfalls nicht unerwähnt bleiben. Auf 1500 ha ist hier eine moderne Ferienanlage mit einigen Hundert Apartments, Sportanlagen, einem Stadion, Restaurants, Supermärkten, Beautyfarm etc. entstanden. Ein künstliches Kanalsystem befördert die Gäste mit kleinen Booten zum 5 km langen Privatstrand.

• *Übernachten* **** **Il Valentino Villaggio**, über 350 komplett ausgestattet Zimmer, Swimmingpool, eigener Strandabschnitt, Sauna- und Fitnessbereich, Tennisplätze und vieles mehr. Ganzjährig geöffnet, nur übers Reisebüro buchbar (z. B. TUI). DZ ab 90 €. Località Principessa, ✆ 099-8432601, 📠 099-8203007.

*** **Camping Internazionale**, gepflegter Zeltplatz mitten im schattigen Pinienwald. 2 Pers., Zelt und Auto ab 16 €. Marina di Ginosa, ✆ 099-8277153, 📠 099-8277153, www.campingmarinadiginosa.it.

Grottaglie

ca. 32.000 Einwohner

Die Kunsthandwerksstadt mit internationalen Handelsverbindungen hat ihren Charme weitgehend bewahrt. In über 50 Botteghe (Werkstätten) und auf dem alljährlichen Keramikmarkt können die örtlichen Töpferarbeiten bewundert und gekauft werden. Lebhafter Mittelpunkt der Stadt ist die Piazza Regina Margherita.

Günstiger Ausgangspunkt für einen Stadt- und Keramikbummel ist das mittelalterliche *Castello* mit dem Keramikmuseum. Die Festung gehört zu den wenigen Stadtburgen Apuliens, die nicht im Auftrag einer Herrscherdynastie entstanden sind, sondern auf Veranlassung des Erzbischofs. Unterhalb der teilrestaurierten Burg, die unübersehbar auf der Kuppe des Stadthügels thront, beginnt das Keramikviertel – im örtlichen Dialekt heißt es *Camenn'ri,* wegen der vielen Kamine der Brennöfen. Durch die Hanglage des Viertels ergeben sich immer wieder fotoreife Blicke auf die mit Keramikwaren dekorierten Flachdächer. Vor allem im August, wenn der Töpfermarkt *Agosto della Ceramica* stattfindet, steht die Stadt ganz im Zeichen der Keramik.

Die *Piazza Regina Margherita* im Zentrum der Altstadt erreicht man von der erzbischöflichen Burg aus über die abschüssige Via Castello bzw. Via Marano. Hier herrscht noch mediterrane Geselligkeit; vor den Cafés und im Schatten der spätromanischen Pfarrkirche versammeln sich in den späten Nachmittagsstunden die Dorfältesten von Grottaglie und diskutieren die wichtigsten Ereignisse – an die fremden Keramiktouristen haben sie sich längst gewöhnt.

• *Information* **Infobüro** im Castello Episcopio, gute Anlaufstelle, nützliche Stadtpläne und Broschüren. Tägl. 9.30–12.30 Uhr und 16–19 Uhr. ✆ 099-5623866, www.grottaglie turismo.it bzw. www.comunegrottaglie.it.

• *Anfahrt & Verbindungen* Mit dem **Auto** von Tarent auf der Schnellstraße S 7 bis Grottaglie. In der Stadt am besten der Ausschilderung „Quartiere delle ceramiche" folgen und dort parken.

Bahn, Grottaglie liegt an der FS-Hauptstrecke Tarent – Brindisi, tägl. mehrere Züge in beide Richtungen. Der Bahnhof befindet sich am südlichen Stadtrand.

• *Feste & Veranstaltungen* **Musica Mundi**, weit über die Stadtgrenze hinaus bekanntes Ethno-Musik-Festival im Juli. Findet auf einer Freilichtbühne am Stadtrand statt (Cava di Fantiano).

Agosto della Ceramica, alljährlicher Keramikmarkt im Aug. mit Beteiligung der großen italienischen Keramikzentren Faenza und Vietri sul Mare.

• *Übernachten/Essen & Trinken* *** **Gill Hotel**, großes Neustadthotel, das allerdings keinerlei Maßstäbe setzt. Wegen der guten Straßenanbindung auch von Geschäftsleuten frequentiert, die in Tarent zu tun haben. DZ 75 €, EZ 55 €, inkl. Frühst. Via Brodolini 75, ✆ 099-5638207, 📠 099-5638756, www.gillhotel.it.

** **Caesar**, unmittelbar an der Stadtausfahrt in Richtung Tarent gelegen, deshalb u. U. laut, insgesamt aber akzeptabel. DZ 50 €, EZ 36 €, inkl. Frühst. Via Partigiani Caduti 1, ✆ 099-5665224, 📠 099-5665225.

B&B Masseria le Monache, das romantische Gehöft ca. 3 km südlich von Grottaglie gehörte früher zu den Liegenschaften eines Klarissenklosters. Etwas in die Jahre gekommenes Anwesen mit Patina, ruhige Lage auf dem Land mit Blick auf den Golf von Tarent. DZ 50–70 €. Contrada Montedoro in

Ladengeschäft im Keramikviertel

Richtung San Marzano, auf Ausschilderung achten, ✆ 099-5901839 oder 338-2680777, web.tiscali.it/masserialemonache.

La Cantina di Papa Giro, Ristorante tipico in der Altstadt, gleich hinter der Chiesa Matrice, kühler Gewölbesaal. Die jungen Wirtsleute bieten gute lokaltypische Cucina di Mare e di Terra, hausgemachte Pasta, Menü um die 20 €. Via Chiesa Matrice 4, ✆ 099-5623998, Mo Ruhetag.

Borgo Antico, in einer alten Ölmühle im Keramikviertel, auch Tische im Freien. Fungiert als Ristorante, Pizzeria, Pub, Café und Disco für junge Leute. Preiswerte Menüs um 10 €, lange geöffnet. Via Pellari (etwas abgelegen) ✆ 099-5628446, Di Ruhetag.

Bar delle Ceramiche, kleines Straßencafé im Keramikviertel mit schattiger Terrasse, leckere *Granite*. Via Crispi 71.

Sehenswertes

Castello Episcopio und **Museo della Ceramica:** Die 1354 erbaute und unlängst teilrestaurierte erzbischöfliche Burg beherbergt das Museum der Keramik, in dem Liebhaber glasierte Arbeiten aus gebranntem Ton der verschiedensten Jahrhunderte bestaunen können. Die ältesten Exponate sind Leihgaben aus dem Nationalmuseum von Tarent und stammen aus dem 5. Jh. Zugänglich sind auch die erzbischöflichen Säle im zweiten Obergeschoss, die u. a. für wechselnde Ausstellungen genutzt werden.

Öffnungszeiten Tägl. 9.30–12.30 und 16–19 Uhr. Eintritt frei. www.museogrottaglie.it.

Chiesa del Carmine: Bei den beiden Säulen tragenden Stieren am Portal der Hauptkirche handelt es sich um originalgetreue Kopien der Figuren vom Domportal San Nicola in Bari – auch wenn man das heute kaum noch erkennt. Das Kuppeldach ist natürlich mit Keramikziegeln aus heimischer Produktion gedeckt. Im Inneren der einschiffigen Kirche hängen einige interessante Ölgemälde aus dem 18. Jh.

Wo der Ton den Ton angibt

Die Botteghe der Töpfer von Grottaglie befinden sich größtenteils in tiefen Kalksteingrotten, wo noch in riesigen alten Öfen gebrannt wird. Auch wer keine ernsten Kaufabsichten hegt, ist in den Töpfereien herzlich willkommen. Auf Regalen und in Vitrinen sind die bunten Kreationen ausgestellt, darunter v. a. kunstvolle Majoliken, Geschirr, Miniaturen, Trinkgefäße und Weihwasserbecken – jeder Meister legt Wert auf seine unverkennbare Handschrift. Amphoren, bauchige Vasen, Töpfe und Krüge werden auf den flachen Dächern, Treppen, einfach überall, wo Platz ist, sorgsam gestapelt und gelagert. Und das wird vielleicht immer so bleiben: Die Vorräte an Tonerde in der Umgebung von Grottaglie sind fast unerschöpflich, denn die Stadt liegt inmitten ausgedehnter Tonvorkommen.

• *Adressen in Sachen Ton* Im **Istituto d'Arte**, der städtischen Fachschule für Keramik, werden spezielle Töpfertechniken in Kursen vermittelt. Außerdem besitzt die Fachschule eine sehenswerte Sammlung alter und neuer Keramikarbeiten; Eintritt nur nach telefonischer Voranmeldung. Via della Quercia, ✆ 099-5666521.

Majoliche Domenico Caretta, alteingesessene Majolikawerkstatt (seit 1962) im Keramikviertel. Via Crispi 20, ✆ 099-5661725.

Bottega Rosaria Bonfrate, gleichfalls alteingesessene Werkstatt für Kunst- und Gebrauchskeramik. Via Crispi 95, ✆ 099-5661555.

www.ceramistidigrottaglie.it, ganz hervorragend gestaltete Internetseite, die zweisprachig (ital./engl.) über die Methoden der Keramikherstellung informiert. Mit vielen Atelieradressen.

Martina Franca

ca. 45.000 Einwohner

Die Barockstadt von europäischem Rang besitzt eines der interessantesten und schönsten urbanen Zentren der Region. Die Altstadt ist vom Allerfeinsten und ein Paradebeispiel dafür, dass der manchmal schwülstige Barock durchaus auch mit Eleganz bezaubern kann.

Martina Franca liegt auf einer weithin sichtbaren Hügelkuppe am Rand des Itria-Tals (→ S. 229), also noch im Einflussbereich der Trulli-Romantik. Die Orte Alberobello, Cisternino und Locorotondo befinden sich fast schon in Rufweite. Innerhalb des Altstadtrings sind die architektonische Geschlossenheit und urbane Atmosphäre beispielhaft. Als angiovinische Gründung um 1300 ist die Siedlung trotz markanter Hügelposition vergleichsweise jung. Die prächtige Barockausgestaltung verdankt Martina Franca im Wesentlichen dem Engagement der Adelsfamilie Caracciolo, die auch den herrschaftlichen *Palazzo Ducale* erbauen ließ. Jedoch bemerkt man in den Straßen und Gassen der stolzen Provinzstadt nicht nur die Früchte adeligen Mäzenatentums, sondern spürt auch den Geist eines aufgeschlossenen und selbstbewussten Bürgertums.

Asino di Martina Franca

Es ist nicht unwahrscheinlich, dass Sie auf dem Weg nach Martina Franca einer weidenden Eselsherde begegnen, denn in der Umgebung der Stadt wird seit Jahrhunderten eine ganz besondere Rasse dieser Grautiere gezüchtet. Der Asino di Martina Franca stammt vom katalanischen Esel ab, der zur Zeit spanischer Herrschaft nach Apulien gelangte. Die hiesige Rasse zeichnet sich durch eine enorme Widerstandsfähigkeit aus und eignet sich vornehmlich als Lasttier in den bergigen Regionen des Landes. Großabnehmer der langohrigen Tiere mit dem dunkelbraunen Fell waren bis in die 1980er Jahre die Brigaden der italienischen Gebirgsjäger.

Information/Anfahrt & Verbindungen/Adressen

- *Information* **IAT-Büro** im Palazzo Ducale, in den Räumen der Bibliothek. Nützlicher Stadtplan und viele Visitenkarten städtischer Restaurants. Tägl. außer So 9–12.30 und 16.30–19.30 Uhr. Piazza Roma 37, ✆ 080-4805702.
- *Auto* Von Tarent direkt auf der S 172, alternativ über die S 7 nach Massafra und von dort auf der S 581 durch eine schöne, sanft ansteigende Hügellandschaft.

Parkplätze sind in Martina Franca eine knappe Ressource. Am besten entlang der Altstadtringstraße oder im Bereich der Piazza XX Settembre probieren.

- *Bahn* In Martina Franca enden die beiden Linien der *Ferrovie del Sud-Est* von Tarent und Bari, mehrmals tägl. Verbindungen. Landschaftlich besonders reizvolle Ausblicke gewährt die Strecke nach Tarent, die innerhalb von 30 Min. völlig verschiedene Landschaften durchquert.

Der **Bahnhof** liegt im Südwesten der Neustadt; zur Piazza XX Settembre am einfachsten über die Viale della Libertà und den Corso Italia (ca. 15 Min. zu Fuß).

- *Taxi* ✆ 329-2464840 oder 328-5941701.
- *Post* In der Via Valle d'Itria 6 (Ecke Via d'Annunzio), nur wenige Schritte von der Piazza XX Settembre entfernt.
- *Internet* Mehrere Internetcafés direkt nebeneinander in der Nähe der Piazza XX Settembre, z. B. *Futur-Office* oder schräg gegenüber *Computer-Rid* (Via Valle d'Itria 46, ✆ 080-4801909).

Übernachten/Essen & Trinken

• *Übernachten* ***** **Relais Villa San Martino**, neue, kleine Luxusoase im Masseria-Stil mit Nebengebäude. Prächtiger Garten, Megapool, orientalischer Wellnessbereich, vornehmes Ristorante mit erlesenen regionalen und nationalen Weinen. Standard-DZ 240–370 €, EZ 180–275 €. Via Taranto 59 (3 km Richtung Taranto), ✆/✆ 080-4805152, www.relaisvillasanmartino.com.

**** **Park Hotel San Michele**, betagte herrschaftliche Villa am Stadtpark, Swimmingpool, viel gelobtes Ristorante. DZ 115 €, EZ 81 € inkl. Frühst. Viale Carella 9, ✆ 080-4807053, ✆ 080-4808895, www.parkhotelsanmichele.it.

*** **Dell'Erba**, komfortable Hotelanlage, viel Grün, Pool und lauschiges Terrassenrestaurant. DZ 100–110 € mit Frühst. Via Taranto 68, an der Stadtausfahrt in Richtung Tarent, ✆ 080-4301055, ✆ 080-4301639, www.hoteldellerba.it.

Villaggio In (4), Tipp! Ein in dieser Größe und Stilsicherheit einzigartiges Apartmenthotel, dessen ca. 50 geschmackvolle 2- bis 6-Personen-Apartments in dutzenden von liebevoll restaurierten Altstadthäusern verteilt liegen. Service wie im Hotel, nur um das Frühst. muss man sich selber kümmern. Im zentralen Rezeptionshaus checkt man ein, das Gepäck wird gebracht, und den Schlüssel behält man wie seinen Wohnungsschlüssel bei sich. Für 2 Pers. 75 €/Tag, 335–420 €/Woche. Via Arco Grassi 8, ✆ 080-4805911, ✆ 080-4805017, info@villaggioin.it, www.villaggioin.it.

• *Essen & Trinken* **Ai Portici (3)**, hübsch eingerichtetes Kellergewölbe an der ovalen Altstadtpiazza, gute lokale Küche, auch Pizza, Tische unter den Arkaden, Menü um die 20 €. Piazza Maria Immacolata 6, ✆ 080-4801702, Di Ruhetag.

La Tavernetta (2), nette, kleine Trattoria am Altstadt-Corso zwischen Piazza Roma und Piazza Immacolata, zuverlässige Qualität. Eine Primo-Spezialität sind die hausgemachten Fricelli alla Mediterranea mit einer Sauce aus zwölf verschiedenen Gemüsesorten und Kräutern, Menü um die 20 €. Corso Vittorio Emanuele 30, ✆ 080-4306323, Mo Ruhetag.

Piazzetta Garibaldi (6), Tipp! *Degustazione prodotti tipici*, etwas für Liebhaber lokaltypischer Küche. Rustikales, unverputztes Gewölbe aus dem 16. Jh., der hintere Steinfußboden trägt die Patina ganzer Zeitalter. Köstliche und deftige Küche, reichhaltiger Antipasti-Gang (warm und kalt), bestes Fleisch mit Contorno, regionale Weine (glas- und flaschenweise). Menü 20–25 €. Piazza Garibaldi 17/18, ✆ 348/9957632, Mo Ruhetag.

Il Ritrovo degli Amici (1), Feinschmeckerlokal mit regionalen und nationalen Spezialitäten, Nähe Piazza XX Settembre, in einem ehemaligen Pfarrhaus, geschmackvoll eingerichtet. Die mehrfach ausgezeichnete Küche lässt nichts zu wünschen übrig, Menü 40 €. Corso Messapia 8, ✆ 080-4839249, So/Mo Ruhetag.

Sorbetteria M. Belitto (5), gemütliches Straßencafé zum Verschnaufen, am Ende der Piazza Immacolta. Zum Gläschen Wein gibt es Taralli (Hartgebäck) mit Oliven, leckerer Caffè freddo (Eiscafé), Gebäck, Eis und mehr. Via Garibaldi 10, ✆ 080-4805260.

Feste & Veranstaltungen

Festival della Valle d'Itria, internationales Festival mit klassischer Musik, Gesang, Tanz und Theater, Mitte Juli bis Mitte Aug. Martina Franca ist nur einer von mehreren Veranstaltungsorten.

Mostra Mercato dell'Antiquariato, Antiquitätenmarkt jeden 3. So im Monat auf der Piazza Crispi.

Rundgang durch die Altstadt

Von der leicht ansteigenden Volkspiazza XX Settembre gelangt man durch die *Porta* di Santo Stefano in die Altstadt. Das monumentale Stadttor von 1764 ist der

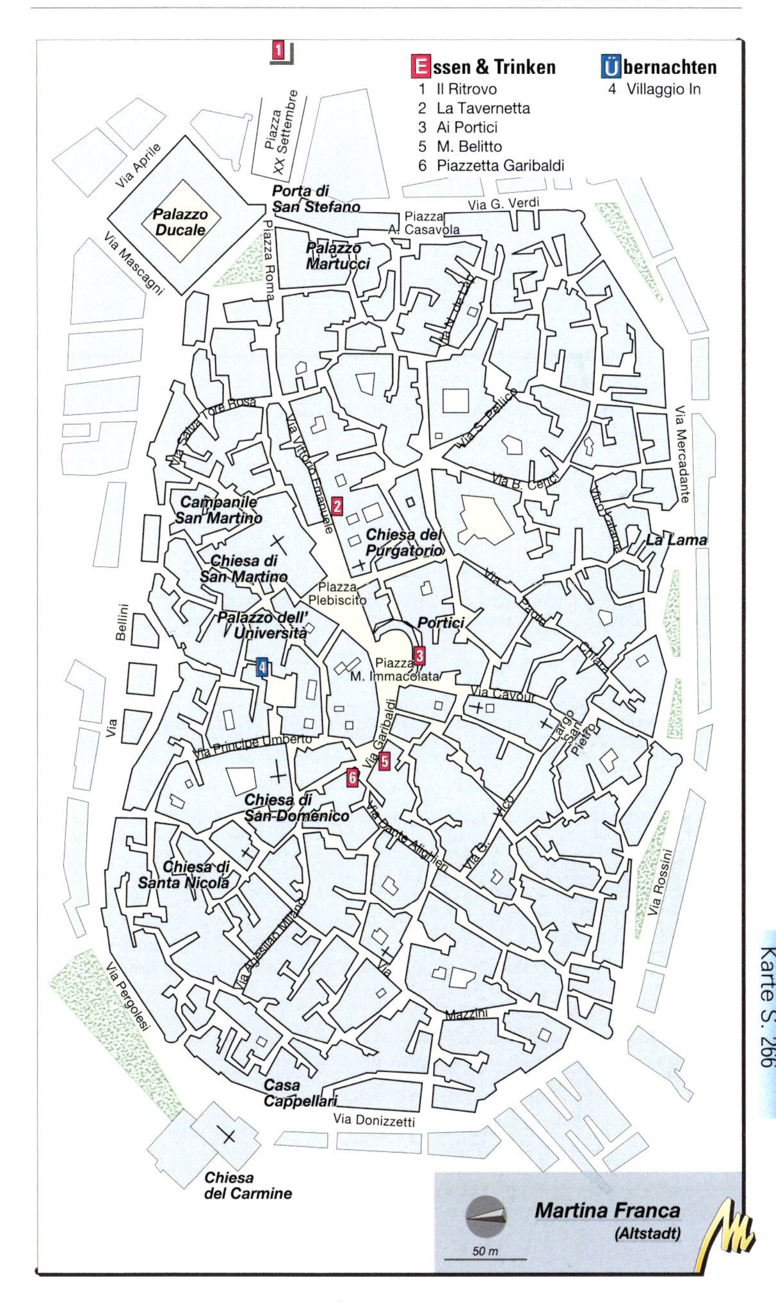

Provinz Tarant (Taranto) Karte S. 266

klassischen Form eines Triumphbogens nachempfunden. Oben thront ein kleines Reiterstandbild des hl. Martin.

Piazza Roma: Die anschließende dreieckige Platzanlage mit Palmen und Brunnen ist einfach perfekt gestylt. Gleich rechts erhebt sich der imposante *Palazzo Ducale* (1668–1742), dem man seine gewaltigen Ausmaße und die über 300 Räume auf den ersten Blick nicht unbedingt ansieht. Der Innenhof und das Treppenhaus dürfen betreten werden, während der prunkvolle Ballsaal den Besuchern verschlossen bleibt. Im Palazzo Ducale residiert das Stadtparlament. Schräg gegenüber dann der vergleichsweise bescheidene *Palazzo Martucci* (das Gebäude mit dem Tabacchi-Laden).

Die enge Shoppingmeile *Via Vittorio Emanuele* führt zum unerwartet auftauchenden, aber alles überragenden *Dom San Martino* aus dem 18. Jh. An der prachtvollen Fassade, ein Meisterwerk apulischer Barockkunst, erkennt man das Hochrelief des reitenden Kirchenpatrons. Im Inneren, an der Altarwand, sind die beiden marmornen Marienstatuen zu bewundern, links die *Abbondanza* und rechts die *Carità*. Neben der Hauptkirche die kleine Purgatoriumskirche und den romanisch-gotischen Glockenturm nicht übersehen!

Ein paar Schritte weiter stößt man auf die schöne halbrunde *Piazza Maria Immacolata* mit dem ovalen Bogengang – noch in den 60er Jahren wurde hier der tägliche Markt abgehalten.

Jetzt beginnt ein völlig verschlungenes Netz von Pflastergassen, in dem man sich am besten treiben lässt, um irgendwann irgendwo wieder herausgespült zu werden. Auf dem Weg liegen bürgerliche Palazzi, weiß oder pastellfarben mit prunkvollen Portalen und Wappen, deren barocke Formen spielerisch verfeinert sind, ornamentierte Fensterrahmungen mit eleganten Skulpturen, weich geschwungene Balkongitter – alles auf höchstem handwerklichen Niveau. In den verwinkelten, schmalen Gassen stehen die schlichten, niedrigen Häuser dicht an dicht, alles ist liebevoll gepflegt. Dazwischen einige Kirchen mit den unterschiedlichsten Fassaden. Das Ganze wirkt wie aus einem Guss, ein urbanes Gesamtkunstwerk, von einer architektonischer Harmonie geprägt, wie man sie in der europäischen Stadtarchitektur nur noch selten findet.

Barockes Lebensgefühl: Nutze den Tag und die Gunst der Stunde

Ausnahmen bestätigen bekanntlich die Regel: Am südlichen Altstadtrand befindet sich das älteste Häuserkonglomerat von Martina Franca. Die winzigen Häuschen von *La Lama* haben die willkürlichsten Bauformen und sind regelrecht zusammengewachsen. Sie gruppieren sich um einen tiefer gelegenen Platz, den man über eine Steintreppe von der Umgehungsstraße Via Mercadante aus betritt.

Massafra

ca. 30.000 Einwohner

Die Schluchtenstadt mit den eindrucksvollsten Höhlenbehausungen und Grottenkirchen Apuliens wuchs an den Rändern der canyonartigen Gravina di San Marco, die Alt- und Neustadt voneinander trennt. Über 50 freskenverzierte Höhlenkirchen hat man im Stadtgebiet gezählt. In der Umgebung gibt es eine ganze Reihe weiterer Gravine, die zum Wandern einladen.

Am nördlichen Ortsrand öffnet sich der Schlund einer zweiten, noch größeren Schlucht, der *Gravina Principale.* Eng schmiegt sich dort die Wallfahrtskirche Madonna della Scala an die Felswand. Dahinter beginnt ein faszinierendes Höhlenareal, das bereits in grauer Vorzeit in den weichen Kalkstein gegraben wurde. Die Schluchten von Massafra sind durch eiszeitliche Erosion entstanden. Der Regen, den der karstige Boden nicht speichern kann, hat sie weiter ausgehöhlt. Frühgeschichtliche Funde bezeugen, dass die Höhlen bereits in der Altsteinzeit bewohnt waren. Im frühen Mittelalter lebten hier fromme Einsiedler und Mönche, die sich vor ihren Verfolgern verbargen. Im späten Mittelalter und danach dienten sie den Einheimischen als Versteck und Zuflucht vor Invasoren – den Langobarden, Goten, Arabern, Normannen, Türken ...

Die ersten Mönche, die sich in den Gravine von Massafra verschanzten, kamen vom Balkan und aus Kleinasien. Sie waren auf der Flucht vor den ikonoklastischen Gesetzen, die ihnen in ihrer Heimat die Ikonenmalerei verboten, weil die byzantinischen Kaiser im 8. und 9. Jh. darin eine Form von heidnischer Götzenverehrung sahen. Insbesondere griechisch-byzantinische Mönche, für die das Ikonenmalen Erwerbsquelle und liturgische Handlung zugleich darstellte, rebellierten gegen diese Verbote. Sie wurden aber unerbittlich verfolgt und flohen u. a. ins benachbarte Apulien – hier konnten sie ihre religiösen Praktiken unbehelligt ausüben.

Anfangs gruben sie sich winzige Gebetszellen, die später zu teils dreischiffigen **Grottenkirchen** erweitert wurden. Die Freskenverzierungen malten die Mönche auf einen kalkarmen Untergrund an die Höhlenwände. Eigentlich waren die Fresken nur Vergrößerungen der bekannten Ikonen, aber die Kunstfertigkeit der Maler ließ sie zu Bildern von bewegender Schönheit werden. Noch heute werden die Grottenkirchen von farbenprächtigen Wandmalereien geschmückt – teilweise sind sie allerdings arg mitgenommen und bisweilen nur noch fragmentarisch. Nicht nur die Witterung und der abbröckelnde Untergrund nagten an der künstlerischen Hinterlassenschaft der Mönche, sondern v. a. der Vandalismus des zweiten nachchristlichen Jahrtausends. Den Anfang machten im 15. Jh. die osmanischen Invasoren. Sie betrieben eine eher symbolische Vernichtung, indem sie den Bildnissen der Heiligen die Augen ausstachen und das Herz durchbohrten. Fortgesetzt wurde der Frevel durch die Grab- und Kirchenräuber der späteren Jahrhunderte, die große Freskenstücke von den Wänden meißelten und sie auf dem internationalen Kunstschwarzmarkt verscherbelten.

Die Grottenkirchen von Massafra sind heute endlich geschützt und dürfen ohne kundige Führung nicht mehr betreten werden, ebenso das gigantische Höhlenareal in der Gravina Principale. Zuständig für die kompetenten Führungen ist eine Initiative junger Einheimischer, die man im örtlichen Ufficio turistico findet.

Die Alt- und die Neustadt von Massafra sind durch drei Brücken miteinander verbunden, die sich über die Gravina di San Marco spannen; die mittlere Brücke führt direkt zur zentralen *Piazza Garibaldi.*

Provinz Tarant (Taranto)
Karte S. 266

• *Information* **Ufficio turistico**, im Municipio (Rathaus), Piazza Garibaldi (Zugang von der Via Caduti), ✆ 099-8804695 bzw. 338-5659601. Im Sommer (Juni–Sept.) 9–12 und 15–18 Uhr, im Winter 9–12 und 14–17 Uhr, So geschlossen. **Stadtführungen** (Altstadt, Grottenkirchen und Gravina Principale) nur nach telefonischer Voranmeldung! Die italienisch- bzw. englischsprachigen Führungen kosten 5 €/Person. Feste Schuhe für die Schluchtenexkursion nicht vergessen!

Auf dem weitläufigen Rechteck der Piazza Vittorio Emanuele in der Neustadt befindet sich ein **Stadtplan** zur Orientierung.

• *Anfahrt & Verbindungen* **Auto**, Massafra liegt nordwestlich von Tarent und ist auf der S 7 schnell erreichbar. Mit dem **Parken** ist es allerdings etwas komplizierter, denn für die gebührenpflichtigen Stellplätze im Stadtzentrum benötigt man Parkkarten, die zunächst in Tabacchi-Läden gekauft werden müssen. Auf der erworbenen Parkkarte muss der Beginn der Parkzeit genau gekennzeichnet werden (Prinzip Rubbellos), bevor man sie gut sichtbar hinter die Windschutzscheibe legt.

Bahn, Station an der FS-Hauptstrecke Tarent – Bari, mehrere Züge tägl.

• *Übernachten* **** **Appia Palace Hotel**, komfortables Motel im Grünen, am südwestlichen Stadtrand direkt an der S 7, mit Restaurant. DZ 92 €, EZ 60 €. SS Appia km 633, ✆ 099-8851501, ℻ 099-8851506, www.appiapalacehotel.altervista.org.

Masseria Popa, gepflegter Bio-Agriturismo, freundliche Zimmer, Swimmingpool, viel Grün. Ostern bis Mitte Nov. geöffnet. DZ 50–86 €. Auf der Nebenstraße SP 36 nach Ciura 3 km in Richtung Küste, ✆/℻ 099-8801176, www.agriturismopopa.it.

• *Essen & Trinken* Aus der Altstadt sind, aus Mangel an Parkplätzen für ihre Gäste, mittlerweile alle Trattorien und Osterien verschwunden. Eine unserer alten Empfehlungen hat in der Neustadt wiedereröffnet: **Dal Buongustaio**, schickes Ristorante am östlichen Stadtrand, Nähe Chiesa Evangelica. Die Einheimischen sind der ehemaligen Altstadttrattoria treu geblieben, da nach wie vor ausgezeichnete Cucina tipica serviert wird, Menü 20 €. Via Pisa 3, ✆ 099-8801608, Di geschlossen.

La Nuova Gravina, schöne Lage in der nördlichen Vorstadt am Rand der Gravina Principale. Gehobene Hausmannskost, ehrliche Preise. Corso Europa 29, ✆ 099-8804775, Fr Ruhetag.

Pasticceria Tonigel, bescheiden wirkende Bäckerei und Konditorei mit leckerem Gebäck in den Vitrinen, die Wohlgerüche durchziehen den ganzen Verkaufsraum. Piazza Garibaldi 20, ✆ 099-8801995.

Sehenswertes

Die **Altstadt** ist aufgrund des starken Verkehrs wenig beschaulich, besitzt aber dennoch interessante Ecken, v. a. zwischen der Piazza Garibaldi und der alten normannischen Burg. Schmale Pflastersteingassen schlängeln sich über den Hügel, gesäumt von weiß getünchten Häuserfronten und schön geschwungenen Mauerbögen. Interessant sind die *Vicinanze* der Altstadt; dabei handelt es sich um ehemalige Wohnhöhlen nahe der Erdoberfläche, die im Lauf der Stadtentwicklung einfach überbaut worden sind. Dort, wo unter den Altstadthäusern bauchige Kellergewölbe zu erkennen sind, hat man eine solche Vicinanza erspäht!

Am Ende der Via Laterra erhebt sich das normannische *Castello* in imposanter Hanglage. Die Restaurierung nebst geplanter Einrichtung eines landwirtschaftlichen Museums *(Museo dell'Olio e del Vino)* gestaltet sich schwierig und zieht sich seit Jahren hin: 1985 ist z. B. ein Teil der Mauer zusammengefallen und in die nahe Schlucht abgerutscht. Wendet man sich von der Piazza Garibaldi in die andere Richtung, stößt man bald auf die klassizistische Fassade der Hauptkirche *San Lorenzo,* die zwischen 1865 und 1931 erbaut wurde. Ihre Kuppel überwölbt die Altstadt wie eine Krone.

Grottenkirchen (Chiese rupestri)

Die folgenden vier sind die interessantesten von Massafra, sie liegen an den Rändern der 4 km langen Gravina di San Marco bzw. mitten in der Altstadt und sind wie erwähnt nur im Rahmen einer sachkundigen Führung zu besichtigen (→ „Information“, s.o.).

Cripta della Candelora: Diese halboffene Höhlenkirche befindet sich auf privatem Grund und Boden, unter einem Felsvorsprung an der Westwand der Schlucht. Beeindruckend sind die sechs verschiedenen Deckengewölbe und die kantigen Stützpfeiler, die teilweise zu hängenden Stümpfen verkümmert sind. Die Fresken (13. Jh.) in den symmetrisch angeordneten Bildernischen befinden sich in einem relativ guten Zustand; namengebend für die Mariä-Lichtmess-Grottenkirche ist die Darstellung der Reinigung Marias. Auf dem Gelände der Cripta della Candelora sieht man außerdem den Schacht eines messapischen Höhlengrabs.

Fresko in einer Höhlenkirche bei Massafra

Cripta di San Marco: Sie gilt als die Perle unter den örtlichen Chiese rupestri und liegt gegenüber der Cripta della Candelora, an der Ostwand der Schlucht. Über eine in den Stein gehauene Treppe gelangt man in den Vorraum der dreischiffigen Höhlenkirche aus dem 6. Jh. Der Innenraum ist kreuzförmig angeordnet und schließt in einer Apsis. Unter den fragmentarisch erhaltenen Bildern sind neben dem hl. Markus auch die beiden Märtyrer und Schutzpatrone der Ärzte und Kranken, Kosmas und Damian, zu erkennen.

Cripta di Sant'Antonio Abate: Sie liegt unter dem ehemaligen Altstadtkrankenhaus. Plötzlich öffnet sich eine Tür und man steht inmitten der leuchtenden Freskenfragmente des griechisch und lateinisch gestalteten Kirchenraums. Die ältesten Fresken stammen aus dem 12. Jh.; als Malgrund dienten vermutlich noch ältere, byzantinische Wandmalereien. In der dem hl. Abt Antonius geweihten Grottenkirche wurden noch im späten 18. Jh. Messen gelesen, daher der Barockaltar.

Cripta di San Leonardo: In dieser ehemaligen Grotte der Basilianermönche befinden sich die Freskenbilder an den Gewölbebögen in einem erstaunlich guten Zustand. Hier fallen die gezielten Verstümmelungen der Heiligenbildnisse (zerstörte Augen und Herzen) durch die osmanischen Invasoren besonders auf.

Gravina Principale

In der höhlengespickten Hauptschlucht von Massafra, nordwestlich der Altstadt, befindet sich die Wallfahrtskirche *Madonna della Scala* (der Ausschilderung „Santuario" folgen). Vom kleinen Piazzale steigt man über eine breite Freitreppe hinab zu dieser schlichten Pilgerkirche aus dem Jahr 1731, die über einer frühmittelalterlichen Höhlenkirche errichtet worden ist. Der Schatz der Kirche, ein Fresko auf einer Steinplatte, hängt über dem Hauptaltar. Es stellt die Madonna mit Kind dar und wird von zwei zutraulichen Marmorhirschen flankiert, denn der Legende nach fanden Hirsche das Fresko an diesem Ort. Unmittelbar vor dem Kircheneingang geht es in die *Cripta della Buona Nuova* (6./7. Jh.) mit schönen, aber eher unbedeutenden Freskenverzierungen aus jüngerer Zeit.

Hinter dem *Santuario* öffnet sich das faszinierende Höhlenareal der Gravina Principale (offiziell nur im Rahmen einer Führung zu besichtigen, → „Information" auf S. 284, aber die Kustoden der Wallfahrtskirche ermöglichen häufig eine freie Besichtigung!). Der tiefe Schluchtenweg führt durch einen dichten Vegetationstunnel. Auch im Sommer ist es hier relativ kühl und feucht. Das besondere Klima im Tal hat eine außergewöhnliche Flora entstehen lassen, ringsum wuchern seltene Sträucher, Blumen, Wild- und Heilkräuter. Im Winter 2004/2005 hat ein Sturzbach, der nach starken Regenfällen durch die Gravina rauschte, eine mittelschwere Verwüstung angerichtet, weshalb zur Zeit nur ein Teilstück des Schluchtenwegs begehbar ist.

Die insgesamt über 300 **prähistorischen Höhlenbehausungen** in den Felswänden der Gravina Principale kann man teilweise erklettern. Die sog. *Grotta Padronale* (Familienhöhle) stellt eine charakteristische Wohnhöhle der Schlucht dar. Sie hat in der Regel einen markanten, winkelförmigen Eingang, der früher vermutlich mit einer abnehmbaren Holztür verschlossen werden konnte. Im Inneren sind Feuerstellen, Lüftungsschächte, Vorratssilos, Kultnischen, Vorrichtungen für hölzerne Bettgestelle, Steinmühlen etc. zu erkennen. Die Kinder bewohnten – nach Meinung der örtlichen Höhlenforscher – die kleinen Seitenkammern, die durch schmale Öffnungen mit den Haupträumen verbunden sind.

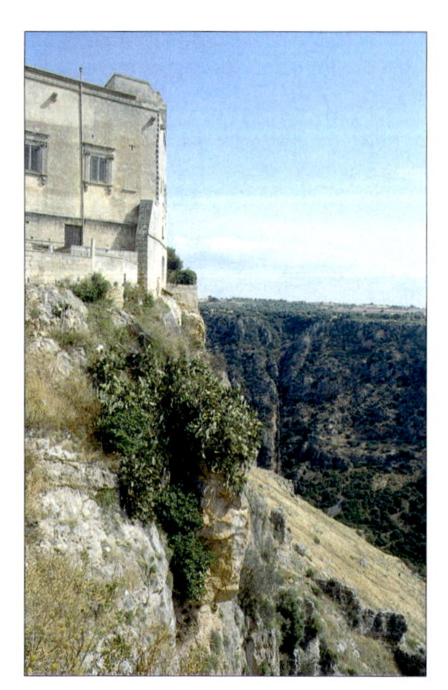

Steil fällt die Stadt zur Schlucht hin ab

Grattacielo, „Wolkenkratzer", wird die Felswand mit den auf mehreren Etagen übereinanderliegenden Höhlenwohnungen genannt. Geradezu gigantisch wirkt die bodennahe *Grotta del Ciclope,* die als Versammlungsplatz diente. Darüber liegt die *Farmacia del Mago Greguro,* ein gewaltiger Höhlenkomplex, der tief ins Felsinnere führt und aus zwölf miteinander verbundenen Grotten besteht. Es handelt sich wahrscheinlich um eine Art Apotheke, in der die Mönche des Mittelalters vermutlich die Heilkräuter aus der Schlucht sortierten, verarbeiteten und in den Wandnischen lagerten. Abweichende wissenschaftliche Meinungen über dieses verzweigte Höhlensystem sprechen allerdings von einer ehemaligen Begräbnisstätte.

Umgebung/Wandern

Von der Ionischen Küste aus betrachtet bildet die Schluchtenstadt Massafra nur den spektakulären Auftakt zu einer ganzen Reihe ähnlicher Phänomene im Hinterland der Provinz Tarent: Bis in die Nachbarregion Basilikata und in die nördliche Nachbarprovinz Bari hinein ziehen sich die Gravine in unterschiedlicher Länge und Tiefe. Sie wirken ein wenig wie Adern, welche die karstige Landschaft durchziehen. Die *Gravina di Palagianello* und *Gravina di Laterza* erweisen sich dabei als ausgesprochen ergiebige **Wandergebiete** (s. u.). Doch nicht jede Schlucht lohnt einen Besuch. In der *Gravina di Ginosa* beispielsweise sammelt sich auf dem Boden der Müll, obwohl auch dieser Ort grundsätzlich nicht uninteressant ist. Von Laterza und Ginosa schließlich ist es nur ein Katzensprung über die Regionengrenze nach Matera. Die „Stadt der Sassi" ist UNESCO-Welterbe und wird im Reiseführer „Kalabrien & Basilikata" des Michael Müller Verlags ausführlich beschrieben.

Palagianello

ca. 8000 Einwohner

Nur ein Kilometer oberhalb der S 7 in Richtung Castellaneta/Matera befindet sich diese hübsche Ortschaft, die am Rand der gleichnamigen Gravina di Palagianello liegt. Das kleine Pro-Loco-Büro im Ortszentrum an der Piazza Roma, nahe dem Bahnübergang, verteilt nützliche Faltpläne mit Wanderhinweisen.

In der **Umgebung** von Palagianello liegt das *Villaggio rupestre di Casalrotto* (ausgeschildert). Dort können weitere Grotten- und Felskirchen besichtigt werden, darunter die vielleicht schönste der Gegend, die *Cripta di San Nicola,* die wegen ihrer farbenprächtigen Freskenzyklen auch *Cappella Sistina in Rupe,* „Sixtinische Felsenkapelle", genannt wird. Doch auch hier gibt es, wie bereits in Massafra, ohne autorisierte Begleitung nichts zu sehen.

Führungen Müssen telefonisch mit dem Ufficio turistico in Mottola vereinbart werden. Viale Ionio, ✆ 099-8866948.

Wandern in der Gravina di Palagianello: Das Auto am besten am oberen Ortsrand vor dem Kastell auf der *Piazza Gasperi* abstellen und von dort loslaufen. Unterhalb des Kastells führt die schmale *Via Antico Santuario* aus dem Ort raus und gibt wenig später den Blick über die ca. 70 m tiefe Gravina frei. An verschiedenen Höhlen vorbei führt der Weg zu einem frisch restaurierten Heiligtum und endet dort. Während geradeaus ein ebenerdig verlaufender kleiner Pfad nach wenigen Minuten unterhalb weiterer Grotten endet, steigt eine abzweigende Alternative teils mit Treppen auf den Grund der Schlucht ab. Mit bloßem Auge ist bereits von oben der weitere Verlauf der Route erkennbar. Unten angekommen, geht es sogleich auf der anderen Seite über einen mit Holzgeländern gesicherten Steig wieder nach oben. Der Weg endet in einem Park mit zahlreichen Aleppokiefern. Mit etwas Glück lassen sich hier sogar einige Zwergorchideen entdecken. Auf der anderen Seite der Schlucht durchzieht ein ganzes Netz von kürzeren und längeren Wegen den *Parco Naturale Attrezzato.*

Castellaneta

ca. 18.000 Einwohner

In diesem Provinzstädtchen nordwestlich von Massafra ist der weltberühmte Rudolph Valentino am 6. Mai 1895 zur Welt gekommen, der Latin Lover aus Apulien, einer der großen Stars der Stummfilmzeit, der es in Amerika buchstäblich vom Tellerwäscher zum allseits anerkannten und bewunderten Schauspieler brachte. Auf sein Konto gingen zahlreiche gebrochene Herzen. Legendär wurde sein letzter Satz auf dem Sterbebett: „Lasst die Jalousien oben, ich möchte das Sonnenlicht begrüßen!" Nur 31 Jahre wurde er alt, sein bürgerlicher Name lautete in ungekürzter Länge:

Rodolfo Alfonso Raffaello Piero Filiberto Guglielmi di Valentina d'Antonguolla. An der Stadteinfahrt, in der Nähe seines Geburtshauses, steht ein lebensgroßes Denkmal, das den verehrten Sohn der Stadt in einem bunten Gewand zeigt – in Anlehnung an den erfolgreichen Valentinofilm „Der Scheich" (1921).

Ein Bummel durch die nach oben immer beschaulicher werdende Altstadt führt zwangsläufig zur Kathedrale mit barocker Fassade. Am Weg liegt auch der Altstadtpalazzo San Domenico, in dem das *Museo di Rodolfo Valentino* eingerichtet worden ist. Es beherbergt persönliche Gegenstände des Unsterblichen wie Fotos, Zeitungsartikel, Bücher, Filmrequisiten etc. und zeigt regelmäßig seine Filme – Personenkult total, ein Mekka für Valentinofans.

- *Öffnungszeiten* Tägl. außer Mo 10–13 und 17–20 Uhr. Eintritt frei.
- *Essen & Trinken* **Osteria Rodolfo Valentino**, Nähe Valentino-Denkmal, an der Promenade, mit alten Fotos des berühmten Sohnes der Stadt dekoriert, volkstümlich und preiswert, Menü um die 10 €. Via Torre Campanella, ✆ 099-8493119, Sonntag- und Mittwochabend zu.

Wanderung 4: Am Rand der Gravina di Laterza entlang

Kurz vor der Grenze zur Basilikata öffnet sich die größte und spektakulärste Gravina der Provinz. In der Ortschaft Laterza der Ausschilderung „Oasi Gravina di Laterza" folgen: Eine Brücke überquert die stadtnahe Schlucht, bevor die Straße nach ca. 800 m einen Knick nach links macht. Dort auf dem Parkplatz das Auto abstellen, zu Fuß geht's in wenigen Schritten zum Besucherzentrum der LIPU (Italienischer Bund für Vogelschutz), wo naturkundliche Informationen erhältlich sind.

Öffnungszeiten 9–13 und 14–18 Uhr, Mo und Feiertage geschlossen. ✆ 339-3311947, www.rapacigravine.it.

Charakteristik: Verlaufen kann man sich kaum, denn der Pfad führt eindeutig sichtbar am Rand der Gravina entlang. Etwas Trittsicherheit ist jedoch an manchen Stellen erforderlich. Immer wieder eröffnen sich spektakuläre Ausblicke in die Schlucht. Trotz mitunter dichter Vegetation (Kiefern und Macchia mediterranea) ist eine Kopfbedeckung zu empfehlen. Da es unterwegs keine Einkehrmöglichkeit gibt, ist genügend Trinkwasser obligatorisch.

Länge und Dauer: Da es sich um keine Rundwanderung handelt, geht es auf dem gleichen Weg wieder zurück. Weglänge und Gehzeit hängen somit von den eigenen Vorlieben ab. Wer die gesamte Strecke bis Lama Forniello wandern möchte, ist hin und zurück ca. 4:30 Std. unterwegs.

Wegbeschreibung: Hinter dem Besucherzentrum zweigt nach wenigen Schritten vom Hauptweg ein Wanderweg nach rechts ab, der kurze Zeit später auf einer Aussichtsplattform endet. Wer gleich zu Beginn Lust auf einen Abstecher hat, nimmt von hier den Weg (Sentiero 2), der in knapp 10 Min. zur *Grotta Croce* und zur Höhlenkirche *Chiesa di San Vito* absteigt. Eigentlich geht es aber auf dem Sentiero 3 weiter, der vom Zufahrtsweg und von der Aussichtsplattform wegführt (Holzwegweiser). Zunächst als kaum sichtbarer Pfad, wird der Parcours später deutlicher und ist zudem in regelmäßigen Abständen markiert. Immer wieder eröffnen sich von den vorspringenden Kalkfelsen tolle Ausblicke in die 200 m tiefe und durchschnittlich 500 m breite Schlucht. Wanderer werden begleitet vom Gezwitscher der Vögel, von unten dringt das Quaken der Frösche herauf. Sie sind ein Beleg für das besondere Mikroklima, das die Entstehung seltener Biotope begünstigt hat. Die zerfurchten Felswände sind mit zahlreichen Höhleneingängen gespickt. Kleine Greifvögel, darunter viele Sperber, kreisen in der Luft. Ganz unten plätschert der fast ständig Wasser führende Torrente und begünstigt eine üppige Vegetation.

Manduria

ca. 31.000 Einwohner

Eine verblühte Landmetropole in der welligen Karstlandschaft der Murge Tarantine. Die Altstadt ist nahezu vollständig aus hellgelbem Kalkstein gebaut und herrlich verwittert. In allen Richtungen erstreckt sich Bauernland, wo vorwiegend Wein angebaut wird, aber auch die edelsten Wildkräuter, beispielsweise Safran, gedeihen.

Schwitzend blickte Gregorovius aus seiner Kutsche auf die menschenleeren Straßen der Stadt und bemerkte: „Wenn die Hitze in Manduria schon in der Mitte des Monats Mai so gewaltig ist, wie furchtbar muss sie erst im Juli und August wirken." Auch heutzutage ist die Stadt in der sommerlichen Mittagshitze absolut menschenleer und macht einen abweisenden, fast unfreundlichen Eindruck.

Davon sollte man sich jedoch nicht abschrecken lassen, denn die messapische Megalithmauer und das angrenzende Kammergräberfeld gehören zu den beeindruckendsten Überresten, die es im südapulischen Siedlungsraum der Messapier zu entdecken gibt. Wen noch vor ein paar Jahren ein gezieltes geschichtliches Interesse hierher führte, der fand die frühgeschichtlichen Siedlungsspuren in einem unwürdigen Zustand vor. – Doch es hat sich was getan in Manduria: Ein archäologischer Park ist entstanden, der die alte Stadtmauer und die offenen Kammergräber der Nekropole schützt. Ebenso das messapische Quellheiligtum Mandurias, von dem schon der römische Historiker Plinius berichtete, weshalb es auch den Namen *Fonte Pliniano* trägt. Das kleine archäologische *Museum Oltre le Mura* liefert einen weiteren Grund für eine ausgiebige Stippvisite in Manduria.

Karte S. 266

Der städtische Dom *San Gregorio Magno* und der Feudalpalast der Familie Imperiali sind imposante Monumentalbauten aus den glorreichen Tagen der Stadtgeschichte, das jüdische Altstadtviertel befindet sich in einem bewundernswert guten Zustand. Alle Sehenswürdigkeiten im Zentrum sind in wenigen Schritten von der dreieckigen *Piazza Garibaldi* erreichbar.

• *Information* Kleines **Pro-Loco-Büro** in der Via Maggi 7 nahe Piazza Garibaldi/Piazza Veneto. Mo–Sa 8.30–13.30 und 16–21 Uhr. www.comunedimanduria.com.

Stadtführungen vermittelt die private Initiative *Profilo Greco*, ✆ 099-9737131, www.profilogreco.it.

• *Anfahrt & Verbindungen* **Auto**, Manduria ist über die gut ausgebaute S 7 Tarent – Lecce schnell zu erreichen.

Bahn, von Tarent mit der *FS* nach Francavilla Fontana, dort auf die *Ferrovie del Sud-Est* umsteigen. Der Bahnhof von Manduria liegt relativ günstig am nördlichen Stadtrand.

• *Übernachten/Essen & Trinken* **B&B Casalbergo San Paolo**, dieses empfehlenswerte Privatquartier haben Leser entdeckt. Kleiner Altstadtpalazzo aus dem 17./18. Jh., geräumige Zimmer, teils mit historischem Mobiliar, Frühst. auf der Terrasse. EZ 40–45 €, DZ 55–65 €. Via Pacelli 37 (Seitenstraße der Piazza Garibaldi), ✆/℻ 099-9796856, www.casanpaolo.it.

B&B Il Vicoletto, winziges Altstadtdomizil mit zwei Apartments, die sich eine geräumige Küche teilen. Terrasse, hohe Deckengewölbe und jede Menge Platz im Zimmer. Die Inhaberin vermittelt auch Stadtführungen. EZ 30 €, DZ 55 €, ohne Frühst. Via Senatore Giacomo Lacaita 11–13 (neben der Osteria dei Mercanti), ✆ 340-9209739 oder 393-4608261, www.ilvicolettobb.it.

Osteria dei Mercanti, freundliche Altstadt-Osteria unweit des Palazzo Imperiali. Vier kleine Speiseräume und Tische im winzigen Innenhof sowie auf der autofreien Gasse. Lokaltypische Küche mit Fisch und Fleisch, hausgemachte Pasta, eine Spezialität sind die Maritati mit frischen Tomaten, Basilikum und Cacioricotta, abends auch Pizza, Menü um die 23 €. Via Senatore Gacomo Lacaita 7, ✆ 099-9713673, Mo Ruhetag.

La Locanda, im Seitenflügel eines innen prächtig ausgestatteten Palazzo an der gepflegten Piazza Vittorio Emanuele II. Kleine Karte mit tägl. wechselnden Gerichten, alle Zutaten kommen frisch auf den Tisch, gute Antipasti. Ganzjährig geöffnet, keine Außenplätze, Menü ca. 20 €. Via XX Settembre, ✆ 340-7559707.

Primitivo di Manduria Doc heißt der weit über die Landesgrenzen hinaus bekannte Wein der Gegend. Ein Glas dieses robusten Roten sollten passionierte Weintrinker hier unbedingt probieren.

• *Agriturismo in der Umgebung* **Castello di Mudonato**, die Masseria fortificata mit Sarazenenturm verbirgt sich zwischen Olivenfeldern und offenen Steinbrüchen, gepflegtes Anwesen, geführt von einem älteren, sympathischen deutsch-italienischen Ehepaar. Im Bioanbau werden Wein, Öl und Gemüse produziert. Man wohnt in zwei antik eingerichteten Turmapartments (Schlaf- und Wohnraum, Küche und Bad) bzw. im Gartenapartment. Kein Restaurant, daher nur für Selbstversorger. Apartment 420–630 €/Woche, max. 5 Pers., in der NS auch geringere Aufenthaltsdauer möglich. Ca. 3,5 km von Avetrana entfernt, an der Straße nach Salice Salentino, ✆/℻ 099-9704076, www.castellodimudonato.it.

Sehenswertes

Altstadt: An der zentralen Piazza Garibaldi steht der einst prunkvolle *Palazzo Imperiali* aus dem 18. Jh. Heute beherbergt dieser etwas vernachlässigte Feudalpalast in der unteren Etage eine Bankfiliale. Der Dom *San Gregorio Magno*, ein ursprünglich romanischer Kirchenbau, steht mitten im Gassengewirr der Altstadt. Ein Löwenportal ziert die Fassade, im Inneren beeindrucken das Renaissancetaufbecken und die Kanzel. Gegenüber dem Dom führen mehrere Torbögen ins ehemalige jüdische Ghetto: ein kleines, in sich geschlossenes Altstadtviertel mit unscheinbarer Synagoge. Die engen Gassen und gut erhaltenen Häuser sind liebevoll geschmückt und begrünt.

Großzügig angelegte Neustadtpiazza

Parco Archeologico delle Mura Messapiche: Am nördlichen Stadtrand, nahe der einsam aufragenden Kapuzinerkirche, sind die monumentalen Überreste der dreifachen messapischen Megalithmauer sowie über 1200 (!) Kammergräber aus dem 6. bis 3. Jh. v. Chr. zu besichtigen. Das geschützte Freigelände hat beeindruckende Ausmaße und gehört mit über 150.000 m² zu den größten archäologischen Parks ganz Italiens. Hier befindet sich auch das messapische Quellheiligtum *Fonte Pliniano,* die sog. Pliniusquelle, von der es heißt, sie würde nie versiegen. Und tatsächlich plätschert die Quelle noch heute auf dem Grund einer natürlichen Bodenhöhle, deren oberirdische Brunnenummauerung zusammen mit dem herauswachsenden Mandelbaum zum Wahrzeichen der Stadt avanciert ist. – Achten Sie einmal auf das alte Steinrelief am Eingang des Parks, auf dem das Wahrzeichen Mandurias zu sehen ist.

Eine weitere Attraktion ist die kleine Kirche *San Pietro Mandurino* (10.–12. Jh.), die über einer Grottenkirche aus dem 8. Jh. errichtet worden ist. Die spärlichen Freskenfragmente sind unterschiedlichen Alters und bei Weitem nicht so gut erhalten wie diejenigen in den Grottenkirchen Massafras (→ S. 284 ff.).

Öffnungszeiten Parco archeologico April–Okt. tägl. außer Mo 8–20 Uhr und Nov.–März tägl. 8–16.30 Uhr. Eintritt 5 €. ✆ 331-7180401.

Mostra Archeologica Oltre le Mura: Die wichtigsten Fundstücke aus der messapischen Nekropole von Manduria sind in den Räumlichkeiten der früheren Chiesa Santo Spirito untergebracht (im Zentrum gut ausgeschildert). Unter den insgesamt ca. 4000 Exponaten befinden sich einzigartige messapische Helme und die seltenen *Trozzelle.* Dabei handelt es sich um aufwendig bemalte Tonkrüge mit kunstvoll gearbeiteten Griffen.

Öffnungszeiten Tägl. außer So 9–12.30 und 16.30–19 Uhr. Eintritt frei.

Spektakulärer Küsteneinschnitt: Der Ciolo-Fjord im Süden der Salento-Halbinsel

Provinz Lecce (Salento)

Das Land zwischen den zwei Meeren wird auch als „Terra d'Otranto" oder schlicht „Salento" bezeichnet. Der Stiefelabsatz bietet viel Lebensqualität und entpuppt sich als aufstrebende Ferienregion. Bei schönem Wetter lässt sich mit viel Fantasie die albanisch-griechische Küste erkennen.

Die Provinzhauptstadt Lecce, eine reiche und geschäftige Metropole, sauber und leistungsfähig, passt eher in den Norden Italiens als in den Mezzogiorno mit seinem vielmehr chaotischen Ruf. In diesem „Florenz des Südens" prunkt der Barock mit einer ganz besonderen regionalen Prägung. Die wichtigsten und zugleich völlig gegensätzlichen Küstenstädte des Salento heißen Otranto und Gallipoli: Die herausgeputzte Hafenstadt Otranto ist die touristische Drehscheibe der salentinischen Adria, ein teures Pflaster und Treffpunkt der Lecceser Schickeria. Gallipoli hingegen ist eine schwimmende Festung an der ionischen Küste mit viel lebendigem Fischerflair. Die Altstadtinsel trotzt allem Wandel, sie bleibt zeitlos wie ihre Bewohner. An der Südspitze der Halbinsel, in Santa Maria di Leuca, ist wiederum buchstäblich die Welt zu Ende: *Finibus Terrae* – so steht es in Stein gemeißelt über dem Eingang der Wallfahrtskirche.

Landschaftlich besitzt die Terra d'Otranto zwei Gesichter: Nordwestlich von Lecce erstreckt sich eine fruchtbare Ebene, der sog. *Tavoliere di Lecce,* der sich bis weit in die Provinz Brindisi ausdehnt. Eine durchweg flache Gegend, die sich landwirtschaftlich fast vollständig dem Weinbau verschrieben hat und mit gut erhaltenen Masserie übersät ist. Südlich von Lecce liegt der karstige Salento-Rücken *Murge Salentine,* der auf maximal 200 m ansteigt und dessen Faszination nicht zuletzt in der von Menschenhand geformten und üppig grünenden Steinlandschaft liegt.

Frühgeschichtliche Monumente wie *Dolmen* (Megalithgräber) und *Specchie* (Steinhügel) bezeugen eine jahrtausendealte menschliche Besiedlung.

Die schönsten und badetauglichsten Abschnitte bieten jeweils die Küsten um Otranto und Gallipoli; zwischen Sant'Andrea und Porto Badisco verläuft zudem einer der saubersten Uferzonen Italiens. Ganz im Süden der Halbinsel scheint die Steilküste beinah dem Gargano Konkurrenz machen zu wollen. In den Fjorden lässt

Essen und Trinken in der Provinz Lecce

Suppen und Eintöpfe: In Lecce wird die *Minestra di Fave e Carciofi* serviert, eine leckere Gemüsesuppe mit Saubohnen und Artischocken, Zwiebeln und Sellerie verfeinern den Geschmack. Die Fischsuppe, die in Gallipoli auf den Tisch kommt, schlägt alle Geschmacksrekorde. Das Rezept hat griechische Wurzeln; mit frischem Fisch und Meeresfrüchten wird nicht gegeizt, ein bisschen Essig gehört auch dazu. *Minestrone di Castrato* ist ein deftiger Hammelfleischeintopf, der mit unterschiedlichem Gemüse (Zucchini, Tomaten, Kartoffeln, Sellerie und Zwiebeln) zubereitet wird.

Fisch und Meeresfrüchte: *Scapece* sind kleine panierte und frittierte Fische, die mit Safran gewürzt und dann in Essig eingelegt werden; sie fehlen auf keiner Küstenkirmes. Die *Cozze* (Miesmuscheln) werden gekocht und anschließend mit Olivenöl, Zitrone, Petersilie und grob gemahlenem Pfeffer zubereitet. Köstlich sind die dünnen *Vermicelli* mit *Baccalà* (Stockfisch); ein beliebter Primo auch im Küstenhinterland.

Nudel- und Fleischgerichte: Hausgemachte, gedrehte Bandnudeln heißen etwas knifflig *Sagne ncannulate* und werden vorwiegend mit kräftiger Tomatensoße serviert. Zu den Spezilitäten des Festlands gehören *Ciceri e Tria*, ein Tagliatelle-Primo im Kichererbsensud mit in Öl gerösteten Zwiebeln. Dagegen verbirgt sich hinter dem Zungenbrecher *Annulieddu a lu Furnu* ein im Ofen gebackenes Lammfleischgericht mit Kartoffelstücken, trockenem Brot, Knoblauch und Olivenöl. *Gnemeriidde* sind Innereien von Lamm, Ziege oder Hammel, zumeist mit Schinken, Schafskäse und Kräutern verfeinert und in den Naturdarm gepresst. Die Würste werden entweder gebraten, gekocht oder im Ofen gebacken.

Brot und Dessertgebäck: Eine Soße aus Olivenöl, Zwiebeln und Tomaten wird im maisgelben Brotteig mitgebacken – zu diesem *Pane Puddicascu* (Gemüsebrot) passt Weißwein. *Pucce* sind kleine Brote mit eingebackenen schwarzen Oliven. Zum Dessert werden *Mustaccioli*, lebkuchenähnliche Plätzchen, oder Quittenbrote *(cotognati)* gereicht. *Taralli* sind Hartgebäckkringel mit einem leichten Pfeffer- und Fenchelgeschmack. Eine weitere Dessertspezialität ist *Fichi secchi con le Mandorle* (getrocknete und mit Mandeln gefüllte Feigen), eine Nachspeise, wie sie landestypischer nicht sein könnte.

Vino: Im Salento herrscht die dunkle Traube *Malvasia Nera* vor, sie wird meist zusammen mit der *Negroamaro* zu Rot- und Roséweinen verarbeitet. Zur roten Spitzenklasse gehört der *Salice Salentino DOC*, der *Rosato* aus der gleichen Gegend besitzt ebenfalls Format. Die Traube *Malvasia Bianca* erbringt im Salento meist zusammen mit anderen Sorten trockenfruchtige Weißweine.

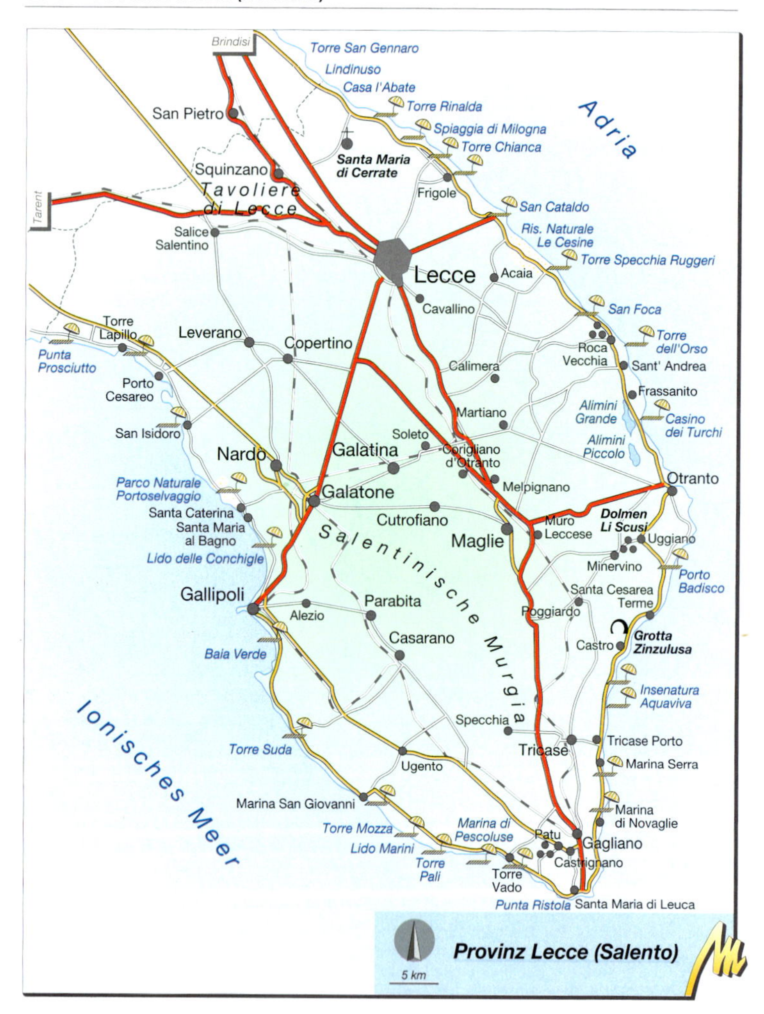

es sich wunderbar baden, und neu angelegte Wanderwege laden zu aktiver Erholung ein. Doch besser noch als auf Schusters Rappen lässt sich der Salento mit dem Drahtesel erkunden. Zahlreiche markierte Radwege durchziehen die 100 km lange und durchschnittlich 40 km breite Halbinsel.

Hotels und Übernachtungen: In der Provinzhauptstadt Lecce und v. a. in den attraktiven Seestädten sollte man zur Hauptsaison rechtzeitig reservieren. Im Küstenhinterland – wie in den anderen Provinzen – besteht nur eine kleine Hotelauswahl. Der neue Trend zum Bed and Breakfast hat im Salento seinen Ursprung: Lecce ist die unangefochtene Hauptstadt der Privatquartiere. Campingfreunde kommen an der ionischen und adriatischen Küste auf ihre Kosten.

Lecce

ca. 92.000 Einwohner

Die Barockmetropole des Südens ist die reichste Stadt Apuliens. Für den Wohlstand sorgt eine gesunde Mischung aus Industrie, Dienstleistung und Landwirtschaft; das Pro-Kopf-Einkommen kann sich mit den oberitalienischen Städten messen. Überhaupt erinnert Lecce viel mehr an den Norden Italiens als an den Mezzogiorno.

Die antike griechische Geschichtsschreibung erwähnt Lecce nur beiläufig. Nach der Zerstörung Trojas soll es von Auswanderern besetzt worden sein, aber eine bedeutende Griechenkolonie entwickelte sich nicht. Aus der römischen Blütezeit des damaligen *Lupiae* gibt es schon Konkreteres zu berichten: Die beiden *römischen Theater* in der Altstadt sind die monumentalsten Relikte aus dieser Zeit. Im Nordosten, dem heutigen Badeort San Cataldo, ließen die römischen Kaiser einen der wichtigsten Orienthäfen entstehen, der noch im 15. Jh. seine Zwecke erfüllte. Geschichtsträchtiges hat auch die nähere Umgebung zu bieten: Südlich der Stadt wurde bei *Cavallino* eine messapische Siedlung ausgegraben. Die meisten Fundstücke aus jener und aus römischer Zeit sind im *Museo Provinciale* zu besichtigen.

Von den Befestigungen des normannischen Lecce hat nur ein viereckiger Turm die Jahrhunderte heil überstanden. Die Festung der Spanier aus dem 16. Jh. ist hingegen vollständig erhalten geblieben. Überall in der gepflegten Altstadt strahlt der goldgelbe Kalkarenit, das Stadtbild wird von der einzigartigen Barockarchitektur des 17. und 18. Jh. geprägt (→ „Lecceser Barock“, S. 29). Zu den bekanntesten Baumeistern des lokalen Stils zählen Gabriele Riccardi, Francesco Antonio Zimbalo, Giuseppe Zimbalo (genannt *Zingarello,* der Zigeuner) sowie Giuseppe Cino und Mauro Manieri in der Spätphase. Die Auftraggeber dieser schöpferischen Architekten waren sowohl die kirchlichen als auch die aristokratischen Machthaber der Zeit. Zahlreiche Platzanlagen, Klöster, Kirchen und Adelspaläste entstanden oder wurden in dieser aktivsten Bauphase der Stadt barockisiert. Das Baumaterial *Pietra Leccese* (→ „Der Stein, aus dem barocke Träume sind“ S. 296) gab der Stadt ihre unverwechselbare Farbe. Goldgelb, reich verziert und stilistisch geschlossen zeigt sich die Altstadt von Barock-Lecce noch heute.

Prachtfassade: Basilika di Santa Croce

Der Stein, aus dem barocke Träume sind

Im Kerngebiet des Salento gibt es gewaltige Kalkarenitvorkommen, die seit Jahrhunderten abgebaut werden. Noch heute wird in den alten Steinbrüchen gearbeitet. *Pietra Leccese*, der weiche, honiggelbe Stein, wird in großen Blöcken direkt aus dem Boden gesägt. Schon nach einer kurzen Trockenphase erreichen die frischen Steinquader ihre baufähige Härte. Der feinkörnige Naturstein, der sich sogar drechseln lässt, war vom 16. bis 18. Jh. bei den örtlichen Bildhauern und Architekten geschätzt. Das ausreichende Vorkommen, die bequeme Bearbeitung und die intensive Farbe machten ihn zum bevorzugten Baumaterial des Lecceser Barock.
Die Entstehung der eigenwilligen lokalen Barockformen, deren Hauptmerkmal die flächendeckende, aber proportionierte plastische Dekoration ist, liegt im Baumaterial selbst begründet. Ein Stein, der sich so leicht bearbeiten lässt und erst nach der Bearbeitung vollständig aushärtet, begünstigt natürlich einen verschwenderischen Gebrauch und animiert zu überschwänglicher plastischer Ausschmückung.

Die Stadt wirkt insgesamt sehr jung, was nicht nur an der zentral gelegenen Universität liegt, sondern auch an den vielen Fahrrädern, die das Straßenbild beleben. Als Einkaufsstadt braucht Lecce den Vergleich mit den Metropolen Oberitaliens keineswegs zu scheuen; in der Altstadt mit ihren geschmackvollen Boutiquen und gut sortierten Geschäften oder in der Neustadt rund um die *Piazza Mazzini* macht das Bummeln Spaß. Zum allgemeinen Aufschwung von Stadt und Region passte auch der Aufstieg des örtlichen Fußballklubs *US Lecce* in die italienische Seria A. Im Frühsommer 2008 lösten die gewonnenen Relegationsspiele – ausgerechnet gegen die Konkurrenz aus dem Norden – im Stadion an der *Via al Mare* und im ganzen Salento eine beispiellose Euphorie aus. „Unglaublich, was hier im Süden abgeht", so der Kommentar des aus Mailand (!) stammenden Trainers Mario Beretta. Mittlerweile ist der Verein jedoch wieder in die Zweite Liga abgestiegen.

Information/Anfahrt & Verbindungen/Adressen

• *Information* In der ganzen Altstadt sind **Infobüros** verteilt, regionale, kommunale und private, z. B. in der Via Vittorio Emanuele 24, im Kastell oder im Palazzo dei Celestini. Hinzu kommt die sog. **Polizia Turistica**, sachkundiges und beeindruckend hilfsbereites Personal auf der Straße, das bei Fragen weiterhelfen kann. Einige sprechen Englisch, erkennbar am Sticker mit der britischen Flagge am Revers. ✆ 0832-314117 (APT), ✆ 800-524337 (Polizia Turistica), www.comune.lecce.it.

• *Auto* An der Ringstraße um die Altstadt sind relativ gute **Parkmöglichkeiten**; ansonsten die Piazza Tito Schipa hinter dem Castello anfahren, Parkgebühr 1 €/Stunde.

• *Bahn* Endbahnhof der FS-Hauptlinie Foggia – Bari – Brindisi – Lecce. Den Salento versorgen flächendeckend die *Ferrovie del Sud-Est*; Hauptverbindungen über Maglie nach Otranto und über Nardo nach Gallipoli. Der Bahnhof befindet sich am Ende der Viale Oronzo Quarta, die in die Altstadt führt.

• *Bus* In Lecce starten die meisten überregionalen Busse in den Salento, Busbahnhof der *Autolinee Sud-Est* und anderer Gesellschaften am FS-Bahnhof (Viale Oronzo Quarta), weitere Haltestellen an den Stadttoren Porta Rudiae und Napoli. Stadtbusverkehr mit der Gesellschaft *S.G.M.* ✆ 0832-230431, www.sgmlecce.it.

• *Taxi* ✆ 0832-246150 (Piazza Mazzini), ✆ 0832-306045 (Piazza Sant'Oronzo) oder ✆ 0832-247978 (Bahnhof).

• *Mietfahrzeuge* Eine breite Palette an Mietfahrzeugen zu günstigen Preisen bietet

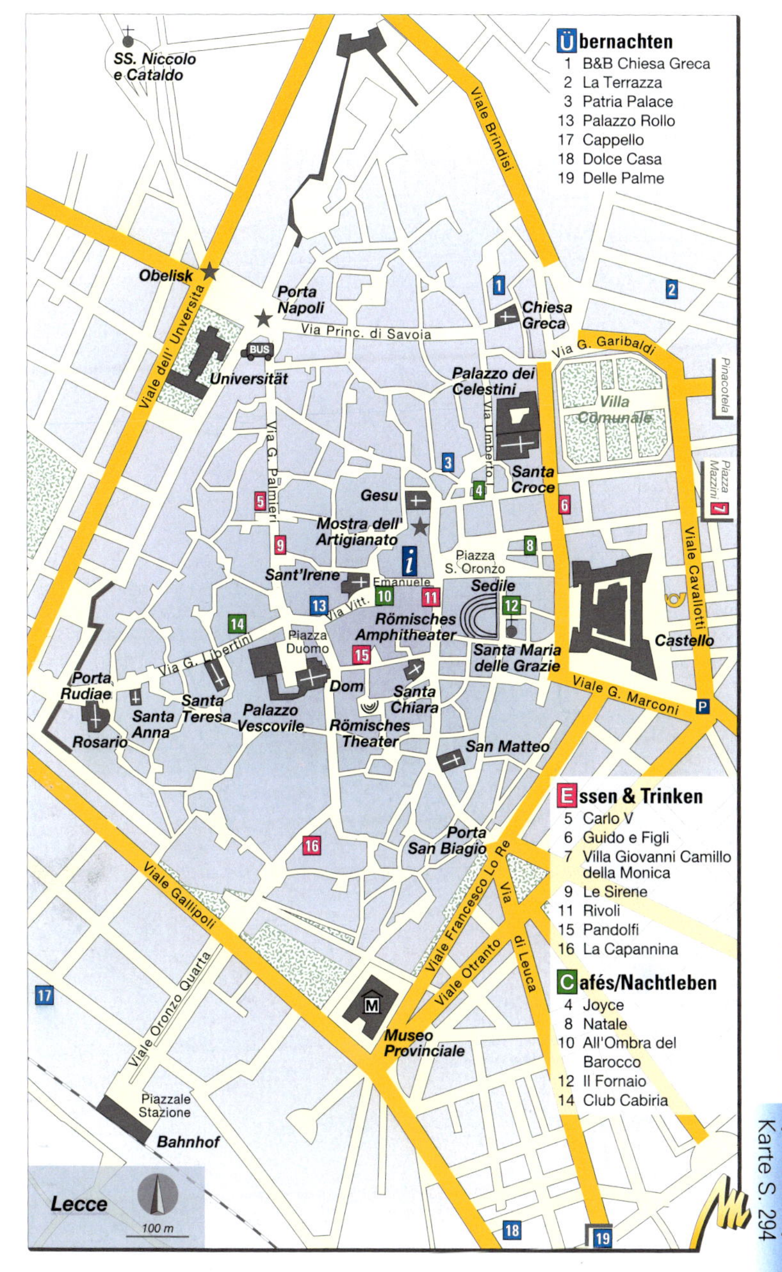

Provinz Lecce (Salento)
Karte S. 294

Salento Rent in der Altstadt an, Kleinwagen ab 60 €, Scooter ab 30 € und Fahrräder für 8 €/Tag. Im Hof des Palazzo Rollo, Via Vittorio Emanuele II, ✆ 0832-307152, www.salentorent.it.

• *Post* Das Hauptpostamt mit großzügigen Öffnungszeiten befindet sich hinter dem Kastell, Piazza della Libertà 6.

• *Internet* Zum Beispiel im Büro von **Salentotime**, einer privaten Reiseagentur mit Stadtplänen, Zimmervermittlung und touristischen Infos. An der Chiesa Sant'Irene, Via Regina Isabella 22, ✆ 0832-303686, www.salentotime.it.

Übernachten (siehe Karte S. 297)

Trotz einiger sehr guter Hotels im Stadtzentrum, ziehen die meisten Besucher B&Bs als Quartier vor. Kein Wunder, denn die Auswahl ist groß, die Bandbreite reicht vom familiären Homestay bis zum „anonymen" Apartment im Altstadtpalazzo. Spontanbesucher, die nicht vorgebucht haben, wenden sich am besten an die **Cooperativa Theutra**, die eine Zimmervermittlung in der Nähe der Piazza Sant'Oronzo betreibt (Via dei Mocenigo 12, ✆ 0832-279195, www.abitalecce.it). Ein Campingplatz befindet sich in Torre San Rinaldo, ca. 15 km nördlich von Lecce (→ S. 310), die städtische Jugendherberge am Hausstrand in San Cataldo (→ S. 310).

• *Hotels* ***** **Patria Palace (3)**, Luxushotel in der Altstadt, herrschaftlicher Palazzo storico, die allererste Adresse für gehobene Ansprüche, einige Zimmer mit Blick auf die Fassade der Basilica di Santa Croce, vornehmes Restaurant. DZ 230–350 €, EZ 175–210 €. Piazzetta Riccardi 13, ✆ 0832-245111, ✆ 0832-245002, www.patriapalacelecce.com.

**** **Delle Palme (19)**, modernes, gut geführtes Hotel in einem bürgerlichen Wohngebiet, gemütliche, mittelgroße Zimmer mit französischem Bett, Parkplatz, Restaurant. DZ 110–190 €, EZ 75–140 €. Via Leuca 90, ca. 3 km südlich der Altstadt, ✆/✆ 0832-347171, www.hoteldellepalmelecce.it.

** **Cappello (17)**, ordentlicher, mittelgroßer Hotelbetrieb in Bahnhofsnähe, preisgünstig, ohne Restaurant. DZ 45–65 €, EZ 35–45 €. Via Montegrappa 4, ✆ 0832-308881, ✆ 0832-301535, www.hotelcappello.it.

• *B&B* **La Terrazza (2)**, ein Lesertipp! Sehr gepflegtes Anwesen in Altstadtnähe mit einer großen Terrasse als Prunkstück. Nur vier Zimmer, aber ansonsten viel Platz zum Wohlfühlen. DZ 60–80 €. Via di Casanello 39 (hinter dem Stadtgarten, 5 Min. ins Centro storico), ✆ 0832-301741 oder 349-3169952, www.laterrazza-beb.com.

Dolce Casa (18), Affittacamere, also Bed and Breakfast italienischen Stils. Südöstliche Stadtausfahrt, unweit des Museo Provinciale. Wer es familiär mag, sollte diese kleine Privatunterkunft ausprobieren. DZ 60 €, EZ ca. 35 €. Via Lamarmora 9, ✆ 0832-231724 oder 333-3834074, ✆ 0832-307233, www.dolcecasalecce.com.

Palazzo Rollo (13), ein guter Tipp im Stadtzentrum! Acht luxuriöse Zimmer in einem Adelspalast mit viel Geschmack möbliert, kleine Küchenecke, die Frühstücksutensilien werden gestellt. Von der großen Dachterrasse hat man einen herrlichen Blick auf die Türme der Altstadt, zentrale Rezeption im Innenhof. DZ 80–110 €. Via Vittorio Emanuele II, ✆ 0832-307152, ✆ 0832-520482, www.palazzorollo.it.

Chiesa Greca (1), direkt neben der griechisch-orthodoxen Kirche. Familie Arcuti-Apollonio hat einen Teil des historischen Hauses aus dem 15. Jh. in hübsche Apartments mit Kochnische und Dachterrasse umgestaltet, ruhig und dennoch zentral gelegen. Apartment ab 50 €/Tag. Piazzetta Chiesa Greca 11, ✆ 0832-302330, ✆ 0832-309948, www.chiesagreca.it.

Essen & Trinken/Nachtleben (siehe Karte S. 297)

• *Restaurants* **Villa Giovanni Camillo della Monica (7)**, Nähe Piazza Mazzini. In dieser unscheinbaren Nebenstraße befindet sich der Hofeingang zu einem restaurierten Adelspalazzo aus dem 16 .Jh. Stilvolles Ambiente, mehrere große Speisesäle, lauschiger Innenhof, gehobene Küche, Menü ab 25 €, Di Ruhetag. Via Santissimi Giacomo e Filippo 40, ✆ 0832-409556, www.villadellamonica.it.

Guido e Figli (6), alteingesessene Gastroinstitution nahe dem Castello; große, helle

Herzstück der City: Piazza Sant'Oronzo

Räumlichkeiten, mittags Selfservice, abends mit Bedienung, breite Auswahl an Speisen, kleine Preise, Mo Ruhetag. Via XXV Luglio 14, ✆ 0832-305868, www.guidoefigli.it.

Locanda Caffè Rivoli (11), modern eingerichtetes Ristorante auf zwei Ebenen, lokaltypische Küche. Eine Primo-Spezialität sind die Gnocchetti con Cozze e Fagioli (kleine Gnocchi mit Miesmuscheln und Bohnen), auch Pizza, Menü ab 15 €, So geschlossen. Via Augusto Imperatore 13, ✆ 0832-331678.

Le Sirene (9), neu eröffnetes Fischrestaurant Nähe Domplatz mit Spezialitäten aus Gallipoli, köstliche Antipasti, Menü ab 25 €. Piazzetta Panzera, ✆ 0832-303706.

La Capannina (16), einfache, hemdsärmelige Trattoria und Pizzeria. Über die Via Paladini vom Domplatz aus schnell zu erreichen, große Antipasti- und Pizza-Auswahl, gegrillte Fleisch-Secondi, preiswert, Menu turistico ca. 10 €, Tische im Freien, Mo Ruhetag. Via Benedetto Cairoli 13, ✆ 0832-304159, www.lacapanninalecce.it.

Pizzeria Carlo V (5), einfache, preiswerte Pizzeria, tolle Lage, Tische auf der beschaulichen Piazzetta Falconieri. Flinke Bedienung, Pizza und mehr, Fassbier, Flaschenwein, zum entspannten Sitzen bestens geeignet. In der Regel nur abends, Mo Ruhetag, ✆ 0832-243509.

• *Cafés/Kneipen/Konditoreien/Eis* **Natale (8)**, Nähe Oronzo-Platz, leckere Süßwaren und bestes Eis der Stadt, Mo geschlossen. Via Trinchese 7, ✆/℻ 0832-256060, www.natalepasticceria.it.

All'Ombra del Barocco (10), im Centro Storico, schräg gegenüber der Kirche Sant'Irene, Lesecafé, Tische auf der kleinen Piazza, abendlicher Treffpunkt für junge Leute, Cocktails und Bier. Corte dei Cicala 9.

Il Fornaio (12), Bäckerei neben der Chiesa di Santa Maria delle Grazie mit leckeren Brötchen und Gebäck für den kleinen Hunger zwischendurch, das familiäre Café nebenan ist gleichfalls zu empfehlen. Piazza Sant'Oronzo 23, ✆ 0832-300064.

Joyce (4), stimmungsvolle Vineria an der einen Ecke und Irish Pub an der anderen, also für jeden Geschmack etwas. Via Umberto I 4 und Via Matteo da Lecce 5, ✆ 0832-279443, www.joyce-irishpub.com.

Club Cabiria (14), Pub für Jung und Mittelalt, mit kleinem Innenhof, ab und zu Live-Musik, Via Giuseppe Libertini 64.

Corte dei Pandolfi (15), neue Enoteca mit Cucina, etwas versteckt hinter dem Domplatz gelegen. Zwei modern gestylte Speiseräume, Tische auf der Piazzetta, warme und kalte Antipasti sowie Fleisch-Secondi vom Grill, über 250 Weine, Grappa und Whisky, lange geöffnet. Verkauf von Büchern zum Thema Gastronomie und Önologie. Piazzetta Orsini, ✆ 0832-332309, www.cortedeipandolfi.com.

Aus Pappe gemacht – Cartapesta-Kunst

Die Herstellung von Pappmascheefiguren hat in Lecce eine lange Tradition. Das Verlangen auch kleiner Leute nach Heiligenfiguren für die privaten Weihnachtskrippen machte künstlerisch begabte Handwerker einst erfinderisch. Da geschnitzte Holzfiguren bzw. Modellierungen aus Porzellan zu teuer waren, schufen sie die begehrten Objekte aus einfachstem Material und machten sie damit für jedermann erschwinglich. So lautet jedenfalls eine plausible Entstehungstheorie der örtlichen Cartapesta-Kunst.

Das geschmeidige Material lässt sich hinsichtlich der Verarbeitungsfähigkeit in etwa mit Ton vergleichen. Zuerst wird ein Drahtgestell mit einem Strohkern angefertigt, dann die leicht formbare Masse aufgetragen, modelliert, grundiert und schließlich lebensecht koloriert. Der unverkennbare Lecceser Stil wird v. a. durch das Einbrennen der Farben erreicht.

Einkaufen/Feste & Veranstaltungen

• *Kunsthandwerk* **Fiera di San Lazzaro**, Ausstellung und Verkauf geflochtener Palmzweige eine Woche vor Palmsonntag.

Sagra del Pane, Brotspezialitätenmarkt in der zweiten Juniwoche.

> Tipp: **Lecceser Brotsorten** gibt es jahraus, jahrein in der *Panetteria Valentina* nahe dem Domplatz. Appetitliche Auslagen, neben Brot auch Pasta, Gebäck und Eingelegtes. Via Petronelli 3.

Im Altstadtviertel befinden sich zahlreiche Werkstätten, in denen das traditionelle **Kunsthandwerk** noch betrieben wird. Die städtische Kunsthandwerkszunft zeigt die Produkte aus Cartapesta (Pappmaschee), Pietra Leccese (Kalkarenit), Holz, Stoff, Ton etc. in einer ständigen Ausstellung, der *Mostra Permanente dell'Artigianato*, Via Rubichi 21, tägl. außer So 9–13 und 17–20 Uhr. Hier erhält man auch das Verzeichnis der einzelnen Werkstätten.

Antiquitäten- und Trödelmarkt, vor dem Castello am letzten So im Monat.

Weihnachtsmarkt, Spielzeug und Krippenfiguren aus Holz und Pappmaschee, Mitte Dez.

• *Literatur & Musik* *Liberrima*, gut sortierte Buchhandlung an der Chiesa di Sant'Irene, viel Salento-Literatur (auch engl.) sowie Audio-CDs (Tarantella-Musik). Auch der Tarantella-Film von Paolo Pisanelli (→ S. 66) war 2008 hier erhältlich. Corte dei Cicala 1, www.liberrima.it.

Der Besitzer des Musikladens *Star Magic* ist ein Kenner der Tarentella-Musik und lässt interessierte Kunden gerne in sein großes CD-Angebot reinhören. Via Giuseppe Libertini 46, ✆ 329-4313913.

• *Feste & Veranstaltungen* **Fiera di Sant' Irene e della Croce**, religiöses Stadtfest mit Markt in der ersten Maiwoche.

Lecceser Hauptfest zu Ehren der Schutzheiligen Oronzo, Giusto und Fortunato. Die drei Statuen der Patrone werden andächtig durch die Altstadt getragen, Prozession in historischen Kostümen vom 24. bis 26. Aug.

Festival Internazionale di Musica Barocca, Barockmusik im Freien, Mitte Okt.

> Tipp: Einen guten Überblick über die zahlreichen Veranstaltungen im Salento gibt das Monatsmagazin **quiSalento**, das für 2 € am Zeitschriftenkiosk erhältlich ist. ✆ 0832-332762, www.quisalento.it.

Ihre Blütezeit hatte die Cartapesta-Kunst im 18. und 19. Jh., damals bildeten Heiligenfiguren für Krippen und Prozessionen den Großteil des Sortiments. Noch heute gibt es zahlreiche Cartapesta-Werkstätten in Lecce, allerdings mit einem wesentlich größeren Angebot an Motiven, wie z. B. fantasievolle Masken (→ „Einkaufen/Kunsthandwerk“).

Sehenswertes

Drei intakte Stadttore (Porta Rudiae, Porta San Biagio und Porta Napoli) aus verschiedenen Jahrhunderten führen in die **Altstadt,** in der gut 30 Kirchen und unzählige Barockpaläste auf eine Begutachtung warten. Der beste Ausgangspunkt für eine Besichtigung der Sehenswürdigkeiten ist die *Piazza Sant'Oronzo.*

Sedile: Er wird auch *Palazzo del Seggio* genannt. Es handelt sich bei diesem pavillonartigen Bau um den einzigen Gebäudetrakt, der vom alten Rathaus, das 1592 erbaut und 1937 größtenteils abgerissen wurde, übrig geblieben ist. Der Sedile steht unverkennbar mitten auf dem San-Oronzo-Platz und beherbergt u. a. wechselnde Ausstellungen. Daneben, Schulter an Schulter, die *Chiesetta di San Marco,* die venezianische Händler hinterlassen haben.

Säule des hl. Oronzo: Auf einer geschichtsträchtigen Marmorsäule mit großartigem korinthischen Kapitell steht die monumentale Figur des Stadtheiligen. Es handelt sich dabei um eine der beiden Säulen, die das Ende der *Via Appia* in Brindisi markierten (S. 247). Sie gelangte im Jahr 1666 als Geschenk nach Lecce, wo sie der Barockarchitekt Giuseppe Zimbalo auf Geheiß der Bürgerschaft aufstellen ließ. Obendrauf wurde die in Venedig gegossene Statue des hl. Oronzo platziert.

Sant'Oronzo, der Schutzpatron von Lecce

Die Lecceser brachten dem hl. Oronzo zu allen Zeiten eine nahezu göttliche Verehrung entgegen. Ihm verdanken sie schließlich, dass mehrere Pestepidemien, die ganz Apulien heimsuchten, an Lecce vorbeizogen.

Sant'Oronzo – so berichtet eine neuzeitliche Legende – war im Februar 1799 drauf und dran, die Stadt zu verlassen. Die Heiligenstatue hatte plötzlich ihre gewohnte Haltung samt Gesichtsausdruck verändert: Ein Bein deutete einen Schritt an, und der Blick war sichtbar zornig. Die verängstigten Bürger erschienen zahlreich auf dem Platz, um sich von dieser Verwandlung zu überzeugen. In ihrer kollektiven Aufregung glaubten tatsächlich alle, eine Fluchtbewegung der Figur zu erkennen. In Wirklichkeit handelte es sich jedoch um ein politisch motiviertes Gerücht, das Stadtadel und Kirchenvertreter aus gutem Grund in Umlauf gebracht hatten. Denn aus der Residenzstadt Neapel war die Nachricht über den Sieg der jakobinischen Revolution und die Flucht des Bourbonenkönigs Ferdinand durchgedrungen. In Lecce und in den anderen Städten des Königreichs war daraufhin eine große revolutionäre Freude ausgebrochen. Die Menschen hatten Freiheitsbäume errichtet und feierten in Erwartung der Republik – was dem Adel und den Priestern natürlich missfiel. So verbreiteten die Oberen das Gerücht über den durch die Unruhen verärgerten Oronzo, worauf das Lecceser Volk prompt hereinfiel. Eingeschüchtert rissen die Bürger den gerade errichteten Freiheitsbaum nieder und trugen ein zweites, im Dom aufbewahrtes Standbild des Oronzo ehrfürchtig auf den Platz, woraufhin – zur großen Freude aller – die Monumentalstatue auf der Säule wieder ihre gewohnte Haltung einnahm.

Amphitheater: Das römische Bauwerk – vermutlich am Ende des Augusteischen Zeitalters entstanden – wurde in den 1930er Jahren zur Hälfte freigelegt und bildet heute das Zentrum der Piazza Sant'Oronzo. In den Sommermonaten finden hier

Theateraufführungen und Konzerte statt. Die römische Arena hat einen Durchmesser von 53 x 34 m, schätzungsweise 25.000 Zuschauer konnte das Theater aufnehmen. Nahezu aller Verzierungen beraubt, wirkt es heute jedoch wenig imposant. Reste der schmückenden Marmorfriese sind im Museo Provinciale (s. u.) ausgestellt. Gegenüber, auf der noch verschütteten Hälfte des Amphitheaters, steht die vom Barockarchitekten Michele Coluzio 1606 entworfene Kirche *Santa Maria delle Grazie:* barocke Fassade, schlichtes Inneres, imposante Holzdecke.

Teatro Romano: Ein weiteres römisches Theater, ebenfalls aus Augusteischer Zeit, befindet sich ganz in der Nähe. Es ist wesentlich kleiner als das Amphitheater, fasste etwa 5000 Zuschauer und wurde 1929 teilweise freigelegt. Sitzreihen und Bühne sind gut zu erkennen. Ausgestellt sind antike Marmorbüsten, Fresken, Bodenmosaike und mehr. Auch hier finden Veranstaltungen statt. Nach Abschluss der Restaurierungsarbeiten sollten Museum und Ruinen ab 2009 für die Besucher wieder zugänglich sein.

Öffnungszeiten Tägl. außer So 9.30–13.30 Uhr. Eintritt 2,50 €. Via Principi di Savoia 5, ☏ 0832-279196, www.itersalento.it.

Chiesa di Sant'Irene: An der Via Vittorio Emanuele, der Verbindungsstraße zwischen Piazza Sant'Oronzo und Domplatz, liegt diese Kirche des Theatinerordens aus dem frühen 17. Jh. Sie ist dreischiffig und besitzt eine Holzdecke. Sehenswert sind v. a. die Barockaltäre Lecceser Machart, von Francesco Antonio Zimbalo persönlich gefertigt. Die anmutige Irenenstatue über dem Portal schuf sein Kollege Mauro Manieri. Und anschließend den Kreuzgang dahinter nicht vergessen!

Piazza Duomo: Es handelt sich um eine geschlossene, rundum bebaute Platzanlage mit schmalem Eingang, der links und rechts von trichterförmig angelegten Propyläen (Torbauten) flankiert wird. Sie besteht aus einem großen und einem kleinen Hof. Der Dom *Santa Maria dell' Assunta* kann von beiden Höfen aus betreten werden. Gegenüber dem Dom befindet sich der Bischofspalast (Palazzo Vescovile), daneben der sog. Palazzo del Seminario. Der weiträumige Domplatz ist ein beliebter abendlicher Treffpunkt der Städter und ein häufig genutzter Veranstaltungsort – und ganz abgesehen davon, eine der gelungensten Platzanlagen barocker Stadtplanung.

Lecceser Barock – Detailansicht

Dom Santa Maria dell'Assunta: Grundsteinlegung war 1114 und Mitte des 17. Jh. wurde der Bau von Giuseppe Zimbalo in seine heutige Barockform gebracht. Die zweistöckige Vorderfront zeigt mit dem Giebel auf den kleinen Hof. Das prachtvolle Seitenportal ist ebenfalls über zwei Geschosse angelegt und wird optisch von einer Balustrade zweigeteilt. Der hohe Aufbau des Portals mit den freistehenden Figuren erreicht fast die Abschlusshöhe des

Giebels an der Vorderfront. Die dreischiffige Basilika ist verschwenderisch mit einem Hauptaltar und zwölf Nebenaltären ausgestattet, ihre bemalte Kassettendecke ist zudem ein wahrer Blickfang. Die Krypta stammt aus dem frühen 16. Jh. Der fünfgeschossige, 68 m hohe Glockenturm ist ebenfalls ein Werk von Giuseppe Zimbalo.

Palazzo Vescovile: Der angrenzende Bischofspalast mit den beiden rechtwinklig zusammenlaufenden Loggien wurde Anfang des 15. Jh. in nur 8-jähriger Bauzeit errichtet, später natürlich im Lecceser Barockfieber verändert. Prominentester weltlicher Gast im Palazzo war der Bourbonenkönig Ferdinand IV.

Palazzo del Seminario: Das Gebäude des Priesterseminars, dessen Hauptfassade auf den großen Hof der Piazza zeigt, ist ein Erweiterungsbau aus dem frühen 18. Jh. und wurde von Giuseppe Cino konzipiert. Den Mittelpunkt des Säulenhofs bildet ein wunderschöner Barockbrunnen – wegen seiner üppigen Verzierungen ein beliebtes Fotomotiv.

Savoir vivre: Plüschiges Sofa in luftigem Kreuzgang

Basilica di Santa Croce e Palazzo dei Celestini: Die dreischiffige Basilika des Cölestinerordens wurde von Gabriele Riccardi entworfen, dem Vater des Lecceser Barock. Er legte 1549 den Grundstein, namhaften Epigonen vollendeten sein Werk. Die Bauzeit betrug fast 150 Jahre. Der geometrische Grundriss der Fassade wird v. a. im oberen Bereich von reichhaltigen Schmuckelementen überlagert, aus denen das Rosettenfenster wie ein Zyklopenauge starrt. In der Anordnung des zweigeschossigen Mittelschiffs mit den hochstrebenden Säulenarkaden erkennen einige Kunsthistoriker Ähnlichkeiten mit den apulisch-romanischen Kathedralen. Bemerkenswert ist insbesondere der dem heiligen Francesco di Paola gewidmete Altar links vom Kreuzpunkt. Die zwölf Bildergeschichten der Altarwand, von Francesco Antonio Zimbalo selbst in Pietra Leccese gearbeitet, erzählen aus dem Leben des Heiligen.

Das benachbarte Konventsgebäude ist heute Sitz der Stadtverwaltung und besticht durch eine zweistöckige Rustikafassade, die von prunkvoll verzierten Fensterrahmungen und einer markanten Säulenanordnung gegliedert wird.

Castello: Die restaurierte Festung betritt man von der der Altstadt zugewandten Seite. Das turmlose Kastell wurde von Gian Giacomo dell'Acaya zwischen 1539 und 1548 auf den Trümmern normannischer und angiovinischer Vorgängerbauten errichtet. Im Zuge einer Erneuerung unter den Spaniern wurden auch die angrenzenden

Friedhofskirche Santi Niccolò e Cataldo

Stadtmauern verstärkt. Die Gefahr durch das Osmanische Reich war somit vorläufig gebannt, und die Bürgerschaft errichtete Kaiser Karl V. aus Dankbarkeit einen Triumphbogen, die *Porta Napoli*. Das 20 m hohe Stadttor mit korinthischen Säulen und dem kriegerischen Wappen Karls steht auf der anderen Altstadtseite neben dem Zentralgebäude der Universität. Im Castello befindet sich der sog. „Schlosspalast", ein herrschaftlicher Gebäudetrakt im Renaissancestil, der für Ausstellungen und Konzerte zur Verfügung steht.

Öffnungszeiten Tägl. 9–13 und 16.30–20.30 Uhr. Eintritt frei. ✆ 0832-241964.

Stadtfriedhof und Friedhofskirche Santi Niccolò e Cataldo: Von der Porta Napoli führt eine Zypressenallee am 1822 aufgestellten Obelisken vorbei zum Friedhof. Das Gelände ist eine Oase der Ruhe und bietet eine willkommene Erholung von Autolärm und Stadtgetümmel. Hier kann man kapellengroße Grabstätten sowie bescheidene Armengräber bewundern. Die eigentliche Attraktion ist aber die Friedhofskirche Santi Niccolò e Cataldo, der älteste und vielleicht auch eindrucksvollste unter den Lecceser Sakralbauten. Der normannische König Tankred von Lecce ließ die Kirche 1180 errichten. Zwar wurde die romanische Fassade im 18. Jh. barockisiert und büßte dabei ihre Stilreinheit ein, aber gerade die zurückhaltende barocke Überblendung macht heute die Faszination der Kirche aus. Die vollplastischen Figuren und die feinen Schmuckelemente sind meisterhaft gearbeitet. Fast verdeckt die dezente Barockfassade mit dem romanischen Portal die orientalische Zentralkuppel. Die Fresken im Chorraum stammen aus dem frühen 16. Jh. Im Anschluss sollte man noch einen Blick in den restaurierten Kreuzgang und auf seinen spätbarocken Brunnen werfen! Auch der gepflasterte Kirchplatz lädt zum Verweilen ein.

Öffnungszeiten Tägl. 7–12 Uhr, Okt.–Febr. auch 15–17, März–Mai und Sept. 16–18 sowie Juni–Aug. 17–19 Uhr. Die Kirche kann nur nach der sonntäglichen Frühmesse (8–9 Uhr) betreten werden.

Weitere Altstadtkirchen: *Chiesa del Gesù,* sehenswert sind v. a. die bemalte Decke sowie der riesige Altar mit Säulen und Skulpturen. *Chiesa di Santa Chiara,* reich verzierte Fassade an der Piazza Vittorio Emanuele, im Inneren mehrere Altäre. *Chiesa di San Matteo,* die ungewöhnliche Fassade ist in der unteren Hälfte konvex, darüber konkav. An der Porta Rudiae dann die *Chiesa del Rosario* mit ausdrucksstarker Fassade, das letzte Werk und Grabstätte von Giuseppe Zimbalo. Entlang der Via Giuseppe Libertini geht es vorbei an der kleinen *Chiesa di Sant'Anna* und der unvollendeten *Chiesa di Santa Teresa.* Am nordöstlichen Altstadtrand die griechische *Chiesa di San Niccolò dei Greci,* die ihre vollständige Ikonostase erst kürzlich aus dem Museo Provinciale zurückerhalten hat.

Weitere Altstadtpaläste: Höhepunkte des städtischen Baubooms im 17. und 18. Jh. bieten zudem die zahlreichen Adels- und Bürgerhäuser – zumeist im Lecceser Barock, vereinzelt auch mit Neorenaissance- bzw. Rokokofassaden. Besonders typisch für die Stadtpalazzi sind die Ecksäulen mit den darüber angebrachten Familienwappen sowie die verzierten Konsolbalkone. Zwei interessante Beispiele mit prächtigen Fassaden befinden sich an der Piazzetta der Via Giuseppe Palmieri zwischen Domplatz und Porta Napoli – es handelt sich um die *Palazzi Palmieri* und *Marrese.* Eine regelrechte Prachtmeile mit Stadtvillen unterschiedlichster Stilrichtungen dicht an dicht findet sich ab der Porta San Biagio der *Viale Francesco Lo Re.*

Museo Provinciale Sigismondo Castromediano: Das älteste archäologische Museum Apuliens wurde bereits 1868 eröffnet und trägt den Namen eines adligen Lokalpatrioten, engagierten Kämpfers gegen die Bourbonen und Archäologen aus dem 19. Jh. Seine Privatsammlung bildete auch den Grundstock des Hauses. Vollständig umstrukturiert, modernisiert und neu bestückt, ist es 2003 wiedereröffnet worden. Die umfangreiche archäologische Abteilung beherbergt z. T. spektakuläre messapisch-römische Grabungsfunde aus dem Stadtgebiet, den stadtnahen Siedlungen von Cavallino und Rudiae sowie aus anderen salentinischen Ausgrabungsgebieten, z. B. Rocavecchia. Griechisch-apulische Vasen, römische Torsi von Statuen, Marmorfriese, Bronzegegenstände, messapische Helme und Grabschmuck – alles mit moderner Museumsdidaktik aufbereitet. Die prähistorische Abteilung zeigt Funde und Rekonstruktionen aus den im Neolithikum bewohnten Küstengrotten und Felshöhlen des Salento, und ein Videofilm enthüllt die Geheimnisse der berühmten *Grotta dei Cervi* (S. 323). Außerdem besitzt das Museum eine kleine aber feine Gemäldesammlung zum 15. bis 18. Jh. Ein ganzer Saal zeigt schließlich zeitgenössische Werke salentinischer Künstler.

Öffnungszeiten Mo–Fr 9–13.30 und 14.30–19.30 Uhr sowie Sonntagvormittag. Eintritt frei. Viale Gallipoli 28, ✆ 0832-307415.

Piazza Mazzini: Die quadratische, baumbestandene Platzanlage ist von der Altstadt aus zu Fuß über die Via Trinchese schnell zu erreichen. In den modernen Zweckbauten haben hochwertige Geschäfte, Banken und Versicherungen Quartier bezogen. Straßencafés unter Betonarkaden laden zum Verweilen ein.

Pinacoteca d'Arte Francescana: Das Museum des *Convento Sant'Antonio dei Frati Minori* beherbergt eine interessante Sammlung von über 200 Kunstwerken, die aus verschiedenen Franziskanerklöstern der Region stammen, vorwiegend Gemälde des 16. bis 18. Jh. Hinzugekommen sind in jüngerer Zeit einige Werke der Gegenwartskunst sowie Objekte aus Ton und Pappmaschee.

Öffnungszeiten Mo–Sa 9–13.30 und 14.30–19.30 Uhr, So nur vormittags. Eintritt frei. Via Imperatore Adriano 79 (Nähe Piazza Mazzini), ✆ 0832-683503.

Tavoliere di Lecce

Nordwestlich von Lecce dehnt sich der fruchtbare Tavoliere di Lecce aus – die kleinere Ausgabe des Tavoliere di Foggia. In der Ebene, die bis weit in die beiden Nachbarprovinzen Brindisi und Tarent hineinragt, gedeiht neben Tabak und Weizen vor allem der Salento-Wein.

Schnurgerade Straßen durchziehen das flache Bauernland in alle Richtungen. Ab und zu tauchen kleine Dörfer auf, die noch heute wie ausgestorben wirken. Es handelt sich um die ehemalige Heimat zahlreicher Arbeitsemigranten. Kultureller Höhepunkt dieser monotonen und eher melancholisch stimmenden Weingegend ist das nordöstlich von Squinzano gelegene Klostermuseum *Santa Maria di Cerrate*. Im Hochsommer ist die Landschaft nahezu menschenleer, und die glühende Sonne steht über einer schier endlosen Weite. Felder und Plantagen mit überwiegend niedrigen, dürren Weinstöcken bestimmen das Bild; zwischendurch ragen große, befestigte Masserie auf, teils mit Zufahrten aus Alleen turmhoher Zypressen. Die stattlichen Anwesen stammen aus dem 17., 18. und 19. Jh., ihre prächtigen Fassaden im teils orientalisch anmutenden Stil verbergen sich oftmals hinter hohen Pinien, Zypressen und Palmen. Mit ihren massiven Mauern und von Schießscharten durchzogenen Wehrtürmen wirken sie bisweilen wie kleine Festungen: Früher mussten die Großgrundbesitzer ihre Ernte – und oft auch ihr Leben – tatsächlich vor Piraten oder Briganten schützen.

Salice Salentino: Das größte Winzerzentrum der Provinz liegt 15 km von Lecce entfernt. Bereits seit über 350 Jahren baut die *Cantina Leone de Castris* hier Wein an; die Sternstunde der ursprünglich aus Spanien stammenden Winzerfamilie schlug gegen Ende des Zweiten Weltkriegs, als sie den legendären *Five Roses*, den ersten italienischen Roséwein, für die amerikanischen Befreiungstruppen kreierte.

Villa Donna Lisa, ein Tipp für Weinliebhaber, welche die Hausweine des berühmten Weinguts Leone de Castris genüsslich verkosten wollen. Das angeschlossene, rustikale Restaurant mit dem dekorativen Riesenkamin bietet dazu solide salentinische Cucina di Terra, Menü ca. 20 €. Zum Anwesen gehören auch ein Weinmuseum und ein Hotel. Via Filippa Marangi, am Ortsrand von Salice Salentino, ✆ 0832-731112, www.leonedecastris.com.

Abbazia Santa Maria di Cerrate

Ein lohnenswerter Abstecher führt zu diesem Klostermuseum am Rand des Tavoliere di Lecce. Die mittelalterliche Abtei befindet sich bereits im Einzugsgebiet der nahen Adria-Küste und liegt ca. 5 km nordöstlich von Squinzano inmitten von Wein- und Tabakplantagen.

Der genaue Entstehungszeitraum der Klosterkirche von Cerrate ist nicht bekannt, aber es darf vermutet werden, dass der Grundstein Anfang des 12. Jh. auf Veranlassung der Normannen gelegt wurde. Die dreischiffige Basilika durchlaufen zwei Säulenreihen mit eindrucksvollen korinthischen Figurenkapitellen, die Decke ist aus Holz. Das Kirchendach hat die Form eines Hausdachs (ohne Kuppel) und gilt deshalb als architektonischer Ableger der Kathedralen von Tarent und Otranto. Bei der Restaurierung (1975) sind unter dem Verputz der Innenwände und Säulenbögen nahezu vollständige Freskenzyklen aus dem 12. und 13. Jh. entdeckt und freigelegt worden. Die kostbarsten Wandmalereien wurden im Zuge der Konservierungsarbeiten abgelöst und befinden sich im benachbarten Museum.

Basilianermönche bevölkerten die Gegend bereits im 5. Jh. und lebten hier in einer klösterlichen Gemeinschaft. Im 12. Jh. entstand dann, wie bereits erwähnt, die Abteikirche, die 1531 aufgelöst und in ein Hospital umgewandelt wurde. 1711, so berichtet die Chronik weiter, belagerten und zerstörten die Türken das Kloster weitgehend. An den meisten Wandgemälden erkennt man noch deutliche Spuren eines systematischen Vorgehens. Anstatt die Fresken vollständig zu vernichten, begnügten sich die osmanischen Gotteskrieger mit einer eher symbolischen Zerstörung, indem sie Augen und Herz der dargestellten Heiligen durchbohrten.

1965 kaufte die Provinz Lecce den damals in Privatbesitz befindlichen Komplex auf und traf Vorbereitungen für die Restaurierung, die auch eine Instandsetzung der zumeist im 19. Jh. entstandenen Nebengebäude vorsah; bereits in den 70er Jahren war das Projekt realisiert. Nun ist das salentinische Volkskundemuseum *Museo delle Arti e delle Tradizioni popolari del Salento* in den Nebengebäuden der Abteikirche untergebracht. Das liebevoll eingerichtete Heimatmuseum zeigt landwirtschaftliche Gerätschaften und Keramikgegenstände aus dem bäuerlichen Alltag. Eine funktionstüchtige Ölmühle sowie möblierte Nutz-, Wohn- und Schlafräume gehören zu den Sehenswürdigkeiten der Ausstellung.

• *Öffnungszeiten* Di–Sa 9–13.30 und 14.30–19.30 Uhr, So nur vormittags. Eintritt frei.

• *Anfahrt* Das Kloster ist nur mit dem eigenen Fahrzeug zu erreichen, sowohl über die S 16 als auch über die Schnellstraße Brindisi – Lecce. Von der Küste kommend, biegt man hinter Casalbate ins Landesinnere ab.

Copertino

Sie ist die größte selbstständige Gemeinde in der Peripherie der Provinzmetropole Lecce. Gezirkelte Weinplantagen, Gemüsefelder, alte Olivenhaine und Gutshöfe mit kleinen Zypressen- und Pinienwäldchen prägen die kleinstädtische Umgebung.

Das mittelalterliche Städtchen erlebte seine Glanzzeit unter der Herrschaft der Anjou, aber auch die Normannen fühlten sich hier wohl. Besuchermagnet ist das wuchtige, unbeschädigte *Castello*, eine Gemeinschaftsproduktion der verschiedenen Herrschergeschlechter, mit breitem Wassergraben, der die quadratische Vierflügelanlage umgibt. Im nahen historischen Stadtkern, in dem die Kollegiatkirche *Madonna delle Nevi* steht, befinden sich auch einige kuriose

Copertino – La Porta di San Giuseppe

Profanbauten, welche die Aufmerksamkeit auf sich lenken. Das mittelalterliche Stadttor mit der Statue des hl. Franz steht – bestens restauriert – neben der Festung; dahinter öffnet sich der schattige *Largo Castello* – ein günstiger Ausgangspunkt für die Besichtigung des historischen Teils der Stadt.

Aus Copertino stammt übrigens der 1767 heiliggesprochene Minderbruder Giuseppe Desa (1603–1663) – San Giuseppe, der Schutzpatron der Flieger, welcher die überlieferte Fähigkeit der Levitation, d. h. die Gabe zu fliegen, besaß. Gegenüber seinem Geburtshaus wurde ihm in der zweiten Hälfte des 18. Jh. der barocke *Santuario di San Giuseppe* erbaut.

• *Anfahrt & Verbindungen* **Auto**, in Lecce auf den Salento-Highway S 101, bis zur Abzweigung nach Copertino.

Bahn, von Lecce aus mit den *Ferrovie del Sud-Est*; die Fahrt geht über Novoli und dauert knapp 30 Min., der Bahnhof liegt in der Neustadt; über die Via Antonio Quarta erreicht man die Altstadt relativ schnell.

• *Essen & Trinken* **La Lanterna**, volkstümliche Pizzeria mit schöner Lage am zentralen Platz der Altstadt, kleine Preise. Piazza del Popolo 41, ✆ 0832-933788.

• *Einkaufen* *Sapori e Tesori*, gut sortierter Laden am Kastell bzw. an der Porta di San Giuseppe mit typischen Produkten des Salento, Kunsthandwerk (z. B. Keramik) ziert den kleinen Innenraum. Piazza Castello 15, ✆ 329-4796171.

Sehenswertes

Castello: Die Festung wurde 1535–1540 durch den Baumeister Evangelista Menga auf den Mauern mittelalterlicher Vorgängerbauten errichtet. Eine gut erhaltene massive Steinbrücke führt zum kunstgeschichtlich interessantesten Teil des Kastells, dem Eingangsportal, das sowohl Stilelemente aus dem Mittelalter als auch aus der Renaissance aufweist; es zeigt u. a. die königlichen und kaiserlichen Porträts der einstigen Herrscher von Copertino. Dahinter öffnet sich der lichtdurchflutete Innenhof. Im Inneren dieser intakten Militäranlage befindet sich die kleine Kapelle *San Marco* mit Freskenfragmenten und zwei Steinsärgen, die von sphinxartigen Geschöpfen getragen werden.

Einmal im Jahr, in der ersten Septemberwoche, füllen sich die riesigen Säle und Gewölbe samt Innenhof mit kostbaren Antiquitäten – dann findet in Copertino die *Mostra dell'Antiquariato* statt. Blickfang auf der Piazza Castello vor dem Eingang zur Festung ist das 1430 erbaute und im Jahr 1754 barockisierte Stadttor *Porta di San Giuseppe.*

Öffnungszeiten Tägl. außer Mo 8.30–13.30 Uhr. Eintritt 2 €.

Chiesa Matrice: Die Kollegiatkirche *Madonna delle Nevi* im Herzen der Altstadt stammt aus dem späten 11. Jh. und verdankt sich einer Stiftung des Normannen Gottfried, einem Enkel Robert Guiscards und Grafen von Copertino. Der auffällige Campanile ist erst zwischen 1589 und 1603 hinzugefügt worden, an der Fassade des Langhauses sind noch einige korinthische Kapitelle zu erkennen – spärliche Überbleibsel des romanischen Ursprungsbaus. Im Inneren zeigt sich die Kirche in barockem Gepräge, einige Kunstschätze von Rang sollte man dennoch nicht übersehen, z. B. die Werke des apulischen Renaissancemalers Gianserio Strafella. Das Hauptwerk ist die prächtige *Kreuzabnahme* neben dem Seiteneingang; verehrt wird hier jedoch ein mittelalterliches Fresko der Gottesmutter.

Piazza del Popolo: An der volkstümlichen Piazza, die ihren Namen zu Recht trägt, sieht man einige architektonische Merkwürdigkeiten; eigenwillige Giebel-, Balkon- und Fassadenkonstruktionen „verschönern" den lang gestreckten Platz der Einheimischen.

Kiefern schützen die Klippen bei Torre dell'Orso

Küste nördlich von Otranto

Die salentinische Adriaküste, die wir von Norden nach Süden vorstellen, ist zwar durchweg badetauglich, läuft aber erst zwischen Torre dell'Orso und Otranto zur Höchstform auf. Die zahlreichen Torri, Ruinen mittelalterlicher Wach- und Beobachtungstürme, sind die markanten Wegweiser an dieser sonnenverwöhnten Badeküste.

Der fast durchgehend sandige, ca. 35 km lange Küstenstreifen vor den Toren Lecces wird im Norden von der (schon zur Provinz Brindisi gehörenden) Torre San Gennaro und im Süden von der Torre Specchia Ruggeri begrenzt. In *Torre Chianca* haben wir den schönsten Sandstrand der Lecceser Nordküste gesehen.

Von Brindisi bis San Cataldo

Nördlich von Torre Rinalda macht sich noch eine Zeit lang die Nähe zu Brindisi (S. 249) bemerkbar. Das moderne, konventionelle Kraftwerk Brindisi-Cerano und die wild gewachsenen Badeorte San Gennaro, Lindinuso und Casalabate sind ein regelrechter Dorn im Auge. Die fantasielosen Flachbauten dieser Feriensiedlungen wirken wie gemauerte Käfige. Sie sind – und das ist in Italien ein offenes Geheimnis – größtenteils ohne Baugenehmigung entstanden und dehnen sich unaufhaltsam weiter aus. Der Strand ist hier mausgrau und auch nicht besonders sauber. Da lohnt sich eher der kurze Abstecher in den Tavoliere di Lecce zur Abtei von Cerrate (S. 306 f.).

Südlich von Torre Rinalda jedoch zieht sich die *Spiaggia di Milogna* weiß und dünengeschützt bis zur *Torre Chianca*. Am Turm tut sich ein schöner, heller Sandstrand auf, an dem im Hochsommer reger Badebetrieb herrscht. Stimmungsbild außerhalb der Saison: Die geschlossenen, geisterhaft wirkenden Strandbäder gleichen stehen gelassenen Baugerüsten auf Betonplattformen, dazwischen baufällige Badekabinen, an denen die Farbe abblättert; weit und breit einsamer Strand. Dann führt die Straße landseitig an einem unzugänglichen Küstensee vorbei. Von hier erstreckt sich der Dünenstrand bis *Marina di Frigole*. Hinter der Ortschaft Frigole verhindert ein militärisches Sperrgebiet den Zugang zum Strand.

Naturpark Bosco di Rauccio: Naturliebhaber werden vielleicht am Kreisverkehr in Torre Chianca auf die braunen Hinweisschilder aufmerksam und folgen der Straße die wenigen Kilometer landeinwärts zum Parco Naturale Bosco di Rauccio. In diesem rund 850 ha großen Steineichen- und Sumpfareal fühlen sich Wassermolche und Smaragdkröten zu Hause. Karstquellen, seltene Orchideen und vom Aussterben bedrohte Lianen gehören zu den Attraktionen, die Wanderer auf angelegten Wegen entdecken können.

• *Übernachten* *** **Hotel Racar**, Hotel- und Feriendorf ca. 1 km vom Strand entfernt. Die recht komfortable Anlage bleibt das ganze Jahr über geöffnet, Pool, Restaurant/Pizzeria und Disco. DZ 60–80 €, Apartments nur wochenweise ab 300 €. Viale Racar 25 in Marina di Frigole, ✆ 0832-376113, 📠 0832-376051, www.racarvillage.com.

**** **Camping Torre Rinalda**, großer, gut ausgestatteter Platz in Torre Rinalda, viel Grün, Olivenbäume und Strandkiefern, guter Zeltboden, weitgehend Rasen, direkter Zugang zum Dünenstrand, Swimmingpool, April–Okt. geöffnet, auch Bungalowvermietung und Restaurant. 2 Pers., Zelt und Auto 18–32 €. 1 km nördlich von Torre Rinalda, ✆ 0832-382161, 📠 0832-382165, www.torrerinalda.it.

San Cataldo

Der Hausstrand von Lecce. Die Städter erreichen ihn im Handumdrehen über die autobahnschnelle Direktverbindung. Die breite Sandbucht ist mit Strandbädern übersät, kein Fleckchen bleibt ungenutzt.

Wahrzeichen von San Cataldo ist der weiße Leuchtturm im Zentrum. Eine lange Kette von Bars, Gelaterie, Pizzerie und Ristoranti zieht sich am Lungomare entlang, aber seltsamerweise gibt es am Strand kein einziges Hotel. Die Hochsaison ist kurz und heftig, danach – ab Mitte September – ist alles wieder verriegelt, und es erfordert dann sogar etwas Spürsinn, um an einen Espresso zu kommen. Die strandnahe Umgebung befindet sich vollständig in Privatbesitz: Apartmentanlagen, ummauerte Villen und halb erschlossene Baugrundstücke haben das Ausmaß einer Kleinstadt erreicht.

Das heutige San Cataldo lässt nicht einmal mehr im Traum vermuten, dass hier ein bedeutender römischer Hafen, der Hafen Kaiser Hadrians, gute Dienste für die Orientexpansion der Römer leistete. Die Legende erzählt, dass der junge Oktavian – der spätere Kaiser Augustus – bei der Rückkehr von einer Studienreise nach Nordafrika in San Cataldo gelandet und dann direkt nach Rom weitergereist sei, um den kaiserlichen Purpurmantel entgegenzunehmen.

• *Anfahrt & Verbindungen* Von Lecce führt der pfeilschnelle Beach Highway S 543 bis auf den Strand; mit dem Stadtbus Nr. 32 ab Lecce/Bahnhof.

• *Jugendherberge* **Ostello della Gioventù**, kleine Jugendherberge in Strandnähe mit nur neun Zimmern (22 Betten). Weißer, schlichter Flachbau im ummauerten Pinienwald, diente in den 90ern als Flüchtlingslager. Schattiger Minizeltplatz mit separater Sanitäreinrichtung. Nach gründlicher Sanierung im Frühsommer 2008 neu eröffnet, Juni–Sept. oft ausgebucht. 2er- und 4er-Zimmer 15–30 €/Person inkl. Frühst. Lungomare San Cataldo, ✆/📠 0832-650890.

• *Essen & Trinken* Die **Pizzeria il Vecchio Faro** befindet sich am Lungomare, Nähe Leuchtturm; auch sehr akzeptabler Fisch. Piazzale Adriano, ✆ 0832-650312.

Riserva Naturale Le Cesine: Südlich von San Cataldo führt die neue Küstenstraße ein ganzes Stück vom Meer entfernt durch ein dichtes Waldgebiet mit Eukalyptusbäumen und Pinien. Hier erstreckt sich die Naturoase Le Cesine, die vom WWF verwaltet wird. Das über 600 ha große Feuchtgebiet steht unter Naturschutz und dient Zugvögeln als Zwischenlandeplatz. Das wegen seiner Artenvielfalt geschützte Areal grenzt ans Meer und schließt auch den Dünenstrand ein, ebenso schilfbewachsene Teiche, Seen, Sumpffelder und die Forste. Zugänglich sind die Wege nur in Verbindung mit einer Führung durch einen WWF-Mitarbeiter nach Voranmeldung. Wer gerne wandert, sollte besser noch ein Stück nach Süden in Richtung Torre Specchia und San Foce fahren: Wenn die Küstenstraße wieder das Meer erreicht, das Auto am Lido Buenaventura (s. u.) abstellen und zwischen Dünen und Meer nach Norden laufen.

• *Öffnungszeiten Centro Visite* Das von der Küstenstraße ausgeschilderte WWF-Besucherzentrum hat So ab 10.30 Uhr geöffnet; Führungen nach vorheriger Anmeldung für Gruppen und Schulklassen. ✆ 0831-989986 oder www.wwf.it.

• *Baden/Essen & Trinken* **Lido Buenaventura**, 5 km nördlich von San Foca, grenzt direkt an das Naturschutzgebiet Le Cesine an. Schule für Wind- und Kitesurfing mit qualifiziertem Personal, sauberer Strandabschnitt, Liege und Schirm 12–20 €/Tag, Anfang Juni bis Mitte Sept. geöffnet. Guter Ausgangspunkt für Küstenwanderungen in Richtung San Cataldo. ✆ 328-9267989.

Abstecher nach Acaia (Acaya)

Rund 5 km im Hinterland umschließt eine fast quadratische Festungsmauer den Dorfkern von Acaia. Das kompakte Wehrdorf mit dem linearen, militärisch wirkenden Grundriss betritt man durch das gut erhaltene Stadttor *Porta Terra*. Auf dem gemauerten, mit drei Familienwappen verzierten Stadttor thront wieder ein hl.

Durch dieses Tor betritt man die Garnisonsstadt

Provinz Lecce (Salento) Karte S. 294

Oronzo in monumentaler Größe. Der örtliche Stolz ist jedoch das *Castello Aragonese*. Es wurde in der ersten Hälfte des 16. Jh. von Gian Giacomo dell'Acaya, dem Lehnsherrn der Gegend, ausgebaut. Er bewies damit sein wehrarchitektonisches Talent und trat anschließend in die Dienste der Spanier, für die er auch noch die Lecceser Festung erweitern durfte. Besagter Landesherr gestaltete den Ort innerhalb der Mauern komplett neu, um seine „Idealstadt" im Schachbrettmuster zu erschaffen. Stadtutopische Projekte dieser Art waren für die Renaissance nicht untypisch, und so wirkt der Ort stellenweise wie eine bescheidenere Version der norditalienischen Stadt Sabbioneta in der Po-Ebene. Fast folgerichtig wurde die Reißbrettsiedlung, die ursprünglich *Segine* hieß, nach erfolgtem Umbau in *Acaja* umbenannt. Ganz umgekrempelt hat der Architekt den Ort aber nicht: Auf der zentralen Piazza steht die kleine Pfarrkirche *Santa Maria della Neve* aus dem späten 13. Jh. mit romanisch-apulischem Glockenturm – sie ist das älteste Gemäuer des Dorfes.

Beschilderte Radwanderwege erschließen von Acaia aus auf kleinen Nebenstraßen die zahlreichen *Specchie* und *Menhire* in der Umgebung.

• *Anfahrt* Acaia liegt ca. 12 km östlich von Lecce. Am besten auf der Landstraße in Richtung Vernole; 4 km vor der Ortschaft nach links abbiegen. Von der Küstenstraße S 611 3 km südlich von San Cataldo nach rechts (ausgeschildert).

• *Essen & Trinken* **Valentino**, bescheiden verkündet die Speisekarte: „Piatti tipici della terra salentina", doch das Ristorante wird in vielen Gastroführern erwähnt und ist mehrfach ausgezeichnet worden für seine raffinierte und zugleich bodenständige Küche, darüber hinaus sind die Preise moderat. Auch der Hollywood-Regisseur Francis Ford Coppola hat hier schon gespeist. Außenplätze auf einer Terrasse direkt an der Festungsmauer, Menü um 25 €, Di Ruhetag. Piazza Castello 16–18, ✆ 0832-861384.

• *Übernachtung* ***** **Acaya Golf Hotel**, 5-Sterne-Luxus mit 18-Loch-Platz, auf dem Gelände einer alten Masseria entstanden. DZ ab 170 €. Località Masseria San Pietro, 2 km außerhalb an der Straße in Richtung Küste, ✆ 0832-861385, ℻ 0832-861384, www.acayagolfhotel.it.

Küste bis Torre dell'Orso

Torre Specchia Ruggeri: Hier verläuft die Küstenstraße wieder am Meer, öffnet sich ein heller Dünenstrand, und ein dichter Pinienwald spendet Schatten. Anschließend eine niedrige Klippenküste mit geschützten Badebuchten und gesichtslosen Küstenorten. Die Klippen und kleinen Felseninselchen kann man vom flachen Ufer auch schwimmend erreichen. Taucher und Schnorchler finden in dieser Gegend ideale Bedingungen vor. Tatsächlich gilt der Küstenabschnitt unter Schatztauchern als beliebtes Revier, weil vermutet wird, dass hier einige havarierte Schiffe aus der Antike und dem Mittelalter auf dem Meeresboden liegen.

San Foca: Bei San Foca unterbrechen Sandbuchten die Felsküste. Seitdem die Seepromenade jüngst völlig neu gestaltet wurde, wirkt das ehemalige Fischerdorf wie ein recht mondäner Badeort. Die bunt gestrichenen Boote und aufgehängten Fangnetze in der Hafenbucht transportieren jedoch noch etwas von der alten Fischerromantik.

• *Übernachten/Essen & Trinken* *** **Côte d'Est**, 2007 am Hafen von San Foca neu eröffnetes Hotel mit empfehlenswertem Ristorante. Zimmer schauen nach vorne aufs Meer, groß aber dennoch familiär, ganzjährig geöffnet, das Frühst. ist ausbaufähig. DZ 60–120 €, EZ 35–70 €. San Foca, Lungomare Matteotti, ✆ 0832-881146, ℻ 0832-881148, www.hotelcotedest.it.

Roca Vecchia: Diese heute gesichtslose Ortschaft entstand auf den Überresten einer messapischen Küstensiedlung aus dem 4. Jh. v. Chr., die teilweise freigelegt worden ist. Zu sehen sind die Fundamente eines Mauerrings sowie tiefe Gräben. Eindrucksvoll ist v. a. die Nekropole, deren symmetrische Grabkammern und Stufen direkt ins raue Felsufer gemeißelt worden sind. Das Gelände ist der Öffentlichkeit nur begrenzt zugänglich, da die Arbeiten am archäologischen Park noch nicht beendet sind. Die interessantesten Fundstücke sind im Museo Provinciale von Lecce zu sehen.

Torre dell'Orso

Ein größerer Ferienort mit jugendlichem Flair, der im Hochsommer schier aus den Nähten platzt und für den Rest des Jahres wie eine unwirtliche Geisterstadt wirkt. Die leicht geschwungene Bucht ist allerdings vom Feinsten: Der feinsandige Strand wird von hohen Kalksteinklippen begrenzt und in den Felswänden stecken teilweise erkletterbare Höhlen. Die schönsten Ausblicke auf die Bucht eröffnen sich vom südlich angrenzenden *Parco Naturale della Pineta e Duna*. Ein Küstenwanderweg führt durch den Naturpark und verbindet Torre dell'Orso mit dem idyllisch gelegenen Nachbarort *Sant'Andrea*.

• *Übernachten* **** **Hotel Thalas**, moderne Hotelanlage mit Klubcharakter am Ortsrand im Grünen, 500 m bis zum Lungomare (Shuttleservice zum Strand). Restaurant, Swimmingpool, Fitnesscenter, über 100 Zimmer mit Balkon oder Terrasse. Ende April bis Mitte Sept. geöffnet. DZ 116–256 € (Juli/Aug. nur wochenweise). Via degli Eucaliptus, ✆ 0832-841379, ✆ 0832-841341, www.hotelthalas.it.

*** **Li Tamari**, Tipp! Freundliches Strandhotel mit vorgelagertem Pinienwald, eigener Strandabschnitt, schlichte, saubere Zimmer. Hotelrestaurant mit guter Meeresküche, Menü um die 25 €. DZ 60–90 €, EZ 40–45 €. Viale Matteotti, ✆ 0832-841122, ✆ 0832-841886, litamarihotel@libero.it.

*** **Camping Sentinella**, gepflegter, schattiger Platz mit überschaubaren Proportionen, im Mischwald am Ortsrand gelegen, Pool (kostet extra), Liege und Schirm am Strand ab 10 €/Tag, Tennisplatz, Restaurant, Juni–Sept. geöffnet, auch Bungalowvermietung. 2 Pers., Zelt und Auto 11–36 €. Via degli Eucaliptus (ca. 1,5 km zum Strand), ✆/✆ 0832-842030, www.campeggiosentinella.it.

• *Essen & Trinken* **Lido L'Orsetta**, große Strandbar mit angeschlossenem Selbstbedienungsrestaurant und Bagno (Liegen, Sonnenschirme), versorgt den gesamten Badebetrieb in der Bucht von Torre dell' Orso, jüngeres Publikum, ✆ 0832-841007.

Auf dem Wanderweg nach Sant'Andrea

Il Porticciolo, Tipp! Direkt an der kleinen Fischerbucht des Nachbarorts Sant'Andrea; einfach, alteingesessen und freundlich. Fischgerichte mit Frischegarantie und Muscheln in allen Variationen, den frischen Fisch liefert der einzige noch verbliebene ortsansässige Fischer. Auch Pizza und Bar, Menü 20–25 €, ✆ 0832-841675.

• *Einkaufen/Internet* **Le due Sorelle**, äußerlich unscheinbarer, aber charmanter Souvenirladen an der Hauptstraße, Internetzugang und sehr gute Auswahl an Tarantella-Musik-CDs. Lungomare Matteotti, ✆ 328-9163043.

Umgebung/Wandern: Direkt südlich von Torre dell'Orso schließt sich der Küstenpark *Pineta e Duna* an. Ein Wanderweg führt durch den Pinienwald zu den Klippen an der Steilküste und weiter in Richtung Sant'Andrea. Einige wenige Parkplätze gibt es an der Straße am südlichen Ortsausgang von Torre dell'Orso, ein zumeist verschlossenes Holzhaus ist hier als Besucherzentrum ausgewiesen. Vom Holzhaus führt nach links ein Weg in den Pinienwald hinein und verzweigt sich gleich darauf. Die von hier nach halb rechts abgehenden Wege steuern rasch die Felsklippen am südlichen Ende der lang gezogenen Sandbucht von Torre dell'Orso an. Von oben ergeben sich herrliche Ausblicke auf den in der Mitte gespaltenen Kalksteinfelsen im Meer – das unangefochtene Wahrzeichen der Bucht. Weiter geht es nun auf dem (leider nicht immer sauberen) Küstenweg nach Süden, bis der Nachbarort Sant'Andrea ins Blickfeld rückt. Unterwegs führen immer wieder felsige Stufen hinunter ans Meer.

Alimini-Seen und Umgebung

An der Küstenstraße S 611 erstrecken sich die beiden fischreichen Binnenseen *Alimini Piccolo* und *Alimini Grande*. Hier werden Aale, Meeräschen und Seezungen gezüchtet. Die beiden Seen sind in eine typisch mediterrane Uferlandschaft gebettet. In den kleineren mündet eine kräftige Süßwasserquelle, während der größere durch einen Kanal mit dem offenen Meer verbunden ist. Am Verbindungskanal des Alimini Grande öffnet sich zum Meer in beiden Richtungen ein langer Dünenstrand mit Pinienwald. Dieses herrliche Baderevier vor den Toren Otrantos befindet sich noch weitgehend im Naturzustand und gehört zu dem 25 km langen Küstenabschnitt zwischen Sant'Andrea und Porto Badisco, der von 2002 bis 2005 die Auszeichnung „Cinque Vele" für die sauberste und intakteste Badeküste ganz Italiens erhalten hat. Die ansonsten üblichen Strandbäder gibt es hier zwar auch, aber schon nach wenigen Metern beginnt ein freier Strand, der in der Nachsaison fast menschenleer ist.

Einladender Zugang zum Strand

• *Hotel- und Apartmentanlage* *** **Solara Conca Specchiulla**, gepflegte Anlage im Pinienwald zwischen Torre dell'Orso und den Alimini-Seen. Die Hotelgäste werden in kleinen Apartments mit ummauerter Terrasse untergebracht, zweckmäßige Einrichtung mit Bambusmöbeln. Pool und Ristorante/Pizzeria vorhanden, ganzjährig geöffnet. Im Sommer Bootsshuttle zu den Stränden der Umgebung, da die Hotelküste selbst felsig ist. DZ 56–168 €. ✆ 0836-806626, 📠 0836-806628, www.hotelsolara.it.

• *Agriturismi/Camping* Oberhalb der beiden Alimini-Seen ist im Umkreis der Ortschaft Frassanito ein kleines Agriturismo-Zentrum in Küstennähe entstanden.

Agriturismo Il Contadino, Tipp! Auf 25 ha mit Oliven, Pinien, Obstbäumen, Nutz- und Ziergärten verteilen sich 22 komfortable Holzbungalows für 2, 4 und 6 Pers., die geschmackvoll mit Bauernmöbeln eingerichtet sind. Tennisplätze und Schwimmbad (25 x 15 m!) sind vorhanden, Räder können gemietet werden. Bar und gutes Ristorante, in dem eigene Bioprodukte verarbeitet werden, April–Sept. geöffnet. Bungalow für 2 Pers. 50–80 €, für 4 Pers. 70–110 €. ✆ 0836-803065, 📠 0836-803300, www.ilcontadino.it.

Salos, Agriturismo, gepflegtes Grundstück mit viel Grün, 11 ha Landwirtschaft mit Wein, Öl und Gemüse. Bequeme Holzbungalows (3–6 Pers.), hübsche Apartments und ein separater, kleiner Zeltplatz. Gemütliches Restaurant mit luftiger Speiseterrasse. April–Sept. geöffnet. DZ 70 €, Mehrpersonenapartments ab 110 €, Zelten 12 €/Pers. Località Frassanito 4, ✆/📠 0836-803018, www.salos.it.

*** **Camping Frassanito**, schattiger Nadelwald, unmittelbare Strandnähe, gut geführt. Sehr guter Zeltboden, allerdings verbesserungsfähige Sanitäranlagen. 2 Pers., Zelt und Auto ab 20 €. ✆ 0836-803005, 📠 0836-806225, www.campeggiofrassanito.it.

• *Essen & Trinken* **Ristorante Universo**, alteingesessenes Strandrestaurant, rustikal, groß und klimatisiert. Serviert wird v. a. frischer Fisch aus den Alimini-Seen, ehrliche Preise, Menü 15–20 €. Auch Zimmervermietung in separaten Bungalows, DZ 60–130 €. Anfang Juni bis Mitte Sept. geöffnet. An der Küstenstraße S 611, am Verbindungskanal des großen Alimini-Sees zum Meer, ✆ 0836-805234, www.ristoranteuniverso.com.

• *Baden & Surfen* **Spiaggia Frassanito**, schöner Dünenstrand mit kleinen Felsvorsprüngen, Bagni mit Bar, Liegestuhl- und Sonnenschirmvermietung, viel freie Liegefläche selbst in der HS. Der Strand ist auch für Familien mit Kindern sehr gut geeignet.

Buriana, Surfschule am Frassanito-Strand für Kite- und Windsurfing, auch Verleih. ✆ 0832-277647, www.buriana.com.

Otranto

ca. 5500 Einwohner

Die fein herausgeputzte Hafenstadt gehört zu den schönsten Etappenzielen im äußersten Südosten. Die einstige „Stadt der Märtyrer" ist heute ein kunstgeschichtliches Kleinod inmitten einer von der Natur begünstigten Landschaft.

Eine breite, schön geschwungene Uferpromenade führt hinauf zum befestigten Altstadtbereich und läuft auf der seeseitigen Stadtmauer aus. Die beschauliche Altstadt auf dem ins Meer ragenden Felsbuckel schmiegt sich an das mächtige Spanierkastell. Eine breite, teils doppelte Stadtmauer umschließt den gesamten historischen Kern, sie sorgte in kriegerischen Zeiten für Schutz, konnte aber eines der grausamsten Massaker des späten Mittelalters nicht verhindern. Südlich von Otranto erstreckt sich ein karstiger Felsbuckel, der teilweise steil ins Meer abfällt; am höchsten Punkt erkennt man die Ruine der einsturzgefährdeten, mittelalterlichen *Torre del Serpe* (Schlangenturm), die auch im Stadtwappen verewigt ist (S. 322).

In Otranto herrscht heute sichtbarer Wohlstand, überall wird investiert, der historische Stadtkern ist autofrei. Wohlhabende Lecceser und Norditaliener haben das *Centro storico* nach und nach aufgekauft: Das Resultat ist ein sauberer, respektvoll restaurierter Altstadtkern. Verschwunden ist jedoch die authentische Atmosphäre des alten Fischerorts. Wie anderswo auch, haben die modernen bürgerlichen Ansprüche den Ort zwar optisch gerettet, aber letztlich doch verändert. Feine Restaurants, schicke Bars und Boutiquen sind entstanden sowie eine Hafenanlage, die eher den Bedürfnissen von Sport und Freizeit dient als denen der Fischerei.

Wenige Kilometer südlich der Stadt liegt das *Capo d'Otranto* – der östlichste Punkt Italiens. Die albanisch-griechische Küste ist nur 80 km entfernt und bei klarer Sicht mit Adlerblick und etwas Fantasie zu erkennen. Während des Kosovo-Krieges im Frühjahr 1999 war Otranto einer der Zielhäfen albanischer Flüchtlinge. Organisierte Schlepper brachten mit ihren Schnellbooten tagtäglich Menschen an die apulische Küste, wo sie bald aufgegriffen und in Flüchtlingslagern untergebracht wurden. Heute gehören die sog. Boatpeople der Vergangenheit an, Flüchtlingsschiffe steuern jedoch immer mal wieder die apulischen, kalabrischen und sizilianischen Küsten an.

Geschichte: Zur Römerzeit war Otranto der inoffizielle Endpunkt der Heeres- und Handelsstraße *Via Appia* (S. 242) mit direkter Anschlussverbindung auf dem Seeweg in Richtung Orient. Das römische *Hydruntum* besaß einen geschützten Naturhafen mit Handelskontakten in alle Welt und einem erstaunlichen Umschlagvolumen. Als Außenposten von Byzanz und auch in normannischer Zeit prosperierte Otranto weiter. Die damalige Bedeutung der Stadt brachte dem gesamten Salento-Gebiet den Namen *Terra d'Otranto* ein. Zwei sehenswerte Sakralbauten sind die einzigen Relikte aus dieser frühen Glanzzeit: die byzantinische Kreuzkuppelkirche San Pietro aus dem 10. Jh. und die auf Geheiß des Normannenkönigs Roger errichtete Kathedrale, welche die salentinische Barockwut allerdings nicht unbeschadet überstanden hat.

1480 wurde das historische Schicksalsjahr Otrantos: In der nachangiovinischen, schutzlosen Zeit überfielen die Türken die Stadt, zerstörten sie weitgehend und dezimierten die Bevölkerung erheblich. Von den Invasoren aus dem Osmanischen Reich wurde die ehrwürdige Kathedrale, in der sich die letzten Widerstandskämpfer verschanzt hatten, sogar zum Pferdestall degradiert. Angeblich sollen 800 Einwohner den Tod durch Köpfen einem Übertritt zum Islam vorgezogen haben. Die Märtyrer leben bis heute in Sagen und Legenden fort. So wird behauptet, dass die Leichen ein Jahr lang an der offenen Luft gelegen haben, ohne zu verwesen, bis die Aragonier die Stadt aus den Händen der grausamen Despoten befreiten. Auf dem stadtnahen Minerva-Hügel befindet sich eine Gedenktafel mit folgender Inschrift, die an den Überfall erinnert:

Erinnerung an ein Martyrium

„Im Jahre 1480 lebte ich ungestört und vergessen, als ich mich am Morgen des 28. Juli von Schiffen und Türkenhorden umringt sah, die mich aufforderten, mich zu ergeben, und mir gute Bedingungen anboten. Ich weigerte mich, zählte die Feinde nicht, entledigte mich einiger Hundert zaghafter Belagerer, schloss die Stadttore und warf die Schlüssel dazu ins Meer, schwor, bis zum Letzten auszuhalten, im Vertrauen darauf, das Reich und Italien durch mein Zögern retten zu können. Drei Tage lang wurde ich beschossen und besaß nur Lanzen und Pfeile als Waffen. – Am 1. August stürzten meine Mauern ein, dennoch hielt ich den Feind für weitere elf Tage fern, am zwölften Tag besaß ich nichts mehr, womit ich mich hätte verteidigen können. So fiel ich, meinem Schwur treu, über den Leichen meiner zwölftausend Söhne. – Ich fiel, aber zwei Tage später fasste ich wieder Mut und ermunterte, auf diesem Hügel, weitere achthundert meiner verwundeten und entkräfteten Kinder, die der Krieg und die Belagerung verschont hatten, zum äußersten Widerstand. – Nach dreizehn Monaten erlöste mich Gott vom Feind."

Unmittelbar nach dem verheerenden Türkenüberfall ergriff Ferdinand von Aragon vorbeugende Maßnahmen zur Verteidigung der Stadt und ließ das Kastell über einer Stauferburg errichten. Bereits 1483 stand der Wehrturm *Torre Alfonsina* und 1498 waren die Bauarbeiten beendet. Die spanischen Habsburger, die einen erneuten Türkenangriff befürchteten, besorgten in der ersten Hälfte des 16. Jh. den Ausbau. Anfang des 19. Jh. wurde das mächtige Bollwerk jedoch von den napoleonischen Truppen erheblich zerstört.

Porta Alfonsina: Wuchtige Bastion am Eingang zur Altstadt

Information/Anfahrt & Verbindungen/Adressen

- *Information* **IAT-Büro**, am Kastell, tägl. 9–13 Uhr und 16.30–18 Uhr (Juni–Aug. abends länger geöffnet, in den Wintermonaten So geschlossen). Piazza Castello, ✆ 0836-801436, www.comune.otranto.le.it bzw. www.otrantopoint.com.
- *Auto* Von Lecce auf der Schnellstraße S 16 bis Maglie fahren, dann zweispurig weiter bis Otranto; oder auf der Küstenstraße S 611 über San Cataldo und Torre dell' Orso. Gebührenpflichtige Parkplätze gibt es hinter dem Lungomare (ausgeschildert).
- *Bahn* Die *Ferrovie del Sud-Est* verkehren mehrmals tägl. zwischen Lecce und Maglie, von Maglie weiter nach Otranto. Der Bahnhof liegt ca. 10 Fußminuten vom Hafen entfernt.
- *Bus* Linienverkehr der *Autolinee Lecce* mit Verbindungen mehrmals tägl. in beide Richtungen über die Küstenstraße (via San Foca) und über Land (via Calimera).
- *Fähre* Otranto ist heute ein unbedeutender Fährhafen mit nur einer Linie, bietet aber die billigste und schnellste Möglichkeit, im Sommer nach **Griechenland** überzusetzen, allerdings nur über Korfu nach Igoumenitsa. Die tapfere *Artemis 1* tuckert seit Jahren unermüdlich 1- bis 5-mal pro Woche auf dieser Route, Abfahrt abends. Buchung bei *Ellade Viaggi* am Hafen, Via Guglielmotto d'Otranto 34, ✆ 0836-801578, www.elladeviaggi.it.
- *Mietfahrzeuge/Taxi* Etwa über die private Agentur *Autoservizi S.R.L.* Zentral gelegen (auch Info-Büro), Pkw ab 65 €/Tag, Vespa ab 35 €, Mountainbikes (nur im Aug.) für 7 €. Im Gebäude Hotel Miramare, Via Giovanni Paolo II 38, ✆ 0836-802195, www.autoservizisrl.it.
- *Internet* Entweder bei *Lutech* nahe dem Hotel Albania, Via de Donno 13, ✆ 0836-801932 oder am Stadtgarten in der *Bar ai Giardini*, Via Vittorio Emanuele II 12.

Übernachten (siehe Karte S. 319)

Otranto hat zwar ein langes und ausgewogenes Hotelverzeichnis, trotzdem ist eine rechtzeitige Reservierung ratsam. Exklusiven Kluburlaub bietet der traumhaft gelegene Club Mediterranée. Außerdem stehen mehrere B&B-Herbergen und zwei stadtnahe Campingplätze zur Auswahl. Neben einem empfehlenswerten Landhotel in der unmittelbaren Umgebung finden sich weitere Agriturismi nördlich und südlich von Otranto (siehe jeweils dort).

Karte S. 294

• *Hotels* **** **Corte di Nettuno (11)**, Neueröffnung am Altstadtrand, an der Zufahrtsstraße zum Hafen. Der Palazzo aus dem 18. Jh. ist komplett restauriert und auf „antico" gestylt, die namengebende Neptunstatue ziert den Innenhof. Muscheln an den Wänden und 28 noble Zimmer im Kajütenstil sorgen zusätzlich für mediterranes Flair. DZ ca. 120–220 €. Via Madonna del Passo, ✆ 0836-801832, 📠 0836-805307, www.cortedinettuno.it.

*** **Miramare (2)**, größeres Hotel an der Promenade, vollständig renoviert, Zimmer mit Balkon, Ristorante am Hafenstrand, Garage. EZ ab 40 €, DZ ab 65 €. Lungomare Terra d'Otranto 55 (Zugang von hinten, Via Giovanni Paolo II) , ✆ 0836-801023, 📠 0836-801024, www.miramareotranto.com.

*** **Hotel Albània (4)**, ordentliches und gut geführtes 3-Sterne-Hotel in einem gepflegten Neubau in Altstadtnähe, Ristorante mit Aussichtsterrasse. DZ 80–145 €, EZ 50–85 €. Via San Francesco di Paola 10, ✆ 0836-801877, 📠 0836-801183, www.hotelalbania.com.

***Masseria Bandino**, ein Lesertipp! Wie ein Hotel geführte Edel-Masseria unterhalb eines Pinienwaldes, ca. 3 km südöstlich der Stadt. Swimmingpool, ausgezeichnete Zimmer und himmlische Ruhe. Das Ristorante ist ebenfalls sehr zu empfehlen. DZ 80–100 €, im Aug. teurer und HP-pflichtig. Località Bandino, Vicinale Sant'Emiliano (in Richtung Uggiano, auf Ausschilderung achten), ✆/📠 0836-804647, www.masseriabandino.it.

• *B&B* **Palazzo de Mori (7)**, exklusives Altstadtquartier in der Nähe der Basilica San Pietro. Stilvolles Schlafen im Herzen der Stadt, acht Zimmer, toller Frühstückssalon. Standard-DZ 80–100 €. Via Leondari, ✆ 0836-801088 oder 333-9530568, www.palazzodemori.it.

Balconcino d'Oriente (8), liebevoll gestaltetes Privatquartier im Nomad-Art-Stil, warme Gelb-, Ocker- und Orangetöne schaffen eine heimelige Atmosphäre. Fünf Zimmer verfügen über kleine Terrassen, auf denen das Frühst. eingenommen werden kann (Zimmer nach hinten raus sind ruhiger!). EZ 35–45 €, DZ 50–80 €. Via San Francesco da Paola 71, ✆/📠 0836-801529, www.balconcinodoriente.com.

• *Ferienanlage* **Club Mediterranée**, exklusive Klubanlage wenige Kilometer nördlich von Otranto. Großes, bewaldetes Küstengrundstück mit Sporthafen, Privatstrand, Swimmingpools, Sporteinrichtungen etc. Architektonisch ansprechende Apartments, Großrestaurant, Unterhaltungsprogramm rund um die Uhr. Geöffnet von Mitte Juni bis Mitte Sept, am besten über das heimische Reisebüro buchen. ✆ 0836-802046, 📠 0836-805600, www.clubmed.com.

• *Camping* *** **Idrusa (10)**, kleiner, bescheiden ausgestatteter Platz wie aus vergangenen Zeiten, unmittelbar am Hafen auf einer kleinen Anhöhe im schattigen Nadelwäldchen gelegen. Seit 1969 vom freundlichen Antonio D'Alba verwaltet, Juni–Sept. geöffnet. 2 Pers., Zelt und Auto ca. 25 €. Via del Porto 1, ✆ 0836-801255, info@campingidrusa.it, www.campingidrusa.it.

*** **Mulino d'Acqua**, gut ausgestattetes Feriendorf an der Küste 2 km nördlich der Stadt, Sporteinrichtungen, Einkaufsmöglichkeiten, Bar und Ristorante, auch Bungalowvermietung. 2 Pers., Zelt und Auto 24–45 €. Località Santo Stefano, ✆ 0836-802191, 📠 0836-802196, www.mulinodacqua.it.

Essen & Trinken/Nachtleben *(s. Karte S. 319)*

In der Altstadt findet man einige stilvolle und gemütliche Restaurants. Zu den Spezialitäten der örtlichen Fischküche gehören neben der leckeren Fischsuppe, eine Art Fischeintopf, auch Aale aus den nahen Alimini-Seen. Aus der wildwachsenden Zichorienpflanze wird hier eine schmackhafte Suppe namens *Rizze in Brodo* gemacht. In der Umgebung wachsen Aprikosen und schwarze Maulbeeren, ein beliebtes einheimisches Fruchtdessert.

Vecchia Otranto (5), vornehmes Lokal in einem historischen Stadthaus in der Hauptgasse der Altstadt. Kleine Speiseterrasse im Hof, vorwiegend Meeresküche, ausgezeichnete Primi sowie Fisch- und Muschelsuppen, Menü ab 25 €, Do Ruhetag. Corso Garibaldi 52, ✆ 0836-801575.

La Pignata (6), kleine, alteingesessene Trattoria ein paar Häuser weiter auf der rechten Seite. Freundlicher Familienbetrieb, klimati-

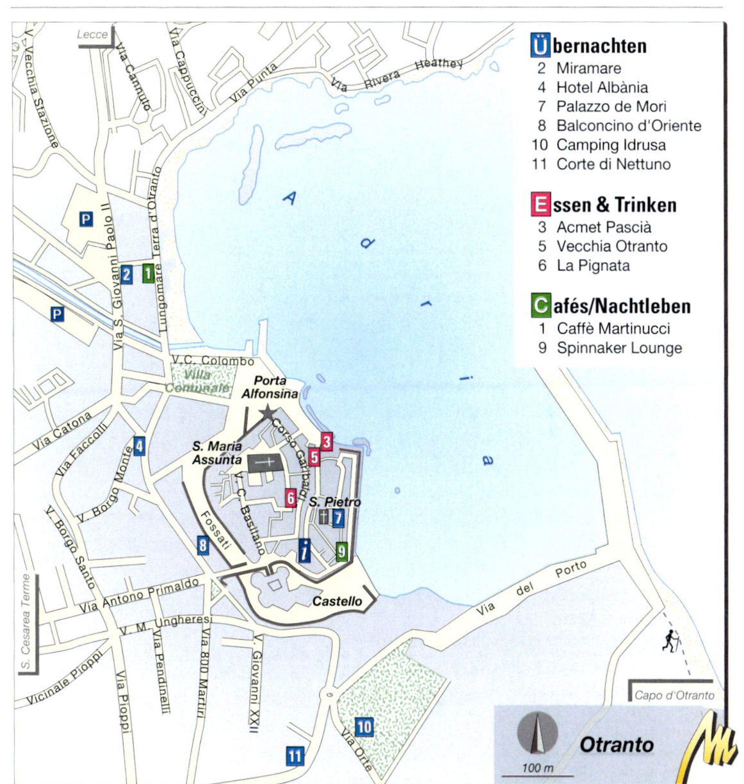

siert, leckere Cucina di Mare e di Terra, mal die Spezialitäten des Hauses aus dem Tontopf *(pignata)* probieren, Menü ab 20 €. Corso Garibaldi, ✆ 0836-801284.

Acmet Pascià (3), sehr schöne Lage, integriert in die Festungsmauer, Speiseterrasse direkt an der Hafenbucht sowie drei kleine, wohnlich eingerichtete Speiseräume. Moderne Kunst ziert das massive Gewölbe, tadellose Meeresküche, v. a. reiche Auswahl an Vorspeisen, erlesene Weine, preislich Oberklasse, Menü ab 30 €, Mo Ruhetag. Lungomare degli Eroi, ✆ 0836-801282.

Mehrere gemütliche **Straßencafés** befinden sich im Bereich der Piazza Castello und in den Seitengassen. Vor der Altstadt gegenüber dem Stadtpark (Villa comunale) sind außerdem nette Cafés an der Via Vittorio Emanuele II. Das **Caffè Martinucci (1)** ein paar Schritte weiter hat leckeres Eis, auch gute Pasticcini und nette Freiplätze. Lungomare Terra d'Otranto 53, im gleichen Haus wie Hotel Miramare (s. o.).

Sehr exklusiv, aber insbesondere in den Abendstunden schön ist die **Spinnaker Lounge (9)** auf der Stadtmauer nahe dem Kastell. Urbaner Chic, Altstadtflair, Musik und jede Menge teure Cocktails. Bastione dei Pelasgi 12, ✆ 0836-802902, www.spinnakerlounge.it.

Feste & Veranstaltungen

Fest der heiligen Märtyrer, städtisches Hauptfest zum Gedenken an die Opfer des Türkenüberfalls von 1480, 13.–15. Aug.

Theater- und Musikveranstaltungen im Castello (im Aug.).

Luci del Mare, Schiffsprozession und Feuerwerk über dem Meer am ersten So im Sept.

Achmet Breche Deute Pascha hieß der türkische Großwesir, der 1480 mit 200 Schiffen und 18.000 Mann den Brückenkopf Otranto einnahm, um von dort aus das ganze Abendland zu unterwerfen. Nachdem keiner der Gefangenen aus Otranto dem Kreuz abschwören und sich zum Halbmond bekennen wollte, ordnete der unbarmherzige Großwesir die Enthauptung aller an. Auf einem Seidenkissen sitzend, schaute Achmet dem blutigen Spektakel zu. Als einer der ältesten Bürger Otrantos, Antonio Primaldo, geköpft wurde, soll sich sein Körper – ähnlich wie in der Sage um Störtebeker – weiter aufrecht gehalten haben, bis der letzte Landsmann zu Boden fiel. Der türkische Scharfrichter war davon angeblich so beeindruckt, dass er zum Christentum konvertierte.

Sehenswertes

Das historische Zentrum betritt man am besten durch das Stadttor an der *Torre Alfonsina,* dem unteren Wehrturm der massiven Stadtbefestigung. Die mit sog. „lebenden Steinen“ *(pietra viva)* gepflasterten Altstadtgassen laufen in engen Windungen auf die Kathedrale zu. Bescheidene weiße Hausfassaden erinnern ein wenig an griechische Wohnkultur, große bürgerliche Stadtpaläste verweisen dagegen auf eine rege Bautätigkeit im 17. und 18. Jh. Der gut erhaltene historische Stadtkern präsentiert sich in beschaulicher Schönheit und ist nicht ohne Grund ein sehr beliebter Schauplatz mediterraner Hochzeitszeremonien.

Kathedrale Santa Maria Annunziata

Im Herzen der engen Altstadt befindet sich vielleicht eine der schönsten und sehenswertesten Kirchen Apuliens. Das Gotteshaus ist ein Musterbeispiel des romanisch-apulischen Baustils. Im Inneren sind zwei kleine Weltwunder verborgen, die niedrige Krypta mit dem dichten Säulenlabyrinth und das Fußbodenmosaik, ein enormes, nahezu vollständig erhaltenes buntes Motivpuzzle aus unzähligen Kalksteinstückchen. Die vollständig restaurierte Kathedrale hat ihren 900. Geburtstag bereits hinter sich – sie wurde 1088 geweiht. Bauherr waren die Normannen. Die helle, 25 m breite Fassade hat ihre Stilreinheit eingebüßt; über dem verhältnismäßig schmucklosen Barockportal aus der zweiten Hälfte des 17. Jh. mit Doppelsäulen und Figurengalerie strahlt ein kreisrundes Renaissanceauge in vollendeter Schönheit. Daneben ragt der frei stehende Glockenturm auf.

Die drei Kirchenschiffe erheben sich über einem gewohnt strengen Grundriss. Durch den 54 m langen Innenraum laufen zwei Säulenreihen aus geschliffenem Granit und trennen die beiden Seitenschiffe optisch ab. Im Langhaus sieht man einige sehr interessante Kapitelle aus dem 12. Jh. Die vergoldete Kassettendecke des Mittelschiffs ist ein Meisterwerk aus dem 17. Jh. und die Verkleidung des Hauptaltars repräsentiert neapolitanische Schmiedekunst des 18. Jh. Byzantinischer Machart sind die spärlich erhaltenen Wandfresken. In der Kapelle der Apsis des rechten Seitenschiffs stehen sieben große gläserne Wandschränke, in denen die Reliquien der 800 Märtyrer von Otranto (s. o.) aufbewahrt werden. Unter dem Altar befindet sich der Richtblock, auf dem man die glaubensfesten Bürger der Stadt enthaupten ließ.

Das Fußbodenmosaik: Die Hauptattraktion der Kathedrale schwebt nicht etwa in himmlischen Höhen, sondern lässt sich nur mit ehrfürchtig gesenktem Haupt erkennen. Das bunte Bodenmosaik hat mit seinen 800 m² enorme Ausmaße: Es zieht

Otranto: Blick auf den Altstadthügel

sich durch das ganze Mittelschiff, füllt rechtes und linkes Querhaus aus und endet in der Hauptapsis. Mit mönchischer Geduld hat der damals im stadtnahen Basilianerkloster lebende Bruder Pantaleonis das Puzzle gelegt. In zweijähriger Arbeit (1163–1165) entstand ein allegorisches Gebilde, das biblische, mythologische und historische Motive vereint. Ein Glanzstück ist der Lebensbaum, an dessen Wurzeln sich der Meister selbst verewigt hat. Im Bereich des Mittelschiffs sieht man die Beladung der Arche, den Turmbau zu Babel und über den Monatsdarstellungen die Vertreibung aus dem Paradies sowie den Brudermord. In der Vierung überwiegen Tier- und Halbgöttermotive, während die Darstellungen in den Querhäusern ikonografisch manchmal unklar bleiben. In seinem Roman „Otranto" (→ S. 65) beschreibt der italienische Schriftsteller Roberto Cotroneo das Mosaik wie folgt: „Ich sehe das Mosaik wieder vor mir – mit zu vielen Hunden und anderen Vierbeinern, menschenköpfigen Löwen, Minotauren, Dromedaren, geflügelten Drachen, Eseln; mit Sphingen, die beißen und grinsen und bellen und mit ihrem stummen Gebrüll die Kathedrale ausfüllen."

Krypta: Den ältesten Teil der Kathedrale betritt man über eine Treppe im Mittelschiff. Die niedrige Krypta ist ein labyrinthischer Säulenwald, in dem man sich an dorischen, romanischen und korinthischen Kapitellen satt sehen kann. Der Grundriss nähert sich dem klassischen Halbkreis mit drei vorspringenden Apsiden und fünf Schiffen. Byzantinische Fresken sind fragmentarisch erhalten. In der Krypta hat man Mauerreste eines noch älteren Kirchenbaus freigelegt.

Öffnungszeiten Kathedrale Tägl. 8–12 und 15–17, in den Sommermonaten bis 19 Uhr.

Weitere Sehenswürdigkeiten

Basilica San Pietro: Die byzantinische Kreuzkuppelkirche befindet sich unweit der Kathedrale und ist vermutlich die alte Hauptkirche von Otranto. Die kleine, kompakte, sich eher vertikal als horizontal ausdehnende Basilika steht laut Überlieferung dort, wo der Apostel Petrus nach seiner Landung im Abendland die erste Predigt abgehalten hat. Die Kirche besitzt verschiedene Dächer, die – wie die umstehenden Häuser auch – mit halbrunden Ziegeln gedeckt sind. Das Giebeldach über dem Eingang wird vom zylindrischen Kuppeldach überragt; sogar der kleine Glockenbogen hat ein winziges gedecktes Giebeldach. Zwei dorische Säulen am schmucklosen Eingang deuten darauf hin, dass ursprünglich ein Portal vorhanden gewesen sein muss. Die Zentralkuppel des Innenraums in Form eines griechischen Kreuzes wird von vier stämmigen Säulen getragen, deren Kapitelle mit Bildnissen geschmückt sind. Die byzantinischen Wandmalereien sind ausgesprochen gut erhalten; auf einem Freskenbild erkennt man Petrus bei der Arbeit, die anderen Apostel haben sich zur Fußwaschung in Reih und Glied aufgestellt. Im rechten Kirchenschiff steht eine eindrucksvolle Petrusstatue byzantinischer Machart.

Castello: Schützend überragt die Festung, verniedlichend auch *il Fortino* genannt, die Stadt. Bei der letzten Generalüberholung wurde der zuvor zugeschüttete Burggraben bis auf seine ursprüngliche Tiefe freigelegt. Dabei kamen auch die Stützpfeiler der ehemaligen Zugbrücke wieder zum Vorschein. Die Nischen des Innenhofs sowie verschiedene Räume werden von modernen Kunstskulpturen verziert, auch die Aussichtsplattformen auf der Festungsmauer sind teilweise begehbar. Über dem Haupteingang an der Piazza Castello ist das Wappen des Habsburgerkaisers Karl V. zu erkennen. Das IAT-Büro schräg gegenüber informiert über die kulturellen Veranstaltungen in der Festung.

Küste südlich von Otranto

Die Küste um Otranto gehört zu den schönsten Badegebieten der salentinischen Halbinsel. Das zerklüftete Felsufer bildet idyllische kleine Fjorde, von denen einige sogar winzige Strände besitzen. Ansonsten ist die Adriaküste bis zur Südspitze der Halbinsel auch gut zum Tauchen und Wandern geeignet.

Die Qualität des je nach Untergrund tiefblauen bis smaragdgrünen Wassers ist tadellos. Sie wird begünstigt durch die Sogwirkung der Meerenge von Otranto, die es mit der Badeküste anscheinend gut meint und eventuelle Verschmutzungen direkt ins offene Meer spült. Außerdem gibt es weit und breit keine Flussmündungen, vor denen man sich in Acht nehmen müsste. Die Küstenstraße schlängelt sich durch eine karstige Hügellandschaft von ästhetischer Kargheit. Dieses äußerste Randgebiet der salentinischen Murgia lässt sich nur mühselig kultivieren – steinige Weideflächen dominieren, Bäume haben hier Seltenheitswert, viele Höfe sind längst verlassen. Noch lange sieht man im Rückspiegel die *Torre del Serpe,* über die der bereits zitierte Schriftsteller Roberto Cotroneo in seinem 1997 erschienenen Otranto-Roman schreibt: „Der Turm sieht aus, als wäre er mit einem Axthieb senkrecht gespalten worden … Der Legende nach heißt er deshalb Schlangenturm, weil jede Nacht eine Schlange an der Außenmauer hinaufgeklettert sei, um dort, wo das Leuchtfeuer brannte, den Kopf durch ein Fenster zu stecken und das ganze Öl auszutrinken." Steil über dem Meer klaffen schwindelerregend hohe Felsvorsprünge. Von den zackigen Felsen am Meer lassen sich nur wenige Individualisten zum Baden verführen. Dafür ist die idyllisch gelegene **Baia dell'Orte** südlich von Otranto ein erstklassiges Tauchrevier.

Die Steilküste südlich von Otranto ist ein ideales Tauchrevier

• *Tauchen* Am Ende der Stichstraße, die zur Baia delle Orte führt, hat **Diving Paradise** eine Tauchstation in einem umzäunten Pinienwald eingerichtet. Professionelle Tauchkurse, Patente aller Stufen, Exkursionen entlang der Felsküste. ✆ 0836-801737, www.divingparadise.it.

In Otranto bietet **Scuba Diving** ebenfalls geführte Exkursionen an, Tauchpatente können erworben werden, die Ausleihe von Tauchausrüstung ist möglich. Via San Francesco di Paola 43, ✆ 0836-802740, www.scubadiving.it.

Die Aktivitäten des in Cavallino bei Lecce ansässigen Tauchzentrums **Onda Blu** erstrecken sich auf die gesamte Küste bis hinunter nach Castro Marina. ✆ 0832-340780, www.onda-blusrl.it.

Capo d'Otranto: Schon von der Baia delle Orte ist der weiße Leuchtturm zu erkennen, der einsam auf der kargen Landspitze steht. Finstere Drachen sollen hier ihr Unwesen treiben, so die zahlreichen Legenden, die diesen Ort umwehen. Bis in die 1960er Jahre wurde die Signallampe mit Petroleum gespeist, das ein Versorgungsschiff aus La Spezia anlieferte. Zwei Männer brachten dem hier einsam hausenden Leuchtturmwärter mit einem Fuhrwerk Lebensmittel aus Otranto. Seit den 80er Jahren ist der Turm nicht mehr in Betrieb. Als jüngst ein Konsortium das Bauwerk kaufen wollte, um am Capo d'Otranto ein Nobelhotel zu errichten, gab es wütende Proteste aus der Bevölkerung. Das Projekt wurde – vorübergehend – fallengelassen, sehr zur Freude der Einheimischen, die nach wie vor gerne in der Silvesternacht das Kap aufsuchen – den östlichsten Punkt Italiens.

Zu Beginn des 20. Jh. wurden in den **Küstengrotten** und Karsthöhlen der Umgebung zahlreiche Funde aus der Steinzeit gemacht (→ S. 331). Erst 1970 hat man die zwischen dem Kap und der Ortschaft Porto Badisco gelegene *Grotta dei Cervi* (Hirschgrotte) entdeckt, deren prähistorische Ritzzeichnungen sich in einem erstaunlich guten Zustand befinden. Neben unklaren magischen Symbolen sind v. a. schematische Tierzeichnungen zu erkennen, darunter auch Hirsche. Diese späte Entdeckung aus der frühen Menschheitsgeschichte ist allerdings nur Wissenschaftlern zugänglich – interessierte Laien müssen mit dem Videofilm im Museo Provinciale der Provinzhauptstadt vorlieb nehmen.

Wanderung 5: Küstenweg zum Capo d'Otranto

Charakteristik: Ein Klassiker unter den Küstenwanderungen im Salento, kein einfacher, aber landschaftlich atemberaubend schöner Weg von Otranto zum östlichsten Punkt Italiens. Auf den Klippen über dem Meer ist Trittsicherheit gefragt, später verengt sich der Pfad zu kaum sichtbarer Breite und führt einen steilen Macchiaabhang hinauf (ca. 100 Höhenmeter). Lange Hosen sind hier von Vorteil, Kopfbedeckung, Verpflegung und Trinkflasche sollten ohnehin mit dabei sein. Wer das letzte Stück bis zum Leuchtturm nicht auf der Straße wandern mag, kann die Tour abkürzen und sich vom unten beschriebenen Aussichtspunkt gleich auf den Rückweg begeben. Geübte können vom Leuchtturm weiter bis nach Porto Badisco wandern (s. u.), sollten dann aber vorher – mangels Bus und Bahn – die Rückfahrt organisieren.

Länge und Dauer: Die gesamte Strecke bis zum Leuchtturm beträgt hin und zurück etwa 12 km, als Gehzeit sollte man 3:30 Std. einkalkulieren.

Anfahrt: Auf der Ortsumgehung von Otranto bis ganz nach Süden durchfahren und die Abzweigung zum Hafen *(Porto)* nehmen. Wenn die Straße am Meer an einer T-Kreuzung endet, geht es links zur Hafenmole (linker Hand der moderne Großbau der Guardia Costiera), während rechts ein Schotterweg nach Südosten führt (Hinweisschild „Zona cave"). Wenige Schritte weiter kann man rechts auf einem Parkplatz das Auto abstellen. Wer in Otranto wohnt, läuft alternativ von der Altstadt hinunter zum Hafen.

Wegbeschreibung: Der Schotterweg setzt sich hinter den Parkplätzen als Küstenweg nach Südosten fort, alle Alternativen, die den Wachturm *Torre del Serpe* (s. o.) rechter Hand auf der Anhöhe ansteuern, sollte man ignorieren. Der Weg verläuft jetzt über den von Wind und Wasser scharf geschliffenen Kalk, immer wieder bieten sich herrliche Blicke über die Karstfelsen auf das tiefblaue Meer. Jetzt ist Trittsicherheit gefragt, hinzu kommt nach weiteren 15 Gehminuten einiges Improvisationsvermögen, wenn sich der Weg stetig zum Pfad verengt, bis er nur noch als schwache Andeutung sichtbar ist. Mehrfach verzweigt sich der Saumpfad, wobei jetzt darauf zu achten ist, dass allmählich die Höhe des Steilufers gewonnen wird. Breiter werdend steuert die Route schließlich den rechteckigen Sockel eines weiteren Küstenwachturms an *(Torre delle Orte)*, von wo aus sich der Leuchtturm am Capo d'Otranto als ferne Silhouette bereits zeigt. Doch zuvor hält sich der Weg am

Turm links und verläuft absteigend mit Kurs auf das Meer. In einem weiten Rechtsbogen geht es sodann in die flache und lang gezogene *Baia delle Orte* hinein. Einige herrlich gelegene Badestellen laden zwischen den Klippen zu einer kleinen Erfrischungspause ein. Am südlichen Ende der Bucht tritt das Ufer wieder steil ans Wasser. Jetzt wird es etwas unübersichtlich, denn der Weg verzweigt sich ständig, jede der Alternativen droht im Macchiagestrüpp zu enden: Zunächst darauf achten, sich nicht zu sehr vom Wasser zu entfernen und andererseits auch nicht die letzte Aufstiegsmöglichkeit nach oben zu verpassen. Ein kleiner Pfad hält nach rechts abschwenkend schließlich auf die Anhöhe zu und endet nach rund 100 Höhenmetern an der wenig befahrenen Küstenstraße (S 16). Von oben eröffnet sich der vielleicht schönste Blick auf diesen Küstenabschnitt.

Trotz der Andeutungen von Pfadalternativen links und rechts der Fahrbahn geht es im Grunde nur auf der Straße weiter, auf der man nach 750 m an zwei Militärstationen gelangt. Hier den links abzweigenden Stichweg nehmen, der direkt zum Gatter der Radarstation zu führen scheint. Kurz davor biegt jedoch ein Feldweg abermals nach links ab, der in einer großen Rechtskurve um die Anhöhe herumführt und schließlich in einer langen Zickzackkehre zum Leuchtturm absteigt. Insbesondere im Frühjahr, wenn die Macchia blüht, ergeben sich hübsche Farbkontraste zum azurblauen Wasser.

Zurück am Aussichtsfelsen, kann man natürlich jederzeit auf dem gleichen Weg retour nach Otranto wandern. Wer das nicht möchte, folgt der Küstenstraße weitere 100 m in Richtung Otranto: In einer Linkskurve führt ein vielversprechender Wirtschaftsweg geradeaus weiter und steuert einen Kiefernwald an – linker Hand eine Zeile von Eukalyptusbäumen. Nach 10 Min. beschreibt der Weg einen scharfen Knick nach links, um wieder zur Küstenstraße zurückzukehren. Am Knick geht es auf schmalem Pfad geradeaus weiter, ehe am Ende des Wäldchens ein von rechts kommender Pfad kreuzt. Geradeaus nun den neuen Pfad entlang, der die Höhe beibehält, wobei sich immer wieder schöne Ausblicke auf das Meer ergeben. Der jahreszeitlich bedingt möglicherweise etwas zugewachsene Pfad quert Wildwiesen und Kiefernhaine, von Zeit zu Zeit liegt ein schwerer Duft von Salbei, Oregano und wilder Minze über der Landschaft. An einem Haferfeld, bereits wieder in Sichtweite zur Küstenstraße, wird es abermals unübersichtlich: Hier rechts um das Haferfeld herumwandern und anschließend versuchen, die Straße zu erreichen. Von dort sind es nur noch rund 1500 m bis zum Hafen von Otranto und dem Ausgangspunkt der Wanderung.

Porto Badisco

Eine winzige Ortschaft an einem der schönsten Minifjorde südlich von Otranto. Der friedliche Küsteneinschnitt wird von Lokalpatrioten gerne mit Vergils *Äneis* in Verbindung gebracht, wo von einem malerischen Ort die Rede ist, an dem der namengebende griechische Weltenbummler erstmals italischen Boden betreten habe. Doch seriösere Vergil-Interpreten wollen in den Schilderungen des großen Epikers andere Orte wiedererkennen.

Einige Villen klammern sich an die Felsen oberhalb der Bucht, eine Asphaltstraße windet sich hinunter zum kleinen, sandigen Hafen mit Parkgelegenheit und Bar. Fischerboote treiben auf der ruhigen Wasseroberfläche oder sind aufs Trockene gezogen. An Sommerwochenenden bevölkern zahlreiche Tagesausflügler das Dörfchen. Vielleicht mal nach einigermaßen glatt gespülten Badefelsen Ausschau halten.

Karte S. 294

Schmale Wanderpfade ohne Markierung führen vom Hafen in beide Richtungen die Küste entlang.

Wer sich Ende Juli in Porto Badisco aufhält, erlebt die stimmungsvolle *Sagra del Riccio di Mare* (Seeigelkirmes). Dann werden am Rand der Durchgangsstraße Tische aufgeklappt und frische Seeigel roh verspeist.

• *Information* Eine kleine **Pro-Loco-Station** befindet sich an der Straße zum Hafen, links von einer kleinen Aussichtsterrasse. Im Sommer Mo–Fr 8–13 und 15–19 Uhr geöffnet. Via del Porto, ✆ 0836-811640.

• *Übernachtung/Essen & Trinken* *** **Hotel Porto Badisco**, schlichter Neubau, moderne Zimmer, z. T. mit Terrasse. Das zugehörige Ausflugsristorante Il Veliero ist eine Institution im Salento, gute lokaltypische Fischküche, Menü um die 25 €. DZ 50–90 €. Via Provenzale Badisco, ✆ 0836-811657 (Hotel), 0836-811639 (Ristorante), 📠 0836-811639, www.hotelportobadisco.com.

Tenuta Sant'Emiliano, der neue, freundliche Agriturismo-Familienbetrieb bietet einfache, saubere Zimmer und beköstigt seine Gäste im luftigen Terrassenrestaurant mit bester Küche, die vorwiegend eigene Produkte aus biologischer Landwirtschaft verwendet, Menü ca. 20 €. DZ 50–70 €. Località Sant'Emiliano, ca. 2 km vor Porto Badisco direkt an der Küstenstraße, aber unbehelligt vom Verkehr, ✆ 339-1092769, 📠 0836-812933, www.tenutasantemiliano.it.

** **Masseria Panareo**, Tipp! Kurz vor Porto Badisco liegt dieses hübsche Anwesen, weithin sichtbar auf einer bewaldeten Hügelkuppe thronend. Der ehemalige Gutshof ist geschmackvoll zum Landhotel ausgebaut worden, die insgesamt 17 Zimmer sind komfortabel und einladend ausgestattet. Das rustikal-gemütliche Hotelrestaurant serviert authentische salentinische Küche (Fleisch und Fisch), Menü um die 20 €. Standard-DZ 80–130 €. Vorsicht, schmale Zufahrt von der Küstenstraße! ✆/📠 0836-812999, www.masseriapanareo.com.

Abstecher zum Dolmen Li Scusi

Ein Abstecher führt ins Landesinnere nach Minervino di Lecce. Die S 173 zieht sich bis Uggiano durch eine leicht wellige Karstlandschaft, eine dünn besiedelte Gegend mit steinigem Weidegrund, etwas Macchia und rotbraunen Feldern. Ab und zu taucht ein Gutshof hinter hochgewachsenen Pinien auf. An der Landstraße von Uggiano nach Minervino steht linker Hand mitten im Olivenfeld eines dieser eindrucksvollen prähistorischen Grabmonumente der Terra d'Otranto, der Dolmen Li Scusi. Ursprünglich führte ein aus Steinen gebildeter Korridor zu der eigentlichen Grabkammer, einer waagerechten, großen Steinplatte, gestützt von kleineren, senkrecht stehenden Steinplatten. Die gesamte Grabanlage war seinerzeit von einem Erdhügel bedeckt. Heute befindet sich die freigelegte Konstruktion nicht mehr im Originalzustand. Aber vielleicht lädt dieser suggestive Ort den einen oder anderen ja zu meditativen Gedanken ein – z. B. über das steinzeitliche Leben im Salento, zu dessen Hinterlassenschaft neben Dolmen auch *Menhire*, lange, aufrecht stehende Steine, und *Specchie*, künstliche Steinhügel, gehören.

• *Übernachten/Essen & Trinken* **Masseria Gattamora**, herrschaftlicher Gutshof am Ortsrand von Uggiano, fast schon luxuriöses, kleines Landhotel mit sieben geschmackvoll eingerichteten Gewölbe- bzw. Dachzimmern. Restaurant im großen, festlichen Gewölbesaal mit eher rustikaler Terrasse davor. Ausgezeichnete lokaltypische, aber dennoch kreative Cucina di Mare e di Terra, Menü um die 25 €, erschwingliche Flaschenweine. Gut geführt und sehr freundlicher Service. DZ mit Terrasse 75–110 €. Via Campo Sportivo 33 (gut ausgeschildert), ✆ 0836-817936, 📠 0836-814542, www.gattamora.it.

Santa Cesarea Terme

ca. 3000 Einwohner

In diesem vornehmen Kur- und Kongressort sprudeln vier schwefelhaltige Warmwasserquellen, die direkt in das Hotel Albergo Palazzo und die anderen Kurbäder geleitet werden. Der kleine Ort verfügt über eine recht hohe Bettenkapazität und ein verhältnismäßig niedriges Preisniveau.

Die großzügig angelegten Herbergen stehen an der weit oberhalb der Uferlinie verlaufenden Promenade. Abgesehen vom Kurbetrieb gibt es einigen sehenswerten Privatbesitz, darunter fantasievolle und farbenfrohe Prachtvillen im maurischen Stil, daneben griechisch anmutende, weiße Flachdachbauten. Vieles, wenn nicht das allermeiste in Santa Cesarea Terme, spielt sich links und rechts der Kurpromenade ab, der *Via Roma*. Von der unteren Terrasse des Weges erkennt man die bizarren Felsformationen, die die sprudelnden Thermalquellen der Ortschaft schützend umrahmen: stachelige Gesteinsrücken, geschichtete monolithische Klippen und raue Felsplateaus. Der Hafen *(Porto Miggiano)* spielt ausnahmsweise einmal keine stadtbildprägende Rolle, er fristet ein Schattendasein, rund einen Kilometer südlich des Ortszentrums. Den schönsten Blick auf die Stadt genießt man vom *Belvedere*, einer Aussichtsterrasse am Rand eines Pinienwaldes hoch über der Kurpromenade.

Das **Thermalbad** hat von Mai bis Oktober Hochsaison und ist für Bade- und Schlammkuren ausgerüstet, außerdem gibt es ergänzende Einrichtungen für Inhalation und Dampfbäder. Bei Rheuma und Erkrankungen der Atemwege ist man hier an der richtigen Adresse. Das örtliche Felsbad *Bagno Marino Archi* liegt in einem ehemaligen Küstensteinbruch und wird von hohen Felswänden eingerahmt.

• *Information* **Kurbüro**, im Kurpavillon an der Durchgangsstraße Via Roma 40, ✆ 0836-944070, www.termesantacesarea.it. **Ufficio IAT**, Via Roma 221, ✆ 0836-944043, www.comune.santacesareaterme.le.it.

• *Mietfahrzeuge* Über Mario Rizelli, dessen Firma im Nachbarort Spongano sitzt. Pkw ab 36 €/Tag, Scooter ab 25 €. ✆ 0836-945490.

• *Übernachten* Die zahlreichen Hotels im 3-Sterne-Bereich sind vorwiegend auf den saisonalen Kurbetrieb eingestellt, aber nicht überall herrscht Pensionspflicht. Ein Küstencampingplatz liegt wenige Kilometer südlich der Ortschaft.

*** **Albergo Palazzo**, älteres, vollständig renoviertes Kurhotel mit angeschlossenem Thermalbad, Wellnessbereich und Ristorante, April–Nov. geöffnet. EZ 36–66 €, DZ 60–110 €. Via Roma 223, ✆ 0836-944316, 📠 0836-944319, www.albergopalazzo.it.

Allahs Sonne scheint über Santa Cesarea Terme

*** **Le Macine**, hübsche, größere Hotelanlage am südlichen Ortsende mit Ristorante. EZ 35–55 €, DZ 55–100 €. Località Archi, Via Fontanelle 37, ✆ 0836-949941, ✆ 0836-949942, www.hotellemacine.it.

*** **Santa Lucia**, moderne Hotelanlage mit Swimmingpool oberhalb des Zentrums. Etwas kleine Zimmer, dafür alle mit Terrasse oder Balkon, ein großzügiger Garten umgibt die Anlage und verspricht Ruhe. Ristorante mit sehr guter Küche. März–Okt. geöffnet. EZ 60–75 €, DZ 80–110 €. Via Belvedere (auf dem Weg zur Aussichtsterrasse, dann links), ✆ 0836-944045, ✆ 0836-944022, www.hotelsantalucia.com.

** **Archi**, gepflegte, kleine Pension, Neubau, ebenfalls mit Restaurant. DZ 44–52 €. Oberhalb des örtlichen Bagno Marino Archi gelegen, Via Umberto I 82, ✆ 0836-944097, ✆ 0836-944210.

*** **Camping Porto Miggiano**, schmale, badetaugliche Hafenbucht mit Küstenwachturm in Sichtweite und passablem, kleinem Ristorante. Gepflegte Anlage mit Eukalyptus- und Olivenbäumen über den Klippen, der Untergrund ist stellenweise etwas steinig, Juni–Sept. geöffnet. 2 Pers., Zelt und Auto 17,50–23 €. 2 km südlich des Orts, von der Küstenstraße ausgeschildert, ✆ 0836-944303, ✆ 0832-340686, www.campingportomiggiano.it.

Blick aus der Tiefe des Berges

• *Essen & Trinken* **La Torre**, alteingesessenes, kleines Ristorante mit Pizzeria oberhalb der Durchgangsstraße neben dem Rathaus. Schöne Terrasse, Hausmannskost, Menu turistico ca. 15 €. Via Roma 147, ✆ 0836-944027.

La Bettola, volkstümliche Trattoria, ebenfalls an der Durchgangsstraße. Cucina tipica, eine Primo-Spezialität sind die Cavatelli con Cozze e Fagioli (Nudeln mit Miesmuscheln und Bohnen), Menü ab 15 €, auch Pizza. Via Roma 99, ✆ 0836-949725.

Il Villino, vornehmes Terrassenrestaurant über den Klippen, gleich neben der auffälligen Jugendstilvilla Sticchi, ausgezeichnete Fischküche, Menü ca. 35 €, Di Ruhetag. Via Umberto I, ✆ 0836-944202.

Pizzeria La Pineta, Ausflugsristorante oberhalb des Belvedere, einsames Haus in extremer Randlage mit großem Garten, nur abends geöffnet. Via Belvedere 22, ✆ 0836-954106.

Caffè delle Terme, Caffeteria und Bar im Zentrum für medizinische Anwendungen, trotz Plastikstühlen sitzt man schön auf der Terrasse hoch über dem Meer. Viale delle Terme (unterhalb der Via Roma), ✆ 0836-949781.

Malè, beliebte Open-Air-Disco beim Belvedere. ✆ 0836-258800, www.malediscoteca.it.

• *Baden & Tauchen* Für einen Tagesbesuch in der **Terme** eignet sich am besten das kleine Freiluftbecken *(Piscina Solfurea)* am unteren Ende der Viale delle Terme, die im Ortszentrum von der Kurpromenade abzweigt. Im Sommer tägl. 9–17.30 Uhr, Tagesticket 5–6 €, Schirm und Liege ca. 10 €.

Das professionell geführte Tauchzentrum **Onda Blu** betreibt eine Filiale in Santa Cesarea Terme. Am Hafen Miggiano, Via Scalo D'Alaggio, ✆ 0836-949797, www.onda-blusrl.it.

Grotta Zinzulusa

Zwischen Santa Cesarea Terme und Castro geht es hinunter auf einen reisebustauglichen Parkplatz mit Souvenirständen, Ristorante, Bar und Schwimmbad über den Klippen; von dort führt eine Treppe zum Grotteneingang. Die Zinzulusa-Grotte ist die einzige der

Küstengrotten (→ S. 331), welche für die Öffentlichkeit freigegeben ist; kein Wunder, da es sich um ein wissenschaftlich relativ bedeutungsloses Exemplar handelt. Sie besitzt statt interessanter prähistorischer Spuren nur stalaktitische und stalagmitische Formationen von durchschnittlichem Reiz. Am Ende des ca. 150 m langen Grottentunnels *Corridoio delle Meraviglie* befindet sich eine – nicht zugängliche – Fledermaushöhle.

• *Öffnungszeiten* Okt.–März tägl. 10–16.30, April/Mai 10–17.30, Juni–Sept. 9.30–19 Uhr. Eintritt 4 €. ✆ 0836-943812, www.castro.it bzw. www.comune.castro.le.it.

• *Bootstouren* Vor dem Grotteneingang warten zwei Boote, um Interessierte zu zwei weiteren Grotten zu fahren, die bloß vom Wasser aus zugänglich sind – natürlich nur, wenn es der Wellengang erlaubt. Die Fahrt zur *Grotta Azzurra* (Blaue Grotte) und *Grotta Palumba* (Taubengrotte) lohnt sich, wenn man die Steilküste einmal vom Wasser aus erleben möchte. Fahrpreis ab 4 € (je nach Teilnehmerzahl). ✆ 0833-758185, www.piccolanautica.it.

• *Übernachten/Essen & Trinken* *** **Piccolo Mondo**, komfortabler, kleiner Hotelbetrieb, hübsch angelegter Garten am Hang, gutes Ristorante. EZ 68–78 €, DZ 107–125 €. Litoranea per Santa Cesarea Terme 238, oberhalb der Grotta Zinzulusa direkt an der Küstenstraße, ✆ 0836-947035, 📠 0836-947139, www.hotel-piccolomondo.it.

Castro

ca. 2500 Einwohner

Zwischen Santa Cesarea Terme und Castro zieht sich die Küstenstraße spektakulär über das Steilufer. Castro gibt es gleich zweimal, oben und unten. Während der Hafenort zwar hübsch, aber ausufernd zersiedelt ist, wirkt die sehenswerte Oberstadt wie ein kleines Museumsdorf.

Die Oberstadt, *Castro Superiore* oder *Castro Vecchio,* klammert sich an den Hang und wirkt mit dem trutzigen Kastell trotz der bescheidenen 98 m über dem Meeresspiegel fast uneinnehmbar. Vom Belvedere neben der Burgruine ist der Blick auf die Küste bis hinüber nach Santa Cesarea Terme atemberaubend. Hier versammeln sich die älteren Bewohner, deren Hauptbeschäftigung das Beobachten von Touristen zu sein scheint. Fast schon logisch, dass auf diesem strategisch wichtigen Bergsporn schon die alten Messapier siedelten. Deren Überreste sind im unteren Teil des *Borgo* noch zu erahnen. Der heutige Ort hat seine Wurzeln jedoch im Mittelalter und lag einst geschützt in einem Mauerring, von dem noch vier Wehrtürme zu erkennen sind. Erstmals urkundlich erwähnt wurde Castro in der zweiten Hälfte des 13. Jh. in einer Schrift, in der von einer „Festung von strategischer Wichtigkeit zur Verteidigung des Königreichs" die Rede ist – gemeint ist das Reich von König Karl I. von Anjou. Im 16. Jh. erneuerte die Adelsfamilie Gattinara die alten Wehranlagen.

Sehenswert ist ferner die *Piazza Vittoria* im Ortszentrum mit der *Chiesa Santa Maria Annunziata* aus dem 12. Jh. An der Außenmauer der Kirche wurden die Reste einer byzantinischen Krypta freigelegt. Das barockisierte Innere des Gotteshauses enttäuscht hingegen ein wenig, keineswegs vergessen sollte man jedoch, in der rechten Seitenkapelle einen Blick auf die prächtig bekrönte Madonna, die Patronin der Stadt, zu werfen. Kurios ist die Kanzel, aus der sich ein Arm aus Holz mit einem Kruzifix in der Hand herausstreckt. Direkt neben der Kirche steht der frisch restaurierte *Palazzo Vescovile,* dessen – noch leere – Innenräume nach telefonischer Voranmeldung besichtigt werden können.

Öffnungszeiten In den Sommermonaten tägl. 16–21 Uhr. ✆ 0836-947038.

Unten im Hafenbecken kleben die Fischer- und Sportboote förmlich aneinander. Auch die Häuser und Villen von **Castro Marina** staffeln sich dicht um die Hafenbucht. Der kleine Küstenort kann den hochsommerlichen Andrang kaum bewältigen.

• *Information* Kleiner **Infopavillon (IAT)** am Hafen. ✆ 0836-943340, www.castro.it bzw. www.prolococastro.com.

• *Übernachten* *** **Hotel Euromare**, kleiner Familienbetrieb mit nur acht Zimmern, gepflegter Flachbau mit Restaurant. Standard-DZ 50–130 €. Piazza Dante Alighieri, am Anfang der Uferpromenade, ✆ 0836-947361, ℻ 0836-947362, www.hoteleuromare.it.

*** **La Roccia**, architektonisch ansprechende Hotelanlage am Ende des Lungomare mit Fischrestaurant. Ruhige Lage, Zimmer mit Balkon und Meerblick. DZ 90–100 €, EZ 45–50 €. Litoranea per Tricase,

✆ 0836-943003, ℻ 0836-943074, www.larocciahotel.it.

* **La Tartana**, kleine Pension an der steilen Straße zur Oberstadt, Zimmer mit kleiner Terrasse und Küstenblick, das Ristorante wird auch von Einheimischen frequentiert. DZ 60–70 €. Via IV Novembre 151, ✆/℻ 0836-943513, www.latartana.it.

• *Essen & Trinken* **L'Aragosta**, recht vornehmes Ristorante mit großer Dachterrasse über den Klippen, Fisch und Meeresfrüchte in allen Variationen, Menü ca. 30 €. Litoranea per Tricase, ✆ 0836/943289, www.ristorantearagosta.it.

Speran, Straßencafé und Gelateria, leckere *Granite*, Eis und mehr. Zentral gelegen, die Tische und Sonnenschirme füllen im Hochsommer fast den ganzen Balkon der Promenade.

Hostaria Vecchie Maniere, Tipp! Originelle, alteingesessene Keller-Osteria in der Oberstadt neben der Burg. Historische Fotos zieren die Wände, kleine Speiseterrasse neben dem Eingang, herzhafte Cucina di Mare e di Terra, z. B. gemischte Antipasti (Meeresfrüchte und Gemüse) oder Polipo con Patate (Tintenfisch mit Kartoffeln), hausgemachte Pasta, freundliche Bedienung, Menü um die 25 €. Via Roma 13, ✆ 0836-943459, www.vecchiemaniere.com

• *Einkaufen* Kleine, vorzüglich sortierte **Enoteca Tradizioni** am hübschen Kirchplatz in der Oberstadt. Sie führt neben den üblichen Prodotti tipici (Pesto, Pasta und Olivenöl) eine gute Auswahl salentinischer Weine. Piazza Vittoria, ✆ 328-9181628.

• *Bootstouren/Tauchen* **Onda Blu** betreibt in Castro Marina eine professionell geführte Tauchbasis, Exkursionen entlang der salentinischen Adriaküste. Pavillon am Hafen, ✆ 0832-340780, www.onda-blusrl.it.

Mehrere Unternehmen bieten am Hafen **Bootstouren** zu diversen Grotten an der Steilküste an, z. B. *Red Coral* (auch Tretboot- und Kanuverleih), ✆ 340-8774639, oder *Durlindana* (Exkursionen, Verleih von Segel- und Motorbooten), ✆ 0836-943916.

Der dicht besiedelte Hügel von Castro

Küstengrotten – Tabernakel aus der Steinzeit

Nördlich und südlich von Castro häufen sich die Wohnhöhlen aus grauer Vorzeit, die heute fast alle nahe der Wasseroberfläche liegen. Berücksichtigt man, dass der Meeresspiegel im Lauf der Jahrtausende erheblich gestiegen ist, wird die geschützte Lage dieser Küstengrotten besser vorstellbar.

Bei Untersuchungen zu Beginn des 20. Jh. entpuppten sich die Grotten *Romanelli, Rotundella* und *Verde* als prähistorische Behausungen von größter wissenschaftlicher Bedeutung. In der kulturgeschichtlich interessantesten Höhle, der Grotta Romanelli, wurden die ältesten menschlichen Spuren und die deutlichsten Ritzzeichnungen entdeckt. Forscher aller Herren Länder haben die Höhle aus dem Paläolithikum bereits gründlich untersucht und ihre Entdeckungen dokumentiert. Sogar die klimatischen Verhältnisse (Wechsel zwischen Eiszeit und tropischem Klima) konnten lückenlos rekonstruiert werden. Die Küstengrotten werden wie Tabernakel aus der Steinzeit behandelt und streng geschützt – Betreten ist nur Wissenschaftlern möglich. Dem normalen Durchreisenden bleiben die Ritzzeichnungen der frühesten apulischen Küstenbewohner somit noch verwehrt.

Insenatura Acquaviva: Wenige Kilometer südlich von Castro öffnet sich wieder ein fjordähnlicher Küsteneinschnitt, an dem man nicht achtlos vorbeifahren sollte. Die schmale, stille Bucht wirkt wie ein natürliches Schwimmbecken, in der rechten Felswand erkennt man Höhlenöffnungen, die jedoch nicht zugänglich sind. Der kleine Parkplatz, die Trinkwasserquelle am Treppenaufgang und das an die linke Felswand gequetschte Ristorante (zum Zeitpunkt der letzten Recherche geschlossen) waren lange Zeit die wenigen zivilisatorischen Eingriffe in dieses winzige Fjordidyll.

Tricase Porto

Am Hafenbecken von Tricase Porto verläuft fast parallel zur Uferpromenade eine gemauerte Mole mit guten Einstiegsmöglichkeiten ins Wasser. Wer lieber natürlichen Boden unter den Füßen spürt, findet am anderen Ende der Bucht auf breiten Felsplatten den Weg ins kühle Nass. Ansonsten zeigt sich Tricase Porto verhalten mondän – hinter Palmen und Pinien versteckt sich viel luxuriöser Privatbesitz in Hanglage. Steil oberhalb des Sport- und Fischerhafens erstreckt sich der alte *Borgo Pescatori,* wo die verbliebenen Fischerfamilien ihre bescheidenen Häuser und Nutzgärten haben.

• *Übernachten/Camping* *** **Il Vascello**, kleiner, alteingesessener Hotelbetrieb mit Restaurant in ruhiger Lage und Ufernähe. DZ 60–90 €. Via Grotta Matrona, nahe der südlichen Ortsausfahrt im Ortsteil Marina Serra, ✆ 0833-775060, 📠 0833-775052, www.hotelilvascello.it.

B&B Borgo Pescatori, Tipp! Äußerst behagliche und ruhig gelegene Privatvilla 100 m vom Meer entfernt, geführt von einer Schweizerin, die es nach Tricase verschlagen hat. Fünf gemütlich eingerichtete Zimmer, teilweise mit Gemeinschaftsbad, traumhafte Lage mit schönem Garten. Die Mahlzeiten werden mit biologischen Zutaten nach den Grundsätzen der Slow-Food-Küche zubereitet. DZ 40–50 € ohne eigenes Bad, 50–60 € mit Bad. Via Borgo Pescatori 26, ✆ 0833-775121, www.borgopescatori.eu.

Stattlicher Uferpalazzo am Hafen von Tricase

*** **San Nicola**, empfehlenswerter Küstencampingpatz, groß und gut ausgestattet. 2 Pers., Zelt und Auto um die 20 €. Am nördlichen Ortsrand von Tricase Porto, Via Bottego 73, ✆/📠 0833-775115.

*** **Il Ponte**, kleiner, gepflegter Küstenplatz mit schattigen Hangterrassen und direktem Uferzugang. 2 Pers., Zelt und Auto ab 17 €. Litoranea Canale de Rion (Ortsteil Marina Serra, südliche Stadtausfahrt), ✆ 0833-544535.

• *Essen & Trinken/Nachtleben* **Bolina**, Kaffee-Bar und stimmungsvolles Fischristorante direkt am Hafenbecken, gut und teuer, Menü ca. 30 €, ✆ 0833-775102, www.tricaseporto.it.

A Casa Mia, mehrfacher Lesertipp! Das deutschsprechende Inhaberpaar hat sich auf frische Pasta-, sowie Fisch- und Meeresfruchtgerichte spezialisiert. Einfach und sehr landestypisch eingerichteter Innenraum am Hafen (keine Freiplätze), von den Tischen blickt man auf die Kühltheke mit den Zutaten. Als Primi einmal die Maccheroni alla Marinara probieren! Menü ab 20 €, ganzjährig geöffnet. Via Colombo 147, ✆ 347-3808732.

Bellavista, Tipp! Beliebtes, alteingesessenes Ausflugslokal 70 m über dem Meer auf einer Aussichtsplattform gelegen. Lauschiges Plätzchen, freundlicher Familienbetrieb, authentische salentinische Fischküche mit Frischegarantie, Menü ca. 25 €. Via Borgo Pescatori, ✆ 0833-775097.
Zum Bellavista gehört jetzt auch ein Freiluftlokal auf mehreren Terrassen mitten in einem mediterranen Nutz- und Ziergarten; hier wird lokaltypische Cucina di Terra und gelegentlich auch Pizza aus dem Steinofen serviert.

Abstecher nach Tricase und Specchia

Tricase: Der Hauptort der beiden Tricase, das Bergdorf, liegt 4 km landeinwärts in verhältnismäßig kühl-luftiger Höhe, 98 m über dem Meer. Auf dem Weg dorthin begegnet man einer 800-jährigen Eiche (12. Jh.!), welche die Landstraße teilt! Früher bedeckten sog. Walloneneichen weite Teile des Salento.

Oben in Tricase, an der friedlichen Piazza Pisanelli, sollte man sich den merkwürdigen Palazzo Principesco nicht entgehen lassen, der im 17. Jh. über den Ruinen einer

Burg aus dem 16. Jh. errichtet wurde. In der barocken Hauptkirche Chiesa Madre verdient eine fein geschnitzte Kanzel (18. Jh.) besondere Beachtung. Und überhaupt lohnt ein kleiner Bummel durch den Ort.

• *Übernachten/Essen & Trinken/Einkaufen* **B&B Campocavallo**, winzige Herberge im Zentrum, herzlich und freundlich. Drei kleine Zimmer, zwei teilen sich ein Bad. DZ ca. 35 €, Nov. bis Febr. geschlossen. Vico Solferino 12 (von der Durchgangsstraße in wenigen Schritten erreichbar), ✆ 0833-545415, www.lameta.net.

I Frany, originelle Trattoria und Hinterhof-Bar in der Altstadt, rustikales Ambiente mit Weinfässern, die hausgemachte Pasta ist empfehlenswert. Kleine Karte und kleine Preise, Menü ab 10 €, Okt. und Nov. sporadisch geschlossen, Mo Ruhetag. Via Degli Acquaviva 1, ✆ 0833-544047 oder 339-1188114.

Arte Ceramica Branca, ein Einkaufstipp! Die Bottega bietet ausgesucht schöne Zier- und Gebrauchskeramik im salentinischen Stil, das Sortiment hebt sich erfreulich von den üblichen Keramikgeschäften ab. Der Künstler Agostino Branca hat einige auf Stil und Niveau bedachte Agriturismi im Hinterland ausgestattet, führt im Hinterzimmer sein Atelier und bietet Interessierten Workshops für 450 €/Person mit Unterbringung im Centro storico. Via Tempio 32 (das Ladengeschäft grenzt an die schmale Durchgangsstraße), ✆ 0833-545120, www.branca.le.it.

Specchia: Die Erwartungen sind hoch, denn seit 2004 zählt die 6 km landeinwärts gelegene salentinische Gemeinde zu den *Borghi più belli d'Italia;* insgesamt nur 50 Orte tragen diese Auszeichnung. Dank des rührigen Bürgermeisters, so sagen die Leute, ist ihr Specchia – ein kleiner Rundling auf einer Hügelkuppe – zur italienischen Berühmtheit geworden. Ein Streifzug durch die z. T. konzentrisch angelegten Gassen des alten Borgo aus dem 16. Jh. führt vorbei an einfachen Wohngebäuden und einigen herrschaftlichen Bürgerhäusern. Alles hat Patina und ist weitgehend bewohnt, während die zentrale Piazza del Popolo ein wenig überrestauriert wirkt.

• *Übernachten* *** **Borgo Cardigliano**, auf einem sanften Karsthügel liegt diese Tabak-Masseria aus dem frühen 20. Jh., die noch in den 50ern aktiv war und vor wenigen Jahren mit EU-Mitteln zu einem Musterferiendorf umgestaltet wurde. Große Gewölbezimmer, vorbildlich restauriert und geschmackvoll mit Baldachinbetten eingerichtet. Großes, etwas nüchternes Restaurant, Swimmingpool. Auch Reisegruppen werden hier untergebracht. Ganzjährig geöffnet. Standard-EZ 46–80 €, Standard-DZ 66–92 €. Borgo Cardigliano, östlich von Specchia in Richtung Taurisano gelegen, ✆/℻ 0833-539599, www.cardigliano.it.

*** **Hotel Salento**, moderner Neubau, 2008 neu eröffnet und ordentlich geführt, ca. 1 km nordöstlich von Specchia. Schöner Blick auf den Ort, ganzjährig geöffnet. Das Ristorante Noviera befindet sich direkt daneben (auch Pizza). DZ 70–80 €. Strada Provinciale per Miggiano, ✆ 0833-535272, ℻ 0833-535893, www.salentohotels.it.

• *Essen & Trinken* **La Bettola**, volkstümliche Trattoria und Bar direkt an der Piazza mit netten Freiplätzen und lecker zusammengestellter Vorspeisentheke, landestypische Kost zu ehrlichen Preisen. Piazzetta San Giovanni, ✆ 329-5668108.

Weiter in Richtung der apulischen Südspitze

Nach den letzten Badebuchten südlich von Otranto steigt die Küstenstraße wieder an und verläuft bis zum apulischen Land's End durch dichte Macchia – undurchdringliches Grün, mediterraner Märchenwald.

Marina di Corsano: Im Mittelalter und der frühen Neuzeit führte von hier aus die Salzstraße *(Via del Sale)* landeinwärts nach Westen. Auf Wanderwegen des italienischen Alpenvereins kann die Steilküste auf kürzeren und längeren, rot-weiß markierten Pfaden erkundet werden. Einstiegstafeln weisen von der Küstenstraße sowohl bergwärts, allerdings zumeist auf Teer (auf braunes Hinweisschild „Tratturi Via del Sale" achten), sowie hinunter an die Küste (Treppenweg und schmaler Steig, Höhenunterschied ca. 130 m).

• *Essen & Trinken* **Ristorante Oasi**, eine Stichstraße führt 5 km südlich von Porto Tricase hinunter bis kurz vor die Küste zur netten kleinen Ausflugs-Bar mit Restaurant. Auch der Wanderweg von der Küstenstraße endet hier (s. o.). Schöner Meerblick von der Terrasse, sehr ruhig, Mai–Okt. tägl. geöffnet. Località Scalamascio, ✆ 340-5879598.

Il Fiordo del Ciolo: Für den landschaftlichen Höhepunkt zwischen Tricase und Santa Maria di Leuca sorgt diese fjordartige Schlucht (→ Foto S. 292). Von der Brücke der Küstenstraße fällt der Blick auf eine von steilen Felsen umgebene, wildromantische Bucht und auf kristallklares Wasser. Wagemutige springen hier von Felsen ins Meer oder schwimmen in die von Krähen bewohnte Uferhöhle hinein. Auch Fossilien fanden sich hier und in der unmittelbaren Umgebung. Ein Wanderweg führt durch den Canyon hinauf in den Ort Gagliano del Capo, die Gehzeit mit Abstecher zum Küstenwachturm *Torre del Rio* beträgt ca. 2 Std. hin und zurück.

Santa Maria di Leuca

ca. 1000 Einwohner

Für gläubige Katholiken stellt die hoch über dem Ort gelegene Wallfahrtskirche ein unverzichtbares Pilgerziel dar. Der weltliche Teil dieses Finis Terrae, wo Adriatisches und Ionisches Meer aufeinandertreffen, erstreckt sich hinter der langen Uferpromenade. Boote fahren vom Hafen zu den sehenswerten Küstengrotten.

Als Papst Benedikt XVI. im Frühsommer 2008 zur Südspitze der salentinischen Halbinsel pilgerte, platzte der Ort aus allen Nähten, die Zufahrtsstraßen mussten weiträumig abgeriegelt werden. Außerhalb der Saison wirkt der traditionsreiche Badeort zuweilen gottverlassen. Von der magischen Anziehungskraft, die Santa Maria di Leuca um 1900 hatte, künden noch zahlreiche Prunkvillen. Diese Sommerresidenzen mit den fantasievollen bis absurden Jugendstilformen fallen als architektonische Kuriositäten auf und beleben das ansonsten etwas farblose und unspektakuläre Nest. Teils verschlossen und verblüht, teils bewohnt und mit Hollywoodschaukel im Garten stehen die Jahrhundertwendebauten der exzentrischen Ende-der-Welt-Liebhaber am Lungomare.

Am Ende der Uferpromenade steht neben der dreibogigen Steinbrücke, die über eine flussbettartige Senke führt, der älteste Häuserverbund des Ortes. Gegenüber diesem mehrstöckigen Konglomerat aus verschiedenartigsten Zweckbauten liegt der betriebsame Fischereihafen. Die großen Kutter mit den Fangkränen an Bord fahren von hier oft tagelang aufs offene Meer hinaus.

Weit oberhalb der Hafenbucht, auf der Kapspitze, liegt in aller Abgeschiedenheit die Wallfahrtskirche Santa Maria di Leuca. Vom großzügig angelegten Parkplatz genießt man einen wunderschönen Panoramablick auf Meer, Ortschaft und Hinterland. Daneben der alles überragende, weiße Leuchtturm. An der Einfahrt zum Parkplatz befindet sich eine unscheinbare Brunnenanlage. Es handelt sich dabei um die *Opere terminali del Acquedotto pugliese*, den Endpunkt des apulischen Bewässerungssystems (→ S. 33). Hier kann jeder testen, in welcher Qualität das lebenswichtige Nass sein Ziel erreicht.

Gute Aussichten am Ende der Welt

Santuario Santa Maria di Leuca: Die barocke Pilgerkirche wurde 1990 in den Rang einer Basilica Minore erhoben und aus diesem Anlass einer Teilrestaurierung unterzogen. Im rechten Seitenarm des Vorraums befindet sich der eigentliche Kirchenschatz, die Madonna mit Kind im blauen Faltengewand. Im Innenraum, über dem ersten Seitenaltar rechts, ein interessantes Altarbild des Johannes von Nepomuk, des bekannten Brückenheiligen, der 1393 in der Moldau ertränkt wurde.
Den Vorplatz der Kirche zieren die für einen Wallfahrtsort üblichen Souvenirbuden mit Plastikstatuetten, Rosenkränzen, Bildchen etc. – offensichtlich ein lukratives Geschäft.
Information ✆ 0833-758822 oder www.basilicaleuca.it

Blickt man hinüber zum anderen Ende der Uferpromenade, erkennt man die *Punta Ristola,* den präzisen geografischen Endpunkt Apuliens. An dieser Stelle öffnen sich mehrere **Küstengrotten,** die nur vom Wasser aus erreichbar sind. Eine der spektakulärsten ist die *Grotta Treporte* mit drei bogenförmigen Eingängen. Von Land aus erreicht man nur die *Grotta del Diavolo* (Teufelsgrotte), die ihrem Namen einer Legende verdankt: Frühere Küstenbewohner hätten aus dem Höhlenschlund ein eruptives Grollen vernommen – ähnlich Teufelsstimmen. Der Fußweg zur Höhle ist ausgeschildert.

• *Information* **Pro-Loco-Büro**, am Lungomare Colombo 53, in der schmucken Säulenvilla Fuortes. Im Sommerhalbjahr tägl. 9–14 und 16–21 Uhr. ✆ 0833-758161, www.prolocoleuca.it oder www.comune.castrignanodelcapo.le.it. Wenige Schritte weiter befindet sich neben dem Hotel Terminal, in der Villa La Meridiana, ein weiteres Infobüro **(IAT)**.

• *Anfahrt & Verbindungen* **Auto**, von Otranto über die beschriebene Küstenpanoramastraße S 173; oder von Lecce nach Maglie auf dem Salento-Highway S 16 und dann weiter auf der S 275 durch die salentinische Murgia.

Bahn/Bus, die *Ferrovie del Sud-Est* verkehren mehrmals tägl. zwischen Lecce und Gagliano, von dort fahren Busse nach Santa Maria di Leuca.

• *Taxi* ✆ 0833-751099 oder 368-3085703.

• *Mietfahrzeuge* **Delcar** mit Sitz in Alessano betreibt in den Sommermonaten eine Dependance in einer Parallelgasse zum Lungomare. Ein weiteres Geschäft befindet sich in Torre Vado (→ S. 338.). Pkw und Scooter ab 25 €/Tag, Fahrräder für 7 €. Via Cairoli, ✆ 0833-522488 oder 320-3498653, www.automobilidelcar.com.

• *Übernachten* **** **Hotel L'Approdo**, schwebt in beherrschender Lage über dem Fischereihafen, internationaler 4-Sterne-Standard, Swimmingpool, Restaurant. DZ 80–220 €. Via Panoramica, ☎ 0833-758548, ☏ 0833-758599, www.hotelapprodo.com.

*** **Terminal**, modernes, größeres Hotel, gut geführt und ausgestattet, geräumige Zimmer mit Balkon und Blick aufs Meer, akzeptables Ristorante, Hotelstrand. DZ 130 €, EZ 95 €. Lungomare Colombo 59, ☎ 0833-758242, ☏ 0833-758246, www.attiliocaroli.it.

*** **Rizieri**, schön gelegen, freundlich und etwas preiswerter als die Konkurrenz. Das Hotelrestaurant hat einen guten Ruf. DZ 60–120 €, EZ 55–100 €. Lungomare Colombo 24, ☎ 0833-758007, ☏ 0833-758012, www.hotelrizieri.it.

* **Albergo del Santuario**, eine Alternative zu den Strandhotels ist die einfache Pilgerherberge oben an der Wallfahrtskirche. Das Gebäude ist nüchtern, in den Gängen weht der Geist der Madonna. DZ 50 € inkl. Frühst., im Juli/Aug. ständig belegt, dann auch deutlich teurer. Via Don Luigi Sturzo, ☎ 0833-758696, ☏ 0833-758636, www.basilicaleuca.it.

B&B Villa Stasi, ein für ehemalige DDR-Bürger vielleicht etwas abschreckender Name, aber es handelt sich um eine Stadtvilla aus den 20er Jahren, 150 m vom Meer entfernt. Arkadenhof, helle, freundliche Zimmer mit Vorgarten bzw. Terrasse, man isst in der Masseria Serine (s. u.), die derselben Familie gehört. 35–55 €/Person, HP 50–70 €. Via Gorizia 41, hinter dem Hotel Rizieri, ☎ 0833-751337, ☏ 0833-753521, www.villastasi.it.

Masseria Serine, abseits der Landstraße gelegene, kleine Azienda agrituristica mit Palmen- und Olivengarten davor sowie Feldern rundherum. Freundlicher Familienbetrieb, ordentliche Zimmer und kleine Apartments im unteren Teil des Haupthauses. Im Obergeschoss mit Dachterrasse befindet sich das Restaurant, in der authentische Cucina salentina serviert wird. Verkauf der eigenen Landwirtschaftsprodukte. DZ inkl. Frühst. 60–80 €, im Juli/Aug. und über Weihnachten/Neujahr nur mit HP. Rund 2,5 km nördlich von Leuca, Richtung Castrignano, ☎ 0833-751337, ☏ 0833-753521, www.agriturismoserine.it.

• *Camping* *** **Centro Vacanze Santa Maria di Leuca**, großer Platz, schattig, gut ausgestattet, mit Swimmingpool und Sportanlagen, auch Bungalowvermietung. 2 Pers., Zelt und Auto ab 12,50 €, ganzjährig geöffnet. Rund 3 km im Landesinneren, an der S 275 nach Gagliano und Maglie, ☎ 0833-548157, ☏ 0833-548485, www.campingsmleuca.com.

Camping **Villa Paradiso**, ein Lesertipp! Ganzjährig geöffneter Zeltplatz an der Ionischen Küste, schon fast im Nachbarort Torre San Gregorio. Schattiger Platz unter Oleander und Eukalyptusbäumen, allerdings ist der Boden etwas steinig. Das Areal ist ein naturbelassener Garten, 200 m weiter liegt das Meer (Sandstrand). 2 Pers., Zelt und Auto 17–24 €. ☎ 0833-765205, ☏ 0833-758013, www.campingvillaparadiso.it.

• *Essen & Trinken* **Osteria Terra Masci**, beliebte, rustikale Trattoria mit Tischen im Freien. Fisch und Meeresfrüchte mit Frischegarantie, auch Pizza, Menü ca. 30 €. Nach einem Kilometer an der Straße Richtung Castrignano. ☎ 0833-758224, www.hosteriaterramasci.com.

Fedele, Tipp! Volkstümliches Ristorante oberhalb des Fischereihafens; heller, etwas steriler Speiseraum, große Terrasse, oft voll, da bei den Einheimischen sehr beliebt. Herzhafte Cucina di Mare e di Terra, das Risotto alla Pescatora ist eine Primo-Spezialität des Hauses, Menü ca. 25 €, Mo geschlossen. Via Doppia Croce 55, ☎ 0833-758732 oder 339-4111029.

La Conchiglia, eines von mehreren Fischrestaurants am Lungomare, ausgewogenes Preis-Leistungs-Verhältnis (Menü ab 25 €), abends auch Pizza (ab 5 €). Lungomare Colombo 8, ☎ 392-3405339.

• *Baden/Nachtleben* **Bar del Porto**, Jugendtreff neben dem Ristorante Fedele, fetzige Musik, lange geöffnet. Via Doppia Croce, ☎ 393-4596820.

Lido Azzurro, neue Strandbar mit Bagno, abends Jugendtreff mit lauter Musik, man sitzt wunderbar auf gepolsterten Sitzen am Meer. Lungomare Colombo, gegenüber dem Hotel Villa Ramirez, ☎ 320-6365092, www.lidoazzurro.net.

Lido Giulia, farbenprächtige Strandbar, die blauen Sonnenschirme sind eine wahre Augenweide. Auf Holzstegen erreicht man das Wasser, Schirm und zwei Liegen ab 13 €/Tag. Lungomare Colombo, ☎ 338-5319277.

Gibò, im ganzen Salento bekannte Edel-Disco mit Piano-Bar und Ristorante, nur im

Villa in Santa Maria di Leuca

Juli und Aug. geöffnet. An der Küstenstraßen ca. 6 km Richtung Tricase, am spektakulären Ciolo-Fjord (→ S. 334), www.gibo.it.

• *Bootsausflug zu den Grotten* Eine Besichtigungstour von 1:30 Std. führt zu fünf Küstengrotten, ca. 10 €/Person, abhängig von der Gruppengröße. Nähere Informationen im Sporthafen (Porto turistico) am Lungomare, z. B. bei **Colaci Mare**, ✆ 0833-758288, www.colacimare.com.

Abstecher nach Patù

ca. 1500 Einwohner

Von Santa Maria di Leuca geht es über Castrignano den Murgia-Rücken hinauf in das kleine Dorf mit dem sonderbaren Heiligtum. Wenn dieser kuriose Sakralbau nicht wäre, würden die Dorfbewohner wahrscheinlich nur sehr selten Besuch bekommen. Alle Wege führen hier zum **Centopietre** – mitten durch den behäbigen Dorfalltag. Am Ortsrand neben der interessanten, jüngst restaurierten romanischen Kirche San Giovanni aus dem 12. Jh. steht der ursprünglich als messapische Kultstätte ausgewiesene „Bau aus hundert Steinblöcken“. Aus der Nähe betrachtet wirkt das flache, rechteckige Gebilde mit dem leicht angewinkelten Dach eher wie eine massive Schutzhütte; bestärkt wird dieser Eindruck noch durch die angrenzenden Felder. Der Innenraum soll einst mit byzantinischen Fresken verziert gewesen sein, deren authentische Spuren heute wohl nur noch Experten erkennen können. Die Gemeinde hat sich jedenfalls im Lauf der Zeit eine eigene Erklärung für ihr – mit Verlaub – komisches Heiligtum geschaffen. Demnach soll es sich bei diesem ca. 7 x 5 x 2 m großen Steinhaus um ein Denkmal handeln, das an die Opfer der zahlreichen Türkenangriffe in dieser Gegend erinnert und erst im 10. Jh. als Grabkammer eines gefallenen Heerführers errichtet wurde.

• *Übernachten/Essen & Trinken* ** **Mamma Rosa**, freundliche, kleine Pension am Ortsrand hinter hohen Mauern und mit lauschiger Gartenterrasse. Das beliebte Restaurant bietet solide salentinische Küche. DZ 40–60 €, EZ 25–35 €. Via Dante Alighieri 17, ✆ 0833-752063, ℻ 0833-765735, www.albergomammarosa.it.

Ionische Küste

Hinter der Punta Ristola bäumt sich auf ca. 10 km Länge eine zerklüftete Felsküste auf, an der nur Ortskundige den Weg ans Wasser finden. Anschließend folgen wieder lange Sandstrände, teils Dünenstrände mit niedrigen Sträuchern, selten gibt es schattenspendende Wäldchen.

Die Ionische Küste wird von Wachtürmen beschützt

Der Küstenverlauf von Santa Maria di Leuca in Richtung Gallipoli hält keine größeren Überraschungen bereit. Die Badeorte an diesem Abschnitt sind wild gewachsen und zersiedelt, die Ortskerne lassen sich kaum identifizieren. Die schönste Bucht haben wir in Marina San Giovanni gesehen. Wie schon entlang der salentinischen Adria dienen die Torri, die in regelmäßigen Abständen aufragenden Küstenwachtürme, als markante Wegweiser an diesem sonnenreichen Küstenstreifen des Ionischen Meeres.

Das Hinterland, der Süden der *Murge Salentine,* ist hingegen schon eher eine Augenweide: rostbraune Erde, pralle Riesenkakteen, knorrige Öl- sowie vereinzelte Feigen- und Mandelbäume, dürre Weinstöcke, steinerne Schutzhütten, verwitterte Steinmauern und ab und zu ein friedliches, verschlafenes Murgia-Dorf.

Torre Vado: Auf der Küstenstraße in Richtung Norden erblickt man bald den gut erhaltenen Rundturm mit gezacktem Wehrgang. Der gleichnamige Badeort, der sich unmittelbar anschließt, besitzt eine überdimensionale Uferpromenade. Den Ort selbst begreift man auch nach dem zweiten Erkundungsgang nicht so recht. Er ist planlos gewachsen, aber erfüllt bei aller Konzeptlosigkeit und Zersiedlung anscheinend die Bedürfnisse einer kurzen, hochsommerlichen Badesaison.

Marina di Pescoluse: Hinter Torre Vado beginnt der breite Dünenstrand von Marina di Pescoluse – so weit das Auge reicht.

• *Übernachten* **** **Camping La Grotta Pescoluse**, großer, gut ausgestatteter Platz mit Sportanlagen und Pool, Olivenbäume spenden Schatten, auch Bungalowvermietung. 2 Pers., Zelt und Auto um die 25 €. Marina di Pescoluse, Località Borgino, ca. 1 km von der Küste entfernt, ☏ 0833-712108, ℻ 0833-712112, www.grottapescoluse.com.

**** **Camping Ionion Club**, moderner, großer Zeltplatz im schattigen Blätterwald mit Supermarkt, Schwimmbad, Sportanlagen etc, ganzjährig geöffnet. 2 Pers., Zelt und Auto 22 €. Località Torre Pali, ca. 2 km landeinwärts im ansteigenden Hinterland, ☎ 0833-711289, 📠 0833-711656, www.ionianclub.it.

Torre Pali, Lido Marini und Torre Mozza: Die anschließenden Küstensiedlungen sind zweifelhafte Ferienorte, die um kleine natürliche Buchten herum aus dem Boden gewachsen sind – zuerst ganz harmlos und dann unaufhaltsam. Die zumeist ohne Baugenehmigung entstandenen Flachbauten erreichen manchmal eine bedrohliche Nähe zum Wasser.

Torre San Giovanni: Wegen der schön geschwungenen Bucht mit Uferpromenade der angenehmste Ort an diesem sandigen Küstenabschnitt.

• *Mietfahrzeuge/Taxi* Direkt vor dem Eingang des Club Robinson (s. u.) verleiht in der Saison die Firma **Uxentum Tour** Autos, Scooter und Fahrräder. Das gleiche Unternehmen führt auch Taxifahrten an der Ionischen Küste durch. ☎ 0833-556194 oder 335-456775, www.uxentumtour.it.

• *Übernachten/Essen & Trinken* **** **Camping Riva di Ugento**, riesiger, gut ausgestatteter Zeltplatz mit dichtem Pinienwald, Pool, Disco, Tennis, davor ein langer Strand mit Dünen. 2 Pers., Zelt und Auto 19–41 €. 4 km südlich der eigentlichen Ortschaft, ☎/📠 0833-556640, www.rivadiugento.it.

*** **Robinson Club Apulia**, zwar ist das Hauptgebäude mittlerweile etwas in die Jahre gekommen, die rundum familientaugliche Anlage besitzt dennoch fast alles: Tennisplatz, Sauna, Fitnesscenter, Animation und jede Menge Strand. Nur wochenweise von Deutschland aus über Reisebüro oder Internet buchbar. Località Fontanelle, vor dem südlichen Ortseingang von Marina San Giovanni, ☎ 0833-9341, 📠 0833-933698, www.robinson.com.

U Purpitiellu, kleine Open-Air-Trattoria in Marina San Giovanni mit zentraler Lage am Meer und großem Parkplatz direkt nebenan. Wenige Tische unter einem Sonnendach, leckere Fischgerichte aus der Garküche, kleine Preise, ideal für eine Mittagspause auf der Durchreise. Außerhalb der Sommermonate nur am Wochenende geöffnet. Corso Annibale, ☎ 338-2310839.

Gepflegte Strandpromenade

Weiter in Richtung Gallipoli: Bis vor die Tore der Stadt bleibt die Küste stark zersiedelt, das Highlight ist die *Torre Suda*. Der Turm mit der ausladenden Steintreppe ist in einem sehr guten Zustand und erinnert vielleicht mehr als die anderen Küstenwachtürme an die Jahrhunderte der Bedrohung durch Angriffe vom Meer.

Baia Verde

Südlich von Gallipoli erstreckt sich der schmale Dünenstrand der sichelförmigen Baia Verde. Das kilometerlange helle Sandband wird streckenweise von dichter Macchia und Pinienwäldchen gesäumt. Von der Küstenstraße aus führen mehrere Fußwege ans Wasser, die Skyline von Gallipoli ist allgegenwärtig. In Richtung Südspitze der Bucht und **Torre del Pizzo,** hinter den Hotel- und Campingplatzanlagen, wird es zunehmend einsamer. Hier beginnt auch allmählich die flache, schwer zugängliche Felsküste.

Abendstimmung am Hafen von Gallipoli

Gallipoli

ca. 21.000 Einwohner

Sie ist die schwarze Perle der Salento-Küste. Die „Kale Polis" (Schöne Stadt) griechischen Ursprungs ist die eigentliche urbane Überraschung am Ionischen Meer. Wie eine uneinnehmbare Felseninsel liegt Alt-Gallipoli an der Spitze einer weit ins Meer ragenden Landzunge – von Norden wie Süden schon aus der Ferne erkennbar.

Wer sich erst einmal durch die rapide ins Hinterland gewachsene Neustadt gekämpft hat, steht vor einer schwimmenden Festung, deren befahrbarer Verbindungsdamm wie eine Ankerkette die Abdrift aufs offene Meer verhindert. Die kompakte Inselstadt ist seit der Gründung in ihren Ausmaßen unverändert geblieben, hat aber die Patina eines antiken Museumsstücks angesetzt.

Gleich hinter dem Damm erhebt sich das mehrfach erneuerte **Castello,** das zur Landseite hin vor unliebsamen Besuchern schützen sollte. Rund um die Stadt zieht sich ein breiter Befestigungswall, auf dem eine Ringstraße verläuft. Von dieser massiven Umfassung gehen mehrere rechtwinklige Molen ab und formen kleine geschützte Hafenbecken, in denen die allgegenwärtigen Berufsfischer von Gallipoli ihre Arbeit verrichten. Netze, Reusen und Fischerzubehör, das sind auch die ersten Dekorationen, die man am Eingang zur Altstadtinsel neben der Markthalle sieht.

Im faszinierend labyrinthischen Gassengewirr, wo mehrere Kirchen und ein uriges Museum auf Besucher warten, geht es v. a. abends, wenn die Einwohner ihre letzten Besorgungen machen, recht lebhaft zu. Und wenn der Essensgeruch dann durch die luftigen Gassen zieht und die Haustüren sperrangelweit offen stehen, fühlt man sich geradezu aufgefordert, in die hell erleuchteten Wohnungen zu starren. Die ungezwungene Offenheit in diesen Stunden entspricht so ganz dem Stolz der Altstadtbewohner auf ihre „Schöne Stadt“, die sie im Laufe der Geschichte mehrmals energisch verteidigen mussten.

Geschichte: 265 v. Chr. verbündete sich das griechische Gallipoli mit der benachbarten Griechenkolonie Tarent gegen die Römer. Der Widerstand wurde jedoch bald gebrochen. Die Eroberer erklärten die Stadt später zu einem römischen Munizipium und stationierten eine Garnison. Im 5. Jh. n. Chr. zogen ostgermanische Vandalen plündernd durch den Salento, auch Gallipoli blieb nicht verschont. Im Mittelalter war die Stadt zunächst normannisch, später staufisch, bevor sie 1266 unter Karl I. an die Anjous fiel. Als diese Dynastie in der Hauptstadt Neapel auf dem Thron saß, wurde das *Castello* errichtet und mehrfach umgebaut. Zwar waren die anrückenden Venezianer 1484 trotz starken Widerstands siegreich, zeigten sich aber beeindruckt von der außergewöhnlichen Tapferkeit und ließen die Stadt deshalb unzerstört. Die letzte Schlacht führte das franzosenfreundliche Gallipoli 1809 gegen die englische Flotte und ließ dabei keinen Kanonenschuss unbeantwortet.

Enorme Bedeutung besaß der **Handelshafen** für das bäuerliche Hinterland. Hier wurden die landwirtschaftlichen Produkte gelagert und verschifft. Als größter europäischer Exporteur von Lampenöl – das aus der minderwertigen Olivenernte hergestellt wurde – machte sich Gallipoli im 17. und 18. Jh. einen internationalen Namen. In den unterirdischen Ölmühlen *(frantoi ipogei)* der Altstadt erzeugte man das Lampenöl, lagerte es dann in riesigen Felszisternen *(posture)* im Hafengebiet und schließlich verlud man es auf Schiffe aus aller Welt. Orientalische Gewürze und südamerikanische Edelhölzer erreichten als Importprodukte den kleinen Mittelmeerhafen Gallipoli. Große europäische Handelsfirmen gründeten zu dieser Zeit Zweigniederlassungen hier und zahlreiche Nationen eröffneten konsularische Vertretungen. Gallipoli schwang sich zu einer kosmopolitischen Größe auf, die man heute kaum mehr nachvollziehen kann. Ölbilder und Kupferstiche aus dem 18. Jh. zeigen einen überfüllten Hafen und eine von Menschen und Waren überquellende Stadt. Der einheimische Ingenieur *Vincenzo Ferraresi* wurde 1785 von örtlichen Autoritäten mit dem Ausbau der aus den Nähten platzenden Stadt betraut. Im darauffolgenden Jahrhundert begann Gallipoli, sich außerhalb der alten Stadtmauern auf der Landzunge auszudehnen. Heute pulsiert v. a. in dieser Neustadt das Leben – allabendliches Auf und Ab am kilometerlangen Corso Roma.

Information/Anfahrt & Verbindungen/Unterwegs

• *Information* **Ufficio Turistico**, am Eingang zur Altstadtinsel in der alten Markthalle, Piazza Imbriani 10 (die Markthalle wurde zum Zeitpunkt der letzten Recherche restauriert; das Provisorium in der Altstadt ist ausgeschildert), ✆ 0833-262529 bzw. 0833-275538, www.comune.gallipoli.le.it und www.gallipolivirtuale.com.

• *Auto* Parallel zur Küstenstraße zwischen Santa Maria di Leuca und Gallipoli verläuft die schnellere Inlandsstrecke S 274; Gallipoli und Lecce verbindet der Salento-Highway S 101.

Der neu angelegte große **Parkplatz** am Altstadtrand liegt direkt am Meer und ist am besten über die Ausfahrt „Gallipoli Nord“ von der S 101 erreichbar.

• *Bahn* Vom Bahnhof der Ferrovia del Sud-Est, Nähe Corso Roma, erreicht man Alt-Gallipoli gut zu Fuß. Züge nach Lecce verkehren über Zollino und Nardo.

• *Bus* Es besteht eine schnelle und häufige Linienbusverbindung von und nach Lecce über Galatone mit der **Autolinee Lecce**. Über Santa Maria al Bagno und Porto Cesareo nach Lecce mit dem **Autoservizi Chiffi**.

• *Taxi* Gianluca, ✆ 340-4809284.

• *Mietfahrzeuge* Giuseppe De Florio betreibt am Altstadtring in der Nähe des Kastells eine Reparaturwerkstatt und verleiht Scooter (20 €/Tag) sowie Fahrräder (5 €). Riviera Armando Diaz 119, ✆ 347-6856726.

Karte S. 294

Übernachten/Camping

Alt-Gallipoli hat sich in den letzten Jahren gemausert und bietet inzwischen einige vielversprechende Hotel- und B&B-Unterkünfte. Zwei Zeltplätze und einen gut geführten Agriturismo-Campingplatz findet man in der stadtnahen Umgebung.

***** **Palazzo del Corso (3)**, herrschaftlicher Neustadtpalazzo aus dem 19. Jh. Sehr stilvoll und komfortabel, nur zehn Zimmer, kein Hotelrestaurant, in 5 Min. ist man zu Fuß in der Altstadt. DZ 130–400 €. Corso Roma 145, ✆ 0833-264040, 📠 0833-265052, www.hotelpalazzodelcorso.it.

**** **Al Pescatore (4)**, Tipp! Geschmackvoll restauriertes historisches Haus mit schönem Innenhof, einige der schlicht möblierten Zimmer mit Blick aufs Meer, rechtzeitig reservieren. DZ 110–130 €, EZ 70–80 €. Am Anfang der Ringstraße, die um die Altstadt führt, Riviera Cristoforo Colombo 39, ✆ 0833-263656, 📠 0833-264331, www.alpescatore.it.

Ausgezeichnetes **Hotelrestaurant**, eine Spezialität des Hauses sind die Fischsuppen, Menü 25 €, Mo Ruhetag.

B&B Palazzo Mosco Inn (9), die Nobelunterkunft im Zentrum der Altstadt ist eine Dependance des Hotels Palazzo del Corso (s. o.). Der 2008 restaurierte Adelspalast bietet zehn fantastisch und mit viel Stil gestaltete Zimmer, von der Dachterrasse blickt man aufs Meer. Nur April–Okt. geöffnet. DZ 100–230 €. Via Micetti 26, ✆ 0833-266562, 📠 0833-265052, www.palazzomoscoinn.it.

B&B La Riviera (2), noble und ganzjährig geöffnete Privatunterkunft im Stil einer Pension am nördlichen Altstadtring. Nur sechs Zimmer, den Hausflur zieren künstlerisch hochwertige Wandfresken. Vom winzigen Frühstücksraum bringt ein Aufzug die Gäste in den ersten Stock. DZ 60–80 €. Riviera Nazario Sauro, ✆ 0833-261096 oder 347-2914434, www.bedandbreakfastlariviera.com.

*** **Camping Baia di Gallipoli**, großes, gepflegtes Gelände mit Rasen, Olivenhain, Pool und Sportanlagen, Zubringerbus zum Strand, auch Bungalows. 2 Pers., Zelt und Auto ab 14 €, auf Sondertarife im Internet achten, Schirm und Liege am Strand bei längerer Aufenthaltsdauer kostenlos. 5 km südlich von Gallipoli, ca. 1 km vom Strand entfernt, ✆ 0833-273210, 📠 0833-275405, www.baiadigallipoli.com.

La Casa del Mare (8), die liebenswerte Privatvilla im Centro storico ist unser Tipp! Die ganze Familie hat den alten Palazzo ausgestattet, gemütliche Korbmöbel schaffen eine wohnliche Atmosphäre. Nur fünf Zimmer, teils mit Gemeinschaftsbad, helle Frühstücksterrasse. Die Mutter kocht die Marmelade selbst ein. DZ 60–100 €. Piazzetta De Amicis, ✆ 0833-261368 oder 333-4745754, www.lacasadelmare.com.

*** **Camping La Vecchia Torre**, gepflegter, großer Platz im dichten Pinienwald direkt am zerklüfteten Fels-Sand-Strand. Freundliche Platzleitung, auch Bungalows, Juni–Sept. geöffnet. 2 Pers., Zelt und Auto ab 22 €.

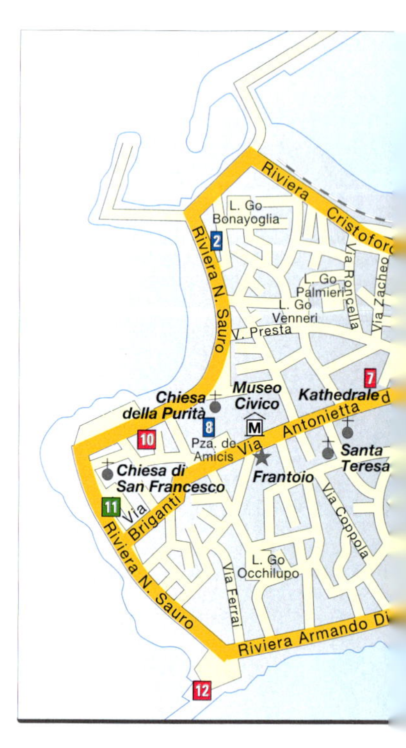

Località Rivabella, 3 km nördlich der Stadt in Richtung Santa Maria al Bagno, ✆ 0833-209083, ✆ 0833-209009, www.lavecchiatorre.it.

La Masseria Coppola, Agriturismo-Camping auf großem Pinienwaldgrundstück direkt am Strandufer mit Swimmingpool. Schattige Zeltplätze und kleine Bungalows mit Veranda. Die landwirtschaftliche Produktion beschränkt sich auf Wein und Olivenöl; Weinkeller *(cantina)* und Restaurant; ganzjährig geöffnet. 2 Pers., Zelt und Auto ab 21 €. Wenige Kilometer nördlich von Gallipoli, ✆ 0833-202295, ✆ 0833-274447, www.lamasseria.net.

Essen & Trinken/Nachtleben

Die schmackhafte Meeresküche von Gallipoli ist weithin bekannt. Hummer, Krebse, Thun- und Schwertfische gibt es das ganze Jahr über frisch. Örtliche Spezialitäten sind z. B. Fischsuppe, Spaghetti mit Krebsfleisch, frischer Rogen in einer Marinade aus Öl, Essig, Salz und Pfeffer sowie Scapece, kleine panierte und frittierte Fische mit Safran gewürzt und in Essig eingelegt.

Scoglio delle Sirene (10), maritimes, kleines Kellerrestaurant an der Ringstraße um die Altstadt, romantisches Tischleindeckdich auch draußen am Mauerwall mit ungetrübtem Meerblick. Freundliche Bedienung, frische Meeresküche, eine Primo-Spezialität sind die Tagliolini mit Krebsfleisch *(polpa di granchi)*, Menü ab 20 €. Riviera Nazario Sauro 83, ✆ 0833-261091, www.scogliodellesirene.com.

Marechiaro (1), alteingesessenes, großes, stimmungsvolles Fischrestaurant unterhalb des Verbindungsdamms zur Altstadt, unmittelbar am Wasser, auch draußen gedeckt. Der Fisch wird direkt von den Fischerbooten angeliefert und in allen erdenklichen Variationen zubereitet, Menü um die 30 €, kein Ruhetag. Lungomare Marconi, ✆ 0833-266143.

Trattoria L'Aragosta (6), Tipp in Alt-Gallipoli! Ein regelrechter Fischtempel mit appetitlichen Auslagen, gegenüber der Markthalle. Gemütlicher Speisesaal mit Patina, auch Tische im Freien, flinke Kellner, gehobene Fischküche, vom reichhaltigen Meeresfrüchte-Antipasto (auch Austern) bis zum Hummergericht *(astice)* alles im Angebot, Fischmenü ab 25 €, nur Flaschenweine. Piazza Imbriani 22, ✆ 0833-262032.

Il Bastione (12), feines Fischrestaurant am Scheitelpunkt der Ringstraße, direkt auf der Festungsmauer. Speiseterrasse mit Meerblick, schickes Ambiente, Gourmetniveau, teuer, im Winter Mo Ruhetag. Riviera Nazario Sauro 28 ✆ 0833-263836.

Le Tre Sorelle (7), für beste Pizza nach original neapolitanischer Machart, auch andere Gerichte aus der Golfregion werden unter dem Label *Cucina tradizionale partenopea* kredenzt, Pizza ab 5 €, Mo geschlossen. Via Antonietta de Pace 40, ✆ 0833-262693 oder 333-7846129.

La Fabbrica del Cornetto, ohne Übertreibung, in diesem schlichten Laden werden die besten Croissants weit und breit hergestellt, auch unübliche Sorten, z. B. mit Füllung aus weißer Schokolade. Riviera Colombo 19, ✆ 347-6293559.

Caffè Fontana Greca (5), am griechischen Brunnen und Übergang zur Neustadt gelegen, bietet dieses Kaffeehaus innen wie außen ansprechende Sitzplätze, dazu Zeitungen, Snacks und Cocktails. Gut als Frühstücksbar oder für den kleinen Hunger zwischendurch. Piazza Fontana Greca 5, ✆ 0833-261295, www.fontanagreca.it.

Buena Vista Cafè Lounge (11), weiche Sessel an der Mauer mit weitem Blick aufs Meer; nicht billig, aber besser kann man einen Tag nicht beschließen: Champagner, Cocktails, Tequila und Musik. Riviera Nazario Sauro 127, ✆ 340-1419972.

Feste & Veranstaltungen

Karneval, *Focaredde* (Freudenfeuer) aus brennenden Olivenholzbündeln leiten Mitte Jan. überall in der Altstadt die Karnevalszeit ein. Mehrere stimmungsvolle **Karnevalsumzüge** finden im Jan. und Febr. statt.

Schutzheiligenfest, zu Ehren der Schutzpatronin Santa Cristina wird eine Schiffsprozession um die Altstadtinsel veranstaltet, den Corso Roma beleben dann zahlreiche fliegende Händler (um den 25. Juli).

Sehenswertes

Fontana ellenistica: Der griechische Brunnen steht am Ende des Corso Roma, noch auf dem Festland, an der Piazza mit dem kleinen Kirchlein der Schutzpatronin Santa Cristina. Das antike Stück mit der Reliefwand stammt aus dem 3. Jh. v. Chr., als die großgriechische Kolonie Gallipoli römisch wurde. Der Brunnen war damals Teil eines Thermalbads und erhielt 1560 seinen jetzigen Platz, wobei man auch gestalterische Veränderungen vornehmen ließ. So wurde ein Tympanon mit dem Wappen König Philipps II. von Spanien aufgesetzt – die Habsburger hatten damals das Sagen im Königreich. Die drei unteren Basreliefs zeigen Liebesszenen aus der griechischen Götterwelt. In der benachbarten Kapelle *Santa Cristina* (16. Jh.) steht eine Pappmascheestatue der Schutzheiligen der Stadt. Kontrastreich erhebt sich dahinter der neue Wolkenkratzer von Gallipoli.

Castello: Der deutsche Kaiser Wilhelm II., so heißt es, habe 1903 zwei seiner Militärarchitekten nach Gallipoli gesandt, um die Festung vermessen zu lassen. Die ursprünglich byzantinische Wehranlage wurde im Lauf der Zeit mehrfach überbaut. Der nach staufischem Vorbild errichtete Eckturm birgt noch Reste des byzantinischen Vorgängerbaus. Anfang des 16. Jh. bekam die Festung ihr heutiges Aussehen. Der toskanische Architekt Francesco di Giorgio Martini entwarf den *Rivellino* (Diamantenspitze), das wehrarchitektonische Herzstück der Verteidigungsanlage. Die Liste der illustren Burgdamen und -herren ist lang, darunter der Staufer Konradin, Karl I. sowie Johanna II., Königin von Neapel, und der letzte Regent aus dem Hause Anjou, Ferdinand I. Heute wird in den Sommermonaten ein Freilichtkino im Castello betrieben.

Kathedrale Sant'Agata: Die Kirche der hl. Märtyrerin Agatha steht auf dem höchsten Punkt der Altstadt. Vermutlich gab es an dieser Stelle einen romanisch-apulischen Vorgängerbau, von dem jedoch jede Spur fehlt. Das jetzige Gotteshaus stammt aus der Zeit der spanischen Herrschaft. Der Bau wurde 1630 begonnen und 1696 mit einer prunkvollen Barockfassade nach Lecceser Vorbild abgeschlossen. Der Innenraum vermittelt den Eindruck einer Gemäldegalerie: Zahlreiche großformatige Ölbilder aus der neapolitanischen Schule des 17. und 18. Jh. schmücken v. a. die Seitenaltäre. Der Dom hält unter allen apulischen Gotteshäusern mit Abstand den Ölgemälderekord. Insgesamt sind es über 100 Werke namhafter Künstler, darunter Luca Giordano, Giovanni Andrea Coppola und Gian Domenico Catalano.

Konventskirche Santa Teresa: In Domnähe (Via Muzio/Via Duomo) befindet sich die unscheinbare Kirche der hl. Teresa mit dem angeschlossenen Convento delle Carmelitane Scalze. Besonders prächtig ist der Hochaltar. Das Kloster der barfüßigen Karmeliterinnen ist übrigens als einziges der Stadt noch aktiv.

Chiesa della Purità: An der Ringstraße um die Altstadt steht diese bescheidene Kirche aus dem 17. Jh. Das Majolikatriptychon an der Fassade zeigt die Madonna mit dem Kind sowie den Hl. Josef und Franz von Assisi. An den Wänden des einschiffigen Innenraums wieder zahlreiche Ölgemälde, v. a, des salentinischen Malers Liborio Riccio. Auch der Kirchenboden ist mit Majolikakacheln verziert. Links vorne die Marienstatue Nostra Signora della Purità, die bei Prozessionen feierlich durch die Stadt getragen wird.

Chiesa di San Francesco: Ebenfalls an der Ringstraße steht die älteste Kirche Gallipolis, die Grundsteinlegung war 1220. Abgesehen von der Fassade sind die mittelalterlichen Stilelemente einer gründlichen barocken Überblendung zum Opfer gefallen. Den genügsamen Franziskanern gefiel die verschnörkelte Baukunst der Zeit anscheinend, sie haben die ehemalige Schlichtheit der Kirche im barocken Stuck beerdigt. Ein Brand in der Mitte des 20. Jh. hat große Schäden angerichtet, die aber seit 2006 behoben sind.

Der Mallatrone – die hässlichste Statue Italiens

Gallipoli, die schöne Stadt, besitzt die sprichwörtlich hässlichste Kirchenstatue Italiens, den Mallatrone. Die lebensgroße Holzfigur verkörpert, so sagt man, das Böse und Teuflische im Menschen schlechthin. Schöpfer dieser gespenstischen Gestalt war der ortsansässige Bildhauer Vespasiano Genuino (18. Jh.). Man erzählt sich noch heute, dass der italienische Dichter und exzentrische Neuromantiker Gabriele D'Annunzio im Jahre 1895 extra nach Gallipoli kam, um in der Chiesa di San Francesco den Mallatrone zu besichtigen, wobei ihm vor entsetzter Begeisterung oder begeistertem Entsetzen – ganz wie man will – folgender Spruch entfuhr: „Das ist das schönste hässlichste Kunstwerk Italiens." Die Statue befindet sich in der ersten Seitenkapelle, der sog. Spanischen Kapelle, vom Eingang aus betrachtet rechts. Der gute und der böse Dieb hängen nebeneinander: der eine schaut auf Christus, der andere wendet sein Antlitz ab.

In Gallipoli werden die Fischreusen von Hand gefertigt

Chiesa del Rosario, Chiesa del Crocefisso e Chiesa di Santa Maria degli Angeli: Diese drei weiteren sehenswerten Kirchen befinden sich am Scheitelpunkt der Ringstraße. Sie sind jeweils mit einer kleinen Infotafel versehen.

Museo Civico (Biblioteca Comunale): Wieder zurück im Altstadtzentrum, in der Via Antonietta de Pace 108, findet man dieses sonderbare Stadtmuseum, in dem über ein Jahrhundert lang etliche verstaubte Überraschungen ausgestellt waren. Den Grundstock der umfangreichen Kuriositätensammlung vermachte der einheimische Naturwissenschaftler und Mediziner Emanuele Barba 1878 der Stadt. Nach der Eröffnung 1898 erweiterte sich die Sammlung durch die großzügigen Geschenke der Bürger Gallipolis ins Unausstellbare. So empfing die Besucher u. a. das zerlegte Skelett eines 20 m langen Wals, der 1894 im Hafenbecken von Gallipoli verendet war, und schaurig-makaber wurde es im Obergeschoss, wo – nur in Begleitung des Museumspersonals – missgebildete Föten und medizinische Skurrilitäten gezeigt wurden. Der Geruch, der hier aus den Gläsern strömte, in denen die Präparate aufbewahrt wurden, war im wahrsten Sinne des Wortes ätzend.

Das insgesamt ziemlich verschrobene Heimatmuseum war den Stadtoberen lange Zeit ein Dorn im Auge. 2002 wurde es geschlossen, gründlich umstrukturiert und 2004 wiedereröffnet. Nun sind die Abartigkeiten und die meisten Kuriositäten verschwunden, aber sehenswert ist es geblieben, das urige Stadtmuseum.

Öffnungszeiten Mo–Fr 10–13, Di/Do auch 16–18 Uhr, Sa/So geschlossen. Eintritt 1 €. ✆ 0833-275540.

Frantoio Ipogeo: Diese unterirdische Ölmühle befindet sich in den Kellergewölben des Palazzo D'Acunga, in der Via Antonietta de Pace, Eingang schräg gegenüber vom Museo Civico. Hier und in über 30 anderen Kellermühlen der Altstadt wurde im 17. und 18. Jh. Lampenöl aus minderwertigen Oliven hergestellt. Bis ins 19. Jh.

hinein war dieses Öl, das fast ausschließlich für den Export produziert wurde, die wichtigste Handelsware Gallipolis. Erst als billiges Petroleum die internationalen Märkte überschwemmte, stellte man die Produktion ein bzw. stellte sie auf Speiseöl um. Die Besichtigung dieser unterirdischen Ölmühle ist angesichts des guten Erhaltungszustands absolut lohnenswert.

Öffnungszeiten Tägl. 10–12.30 und 16–19.30 Uhr, So nur vormittags. Eintritt 1,50 €. Via Antonietta de Pace 87, ✆ 0833-264242.

Beim Bummel durch die Altstadt sollte man in der Via Antonietta de Pace unbedingt einen kurzen Blick in die **historische Apotheke** *(Antica Farmacia Provenzano)* werfen. Die Einrichtung im Erdgeschoss des Palazzo Pirelli stammt noch aus dem Jahr 1814 – ein gewisser Dottore Garzia hat das Ladengeschäft einst gegründet, und es ist noch heute in Betrieb. Heilkräuter nach uralten Rezepturen werden nach wie vor in alten Keramikgefäßen aufbewahrt. Der Inhaber freut sich über interessierte Nachfragen (Via Antonietta de Pace 61, ✆ 0833-266412).

Abstecher in die salentinische Murgia (Murge Salentine)

Es kommt nicht häufig vor, aber wenn der feuchtheiße Wüstenwind Scirocco durch Gallipoli und die salentinische Küstenregion pfeift, dann ist Feierabend für Fisch und Fischer. Das ansonsten ruhige Ionische Meer gerät außer Rand und Band, und an Baden ist schon gar nicht zu denken. Der richtige Zeitpunkt also für einen Ausflug in beschaulichere Gefilde. Ein bisschen Windschutz bieten die Murgia-Dörfer im Hinterland – und Alezio außerdem ein frühgeschichtliches Museum, während Casarano mit frühchristlichen Mosaiken glänzt.

Alezio

ca. 5000 Einwohner

Der Ort liegt friedlich und etwas verschlafen auf einem küstennahen Murgia-Hügel inmitten einer steinigen Landschaft, die trotz der widrigen Bodenbeschaffenheit immer Bauernland war. In der Ortschaft steht der sehenswerte **Santuario di Santa Maria della Lizza.** Diese spätromanische Wallfahrtskirche aus dem 13. Jh. mit dem gotischen Zentralbogen wurde zum Heiligen Jahr 2000 umfassend restauriert. Wer Alezio in der Zeit vom 14.–16. August besucht, erlebt während der Festtage zu Ehren der Madonna della Lizza u. a. einen der ältesten salentinischen Jahrmärkte. Der Ort selbst ist messapischen Ursprungs, und seit 1982 würdigt das kleine **Museo Civico Messapico** die große Vergangenheit. Den Museumspalazzo Tafuri mit dem angrenzenden archäologischen Garten findet man mitten im Stadtgebiet in der Via Kennedy (gut ausgeschildert). Zwischen den freigelegten Grabkammern fällt eine gigantische Steinplatte besonders auf. Im übersichtlich gestalteten Museum sind die gut erhaltenen Grabbeigaben aus der örtlichen Nekropole ausgestellt.

Öffnungszeiten Mo–Fr 10–12 und 16–19 Uhr, Sa nur vormittags. Eintritt frei.

• *Anfahrt & Verbindungen* Die Ferrovia del Sud-Est macht mehrmals tägl. auf der Strecke Gallipoli – Nardò in Alezio Zwischenstopp; fast genauso schnell wie die Bahn ist der Linienbus Gallipoli – Alezio.

Provinz Lecce (Salento) Karte S. 294

• *Agriturismo* **Azienda Agrituristica Santa Chiara**, schöner Landsitz, 30 ha Zitrusfrüchte, Wein und Oliven. Die Holzveranda verschandelt die Fassade der klassizistischen Landvilla zwar etwas, aber das tut der herzlichen Gastfreundschaft keinen Abbruch; man schläft in rustikalen Gewölbezimmern, und das Restaurant bietet beste lokaltypische Küche. DZ 70–78 €, Halbpension 55 €/Person. Via Provinciale Parabita, am Ortsrand von Alezio, ✆/℻ 0833-281290, www.agriturismosantachiara.it.

Casarano

ca. 20.000 Einwohner

Das Städtchen stößt mit stattlichen 107 m Höhe für salentinische Verhältnisse schon fast an den Himmel. Casarano ist ein blühendes bäuerliches Zentrum. Für Prosperität sorgt auch die örtliche Textil- und Möbelindustrie. Im Stadtzentrum herrschen starke architektonische Kontraste, die Wohlstand und Verfall gleichermaßen signalisieren. Schräg gegenüber der schäbig gewordenen Barockfassade der Chiesa Matrice hat eine gestylte Boutique eröffnet, wie man sie ansonsten nur aus den Fußgängerzonen der Großstädte kennt. Immerhin wurde die Hauptkirche der Stadt jüngst restauriert, und die Chancen stehen nicht schlecht, dass 2009 die Baugerüste wieder verschwunden sind. Ein ausgiebiger Stadtbummel bringt weitere architektonische Gegensätze und Überraschungen ans Licht.

Oder man begibt sich direkt zum südöstlichen Ortsausgang nach Casaranello, das angeblich schon in der Antike existiert haben soll, im 15. Jh. jedoch zerstört worden ist. Hier steht die unbedingt sehenswerte **Basilica Santa Maria della Croce.** Im hell verputzten Kircheninneren schlummern großartige byzantinisch-romanische und gotische Freskenzyklen aus dem 11. bis 14. Jh. Gar eine kunstgeschichtliche Sensation stellen die nahezu vollständig erhaltenen byzantinischen Mosaiken in der Kuppel und im Altarraum dar. Es handelt sich dabei um die Originale des Vorgängerbaus aus dem 5. Jh.

Öffnungszeiten Mo–Fr 9–13 und 16–18 Uhr, Sa/So 10–12 und 16–18 Uhr. Eintritt frei.

• *Anfahrt & Verbindungen* **Auto**, von Gallipoli am besten über die S 459 nach Parabita und von dort nach Casarano. Zwar gibt es von Gallipoli aus Nebenstrecken, doch die fehlenden Ausschilderungen an den entscheidenden Kreuzungen machen die vermeintliche Abkürzung letztlich zum Umweg. In Casarano ist der Weg zur Basilika dann relativ gut ausgeschildert.

Bahn, mehrmals tägl. verbindet die Ferrovia del Sud-Est Casarano mit Gallipoli, schöne 25 Min. Fahrt durch rostrote Murgia-Landschaft mit drei Zwischenstopps. Der Bahnhof liegt in Casaranello.

• *Übernachten* **B&B Casale Covile**, charmante Landvilla im Grünen mit breiter Veranda und Blick auf Zierpalmen und Aprikosenbäume. Der Gemeinschaftsbereich ist weit und geräumig, allerdings nur vier Zimmer, die aber überaus gemütlich möbliert sind. DZ 60–80 €. In Gehentfernung zur Basilica Santa Maria della Croce, an der Ausfallstraße in Richtung Ugento (auf Ausschilderung achten), ✆ 0833-512141 oder 335-7528813, www.casalecovile.it.

• *Essen & Trinken* **Al Buongustaio**, volkstümliche Küche, weit über die Stadtgrenze hinaus bekannt. Eine Primo-Spezialität sind die Fusilli al Cartoccio (Nudeln mit Meeresfrüchten, im Ofen zubereitet), der frische Seebarsch wird in einer Salzkruste *(spigola al sale)* serviert, abends auch Pizza, einige Tische im Freien, Menü um die 20 €, Pizza ab 5 €, Di Ruhetag. Via Ruffano 70, ✆ 0833-505435.

Sospiro dei Venti, Ausflugsristorante mit hübscher Terrasse am Ortsausgang von Casarano. Beste Cucina tipica, z. B. gegrillte Fleisch- und Fischgerichte, auch Pizza aus dem Holzofen. Außer Juli/Aug. nur abends geöffnet. Via Ruffano, 700 m stadtauswärts in Richtung Ruffano, ✆ 339-2464494, www.sospirodeiventi.it.

Lebendiger Fischerort: Porto Cesareo

Küste nördlich von Gallipoli

Nördlich von Gallipoli erstreckt sich bis zur Punta Prosciutto und dem Beginn der Provinz Tarent eine abwechslungsreiche, badetaugliche Felsküste mit geschützten Buchten und kleinen Sandstränden. Die ökologisch wertvollsten Küstenabschnitte bei Porto Selvaggio und die küstennahen Inseln bei Porto Cesareo stehen unter Naturschutz.

Bereits wenige Kilometer oberhalb von Gallipoli, auf der Höhe der Torre Sabea, taucht der erste Sandstrand auf, ein Stück weiter der schöne Muschelstrand *Lido delle Conchiglie*. Vor Santa Maria al Bagno und Santa Caterina ragen plötzlich die Felsformationen eines Vorgebirges auf, hier bröckelt die *Montagna Spaccata* (Gespaltener Berg) ins Meer. Die Küstenstraße windet sich in abenteuerlichen Verrenkungen um diesen wuchtigen Zacken, nicht selten muss die Fahrbahn wegen Steinschlag kurzfristig gesperrt werden.

Santa Maria al Bagno und Santa Caterina

Erst auf den zweiten Blick erkennt man, dass es sich bei diesen beiden zusammengewachsenen Küstenorten um ein recht mondänes Urlaubsrevier mit stilvoller Villenarchitektur handelt. Die langen Uferpromenaden werden von beschaulichen Hafenbuchten unterbrochen, in denen weit mehr Motor- und Segeljachten vor Anker liegen als Fischerboote.

Jung und Alt trifft sich mit viel Gelassenheit in den zahlreichen Hafenbars, hektische Betriebsamkeit ist hier ein Fremdwort. Die Sandbucht im Zentrum von Santa Maria al Bagno ist pittoresk, platzt allerdings an guten Tagen aus allen Nähten.

Insgesamt handelt es sich um zwei ideale Urlaubsorte, die auch etwas Nachtleben zu bieten haben.

Im Süden von Santa Maria al Bagno erheben sich die vier markanten Ecktürme *(Le Quattro Colonne)* der alten Küstenfestung *Torre del Fiume*, während im Norden von Santa Caterina die quadratische *Torre dell'Alto* mit ihrer Bogentreppe ins Auge springt; von hier führen Steinstufen und Felspfade zu bequemen Badestellen und durch den **Naturpark Portoselvaggio** (s. u.).

Die stilvolle Sommervillenarchitektur aus den Jahren der vorletzten Jahrhundertwende findet ihre zeitgemäße Fortsetzung an der Straße nach Cenate, wo schmucke Villen im hohen Nadelwald stehen – alles in Privatbesitz und gut geschützt. Historisch machte Santa Maria al Bagno während des Zweiten Weltkriegs auf sich aufmerksam, als sich hier zahlreiche jüdische Flüchtlinge vorübergehend niederließen. Die Spuren aus jener Zeit werden gegenwärtig gesammelt und sollen demnächst in einem Museum präsentiert werden.

• *Information/Internet/Mietfahrzeuge* Das privat geführte **Infobüro** (IAT-Lizenz) in Santa Maria al Bagno ist vorbildlich strukturiert und organisiert Exkursionen mit Pferd oder Drahtesel. Auch Internet und Fahrradverleih (8 €/Tag). Lungomare Lamarmora 101, ✆ 0833-575161.

• *Übernachten* **** **Grand Hotel Riviera**, schicker, komfortabler Neubau mit Hotelrestaurant, Pool und Tennisanlage, aber etwas steril. DZ 95–160 €, EZ 70–115 €. Via Emanuele Filiberto 172, am Lungomare von Santa Maria al Bagno, ✆ 0833-573221, ℻ 0833-573024, www.ghriviera.it.

* **Paglialunga**, die kleine, familiäre Pension mit Restaurant gehört zum gleichnamigen 3-Sterne-Hotel am Lungomare und liegt etwas in der zweiten Reihe, aber ein kurzer Fußweg verbindet das Haus mit dem Ortszentrum. Nach Restaurierung 2008 neu eröffnet. DZ 35–80 €. Im oberen Ortsteil von Santa Maria al Bagno, Via dei Trulli 15, ✆ 0833-574450, www.hotelpaglialunga.it.

B&B Belvedere 4 Colonne, sechs Zimmer in einem hübsch hergerichteten Haus gegenüber den Ruinen der Wachfestung von Santa Maria al Bagno. Etwas nüchtern eingerichtet, das Frühst. wird in einer Bar eingenommen, an Wochenenden im Sommer möglicherweise etwas laut. Ostern–Okt. geöffnet. DZ 65–100 €. Lungomare La marmora 139, ✆ 347-6108010, www.belvedere4colonne.com.

• *Essen & Trinken* **Art Nouveau**, Neueröffnung in einem prächtigen Jahrhundertwendepalazzo mit dekorativer Palme davor. Elegantes Ambiente im Liberty-Stil mit moderner Kunst an den Wänden, Terrasse mit Hafenblick. Kreative Meeresküche, Menü ab 30 €, erschwingliche Flaschenweine, Mi Ruhetag. Santa Maria al Bagno, Via Puccini 6, ✆ 0833-573671.

Quattro Colonne, in der 4-Türme-Ruine am südlichen Ortsausgang von Santa Maria al Bagno. Ristorante, Pizzeria, Bar, Gelateria, Musikclub und Disco, schickes Ambiente. ✆ 0833-573308, www.quattrocolonne.it.

Ginetto, Tipp! Lauschige Speiseterrasse am Wasser an der südlichen Uferpromenade von Santa Maria al Bagno. Ausgezeichnete salentinische Meeresküche mit Frischegarantie, Fischmenü ca. 25 €. Via Lamarmora 38, ✆ 0833-573330.

Bar La Pergola, Eis, Snacks und Süßes für die Mittagspause, Außenplätze auf dem zentralen Piazza Nardò, direkt neben dem Ristorante Art Nouveau, ✆ 0833-574160.

Umgebung/Baden und Wandern

Parco naturale Portoselvaggio: Unberührte Natur im wahrsten Sinne des Wortes erstreckt sich zwischen Santa Caterina und der *Torre Uluzzo*, wo die nach Norden verlaufende Küstenstraße vorübergehend wieder das Meer erreicht. Stichwege führen durch dichten Pinienwald und steigen schließlich zu herrlichen Badebuchten ab, an deren Rändern sich steinzeitliche Grotten verstecken und bizarre Felsformationen türmen. Eine unterirdische Süßwasserquelle sorgt an manchen Stellen für überraschend kaltes Wasser. Seit 1980 gibt es den über 400 ha großen Naturpark „Wilder Hafen", der von den Naturschützern aus Nardò unter dem Namen *Natura Viva* mit Nachdruck verteidigt wird. Sie fordern v. a. einen weiträumigen Schutz vor Bebauung. Wer hierher einen Badeausflug unternimmt, sollte feste Schuhe und Verpflegung mitbringen.

Anfahrt/Information 2 km nördlich von Santa Caterina auf die Ausschilderung „Sentiero Porto Selvaggio" achten und das Auto am Straßenrand parken, ein ausgeschilderter Parkplatz befindet sich 1 km weiter, www.portoselvaggio.com.

Wanderung 6: Im Naturpark Portoselvaggio

Charakteristik: Ein dichtes Netz von Wegen durchzieht den Naturpark, allerdings kein ausgewiesener Rundweg. Bei der folgenden Rundwanderung, die sich jederzeit abkürzen lässt, muss man daher immer wieder etwas improvisieren. Die landschaftlichen Eindrücke sind jedoch überwältigend – die Mühen lohnen sich auf jeden Fall! Ausreichend Trinkwasser, stabiles Schuhwerk und lange Hosen sind auch für diese Tour obligatorisch. Die ersten 1:30 Std. wenig Schatten.

Länge und Dauer: Gehzeit ca. 2:30–3 Std.

Wegbeschreibung: Wir wählen den oben beschriebenen Startpunkt und folgen dem Schild „Sentiero Porto Selvaggio" auf einem breiten Weg, der im rechten Winkel von der Küstenstraße weg in Richtung Meer führt. An der ersten Abzweigung

Diesen Ausblick kann man nur zu Fuß erwandern

geht es links auf einem nicht minder breiten Weg weiter, der entlang einer Steinmauer nach Süden führt. Nach 15 Min. an einer neuerlichen Abzweigung wenige Schritte nach rechts, und von der Aussichtsplattform eröffnet sich der erste fantastische Blick auf die Küste und den Naturpark. Ein schmaler Pfad entlang der Abbruchkante verbindet die Plattform mit der 400 m entfernten *Torre dell'Alto*.

Zurück an der Abzweigung steigt ein Treppenweg den Hang hinunter zur Badebucht ab (Schild: „Spiaggia"). Unten angekommen, geht es nun mehr oder minder direkt am Meer entlang in nördlicher Richtung weiter. Es existieren jetzt verschiedene Optionen, und aufgrund der Vielzahl der Wege und Saumpfade ist eine exakte Beschreibung der Route an dieser Stelle nicht möglich. Jedenfalls ist die Küste zunächst flach und wird nach Norden zunehmend felsiger und steiler. Hin und wieder kreuzt ein Stichweg zum Meer den Wanderweg. In Sichtweite zum Zwischenziel – die *Torre Uluzzo* markiert gleichzeitig das nördliche Ende des Naturparks – wenden Sie sich auf einem der Stichwege landeinwärts und steuern das nahe Kiefernwäldchen an. Der Pfad endet dort kurz vor der Küstenstraße an einer Steinmauer mit Kakteen.

An der Steinmauer geht es rechts hangaufwärts. Noch ehe jedoch der Weg die Straße erreicht, zweigt ein breiter Weg nach rechts ab und führt wieder in den Pinienwald zurück. Mehr als Schneise denn Weg endet dieser nach 10 Min. an einer T-Kreuzung. Hier geht's auf dem Forstweg nach links weiter. Unter Missachtung des ersten Rechtsabzweigs schlagen Sie bei der nächsten Abzweigung nach rechts die ursprüngliche Gehrichtung wieder ein. Aufgepasst, wenn der Waldweg allmählich wieder die Küste ansteuert und zwischen den Bäumen das Meer bereits erkennbar ist: Linkerhand auf zwei Steinmauern achten, die auf einen Pfad weisen, der just an dieser Stelle nach links abbiegt. Dieser führt in wenigen Schritten zu einer Felskapelle und verliert sich dann im Wald. Nach ein paar Metern querwaldein, ist der Waldrand, eine Steinmauer und ein von links kommender Pfad erreicht. Auf diesem 150 m nach rechts, bis die Steinmauer endet: Ein deutlich erkennbarer Weg führt nun nach links und endet nach 5 Min. zwischen einzelstehenden Häusern auf einer Schotterpiste, auf der es geradewegs zurück zur Küstenstraße geht.

Sant'Isidoro

Hier stößt die Küstenstraße wieder ans Wasser. Das örtliche Bagno (Strandbad) sorgt im Hochsommer für den üblichen Badekomfort an der geschützten Sandbucht, wo sich v. a. die Urlauber aus dem neu errichteten Ferienressort jenseits der Küstenstraße tummeln. Ansonsten wirkt die kleine Ortschaft ausgesprochen friedlich. *Cozze curate,* die Miesmuschelzucht, ist die ganzjährige Hauptaktivität der wenigen Bewohner.

• *Übernachten/Essen & Trinken* ** **Camping Sant'Isidoro**, im Oliven- und Kiefernwäldchen; ein ganz einfacher, preiswerter Zeltplatz, wie ihn viele wahrscheinlich noch von „früher" kennen. Wir haben hier ein älteres deutsches Ehepaar getroffen, das seit fast 20 Jahren hierher kommt und im Lauf der Zeit keine wesentlichen Veränderungen festgestellt hat – so soll es auch bleiben. 2 Pers., Zelt und Auto 18 €, Juni–Sept. geöffnet. Rund 500 m von der Bucht entfernt, ✆ 0833-873665.

La Nave, einfaches Strandrestaurant am nördlichen Ende der Bucht, Muschel- und Fischgerichte mit Frischegarantie, hier werden auch die aromatischen Miesmuscheln aus der örtlichen Zucht verkauft. Außerdem Bar und Alimentari, Menü um die 15 €, der sympathische Wirt spricht gut Deutsch. ✆ 0833-579970.

Porto Cesareo

ca. 5000 Einwohner

Die weitläufige Ortschaft erstreckt sich auf einer Landzunge, begrenzt von zwei Buchten, von denen die südliche fast eine Lagune bildet. Die vorgelagerten Badeinseln, die man auch watend und schwimmend erreichen kann, gehören zum 1997 eingerichteten Küstenschutzgebiet Area Marina Protetta Porto Cesareo.

Der Ort selbst ist nur von bescheidener Schönheit, die Küste hingegen gehört zu den schönsten Apuliens. Porto Cesareo lebt vom Tourismus und vom Fischfang – zwei ausgezeichnet kompatible Erwerbszweige. In den unter Naturschutz stehenden Buchten gedeiht eine üppige Meeresflora, welche einen schier unerschöpflichen Fischreichtum begünstigt. Die mit den Karpfen verwandten Barben, die man hier hauptsächlich fängt, werden bis in die Nachbarprovinzen exportiert; aber auch die Hochseefischerei hat Konjunktur.

Recht beschaulich zeigt sich Porto Cesareo am breiten Hafenkai. In den Abendstunden herrscht hier ein reges Treiben, Fischerboote sind unterwegs, der Blick auf die vorgelagerten Badeinseln erfreut das Auge und gute Fischrestaurants am Wasser stehen zur Auswahl. Abgeschieden und ruhig liegt die Hotelinsel Lo Scoglio vor der Spitze der Landzunge, während ein endloser Autokorso über die Uferstraße schleicht und sich die Hauptschlagader des Ortskerns langsam zum nächtlichen Auf und Ab bevölkert. Ganz unbeeindruckt davon zeigt sich nur der massive Küstenwachturm *Torre Cesareo,* im 16. Jh. auf Befehl Karls V. errichtet.

Das kleine Meeresmuseum **Museo di Biologia Marina del Salento** im hinteren Ortsteil besitzt eine umfangreiche Muschelsammlung und zahlreiche Flora- und Faunakuriositäten aus dem Ionischen Meer.

Öffnungszeiten Tägl. außer Mo 10–12 und 17.30–21.30 Uhr. Eintritt frei. Via Vespucci 15.

• *Information* **Pro-Loco-Büro**, am südlichen Ende der Uferstraße, am Weltkriegsdenkmal. Piazzale Gasperi, ✆ 0833-569086, www.portocesareo.com.

• *Baden/Schnorcheln* Die vorgelagerten Badeinseln (z. B die Isola dei Conigli) können, wie gesagt, watend oder schwimmend erreicht werden, aber auch mit der Fähre vom Sporthafen, 10 €/Person hin und zurück. Die Vegetation auf den Inseln ist dicht und schattenspendend, die Strände sind beinahe karibisch und die Voraussetzungen zum vergnüglichen Schnorcheln ideal.

• *Feste & Veranstaltungen* **Sagra del Pesce**, Mitte Juli findet alljährlich die stimmungsvolle Fischkirmes statt.

• *Übernachten/Essen & Trinken* **** **Gran Paradise**, an der auffallend blauen Farbe erkennbares Hotel am südlichen Stadtstrand, eigener Strandabschnitt (Liege und Schirm für 10 €/Tag), das Ristorante ist als Pizzeria zu empfehlen. Zimmer sind nüchtern möbliert mit Bildern im neobarocken Stil. DZ 85–170 €. Via Riviera di Levante, ✆/℻ 0833-560252, www.rivadelsole.org.

*** **Porto Cesareo**, gepflegte, moderne Hotelanlage am nördlichen Ortsrand, ruhig gelegen, mit ausgezeichnetem Fischrestaurant. DZ 50–120 €. Via Monti 140, ✆ 0833-569094, ℻ 0833-563043, www.hotelportocesareo.com.

*** **Da Ettore**, im Zentrum des Hafenviertels, mehrstöckig, etwas nüchtern, aber recht preiswert, mit Restaurant. DZ 45–95 €, EZ 30–60 €. Via Parini 22, ✆ 0833-569037, ℻ 0833-560747, hoteldaettore@alice.it.

*** **Lo Scoglio**, Tipp! Gut geführtes Inselhotel an der Spitze der Hafenbucht, über einen befahrbaren Steg erreichbar. Flacher, verwinkelter Gebäudekomplex, ruhiger Innenhof, viel Grün, recht geräumige Zimmer mit Balkon, kleiner Hotelstrand, gutes Restaurant, aber sehr bescheidenes (italienisches) Frühstück. Das zugehörige Ristorante gleichen Namens bietet gute Cucina di Mare e di Terra, Blick auf die Bucht, die separate Pizzeria verfügt über jede Menge Plätze im Freien. DZ 60–150 €, EZ 40–80 €. ✆ 0833-569079, ℻ 0833-569078, www.isolaloscoglio.it.

Lu Cannizzu, ein regelrechter Fisch- und Meeresfrüchtetempel (seit 1949) an der Uferstraße, Speiseterrasse mit Strohdach, immer voll, gutes Preis-Qualitäts-Verhältnis, Fischmenü ca. 20 €, ✆ 0833-560335. Nur in den Sommermonaten geöffnet, aber die gleiche Wirtsfamilie betreibt ganzjährig das Hotelrestaurant des *** Porto Cesareo (s. o.).

Gelateria Il Principe, die Bar bietet die schönsten Außenplätze sowie leckeres Eis. Piazza Nazario Sauro 2, am Küstenwachturm.

Al Gambero, an der Uferstraße direkt am Wasser, unser Tipp unter den Hafenrestaurants. Tische auch draußen, der richtige Ort, um mal frischen Hummer *(astice)* zu essen. Fischschlemmermahlzeit ab 20 €, Mo Ruhetag. ✆ 0833-569123.

Torre Lapillo: Nördlich von Porto Cesareo erstreckt sich eine herrliche Dünenbucht, an der die Küstenstraße mit respektvollem Abstand vorbeiläuft. Kurz vor der Verwaltungsgrenze zur Provinz Tarent führt dann eine Stichstraße zur *Punta Prosciutto* mit einsamer Badestelle. Die Küstenlandschaft steht hier unter besonderem Schutz (Area Marina Protetta Porto Cesareo), unter dem Label *Vie del Mediterraneo* bietet eine örtliche Gruppe von Umweltschützern naturkundliche Führungen für Gruppen an.

• *Führungen/Information* ✆ 339-2477312, www.viedelmediterraneo.it.

• *Übernachten/Essen & Trinken* **** **L'Angolo di Beppe**, komfortables Motel in Torre Lapillo mit mehrfach ausgezeichnetem Restaurant, Tische auch im Freien. Die Gastroführer von Veronelli, Il Gambero Rosso und Michelin loben die Küche in den höchsten Tönen. Menü ab 25 €. DZ 90–180 €, EZ 60–90 €. Via Zanella 24, ✆ 0833-565333, ℻ 0833-565331, www.angolodibeppe.it.

**** **Camping Torre Castiglione**, großer, gepflegter Zeltplatz, viel Grün, gut ausgestattet. 2 Pers., Zelt und Auto ab 20 €. Nördlich von Torre Lapillo, am Ufer, ✆/℻ 0833-565462, info@torrecastiglione.it, www.torrecastiglione.it.

Die salentinische Murgia (Murge Salentine)

Mitten in der salentinischen Murgia liegt der lockere Städteverbund Nardò-Galatina-Maglie. Die drei Vorzeigestädte sind traditionelle bäuerliche Zentren, die mittlerweile auch stattliche Industriegürtel an der Peripherie aufzuweisen haben.

Wein, Oliven und Tabak sind die Haupterzeugnisse, welche die dunkelrote Erde der Gegend hervorbringt. Trotz der großen Mengen, die hier geerntet werden, haben sich keine sonderlich leistungsfähigen Verarbeitungsbetriebe angesiedelt. Ein Großteil der Ernte wird nach wie vor in den Nachbarregionen verarbeitet, und die Landwirtschaft ist immer noch weitgehend an den Großgrundbesitz gebunden.

Dort, wo die salentinische Murgia nicht landwirtschaftlich genutzt wird, sind garantiert Steine im Weg: Das unsägliche Feldgestein ist der natürliche Feind des Bauern. Nutzen bringt nur der Kalkarenit, der hier seit Jahrhunderten abgebaut wird. Gewaltige Kalksteinbrüche zerfurchen die Landschaft vielerorts – ein typischer Anblick im Kerngebiet der Murge Salentine.

Nardò – blühendes Barock

Nardò

ca. 30.000 Einwohner

Wenn es Lecce nicht gäbe, wäre sicher Nardò die salentinische Barockhauptstadt. Während der Herrschaft der Spanier hat sich der regionaltypische Barockstil in der Baukunst durchgesetzt und bestimmt seitdem das Stadtbild.

Nardò ist eigentlich ein ziemlich verschlafenes Städtchen, und das nicht nur sonntags. Das geruhsame Altstadtleben spielt sich in den späten Nachmittagsstunden vor den Bars und Klubs auf der Piazza Salandra ab; mit verwunderten Blicken verfolgen die älteren Bürger von ihren Stühlen aus die neugierigen Touristen. Farbliche Akzente setzt hingegen die Kleinstadtjugend, die nicht nur in Nardò so ultramodisch gekleidet ist, dass man zuweilen zweimal hingucken muss.

Und Nardò setzt auf seine touristischen Chancen, die Fassaden der wichtigsten Stadtpalazzi und Kirchen werden eifrig restauriert. Sehenswert ist v. a. die geschlossene

Anlage der Piazza Salandra mit der *Guglia dell'Immacolata* in der Mitte, angrenzend der Palazzo della Pretura (Rathaus), der Sedile (Rathausloggia) und die Längsseite der *Chiesa San Domenico*. Die Kathedrale aus dem 12. Jh. hat ihre mittelalterlichen Formen erhalten können, während der Castello Ducale aus dem 15. Jh. im Lauf der Stadtgeschichte häufig umgestaltet wurde, aber dabei nicht schöner geworden ist. Noch glänzt Nardò zwar nicht an allen Ecken, in den Gassen des *Centro storico* gibt es jedoch viel zu entdecken.

Geschichte: Eine Gründungslegende erzählt, dass der Ort dort errichtet wurde, wo ein stampfender Stier auf eine sprudelnde Wasserquelle stieß – Nardò, etymologisch gesehen, bedeutet Wasser. Die Römer zerstörten die Stadt, weil sie die Bewohner verdächtigten, mit Hannibal gemeinsame Sache gemacht zu haben. Erst im Augusteischen Zeitalter wurde es als römisches *Neretum* rehabilitiert und in der Folge sogar zum Munizipium erklärt. Verbürgt ist, dass Goten und Langobarden die Stadt nie betreten haben, dafür wurde sie unter Robert Guiscard normannische Hochburg.

Im 15. und 16. Jh. regierten einige lokale Fürsten die Stadt, u. a. das Geschlecht der Acquaviva und das der Personé, dann folgte die lange spanische Herrschaft, die den allgegenwärtigen Barock mit sich brachte.

In den 1920er Jahren ereignete sich ein politisches Kuriosum: Nardò machte als revolutionäre Enklave überregionale Schlagzeilen. Am 9. April 1920 wurde die *Sozialistische Republik Nardò* ausgerufen – sie hielt sich gut zwölf Stunden. Die Sozialistische Liga des Ortes hatte im Morgengrauen einen Streik organisiert und stürmte im Lauf des Tages das Rathaus. Jeglicher Widerstand konnte sofort gebrochen werden. Die Revolutionäre ließen sich in den Amtsstuben der Stadtoberen nieder, hissten ihre rote Fahne und riefen die freie Republik aus. Anschließend plünderten sie erst mal die Vorratskammern einiger Bürgerhäuser, anstatt ihr politisches Programm zu verkünden. Die bereits anrückenden Soldaten des Königreichs machten dem Treiben schon nach kurzer Zeit ein Ende und setzten 300 Freiheitskämpfer fest – der Spuk war schnell vorbei.

• *Information* www.nardoedintorni.com.

• *Anfahrt & Verbindungen* **Auto**, von Lecce kommend die S 101 am besten schon hinter Collemeto verlassen und auf der Landstraße weiter. Die Via XX Settembre stößt dann direkt auf die Piazza della Repubblica (dort einige Parkmöglichkeiten).

Bahn, der Bahnhof befindet sich nordöstlich der Altstadt, Ende Via Alcide de Gasperi; von dort 10 Min. zu Fuß bis zur Piazza della Repubblica. Die Ferrovie del Sud-Est (Strecke Lecce – Nardò) fahren über Galatina, ca. 45 Min. Fahrzeit.

Bus, tägl. mehrere Linienbusse von und nach Lecce.

• *Übernachten* **B&B al Duomo**, freundliche Zimmervermietung mit Frühst. und in Domnähe. Große, helle, modern eingerichtete Zimmer, Dachterrasse mit Domblick; man wende sich an die Dame des Kunsthandwerkladens Terrarossa an der Piazza Salandra. DZ 34–60 €. Via De Michele 22, ✆ 0833-572685 oder 340-6940057.

B&B Corte San Giuseppe, der Palazzo Baronale aus dem 15. Jh. neben der Chiesa di San Giuseppe ist wie ein Antiquitätenkabinett ausgestattet, innen führen verwinkelte Gänge und Treppchen zu den Zimmern. Die liebenswerten Betreiber mögen das Alte und haben sich bei der Restaurierung bemüht, die ursprüngliche Bausubstanz nach Kräften zu erhalten. Sechs Apartments mit Holzdecken verteilen sich auf drei Stockwerke, die Bäder sind zwar klein, dafür bieten die Zimmer ansonsten hinreichenden Komfort. Einige Apartments mit Küche für Selbstversorger, hübsche Frühstücksterrasse. DZ 50–70 €. Via Fratelli Bandiera 6, ✆ 0833-578129 oder 340-7957941, www.bbcortesangiuseppe.it.

Masseria Pagani, Luxus-Azienda außerhalb der Stadt in Richtung Küste. Das große Gartengrundstück bietet viel Grün für Ruhe und Erholung, zum Meer ist es mit dem Auto nur wenige Minuten. Das Frühst. wird im Salon oder im Garten serviert, Tourenräder können für 5 €/Tag geliehen werden. Die Gewölberäume in den Suiten mit Selbstversorgerküche lassen keine Wünsche offen. Standard-DZ 90–120 €, Luxus-Apartments 105–145 €. Via Leopizzi Filomena, am Ortsausgang von Nardò in Richtung Santa Caterina, auf Ausschilderung achten, ✆ 0833-872524 oder 368-3594718, 📠 0833-872524, www.masseriapagani.com.

• *Essen & Trinken* **Antica Trattoria Salandra**, volkstümliche Nachbarschafts-Trattoria, und zwar die älteste Nardòs. Enges, rustikales Ambiente, solide Hausmannskost, deftige Fleisch-Secondi (auch vom Pferd) und herzhafte Gemüsebeilagen, Menü um die 15 €, Mo Ruhetag. Via De Michele 4, Seitenstraße der Piazza Salandra, ✆ 339-5200245.

• *Feste & Veranstaltungen* Die Jahreszeiten Sommer und Winter würdigt die Stadt mit kulinarischen Festen, an **Ferragosto** wird die Meeresfrüchtekirmes **Sagra dei Frutti di Mare** veranstaltet, und in der Vorweihnachtszeit steigt die **Kirmes der frittierten Pittule**, das sind Hefeteigbällchen, gefüllt mit Sardinenfilet und in Olivenöl ausgebacken.

Das **Gedenkfest des Schutzheiligen San Gregorio** wird mit Pauken und Trompeten am 20. Febr. gefeiert.

• *Einkaufen* Die unscheinbare **Cartolibreria Iuvenila** in der Nähe der Piazza Salandra ist zwar winzig, bietet aber eine Fülle an Salento-Literatur in italienischer Sprache (zumeist Sachbücher). Corso Vittorio Emanuele 7.

Die Trulli des Salento

Im Kerngebiet des Salento begegnet man einigen Varianten der ländlichen Schutzhütte, *Casella* oder *Casedda* genannt (→ „Kleines Glossar ländlicher Kuturbauten“, S. 22). Die steinernen Mehrzweckbauten bieten den Bauern Schutz vor Unwetter und Mittagshitze, fungieren als Unterschlupf für das Vieh und dienen als Geräteschuppen. Die Hütten sind je nach Bodenbeschaffenheit aus Platten bzw. großen Brocken zusammengesetzt, zumeist in Trockenbauweise ohne Mörtel, Stein auf Stein. Eine lokaltypische Besonderheit ist die Hüttenkonstruktion aus behauenen Kalksteinquadern.

Die Trulli des Salento haben entweder ein quadratisches oder ein kreisrundes Fundament. Das Mauerwerk verjüngt sich nach oben, läuft aber niemals spitz zu, wie es bei den Trulli des Itria-Tals der Fall ist, sondern bleibt immer abgestumpft. Der geräumige Innenraum wird nicht unterteilt und besitzt selten Fenster. Eine schmale Außentreppe führt in der Regel auf das abgeflachte Dach. Zumeist stehen sie auf Feldern, eingerahmt von halbhohen Steinmauern, rundherum gedeiht Essbares: Ficodindia (aus Mexiko stammende Feigenkakteen mit roten, stacheligen Früchten), Feigen-, Mandel- und Obstbäume.

Sehenswertes

Im Altstadtbereich einschließlich Ringstraße stehen acht Kirchen, eine Kathedrale und ein Schloss. Den Stadtbummel beginnt man am besten an der *Piazza della Repubblica,* von der es nicht weit ist zur Piazza Salandra.

Piazza Salandra: Der Grundstein zu dieser geschlossenen Platzanlage soll laut Stadtchronik bereits Ende des 5. Jh. gelegt worden sein. In den folgenden Jahrhunderten blieb die dreieckige Grundkonzeption bei der Bebauung angeblich unverändert. An und in den angrenzenden Profan- und Sakralbauten ist der Salento-Barock besonders ausgeprägt vertreten, ein faszinierendes Ensemble aus Portalen, Balkonen, Reliefflächen, Arkaden und Loggien.

Guglia dell'Immacolata: Sie wurde 1769 in der Mitte des Platzes aufgestellt und vom Bischof geweiht. Die 19 m hohe, freistehende Fiale aus gelblichem Kalkstein wirkt wie die Turmspitze einer versunkenen Kirche; auf dem kugelförmigen Sockel steht eine marmorne Skulptur der Jungfrau.

Dia Guglia dell'Immacolata auf der Piazza Salandra

Palazzo della Pretura: Das Rathaus (Baujahr 1612) wurde durch ein Erdbeben im Jahr 1743 stark beschädigt. Der heute strahlend helle Palazzo musste drei Jahrzehnte auf seinen Wiederaufbau warten. Seine Barock- und Rokokoformen machen ihn einzigartig.

Sedile: Die Rathausloggia – mittlerweile vollständig restauriert – entstand in der ersten Hälfte des 17. Jh. und erlebte am 22. August 1647 ihren blutigsten Tag, als der *Guercio di Puglia,* so der Titel des damaligen Lehnsherren der Stadt, die Anführer eines Aufstands köpfen ließ und die Häupter über dem Eingang des Sedile zur Schau stellte. *Chiesa San Trifone* heißt die schmalbrüstige Barockkirche in der Piazza-Ecke. Seit einigen Jahren leuchtet auch ihre goldgelbe Fassade wieder.

Chiesa San Domenico: 1583 wurde diese Barockkirche vollendet. Baumeister war der ortsansässige Giovanni Tarantino. Die mit skulptierten Säulen, Halbsäulen und großflächigen Reliefs verzierte Fassade ist typisch für die Anfänge des apulischen Barock: Renaissanceformen beginnen sich mit barocken Vorstellungen zu vermischen. Das Portal ist eine wahre Pracht. Die Seitenfassade mit dem Wandbrunnen *Fontana del Toro* zeigt auf den Salandra-Platz. In der Brunnennische stampft der legendäre Stadtgründungsstier.

Kathedrale: Eine enge Verbindungsschleuse führt von der Piazza Salandra zur Kathedrale, vorbei am restaurierten Sedile. Das älteste und bedeutendste Kirchengebäude der Stadt hat einen ziemlich unwürdigen, weil zu kleinen Vorplatz. Um 1100 entstand die romanisch-normannische Kathedrale auf den Trümmern eines alten Basilianerklosters. Zahlreiche fragmentarische Freskenzyklen aus dem 13. bis 15. Jh. schmücken den Innenraum. Der ganze Stolz des Gotteshauses ist der *Cristo Nero* an der linken Seitenwand, ein Kruzifix byzantinischer Machart aus Zedernholz, das wahrscheinlich noch aus dem alten Basilianerkloster von Nardò stammt. Nicht gut zu erkennen ist der versehrte kleine Finger an der linken Hand, über den eine Legende Folgendes erzählt: Der Cristo Nero verletzte sich bei einer Plünderung der Stadt durch die Sarazenen, die auch vor der Kathedrale nicht Halt machten. Als das massive Kreuz beim Abtransport gegen die Wand schlug, zersplitterte der kleine Finger. Blut strömte aus der Wunde und die Sarazenen flohen erschrocken. Man sah sie nie wieder.

Castello Ducale: Im Stadtschloss am Altstadtrand, in dem heute die Stadtverwaltung untergebracht ist, wohnte die einflussreiche Adelsfamilie *Personé,* die im

15. Jh. die Geschicke der Stadt lenkte. Die Schlossfassade, mehrfach und zuletzt Ende des 19. Jh. verändert, ist ein Beispiel extremer Geschmacksverirrung. Auch das gegenüberliegende Gebäude der *Banca* strotzt vor, allerdings neuzeitlicher, Geschmacklosigkeit. Der schönste Bau dieses zufälligen Ensembles ist sicherlich die rosafarbene Villa mit dem Palmengarten vor dem Eingang. Der kleine Schlossgarten des Palazzo Ducale, ein schattiger, verwunschener Skulpturenpark ist ein ideales Plätzchen zum Ausruhen und Sinnieren *(Villa comunale).*

Galatina

ca. 28.000 Einwohner

Auch wenn das einige Bürger Nardòs vielleicht nicht gerne hören, aber in den Straßen und Gassen dieses lebhaften und freundlichen Städtchens schlägt das Herz der salentinischen Murgia. Zwei markante Gotteshäuser bilden die beiden extremen kunstgeschichtlichen Pole von Galatina.

Die Konventskirche *Santa Caterina di Alessandria* ist ein rein gotischer Sakralbau, während die Pfarrkirche *Santi Pietro e Paolo* sich im überschwänglichen Barock präsentiert. Zur Blütezeit der Magna Graecia war Galatina eine bedeutende Kolonie und blieb bis ins Mittelalter hinein ein griechisches Zentrum auf italienischem Boden. Noch heute fühlen sich die Menschen im salentinischen Kernland, v. a. hier in Galatina, ihrer griechischen Vergangenheit stark verbunden (→ „Das ‚griechische' Apulien", S. 25). Die Stadt war stets ein wichtiges geistlich-spirituelles Zentrum der Region: Das belegt die stattliche Anzahl an Klöstern und Kirchen im Centro storico, aber auch der Tarantismus besitzt hier eine seiner wesentlichen Wurzeln (s. u.). Heute ist der Ort eine beliebte Einkaufsstadt und liegt im Zentrum eines Weinanbaugebiets.

• *Information* **IAT-Büro** in einer ehemaligen Barock-Kapelle, Nähe Santa Caterina di Alessandria, im Sommer tägl. 9–20 Uhr. Via Vittorio Emanuele II 35, ✆ 0836-569984, www.comune.galatina.le.it.

• *Anfahrt & Verbindungen* **Auto**, von Lecce Direktverbindung über die Landstraße S 476. Parkmöglichkeiten auf der weitläufigen Piazza Dante Alighieri im Stadtzentrum.

Bahn, Haltepunkt der Ferrovia-Sud-Est-Strecke Lecce – Gallipoli, mehrmals tägl. Züge in beide Richtungen.

Bus, Servizio Autolinee Lecce, mehrmals tägl. von und nach Lecce.

• *Internet* Freundliches **Internetcafé** am Rand der Altstadt. Via Alcide de Gasperi 6, ✆ 0836-639352.

• *Übernachten* **** **Hotel Hermitage**, komfortables Motel am Stadtrand mit Restaurant, Pool, Tennisplatz und Fitnessstudio. DZ 75–150 €, EZ 50–90 €. SS 362, an der Stadtausfahrt nach Lecce, ✆ 0836-565422, ✆ 0836-528114, www.hermitagegalatina.it.

**** **Palazzo Baldi**, Altstadthotel, bei dem vier miteinander verbundene historische Palazzi einen gemeinsamen Innenhof bilden, den Corte Baldi. Die Zimmer und Suiten sind bis ins Detail stilvoll und thematisch eingerichtet, es gibt z. B. das Zimmer des Bischofs oder die Arabische Suite, das Hotelrestaurant hat Gourmetniveau. DZ/Suite 80–250 €, EZ 50–130 €. Corte Baldi 2, ✆ 0836-568345, ✆ 0836-564835, www.hotelpalazzobaldi.com.

Castello Castriota Scanderbeg, schickes Edellogis im Herzen der Stadt, 2008 neu eröffneter Stiltempel an historischer Stätte. Im Palast wohnte im Mittelalter die aus Albanien stammende Fürstenfamilie von Castriota Scanderberg. Toll ausgestattete Zimmer, exklusive Dachterrassen und vieles mehr. Suiten und Apartments 80–200 €. Piazza Dante Alighieri, ✆ 0836-562186, ✆ 0836-563291, www.castellosalento.com.

B&B Sweet House, in einem Palazzo aus dem 18. Jh. am Bahnhof, trotzdem ruhig. Drei Zimmer münden in einen großen, standesgemäß möblierten Aufenthaltsraum; aufgrund der Lage im EG etwas dunkel. Das italienische Basisfrühstück kann alternativ auch im Hinterhof eingenommen werden. Zwei externe Apartments mit separatem Eingang, eine Küche für Selbstversorger ist vorhanden. DZ 50–70 €, ganzjäh-

Santa Caterina di Alessandria: Eingangsportal

rig geöffnet. Via Piave 9/11, ✆ 330-865346 oder 339-2630632.

• *Essen & Trinken* **Trattoria la Tana del Lupo**, Tipp! Winzige und ungemein freundliche Osteria am Altstadtrand, Nähe Piazza Pietro e Paolo, auf Fleisch- und Fischgerichte spezialisiert, kleine Karte, aber häufig wechselnde Gerichte zu ehrlichen Preisen, Menü ab 15 €, So Ruhetag. Via del Balzo 26, ✆ 339-6841750.

Caffetteria Eden, alteingesessene Bar mit guter Pasticceria und Gelateria in kühlem Gewölberaum an der Kirchenpiazza Pietro e Paolo. ✆ 339-6841750.

La Cremeria Oscara, bei Italienern äußerst beliebte Pasticceria in der Neustadt mit großer Auswahl an fantasievollem Eiskonfekt. Via Roma 89, ✆ 0836-563026.

• *Feste & Veranstaltungen* **Patronatsfest Santissimi Pietro e Paolo** am letzten Wochenende im Juni.

Fest zu Ehren der **Madonna della Luce** mit großem Kunsthandwerksmarkt, Ende April.

Sehenswertes

Santa Caterina di Alessandria: Sie wurde Ende des 14. Jh. in nur siebenjähriger Bauzeit für eine franziskanische Klostergemeinschaft errichtet. Es handelte sich dabei um eine Stiftung der reichen und offensichtlich spendablen Adelsfamilie *Balzo-Orsini*, welche die Geschicke Nardòs im 14. und 15. Jh. lenkte. Das Grabmal des Familienoberhaupts Raimondello Orsini befindet sich an der linken Chorwand. Einer seltsamen Legende gemäß soll besagter Stifter während einer Pilgerschaft ins Heilige Land den Berg Sinai bestiegen haben, um den sterblichen Resten der hl. Caterina seine Aufwartung zu machen. Zum Abschied habe er ihr beim Handkuss einen Finger abgebissen und diesen als Reliquie zurück nach Galatina gebracht. Jener Finger ist noch heute im *Klostermuseum* (s. u.) zu bewundern.

Die fünfschiffige Konventskirche ist ein rein gotischer Vorzeigebau und wird wegen einiger Details mit Santi Niccolò e Cataldo in Lecce in Verbindung gebracht. Auf dem Türsturz des Mittelportals befindet sich ein interessantes Halbrelief mit Christus und den Aposteln. Der Portalbogen wird von zwei – mittlerweile geköpften – Adlern flankiert. Der quadratisch wirkende, lichtdurchflutete Innenraum besitzt eine prächtige Ausmalung mit nahezu vollständig erhaltenen Freskenzyklen. Die Ausschmückung des Kircheninneren erfolgte in der ersten Hälfte des 15. Jh. und wird Künstlern aus Mittelitalien zugeschrieben. In den zentralen Freskendarstellungen ist die Geschichte der Kirchenheiligen Katharina ausführlich thematisiert. Weitere Fresken interpretieren Szenen aus der Genesis und der Apokalypse. Im *Kreuzgang* dieser noch aktiven Konventskirche gibt es weitere Fresken zu sehen, die allerdings überwiegend im 17. Jh. entstanden sind.

Tarantismus – der Kuss der Spinne und der Tanz danach

„Er schloss die Augen. Er folgte nicht mehr den Bewegungen der Alten, er tanzte. Die eintönige und schwere Musik erfüllte ihn mit Glück. Er hörte in diesen alten Klagen die einzige Wahrheit, die er jemals vernommen hatte. Die Tarantella hatte vollständig von ihm Besitz ergriffen, so wie sie sich aller verlorenen Seelen bemächtigt. Er fühlte jetzt riesige Kräfte in sich." Mit diesen plastischen Worten beschreibt der Schriftsteller Laurent Gaudé in seinem Gargano-Roman „Die Sonne der Scorta" jene suggestive Wirkung der Tarantella-Musik und die therapeutische Kraft der fließenden Bewegung des Tanzes. Der liebeskranke Protagonist im Roman wandelt sich im Anschluss an diese Szene vollständig und erhält schließlich, wonach ihn verlangt.

Das Herz des Tarantismus schlägt allerdings nicht im Gargano, sondern hier im Salento. Musikethnologen, Ärzte und Psychologen haben sich mit der therapeutischen Wirkung und den historischen Quellen dieses Phänomens befasst, die einschlägige Forschungsliteratur füllt mittlerweile ganze Regale. Der Ursprung des Tarantella-Tanzes liegt im Dunkel heidnisch-christlicher Zeiten verborgen. Lange glaubten die Menschen im Salento, der Biss der Tarantel sei die Ursache häufig auftauchender psychischer Depressionen, die v. a. die hart arbeitenden Frauen auf dem Land betrafen. Noch bis in die 1980er Jahre pilgerten die Betroffenen zum Patronatsfest in die Pauluskapelle, um sich von den beiden Schutzheiligen der Stadt Galatina Befreiung von ihren Leiden zu erbitten. Anschließend jedoch wurde getanzt: Unter dem Einfluss des Gesangs, der Kastagnetten oder der in schnellen Rhythmen angeschlagenen, schellenbesetzten Rahmentrommel *(tamburello)* fielen die Kranken in eine Trance und vollführten – oft mehrere Stunden lang – einen Tanz, der im weitesten Sinn an die Bewegungen einer Spinne erinnert. *La Pizzica* – so wird die Tarantella-Musik noch heute im Salento genannt – leitet sich vom Verb *pizzicare* (beißen, stechen) ab, obwohl wissenschaftlich betrachtet der Biss der Tarantel für Menschen völlig ungefährlich sein soll.

Der Tarantismus ist ein höchst rätselhaftes Phänomen, das viele Künstler beeinflusst hat: Goethe hat den Tarantella-Tanz beschrieben, Chopin hat sich von den wilden Klängen inspirieren lassen, und Kurt Weill hat ganz bewusst die Musik Süditaliens studiert, um der Gerichtsszene in seiner Oper „Aufstieg und Fall der Stadt Mahagonny" einen dramatischeren Effekt zu verleihen. In Italien sorgte 1976 Roberto de Simone dafür, dass die salentinische Tanz- und Musiktradition wieder ins Bewusstsein der Zeitgenossen rückte, als er eine rund 400 Jahre alte Erzählung des neapolitanischen Schriftstellers Giambattista Basile wiederentdeckte und aus dem Stoff die Oper „La Gatta Cenerentola" formte. Allerdings hat sich die heute populäre Tarantella-Musik beinah gänzlich von ihren kultischen Ursprüngen gelöst: Zahlreiche junge Neotarantati sorgen dafür, dass die Kultur lebt; und da die Musiker ihren Stil ständig weiterentwickeln, kann man von einer einheitlichen Musik- und Tanzform inzwischen nicht mehr sprechen. Die Regionen Unteritaliens bringen eigene Stile hervor, in globalisierten Zeiten mischen sich arabische und afrikanische Klänge in die Musik und erweitern die künstlerische Bandbreite (→ dazu auch S. 66 und S. 368f.).

Im *Kloster*, das über die Sakristei zugänglich ist, werden in einem großen Raum einige kostbare Raritäten präsentiert, u. a. die oben erwähnte Fingerreliquie, die rechts hinten in einem Glaskasten ausgestellt wird. Prunkstück der Sammlung ist ein wertvolles Miniaturmosaik aus dem 14. Jh. mit einer Christusdarstellung. Die filigrane Arbeit kann mit einer Lupe bewundert werden.

Öffnungszeiten Klostermuseum Tägl. 8.30–12.30 und 16–18 Uhr geöffnet. Eintritt 1 €.

Chiesa Santi Pietro e Paolo: Die Pfarrkirche mit den Ausmaßen einer Kathedrale entstand im 17. Jh. in 30-jähriger Bauzeit. Fassade und Innenraum stehen voll und ganz in der Tradition des Lecceser Barock, aber ein Vorzeigebau des regionaltypischen Stils ist hier nicht entstanden. Der grob gepflasterte Kirchenvorplatz ist großzügig und weiträumig angelegt. Hier spielt sich ein Teil des stimmungsvollen abendlichen Altstadtlebens ab.

Museo Civico d'Arte Pietro Cavoti: Das städtische Kunstmuseum befindet sich im ersten Obergeschoss des Dominikanerkonvents an der zentralen Piazza Dante Alighieri. Hier sind im Wesentlichen die Werke des Malers Pietro Cavoti und des Bildhauers Gaetano Martinez ausgestellt, zwei zeitgenössische Künstler aus Galatina.

Öffnungszeiten Mo–Sa 9.30–13, Di/Do/Sa auch 16.30–20 Uhr. Eintritt frei. Piazza Dante Alighieri 51, ✆ 0836-561568.

Umgebung

Cutrofiano: Die 6 km südöstlich von Galatina gelegene Ortschaft ist ein Zentrum der salentinischen Keramikproduktion. Der Ortsname leitet sich wahrscheinlich vom griechischen Wort *kutra* (Vase) ab. Mehrere ortsansässige Töpfereien bieten solide Gebrauchskeramik sowie Tonpfeifen *(fischietti)* zum Verkauf an.
Außerdem lohnt sich ein Besuch des kleinen *Museo Comunale della Ceramica*, das im Gebäude der Gemeindebibliothek untergebracht ist. Die Ausstellung zeigt neben

Cutrofiano: Alte Olivenölpresse am Stadtrand

örtlicher Kunst- und Gebrauchskeramik auch einige interessante archäologische Keramikfunde aus der Umgebung von Cutrofiano.

Öffnungszeiten Tägl. außer So 9–12.30 und 16.30–20.30 Uhr, mittwochvormittags und samstagnachmittags geschlossen. Eintritt frei. Piazza Municipio 12.

Am südlichen Ortsrand lohnt der Besuch einer gut erhaltenen alten *Ölmühle*, die auf dem Anwesen der Masseria l'Astoria liegt und besichtigt werden kann. Das große Weingut wird heute für Degustationen genutzt, ein Direktverkauf ist möglich. Außerdem wird in der zugehörigen Kapelle noch zweimal jährlich eine öffentliche Messe abgehalten.

Öffnungszeiten Mo–Fr 9–13 und 16–18.30, Sa nur 9–13 Uhr. Eintritt frei. Località Astore (1 km außerhalb in Richtung Maglie/Otranto), ✆ 0836-542020, www.lastoremasseria.it.

• *Übernachten/Essen & Trinken* **B&B Cairé**, freundliches, ganzjährig geöffnetes Altstadtlogis; das griechische Wort *cairé* bedeutet „Willkommen". Holzmöbel schaffen in den beiden Zimmern eine gemütliche Atmosphäre, die nette Terrasse sorgt für hohen Erholungswert. Im Juli/Aug. auch mit Restaurant. DZ 50–60 €. Via Monte Grappa 1 (im Zentrum gut ausgeschildert), ✆/℻ 0836-515844, www.cairesalento.it.

Cantina L'Antica Dispensa, ein Lesertipp! Die kleine, zentrumsnah gelegene Trattoria steht für authentische lokaltypische Küche zu kleinen Preisen, Menü um 15 €. Via Palermo 9.

Maglie

ca. 15.000 Einwohner

Die zentrale Piazza Aldo Moro gilt gemeinhin als der schönste Platz, den die Kleinstädte des salentinischen Kernlands zu bieten haben. Il Novecento, das italienische Lebensgefühl des frühen 20. Jh., ist hier fast noch lebendig.

Einige Barockbauten aus dem 18. Jh. und ein modernes Museum der Paläontologie sind die beachtlichen Sehenswürdigkeiten von Maglie. Bekannt ist Maglie aber v. a. als die Geburtsstadt von Aldo Moro, dem charismatischen Führer der mittlerweile aufgelösten Democrazia Cristiana und dem prominentesten Opfer der Roten Brigaden *(Brigate Rosse)*. Am 16. März 1978, eine halbe Stunde nach einer Parlamentsdebatte, entführte ein Kommando der Brigate Rosse den Politiker und erschoss dabei seine fünf Sicherheitsbeamten. Nach fast achtwöchiger Gefangenschaft, in denen unzählige Appelle an die Geiselnehmer gerichtet wurden, fand man seine Leiche im Kofferraum eines Autos im Zentrum Roms. Aldo Moro war in den 70ern die Galionsfigur des linken Flügels der DC und galt als der einzige Politiker, dem man das notwendig gewordene Bündnis mit der sozialdemokratischen Partei PSI zutraute. In diese politisch brisante Zeit fiel seine Entführung und Ermordung (ungefähr ein halbes Jahr nach dem Schleyer-Attentat in Deutschland) durch die Brigate Rosse, einer linksextremistischen Bewegung, die sich 1970 in Italien gebildet hatte. Die Witwe des ermordeten Politikers wurde durch den landesweiten Trauertaumel fast zur Heiligenfigur stilisiert. Eine etwas versteckt angebrachte Gedenktafel für Aldo Moro befindet sich neben dem wuchtigen Arkadengang an der gleichnamigen Piazza. Eine lebensgroße Statue steht auf der *Piazza Caduti di Via Fani* vor dem Geburtshaus des Politikers.

Maglie, der wichtigste salentinische Verkehrsknotenpunkt, ist ein prosperierendes Städtchen, das an der Peripherie beträchtliche Ausmaße angenommen hat. Ein dichter Gürtel von mittelständischen Betrieben signalisiert einen relativen Wohlstand. Im Zentrum bestätigt sich dieser Eindruck durch zahlreiche schicke

Provinz Lecce (Salento)
Karte S. 294

Einzelhandelsgeschäfte. Und die edlen Stickereien und Spitzen, die hier traditionell seit Generationen hergestellt werden, haben Maglie in Anlehnung an den berühmten venezianischen Spitzen-Ort den Namen *Burano del Salento* eingebracht.

• *Anfahrt & Verbindungen* **Auto**, alle Wege führen nach Maglie, dem Knotenpunkt aller wesentlichen Provinzstraßen des Salento, nur Parkplätze im Zentrum haben Seltenheitswert.

Bahn, Haltepunkt der Ferrovia-Sud-Est-Strecke Lecce – Gagliano, mehrmals tägl. Züge in beide Richtungen.

Bus, Linienbusse verkehren mehrmals tägl. von/nach Lecce (über Martano), allerdings mit ca. 1:30 Std. Fahrzeit.

• *Übernachten/Essen & Trinken* Ein wirklich empfehlenswertes Quartier haben wir in Maglie nicht entdeckt, Alternativen gibt es jedoch wenige Kilometer weiter in Muro Leccese und in den Orten der Grecìa salentina (s. u.).

Ristorante Donna Lisa, etwas versteckt in einer Seitengasse der Via Roma, sehr freundlich, man sitzt gemütlich im Innenhof des unlängst restaurierten Palazzo Signorile. Große Antipasti-Auswahl, auch Caffetteria, Menü ca. 25 €, ganzjährig mittags und abends geöffnet. Via Ospedale, ✆ 0836-311865 oder 393-4806640.

Pizzeria Da Vittorio, preiswert und freundlich, allerdings keine Freiplätze. Via Roma 69, gegenüber der Barockkirche, ✆ 0836-485820.

Caffè della Libertà, das beliebteste Café an der Altstadtpiazza Moro, mit Pasticceria und Gelateria.

Maglio, alteingesessene Schokoladenmanufaktur in der Altstadt, gute Gelateria und ein Ristorante, das Cucina salentina auf Gourmetniveau bietet, Menü ab 35 €, So Ruhetag. Via San Giuseppe 48, ✆ 0836-423831, www.cioccolatomaglio.it.

• *Feste & Veranstaltungen* **Glockenmarkt**, angeboten werden heimische Handwerkserzeugnisse, u. a. Tonglocken, am Fr vor Palmsonntag.

Kulinarisches Straßenfest, das ringförmige Hartgebäck Friselle wird gratis gereicht. Es gleicht dem guten deutschen Zwieback, schlägt ihn jedoch um Längen. Außerdem gibt es Focacce, Pizze, Taralli sowie Kuchen und Brot in allen Formen (Mitte Juli).

Das **Patronatsfest** des hl. Nikolaus fällt auf den 8. Mai, dann verwandelt sich die Piazza Aldo Moro in einen Jahrmarkt.

Sehenswertes

Palazzo Capece: Neben der Piazza Aldo Moro steht dieser prächtige Barockpalast aus dem 18. Jh. Seine lang gestreckte Fassadenfront ist jüngst restauriert worden. Der herrschaftliche Bau, in dem heute ein Gymnasium untergebracht ist, besitzt ein überdimensionales Treppenhaus, das auf die Spätphase des Barock verweist.

Kathedrale San Nicola: Ebenfalls ein interessanter Barockbau aus dem 18. Jh. mit fantasievoller Fassade. Die Altaraufbauten sind Beispiele feinsten Lecceser Barocks. Der Baumeister des benachbarten Glockenturms ist erstaunlicherweise unbekannt geblieben, aber sein Werk erinnert stark an den Campanile des Doms von Lecce, dessen Architekt *Giuseppe Zimbalo* war.

Museo Civico di Paleontologia e Paletnologia: Das Museum stellt mit den modernsten Mitteln der Museumsdidaktik die Entwicklung des menschlichen Lebens im Salento von der Altsteinzeit bis zur Bronzezeit dar. Archäologische Fundstücke und Rekonstruktionen der Ritzzeichnungen in den Höhlenbehausungen und Küstengrotten des Salento sind ebenso zu sehen wie Fossilien von Tieren und Pflanzen.

Öffnungszeiten Di–Sa 9–11, Mo/So 18–22 Uhr. Eintritt frei. Palazzo Sticchi, Via Vittorio Emanuele I 13, ✆ 0836-484619.

Muro Leccese

ca. 5000 Einwohner

Eine weitere kleinstädtische Überraschung in der salentinischen Murgia, nur 4 km östlich von Maglie. Wer als Fremder die im Ort verstreuten Sehenswürdigkeiten

Piazza del Popolo in Muro Leccese

ansteuert, dem kann es passieren, dass er an Ort und Stelle von hilfreichen Geistern in Empfang genommen und durch die Gebäude geleitet wird. Zentrum von Muro Leccese ist die beschauliche *Piazza del Popolo,* an deren Stirnseiten sich die beiden Barockkirchen dell'Immacolata und dell'Annunziata gegenüberstehen. Längsseits erstreckt sich der herrschaftliche *Palazzo del Principe,* der auf den Mauern eines Kastells errichtet wurde. Er beherbergt heute das kleine **Museo di Borgo Terra,** das eine interessante Ausstellung zur Stadtgeschichte zu bieten hat.

Öffnungszeiten Tägl. 10–13 und 16–20 Uhr. Eintritt frei. ✆ 0836-343824, www.museomuro.it.

Am Rand der Stadt wartet ein kleines byzantinisches Kirchenjuwel in Gestalt der **Chiesa Santa Marina** aus dem 9. Jh., in der eine Ikone der Heiligen verehrt wird. Nur fragmentarisch erhalten ist ein Freskenzyklus, der die Innenwände einst vollständig schmückte; gut zu erkennen ist das Abbild des hl. Nikolaus von Myra. Auf dem baumbestandenen Platz hinter dem Kirchlein steht ein Menhir, ein 3,50 m hohes Relikt aus der salentinischen Steinzeit. Aus messapischer Zeit sind hingegen Teilstücke der Megalithmauer erhalten geblieben, die am Ortsrand deutlich zu erkennen sind.

Öffnungszeiten Tägl. 9–13 Uhr, falls geschlossen, im Supermarkt gegenüber nach der Kustodin fragen.

Hobbypflanzenkundler sollten jetzt einen kurzen Abstecher zum **Botanischen Garten La Cutura** *(Giardino Botanico nella Pietra)* machen, wo eine üppige Sukkulentenlandschaft im Freien und in Gewächshäusern zu bewundern ist. Das zugehörige Ristorante bietet lokaltypische Küche mit Kräutern aus dem Garten, allerdings nur nach Vorbestellung. Führungen für Gruppen gibt es ebenfalls nach vorheriger telefonischer Anmeldung.

Anfahrt/Öffnungszeiten Tägl. 10–12 und 16–19 Uhr. Eintritt 5 €. 6 km außerhalb in Richtung Poggiardo (auf der nach Südosten führenden Umgehungsstraße auf die Ausschilderung „La Cutura" achten), ✆ 0836-354164, www.lacutura.it.

• *Übernachten/Essen & Trinken* *** **Hotel Messapi**, ästhetisch ansprechender Neubau am Ortsrand mit Blick auf das Dominikanerkloster. Sehr gut geführt, Zimmer und Bäder sind tipptopp, ganzjährig geöffnet, auch Ristorante. DZ 75–93 €. Via Caduti Muresi 53, ✆/📠 0836-343492.

L'Antico Borgo, Ristorante und kleiner Albergo im Ortszentrum, 5 Min. von der Piazza del Popolo entfernt. Gut für Pizza am Abend (ab 3 €), die Zimmer sind für eine Ortspension mehr als ordentlich. DZ 55–75 €, Mo Ruhetag. Via Malta 37, ✆ 0836-342578, www.anticoborgo2004.it.

Osteria Nonna Rosa, gemütliche Trattoria für lokaltypische Kost an der zentralen Piazza mit einladenden Freiplätzen. Kleine Karte mit wechselnden Gerichten, Menü ca. 25 €, Mo geschlossen. Piazza del Popolo 14, ✆ 0836-342530 oder 349-1234566.

La Piazza, ein von der italienischen Slow-Food-Bewegung empfohlenes Ristorante im 7 km entfernten Nachbarort. Freundlicher Familienbetrieb, angenehmes Ambiente, lokaltypische Cucina di Mare e di Terra, Menü um die 20 €, Mo geschlossen. An der zentralen Piazza Umberto I in Poggiardo (der Weg lohnt sich), ✆ 0836-901925.

Grecìa salentina

Im Städtedreieck zwischen Lecce, Galatina und Otranto liegen neun Gemeinden, in denen sich der italienisch-altgriechisch-byzantinische Mischdialekt Griko bis heute erhalten hat. Linguisten bezeichnen dieses Phänomen als „griechische Sprachinsel".

Für Reisende ist die regionale Besonderheit bereits an den Ortsschildern erkennbar, denn Gäste werden hier zweisprachig (mit lateinischer und kyrillischer Schrift) willkommen geheißen. Ortsnamen wie *Calimera* oder *Castrignano dei Greci* deuten gleichfalls darauf hin. Die übrigen sieben Kommunen der Grecìa salentina heißen *Martignano, Sternatia, Soleto, Zollino, Martano, Corigliano d'Otranto* und *Melpignano*. Ursprünglich bestand die Griechengemeinde im Salento sogar aus 24 Gemeinden; bis zum Ende des 18. Jh. schrumpfte sie jedoch auf neun Kommunen zusammen. Kunsthistorisch Interessierte können in den Ortschaften den einen

Griko – Rätselraten um ein Phänomen

Der deutsche Romanist und Sprachwissenschaftler Gerhard Rohlfs (1892–1986) ist in Süditalien eine große Nummer. An zahlreichen Häusern nennen Inschriften seinen Namen und erinnern daran, dass der aus Berlin gebürtige Professor auf seinen Forschungsreisen hier verkehrte. Rohlfs hielt sich auch mehrfach im Salento auf und untersuchte das eigenartige Phänomen des griechisch-italienischen Mischdialekts ausgiebig. Für seine Verdienste auf dem Gebiet der Sprachwissenschaft in Süditalien wurde er u. a. zum Ehrendoktor der Universität Lecce ernannt. Der Deutsche verortete den Ursprung des Phänomens in den Anfängen der griechischen Kolonisation Unteritaliens im 8. Jh. v. Chr. Demzufolge wäre Griko ein lebendes Fossil aus der Antike. Es gibt jedoch auch andere Theorien, die dieser Ansicht widersprechen: So könnten z. B. byzantinische Siedler im frühen Mittelalter zur Herausbildung dieser sprachlichen Eigenheit beigetragen haben.

Wie dem auch immer sei: Während die älteren Menschen in den neun Gemeinden der Grecìa salentina den Mischdialekt z. T. heute noch pflegen, geht der Sprachschatz bei den jüngeren Generationen naturgemäß immer mehr verloren. Da hilft es auch nichts, dass das italienische Parlament Griko ganz offiziell als Minderheitensprache anerkannt hat.

oder anderen Leckerbissen entdecken, Genießer der unverfälschten salentinischen Gastlichkeit kommen in diesem Landstrich ebenfalls auf ihre Kosten.

• *Information* Im Juli und Aug. öffnen in allen neun Ortschaften kleine Info-Büros, z. B. in Melpignano am Ortsrand neben dem ehemaligen Augustinerkloster. Der Verwaltungssitz des Kommunalverbands ist in Calimera. ✆ 0832-821827, www.greciasalentina.org.

• *Anfahrt & Verbindungen* **Auto**, die zweispurig ausgebaute S 16 von Lecce nach Maglie zerschneidet das Gebiet der Grecìa salentina in zwei Hälften, daher schnelle Anfahrt von der Provinzhauptstadt und von beiden Küsten.

Bahn/Bus, Sternatia, Corigliano, Melpignano und Soleto sind Haltepunkte der Ferrovia-Sud-Est, Linienbusse verkehren von allen Orten nach Maglie und nach Lecce.

• *Übernachten* *** **Masseria Appidè**, vornehmes Landhotel wenige Kilometer südlich von Corigliano d'Otranto, großer Gutshof mit Pferdehaltung und Reitmöglichkeit, gepflegtes Parkgrundstück inmitten von Feldern, Swimmingpool und Tennisplatz. Das große Restaurant der Masseria ist ein beliebtes Ausflugslokal. Standard-DZ 130–180 €, EZ 90–160 €. Via Case Sparse, ✆ 0836-427969, ℻ 0836-427968, www.appide.it.

B&B Pizzica, der Name sagt es bereits: Hier ist man mit der Tarantella-Musik bestens vertraut. Zudem hat Ivana De Santis lange in der Schweiz gelebt, gut für alle, die eine deutsche Ansprache zu schätzen wissen. Zimmer liegen im kühlen Erdgeschoss, ausgezeichnete Bäder, ein ruhig gelegener Garten verspricht beste Erholung. Dez. und Jan. geschlossen. DZ 44–58 €. Via Vicinale Canali, am Ortsrand von Melpignano in der Nähe des Augustinerklosters, ✆ 0836-331934 oder 339-6012967, www.bb-pizzica.it.

B&B Borgoterra, liebevoll hergerichtetes Altstadthaus im Zentrum von Martano, der größten Kommune der Grecìa salentina. Gemütliches, wohnliches Ambiente, die acht Zimmer sind mit detailverliebter Fantasie eingerichtet, weitere Apartments nach dem Konzept *Albergo diffuso* im Centro storico. DZ 45–60 € (Frühst. in einer Bar). Via Chiesa 13, ✆ 0836-571801 oder 335-5376853, www.borgoterra.com.

• *Essen & Trinken* **Armonia del Sapore**, kein Hinweisschild führt zu dem am südlichen Stadtrand von Martano verborgenen Gourmettempel, in dem Küchenchef Roberto Cornacchia die lokaltypische Kost veredelt und durch fantasievolle Elemente aus aller Herren Länder verfeinert. Trotz hohem Anspruch ist das Restaurant bodenständig und sehr freundlich geblieben. Nette Außen- und Innenplätze, ganzjährig mittags und abends geöffnet, Mo Ruhetag. Via Don Mauro Cassoni, ✆ 0836-575055 oder 338-6969698.

Zia Maria, unser Tipp! Volkstümliche Osteria und Pizzeria auf einer fast schon idyllischen Piazza in Carpignano, dem östlichen Nachbarort von Martano. Grundsolide Cucina tipica, gegrillter Fisch, auch Fleischgerichte sowie Pizza, Menü ab 15 €, Pizza ab 4 €, Mi zu. Piazza Duca d'Aosta, ✆ 0836-580320.

Osteria Olo Kalò, feines, aber keineswegs teures Ristorante in Corigliano, vom italienischen Slow-Food-Führer empfohlen. Nette Freiplätze hinten im Garten, Mittwoch Ruhetag. Via Umberto I 5 (Nähe Municipio), ✆ 0836-471004 oder 333-8466367.

Kalì, eine echte Überraschung in Melpignano, denn die in jugendlichen Tönen gestylte Bar an der zentralen Piazza entpuppt sich als ein schickes Ristorante mit rustikalen Gewölberäumen, im offenen Hinterhof sitzt es sich wunderbar. Ristorante, Bar und Pizzeria (Pizza ab 4 €), nur abends außer an Sonn- und Feiertagen, Di geschlossen. Via Verdi 33 (Piazza San Giorgio), ✆ 0836-433003 oder 393-6960834.

Caffè dell'Arco, der beste Platz für eine Kaffeepause in Corigliano, von den Sitzplätzen auf der Terrasse hat man den schönsten Blick auf das Kastell. Piazza Vittoria 72, ✆ 0836-471110.

Caffetteria Orsini, an der Altstadtringstraße in Soleto, beste Kuchen und Pasticcini, überdies sitzt man sehr schön. Via Raimondello Orsini, ✆ 0836-663802.

• *Einkaufen/Feste & Veranstaltungen* **I Vizi degli Dei**, bescheiden gebliebener Wein- und Spezialitätenhandel an der zentralen Piazza in Corigliano. Antonio Greco kennt sich bei den Salento-Weinen bestens aus und berät gerne bei der Auswahl. Piazza San Nicola 6, ✆ 349-4958148.

La Notte della Taranta – Megafestival in einem kleinen Salento-Dorf

Die Idee von Sergio Blasi war denkbar einfach: Begeistert von der süditalienischen Tarantella-Musik wollte dieser einige regional bekannte Interpreten für ein einziges Fest in sein Heimatdorf Melpignano locken, um hier für einige wenige Stunden die Nacht zum Tag zu machen. Das war im Jahr 1998, und aus der ursprünglichen Idee ist mittlerweile ein italienweit bekanntes Großereignis geworden, das im August 2008 weit über 100.000 Besucher in die kleine Gemeinde lockte. *La Notte della Taranta* ist mittlerweile eine etablierte Festivalmarke und zierte sogar zwischenzeitlich die Trikotbrust des Fußballvereins US Lecce, der im gleichen Sommer 2008 den Aufstieg in die Seria A des italienischen Calcio schaffte.

Von allen Seiten strömen die Menschen am 23. August 2008 nach Melpignano. Die Hitze ist gnadenlos, nur wenige Bäume spenden Schatten. Noch ist es ruhig auf der großen Piazza vor der malerischen Ruine des ehemaligen Augustinerkonvents. Zwei Studentinnen aus Bologna haben sich am Marktstand schon eine der obligatorischen Tambourin-Trommeln erstanden und laufen singend und tanzend durch die Gassen des Dorfes, eine Gruppe Halbwüchsiger aus Bari lungert derweil träge im Schatten eines Olivenbaumes. Verkäufer bauen ihre Stände auf, es gibt natürlich jede Menge Tarantella-Musik auf CD zu kaufen, dazu Wein, Crêpes, Obst und vieles mehr. Am Vorabend, bei der Generalprobe, gehörte das Fest noch den Familien und den alten Menschen aus dem Dorf. Heute Nacht ist es v. a. die Jugend, die zusammen feiert, singt und tanzt.

Alle bekannten Gurus der Szene haben seit 1998 die große Bühne von Melpignano zur Tarantella-Nacht betreten und ihrem Publikum kräftig eingeheizt: Ambrogio Sparagna, Uccio Aloisi oder Pino Zimba, jeder begleitet von bis zu 30 Instrumentalvirtuosen. Im Lauf der Jahre hat das Musikspektakel immer mehr den Charakter eines multiethnischen Festivals angenommen. So betritt im August 2008 kurz vor Mitternacht plötzlich eine afrikanische Sängerin gemeinsam mit einem französischen Chansonnier die Bühne und heizt die Stimmung zusätzlich an. Auch das spiegelt die gegenwärtige Entwicklung der Tarantella-Musik wieder, die immer mehr zu einer großen Klammer für diverse global-folkloristische Stile wird (→ dazu auch S. 66 und S. 361).

Gegen drei Uhr nachts ist Schluss in Melpignano. Es riecht nach Wein und nach Schweiß. Wer kein Quartier im Dorf gefunden hat, begibt sich grüppchenweise auf den Heimweg oder schlägt sich in die Felder, wo irgendwo die Schlafsäcke und die Decken liegen. Sergio Blasi, der Ideengeber und zentrale Organisator des Festivals, ist rechtschaffen müde, aber auch glücklich: Wieder einmal war sein Kulturereignis ein voller Erfolg.

(Sergio Blasi gründete das *Istituto Diego Carpitella*, das inzwischen zahlreiche ethnomusikalische Publikationen herausgebracht hat; erschienen bei *Besa Editrice*, Infos unter www.besaeditrice.it).

Der größte **Wochenmarkt** der Grecìa salentina findet jeden Mittwochvormittag in Martano am Largo Pozzelle statt.

Festa dei Lampioni, an einem Wochenende Mitte/Ende Juni schmücken und erhellen originelle Lampions wie Drachenboote, Dinosaurier, etc. den Ortskern von Calimera.

La Notte della Taranta, großes Festival der traditionellen Musik, an einem Sa Mitte/Ende Aug. (s. u.). Den ganzen Monat über Tarantella in allen neun Gemeinden der Grecìa salentina, www.lanottedellataranta.it.

Hellas in Italien: Einmal Kalimera und zurück

Liquoreria Monastero Santa Maria, unser Einkaufstipp! Ortsfremde verirren sich höchst selten an die östliche Peripherie von Martano. Seit 1926 leben in diesem Kloster die Zisterzienser, ein Mönch im schwarzweißen Habit übernimmt den Verkauf von Heilkräutern, Olivenöl, Kosmetika sowie Likören im kleinen Klostershop. Auch ein eigenes Weinlabel wird hier vertrieben, ein nicht alltägliches Einkaufserlebnis. Kein Schild, einfach klingeln, am besten in den späten Nachmittagsstunden. Via Borgagne, 500 m hinter der Stadtgrenze in Richtung Borgagne, ✆ 0836-575214.

Sehenswertes

Corigliano d'Otranto: Ganzer Stolz des ungewöhnlich lebhaften Ortes ist das Kastell im Zentrum *(Castello Baronale)*, ein rechteckiger Bau aus dem 15. Jh. von imponierender Größe mit vier wehrhaften Rundtürmen. Der Vorgängerbau stammt wahrscheinlich aus angiovinischer Zeit. Die Ecktürme sind nach den vier Himmelsrichtungen ausgerichtet und tragen die Namen von Heiligen. Prachtstück des Kastells ist die figurengeschmückte Frontfassade mit Balkon aus dem Jahr 1667. Sie ist ein Meisterwerk des Lecceser Barock, ihr Detailreichtum war allerdings zum Zeitpunkt der letzten Recherche von einem Baugerüst verhüllt.

Soleto: Innerhalb der Ringstraße, die ziemlich exakt dem Verlauf der mittelalterlichen Stadtmauer entspricht, präsentiert sich der kleine Ort heute beschaulich. Jedoch erwähnte bereits der römische Geschichtsschreiber Plinius das römische *Soletum*. Weithin sichtbar ist der charakteristische, 45 m hohe Campanile der Chiesa Santa Maria Assunta, im Volksmund *Guglia* (Nadel) genannt. Zahlreiche Legenden spinnen sich um diesen Turm. Gut ausgeschildert ist die kleine *Chiesa Santo Stefano* in der Altstadt, in der Fresken in byzantinischem Stil, wenn auch jüngeren Datums, die Wände bedecken.

Melpignano: Die arkadengesäumte *Piazza San Giorgio* ist einer der schönsten Dorfplätze im Salento, ganz besonders abends, wenn die zwischen 1532 und 1554 erbauten *Portici* beleuchtet sind und die beiden Bars sich mit Leben füllen. Die Bögen, die früher einmal den gesamten Platz säumten, dienten Händlern als Schutz. Sehenswert auch die Chiesa San Giorgio mit einem bemerkenswerten Mosaikfußboden. Über dem Portal, wie soll es anders sein, der drachentötende Georg. Am Ortsrand steht die mächtige Ruine des Augustinerklosters *(Ex Convento Padri Agostiniani Scalzi)*. Die große Freifläche davor ist alljährlich Ende August Schauplatz der langen Tarantella-Nacht *(La Notte della Taranta)*.

Melpignano: Stimmungsvolle Piazza San Giorgio

Etwas Italienisch

Aussprache (Hier nur die Abweichungen von der deutschen Aussprache)

c: vor e und i immer *"tsch"* wie in *rutschen*, z. B. *centro* (Zentrum) = *"tschentro"*. Sonst wie *"k"*, z. B. *cannelloni* = *"kannelloni"*.

cc: gleiche Ausspracheregeln wie beim einfachen **c**, nur betonter: *faccio* (ich mache) = *"fatscho"*; *boccone* (Imbiss) = *"bokkone"*.

ch: wie *"k"*, *chiuso* (geschlossen) = *"kiuso"*.

cch: immer wie ein hartes *"k"*, *spicchio* (Scheibe) = *"spikkio"*.

g: vor e und i *"dsch"* wie in *Django*, vor a, o , u als *"g"* wie in *gehen*; wenn es trotz eines nachfolgenden dunklen Vokals als *"dsch"* gesprochen werden soll, wird ein i eingefügt, das nicht mitgesprochen wird, z. B. in *Giacomo* = *"Dschakomo"*.

gh: immer als *"g"* gesprochen.

gi: wie in *giorno* (Tag) = *"dschorno"*, immer weich gesprochen.

gl: wird zu einem Laut, der wie *"lj"* klingt, z. B. in *moglie* (Ehefrau) = *"mollje"*.

gn: ein Laut, der hinten in der Kehle produziert wird, z. B. in *bagno* (Bad) = *"bannjo"*.

h: wird am Wortanfang nicht mitgesprochen, z. B. *hanno* (sie haben) = *"anno"*. Sonst nur als Hilfszeichen verwendet, um c und g vor den Konsonanten i und e hart auszusprechen.

qu: im Gegensatz zum Deutschen ist das u mitzusprechen, z. B. *acqua* (Wasser) = *"akua"* oder *quando* (wann) = *"kuando"*.

r: wird kräftig gerollt!

rr: wird noch kräftiger gerollt!

sp und **st**: gut norddeutsch zu sprechen, z. B. *specchio* (Spiegel) = *"s-pekkio"* (nicht *schpekkio*), *stella* (Stern) = *"s-tella"* (nicht *"schtella"*).

v: wie *"w"*.

z: immer weich sprechen wie in *Sahne*, z. B. *zucchero* (Zucker) = *"sukkero"*.

Elementares

Frau ...	*Signora*
Herr ...	*Signor(e)*
Guten Tag	*Buon giorno*
Guten Abend (ab nachmittags!)	*Buona sera*
Gute Nacht	*Buona notte*
Auf Wiedersehen	*Arrivederci*
Hallo/Tschüss	*Ciao*
Wie geht es Ihnen?	*Come sta?*
Wie geht es dir?	*Come stai?*
Danke, gut.	*Molto bene, grazie*
Danke!	*Grazie*
Entschuldigen Sie	*(Mi) scusi*
Entschuldige	*Scusami/Scusa*
Entschuldigung, können Sie mir sagen...?	*Scusi, sa dirmi...?*
ja	*si*
nein	*no*
Tut mir leid	*Mi dispiace*
Macht nichts	*Non fa niente*
Bitte! (*gern geschehen*)	*Prego!*
Bitte (als Einleitung zu einer Frage oder Bestellung)	*Per favore...*
Sprechen Sie Englisch/Deutsch?	*Parla inglese/tedescso?*
Ich spreche kein Italienisch	*Non parlo l'italiano*
Ich verstehe nichts	*Non capisco niente*
Könnten Sie langsamer sprechen?	*Puo parlare un po` più lentamente?*
Ich suche nach...	*Cerco...*
Okay, geht in Ordnung	*va bene*
Ich möchte	*Vorrei*
Warte/Warten Sie!	*Aspetta/Aspetti!*
groß/klein	*grande/piccolo*
Geld	*i soldi*
Ich brauche ...	*Ho bisogno ...*
Ich muss ...	*Devo ...*
in Ordnung	*d'accordo*
Ist es möglich, dass ...	*È possibile ...*
mit/ohne	*con/senza*
offen/geschlossen	*aperto/chiuso*
Toilette	*bagno*
verboten	*vietato*
Wie heißt das?	*Come si dice?*
bezahlen	*pagare*

Fragen

Gibt es/Haben Sie...?	*C'è ...?*	Wo? Wo ist?	*Dove?/ Dov'è?*
Was kostet das?	*Quanto costa?*	Wie?/Wie bitte?	*Come?*
Gibt es (mehrere)	*Ci sono?*	Wieviel?	*Quanto?*
Wann?	*Quando?*	Warum?	*Perché?*

Smalltalk

Ich heiße ...	*Mi chiamo ...*
Wie heißt du?	*Come ti chiami?*
Wie alt bist du?	*Quanti anni hai?*
Das ist aber schön hier	*Meraviglioso!/Che bello!/Bellissimo!*
Von woher kommst du?	*Di dove sei tu?*
Ich bin aus München/Hamburg	*Sono di Monaco, Baviera/di Amburgo*
Bis später	*A più tardi!*

Orientierung

Wo ist bitte...?	*Per favore, dov'è..?*
... die Bushaltestelle	*...la fermata*
... der Bahnhof	*...la stazione*
Stadtplan	*la pianta della città*
rechts	*a destra*
links	*a sinistra*
immer geradeaus	*sempre diritto*
Können Sie mir den Weg nach ... zeigen?	*Sa indicarmi la direzione per..?*
Ist es weit?	*È lontano?*
Nein, es ist nah	*No, è vicino*

Bus/Zug

Fahrkarte	*un biglietto*	... der letzte?	*...l'ultimo?*
Stadtbus	*il bus*	Abfahrt	*partenza*
Überlandbus	*il pullman*	Ankunft	*arrivo*
Zug	*il treno*	Gleis	*binario*
hin und zurück	*andata e ritorno*	Verspätung	*ritardo*
Ein Ticket von X nach Y	*un biglietto da X a Y*	aussteigen	*scendere*
Wann fährt der nächste?	*Quando parte il prossimo?*	Ausgang	*uscita*
		Eingang	*entrata*

Auto/Motorrad

Auto	*macchina*	Reifen	*le gomme*
Motorrad	*la moto*	Kupplung	*la frizione*
Tankstelle	*distributore*	Lichtmaschine	*la dinamo*
Volltanken	*il pieno, per favore*	Zündung	*l'accensione*
Bleifrei	*benzina senza piombo*	Vergaser	*il carburatore*
Diesel	*gasolio*	Mechaniker	*il meccanico*
Panne	*guasto*	Werkstatt	*l'officina*
Unfall	*un incidente*	funktioniert nicht	*non funziona*
Bremsen	*i freni*		

Bank/Post/Telefon

Wo ist eine Bank?	*Dove c' è una banca*	Brief	*lettera*
Postamt	*posta/ufficio postale*	Briefkasten	*la buca (delle lettere)*
Ich möchte Reiseschecks einlösen	*Vorrei cambiare dei traveller cheques*	Briefmarken	*i francobolli*
Postkarte	*cartolina*	Wo ist das Telefon?	*Dov' è il telefono?*

Hotel/Camping

Haben Sie ein Einzel/Doppelzimmer?	*C'è una camera singola/doppia?*
Können Sie mir ein Zimmer zeigen?	*Può mostrarmi una camera?*
Ich nehme es/wir nehmen es	*La prendo/la prendiamo*
Zelt/ kleines Zelt	*tenda/canadese*
Schatten	*ombra*
mit Dusche/Bad	*con doccia/ bagno*
ein ruhiges Zimmer	*una camera tranquilla*
Wir haben reserviert	*Abbiamo prenotato*
Schlüssel	*la chiave*
Vollpension	*pensione completa*
Halbpension	*mezza pensione*
Frühstück	*prima colazione*
Hochsaison	*alta stagione*
Nebensaison	*bassa stagione*

Zahlen

0	*zero*
1	*uno*
2	*due*
3	*tre*
4	*quattro*
5	*cinque*
6	*sei*
7	*sette*
8	*otto*
9	*nove*
10	*dieci*
11	*undici*
12	*dodici*
13	*tredici*
14	*quattordici*
15	*quindici*
16	*sedici*
17	*diciassette*
18	*diciotto*
19	*diciannove*
20	*venti*
21	*ventuno*
22	*ventidue*
30	*trenta*
40	*quaranta*
50	*cinquanta*
60	*sessanta*
70	*settanta*
80	*ottanta*
90	*novanta*
100	*cento*
101	*centuno*
102	*centodue*
200	*duecento*
1.000	*mille*
2.000	*duemila*
100.000	*centomila*
1.000 000	*un milione*

Register